普通高等教育“十一五”国家级规划教材
新世纪高等学校教材·教育学专业系列教材

U0837735

教育管理学

第4版

陈孝彬 高鸿源 / 主编
刘淑兰 张东娇 蔡永红 乔锦忠 朱科荣 等 / 编

北京师范大学出版集团
BEIJING NORMAL UNIVERSITY PUBLISHING GROUP
北京师范大学出版社

图书在版编目(CIP)数据

教育管理学 / 陈孝彬，高鸿源主编；刘淑兰等编. —4 版. —北京：北京师范大学出版社，2025. 2(2025. 7 重印)
新世纪高等学校教材·教育学专业系列教材
ISBN 978-7-303-29573-9

Ⅰ. ①教… Ⅱ. ①陈… ②高…③刘… Ⅲ. ①教育管理学—高等学校—教材 Ⅳ. ①G40-058

中国国家版本馆 CIP 数据核字(2023)第 218424 号

出版发行：北京师范大学出版社 https://www.bnupg.com
北京市西城区新街口外大街 12-3 号
邮政编码：100088
印　　刷：天津旭非印刷有限公司
经　　销：全国新华书店
开　　本：787 mm×1092 mm　1/16
印　　张：30.25
字　　数：600 千字
版　　次：2025 年 2 月第 4 版
印　　次：2025 年 7 月第 28 次印刷
定　　价：69.00 元

策划编辑：何　琳　　　　责任编辑：薛　萌
美术编辑：李向昕　　　　装帧设计：李向昕
责任校对：陈　民　　　　责任印制：马　洁

版权所有　侵权必究

读者服务电话：010-58806806
如发现印装质量问题，影响阅读，请联系印制管理部：010-58806364

第四版前言

本书上版修订已经过去 16 年了。这些年来，我国的教育事业又取得了巨大发展，很多变化超出了我们的想象。2022 年召开的中国共产党第二十次全国代表大会为国家的中长期发展绘制了新的蓝图，特别是大会提出的建设“中国式现代化”的远景和“高质量发展”的要求，给教育事业的发展提出了更高的标准和更艰巨的任务，非常振奋人心。本次修订力求反映这些变化和要求。

这些年来，除了国内外形势变化和教育发展促使我们不断审视本教材得失以外，我们也听到了一些同行对本书修改的建议及一些读者的宝贵意见，这些建议和意见都非常有启发。此次修改，鉴于力量所限，我们想在两个大方面做些工作：一是反映国家对教育发展的新要求和教育管理理论及实践的新进展；二是修订和补充此前教材中已经过时和遗漏的东西。为此，本次修订具体做的工作有三：一是在书的结构上做了少许调整；二是在内容上做了一些修改和补充；三是对部分段落编排做了微调，以使内容陈述看得更清晰。

属于结构上改变比较大的有：其一，取消了“教育课程行政”一章，删除了其中原属于“课程论”的内容，将其中“教材编写管理体制”的内容转归到“教育行政体制”一章，突出介绍和分析了 2017 年以来这个领域发生的政策变化。其二，将原属于“学校组织管理”一章的“学校领导体制”的内容转移到“学校领导”一章，专门设置一节介绍了这个领域中政策变化。相对而言，这样安排逻辑上更顺一些。

在内容上做了修改和补充的部分包括：第一，在第一章“教育管理学的教与学”一节中补充了“如何学习教育管理学”的内容。第二，在第三章中加了“思考与小结”一节，提供了对学习教育管理理论方法论的认识与思考，类似这样的“思考”在本版中或长或短增加了几处，目的是和读者交流，引起关注和讨论。第三，在第六章中加强了对教育政策分类的阐述，因为这关系对政策决策和实施过程中的策略选择问题。本章中还加了“教育政策的战略性分析与管理”的内容，这是对教育政策研究和实践的全局思考，符合政策的属性，不应缺失。这一章还修订了“当前我国教育政策的基本取向”的内容，上一版的内容有局限性，这一版在进一步分类的基础上做了扩充，但是也不一定全面和完全准确，考虑到教育管理学的学习者和实践者应当对国家教育政策发展有较为全面的了解，权且作为一种不完全的索引吧。第四，对我国教育行政一些领域如教育督导和教师培训的发展和变革作了进一步的介绍。第五，在第九章中更新了有关的教育财政数据。第六，上一版在“学校效能与学校改进”一章中，“学校改进”的内容是缺失的，这次补上了。第七，最后的“学校领导”一章，除了移入“学校领导体制”内容之外，在第一节中“管理理论与思想”的部分，加入了“中国当代重要的领导思想”的陈述，我们在学习和研究教育管理理论的时候，不能忘记自己国家的“传家宝”。

这一版修订除了第九章由乔锦忠教授完成外，其余全部是由我来执笔的。本版可能是最后一次有本教材初版作者参与的修订版了。我在此代表所有作者向多年来一直呵护本书出版和发行的北京师范大学出版集团的各位编辑与工作人员致以衷心感谢，也向多年来一直使用和阅读本教材的同行与读者们致以深深的谢意。

高鸿源
2024年12月

第三版前言

又是一个九年过去了，似乎本教材修订得慢了一些。教材修订总得反映一个时期本学科在理论和实践方面的发展和未来趋势。一般来说，在我们这样一个迅速变革的时期，教育和教育管理理论总在发生某种程度的变化，这种变化可能是理论深化甚至取向的改变，也可能是新的研究或实践领域的出现。而这种发展不是马上就能看得清楚的，要通过实践对各种理论假设做出验证，还要经过理论工作者和实践工作者比较长期的讨论和争议，才能把某个理论及其实践的规律梳理得稍微清楚一些、操作性强一些和符合中国实际一些。写作者必须在这个过程中积累经验和积累思考，才能说出属于自己的话。

这次修改，我们增加了影响教育管理发展的基础理论的解说，主要是对新公共管理和新公共行政学理论的介绍，这两个领域的理论对全球教育事业发展影响很大，也成为观察和思考当前中国教育事业发展的理论窗口。很惭愧，我们对这些理论理解得很肤浅，介绍得也不一定到位，但是它起码表明我们在教材中思考问题的观点。除此以外，本次修改还增加了教育信息的管理与公开和学校建筑管理两个章节。前者是一个比较新的领域，是教育管理向民主化发展过程中技术层面的问题；后者虽然不是一个新领域，但是在我国教育管理教材中始终没有得到反映，似乎它只是建筑学家的专利。学校建筑不仅是物质的建设，更是文化的建设，没有教育界人士对现代教育建筑的理解和参与，学校建筑的实践就可能缺少现代教育的内涵，也缺少个性。

在本次修改中，对学校效能与学校改进、教育财政和教育公共关系等章节进行了整体上的变动，力求反映这些领域的进展。其他一些章节也动了“小手术”，删减了一些被证明不太必要的内容。

本次修订扩大了作者的范围，一定程度可以说是新的集体劳动的成果。新生写作力量的参与是教材新意的来源之一，年轻同志总是对新的领域、新理论与实践保持着敏感，并且他们的写作风格也各有特色。这次修改中有些章节具有一些专题论文的色彩，我们没有强求统一，也许这样的呈现使得对一些问题的讨论会更深入一些。这次修订过程中，张东娇(教育公共关系)、蔡永红(学校效能与学校改进)、乔锦忠(教育财政)、朱科蓉(教育信息管理与公开)做出了他们的贡献。徐志勇和赵树贤也分别参与了教育政策与法律以及学校领导部分的修改。刘淑兰修订了教育行政体制和教育督导两个部分，高鸿源除了编写新公共管理和新公共行政两小节内容外，还写了“学校建筑管理”一章，并且扩充了学校战略规划的内容。

与国内同行相比，我们在教育管理理论上的修养还有很大差距，而这次修改又力图增加一些新的内容，错误和失当之处肯定不少。希望能够听到业内外学者和实践工作者的批评，我们今后努力把教材编写得更好一些。

高鸿源

2008 年 3 月

修订版前言

本书第一版自 1990 年出版以来已历经八年，其间我国社会、经济、文化教育形势发生了很大变化，教育领域中的新思想和新实践层出不穷，令人耳目一新。相形之下，原版本的框架已显缺失，且部分内容微泛珠黄之色，故需要做出较大修改。

本书修改之前，三作者达成共识：在科学研究的基础上，尽量包容新的思想观念，反映新的研究成果。求新，不免会有失当之处，也有可能给人不“稳”之感，招致非议。尽管如此，本书还是想说一点有些自己特点的东西，因为千部一腔已是当前教育著作的一大流弊，何况众口之下才更能议出真理，如能抛砖引玉，是作者求之不得的幸事。

这次修改在以下几个方面做了较大变动：第一，各部分加强了对管理基本理论的介绍和评价，除了第一部分做了专章介绍外，其他各章也穿插了对新观点的引述；第二，有意将管理放在更为开阔的视野中加以理解，所以加写了几章对此内容的论述；第三，补充了第一版中遗漏的内容，如学校的组织管理。

本书第二版撰写上的分工仍如第一版，第一编由陈孝彬执笔，第二编由刘淑兰执笔，第三编由高鸿源执笔。

此次修改，仍会有许多不能尽如人意的地方，望读者提出中肯的批评。

作者

于 1998 年秋

第一版前言

教育管理学是高等师范院校教育系教学计划中的一门重要课程。党的十一届三中全会以后，这门课程才得到了恢复与发展，并取得了一定的成绩。但是学术界对于这门学科中的某些概念及学科体系的看法并不统一。其中有些问题已经构成这门学科的“误区”，需要认真加以研究。

一、“标准”环境下的管理

教育管理学中讲的是一种“标准”环境下的管理，而这种“标准”环境在现实生活中是不存在的。“标准”环境下的教育组织是一种非现实的封闭系统，它极力排除外界环境中各种非教育因素的影响，把复杂的社会环境系统和教育系统都简化为若干个基本要素和相互间的关系。如果仅仅从理论分析上看，还是有道理的，也可以说是正确的。但是现实生活中，按照这种理论指导工作，几乎是行不通的。

二、对象的模糊性

书是写给人看的，所以写一本书首先要明确读者是谁。现在有些教材的简介泛泛地讲，本书可供各级教育行政干部、中小学领导干部、师范院校师生和广大教育工作者阅读。对这种简介要作具体分析。事实上，一本教材很难适应不同类型人的需要。教育行政人员和教育理论工作者在分析和研究教育管理现象时有共同之点，也有不同之点。正如当代著名教育家、瑞典皇家科学院院士托尔斯顿·胡森(Torsten Husén)所分析的，作为行政人员提出来的研究课题，不一定被学者承认是有学术价值的课题，而学者们拿出来的科学成果，也不一定被行政部门所采纳，因为他们之间的地位不同，看问题的角度也不同。

行政人员要求解决议事日程中亟待解决的问题。然而哪些问题才算是最重要、最迫切的问题，行政人员和学者的看法往往是不一致的。行政人员习惯于以一种政治家的眼光看问题，重视社会效果，而学者往往对行政人员的选择难于理解。

学者们善于通过科学研究手段，把收集到的材料经过加工上升为一种明确的科学概念或原则，甚至建成一个数学模型。而行政人员根据他们的体验对这些概念、术语、公式的真实性、可行性表示怀疑，甚至把这些看成是搞文字游戏。

学者们认为科学研究是一个过程，总要花费时间，不能急于求成，限定的时间也应宽松一些。而行政人员对待任务的态度，往往像对待“急件”一样，要求立竿见影，对科研成果的周期太长不能理解。

行政人员把研究工作视为制定政策的工具，对学术“自由”的要求不能理解，往往对科研成果表现出学者们不能容忍的官僚主义态度。而学者们在传统教育中，也形成了自己的傲慢与偏见，他们偏重基础理论研究，忽视实际应用，他们珍惜自己的研究成果的学术价值，而很少考虑其社会后果。①

三、忽视人在管理中的地位和作用

教育管理学是研究教育管理过程中的规划、组织、指导、协调和控制等问题。这些都离不开人类行为、人际关系及人类与其生存环境之间的关系。而人与人之间又有很大差别，这种差别不仅表现在年龄、性别、文化程度、职业上，还表现在态度、习惯、信仰、需要、观念上。所以，教育管理学必须反映人的特点。而现在一些教育管理学中所论述的学校组织只能说是一种理性的组织。这种理性组织只强调严格的等级制度和组织的权威性，规定了应该干什么和不应该干什么，而忽视了人在组织中的主动性与创造性。

四、没有教育管理行为改造的内容

现在一些教育管理学都把论述的重点放在介绍教育管理的一般原理、原则和规范化的措施、方法上，强调介绍一些已知的、公认的、成熟的知识和研究成果。它属于知识传递型的教材，往往忽视有关管理行为改造方面的内容。这种教材就像《游泳》教材一样，读者读后并不会游泳，同样，学了教育管理学的人也不会管理。这个问题的解决，不仅要在教学中加强教育管理实践活动，还要在教材中把行为改造放在一定位置上。

五、忽视对未来管理模式的设计

教育管理学应该把研究的重点放在对现实问题的研究上还是对未来的设计上，这是一个需要认真思考的问题。现在有些教育管理学的编写者把重点放在对现行教育方针政策的解释和对已有经验的描述上，也就是说，现在学校里是怎么做的就怎么写。这样就往往给读者一种错觉，即现行的管理都是合理的，合理的管理则是科学的，因此，现行的管理也是科学的。这种看法是值得研究的。譬如，我们现在对四十年来教育事业的发展与改革的评价，从宏观上、整体上、主流上看问题，无疑是方向正确、成绩显著。但在一些具体教育措施和管理上就不一定是完全正确的、合理的。教育管理学应有战略的眼光，看得远一些。从我国的现实情况出发，改变我国教育管理落后状况，靠一代人的努力是不够的，这是几代人的大事业。要使几代人之间在理论和政策上保持连续性，就

---

① 华东师范大学教育科学资料中心：《当代国外教育研究》，61页，上海，华东师范大学出版社，1986。

不能忽视对教育管理的未来模式的探讨。

教育管理学中的“误区”是在长期教学实践中形成的，它已成为编写者的思维定势和价值定势。现在我们要走出“误区”是很艰难的，这里既要有冲出“误区”的勇气，又要有科学态度，要经受来自理论、实践的双重检验。

本书只在编写过程中提出了这个问题，还没有真正解决这个问题。

本书由三编组成：教育管理的一般原理；教育行政管理；学校管理。在第一编中着重从学科的纵向与横向的结合角度，介绍本学科产生、发展的历史；研究本学科同其他相关学科的内在联系，同时分析了教育管理的本质，教育管理与环境、组织文化之间的关系；提出了按照三维空间理论建立教育管理学的学科体系的初步设想。第二编是从宏观的角度，探索影响教育管理诸因素的特点及其内在关系。我们参考了国内外有关资料，对教育立法、教育制度、教育规划和计划、教育行政管理体制、教育经费、教育督导制及教育行政组织和人员等问题，从概念的界定、分类、各国教育制度的比较，都作了一些研究，并对如何加强行政管理的建设与改革提出一些有益的设想。第三编是从微观的角度，介绍与分析了学校的目标管理、质量管理、人事管理，以及公共关系的管理的意义、作用和工作程序。我们在吸收国内外学者近些年新科研成果的基础上，向大家介绍一些教育管理的新观念和新方法。本书还试图从教材建设的角度突破以部门管理为主线的框架，这是我们的初步尝试。由于教育管理学还是一门发展中的新兴学科，现在还没有一个公认的、比较统一的学科体系。因此，本书中所使用的概念、原理、理论体系和研究方法只是作者的一家之言，难免有些偏颇。我们愿同大家一道，在探索中学习，在实践中完善，在改革中创新，走出“误区”，为创立一个具有中国特色的社会主义教育管理学体系而共同奋斗！

目录

第一章 教育管理学的性质和特点

世界上任何一门学科都有自己特定的研究对象。它是由无数的事实、现象所组成的。学者们在研究这些事实和现象的基础上，把隐藏在事实和现象背后的规律抽象出来，形成了本学科的概念、理论体系和专门的研究方法。这种概念、理论体系和研究方法是对，还是错；是真实地反映事物内在的客观规律，还是错误地或片面地反映客观规律，往往受到研究者主观条件和客观条件的限制。所以，学者间在对事实的分析及其结论的认识上的分歧和争论是经常发生的。美国科学哲学家库恩(R. Kuhn)在《科学革命的结构》一书中勾画出一个科学发展的模式(见图 1-1)。

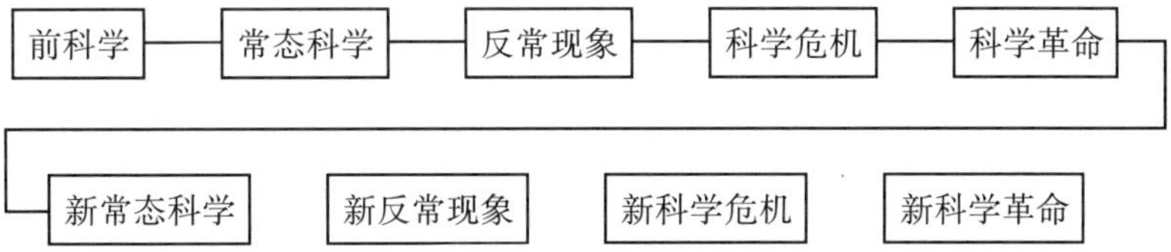

图 1-1 科学发展的模式

这个模式认为，科学的发展都经历一个科学的前期阶段(又称“潜科学阶段”)，接着在百家争鸣中取得了某种共识，使科学进入常态科学阶段。这个阶段是比较稳定的，又是发展的。当人们发现了一些违反常态的现象时，采用现有的理论和方法无法解决，就会爆发科学危机。解决科学危机的办法就是进行科学革命。在科学革命的过程中学者们逐步形成了新的共识。随着科学技术的发展和社会的进步，人类对客观世界和自我的认识就是这样不断地提高，各个学科的理论与方法也就日趋完善，但这个过程永远没有终点。毛泽东说过：“人类的历史，就是一个不断地从必然王国向自由王国发展的历史。这个历史永远不会完结。在有阶级存在的社会内，阶级斗争不会完结。在无阶级存在的社会内，新与旧、正确与错误之间的斗争永远不会完结。在生产斗争和科学实验范围内，人类总是不断发展的，自然界也总是不断发展的，永远不会停止在一个水平上。因此，人类总得不断地总结经验，有所发现，有所发明，有所创造，有所前进。”我们对教育管理现象及其规律的认识也是如此。现代教育，特别是现代学校是工业文明的产物，它反映了工业社会对学校的要求，工业社会的一些概念也就渗透到学校生活的各个方面。随着信息时代的到来，教育管理模式必将发生变化，教育管理理论也将随之改变。

目前，我国在邓小平理论的指导下，由计划经济体制向社会主义市场经济体制转变，经济增长模式由粗放型向集约型转变，在教育管理领域中也出现了一些新情况、新问题。这些新情况、新问题依靠现有的教育管理理论和办学模式往往是解决不了的。本章就是在对传统的教育管理模式再认识的基础上，保留其精华，更新其过时的理论和方法，形成新的教育理念和管理模式。这是时代的要求，也是历史发展的必然趋势。新的时代呼唤着新的教育管理理论。

第一节　教育管理学的性质

一、什么是教育管理学

教育管理学是研究教育管理现象及其规律的科学。按照教育管理对象的特点，我们可以把它划分为广义的教育管理学和狭义的教育管理学两大类。广义的教育管理学是以整个国家教育系统的管理作为自己研究的对象。它是以中央或地方的教育法令、法规为指导，遵循教育的客观规律，对整个教育行政系统和各级各类学校组织进行规划、组织、指导、协调和控制，使有限的教育资源得到合理配置，以实现管理目标优化的一门现代科学。狭义的教育管理学是以一定类型的学校组织作为自己研究的对象，构建学校和社区环境之间的和谐关系，建立和健全学校组织及其运行机制，优化办学资源，调动全校人员的积极性和创造性，以全面提高教育质量、培养合格人才为目标的一门现代科学。

二、教育管理学的性质

(一)教育管理学是一门社会学科

教育是一种社会现象，它存在于一定的社会环境之中，社会环境中各个因素对教育的存在与发展有着促进或制约的双重作用。教育管理学就是研究在什么社会条件下、采用什么方法能够激活教育中的激励因素，改变制约因素。此外，在评价教育管理的质量时也是以其社会效益的大小为准绳的。

目前国际科学界有一种偏见，他们只承认自然科学是科学，怀疑社会科学的科学性。这种偏见除有其意识形态和政治信仰的原因外，主要是受西方流行的“科学主义”文化的影响。他们认为科学必须是精确的、严密的、规范的、逻辑的。采用的方法是实证的、可分析、可控制的。他们对社会、人文科学也提出了同样的要求，成为评价学科科学性的主要标准。这种用自然科学的标准和方法来研究社会问题也就成为一种时尚。如果从学科交叉的角度来看是有意义的，它会促进社会科学研究方法和手段的科学化、现代化。但是，社会现象有其自身的特点，如果我们只是用自然科学的观点来要求它，这是不符合对社会现象研究的真实情况的。具体理由如下。

1. 社会是一个开放系统

存在于开放系统中的教育，常常受到两类因素的影响：一类是确定性因素，这种因素是可以预见的、稳定的、长期起作用的因素；另一类因素是不确定性因素，是偶发的、不稳定的，也是难以预料的因素。后一类因素的影响往往被人们忽视。这就是我们常说的环境、条件的变化对社会大系统的影响。因此，社会科学的研究对象具有不稳定、不规则、不清晰的非线性、复杂性运动现象的特点①。人只有在控制住环境、条件中的各种变量的情况下，才能得出比较精确的结论。而现在，教育管理学发展的水平只能对确定性因素作出回答，还不能控制住不确定性因素。只能回答教育事务发展的各种可能性，而不能说一定如何。

2. 社会科学是人的科学

社会是由人所组成的，人是社会实践的主体，是各种新事物和社会财富的创造者，“世间一切事物中，人是第一个可宝贵的。”②每个人都是主体的人，都有自己的态度、感情、欲望和需要。人又是按照利益不同划分为若干个群体，各个群体既有共同的也有独特的行为逻辑。社会科学关注怎么把人有效地组织起来，怎么才能调动每个组织和个人的积极性，形成凝聚力，实现组织和社会的目标，同时使个人成长和幸福。

3. 社会科学的整体性

社会是一个有机的整体，它是由若干个相互区别、相互联系又相互作用的要素所组成的。当其中任何一个要素发生变化时必然影响到其他要素的变化。因此，我们研究社会问题时必须从整体出发，处理好局部和整体的关系。社会的整体性又是以某种结构形态表现出来的。社会的发展或变革是和社会结构的调整或变革联系在一起的。

（二）教育管理学是教育科学的组成部分，又是管理科学的一个分支

为什么说教育管理学是教育科学的组成部分之一呢？因为教育科学是研究教育现象及其规律的科学，是研究教育者如何对受教育者身心健康发展实施影响，以便使受教育者成为社会和教育者所期望的人；是研究如何把人类创造的物质文化和精神文化传递给下一代，使人由自然人发展为社会人，完成由文化继承到文化创新的过程。教育科学研

---

① 余长根：《管理的灵魂》，10 页，上海，复旦大学出版社，1993。

② 毛泽东：《唯心历史观的破产》，见《毛泽东选集》第 4 卷，1515 页，北京，人民出版社，1991。

究的范围十分广泛，如社会环境与教育环境、教育目标、教育对象、教育计划、教育内容、教育过程、教育方法、教育媒体、教育设备、教育时间和教育空间、教育者、教育经费等。当这些教育因素各自处于孤立的状态时，它们形成不了教育过程，更达不到教育的预期目标。教育管理学就是研究对影响教育质量和效益的诸因素如何进行组合。因此，教育管理学就成为教育科学中一个重要的组成部分。

为什么说教育管理学是管理科学的一个分支呢？因为，管理是人类社会特有的一种现象，它存在于社会生活的各个领域。管理科学就是研究管理者如何应用一定的理论和方法，在特定的环境下，引导被管理者去行动，使有限的资源得到合理配置，以实现预定目标的活动。这种活动适合于社会生活的一切领域，其中也包括教育领域。但是，教育管理又有自己的特点，它不同于其他行业和部门的管理。教育管理学就是把教育和管理结合起来，研究如何按照教育的客观规律来管理教育，对影响教育质量和效益的各个要素进行规划、组织、指导、协调和控制。

如果我们在研究教育管理的时候，只强调按照教育规律办教育，忽视教育工作组织的管理规律，就有可能使教育陷入低效甚至失败。反之，只讲管理学的理论，忽视教育的规律和特点，把企业管理、政府的行政管理、部队管理和教育管理混淆在一起，就可能破坏了教育质量和秩序。

(三)教育管理学的文化性

世界各国的教育管理理论与方法有其共同的地方，这一部分的教育管理理论和方法是人类共同的财富。世界各国的教育管理也存在着许多差异。这些差异除了经济与物质条件上的差异之外，主要表现为文化上的差异。也就是观念形态和文化传统的差异。英国教育家阿什比在《科技发达时代的大学教育》一书中，对英国、美国和德国的高等教育管理进行了比较，提出了各国之间在大学理念上的差异。对于我国的教育管理来说，中华民族的文化传统是我国教育管理的基石，是我们处理教育工作各方面关系的基本原则。

第二节　教育管理学的特点

一、教育管理学是增长智慧的科学

我国有些学者认为，管理就像下棋，把管理者比喻为棋手。下棋的规则是比较简单的，学起来也不难。但是每个下棋的人，面对着有限的几个棋子要想取得胜利并不是一件容易的事。因为下棋需要智慧、经验和勇气，管理也是如此。因此，教育管理学就应该是启迪思考、开阔眼界、增长智慧之类的科学。

二、教育管理学是迎接挑战的科学

当前教育管理工作中存在着许多热门话题，对于管理者来说，如何处理这些问题是令人头疼的难题。热门话题往往是从实践中提出来的，是大家十分关心的问题。但是对于如何解决这些问题又是众说纷纭，暂时还没有一个统一的认识和解决问题的办法、方案。这就是人们常说的："现实的挑战总是超越现存的理论。"[①]管理者如果只是想从历史的文献、前人的科学著作及各种法令、法规中找到现成的答案，来解决新问题几乎是不可能的。我国改革开放以来，在教育事业的发展中发生了许许多多新问题，哪个问题的解决是靠前人的理论和经验呢，可以说几乎没有，这就要求管理者敢于向"极限"挑战。因此，教育管理学是教人如何迎接挑战、同自己的困境作斗争的科学。

三、教育管理学是价值的科学

任何一位教育管理者在解决或处理问题时，都要经过三个阶段：识别信息(是什么与为什么)；价值判断(利弊得失)；行为选择。

识别信息阶段就是了解事情本身的意义、性质、特点和要求。

价值判断阶段是中心阶段，也就是用价值观来分析这种行动是对，还是不对；是值得，还是不值得，是应该做，还是不应该做。其中包括目标选择是否得当、行为结果的利弊得失及过程中风险大小。这是管理决策的基础，也是衡量管理水平高低的标志。

行为选择阶段就是决定是否行动，即干还是不干，以及如果干，从什么时候开始行动和怎样行动。在教育管理实践中，每个管理者都有自己的价值观念体系，作为管理行为的准则。教育管理学就是告诉学习者应该树立什么样的教育价值观，反对什么样的教育价值观。我们应该认识到：凡是现实存在的并不一定就是合理的、科学的，当前是合理的并不一定将来也一定是合理的。

四、教育管理学是权变性的科学

权变就是权衡应变的意思。它要求我们一切管理工作都要从实际出发，因时、因地、因人制宜。既要有高度的原则性，又要灵活地选择管理方式和方法。管理者相信世界上没有十全十美的管理模式和管理方法。一般来说，任何一种管理模式、方案都是有利有弊。只不过在某种条件下利大于弊，换了一种环境、条件之后就有可能弊大于利。所以，权变性的思想方法是很重要的。

---

① 余长根：《管理的灵魂》，9页，上海，复旦大学出版社，1993。

五、教育管理学是行动的科学

教育管理学虽然是在一定理论的指导下探索教育管理规律的科学，但它又不是纯学理的科学。它要告诉人们如何去行动才能取得成效。无论是改造一个旧的或有缺陷的教育系统，还是构建一个新的教育系统都需要管理者的规划、策略、运筹的技能和方法。教育管理重在行动，重在效益。

第三节　现代教育管理学产生的背景和条件

自从人类文明史上有了有组织的教育以后，也就有了教育管理。那时候的教育管理是十分简陋的。我们从古代的历史文献、民间传说及教育家的著作中可以了解当时教育管理的一般情况。但是，把教育管理现象作为研究对象，采用科学的方法进行研究则是从 20 世纪初才开始的。一个国家教育管理的成熟程度是与这个国家经济与文化发展水平、教育的法令法规及教育规范化和制度化的程度联系在一起的。大约从 12 世纪开始，欧洲就产生了第一批大学。当时的大学实际上是知识分子的行会(拉丁文称为 universitas)。这种行会是知识分子们为了保护自身的利益，在同宗教势力和封建君主作斗争中发展起来的。他们提出了“大学自治”的口号，因为有的大学是由一批教师发起的，因此形成了“教授治校”的传统；另外有些大学是由学生建立的，也就有了学生“参与管理”大学的做法。这种思潮对当今欧美国家的高等教育还有一定的影响。后来由于工业革命的爆发才产生了与工业经济相适应的工业文明，它渗透到社会生活的各个方面，其中也包括教育方面。教育由个人的私事演变成社会公共事业，国家在学龄儿童中确立了普及初等义务教育制度。初等教育、中等教育和高等教育从各自分离的状态逐步形成了一个完整的教育体系。大学组织的功能也由单一功能向着多功能迈进。在基础教育中分化出职业中学、实科中学，社会教育中成人教育的形式和方法也走向多样化、多渠道。各级各类学校的教学计划、教学大纲、教材、课堂教学、教学方法、考试方法都被工业文明所改造。在教师队伍中分化出专职的学校行政管理人员。在这种历史背景和社会条件下，教育发展的现实要求教育理论工作者把教育管理作为研究对象，探索教育管理的客观规律，实现教育管理的现代化、科学化、民主化。据美国教育管理学家罗尔德·坎贝尔(R. T. Campbell)的看法，从 20 世纪初开始，教育管理才成为学术研究和实践活动的一个独特领域。直到第二次世界大战以后，教育管理才逐步成为一门独立的科学。

从古典的教育管理模式向现代教育管理模式演变是受下面三种因素的影响。

一、现代教育管理理论的产生是教育事业自身发展的需要

教育作为一种社会事业在其生存和发展过程中，必须处理好两方面的关系：一是教育同外部环境的关系，其中包括自然环境和社会环境；二是教育内部各个因素之间的关系。工业革命以后，西方国家经历了工业化、都市化、市场化、世俗化、教育普及化、法治化的过程。教育由私人事情变成社会公共事业的一部分。政府有责任对教育事业进行统筹规划、资源配置、保障社会和人民对教育的需求。于是就要对教育事业发展的规模、速度、类型、结构、布局、质量、效益等问题进行研究。教育事业内部也存在着质量、效益、秩序及人际关系等问题。这些问题的解决都需要通过科学研究的方法，在理论和实际结合的基础上作出回答问题，教育事业的改革和发展呼唤着教育管理理论的产生。

二、现代科学技术的进步为教育管理理论的产生提供了可能性

科学技术的进步改变了人类认识世界的图景。人类掌握了认识世界和认识自我及改造世界和改造自我的工具。在教育管理领域中，教育科学工作者把调查、统计、测量、评价、预测、诊断、实验、预算之类的理论和方法应用到教育管理之中。如果没有现代数学、现代物理学、现代心理学、现代经济学、现代社会学所提供的认识工具和科学方法，教育管理的现代化、科学化是不可能的。所以说现代科学技术的发展为教育管理学的产生提供了可能性。美国一位名叫达顿的人，在他任视导长期间采用科学方法确定各个学校的办学水平，然后按照不同办学水平给予不同的奖励。结果使一个落后地区的教育变成先进的教育。为了解决普及教育中的流生和厌学问题，在 20 世纪初美国纽约市的教育行政部门聘请了一批教育学家、心理学家和社会学家到学校去帮助解决此类问题，专家们采用的也是上述的科学方法，同样获得了比较好的效果。

三、现代企业管理理论和方法的成就对教育管理理论的辐射作用

社会存在的基础就是经济。因此，经济领域的任何变化都或多或少地对社会其他部门发生影响。管理学家们认为，20 世纪不仅是科学技术飞速发展的时期，同时也是管理科学取得辉煌成就的时期，无论是管理理论、管理方法还是管理手段都发生了划时代的变化。人们在赞美管理科学对经济发展带来巨大贡献的同时，也把管理的一般原理应用到其他部门，特别是非生产性部门。教育学家在企业管理理论成就的鼓舞下，也试图把

企业管理的理论与方法移植到学校管理之中，于是引起了争论。从本质上讲，教育部门和企业分属于两个完全不同性质的部门，教育规律和经济规律是相互不可替代的。谁要是按照经济规律来办教育注定是要失败的，我们在这方面的经验教训是很多的。作为以物质生产为主的企业和以精神生产为主的学校又有相互借鉴的地方。现在学校管理中广泛采用的目标管理、质量管理、校园文化管理和人的行为管理都是借鉴企业管理的理论和方法。现代企业管理理论和方法对教育管理发生了很大的影响，推动了现代教育管理理论的发展。

第四节　教育管理学内容的维度和层次

教育管理系统是个庞大、复杂的系统。它存在于大的社会环境系统之中，受社会环境中各个因素的影响和制约，教育系统内部也存在着复杂的关系。教育管理学就是研究如何从实际出发，处理好社会环境和教育管理、教育内部实务方方面面的关系，以便提高教育的质量和工作效率，为社会培养出更多更好的人才，为人的发展提供更好的机会和条件，也为社会发展提供更多的服务。

一、教育管理学研究的维度

维度是指研究的视角。从内容结构来看，教育管理学学科体系有四个维度：其一，教育管理思想和管理理论维度；其二，教育管理制度维度(国家和学校教育管理体制、教育法律政策和规章)；其三，教育管理职能维度(规划、组织、指导、协调、监督、控制、运筹、激励等)；其四，各个层面的管理业务维度[教务、思想教育、体育、生产劳动、科研、人事、财(政)务、评估、后勤、领导等]。四个维度在学科体系建设中相对独立，各司其职，但在具体研究和论述中又相互联系，融合渗透。

二、教育管理学研究的层次

从管理实践中客体层次的视角来看，教育管理学的学科体系还可分为三个层次：研究对宏观的教育事业的管理即教育行政学；研究对微观教育事业管理即学校管理学；研究对教育管理人员进行管理或他们的自我管理的相关知识。不过一般在教科书中，第三层次大多被吸纳到前两个层次里加以叙述。

(一)教育事业的管理

社会主义教育事业是社会主义现代化建设的重要组成部分之一。如何按照党的指示把我国社会主义教育事业全面推向新的水平，是时代赋予我们的要求，也是当前教育管理改革的主题。教育事业管理包含下列一些内容。

第一，理论和思想准备。面向日益复杂的国内外环境变化与挑战带来的人才培养新需要，在教育的宏观与微观管理上需要做好哪些理论上和实际上的准备？

第二，做好教育发展的战略思考。在实施科教兴国的战略方针中，什么样的科学和什么样的教育才能兴国？教育的哪些方面需要持续地进行变革？

第三，正视矛盾，寻机发展。我国目前还处于向中国式社会主义现代化发展和完善期，在这个过程中，各种权力、利益、地位、责任的调整，必然引发出一系列矛盾。这些矛盾也会影响到教育系统中来。如何分析现状及正确处理这些矛盾，也需要从理论上提高认识，在方法上提高有效性。

第四，坚定实施素质教育。如何实现教育由“应试教育”向素质教育转轨？这不仅是一种教育思想或教育理念的变化，也是探讨一系列新的教育模式。从教育理念上是使教育真正成为面向全体学生，全面贯彻教育方针、全面提高教育质量，让学生生动活泼、主动地得到发展。这种教育理念如何转化为教育行为呢，就必须研究出素质教育的模式。使素质教育的目标和原则渗透到教育教学的全过程。现在我国已经有一批学校在实施素质教育上积累了丰富的经验，取得了阶段性成果。但是，实施素质教育是新中国成立以来基础教育改革中一次比较重要的改革，无论在教育理论上、教育体制上、教师队伍的建设上还是教学改革上都还存在许多问题有待进一步研究。

第五，做好规划引领改革与发展。我国是一个发展中的大国，要想实现国家的现代化，必须提高整个民族的素质和培养出大批的专门人才。为此，我们必须制定教育事业的改革和发展规划，对各级各类教育的发展速度、规模、类型、结构、数量、质量、领导体制、投资体制、办学体制、评价体制提出明确的要求。

第六，依法治教。为了依法治教，必须明确教育法在教育管理中的地位和它在法律体系中的地位，提高全民的教育法治意识和法治观念，加大教育立法和执法的力度。保障我国教育事业沿着法治的轨道前进。

第七，解决教育发展不均衡的问题。我国地域辽阔，人口众多，各地经济和文化发展不平衡。发展教育是依靠智力脱贫的重要战略和战术举措，把人口负担变成人力资源优势。因此，我们必须研究如何改变中、西部地区教育的落后状态，特别是民族地区的教育和女童教育。

第八，改进薄弱学校。目前，我国各地还存在着一批基础薄弱学校，被家长们视为“信不过”学校。这种学校的形成有其历史原因，现在改变起来也很难。但是，只要各地政府重视、政策到位和方法科学，改变基础薄弱学校是完全可能的。

第九，完善管理体制。在办学体制上如何逐步完善以政府办学为主体、社会各界共同办学的体制。

(二)对学校和其他教育组织的管理

学校是办学的实体，学校校长是法定代表人，他受政府教育行政机关的委托对学校工作全面负责。学校的管理就是全面贯彻教育方针和教育法令、法规，把提高教育质量、健全教学与生活秩序、增进效益和调动教职工积极性作为自己的主要任务。在这个领域要研究的包括以下六个问题。

第一，学校发展规划和计划。如何制订学校长期发展规划和近期的工作计划是学校管理中一个重要的内容。规划和计划就是设计学校的未来，安排学校的未来。一个学校或学校的负责人如果对未来缺乏渴望和追求，对未来丧失信心，这个学校或其负责人也就失去了存在的价值和行为的动力。制订规划的关键是预测、决策和运筹的科学化、民主化。

第二，学校的组织建设。学校管理是通过组织来实现的。学校组织不同于政府或企业组织。无论在组织的层次与结构上，在职务、责任、权力的配置上，还是在信息的沟通与联络上都要考虑到文化、科学、教育的特点，做到指挥灵、信息通、效率高。

第三，学校秩序。学校教育质量的提高和工作经验的积累都是建立在稳定、平衡、有序的学校秩序之上的。但学校环境又是动态的，动态的环境往往会打破原有的稳定、平衡、有序的学校秩序，出现混乱、失衡、无序的状态。因此，学校管理者就要在动态的环境下求得新的平衡。

第四，学校文化与管理机制建设。要运用学校文化和管理机制来调动教职工的积极性和创造性，学校的一切成就、荣誉、质量、效益都是教职工创造的。他们的创造力和才能能否充分发挥，关键在于管理。管理为他们智慧和才能的发挥提供了机会和条件，管理也帮助人们扫除了各种障碍。

第五，学校教育资源的配置。办学离不开资源，资源对每个学校来说都是有限的，重要的资源也往往是匮乏的。学校管理就是在有限的资源条件下，如何通过开发和组合增值效益。资源组合的方式不同，效果也是不一样的。

第六，学校与社区的关系。每个学校都存在于一定的社会环境之中，社会环境为学校的发展提供了哪些机遇呢？学校正面临哪些挑战呢？学校发展的希望又在哪里呢？学校将可能遇到什么困惑和危机呢？这是每个学校管理人员需要思考的问题。从这个意义上讲，教育管理学就是研究如何识别和捕捉机遇，主动去迎接挑战，使自己摆脱困境，引导学校走向健康发展的道路。

(三)学校管理者的自我管理

正确的路线、方针、政策确定以后，干部就是决定的因素，所以教育管理就要从提高干部的自身素质入手。以下三个方面是普遍需要关注的问题。

1. 学校管理者的影响力场

学校管理是学校管理者和被管理者相互影响的过程。这里既有管理者对被管理者的影响，又有被管理者对管理者的影响。学校管理者要扩大自己的影响力，就必须让被管理者佩服、信任管理者。如果大家对管理者缺乏佩服和信任，管理者的权力再大，也是达不到预期目标的。因此，教育管理学就是明确如何才能扩大管理者的影响力场。每个管理者的影响力场的强弱和范围大小是不同的。美国社会学家莫雷若的社会测量法可以帮助管理者找到自己在非正式群体中的位置和群众对自己拥护的程度。为了不断地扩大管理者在组织和群体中的影响力，就必须从其是否善于正确地使用权力、自身的智能结构完善程度和品德修养等方面来研究和改进。

2. 学校管理者的类型

每个学校管理者都应该问一问自己是什么类型的学校管理者。实践表明，有人依靠资历和上级赋予的权力形成家长型管理；有人凭借智能，成为指挥和操纵别人的棋手型管理者；有人重视人的感情在管理中的作用，是关系和谐型的管理者；有人是重视理性思考的学者型管理者；有人是社会活动家型的管理者；有人是“维持会长”型管理者；还有人是无能的管理者。美国学者布莱克(R. R. Blake)和莫顿(J. S. Mouton)在《新管理方格》一书中，按照关心业务的程度和关心人的程度，各自划分为 9 个等级，然后把关心人的程度和关心业务的程度结合起来，这就形成了 81 种管理者类型。每个学校管理者都可以从管理方格图上找到自己属于哪种类型的管理者。同时也明确自己距离理想的管理者还有多远。

3. 学校管理者智能结构

要想使自己成为一个成功的教育管理者就必须不断完善自己的管理智能结构。学校管理者的管理智能大致有下列五个方面。

(1)概念的能力。

学校管理者无论处理任何事件和人的问题，都能提出明确的指导思想或原则。办事没有概念，也就是没有原则。学校管理者就是利用概念统一大家的认识，引导大家去行动。

(2)决策论证和可行性分析的能力。

决策就是在特定条件下的最后选择。选择之前要充分论证，把各种矛盾都暴露出来。只要我们做好充分准备，有对付矛盾的办法，矛盾也就不可怕了。

(3)沟通和协调的能力。

只有沟通才能增强彼此的理解、信任和支持。只有协调才能把分散的力量集合为一个整体，消除各种矛盾和冲突。沟通应该是全方位的，既要和教职工沟通，与自己的助手沟通，还要和自己的上级领导沟通。人与人相互之间的尊重、理解、信任、支持和友谊是沟通的基础。

(4)组织实施能力。

学校管理者对学校各项常规性工作心中有数，懂得如何确定目标：应该做什么？由谁去做？什么时候做？在什么地方做？用什么方法做？评价标准是什么？对非常规性工作要有应变能力。

(5)自我反省和评价的能力。

金无足赤，人无完人。人的一生都是在同自己的无知作斗争。人要确定自己的模糊区在哪里，要有勇气冲出误区还要承认自己的盲区。学校管理者就是通过分析和评价的工具来认识自我、完善自我，必要时还要重塑自我。

第五节　教育管理学的教与学

一、学习教育管理学有用吗

每位学习者开始接触教育管理学的时候，都会向教师提出："它对我们现在的工作或将来的工作有用吗?"为了提高教学的针对性，本书作者曾经向各种类型的学习者进行问卷调查。调查结果表明，人们是抱着不同的动机或目的来学习教育管理学的。

第一类学习者是为了丰富和充实自己的智能结构，为自己今后的发展增多一份机会或条件来学习教育管理学的。他们认为，现行教学计划培养出来的人，在智能结构上有很多缺陷，人不能总定位在某一种专业或职业上。现代社会要求人由单一专业结构向着复合型人才的方向发展。现代管理科学和外语、计算机一样，成为人们生存和发展不可缺少的工具。在各行各业中要想取得成就都离不开现代管理理论与方法。各行各业的管理又是相通的。学习教育管理学只要有这个大目标就行了，目前不必给自己设置具体的目标。

第二类学习者是想成为一个成功的教育管理者。他们已经在教育部门工作多年，对教育工作有着强烈的事业心和责任感。他们把人生的价值定位在追求教育管理上的高成就。学习教育管理学能够使自己掌握教育管理的客观规律，学会做正确的事和如何正确地做事，他们希望在学习教育管理学的过程中能够找到一条成功之路。

第三类学习者主要想通过学习来获得一种学历证书、文凭，以改变自己现在的身份和地位。至于所学内容是否有用，那是次要的。

第四类学习者属于随便听听。随大流或凭兴趣，自己尚无明确的目标，对教学也没有要求。

第五类学习者是想挑挑教育管理学的毛病。他们认为教育管理学教材上写的东西都是学者们编出来的，实际上是行不通的，还不如自己的经验管用。

这五种不同类型的学习者同在一个教室里学习，对教师的教学自然会有不同的评价。本书作者是把自己的教学定位在如何使自己成为成功的教育管理者，同时尽力满足想丰富和充实自己智能结构的那些人的要求。

“有用”有两种情况：一种是职业技能性的知识，如教育调查、教育统计、教育评价、教育测量之类，学会了也就能用了；另一种属于思想方法、价值观念，它的有用性不同于前一种，要经过体验、领悟和学习者自己的再创造。这类学科往往是一听就懂，但做起来就不一定对，关键在于没有体验和领悟。

对于在职的学习者来说，下列情况需要应用教育管理学的知识。

第一，当学习者被委任一个新的领导职务时，首先要明确自己的角色地位，是“正职”还是“副职”，增强自己的角色意识和责任感。要考虑自己如何才能比前任领导者干得更好一些。自己的目标是什么及怎样才能实现目标。学习者要同先进单位比较，找出工作中的差距和矛盾。

第二，当学习者接受一项新任务时，在搞清楚任务的性质和特点之后，如何才能把任务转化为行动目标，如何对现有的实力和潜力进行评估，如何把劣势转化为优势，在多种可能性中如何找出最适合自己情况的那种可能性。

第三，当学习者在工作中取得成绩的时候，需要上报材料，要把自己的经验、体验上升到一种明确的思想，需要不断完善自己的认识。学习教育管理理论可以帮助学习者重新认识自己的经验，完善自己的思路。

第四，当学习者遇到失败或挫折的时候，需要一面镜子，照一照自己的问题究竟在哪里，以便激励自我、调整自我。教育管理理论就是一面镜子。

第五，当学习者工作中遇到麻烦、感到苦恼的时候，例如：时间不属于自己，而属于别人，自己想做的事情却排不出时间；自己在群众中的威信下降了，出现了指挥不灵、信息不通、效率不高、办事不力；上级对自己不信任了；学校内部人际关系紧张；办学资源不足；等等。面对这些问题有什么办法可以摆脱困境呢？教育管理理论也许可以帮助学习者排除烦恼，走出困境。

上述问题在教育管理学中虽然都没有提供明确的答案。但是，学习者却能从书中找到解决问题的原则和思路。

二、如何教好与学好教育管理学

(一)怎样教好教育管理学

第一，教育管理学教学成功的关键是通过教学活动唤起学习者对本学科有较高的期待。让他们从学习中得到乐趣、获得心理上的满足、体验和领悟到管理的威力，从而找到了自我的生长点。不断地向自己的智力和忍受力的极限挑战，并帮助和促使学习者去延伸这些极限。学习教育管理学就是学习者的智力挑战。

第二，教育管理学教学的作用不仅仅是向学习者传授系统的教育管理的基础知识、基本理论和基本技能，而更为重要的是使学习者学会思考，把他们的智力的潜能释放出来。要让学习者掌握成功管理的思路和方法，就必须教他们能够自己站在一个高层次上去把握和分析问题。让他们学会面对复杂多变的外部环境和内部条件，如何才能作出正确的判断，学会在信息资源不充足的情况下作出自己的选择。学习者不要期望从书本上或老师那里得到答案。

第三，教育管理学教学的难点不在于内容是否深奥，而在于如何通过教育管理学的基本理论和技术的学习培养起学习者的求真和求实的态度与能力。

求真态度就是穷究底蕴的探索精神。要引导学习者学会在学习中系统性质疑：某个管理理论和观点对不对？为什么对？应用起来有无条件约束？在什么情况下会产生歧义或失效？要引导学习者学会反思，养成反思的习惯，不要盲目跟风。

求实精神就是追求理论和技术的使用价值，提高执行力，力求实效。要引导学习者树立“不尚空谈，多做实事”的作风，引导学习者学会将理论转化成各种实用工具，如内容、政策、制度、策略、标准、流程和方法，并能熟练使用。教学中以各种方式引导学习者理论联系实际。

第四，教师首先要勇于实践，积累经验和思考，善于将理论转化为实践技术，才能引导学习者走向实践和学会在实践中思考。教育管理学的基础理论多是宏观思考(很多涉及微观领域的理论也是如此)，而作为实践性学科，教育管理学还应有“教育管理技术学”或“教育管理理论转化学”作为支撑。

第五，教育管理学的教学模式是多种多样的。在20世纪二三十年代以前，经验传递是主导模式。学习者都在模仿前任教育管理者的执教之方。20世纪30年代到60年代教育管理的培训模式以读书和学习系统的教育专业课程为主。20世纪60年代到80年代，由于行为科学的盛行，教育管理的培训模式强调行为训练。1980年以后，在权变管理理论的影响下，案例教学和情景模拟教学的模式大受欢迎。在计算机管理辅助软件的帮助下，学习者可以在虚拟学校中，按照理论假设进行各种各样的教育管理改革的试验。这种虚拟现实的教学方法备受关注。未来教育管理的培训模式还会有新的发展。

第六，教育管理学教学中容易发生的错误有以下五个方面。

一是关于教育管理的标准环境和非标准环境问题。任何教育管理都是在一定环境下进行的。教育管理的实践是在非标准环境下，而教育管理学的教育者无法针对错综复杂的各种环境，只能构想一种标准环境，而现实生活中这种标准环境根本就不存在。于是就出现了“理论上是正确的，而实际上往往是做不到的”的看法。

二是关于教育的常规管理和例外管理的问题。教育管理学教材中讲得比较多的是常规管理，这当然是必要的。但教育管理人员在教育管理实践中往往遇到的是非常规现象，实践需要多讲一些例外管理。

三是关于教育管理中人与事的关系。教育管理学是办事的科学，在教育管理过程中管理者要做许多事情，要懂得程序、规则、标准。因此，如何做好事情就成为教学的主要内容。而事情做得好坏关键在于人，人的认识、感情、态度、能力、责任心是很重要的。教育管理学不应该“见物(事)不见人”，不能成为一个“没有人”的管理学。

四是关于权利在教育管理中如何应用的问题。世界一切管理活动都与权利有密切关系。教育管理虽然不同于政府机关和企业的管理，但在教育组织中也离不开权利的作用。现在教育管理学教材中很少论述权利的实质、学校权利的特点及教育管理者如何正确、有效地使用权利。

五是教育管理学的教学起点问题。对于广大的学习者来说，教育管理学是他们刚刚开始接触的一门新的学科，但他们个人的教育管理的实践经验早就有了。他们从当小学生开始就知道了学校管理，只不过没有上升到理性认识阶段，所以教育管理学的教学起点是非零开始。教师要在“教其不知”“解其所疑”上下功夫，千万不要把学习者当成毫无所知的人。教师要从思想上真正把学习者当成学习的主体，按照他们的实际需要组织教学。

(二)如何学习教育管理学

1. 系统学习书本知识和“做中学”相结合

没有学习过教育管理学的教育从业人员都应该系统学习一下这门学科，知道这个领域的基本领域、理论、知识与技能，为工作和进一步学习奠定基础。但在系统学习书本知识点过程中，一定要和“做中学”相结合，也就是根据需要学习带着问题学，在实践中学。问题是学习兴趣和深度学习的激发点，是学习中思考的出发点。“做中学”也可能另辟蹊径，开拓出对教育管理学某方面知识学习的新天地。

2. 广览博学

教育管理学的教材和课程只是引导学习者入门的初步知识，而教育管理学作为一门跨学科的综合性应用性学科，它的理论和方法性知识也是从其他相关领域的研究成果中借鉴来的。这些借鉴及其介绍是比较简约和粗浅的。为了深化对教育管理中方方面面知识的了解和认识，学习者还应当结合实际需要读一些专题研究性的教育管理学文章或专著。除此之外，有志于提高理论水平和扩大管理视野的学习者还应当从其他相关的学科领域吸收新的观念、知识和方法，特别是了解经济学、企业管理学、行政管理学、行为心理学、行为经济学、社会管理学等学科领域的知识进步和发展。相比较而言，这些学科所依托的实践活动对社会变化的感觉更敏锐，发展的活力更强，创新更有深度，对社会发展的直接引领作用更为明显，因而在这些学科领域中新的研究视角、新的观点和新的方法不断涌现。我们可以追踪这些新知识，结合教育的规律加以改造应用。

3. 全面、辩证地学习、分析和应用各种国内外教育管理理论和经验

一般来说，每种教育或教育管理理论都是一种个性化的思想建构，它们各自从某个视角阐述了写作者对感兴趣问题的所观、所学和所思，大多数都有一定启发意义，但是也可能都存在着一定的“片面性”，因为作者对问题的分析基本是基于一定有局限的环境、事实甚至主观立场下作出的。世界是立体、多侧面的，分析和解释这个世界的理论也是多样的，至于实践经验和“模式”更是众说纷纭。在学习某种理论和经验的时候，学习者就要提问和思考：这个理论和经验是基于什么环境和问题提出的？它(们)在什么条件下成立且有何局限性？有哪些理论和经验对它进行补充、修订甚至否定？这些批评理论和经验的分析又是基于什么现实和分析作出的？如果学习者在学习和研究某一问题时对上述提问进行比较全面的梳理和分析，就可能摆脱对知识掌握的散乱和模糊状态，走向系统和清晰的境界。

4. 学习和探究理论(或经验)创造者的思考方法

学习理论或经验，应当努力寻找它们产生和发展的“故事”来阅读和思考，那些充满情趣和灵动生命力的故事会告诉我们，这些理论和经验是如何在实践和思考中产生与发展的，它们在经历了哪些实践、质疑、讨论、比较、否定、肯定等过程才得以获得比较确定的结论。对这些历程和方法的借鉴甚至比知道作者的观点和经验更为重要，因为它们会成为推动学习者创造性学习和实践的关键。

思考题：

1. 什么是教育管理学？这门学科的性质和特点是什么？
2. 为什么要学习和研究教育管理学？

3.“没有学习过教育管理学的人，只要有管理的职务和权利，同样可以办好教育。”你认为这种说法有道理吗?

4. 教育管理学是由哪三个层次所组成? 三个层次之间的关系是什么?

5. 为什么会产生“理论上是正确的，而实际上又往往是办不到的”看法?

6. 对当前比较流行的三个以上版本的《教育管理学》的学科体系进行比较，分析它们的共同点和不同点。

7. 如何教好和学好教育管理学? 你有什么心得吗?

第二章 现代教育管理的基本概念

现代教育管理是教育管理学中常用的一个概念。它同管理、文化、环境、现代教育、教育管理现代化等概念有着密切的联系。为了说清楚什么是现代教育管理，本章就从什么是管理说起。管理是一个大概念，社会上各行各业都有管理问题。任何管理都存在于特定的环境之中，环境对管理有着激励和制约的双重作用。管理本身又是一种文化。教育管理就是在特定的社会环境下，遵循教育的客观规律，对各种教育资源进行合理配置，以实现教育方针和教育目标的行为。教育管理行为有着文化的内涵，不同文化传统有着不同的管理模式。

第一节 管理

一、管理是一种社会现象，是人类得以生存和发展的重要条件之一

（一）管理的产生

管理是一种古老的社会现象，当人类的祖先在共同劳动和集体生活的时候，发生依靠个人的力量无法实现某种目标(如捕捉大的野兽、营造房舍)的情况，他们便从人群中推选出一个领袖人物，负责组织、指挥和协调工作，以便大家统一行动，这就是管理活动的开端。在漫长的人类文明史上，人们创造了许许多多的伟大成就，这些成就是人类智慧的结晶，也是管理的硕果。例如，我国的都江堰水利工程、万里长城，古埃及的金字塔，古希腊的雅典城，古罗马的供水和排水系统，中世纪威尼斯的兵工厂，罗马天主教会的管理等。当时工程技术尚处于发展初期，几何学知识也很有限，人们靠什么创造出如此奇迹呢？有人说这是一种超自然的力量，有人说是权力的威力，也有人说是伟人的特质。这些都不对，根本的原因还在于管理。马克思在《资本论》中曾写道："一切规模较大的直接社会劳动或共同劳动，都或多或少地需要指挥，以协调个人的活动，并执行生产总体运动——不同于这一总体的独立器官的运动——所产生的各种一般职能。一

个单独的提琴手是自己指挥自己，一个乐队就需要一个乐队指挥。”①这都说明，管理是人类在社会生活中特有的一种现象，也是人类社会得以生存和发展的重要条件之一。假如有一天管理从社会生活中消失了，那将会出现什么样的情景呢？社会将会失掉秩序，人类创造的物质文明和精神文化都将被毁灭。所以，人类一刻也离不开管理。

（二）管理的职能

管理具有两个重要的职能：一个是组织和开发生产力的职能；另一个是协调和控制生产关系和社会关系的职能。在组织和开发生产力方面，管理可以把处于分散状态的生产力诸因素进行合理组合，对生产运行过程进行有效控制，这样就可以达到扩大再生产的目的。马克思认为：“不论生产的社会形式如何，劳动者和生产资料始终是生产的因素，但是二者在彼此分离的情况下，只在可能性上是生产因素，凡要进行生产就必须使它们结合起来。”②在协调和控制生产关系和社会关系方面，马克思把这种管理职能称作“监督劳动和指挥劳动”。他分析了在资本主义制度下资产者通过管理来实现其对雇佣劳动者的统治、奴役和剥削，榨取他们的剩余劳动。马克思说：“资本家的管理不仅是一种由社会劳动过程的性质产生并属于社会劳动过程的特殊职能，它同时也是剥削社会劳动过程的职能，因而也是由剥削者和他们所剥削的对象之间不可避免的对抗决定的。”③根据马克思关于管理的两种职能的论述，也可以说明管理具有双重属性，即管理的自然属性和管理的社会属性。管理的自然属性是同社会生产力联系在一起的属性，它具有组织共同劳动、协调生产过程的作用，是超越一切生产关系而存在的。而管理的社会属性是同一定的社会生产关系联系在一起的，是由生产资料所有制的性质来决定的。在有阶级的社会里，管理的社会属性的核心是为一定阶级利益服务的，它是有阶级性的。

（三）管理的发展

随着生产力的发展和社会组织化程度的提高，人们对管理重要性的认识也就越来越高。管理是现代文明的三大支柱之一。一个向管理要质量、向管理要效益的时代已经到来。瑞士经济学家肯德在《管理事务的发展和完善》一书中写道：“19 世纪是工业世纪，20 世纪则作为管理世纪载入史册。同时，工业仍占优越地位，其能力也在不断增长；但是康托拉④帝国却控制着技术领域。”美国人引为自豪的“曼哈顿计划”“阿波罗登月计划”，都被认为是科学的组织管理产生的结果的。20 世纪 90 年代以后，随着信息时代的到来，学习型组织和虚拟现实技术在管理上的应用，使管理科学又进入了一个新的阶段。

---

① 《马克思恩格斯全集(第 23 卷)》，367 页，北京，人民出版社，1971。

② 《马克思恩格斯全集(第 24 卷)》，44 页，北京，人民出版社，1971。

③ 《马克思恩格斯全集(第 23 卷)》，368 页，北京，人民出版社，1971。

④ 最初的意思是指粗松的织物，后来演变为铺在办公桌上的桌布。此处作为管理机构的意思。

二、管理是观念形态的文化，管理行为是受着某种价值观所支配的

(一)文化

文化是与自然相对应的概念。它是人类在长期改造自然和自我发展的过程中积淀而成的行为定势、思维定势和价值定势。文化具有民族性，它是一个民族的生活方式所依据的共同观念体系。不同的民族有着不同的文化。共同的语言、信仰、风俗习惯和地域把这个民族联系在一起，形成民族的凝聚力。文化也是人类或群体在创造物质财富和精神财富时行为方式的准则。

文化可分为物质文化和精神文化两大类，如从古代的建筑物、服饰到现代的交通工具、电视、时装之类的物质成果都属于物质文化，它们是文化的外在表现。而理论、观念、心理及与之相适应的科学、艺术、道德、法律、宗教之类则属于精神文化，是文化的深层结构，也是内化的文化。

(二)组织文化

文化不仅体现在各个民族之中，它还表现在各个不同的社会群体之中，形成各自的群体文化，也就是组织文化，如企业文化、学校文化、社区文化等。它反映了组织精神和组织成员共同遵守的行为准则。组织文化渗透在组织一切活动之中，是组织的灵魂。它由三个部分组成：组织的物质环境和物质条件中的文化氛围；组织内部的人际关系；组织特有的价值观念、思维方式、行为准则。

(三)管理也是一种文化

管理是管理者对被管理者施加的一种影响，这种影响体现了文化的作用。管理的差异不仅仅是物质条件上的差异，还往往反映着文化间的差异。当人们在考察某个组织的管理行为时，就会问道："你为什么要这样干呢?"这时，我们就会发现隐藏在管理行为背后的是支持这种行为的价值观念和文化传统。人们常说三思而后行，就是指管理者应经过价值判断之后再作出行为选择。我国古代儒家的"仁民爱物"、道家的"无为而治"、法家的"严法律民"的思想都是治国安邦之道，也是管理行为的准则。美国管理学大师德鲁克(P. F. Druker)曾说过，管理不只是一门学问，还是一种"文化"，它有自己的价值观、信仰、工具和语言。这就是说在同一类型的社会制度下，不同国家文化传统的差异也会造成管理上的不同。德鲁克在对各个国家管理差异进行研究的基础上提出各国的管理学不尽相同，其受本国传统的强大影响，如美国的竞争对手的传统、欧洲大陆的重商主义传统、日本的家族传统及英国的俱乐部传统等。

任何管理都是在特定文化环境下进行的，它同时又是文化的产物。第二次世界大战以后，管理学说由萌芽状态演进成茂密的"丛林"。国外有些管理学家认为这是为了适应

当前科学技术的发展和企业发展的需要，管理走向多元化道路的必然结果。也有管理学家说这简直是一个“真正的疯人院”。各个管理学派之间都在攻击对方，从而爆发了方法论的危机。其实每种管理学说中都有其合理的成分，但又有其局限性。美国系统管理学派的代表人物之一卡斯特(F. E. Kast)曾经试图把各种管理学派融合到系统思想之中，但是没有成功。于是他认为，现代管理者常常要面对许多伦理规范，而它们之间又常常相互矛盾和冲突着。这就是文化上的差别和冲突导致了各种管理思想和行为的变化。

(四)中西文化的差异对管理的影响

改革开放以来，学习西方管理理论和方法对我国社会主义现代化建设是很有意义的。但由于中西方历史、经济基础和文化诸方面的差异，我们不能生搬硬套它们的管理理论和方法，而要“以我为主，博采众长，融合提炼，自成一家”①。要自成一家，就需要通晓百家，这样才能博采众长，经过融合提炼达到自成一家的结果。表 2-1 是对中西方文化对管理的影响进行比较。

表 2-1　中西方文化对管理的影响

比较项目	西方现代文化下的管理	中国传统文化下的管理
管理目的	把考量经济利益放在首位	把考量政治利益放在首位
管理思维	重理性分析和实证检验	重整体思维和经验判断
运行机制	重规章制度和竞争淘汰	重领导决断和威权命令
组织领导	科层体制与权力约束	官僚体系和人际关系
激励哲学	个人本位	社会本位

现在西方国家对他们的管理文化也在反思。竞争虽然刺激了经济，也往往造成两败俱伤和资源浪费。科学的管理很有效率，也需要伦理和友情的协助。于是他们把目光投向了东方。我国在总结自己管理文化的基础上，也需要研究西方管理文化中科学的、合理的部分。

三、管理是一种社会实践活动

管理的对象无论是改造一个旧系统或建设一个新系统，它都表现为管理者依据一定的原理和方法，在特定的环境下引导他人去行动，使有限的资源得到合理的配置，以实现预定目标的行为。

(一)管理是一种理性行为

管理是人类社会特有的一种现象，是人的理性行为。人类通过管理行为把自己的理

① 引自袁宝华先生在 1983 年国家经委一次座谈会上的发言。

性认识付诸有目的、有组织的实践活动。管理人员在制订任何事业的发展规划、建立和完善组织机构、设计教育改革方案及进行教育质量的评估和检查的时候，总是先有理性的思考，后有管理的行动。在社会和经济还不发达的时候，组织事业的规模又比较小的情况下，管理可能具有较大的经验判断的性质，管理人员经常以过去自己或群体成功的经验或失败的教训作为管理行为的参照系。随着社会的发展和科技的进步，或者组织的事业变大、变复杂，管理者就需要运用一定理论、规范或模式去分析思考问题，使管理活动更加清晰、准确和有条理，这就是理性化的表现。理性化不仅使管理者个人获得更大的自由和成功的保证，也使得他人能对管理者的行为及其后果作出准确的判断和预期，彼此之间形成信任和默契，这是组织形成凝聚力和取得成就的基础。

(二)管理是管理者通过管理措施实现预定目标的一种行为

人们往往把生产斗争、阶级斗争和科学实验统称三大社会实践活动。管理也是一种社会实践活动，它渗透于三大社会实践活动具体项目和任务中，它以计划、组织、指挥、协调和控制的方式去实现三大社会实践活动具体项目和任务的目标。一切社会实践活动都是以预定目标为先导的。管理就是实现预定目标的行动。可以这样说，没有目标也就没有管理可言，管理是向着预定目标步步逼近的过程。

为什么说没有目标也就没有管理呢？因为任何一个组织都有自己的任务，管理者要想完成任务，就必须把任务转化为目标，否则任务就会落空。也只有把组织的目标变成每个人自己的目标时，这个组织才有凝聚力和战斗力。当组织内部发生矛盾和冲突时，就要靠目标来协调彼此的关系。管理者把每个成员分散的目标集合成统一的目标，用组织统一的目标引导大家去行动。

(三)管理的关键在于决策

决策就是管理者或决策人为了实现预定目标，在客观条件的约束下，从两个以上的可能性或可行性方案中，经过决策论证和价值判断选择出既满意又可行的方案的行为。美国经济学家、诺贝尔奖获得者西蒙(H. A. Simon)教授提出“管理就是决策”的论断，在国际管理学界引起了很大反响。不少人用这一观点来审视以往的管理理论。以往的管理理论过多地看重管理过程和管理职能，而忽视了决策的正确与否是最为重要的。管理决策一旦失误，速度越快、力度越大，其后果的危害性就越大。在西蒙看来，决策应该贯穿于管理工作的全过程，决策是管理工作的核心，是执行各项管理职能的基础。在管理中唯有对实现预定目标有贡献的决策，才是最有价值的决策。西蒙还认为，管理者在目标设计和目标选择时，千万不要一味追求“最优化”。因为，最优化只能是一种理想化的目标。而人们在实施目标的过程中，总是受到来自内部和外部条件的约束，理想化目标只能激励人们去追求它，而很难完全实现它。因此，管理者或决策者不如选择一个次优化的，即满意的目标为好。

（四）管理是对有限资源的开发和组合

资源泛指社会财富的源泉。它既包括自然资源如水资源、矿产资源等，也包括社会资源如资金、人才、信息等。社会上任何一个组织或团体，无论是企业、机关、商场、医院还是学校，它们的生存和发展都需要各种资源作为保障条件。所以，任何管理都是离不开资源的。在诸多资源中，人力、物力、财力、时间、空间、信息等资源对管理者来说最为重要。人力资源是存在于人体中，具有创造社会财富的能力。人的智慧、才能、经验、精力都包含在其中。人力资源与其他资源比较，具有支配性、成长性、自控性、社会性、消耗性的特点。① 这些资源对于管理者来说，又都是有限资源，其中一些资源还是稀缺的、昂贵的资源。时间资源就是有钱也买不到的，还没有替代物。由于每种资源的性质不同，潜能也不同，管理者的重要作用之一，就是对这些有限资源的特点和潜能进行研究，通过不断地开发和组合，使资源在消耗中得到增值，扩大其社会效益和经济效益。现代管理要求管理者采用系统分析和运筹学的方法，对各个资源的特性、差别、状态和水平进行研究。在此基础上进行合理组合，组合的方式不同，管理效果也是不一样的，这就叫作组合效应。从这个意义上讲，管理就是组合。提高质量、降低消耗、挖掘潜力、消除矛盾都与管理者的组合工作有密切关系。管理混乱、内耗严重是组合不当的必然结果。

（五）管理是在特定环境下进行的

从系统的观点来看，任何组织都是一个系统，它存在于一个更大的系统之中。这个更大系统就是环境，它对组织的存在与发展具有激励和约束的双重作用。组织的生存与发展永远离不开环境。管理者必须善于适应环境的变化，或者创造环境。任何不考虑环境变化的管理及超越时空的管理都是注定要失败的。

环境可以分为两大类：一类是一般环境，包括自然环境和社会环境；另一类是特殊环境，主要指组织内部环境，或称工作环境，包括物质环境（各种工作条件、设备等）、精神环境（组织文化氛围、优良传统与作风、组织的个性等）及信息环境等。工作环境很大程度上是由管理者设计和实施而成的，体现了管理者的价值观念和经营思想。

环境既是开放的又是动态的，管理者永远也找不到一个理想的静态环境。他们只能不断地分析变化的环境，采取措施来适应环境。管理者个人是不能改变一般环境的，他对大环境的影响力是十分有限的。美国系统管理学派的代表人物卡斯特在《组织与管理》一书中曾提出：管理必须应对动态的变化和对整个系统进行协调。我们不同意某些人所

---

① 黄津孚：《现代企业组织与人力资源管理》，155 页，北京，人民日报出版社，1994。

说的，计算机信息-决策系统能够取代许多管理的职能。新的管理技术无疑会帮助我们进行例行的、程序化的决策活动，但它并不因此就降低组织的非程序的、变革的和创造性的心智管理机能的重要作用。卡斯特在这里强调了管理要应付动态环境的变化。动态环境既包括组织自身环境的变化，也包括组织外部环境的变化。在他看来，世界上从来就没有适用于一切环境和条件下的标准管理模式，也没有万能的管理方法。许多成功的管理者创造的经验都具有时代性，他们是敢于向环境挑战的人。随着环境和条件的变化，他们经验的有效性也将随之改变。

(六)管理是化解或转化矛盾和冲突的行为

在任何组织的发展过程中，矛盾和冲突始终是存在的。这里既有人与自然的矛盾，也有人与社会的矛盾及人与人之间的矛盾。矛盾和冲突有两种：一种是建设性的矛盾与冲突；另一种是破坏性的矛盾与冲突。管理者在消除矛盾和冲突时，要严格区分两种不同性质的矛盾和冲突。最终使矛盾和冲突向着建设性的方向发展，防止矛盾和冲突带来破坏性。

(七)管理是管理者与被管理者相互影响的行为

管理是人类特有的一种活动，参与者是由管理者和被管理者两类人所组成的。管理者利用自己的权力、地位和信誉对被管理者的思想和行为施加影响，以便使被管理者按照管理者的意图去行动。而被管理者是否接受管理者的影响，取决于他对管理者的权力、地位、信誉和要求的认同程度。被管理者在接受管理者的影响时，也想通过自己的言行去影响管理者的行为。由于每个管理者的条件不同，他对被管理者的影响力的大小也不同，这就形成了每个管理者不同的影响力场。管理的影响力场由三个部分组成：一是管理者所拥有的职位权力，这与他能够解决多少问题有关；二是管理者自身的知识、经验和能力，这与他的成熟度有关；三是管理者的思想品德，这与他的可信度有关。管理者要想扩大自己的影响力场就必须从强化三要素入手。职位权力很重要，管理者要有正确的权力观。日本企业家土光敏夫(Doko Toshio)在向他的员工训话时曾经说过："无论是首脑还是管理者，都拥有那种职务直接产生的力量。那是一种外来的力，也就是权力。这种权力乃是传家宝刀，最好不要轻易出鞘。相对来说，首脑与管理者就不一定都拥有权威。因为，权威是从内部自然产生的，是从一个人内在的实力和人格中自然渗透出来的。我希望，这种权威能得到充分发挥。"他还说："权力大而权威小，企业就会衰败；权威先行，权力随后，企业就会蒸蒸日上。"①

被管理者在接受管理者的影响时，他们不是被动的、消极的，而是用自己的价值观

---

① [日]土光敏夫：《经营管理之道》，张惠民译，22页，北京，北京大学出版社，1982。

念、思维方式和道德标准来分析与评价，最后决定自己的态度和行动。所以说，管理不仅仅是管理者的行为，而是管理者与被管理者相互的行动。

第二节　教育管理

一、关于教育管理的理念

教育管理作为一种教育现象由来已久，但是人们把它作为科研对象来研究，形成自己的学术观点，并去指导教育管理实践，则是从 20 世纪中叶开始的。① 现在教育管理学界对“教育管理”概念的界定是多种多样的。美国学者奥洛斯基在其所著的《今日教育管理》一书中把教育管理视为管理科学加教育，他认为管理是将理性认识付诸有组织的活动。在现代工业社会中，各组织及其管理都具有很强的相互渗透力，所以管理是一大类普遍性的活动，但在不同行业又各不相同，如商业、公关、医务、教育及其他职业。但各行各业的管理思想和方法有共同的地方。日本学者安藤尧雄在其所著的《学校管理》一书中强调学校管理应该是对学校教育的管理。教育管理不仅是对学校物资设备的管理，更为重要的是对教育计划和教育活动的管理。张复荃先生在《现代教育管理学》一书中提出，教育管理是社会管理的特定领域。实现教育管理的职能，需要考虑到社会管理各领域中那些最一般的、共同的职能。教育管理又是以培养某种规格的人为自己的目标和归宿。管理的客体不同，任务和手段不同，教育科学所确定的过程和规律的性质也不同，从而又与社会管理的其他领域的管理有所区别。

教育管理是按照教育自身特有的轨迹在运行，还是沿着社会管理的共同轨迹在运行，或者说是两者“有机结合”“相互渗透”，这一直是教育管理学界争论的问题之一，也实际上是管理的共同性、普遍性和特殊性、差异性的关系。

我们使用“教育管理”一词是在现代社会“大教育”概念下使用的。它打破了以往传统社会那种封闭状态的教育范畴和教育格局，立足于以社会整体化为前提的教育现状。如果从这个思想出发，原来意义上的“教育行政”和“学校管理”已经包容不适用了。现代社会是学习型社会，教育管理已经不仅仅是教育部门的事，其他非教育部门也承担着教育的任务，自然也就有教育管理的责任了。

既然社会是一个大系统，它是以整体面貌出现的，教育系统是整个社会系统中的一

① ［美］罗尔德·F. 坎贝尔等：《现代美国教育管理》，袁锐锷译，6 页，广州，广东高等教育出版社，1989。

个子系统。它不是孤立地存在于社会整体之中，而是与其他社会子系统相互联系、相互作用又相互影响。教育系统在其运行和发展过程中一定同其他子系统的运行和发展发生不同程度、不同层次、不同形式的互动作用。因此，教育管理行为是在一个国家或地区的政治、经济与文化环境的制约下，在一定的教育价值观的支配下，各级教育领导者和管理部门采用科学的方法，对所管辖的各级各类教育工作进行预测与规划、组织与指导、监督与协调、激励与控制，使有限的教育资源得到开发和合理配置，以实现提高教育质量、增进办学效益、稳定教学秩序、改善办学条件、促进教育事业发展的目的。

二、教育管理是社会管理的一部分，它具有社会管理的共同特点

首先，任何一级教育组织都存在于一定社区环境之中，社区中各种因素都会对教育组织发生着不同程度的影响。其中既有积极因素的影响，又有消极因素的影响。教育管理者的作用就是利用积极因素，防止或排除消极因素的影响，使教育组织更好地适应社区经济与文化发展的需要，为本地区的经济建设和精神文明建设作出自己的贡献。教育与社区建设是相互合作与服务的关系。

其次，办教育离不开资源，办教育的资源来自政府、社会团体、私人志愿者的投入。教育管理者是教育事业的经营者，他的作用就是善于充分地利用这些资源，以比较少的投入换取比较大的产出。教育管理者虽然不是生产者，但他必须有效益观念。教育效益主要是指社会效益，同时也不能不关心经济效益。在教育运行过程中，无论是教学人员的劳动、教学设备使用与更新、校舍修建都需要经费的投入。绝不因为教育是公益事业，就没有经济效益问题。

再次，教育事业内部必须和谐、平衡地发展。教育管理者就是要正确处理好教育事业发展的规模、速度、类型、结构、质量、效益之间的关系。教育管理者的作用就是设计教育事业发展的战略目标和阶段目标，制订教育事业的发展规划和工作计划，建立和健全教育行政、教育业务组织，对教育工作的各个方面进行有效的指导、协调和控制。使教育事业在动态的环境下求得新的平衡。

最后，建立正常的教育工作秩序和合理的规章制度是办好教育的重要条件。教育管理者的作用就是把处于分散、无序状态的各种因素，集合成集中、统一、有序的因素。充分发挥规章制度激励和约束的双重作用。

这些都是社会管理共同的特点，任何社会组织都不能违背它。

三、教育管理又不同于社会管理，它具有自己的特点

（一）管理育人

各级各类教育组织的主要功能就是为社会培养一定质量与规格的人才。教育管理也就成为育人的手段之一。因此，我们把管理育人视为教育组织和其他社会组织管理的主要区别之一。管理是怎样育人呢？首先，教育管理通过构建良好的育人环境来为教师和学生服务。教育组织的育人环境包括：①学校的物质环境，主要指学校的各种物质设施，如教室、实验室、图书馆、运动场、科技馆及各种相应设备等，它们是为育人提供物质保障的。②学校的文化环境是指学校的文化氛围，校风、学风、优良传统。它渗透在校训、校歌、校徽、校旗、校史展览及各种教育、教学活动和校园生活之中。它是育人环境的精神力量。③学校的信息环境也很重要，它通过校内广播、电视、校刊、校报、报告会、学术讨论会、经验介绍会、展览会等形式使师生身在校园，能够了解自然界和社会及各个学科的最新信息。其次，管理育人是指学校一切规章制度、工作条例、各种活动都要具有教育意义，有利于学生的身心健康。最后，每个教育管理者，他们不仅是管理人员，同时还是教育者。他们在完成具体管理工作过程中要时时处处以自己的思想品德和模范行为去教育或影响别人。

（二）提高教育质量是教育管理的中心任务

任何一个教育组织都十分重视教育质量问题，因为它是教育组织的生命线，也是其存在价值的体现。教育质量很差的学校也就失去了其存在的价值。所以，学校教育组织必须依靠教育质量赢得社会、政府、家长和学生对它的信任、理解和支持。教育质量也是提高学校知名度、争取优质生源的重要条件和扩大学校影响力的基础。

学校的教育质量是学校管理水平的综合体现。一所质量高的学校绝不是仅指有著名教师、现代化的教学设备或教育经费充足，而是由提高学校管理的整体水平和全体教职工共同努力的结果。学校的教育质量由两个部分组成：一是以毕业生的质量为标准的“产品”质量；另一个是以教育教学过程的质量为依据的工作过程质量。教育“产品”的质量是教育教学工作质量的结果，教育教学工作的质量是教育“产品”质量的条件。两者互为因果，缺一不可。学校组织的质量管理就是通过对全体教师进行以质量意识和社会责任感为基础的教育，采用科学的方法对教育教学工作的全过程进行设计、实施、考核与评价，鼓励教师科学地教、学生聪明地学。

影响教育质量的因素是很多的，也是很复杂的。社会、家庭和学校都对教育质量发生影响。它们既有目标和方向一致的教育因素，又有大量的不一致的且外人难以控制的因素。从教育管理者的角度来看，其中既有系统性因素，又有随机性因素。系统性因素是长期起作用的，也是比较稳定的因素（如教师的素质、教材的质量、教学设备），这类

因素是可以预见的，并且可以采取建设性的或预防性的措施。而随机性因素(如社会、家庭环境的重大变化；心理因素中的烦恼、苦闷、浮躁、焦虑、变态；生活习惯、教学方式方法的变化等)是偶发的、短期起作用的因素，这类因素的发生是难以预料的，甚至往往被人们忽视。由于这两类因素的互动作用，造成了教育质量的波动。因此，教育管理者要提高教育质量，既要抓住系统性因素，打好基础；又要从教育质量的波动性中找到随机性因素，采取对应措施。这样才能从整体上提高学校的质量。

(三)调动教师的积极性和创造性是办好教育的关键

各级各类教育组织的成就、质量、效益、秩序都是全体教职工创造的，所以办好教育必须依靠教师。《中国教育改革和发展纲要》中规定："振兴民族的希望在教育，振兴教育的希望在教师。建立一支有良好政治业务素质、结构合理、相对稳定的教师队伍，是教育改革和发展的根本大计。要下决心，采取重大政策和措施，提高教师的社会地位，大力改善教师的工作、学习和生活条件，努力使教师成为最受人尊敬的职业。"①教育管理者的主要任务就是全心全意地依靠教职工，把他们的智力和体力的潜力充分开发出来，为他们的智慧和才能的发挥创造机会和条件，消除影响教职工积极性、创造性的各种障碍和矛盾。

教师属于知识分子，是脑力劳动者。在社会主义现代化建设中，他们是工人阶级的一部分，应该成为先进思想的传播者、科学技术的开拓者、"四有"公民的培养者和优秀精神产品的生产者。在知识分子中教师和工程技术人员的劳动特点也有不同。因此，在评价教师的教育教学质量时，要看到教师所生产出来的"产品"(学生)及其劳动形态具有模糊性、活化性、灵活性和效益的滞后性等特点。如果教育管理者忽视了这些特点，在评价教师的工作时，一味追求质量标准的精确性、物化性、规范性和时效性。反而失掉了评价的科学性。目前学术界在如何评价教师的劳动上，还没有找出把两方面结合起来的好办法。

教师劳动的个体性也是一个特点。这就是说，一门课程的教学质量如何，一种教育活动的效果如何，在很大程度上取决于教师个人的知识、经验、能力和责任感，取决于教师引导学生投入学习的程度。它渗透在教师劳动的一言一行、一举一动之中。教育管理人员要注意教师劳动的个体性特点，不要随意用行政手段去干预教师的教学活动。要用启发和引导的方式，帮助教师认识自己的不足。人们常说：金无足赤，人无完人。每个教师身上都有优点，又有缺点。我们要用人之长，容人之短。在教育、教学和管理改革的过程中，要留给教师们思考的时间。

---

① 国家教育委员会：《新的里程碑》，82页，北京，教育科学出版社，1996。

（四）教育管理主要是解决教育、教学过程中的矛盾和问题

我国的教育管理始终是把坚持社会主义政治方向、为社会主义现代化建设服务放在首位，强调学校工作要以教学为主，全面提高学生的素质。课堂教学是教学的主要形式，它要与各种社会活动、文化活动、体育活动、科技活动、生产劳动及公益活动相结合。整体思考，统筹安排，这样才能全面贯彻党的教育方针，全面提高教育质量，培养出社会所需要的各种类型的人才。但是在具体实施的过程中，往往会遇到许多矛盾和问题。如掌握书本知识与培养生活能力、工作能力的矛盾，教师面向全体学生与学生之间存在着差异所产生的矛盾，教师的主导作用与学生的主体地位的不协调及世界的整体性和动态性与教学的分解性与静态性的分歧等。教育管理就是要解决教育、教学过程中发生的各种问题。也只有在解决问题的过程中，教育事业才能发展和提高。

第三节 教育管理现代化

一、关于管理现代化

近年来，管理学家在讨论国家现代化时认为，现代化不仅仅是以经济和技术指标为基础的物质标准上的现代化，还有社会关系、社会结构的现代化和人的观念、心理、人格的现代化。社会关系和社会结构上的现代化，就是管理体制民主化、法治化问题。它是实现物的现代化不可缺少的条件。

那什么是管理现代化呢？学者们对此有各种各样的看法。

何健文先生认为："管理现代化就是把管理工作信息化和最优化。信息化包括计算机管理。最优化包括行为科学的合理部分。换言之，管理现代化是以发展现代管理科学和管理工程为宗旨，以科学管理为基础，着重用现代科学技术的理论、方法、手段来研究和处理管理工作中的规律性的问题，使管理工作更趋于完善。"①按照这种观点，他们是把系统理论、决策论、运筹学、最优化设计、数理统计等科学方法在管理上应用及以计算机管理作为管理现代化的主要内容。这种观点主要是突出信息和信息技术手段在管理上的应用。

朱镕基在《管理现代化》一书中是这样表述的："管理现代化是一次全民的'智力革命'"，"管理现代化的内容应该包括：管理思想的现代化、管理组织的现代化、管理方

① 中国管理现代化研究会：《管理现代化研究和实用教材》，7～8页，长沙，湖南人民出版社，1981。

法的现代化、管理手段的现代化”。[①] 管理思想的现代化主要是指摆脱小生产狭隘的经营管理思想，把管理工作立足于现代科学技术和社会化大生产的基础上，树立起经济效益观点、科学观点、民主观点、法治观点及有效性观点等。管理组织的现代化主要是指组织机构和管理体制的集中化、专业化、协作化、联合化，形成矩阵结构、多维结构及网络结构的组织。管理方法和管理手段的现代化主要是指采用现代自然科学和社会科学的研究方法和手段，提高管理的科学性和有效性。这种观点比较全面，把观念、体制、手段、方法都包括在内，但没有把现代人在管理现代化中的地位与作用单独提出来。

于中宁在《现代管理新视野》一书中，对工业时代的管理模式与信息时代的管理模式进行比较，把系统、创新、重新构建组织和管理“持续变革”的能力等思想引入管理现代化的选择之中。使近百年来被管理界崇尚的专业化分工理论、标准化管理理论、市场自由竞争理论及经济人假设理论开始失效或动摇。[②] 这种观点是从当今世界变革的角度探讨管理现代化的新思路、新实践。

还有一些管理学家是以历史发展为线索研究管理现代化的历史轨迹。他们认为，管理现代化是一个发展的概念，从19世纪末到20世纪的90年代，人们都在对管理现代化进行探讨。在这一百多年内，我们可以把它划分为三个阶段：第一个阶段是从19世纪末到20世纪的60年代，管理现代化是以提高劳动生产率为中心的。把企业或其他组织视为一种闭合状态的机构。管理就是解决在闭合状态下，如何对人、财、物、技术、制度等进行合理配置，以降低成本和规模效率为目标。例如：泰勒的“科学管理”就是从标准化管理和定额管理入手来解决提高劳动生产率的；梅奥的人际关系学说是从生产过程中员工的社会心理因素对劳动生产率影响提出的。还有一些管理学家是从会计、统计、审计的角度着重研究物资和经费对管理效率的作用。第二个阶段是从20世纪的60年代到80年代，管理现代化由重点研究人、财、物等资源如何科学、合理地配置转移到对战略发展的研究。这是因为整个世界的发展日益复杂多变，相继出现了能源危机、不能再生性资源危机、粮食危机、人口危机及东西方冲突和南北矛盾的加剧。在这种情况下，一个国家、地区或组织要生存和发展，就必须有预见性，从复杂多变的环境中去寻找机遇和条件，20世纪60年代以前的管理模式已经不再适应现在的需要了。管理的重点就由以内部管理为主，转向到重视外部的管理为主及处理好组织的存在与外部环境的关系。美国卡内基梅隆大学教授、诺贝尔奖获得者西蒙就是在这种历史背景下提出“管理就是决策”的论断。科学的决策是建立在充分获得内外部信息的基础之上的，调查、

---

① 朱镕基：《管理现代化》，7～9页，北京，企业管理出版社，1983。

② 于中宁：《现代管理新视野》，157页，北京，经济日报出版社，1996。

预测、规划、运筹、评估、诊断等科学手段对收集、分析、应用信息有着十分重要的作用，已经在管理上获得广泛的运用。第三个阶段是从 20 世纪 80 年代以后，信息革命的浪潮对工业革命时代形成的管理模式进行了冲击。于中宁认为："信息时代对公司的要求不仅仅是多、好、省。而且要快，不仅生产要快，设计要快，而且要快速反应市场变化，IBM、DEC、GM、UTC、柯达、王安电脑等公司就是决策太慢，不能及时把握市场新机遇，从而丧失市场时机而失败。信息化大大压缩了市场的时间和空间，人大改变了公司与市场的联系方式，也大大改变了公司内部的信息流，质量模式没有从根上触动那些工业时代的基本程序和结构成了阻碍公司快速反应市场变化的绊脚石。"①于是新兴企业纷纷提出依靠信息流重新设计工作到重新构建公司的大思路和对权力的二次分离。

还有一批管理学家对各国管理模式进行比较研究。他们发现各国的民族文化在现代管理中起到了特殊的作用。于是管理学的研究转到组织文化的建设上。特纳(C. H. Terna)等合著的《国家竞争力——创造财富的价值体系》一书对美、英、瑞典、法、日、德、荷兰七国经济、文化与管理的关系进行研究。作者提出民族传统和文化差异对创造财富的作用是巨大的，各国的差别不仅仅是财富多少的差别，而是对企业的日常工作方式、赋予工作的意义、企业的利益和相关人员利益分配形态、员工管理的风格、谈判的技巧等各方面的不同。现在许多管理人员普遍重视树立企业自身的形象，对员工进行组织目标、信仰、价值观之类的教育，激发员工的自豪感、忠诚感、责任感。

总之，管理现代化有着十分丰富的内涵。它既以现代管理意识为指导，又以现代组织的民主化和法治化为载体，采用现代科学方法，对管理过程进行定性和定量的分析，找出它们的内在关系，实现信息化和最优化的管理模式。各国在管理现代化上的差异主要表现在文化上的差异。文化是国家发展的内在动力，也是管理的灵魂。

二、我国的教育管理现代化

20 世纪 30—40 年代，我国一些崇尚民主与科学的教育理论工作者已经提出了他们所构想的教育管理现代化模式。例如，罗廷光(炳之)先生在其所著的《教育行政》一书中就提出了教育行政管理的民主化、科学化和专业化的理想。教育管理民主化是指：①教员和学生有权参与学校管理；②平民有受教育的权利；③学校内部人际关系融洽，反对校长独裁统治。教育管理科学化是指：①采用"业务分析"法对教育教学过程进行数量化研究，以提高教育工作的成果和效益；②教育行政的各项工作都要建立科学的制度，聘请教育专家进行专业指导。教育管理专业化主要是指各级教育行政人员、视导员、校长

① 于中宁：《现代管理新视野》，157～158 页，北京，经济日报出版社，1996。

都要受过教育行政的专业培训。

新中国成立以后，教育管理在党中央和国务院的领导下，在吸取解放区办学的优良传统的基础上，学习了苏联先进教育理论、办学经验，并进行了多次教育改革，为实现社会主义现代化教育走出了一条新路，取得了比较明显的成绩。我们在坚持社会主义办学方向、教育要为人民服务、工农知识化和知识分子劳动化、教育与生产劳动相结合、“两条腿走路”的办学方针、勤俭办学等方面取得了很大的成绩，积累了比较丰富的经验。但是有一个时期，由于受“左”倾思想的影响，阶级斗争扩大化，搞“政治建校”和“开门办学”之类活动，违背了教育的客观规律，造成了教育质量下降、教学秩序混乱和知识分子政策偏差。这一切都不利于教育现代化的进程。党的十一届三中全会以来，在邓小平理论的指引下，在教育要面向现代化、面向世界、面向未来的号召下，我国制定了一系列教育法律、法令和法规，进行了教育体制的改革，对学制、教学计划、课程、教材、教学方法、教学设备、考试也进行了改革。20世纪90年代以来又提出由“应试教育”向素质教育转变。这些成就都为我国教育现代化和教育管理现代化奠定了基础。

教育管理现代化是现代社会的产物，是国家现代化的重要组成部分。它既有各国教育管理现代化的一般属性，也有由于民族文化、历史演进、社会制度等因素影响而形成的特殊之处。现代教育管理本身也是在不断发展的过程之中。我国现代教育管理是在继承传统管理经验基础上的创新，经过改革开放以后多年的发展逐步走向完善，主要在以下维度上形成了融合国际经验的有中国特色的教育管理现代化特征。

(一)以中国式社会主义现代化为愿景和价值导向

中国教育事业及其管理的现代化是中国社会主义现代化的一个组成部分，其建设和运行必然受到中国式社会主义现代化大格局的影响和制约。

习近平总书记在中国共产党第二十次全国代表大会上的报告中提出实现中国式现代化的号召：“从现在起，中国共产党的中心任务就是团结带领全国各族人民全面建成社会主义现代化强国、实现第二个百年奋斗目标，以中国式现代化全面推进中华民族伟大复兴。”他精辟地阐释了中国式现代化的本质要求：坚持中国共产党领导，坚持中国特色社会主义，实现高质量发展，发展全过程人民民主，丰富人民精神世界，实现全体人民共同富裕，促进人与自然和谐共生，推动构建人类命运共同体，创造人类文明新形态。他在报告中明确说明了中国式现代化的基本特征：是人口规模巨大的现代化，是全体人民共同富裕的现代化，是物质文明和精神文明相协调的现代化，是人与自然和谐共生的现代化，是走和平发展道路的现代化。

这些深刻的论断为我们理解在新的国际国内环境下如何推进中国教育管理现代化指明了方向，以下六点应当格外关注：①坚持党对教育事业的领导是我国教育管理现代化的核心问题；②坚持以中国特色社会主义的价值取向实施教育管理；③推进教育事业公平和谐地发展，为建立共同富裕的现代化中国奠定人力资源基础；④要以全过程人民民主塑造和深化教育管理的现代素质，建设现代教育制度；⑤要坚持全面育人，培养品德高尚、身心健康、学识丰富和创新力强的一代代新人；⑥要以发展高质量教育为目标，为实现我国社会高质量发展提供高水平智力支持。

（二）变革体制，激发多主体办学积极性

由中央政府实行高度集中、统一领导的体制转变为集权和分权相结合的体制，向地方政府和学校下放办学自主权，由单一发挥政府办学积极性向在政府主导下发挥政府和社会两方面力量办学积极性的方向转变。

（三）依法治教

由主要通过行政命令管理教育向大力推行以法治教转变，依法治政，依法治校。

早期的教育管理，除了经验的方法之外，主要是采用行政命令管理的方式，把上级的指示、政府的文件、会议的决议作为管理行为的重要依据。而现代教育管理认为，行政手段的管理是必要的，也是要坚持的，但是它有局限性，随意性比较大，工作稳定性不够强。应当以严谨、稳定的教育法律为基础和指南，采用多种管理方法全面、协调地统领各项工作。

（四）健全和培育现代化的教育价值观

一个社会现代化的核心是人的现代化，人的现代化的关键是思想和价值观的现代化。同样，对教育事业的领导特别是对转型时期教育的领导，首先要引导全社会各个层面转变教育观念，以新理念推动教育事业发展。改革开放以来，我国教育管理的宏观指导理念主要发生了以下的调整和改变，并引导教育政策进行了重大调整：①教育发展的战略观：从旧框架下的片面强调“教育为无产阶级政治服务”调整为新环境中的“教育为社会主义经济与社会发展服务”，提出“坚持优先发展教育，办好人民满意的教育，提高全民族素质”。②现代化的教育发展观：教育要面向现代化、面向世界、面向未来。③教育的目的观：改变全社会片面追求升学和升学率的教育倾向，大力发展素质教育，全面提升学生的核心素养。④教育发展的公平观：国家采取措施全面促进教育公平，推动教育均衡发展。⑤教育活动观：改变单纯以“教师、书本、课堂为中心”的教育模式，将教育过程改造为教师引导下的学生主动系统学习和独立参与实践活动的过程。

（五）树立“公平、公正”和“以人为本”的教育管理伦理观并建设配套制度

从宏观上说，教育发展在关注质量和效率的同时，应该更关注公平。在现实中，经济水平落后的地区、群体和社会处境困难的人，往往也是在教育上处境不利的地区和人群。进入 21 世纪以后，建立“和谐社会”的理念成为国家发展的指南和共识，中央和地方的教育管理部门制定各级教育发展的规划和政策时，对老、少、边、穷等教育发展薄弱地区实施资金和人力资源的倾斜；在行政措施上采取“协作、扶贫、支困”措施，组织富裕地区和优质学校支持贫困地区和基础薄弱学校的发展，形成举全社会之力促进教育公平的局面。

在中观和微观上，“以人为本”和“助力基层”的管理理念得到肯定，教育管理的方式由重视对教育管理过程的监督和检查为主向重视激励下属机构和人员积极性的方向转移。在早期的教育管理过程中，管理者是管理的主体，而被管理者只能是被动的客体。管理者在管理中十分重视指挥、监督、检查、控制的作用，但也往往因此遭到下属的抵制。而现代教育管理把下属机构和人员视为教育活动的主体，充分发挥他们的主体意识和责任感，由外来激励深化为内部的自我激励。这种变化实质上反映了管理主体观的变化。

(六)由重视学校功能管理转到学校的效能管理

在早期的教育管理中，学校管理者主要是从学校功能的角度研究管理问题，即研究学校应该做什么。学校功能可分为育人功能、文化功能、经济功能、社会服务功能和政治功能等。学校管理者通过招生、教学计划、教学过程、各种教育活动和社会性活动、考试、学校管理的组织措施来实现上述功能。人们评价学校管理的优劣也主要是看其是否完成了学校的主要功能。随着社会和教育事业的发展，人们越来越不满足于学校的功能目标，而提出了学校的效能目标。自从美国管理学大师彼得·德鲁克提出“有效的管理”理论之后，教育管理学界也掀起了“学校效能热”，大家都在热烈地讨论管理的效能问题。这就是说管理的作用不仅仅是应该做些什么，而是要怎样才能做得更好、更有成效。学校存在的价值不仅仅是能够招到学生，有教学实验室、教室，教师能够按时上课，更为重要的是如何充分发挥办学资源的效能，减少对人、财、物的消耗。现在学校管理中流行的目标管理、全面质量管理、教育评价等都是立足于效能的大小作为学校管理行为的出发点。

思考题：

1. 解释下列概念。

管理文化　环境资源　教育现代化　管理现代化

2. 为什么西蒙教授认为“管理就是决策”?

3. 本章对西方文化影响下的管理与中国传统文化影响下的管理进行了对比分析，你有哪些不同的看法或补充?

4. 工业时代的管理和信息时代的管理有哪些区别?

5. 我国教育社会主义现代化的基本特征是什么?从一个角度举例说明实现教育管理现代化的内容和要求。

第三章　现代教育管理的理论基础及其流派

教育管理是复杂的社会活动，涉及多方面的因素及其多样组合，需要从各种视角加以审视并进行理论建设。而从学科建设与发展的角度来看，教育管理学自身基本没有独创的理论学说体系，它从诞生始就借鉴其他学科特别是行政学、教育学、政治学、社会学、心理学和企业管理学等学科的研究成果，加以改造逐步形成教育管理学的理论基础。

按照教育管理学科教材编写惯例，本章要介绍世界130多年来管理学诸多流派的发展，这些内容大多被各种版本的教育管理学著作所借鉴。坎贝尔(R. T. Campbell)是美国教育管理学权威。他从管理科学演变的历史将管理学派划分为科学管理、民主管理和人际关系管理、科层组织的管理、开放系统的管理等派别。罗伯特·欧文斯(R. G. Owens)是美国印第安大学教授，他从组织行为学的角度研究教育管理理论，提出按照古典组织理论、人际关系理论、组织行为理论来划分各个管理流派。国内外还有一些学者主张按管理模式来划分，如经验判断型管理、行政组织型管理、科学型管理，也有些学者主张按各个国家的文化传统来划分教育管理流派之间的差异。这些讨论都是很有意义的，对我们深入研究教育管理现象及其规律有一定帮助。本章介绍的这些理论大多各自偏于一个管理领域，各有自己的研究重点，它们很多曾经是一个时代的管理理论领域的“显学”，随着时代的改变，不断被批评或扬弃，以及被其他学说观点所补充。本章综述各家之言，因为它们都对教育管理的系统成长作出过贡献。

第一节　行政学、法学理论对现代教育管理理论的影响

一、施泰因的教育行政思想

教育管理学界认为，近代历史上最早用行政学、法学理论研究教育管理的人，首推德国19世纪的行政学、法学家施泰因(L. V. Stein)。他在1884年出版的《管理学》(又译《行政学》)一书中，有一个专章是论述教育行政管理的。他明确提出国家应该通过立法

的方式对公共事务的教育进行干预，以保障国民有平等的受教育的权利。施泰因在当时为什么提出这种观点呢？这是和他的哲学思想和政治思想有密切联系的。他早年曾受法国空想社会主义思想的影响，后期又崇拜黑格尔哲学。因此，他研究教育管理是从解决社会不平等现象出发的。他把解决社会不平等现象的希望寄托于政府的法律。他提出的理论主要包括以下四个方面。

第一，世界上每个人都生活在人类命运共同体之中。这个共同体把许多人集合在一起，相互之间都是为了别人的存在而存在的。这就是说，人类要生存下去，谁也离不开谁。这是"我为人人，人人为我"思想的翻版。

第二，人类命运共同体由两部分组成：一部分是社会；另一部分是国家。社会是由一些非人格化的自然要素所组成的，它通过财富的分配来提供人的发展的条件；它通过劳动组织在人群中建立纪律；它通过人类需求系统去促使人们去行动；它还通过家族及法律而结成世代相传的人类共同生活的有机统一体。而国家不同于社会，它是由人格化的自律的因素所组成的。它可以通过法律和自我调节的方式去改变社会上存在的一切不平等的现象。例如，社会对社会财富分配的不公、纪律的不合理及人类需求得不到满足等。

第三，社会财富的分配为什么不公平呢？施泰因认为是由于社会精神财富不公平造成的。社会财富都集中到那些受到良好教育、掌握了生产技能的人手中。这些人靠着知识和技能获得较高的报酬。而社会上穷苦的人往往是没有受过良好的教育，又缺少谋生的技能，自然获得社会财富的份额就很少。

第四，要解决社会财富分配不公平的现象，首先要解决精神财富分配不公平的问题。他主张具有自律性的国家应该通过法律和行政的手段来干预教育，让广大穷苦人家的子女都能受到教育。

这是当时社会改良主义思想在教育上的反映，也是施泰因唯心主义社会观、历史观的表现。他提出的教育行政的法律适应性原则对于教育管理学的发展还是有积极意义的。

在施泰因之后的一百年里，他的教育行政思想成为欧洲大陆派的一面旗帜，对许多国家的教育管理发生很大的影响。在这段时期内，各国政府纷纷制定教育法律，法治教育的思想占了主导地位。教育法正逐步从民法中分离出来，形成了一个相对独立的法律体系。

二、教育法在教育行政中的作用

教育法在教育行政中的作用主要有下列四个方面：①保障了政府的权力机关对教育

事业的监督与控制，有利于教育事业的普及和提高；②保护了教育者和受教育者的合法权利、义务和责任，体现了教育的民主和公平的原则；③维护了教育事业内部的正常秩序的稳定性，有利于积累经验，提高教育质量；④促进了教育管理行政行为的有效性。

但是，教育法也不是万能的，还需要其他管理思想和方法的配合。教育法的权威性、统一性、规范性也会有不适合不同地区、不同学校的时候，政府不恰当地利用教育法干预教育管理也可能产生负效应。

教育行政理论把学校组织视为办学的行政实体。按照法律的规定，确定了学校的法人地位，校长则是法定代表人，明确了学校外部和内部的职责权的关系，规范了教育管理体系中中央和地方教育行政部门的关系及地方教育行政部门和学校的关系。

三、从行政学角度对教育管理的分析

教育行政管理理论是从行政学的视角讨论管理的实效性的。它的基本观点有以下四个方面。

第一，教育行政机构是政府对各级各类教育组织和学校进行管理的组织。各级教育行政领导人都要对上级负责，当然也要对社会、事业和民众负责。

第二，教育行政具有权威性、系统性、强制性的特点，管理行为不应该受非理性因素的干扰。

第三，教育行政管理的重点包括：制定和执行中央或地方的教育法令和法规；制定教育事业的发展规划和年度的工作计划；对教育资源进行合理配置，扩大教育的投入比重；提供咨询与服务；开展督导和评价；等等。

第四，协调社会、政府、学校之间的关系，调动各方面办学的积极性，扩大学校对社会的影响，使各方面的义务、责任和利益得到协调发展。

第二节　科学管理理论对教育管理的影响

一、科学管理理论的提出

19 世纪末，资本主义工商业的发展带来科学技术的进步，这种情况一方面推动了生产力的发展，另一方面又加剧了社会矛盾。这是资本主义社会基本矛盾——生产社会化与私人占有制的必然结果。资本主义国家内部劳动生产率下降和经济危机爆发，在这个社会背景下，许多国家的工程技术人员和管理人员都在研究如何在企业内部提高劳动生

产率。在这些人中间成就比较显著的是美国工程师泰勒(F. W. Taylor)。他本来是一个工人，后来当过工长、绘图员、技术员和工程师，最后当了总工程师和管理顾问。由于他长期生活在工人之中，对工人的思想和表现都十分熟悉，所以泰勒在总结前人研究成果的基础上，通过对工人劳动过程的观察、测量和试验，提出了科学管理理论和方法。泰勒自幼才华横溢，兴趣广泛，勤学好问，善于思考。他在工厂工作期间，有许多发明创造和技术革新成果，获得技术专利一百多项。他在管理方面曾进行过“铁块搬运试验”“铲具的试验”和“金属切削试验”，这三项试验为他的科学管理理论的提出提供了实践基础。他的主要著作有《计件工资制》(1895年)、《工场管理》(1903年)、《科学管理原理》(1911年)等。他逝世以后，人们在他的墓碑上刻上“科学管理之父——弗雷得里克·泰勒”来赞扬他的功绩。从严格的角度来看，他是历史上第一个管理行为系统化、科学化的人。

二、泰勒科学管理理论的主要观点

泰勒科学管理理论主要包括以下六个方面的内容。

第一，科学管理的目的和中心在于提高劳动生产率。他认为应该培训和发掘企业中每个工人的才干，使每个工人尽他天赋之所能，干出最高档的工作——以最快的速度达到最高的效率。

第二，管理人员要采用科学的方法对工人在生产过程的操作程序进行观察和试验，分析每项工作的动作和时间，除去多余的和错误的动作。在这个基础上制订合理的日工作量标准，即用准确的科学研究和知识来代替旧式的个人判断和个人意见，包括每项工作所采用的方法和完成每项工作所需要的时间。

第三，每个工人能否完成日工作量标准呢？这取决于标准化管理。就是说，从原材料、使用的工具、工艺过程、检验方法一直到劳动者，一律标准化。

第四，为了造就标准化的工人，必须对工人进行岗位培训，达不到厂方规定标准的工人不能上岗。

第五，为了鼓励工人打破定额，建立了岗位标兵制度和实行差别计件工资制。

第六，宣扬科学管理是一场伟大的“心理革命”，工人和厂方的管理人员不要相互对立，要以友好合作和互相帮助来代替对抗和斗争，双方把注意力从被视为最重要的分配剩余的问题上移开，而把共同注意力转向增加剩余上。

从上述观点看出，科学管理的出现，标志着人类由经验管理模式向依靠知识的科学管理模式过渡。泰勒的科学管理有其科学性的一面，但又有欺骗性的一面。

三、科学管理理论对教育管理的影响

20 世纪初，由于生产力的发展对劳动者的素质提出了比较高的要求和工人阶级为争取工人及其子女受教育权的斗争，许多资本主义国家相继普及了义务教育。学校的数量也迅速增长，同时社会团体、个人和政府对教育的投入也大大增加。这种巨大的投入引起了企业界和政府部门对办学质量和效益的关注。他们批评许多学校只重视质量而忽视效益，在管理上存在着浪费现象，要求学校管理人员切实负起责任，把自己的工作重点放在效益上。并以办学效益作为评价和考核学校管理水平的主要标志。在这种巨大的社会压力下，教育管理人员不得不放弃传统的教育管理观念和做法，转向接受工商业界的市场原则、价值标准和相应的管理行为。也就是说，不管教育管理人员是否认同，泰勒的科学管理成为检验学校管理的主要标准。

当时积极主张在学校中推行科学管理的学者中，有两位影响比较大的人物。一位是美国新泽西州牛顿市督学弗兰克·斯波尔丁(F. Spaulding)，他提出了教学成本这个概念，并认为这是一个需要控制的关键因素。学校组织的总效率是直接和教职工的工作效率联系在一起的，每个教职工的工作效率又与他完成教学任务的数量多少有关。学生的入学率、合格率、留级生率及流失率都要摊入教育成本。学校管理人员在安排教师的工作任务时，也把工作任务与经费分配、教学成本联系起来。斯波尔丁还根据每个学校的办学效益不同，分配不同的教育经费，以此鼓励办学效益高的学校。另一位是芝加哥大学的讲师富兰克林·鲍必特(F. Bobbitt)。他认为要提高学校行政工作的效率，首先要确定学校“产品”的理想标准(即毕业生的标准)；其次是规定学校的“生产方式”和程序；最后是制订生产者(教师)必须具备的资格和工作准则。教师要遵守由专家制订的“详细的教学计划所应达到的标准、所应用的方法与所使用的教材”。这种效率、成本和标准化的观念对传统教育管理是一个很大的冲击，它反映了泰勒的科学管理对教育行政和学校管理的影响。

这个时期在教育科学研究方法方面也有一些新的进展。1910 年前后美国学务开始调查，先从纽约市开始，逐步扩展到全国各地。1933 年举行的中学教育及师范教育的调查是规模最大的一次。对学生留级和休学现象的研究引起了社会上许多人的关注。心理学家、教育学家桑代克(E. L. Thorndike)、爱尔斯(L. Ayres)和施菊野应纽约市教育行政部门的邀请，参加了此项研究工作。他们把教育统计、教育和心理测量的方法带进了学校管理。此外，还有对教育行政组织、教育视导、教育经费、学校建筑和设备之类问题的研究。这些研究的共同特点是把现代教育科学研究方法应用到教育行政和学校管理之中，促进管理工作的标准化、定量化、程序化和效率化。这是一股不可抗拒的潮流，推动学校管理由传统的粗放式管理向科学的集约式管理迈进。

也有一批教育家对学校管理工作引进科学管理的思想和做法提出了批评。他们认为学校管理绝不能用统一的标准来压抑富有创造精神和多变的教育工作与教师的劳动。雷蒙德・考尔汉(L. Cunningham)在其《教育和效率崇拜》(1962年)一文中指出，这是"美国在教育方面的一个悲剧"，教育管理人员正从传统文化的传播者蜕变为反文化的企业经理。

第三节　科层管理理论对教育管理的影响

一、科层管理理论

科层管理理论属于古典组织学派的一个分支。科层体制又称"官僚体制"。在西方，"官僚体制"是与"同僚体制"相对应的一个名词，并非贬义。它是指像政府机关那样层次分明、制度严格、权责明确的组织模式。科层理论是由德国学者马克斯・韦伯(Max Weber)博士提出来的。他曾系统研究过法学、经济学、社会学、宗教学之类理论。当他的理想和德国的现实发生矛盾时，他对权力的来源及其作用提出了疑问。他深刻地剖析了来自神权、封建家庭的家长式统治的弊端，提出了只有建立在法理基础上的行政组织的权力才是最合理又合法的。他撰写的《社会经济组织理论》一书是从社会学角度分析行政组织的性质和职能的名著。

科层管理理论的基本观点包括以下七个方面的内容。

第一，职位分类。每个组织的存在都有其组织任务，组织任务的完成必须依赖各个工作部门，每个工作部门下边还有若干个工作岗位，每个工作岗位都应该专业化。组织的建设就是从职务岗位的划分开始的。

第二，权力分层。组织按照等级原则，从顶层到基层有一条权力线。每个层次有着不同的职务、责任和权力。这个体系就是科层体系。

第三，法定资格。每个岗位的人员必须是称职的。所以，组织以"法"的形式规定了每个职位的任职资格和条件，以及对他们考核的标准和方法。

第四，委其责任。除了按照规定必须通过选举产生的公职人员外，官员是委任的，而不是选举产生的。在授权的时候，还要委以责任，他的行为必须对上级行政组织负责。

第五，遵纪守法。官员不属于任何一个社会组织的成员。他是为全体公民服务的，但他必须遵守行政组织的纪律和规则。

第六，理性关系。组织内部各个成员之间只讲理性(原则)不讲感情。

第七，固定工资。官员领取固定的工资，有明文规定的升迁制度。不得依行政职位之便，获得工资之外的任何报酬。

管理学界认为，20 世纪以来工商界的经济组织由家长式的管理演变成科层式管理。它既反映了工业革命对工商业发展的要求，也体现了法治社会的必然结果。这种以责任制为基础、以权力为核心的理性组织的权威性，对提高行政组织的工作效率是有积极意义的。它虽然是一个理想的组织，并不是一个现实的组织。它与封建官僚管理体制相比是进步的，可是又摆脱不了资本主义的影响。

二、科层管理理论的发展

科层管理理论在不断完善行政组织的过程中也提出了一些具有积极意义的原则。①为了正确处理直接行政领导和上级职能部门领导的关系，科层管理理论提出每人只有一个上级的原则。②根据任务的性质、特点和管理者的实际情况，提出管理宽度原则。宽度超过管理者的能力，就会出现权力失控现象。③改变管理的宽度过宽的办法，就是增加管理的层次。层次过多又会指挥不灵，信息传递缓慢。④以目标为导向，对职务、责任、权力和利益进行合理配置。⑤权力下放是有条件的。例如：放权与控权要统一；权力可以下放，而责任是不能下放的；放权之前要考察被授权者的知识、经验、能力和心理承受力；本不属于自己的权力不能下放；影响全局的权力不能下放；等等。⑥权力之间相互制衡原则。⑦对上级实行“跳板原则”(越级上告)，对下不能越级处理。⑧制订计划的部门与实施计划的部门要分开。

三、科层管理理论对教育管理的影响

和科学管理理论来比，科层管理理论对教育管理的影响要更大一些。美国学者马克斯·阿博特(M. Abbott)是最早提出学校组织有许多特征是符合韦伯原则的教育管理学专家之一。他认为，学校组织具有分工的专业化特点，学校内部有着明确和严格的纪律和规章制度，学校管理的理性化程度高，教职员按照自己的职务、责任、工作量领取工资，以及要提高学校管理的效率就必须从学校组织建设的程序化和规范化做起。

但是也有一些学者认为，学校组织与企业、政府机关不同。首先，在权力的配置上，企业和政府机关是一元化权力，而学校是二元化权力结构。在学校组织内既有以校长为首的行政权力，又有以学者或教师为代表的学术权力。在提高办学质量上，学者的权威性会更大一些。其次，企业和政府机关是按纪律办事，而学校组织内人与人的关系相对要松散一些。最后，学校组织中的教学或科研组织、学校内的社团组织及学生组织有比较大的自由度，体现了智力劳动的创造性和个性化特点。而学校行政的办公组织往往是高度结构化的，具有强制性和集体性的特点，职责权对行政管理人员的行为有着很大的约束力。在学校管理上对待教师和对待行政人员应该有所区别，但这样也往往会造成行政人员心态不平衡。

还有一种观点认为，科层组织的正效应是管理的专业化、关系的理性化、工作的协力化和行为的制度化。这对提高行政效率是有意义的。但是，科层管理的单调、枯燥、僵化、公式化又会使行政管理人员对工作产生厌倦情绪，士气低沉，同事之间及上下级之间缺乏感情交流和理解，甚至会使他们对个人前途担忧，产生只是熬年头不讲绩效的负效应。因此，一种改良的韦伯模式或新韦伯模式诞生了。科层组织不再只是一个封闭系统，它同外界发生着各种各样的关系，使组织更能适应变化着的外界环境。科层组织是标准的正式组织。它既要体现效率原则，又要渗透情感原则。科层组织既是一个办公的组织，又是一个学习化组织。学会剖析自我、充实自我最后达到完善自我，以适应复杂、多变的环境和人员。

目前我国学校管理改革中推行的党组织领导下的校长负责制、教育目标责任制、教师聘任制、结构工资制、管理干部考核制及各种岗位责任制等都是为了健全行政组织的各种机制，提高组织的行政效率。韦伯的科层管理理论对这些改革具有一定的参考价值。

第四节　行为科学管理理论对教育管理的影响

一、梅奥和“霍桑实验”

行为科学的管理理论是第二次世界大战以后发展起来的一门新兴学科群。它的前身是心理学的人际关系学说。这个学说是美国哈佛大学工业心理研究所的梅奥(E. Mayor)在“霍桑实验”中提出来的。当时美国正处于全球性的经济危机和经济大萧条时期，泰勒的科学管理带给工人的是压抑、苦闷和反抗。在这个背景下，从1924年开始，美国科学界组织一批专家到美国西屋电器公司的霍桑工厂进行有关如何提高劳动生产率的实验。实验分为两个阶段，1924—1927年是第一阶段，1927—1932年是第二阶段。梅奥和他的哈佛同事们参加的是第二个阶段的实验。实验的目的是研究影响工人劳动生产率的因素是什么，以及怎样才能提高劳动生产率。第一阶段主要研究物理因素对劳动生产率的影响，第二阶段主要研究生理因素、经济因素和社会心理因素对劳动生产率的影响。

霍桑实验的全过程是：①进行车间照明变化对生产效率影响的各种试验；②进行工作时间和其他工作条件的（如休息间隔、工间茶点）变化对生产效率影响的各种试验；③进入为了了解工人的工作态度与思想感情而进行全厂范围的谈话阶段；④进行对起作用的社会组织的试验与分析（即继电器绕线机组观察室试验）。

人们赞扬霍桑试验的成果，认为它推翻了科学管理学派所谓用金钱和严格分工制度能提高劳动生产率的梦想，强调了对工人的尊重与沟通，听取他们的意见。这种试验大大推动了企业管理中对人的研究。但也有人批评说，这些结论几乎是完全站不住脚的，是哈佛大学的研究者们的偏见和倾向性，都是一些没有科学根据的推测。

梅奥在上述试验的基础上撰写了《工业文明的人性问题》一书，全面系统地论述了人际关系学说，奠定了行为科学的基础。梅奥的人际关系学说的基本观点如下。

首先，人是社会人，这是人际关系学说的理论出发点。梅奥认为，工人不是机械的动物，而是复杂社会系统的成员。因此，人的行为不只是受着物理的和生理的因素的影响，更为重要的是受着社会心理因素的影响。他反对以往管理理论中把工人当作工具人（机械人）或经济人的说法。他强调人是社会人。

其次，工作条件、工资报酬不是影响工效的第一要素，工效的高低主要取决于士气，而士气又来源于人与人之间的和谐关系。

再次，每个人都生活在群体之中，群体行为对个人行为发生很大的影响。群体可分为正式群体和非正式群体两类。管理人员既要强化正式群体，又不要忽视非正式群体的作用。

最后，人的行为是很复杂的。其中既有合乎逻辑的行为，又有不合逻辑的行为。管理人员不要简单处理，否则会伤害人的感情，增加工人与管理者的隔阂。

梅奥的人际关系学说提出以后遭到企业界和工会的强烈反对，整个 20 世纪 30—40 年代，很少有哪个企业是按照人际关系学说来进行管理的，因此当时它只是停留在学术刊物和大学的讲台上。直到 20 世纪 50 年代人际关系学说发展成为行为科学以后，才得到社会广泛的重视和应用。

二、行为科学管理理论的产生与发展

1949 年，美国一些科学家在芝加哥大学召开了一次跨学科的学术讨论会。到会者既有社会科学家，又有自然科学家。他们试图采用多学科协作的办法共同探讨人的行为及其改造问题。在对这个新学科命名时，有人提出就叫行为科学。3 年后，即 1952 年由福特基金会出面成立了世界上第一个行为科学高级研究中心。1953 年该研究中心又邀请美国各大学的有关专家开会，会上正式定名为行为科学。从此以后，行为科学便得到社会的承认，并受到美国政府的支持。现在这门学科已经被广泛地应用到各个部门，特别是经济管理部门。有人吹嘘它是振兴经济的一个秘密武器。发展生产既要依靠工程技术方面的工程师，还必须依靠行为管理方面的心理工程师。有人说，它的成功标志着由以物的管理为中心的时代向着以人的管理为中心的时代的转移。行为科学管理理论也就成为管理人员培训的必修课。

什么是行为科学呢？目前国内外学术界对它的解释还不统一。我们可以把诸多的解释分为两类。一类是广义的：凡是采用科学方法研究自然环境和社会环境中的人类行为规律的学科群，统统属于行为科学。例如，心理学、人类学、社会学、经济学、语言学、法学、历史学、伦理学中凡是涉及人类行为的部分，都具有行为科学的性质，应列入行为科学的研究范围。另一类是狭义的：行为科学是研究人的行为产生、发展和转化的规律，以便预测人的行为，进而控制人的行为的一门科学。还有人提出，行为科学是以人的行为为中心的管理学。

行为科学管理理论主要对下列四个问题进行了研究。

(一)人性假设是行为科学管理理论的出发点

世界上一切管理活动都是管理者和被管理者双方共同完成的。管理者在对被管理者施加影响时，他首先想到的是什么是人，然后才是采用什么方式去影响人。自古以来，被管理者曾被比喻成"会说话的工具""劳动人民如同牛马一样""工人就是整个机器中的一个齿轮"。也有人认为，每个人都是为了金钱和利益而存在，人是经济人。行为科学家在分析了各个时期管理者对人的不同态度和认识，提出了下面六种人性观。

1. 工具人假设

工具人假设认为，人一生下来，他们的地位就很不相同。有主人和奴仆之分。而主人的上边还有他的主人。所以，每个人都是供别人驱使的工具。他们身上既有想控制别人的欲望，又有奴性的一面。美国麻省理工学院的心理学家麦克雷戈(D. McGregor)曾用X理论来描述这种人性假设：①人天生就懒惰成性，他们总是尽量逃避工作；②人是没有进取心的，他们从不愿意承担任何责任，宁愿听从别人指挥；③人是自私的，他们总是以自我为中心，不去关心别人；④人是保守的，他们害怕风险，最重要的是个人的安全；⑤人是有感情的，往往缺乏理智，受到别人的煽动，就会感情冲动，干出蠢事来；⑥人所以劳动，就是为了满足自己的温饱和享乐。具有这种人性假设观念的管理者就把被管理者当成牛马一样来对待。

2. 经济人假设

经济人假设是大卫·李嘉图(D. Ricardo)提出来的。他认为资本家办企业，工人干活，都是为了经济利益。所以，人的行为都是受经济利益驱动的。只要有利可图就能调动人的积极性。泰勒的科学管理实质上就是建立在经济人假设的基础之上的。

3. 社会人假设

梅奥是主张社会人假设的。他对前两种人性观持批判态度，强调社会心理因素对人的行为的影响。人生活在社会之中，人与人之间的尊重、情谊、地位更为重要。在现代化的大生产的条件下，分工越分越细，工作越来越规范化、标准化。从劳动量上来看可能比以前轻松一些，但是工作变得单调、枯燥、乏味。因此，人只能从社会关系上寻找工作的意义。工人的生产效率也只有随着上级满足他们的社会需要和精神需要的程度而改变。

4. 自我实现人假设

自我实现人假设是心理学家马斯洛(A. Maslow)提出来的。他认为，金钱、名誉和社会地位都不是人所追求的最终目标。人的最终目标是追求人的自身价值的体现。人的社会地位不同、职业分工不同，只要他全身心地把自己的一切智慧、才能和精力都发挥出来就是达到了自我实现。当高级领导干部可以自我实现，当勤杂工也能自我实现。当“主角”“骨干”可以自我实现，当“配角”、一般成员同样可以自我实现。有人把自我实现理解为个人主义的自我膨胀，这是违背马斯洛的原意的。麦克雷戈用Y理论来表述自我实现人的特点：①人并非天生懒惰，而是追求工作；②在适当的条件下，人不但愿意工作，而且主动承担责任，那种逃避责任、只顾个人安全是经验的结果，而不是人的本性；③人追求个人目标和欲望的满足同实现组织的目标并不矛盾，只要组织领导有方，个人会处理好个人与组织的关系；④人为了实现目标，在工作中是能够自我调节、自我控制的；⑤人有丰富的想象力和创造力，也愿意表现出来，那种对组织目标抱消极态度和抵触情绪是由于组织的压力所造成的。

5. 复杂人假设

复杂人假设综合了上述各家之言，强调了人的差异及环境和教育的影响。

首先，人是怀着不同的需要来参加工作的。有人需要在工作中有健全的组织机构，有严格的规章制度，而不需要参与决策和承担重任。而有人却需要有更多的自主权，更少的约束，可以承担更多的责任，希望能给自己发挥创造力的机会。

其次，人的主动性和创造性不是天生就有的，而是培养教育出来的。管理者既要相信人，又要培养人。

最后，组织机构的设置、管理层次的划分、工作任务的分配、工资报酬和控制程度的大小都要从工作性质、工作目标、职工素质等方面来考虑。不同情况采取不同的方式，不能都一样。

6. 决策人假设

决策人假设认为，人是具有选择自由、能动的行为主体。由于环境和自身条件中诸因素的制约，使人选择的范围受到了限制。但人总是通过选择达到自由的目的。

行为科学家提出了种种人性假设试图揭示人的本性，但这些假设各自都有理论上的缺陷和方法手段的局限性。

(二)激励理论是行为科学的核心内容

人是一种有感情、理智、欲望和需要的高级动物。他们生活在一定的物质环境和文化环境之中，环境中有各种因素能够刺激他们的欲望和需要。当人们从理智上或感情上选择了某种需要之后，便会尽力去追求它。这时，这种需要就成为激励人们行为的动力。在环境中还有一些因素，虽然它也是客观存在，但未引起有些人的注意，也就是未被这些人所知觉，这类因素自然就起不了激励作用。造成这种现象的原因可能有三：一是这种需要因素已基本满足，不属于"匮乏性需要"，该人正准备追求另一种需要，所以没有反映；二是"生长性需要"，从发展的角度这种因素是需要的，而现在还不迫切；三是这种需要因素同自己的价值观相违背，所以不能接受。在我们研究激励理论时，不能只研究客观因素的激励程度，还要研究被激励者是否接受它。这与每个人所处的生活环境、文化修养、职业特点、价值观念、经济状况及个性特点有关。

在管理工作中，管理者要调动人的积极性和创造性就必须善于使用行为科学的激励理论。管理者要通过改变外部环境和条件，把人的内在潜力挖掘出来。行为科学是从以下三个方面来研究激励理论的。

1. 需要层次理论

人有许多需要，需要与需要之间又是有层次的。我们可以把需要划分为低级的、中级的和高级的，也可以按生存的需要和发展的需要进行划分。行为科学家马斯洛在1943年发表的《人的动机理论》中提出人有五个层次的需要，即生理的需要、安全的需要、交往的需要、(群体中)地位的需要、自我实现的需要。1954年，他在《激励与个性》一书中，在地位需要的后边增添了求知的需要和求美的需要。自我实现的需要还是放在最高层次上。马斯洛还认为，人的行为是出于对某种没有满足需要的追求。一旦这种需要已经满足之后就没有动力了，也就不再是激励力量了。这时，人又会提出另一个新的需要。如果说人有许多需要都没有满足时，在一定时期内必有一个居于主导地位的需要。奥尔德弗(Alderfer)是按照人的生存需要、相互交往的需要、成长发展的需要来划分的，这三类需要之间是可以相互流动的。麦克里兰(D. Meclellan)提出人在满足生理的需要之后，主要有三大需要，即权力的需要、友谊的需要和成就的需要。管理者利用这三类中任何一类都能激励人的行为。

2. 行为改造理论

行为改造理论认为，人的行为有积极的、健康的行为，也有消极的、破坏性的行为。于是就要探讨人的行为是怎么形成的，对于积极的、健康的行为应该怎么去强化它，对于消极的、破坏性的行为又应该如何控制它、改造它，这就需要研究一种预测人的行为，进而控制人的行为的理论与方法。

行为科学家哈克曼(Hackman)和奥尔德弗研究的结果说明，凡是单调的、简单的、重复性的工作往往引不起人们的工作兴趣，没有兴趣的工作必然会降低工作效率和质量。这也是产生“磨洋工”“泡病号”之类消极行为的原因之一。改造这类消极行为的办法，就是从研究工作本身的特点出发，提高工作人员的自觉性、自信心和兴趣。他们提出，管理人员在布置工作时，要考虑五个问题：一是工作的完整性，工作人员从工作的完整性中领会到工作的意义；二是工作的重要性，这样可以提高工作人员的责任心；三是工作方法的多样化，这对增强工作的兴趣有一定帮助；四是在工作过程中给工作人员较多的自主权，使工作人员有发挥自己创造性的机会；五是工作结果的反馈性，工作人员可以自我检查和看到自己的成绩。实践证明，这种做法容易产生激励作用。工作人员在主动安排自己的工作过程中能够提高工作质量和效率，同时获得心理上的满足，这样可以大大减少旷工和工人流失现象。

行为科学家海德(Heider)提出归因理论。他认为，我们要对人的各种行为作出合理的解释，就必须对他们的行为进行诊断。这种心理诊断方法是为了改变人的自我感觉或自我意识来达到改变人的消极行为为积极行为的。归因理论把人的成功或失败都归结为四个方面的原因：一是本人主观努力的程度；二是本人实际能力的大小；三是所承担的工作任务的艰巨程度；四是工作环境、条件的机遇。这四种原因中既有主观因素，又有客观因素；既有稳定性强的因素，又有不稳定性因素。管理者在帮助工作人员分析自己行为结果的原因时，尽量改变由于缺乏信心而产生的自暴自弃、害怕艰苦的心理状态，突出第一方面和第四方面原因的作用，降低第二方面和第三方面原因的影响。这样可以增强人们的毅力和提高成功的期望。

和归因理论相近的还有挫折理论。挫折理论主要研究人们在从事某种活动时，由于环境或事业本身遇到了障碍，而工作人员本身条件不足，难以排除障碍，最后导致预定目标的失落。在这种情况下，人们会做出什么反应呢？挫折理论认为，人们遭受挫折的原因有两类：一类是主观原因；另一类是客观原因。主观原因包括本人生理条件和本人的愿望的矛盾、不同动机的冲突、自己的能力与期望的结果矛盾等。客观原因是主观力量无法改变的，如自然因素中的各种自然灾害、社会体制中的各种弊端、工作环境的恶劣、人际关系紧张及传统的习惯势力等。当人有挫折感之后，可能产生哪些行为呢？行为科学家把挫折后的行为分成两类：一类是积极行为；另一类是消极行为。积极行为可能有三种表现形式：激发出再生力(信心更足了，失败意味着离成功更近了一步)；产生了自我张力(对自己的行为作出实事求是的解释，明确了今后努力的方向)；改进自己的工作方法。消极行为也有三种表现形式：降低要求，改变原定目标；自我放弃(破罐子破摔)；对抗行为。管理者的任务就是分析产生挫折的主要原因，预见挫折后可能发生的行为，通过说服、示范、发泄、调动工作或改变工作环境等办法，化消极行为为积极行为。

3. 过程分析理论

过程分析理论认为，人的积极性是在动机形成和行为目标选择的过程中完成的。只有形成积极的、健康的动机和目标，才能焕发出人的主观能动性。

行为科学家弗鲁姆(V. H. Vroom)构建了“期望模式”：激发力量＝目标价值×期望概率。弗鲁姆认为，人在行动之前，首先，对自己的行为目标进行选择，对目标价值作出判断。只有当目标价值比较高时，他才努力地追求这个目标。其次，他还要根据自己的条件考虑获得目标价值的可能性大小。只有当目标价值高，本人又有实现目标的把握时，人的积极性是最高的。反之，某种目标价值对他没有吸引力，或者自己没有获得目标价值的充分把握时，都不可能激发他的积极性。从目标价值的判断、期望概率的估计直到行为的选择，这是一个过程。如何强化这三个环节是管理人员要做的事情，即把精神力量转化为物质力量。

亚当斯(J. S. Adams)提出了“公平理论”。这个理论研究人的行为是与他对公平的看法有关的。在亚当斯看来，一个人对自己所做的工作和所得到的报酬是否满意，不仅仅看报酬数量的多少，他还要同社会上其他的人进行比较。如果一个人对社会的贡献与报酬之比和其他人的贡献与报酬之比是相同的，这个人就认为这是公平的。否则就是不公平的。而实际上，人们往往认为，别人的贡献并不比自己大，而报酬却高于自己，感到不公平。这是因为每个人对社会贡献的大小很难用一种绝对标准来测量。人对社会的贡献可分为有形贡献与无形贡献、个人贡献与群体贡献、任期内贡献与隔代贡献、实际贡献与光环效应等。于是工龄、学历、资历、职务、社会地位都成为自己贡献的标准。这种社会贡献或相互攀比现象往往影响人的积极性。公平理论就是研究如何解决工资报酬的合理性、处理好公平和激励的关系、找出产生不公平感的原因及消除或缩小不公平感的措施。亚当斯认为，消除或缩小不公平感的办法很多，常用的办法有两种：一种是如果贡献大、报酬少，可以采用减少工作量或增加报酬的办法；另一种是贡献不大而报酬偏高，可以通过增加工作量或减少报酬的办法。

（三）群体行为理论是行为科学管理理论的重要支柱

人是社会的人，人都生活在群体之中，是群体人。而群体内有共同遵循的观念和行为习惯，这些观念和行为习惯影响着群体内每个人的行为。因此，行为科学管理理论把群体人作为自己研究的对象。

1. 什么是群体

简单地说，群体是同个体相对应的概念。行为科学家认为，群体是指一定数量的人群为了共同的目标，而形成相互依赖、相互联系又相互作用的共同体。群体内有着共同的价值观念、道德标准、行为规范和群体活动。行为科学家为了研究群体的属性和特点，对群体进行了如下分类。

（1）假设群体和真实群体。

假设群体是统计学意义的划分方法。他把人按照年龄阶段、性别、文化程度、籍贯、政治面貌、宗教信仰、职业、经济收入的状况等划分为不同的群体。真实群体是现实生活中的群体。

（2）正式群体和非正式群体。

在现实生活中，每个人不仅生活在正式群体之中，同时，他们也往往有着非正式群体。正式群体与非正式群体的各自特点主要表现在三个方面，具体如表 3-1 所示。

表 3-1　正式群体与非正式群体的特点

序号	正式群体的特点	非正式群体的特点
1	由于工作需要集合起来的群体，当工作不需要时，群体解散或调整后，人不再隶属于这个群体，关系也就终止了	由于感情需要集合起来的群体（如老乡、老战友、老同学、棋友、球友、志同道合者），一旦感情淡化或感情破裂，关系就自动结束
2	组织内有职责权的分配，每个人言行受组织性和纪律性的约束	群体没有组织性和纪律性，靠道义力量来约束自己的言行
3	领导是上级任命的，就是群众选举也要经上级领导机关批准	群体中影响最大的人是当然的领导，不需要经过“上级”批准

（3）健康的群体和不健康的群体。

群体健康和不健康主要看社会影响的性质和自身凝聚力的程度，它们各自的特点具体如表 3-2 所示。

表 3-2　健康的群体和不健康的群体的特点

序号	健康的群体的特点	不健康的群体的特点
1	有共同的行动目标和符合社会利益的价值观	以群体利益为幌子，谋求群体内少数人的私利

续表

序号	健康的群体的特点	不健康的群体的特点
2	群体能够满足群体成员的合理需要，并取得成绩	群体无绩效，内部争权夺利，内耗严重
3	领导有方，群体成员之间友好合作	领导无能，群体缺乏凝聚力

2. 群体在管理中的作用

人们为了生存和发展就需要同他人结成事业上的和生活上的伙伴关系，于是就出现了各种各样的大大小小群体，大的如政党、宗教、大的社团、学会等，小的如小组、俱乐部等。一个人可能同时参加几个群体(一般说来，正式群体只能是一个，如果允许兼职也可能是多个)。群体一旦形成，它就对人的行为发生影响。行为科学家认为，群体对个体行为的影响作用主要有以下三种。

(1)归属作用。

人有一个弱点就是害怕孤独，他总是愿意归属于某个群体，以满足自己的物质生活需要或精神生活需要、个人才能发挥的需要、社会地位的需要。当人生活在一个群体之中，他以自己是群体中的一个成员感到自豪，有责任感和安全感。在群体获得荣誉或受到外部压力时，群体成员的群体意识就会增强。我们在管理工作中，通过对群体成员进行光荣传统教育和“忧患意识”的教育，能激发群体成员的责任感。

(2)认同作用。

人们在群体中生活，就形成了群体意识。他们对于一些重要问题的认识或处理问题的原则往往看法比较一致，甚至采取统一的行动。这就是认同的结果。群体一旦形成了群体意识和群体行为，它又反过来影响群体中每个成员。这样每个群体成员的言行才能得到群体其他成员的赞赏、承认与同情。在管理工作中群体的认同作用，可以提高工作质量和效率。

(3)支持作用。

群体成员自觉地遵守群体的行为准则，他的行为就得到群体的支持。因此，他会感到自己的存在和行动都不是孤立的，有群体做自己强大的后盾，从而提高了信心、勇气和力量。这是人类生存的一种需要。

(四)领导行为理论是行为科学管理理论的重要组成部分

在群体中人与人之间的地位、职务、作用不同，也就形成了群体中的不同角色。其中领导者的角色是非常重要的，他对群体中其他角色的行为发生很大的影响。行为科学管理理论着重从领导者的素质与领导行为的关系、领导者的职务与领导成效的关系、领导行为类型、领导策略、领导方式等问题进行研究。

1. 对于领导者素质的研究

领导者素质可分为六大方面。

(1)身体素质，主要是精力和体力是否能适应领导工作的需要。

(2)心理素质，包括一般智力发展水平、敏锐、机智、果断、承担风险。

(3)思想品德素质，如事业心、责任感、政治方向性、法治观念、组织性、纪律性、模范作用、群体意识和民主作风等。

(4)科学文化水平和业务能力的素质。

(5)沟通、联络和与不同类型人交往、合作的素质。

(6)应变能力的素质。

2. 对于领导者行为的研究

(1)在困难的环境下是否仍然能够有效地工作?

(2)在解决难题时是否能够吸收他人参与，特别是不同见解的人?

(3)在紧急的情况下是否仍然能够客观地、冷静地作出判断?

(4)在调查研究的过程中，是否能够引导大家充分发表意见，又不会引起敌意和抱怨?

(5)在与对方谈判的过程中是否善于委婉地表达自己的意见，而不使矛盾激化?

(6)能否在成就面前不被胜利冲昏头脑，在失败面前也不会丧失自信心?

(7)当上级领导作出错误决定，自己又无法改变时，是否能使损失减少到最小的程度?

(8)在组织内部意见有分歧的时候，能否使组织成员对各项工作表示认同或基本认同?

(9)在需要与可能的前提下是否能够提出本组织的战略发展目标和行动措施?

(10)在物质资源不足的情况下，能否依靠人力资源同样完成工作任务?

3. 领导者的类型研究

人们在工作中遇到过各种类型的领导者。每种类型的领导者又各自有不同的优点和缺点。谁也不能说自己是最完美的领导者。行为科学家为了帮助领导者能够找到自己的缺点和不足，促使领导者不断充实自我、完善自我，于是就进行了这类问题的研究。

美国学者布莱克和莫顿设计了“管理方格图”，试图从领导者对业务工作的态度和能力与领导者对下属人员的态度和能力两个方面来分析。设置横坐标和纵坐标各为 9 个等级，等级数字的大小表示其程度的高低。横坐标表示领导者对待业务的情况，纵坐标表示关心人的程度，两者之和就是最后设计出来的 81 种类型的领导者的特点，其中最典型的有以下五类。

(1)1・1型管理者，以个人利益为中心，他既不重视业务工作，又不关心人，是自私型的领导者。

(2)9・1型管理者，是只重视业务，不关心人的强人型的领导者。

(3)1・9型管理者，是很会关心人，而不知道如何抓业务的领导者。

(4)5・5型管理者，成绩不大年年有，步子不大年年走，无论是业务还是人的工作都是适可而止，是中间型的领导者。

(5)9・9型管理者，既重视业务又重视人的领导者，是理想型的领导者。

美国另一位学者何塞・布兰卡(H. Blanca)把领导者的类型和被管理者的成熟度联系起来，以领导者的业务工作行为、人际关系行为和被管理者的成熟度之间的三维关系来确定不同的管理对象适合不同类型的领导者。

4. 关于领导方式的研究

最初研究领导方式的人把领导方式划分为独裁方式、民主方式两类。而人们在现实生活中会发现领导方式远远不止这两类。美国学者坦南鲍姆(Tannenbanm)和施密特(Schmidt)提出领导方式连续统一体理论。他们认为，领导方式正在从独裁方式的一端开始向民主一端过渡，权力的影响力在逐渐减弱，而民主力量在不断加强。这样可以划分出下面七类领导方式。

(1)由领导者作出决策，不必同任何人商量，下级只有服从。

(2)领导者作出决策后，要对下级进行宣传解释，要求大家执行。

(3)领导者在决策前征求大家意见，但是不按下级意见修改。

(4)征求意见后，进行修改，再作决策。

(5)领导者只是提出需要解决的问题是什么，要求大家出主意，想办法。在群众意见的基础上作出决策。

(6)领导者要求群众提出问题和解决问题的办法。

(7)领导者允许群众在自己负责的工作范围内，有权从实际出发解决问题。

这七类领导方式不能说哪一类最好或哪一类最差。它与工作的性质、特点和环境有关，也与群众的实际情况有关。

三、行为科学管理理论对教育管理的影响

自20世纪30年代美国哈佛大学的梅奥提出人际关系学说以来，该理论得到一些学者的拥护，并大肆宣传，但也遭到一些企业家和工会领袖的反对。这时教育界有人反对把人际关系学说引进到学校管理之中。美国芝加哥大学教育系主任拉尔夫・泰勒(Ralph Tylor)是最早意识到人际关系学说的研究会带来教育管理理论变化的教育家之一。他在

《变化中的思想概念促使教育必须调整》(1941 年)一文中提出人际关系的研究与学校管理人员有关。他预见今后教育管理必将受到梅奥等人在霍桑工厂实验的影响。像这样的文章还有几篇，但在教育管理学界是没有多大影响的。当时教育管理学界的主流派还是那些有丰富教育管理实践经验的校长和行政人员。他们在大学里讲教育管理课，很少与工商管理学院的教授们往来，因此也就很少引进人际关系之类的新的管理思想。[①] 但是与人际关系有关的民主管理思想在 1940 年以后非常盛行。据说这是对当时学校管理中的独裁专制式管理的一种反抗。教育界许多人受到杜威教育思想的影响，对于参与管理、教育平等、利益分享等口号抱有不切实际的幻想。民主政治、民主决策、民主管理、民主教学都成了当时大家的口头禅，而实际上是难以做到的。美国教育管理学家考尔汉在其著作中曾分析过这一段历史。他认为当时教育行政提倡民主管理大都是浮夸言辞，极少有人从事这方面的研究和实际应用。

第二次世界大战以后，由于国际形势的变化和科学一体化(学科交叉)趋势的发展，不仅社会各行各业大讲行为科学，在教育界研究行为科学和人际关系的人也越来越多。其中影响比较大的文章有威尔伯・约契(W. Yauch)撰写的《改善学校管理中的人际关系》(1949 年)和丹尼尔・格里菲思(D. Griffith)写的《教育管理中的人际关系》(1956 年)。约契主张学校校长要正确处理同教职工的关系，这对学校管理是有决定意义的。教职员要参与决定有关监督、预算分配、课程、制定规章制度及日常管理之类事宜。校长和教职员之间要以平等的地位对话。大家在学校里应该享有平等的权利。格里菲思认为教职员的士气问题是当时美国学校中最棘手的问题。为什么教职员的士气不高，经常出现旷工、怠工、流失的现象呢？他认为这与每个人在工作中的获得满足的程度有关，也与领导类型和领导方式有关。

在行为科学管理理论的影响下，教育管理学家更加重视教职员在管理中的主体地位，采用科学的方法了解社会与学校中各种因素对个体或群体行为的影响。强调人的主观能动作用，增强自我激励、自我调控、自我完善的能力。教育管理者要学会激励大家的工作热情、事业心、责任感和成就感；要为每个教职员的知识、才能的发挥创造机会和条件；要加强组织内部的团结，消除人与人之间的矛盾和冲突；要帮助教职工冲出“误区”、走出“低谷”，扫除一切困惑和苦恼。教育管理者还要善于分析和研究教职工、学生的需要层次和结构，改善学校内外的人际关系，增强群体意识和组织的凝聚力，不断扩大自己领导集体的影响力场。

---

① 秦梦群：《教育行政理论与应用》，11 页，台北：五南图书出版公司，1988。

第五节　新公共管理理论对教育管理的影响

公共管理在行政学上是指政府有效地对公共事务的管理。新公共管理是指20世纪80年代以来西方发达国家指导政府变革的理论和实践，这些理论和实践对于教育管理的改革也发生了重要影响。

一、对传统行政理论的反思

新公共管理理论的产生，在实践上，是20世纪70年代经济“滞涨”引发了人们对政府全面而低效地干预经济与社会生活行为的反思，重新界定了政府的职能；在理论上，则是对传统行政学理论进行批判，对政府行为的理论基础重新解说，建设起一系列新的理论平台。

公共管理理论形成过程中批判的理论对象是威尔逊的“政治-行政二分论”和韦伯的理想官僚制。

(一)对“政治-行政二分”论的批评

“政治-行政二分”论的提出者托马斯·伍罗德·威尔逊(T. W. Wilson)是美国普林斯顿大学的政治学教授、校长，曾发表《国会政体》《国家》《美国的宪法政府》等著作，1910年当选田纳西州州长，1913年当选为美国总统。1887年，威尔逊在《政治科学季刊》发表了“行政学研究”一文，提出要研究国家行政管理，建立行政学，首次把建立行政学的问题提到议事日程上来。在威尔逊诸多的行政学观点中，最为人们关注的是“政治-行政二分”论。他认为，行政管理的任务由政治加以确定，公共行政是细致地和系统地执行公共法律。如果行政过多地以政治方式办事，那么产生腐败的可能性就会加大。他的这种观点反映了当时正在兴起的政治和行政分离的要求。“政治-行政二分”论区分了政治和行政的各自职能，针对模糊状态下可能产生的各种弊端提出了解决的方略。

但是，这种理论在以后的实践中也暴露了其指导行政活动时所带来的弊端。批评者指出，现实中政治与行政是不可分的，美国行政学家休斯指出：政治官员和行政官员之间的关系是复杂多变的，这些关系不会呈现威尔逊所描绘的那种正式的、线性逻辑的关系①。行政是无法实现价值中立的。休斯引述彼得斯的话说：“行政与政策并非呈现出互

① [澳]欧文·E. 休斯：《公共管理导论》(第四版)，张成福等译，46页，北京，中国人民大学出版社，2015。

不相干的离散现象，而是互相关联的。无论是通过主观方式还是通过客观方式，行政体系的属性都会影响到政治体系的产出。”①

“政治-行政二分”论在政府管理实践中往往造成行政机构对新生问题的迟钝与碌碌无为。实践中政治意味着对于现实变化的敏感性，意味着创新、对选民负责及敢于独立决策。而将行政放到一个静止的平台上，人为地制造出惰性，就会使行政保守、老气横秋、低效率。

（二）对韦伯的“理想官僚制”理论的再认识

韦伯的组织理论在第二次世界大战以后成为非常有影响的管理理论，他倡导的组织模式所应具备的严格的效率倾向、注重法律和办事程序、突出专业知识和技术等特征代表了国际上现代化的发展的需要，因此在第二次世界大战以后的 30 年里，它一直是组织管理理论的经典。

但是，随着科学技术革命的发展，国际社会对于创新的要求越来越迫切，中规中矩的组织形式及论资排辈的人事制度，都对新思想、新技术的发展造成了障碍。于是在 20 世纪 70 年代以后对韦伯组织理论的批评也就日益增多，这些批评集中在以下三个方面。①这类组织封闭，缺乏对于环境变化的适应性。理想官僚制注意组织的制度与程序，在实践中被僵化和绝对化，导致只注意组织的规章而忽视组织的使命与面临的创新任务，从而容易使人随波逐流，只对规章而不是现实的任务负责，也就没有了冒风险进行革新的热情。②在这种组织体制中，强调的是效率，缺少对人的合理需要的关注，过分理性化。韦伯自己也说过：官僚组织的等级化使得民主不可避免地与之冲突，被统治者无法摆脱或替代他的权威。这样的组织不容易调动人的积极性及发挥创造潜力。③过分关注正式组织，没有考虑非正式组织，组织成员缺少表现个性和自主发展的空间。严格的规章制度和等级壁垒，剥夺了成员参与管理的权利，使得人们关注如何适应这种氛围而逐步升迁，而不是工作的创造。这种制度培养无能，使人等待退休而不是考虑不断拼搏。

这些批判对传统政府组织的弊病提供了基本的诊断，为建设新的有活力的组织开启了思想的空间，从而为政府组织框架和组织规则的再造提供了依据。

二、新公共管理理论的主要理论基础——公共选择理论

新公共管理的主要理论基石是公共选择理论，而公共选择理论不是一个独立的理论，而是许多理论的集合，其主要代表人物是经济学家詹姆斯·布坎南（James

---

① ［澳］欧文·E. 休斯：《公共管理导论》（第四版），张成福等译，46 页，北京，中国人民大学出版社，2015。

M. Buchanan)，他是布莱克斯堡弗吉尼亚大学公共选择中心的教授，从1955年开始研究政治决策问题，20世纪60年代明确提出了公共选择的理论，他与别人建立公共选择协会，推动这一理论的发展与传播。布坎南在1972年出版了《公共选择理论：经济学在政治方面的应用》，比较完整地提出了自己的主张。

公共选择理论的理论基础有三个：个人主义、经济理性和政治交易。个人主义是指该理论应从个体的角度去寻找人的社会行为原因，个体行为的集合构成了集体行为。经济理性认为人的本性是理性地追求个人利益的最大化，公共选择理论提出，一般人所有的这种特性，政府官员在公务行为中也会表现出来。政治交易是指公共选择理论认为政治是在解决利益冲突时谈判和妥协的过程，具有交易的性质。

公共选择理论恢复了一个经济学传统，即探讨政治决策和政府行为对于经济的影响，它把经济分析运用到社会和政治分析的框架中去，力图解释凯恩斯主义盛行以来经济领域逐渐凸显“政府失败”问题。公共选择理论研究的主题是选民行为、政治官僚及政府官员们的行为，研究的核心问题是政府失败。政府失败是指政府不能很好地满足个人对公共物品的需要，提供公共物品时存在巨大的浪费。政府失败的原因被归结为以下几点：由于政治家迎合短见，只代表少数人利益；信息不完全等原因造成的决策失误；由于对公共事务的垄断而缺乏竞争压力，以及没有降低成本的激励机制而导致政府机构工作效率低下；政府官僚机构存在自我权力扩张的冲动，试图成为无所不为的政府，造成代替市场干预经济；政府权力寻租导致腐败。基于这些弊端，公共选择理论主张改变政府职能，还权于市场，将对经济和大部分社会事务的管理建立在公众选择的基础之上。公共选择是一种社会机制，它通过集体行动和政治过程来决定资源在公共物品间的分配，把个人的选择转化为集体的选择。这种理论将官员的行为动机完全看成自私自利的，否认他们中间存在的奉公精神，是不够客观、公正的。但是它大胆和尖锐地指出利己是官员思考公务时的一种出发点，如果不从政府职能的制度上加以节制，政府失败将是回避不了的结果，这一结论屡屡被事实证明。

三、新公共管理理论的主要研究内容和观点

新公共管理被称为一种运动，这种运动既是理论的，更是实践的。从理论角度看，它是内容广泛和综合性的理论。这个理论没有单一的观点，不完全从属于哪个学科，它把解决当代公共管理问题的理论研究成果都加以利用，例如：从现代经济学中吸收了自由主义的人性假说、成本效益分析和竞争理论；从当代工商管理理论中吸收了绩效管理、顾客至上和人力资源管理的思想。

它的主要研究内容是政府效率问题，着眼于从制度改革入手改善政府行政的困境，

减少政府扮演的角色，缩小政府的功能。它主张政府必须改变包办一切的“全能”角色，集中力量管好自己应该管的事情，其职责主要是：提供公共物品；弥补市场的不完善，调节宏观经济；消除外部效应；收入或财产的再分配；维护市场秩序。

公共管理理论经过十余年的研究和探讨，在 20 世纪 90 年代已经发展得比较成熟，其应用研究的代表作是美国学者戴维·奥斯本和特德·盖布勒所著的《重塑政府》一书。在这本书中，两位作者论述了政府改革的理论，提出的十条政府改革思路①代表了新公共管理运动主要的实践主张。

第一，从划桨到掌舵。政府的作用是掌舵而不是划桨，是治理而不是实干，也就是说，政府的职责是通过制定政策指引方向和提出任务，而不是亲自去组织生产产品和提供服务。政府的工作方式应当是确定一个明确的全面战略，然后穿针引线，确定划桨者，与之建立合同关系，明确双方责任和义务，使许多不同“船工”来执行战略。在这个过程中，政府还可以将部分操舵资格委托给有能力的社会机构，让他们充当相应的指导责任。

第二，从服务到授权。政府将社会服务和管理的权限以某种民主的方式下放给社区或志愿者组织，引导他们自我服务或自我管理。

第三，从垄断到竞争。政府包办一切公共管理和服务就是垄断，垄断的结果会降低公共服务的质量。应当将竞争机制引入政府内部(包括政府举办的事业部门)，展开公对公、公对私的竞争，打破两类部门的界限，开放大部分经营领域，使两类组织都可以进入。政府的责任是建设良好的竞争环境，鼓励竞争、促进公平竞争和遏制腐败。

第四，从规章到使命。刻板的规章容易使人们不敢面对正在发生的变化，贻误时机，浪费有效的资源。要塑造有使命感的政府，就要根据需要制定最低程度的制度，消除那些过多、过时的规章制度、沿袭下来的陈年陋习和那些成为历史的计划。要塑造有使命感的政府应该建立有利于激发使命感的预算制度，在一定范围内允许组织根据任务需要独立计划和决定支出项目，让它们有更大的预算支配权。还要改变只是着眼于控制和照章办事的人事制度，建立起科学进行工作分类、依照工作绩效支付报酬和提升职位的人力资源开发制度。

第五，从投入到效果。改变把工作重点放在投入上的陋习，把投入和效果联系起来，“看不到成功就不能进行奖励”。

第六，从官僚到顾客。将公共服务的评价权和指导权由政府官员手中转移到公众手中，由公众作为“顾客”，“自己掌握资源的选择权，确定路线和目的地”。政府及其主管

---

① 毛寿龙等：《西方政府的治道变革》，125～141 页，北京，中国人民大学出版社，1998。

的事业单位由于受到自身利益和组织目标的束缚，又没有像市场信息那样敏感的信号驱动，对于自身工作的改进是很慢的。将评价权交到公众手中就是把政府和下属机构置于公共监督之下。

第七，从浪费到收益。这是对“企业家政府”模式的表述。必须改变观念和转变政府奖励的刺激方式，包括让管理部门和人员能分享部分利益所得、政府不会因为节约和创收而减少预算、节约的资金可以作为创新资本自由支配等方式，引导政府部门像企业家那样思考。他们把政府提供的公共服务分为两类，即不产生收益的一般政府职能和产生收益的“公共企业”职能，提出政府的各类部门可以根据各自的服务性质、服务对象、服务成本，运用市场和准市场工具进行企业式的经营活动。当然，企业式的政府运作不是为了赚钱而赚钱，赢利应该用于公众、公益事业筹款、有回报的投资等。

第八，从治疗到预防。政府的职员和专业受到制度限制，产生许多短期行为，只顾眼前，缺少预见，等到问题变成危机才去处理。要通过建立议政制度、二年制的财政预算制度和具有联合解决问题的跨地区政府组织，学会战略规划，使行动走在问题发生之前。

第九，从集权到分权。传统政府管理中集权的做法已经不能适应环境的变化速度，要改变组织的结构和运行规则，采取任务导向型的体制，通过减少层次、分散决策权的方式来有效解决问题。

第十，从计划到市场。单独依靠政府的力量把社会服务全部承担下来是不可能的，必须将政府的作用与市场的功能结合起来，引进市场机制，改善政府及公共服务，利用政府组织市场、规范市场。

奥斯本和盖布勒的这些主张清楚地表明了新公共管理理论在处理政府与市场、政府与企业和其他公共机构、政府与社会之间关系时的全新改革思路，核心就是立足市场重新为政府定位，强化政府的宏观调控职能，淡化它的执行职能，还权力于社会，充分发挥社会力量在社会事务中的积极作用。

在现代社会中，任何改革都需要付出代价，都存在争议。新公共管理理论指导下的实践带来了政府和社会的活力，经济和社会领域中的创新不断涌现。但是争议也接踵而至，最大的问题在于新公共管理的改革是以市场为导向的，并且将政府的行为也部分市场化了，这与政府职责的“公益”价值取向可能发生矛盾。政府作为“公平”守护者的职责如何保障，如何在强调效率的同时，做到保护那些没有能力表达自己需求的弱势群体的利益？这里既有基本价值的平衡问题，也有实施变革的策略问题。

四、新公共管理框架下的教育管理改革

20 世纪 80 年代初，新公共管理的理论构想与西方发达国家解决教育的困境与问题的需要不谋而合，很快被运用到教育体制的改革中来，出现了一些政府放权、基础教育服务供给与消费市场化取向的尝试。

（一）校本管理

西方各个发达国家在实践中给予校本管理以不同称呼：学校场地的管理（school-site management）、学校的地方管理（the local management of school）和学校的自我管理（school self-management）。它指的是在公立或政府学校系统中把与重要决策相关的权力与责任（尤其是资源分配权）一致性地下放到学校，使学校成为自我发展的主体。校本管理的实质是权力由集权向分权之间的转移。

校本管理最早在 1975 年开始于澳大利亚的维多利亚州，以后在西欧和北美发达国家有了巨大进展。它从一开始就受到新公共管理理念的影响，相信学校摆脱集权控制时可以提高成效，而政府管理部门与学校的分工应当是：政府部门管理战略、确定使命、制定政策和提供资源，学校则在政府决定的框架内进行自主的管理。

校本管理一般体制结构是：第一，政府向学校下放权力。下放的权力包括资金预算和资金使用权、人事安排权、课程设置权等。学校由原来的执行者变成了决策者，承担更多的责任。如在美国，以前由州、地区或学区作出的决策，现在则由学校作决策。这些决策涉及课程、教学和学校预算内的资源分配。英国的教育改革法要求地方教育局把至少 85％的资金直接分配给学校。第二，在学校组织决策实体，对重大问题共同决策。西方的校本管理是团体管理，而不是将权力仅仅下放给校长。学校一般由校长、教师、行政督导员、社区成员、学生等成员组成学校董事会或学校委员会，对学校重要事务作出决策，或者向校长提出建议。

西方学者对 30 多年来校本管理实践的结果进行研究的基本结论是，由于它维护了教师参与决策的权利而使教师的满意程度有所提高，学校获得一定自主权，对于学校改进有积极的影响，但是不能说明它对于提高学校的教学成绩有直接影响。

（二）公立学校的私营管理

像校本管理的起因一样，公立学校的私营管理也源自现实的要求。从 20 世纪 80 年代以来，美国课程缺乏系统内容，标准下降，分数贬值，公众对于公立学校低下教育质量的批评不断。人们指责公立学校教育的质量落后于其他许多国家学校的水平，没有培养出适应国际、国内社会需要的人才，削弱了美国的国际竞争力。这成为美国公众要求改革公立学校教育的主要原因，私营管理不过是这种改革的一种选择。公立学校的私营管理改革主要发生在美国，这种体制不改变学校的公立性质，由私营教育公司承包经营

公立学校，美国政府的目的是提高薄弱学校的教育质量，而私营公司则从经营学校中获取一定的利润。从理论视角来看，新公共管理理论中的政府放权于社会的观点、打破垄断引入竞争的观点显然成为这种变革的指南。

1992年，美国马里兰州的巴尔的摩市将9所公立学校移交给私营的教育选择公司(Education Alternatives Incorporation)经营，政府付给公司平均每个学生将近5900美元的教育经费。该公司承包学校后，大幅度裁减学校的行政管理人员，整顿保守的工作作风，重新设计课程和更新教学方法。教育选择公司在最初获得一定成功，学生的学习成绩有一定提高，公司也获得了利润。这一成功引发了其他城市的兴趣，马萨诸塞州和堪萨斯州先后聘请爱迪生教育工程公司(Edison Project Incorporation)来经营部分中小学校。明尼苏达州的明尼安那波利斯市和华盛顿市也将部分公立学校承包给私营教育公司经营。到2002年，爱迪生教育工程公司管理着133所公立学校，共招生约7.4万名学生。该公司采取了增加教学日和减少假期时间的做法，延长了学生在校的学习时间，同时改善教学设备和改进教学方法，投入资金帮助教师进修，这些措施都促进了教学成绩的提高。

在经历初期短暂的成功以后，20世纪90年代后半期"公司化"经营学校的运动就开始出现下滑趋势。教育选择公司因为在学生的学业成绩和出勤率未能达到政府要求、任意删减课程和施加强大压力造成教师不满等原因，巴尔的摩市与教育选择公司的合同提前两年就终止了，该公司负债累累，于2000年10月正式申请破产保护。最被看好的爱迪生教育工程公司也屡屡受到不善管理的指责，2008年，由该公司经营的最大的费城学区的管理权被废止，但是仍然允许他们与其他经营者一起投标。爱迪生教育工程公司在初期承诺利润要在短期内增长5倍，但是从1998年到2005年，该公司的年报中没有盈利信息，而该公司的股票价格大幅度下跌。可以说，到目前为止，美国公立学校的私营管理运动前途未卜，私营公司管理公立学校中存在的教育价值与经济利益目标的冲突，以及企业家对教育管理规律理解的偏差，是这个过程中暴露出来的不争事实。

(三)择校

择校这个概念在西方发达国家有特定含义，是指由政府提供教育资源，学生及其家长自由选择学校。世界性的择校运动是教育市场化趋势的一部分，最生动地体现了公共管理思想的市场选择的精神。

美国择校运动的理论先驱是自由主义的经济学家米尔顿·弗里德曼(Milton Friedman)，他在1955年撰写的《政府在教育中的作用》里，认为教育不应该是政府提供的服务，而应该是自由市场的一部分，政府的作用是为教育提供经费而不是提供教育服务。政府可以通过提供教育券的方式，帮助贫困家庭购买教育，家长可以自由地花费教育券送孩子去他想去的学校。教育服务可以由营利和非营利公司来提供，政府的责任是保证提供最低标准的条件。他的论点可以概括为“政府保证公平的底线条件，市场承担实际的服务责任”。支持择校制度的理论认为，一个组织的效率取决于它的机制，在传统官僚行政体制下，学校缺少自治，效率低下，而择校提高了学校内在的发展动机，消除了无效率的学校。

受到这些思想的影响，英国政府在 1988 年颁布的《教育改革法》中，支持家长根据学校教学质量、风气、设施等因素为孩子选择学校。德国联邦宪法法院 1987 年判决，政府支持选择学校对从根本上保证学生个性自由发展是必要的。在美国，择校的方式主要是通过学券到相关学校购买教育服务。择校的范围在美国各个州有不同的规定，大致可以分为：在整个教育系统择校，包括公立和私立学校；在学区间择校；在学区内择校；微型学券制，允许符合一定条件的学生购买特定的和有限的服务，如选择另一所学校的国际象棋课。日本政府在 20 世纪 90 年代也开始放宽中小学生入学的选择权。

尽管择校政策在一定程度上体现了教育消费领域的市场化趋势，但是发达国家政府的择校政策仍然建立在“政府责任”原则的基础上，这包括义务教育阶段的择校坚持免费，择校学生的费用由政府支出；坚持保证每个学生传统的基本入学权利，优先区域内学生的就学要求；坚持保证学生基本的学习环境，在科学规定学生班数和班额限度的前提下，如有空余学位，才允许学校招收择校生。发达国家的研究表明，开放的择校政策更有利于经济和文化处境优越社会阶层的家庭和学生，因为他们在文化上有更好的基础和更多的社会联系，还因为择校实际也成为学校选择优秀学生的机会，所以美国一些州制定了有利于社会处境不利家庭儿童择校的规定，但这仅仅是杯水车薪。

（四）特许学校（Charter Shcool）

特许学校是指由公共教育经费支持，由教育团体或个人开办并负责管理，在一定程度上独立于学区的学校。政府通过颁布特许学校法案来保护特许学校的合法权益。特许学校都是公立学校，它以政府税收来支付办学资金，但是学校可以按照法律规定向社会筹集资金。这种办学模式打破了政府的垄断，给社会人士以发挥作用的渠道，为发动各种积极力量解决教育上的困难问题提供了创造空间。研究表明，选择这类学校的学生基本来自社会中下层。

特许学校具有自愿、问责、非营利和公民参与的特点等特征，它们在人员聘用、课程设计、经费使用等方面有更大的自主性。特许学校可以根据自身的需要和社区的具体情况选定教学方式、设计教学计划，一些特许学校侧重于基础知识——阅读、写作和传统的学校科目，有的学校设置了特殊的艺术或音乐课程，也有一些更注重采取措施预防学生辍学。由于教师参与学校的管理，教师的积极性得到了充分发挥，教师的工作责任感和相互合作精神大大增强。同时还由于特许学校较少受到类似于普通公立学校面临的那种官僚式的教条主义的干扰，使得许多具有创新意识的教育思想和方法能在学校的教学活动中得以实施，为教师积极参与教育改革创造了条件。

由于特许学校定位是改造办学困难学校和满足少数民族学生的就学需要，并且在实践中取得基本成效，一定程度上提升了学生的学习成绩，所以受到政府和部分公众的欢迎。在第一所特许学校开办17年以后的2008年，在美国的40个州及哥伦比亚特区，建立了约4300所特许学校，有120万左右的学生在这些学校接受教育，大约占美国公立学校在校生数的3%。当然，特许学校办学存在很大困难，资金比其他公立学校少，很难招到优秀师资；生源也比较短缺，所以这类学校往往都是规模很小的学校。这类学校受到的诟病还有公民教育不够，因为教学成绩成为办学者关注的重心。但是它在宽松体制下所具有的创新活力和与服务对象实际需要相适应的灵活性，给基础教育学校讲求实效的分层发展提供了借鉴。

第六节　行政伦理学对教育管理的影响

20世纪70年代以后，西方政治界和学术界对一系列社会危机进行持续地反思，引发连锁反应，包括对传统行政管理理论单纯追求效率、鼓吹价值中立性、纯技性研究的倾向提出质疑。而这一时期开始的与公共政策紧密联系的伦理学研究的发展，带动了人们对行政行为中公平问题的深入讨论，这种讨论在实践和理论层面也影响到教育管理的发展。它与同一时期发展的新公共管理理论形成对照，互相争论，相互补充，共同形成指引这一时期公共行政和公共政策发展的双螺旋结构。

影响公共行政伦理的伦理学说包括功利主义、义务论、公平的正义及新公共行政学四种基本理论，下面简单介绍这四种理论的发展脉络和主要观点，这对于理解现代教育管理的价值定位是有帮助的。

一、功利主义的伦理观

功利主义在伦理学上又被称为效益主义。传统的功利主义认为善就是追求最大的幸福，而幸福是可计量的。近代功利主义的哲学家是杰米里·边沁(Jeremy Bentham)和约翰·斯图尔特·密尔(John Stuart Mill，旧译“穆勒”)。他们认为驱动人的行为的基本动力是求乐避苦，道德的价值就是能带来快乐，道德行为的目的就是求得最大的幸福。他们认为人们的苦乐感来自主观感觉，但是这种感觉来自对自己欲望的理性分析及这种欲望的实现程度的计算，从快乐总量减去痛苦总量就是行为道德程度的高低水平。决定快乐价值的因素包括强度、持续性、确实程度(快乐出现的可能性)、时间上的远近、生产力(引起更多同类快乐的可能性，即一件快乐是否引起另一些快乐)、范围(影响多少人)、纯粹性(不会同时引起痛苦)。但是功利主义不仅关注个人，也考虑对社会的影响，密尔晚年发展了功利主义的内涵，认为人生的目的不应该只追求一己幸福，而应该去关心他人的幸福和人类状况的改善，如果个人的行为不能增加幸福总量或没有产生增加幸福总量的倾向，努力或牺牲不过是白费。

根据上述基本观点，功利主义的行政观主张建立政府的目的就是为了社会福利，政府的决策应当对大多数人有益，只要能够符合公共利益，就是道德的。由于功利主义归根结底是信奉个人自由的，所以它主张政府应当保护个人自由，促进个人自由的发展，不能管太多的事情。公众利益是每个人利益的总和，要达成个人利益总体上的基本一致，民主是一种最基本的方法。抛开个人主义价值起点不说，应当肯定，功利主义对于政府行政决策的思维路线还是有一定基础性意义的。

但是，功利主义在实践中也存在诸多争议。首先，功利主义忽视了人们的价值立场，不同的人们对于同一件事情带来的损益的判断是不同的，所以对其利害也就很难计算。其次，功利主义主张政府的决策应当给大多数人带来最大利益，这种伦理上讲的是“善”的行为也包含着实践上的矛盾，即总量上的最大的“善”可能掩盖利益在“多数人”中间分布不公的问题，如果总体利益增加了，但是在各个人群之间分布利益的差距扩大了，这就带来是否公正的道德疑问。对功利主义最严厉的指责是对少数人群的忽视。公正是给予每个人应得的利益及平等地保障每个人的权益，公正并不是以行为的效益为基础的，它与结果无关。如一个学生家庭贫困，能力比较低，但是不能因此降低对他的基本教育条件的供给水平。但是功利主义在主张保障“大多数人的最大利益”的同时，也就建立了一个隐含的命题，即把少数人的利益放在次要甚至被忽略的地位，这是不公正的。

二、义务论的伦理观

义务论伦理学说的源泉是犹太-基督教道德体系，这个体系的特点是强调爱而不是物质利益的计算，它既关注人的完善，也关注社会完善，注意人们的行为是否有益于建立公正和充满爱意的社会。基督教伦理观以“圣经”为基础，把它作为真理的本体。这种把信奉和履行道德训条作为义务的观点在古典哲学家康德的伦理学中得到完整的体现。

康德首先关注道德问题的本质和基础：什么样的行为可以称之为道德的行为？他认为，这些行为应当合乎普遍的道德律令。普遍的道德律令就是把内容完全剔除，只剩下形式本身，即“形式道德”，它们不是经验的总结，不受经验约束。康德认为，绝对的道德律令来自人的精神，即实践理性，由于排除了经验，道德律令就是普遍地、必然地、无条件地适用于所有时代和民族衡量道德行为的尺度。康德提出的道德律令有三条：第一，能够被称为道德的行为必须具有普遍推广的一致性和连续性；第二，将人作为终极目标加以尊重；第三，必须来源于理性人的自由意志。就是说，绝对律令是由人的理性确定的，而不是来自外来的强制，这样才有人人遵守的可能性。康德关于普遍道德律令的解说为人们判断道德行为提供了方法依据，使人们认识到大家的持久“同意”是道德规范的基础，而那些在民族长期生活中肯定下来的道德规范应当为大家自觉遵守。

义务论继承和发展了人类的理想行为范式，以一种相对简化的方式提出评断和指导道德行为的方法，肯定了各个民族的人们在长期生活中积累下来的道德习俗和规范，使得人们能够有规则地生活和劳动，对社会生活的稳定和个人的社会化发挥了很大作用。

但是，随着时代的变迁，义务论不断遭到质疑。首先是由于社会阶层不断分化，人们追求利益要求的主体意识增强，从而导致价值观念多元化，不同的价值观念的冲突日益增多，这使得义务论赖以立身的价值一统化的局面在某种程度上瓦解，把某种价值作为唯一道德指南的情形已经不复存在了。其次，与功利主义遇到的困境相同，义务论也面临忽视少数人价值的指责。因为义务论肯定的道德规范是大家同意的，那么少数人的价值诉求很可能被否定。

三、罗尔斯关于“分配的正义”的观点

罗尔斯的观点有“分配的正义”“公平的正义”等几个说法。社会生活中人们随时面临着资源、成果和其他权利的分配问题，它牵涉每个社会成员和组织成员的利益。如上所述，功利主义和义务论传统上被作为制定社会政策的理论基础，但是它们存在着公正性问题，主要是有忽视弱势群体利益的嫌疑。美国伦理学家约翰·罗尔斯(John Rawls)在1971年发表了《正义论》，在继承康德义务论观点的基础上，论述了基于公平的正义，试图调和社会平等与社会差异，他的主要观点是对功利主义和义务论不足的补充。

为建立公正的分配制度，罗尔斯提出：“所有的社会基本善——自由和机会、收入和财富及自尊的基础——都应被平等地分配，除非对一些或所有社会基本善的一种不平等分配有利于最不利者。”①这里罗尔斯提出了两条原则：第一，每个人都具有平等的权利取得与其他人相同的利益；第二，可以存在社会的和经济的不平等，但是这种不平等应当使得社会处境不利的人们获得与其他人一样的生存和发展机会。根据这个原则，不

---

① [美]约翰·罗尔斯：《正义论》，何怀宏等译，187页，北京，中国社会科学出版社，2001。

允许使最少受惠者成为社会最大利益的受害者，任何不平等的分配要符合最少受惠者的最大利益。罗尔斯指出，这两个原则有先后顺序：第一个原则优先于第二个原则。

为了实现社会分配方面的平等，罗尔斯设计了相应的制度安排，保证社会处境不利群体在任何情况下都能获得基本的生存条件和发展机会。他提出以下建议：①政府通过补贴私立学校或建立公立学校体系来保证具有类似天赋和动机的人都有平等的受教育、受培养的机会；②防止垄断；③在经济活动和职业的选择中，政府也执行保证机会均等的政策；④政府确保一种最低受惠值，这或者通过家庭津贴对生病、失业的特别补贴，或者较系统地通过收入分等补贴(一种负所得税，即对低于法定标准的家庭的政府补贴)的方法来达到。①

罗尔斯提出的“分配的正义”不同于功利主义，它不只关心利益总量的发展和进步，而且考虑利益公正分布的问题，他把关怀安排给各个群体甚至个人，可以说这种理论是博爱的，它把对于弱势群体利益的保护纳入视野，在这一点上，它超越了传统的义务论。

四、新公共行政理论

罗尔斯关于“分配的正义”的观点影响了 20 世纪 70 年代以后新公共行政理论和实践的发展。这个学派在 20 世纪 60 年代末和 70 年代初形成，代表人物是弗雷德里克森(H. G. Frederickson)，他在 1971 年发表《新公共行政学》，后来又发表了《社会公平和公共行政》(1974 年)、《新公共行政学》(1980 年)等专著，陈述了追求社会公平的行政思想。

新公共行政学在研究中除了对传统公共行政学反思，批评效率至上的行政观，反对行政和政治二元论的观点以外，主要研究了政府在行政过程中公平价值的内涵及其实现方法。

传统的行政学把目标集中在效率和经济两个方面。效率是指在一定资源的约束下提供更多更好的服务，而经济是指如何少花钱而保持特定的服务水平。弗雷德里克森认为公共行政的实践中，效率和经济不是唯一的价值追求，还要强调社会公平。他指出：“新公共行政学认为行政管理者不是中性的，应责成他们承担起责任，把出色的管理和社会公平作为社会准则、需要完成的事情或者基本原理。”②倡导公共行政的社会公平的目的就是要推动政治权力及经济福利转向社会中那些缺乏政治、经济资源支持，处于劣

① [美]约翰·罗尔斯：《正义论》，何怀宏等译，266 页，北京，中国社会科学出版社，2001。
② 唐兴霖：《公共行政学：历史与思想》，402 页，广州，中山大学出版社，2000。

势处境的人们，向所有人提供平等的服务。

为了实现社会公平，弗雷德里克森主张改革政府的行政行为。他强调，行政视角的社会公平就是对公众的要求做出回应，而不是追求行政组织自身的需求满足。他提出，政府管理者应该明白自己的权利和义务并加以落实，对于组织形式和政治形式进行变革，抛弃传统的过于稳定的官僚组织体制，使之更为灵活，更具有适应性，这些变化应当通过分权制度、项目规划、有利于底层工作人员和相对无势力的弱势群体的组织设计、服务对象对管理的参与等一系列措施来落实。

新公共行政学适应了时代的要求，打破了传统的"政治-行政二分"论的限制，突破了价值中立的行政观念，强调公众参与、分权、顾客导向的新行政模式。虽然出发点不尽一样，但是它提出的减少行政层级控制、进一步分权、对公众要求做出积极回应等主张，与新公共管理的主张有异曲同工之妙。该理论的最大贡献(也是与新公共管理最大的不同)是把罗尔斯的公平观念转化成行政实践变革的模式，对西方发达国家的公共行政改革产生很大影响，越来越注意保护社会处境不利群体人们的利益，在教育改革的过程中也体现出这种影响的存在。

第七节　思考与小结

本章所介绍的对教育管理理论发展产生影响的各种管理理论仅仅是管理理论丛林中的一小部分，更多的还需要读者自己去学习。这里愿意和大家交流几点学习和应用管理理论的体会。

一、学习管理理论要学会历史地和系统地思考

和学习任何理论一样，学习教育管理理论不能只记住个别观点或语句，还要注意学习分析和思考的方法，否则理解和应用管理理论就可能失之片面。为此，需要有一定的历史眼光并进行系统的分析思考。

历史眼光是指学习中要努力了解一个理论产生时的社会环境背景、面对的主要问题和矛盾、发展的过程、积极的贡献和存在的不足。也就是说，真实地了解其历史处境和发展性价值，是历史主义看问题的核心要求。只有知道理论产生的背景，才能明白事情或理论的发生是由于什么因素引起的，它们要解决或回答什么问题，从源头上初步弄清楚起因，并为评判事件或理论提供基础。至于弄清楚发展过程的目的，就得了解理论体系或观点是如何发展过来的，经过了哪些阶段，有哪些反复、争议或补充，其中的原因

又是什么。这样我们能知道这个理论从何而来，也会知道后续的理论为何会出现。关于这一点，这里我们可以举出列宁对泰勒“科学管理”理论评述的变化的例子来说明这个问题。列宁曾就泰勒的科学管理理论发表过三篇文章和一次讲话，有两次是在十月革命前(1913 年和 1914 年)，主旨都是批判“泰勒制”加重了资本家对工人阶级的剥削。1918 年，在十月革命胜利以后。在面临发展经济提高劳动生产率这个关乎苏维埃政权生死存亡问题的时候，列宁在讲话和文章中提出“泰勒制——也同资本主义其他一切进步的东西一样，有两个方面：一方面是资产阶级剥削的最巧妙的残酷手段；另一方面是一系列最丰富的科学成就……苏维埃共和国在这方面无论如何都要采取用科学和技术上的一切宝贵的成就。社会主义实现得如何，取决于我们苏埃政权和苏维埃管理机构同资本主义最新的进步东西的结合的好坏”①。这个例子说明了两个问题：一是说明泰勒科学管理的理论和技术确实回应了时代的需求，为解决当时各国发展普遍面临的提高劳动生产率的紧迫需要提供了有效办法，所以它的价值和历史地位是无法忽视的；二是说明它也遗留巨大的缺陷等待后来者回答。这样的全面理解是符合科学管理理论所处的历史环境的，肯定了它的历史贡献和地位，也预示了管理理论进一步努力的方向。这样的全面、辩证的思维方法对于学习和应用其他管理理论也是适用的。

学会系统地学习和思考，是指学习中需要把各种管理理论作为一个整体来对待，各种理论的生成有相互修正、补充、支撑的关系，每种理论提供了一种视角的管理观点或方法，它们又在相互联系中共同支撑着管理实践的大厦。所以，在教育管理活动中，管理者应当根据所面对的问题和现实，既要有重点地运用某种理论解决主要问题，又要综合考虑各个方面因素复杂的相互作用，参照其他理论支持管理实践活动平衡地运行。

二、从管理理论发展的历史逻辑加深对教育管理实践逻辑的理解

管理理论演变的大致规律可以从以下三个角度归纳。

第一，从理论层次来说，由相对简单的基础建设走向复杂和深刻的发展。一百多年前开始的管理理论建设最初是围绕组织生存的基本问题开始的，例如：要使组织正常生存和发展，管理要履行哪些基本义务(管理职能理论)；为了稳定秩序，组织要怎么建设(科层理论)；怎么使工作程序更合理以提高生产效率(科学管理理论)；怎样在组织中稳定人心、提高士气(人际关系理论)。这些理论问题都是管理的最基础问题，这些问题解决不好，组织运转甚至生存都会发生危机。在目前的社会发展中，这些问题还是基础性

① 列宁：《苏维埃政权的当前任务》，见《列宁选集》(第三卷)，491～492 页，北京，人民出版社，1995。

的，也经常作为变革的对象。有了这些基本框架以后，管理理论发展逐步扩大领域和加大深度。前者如领导理论、组织变革、人力资源管理、战略管理理论、组织文化理论等，后者如行为目标管理(相对于管理职能而言)、行为科学理论群(相对于人际关系理论而言)和治理理论等。

第二，从内容涉及范围来看，管理理论是从组织内部的研究向内外结合的方向发展。20世纪50年代以前，多数管理理论是围绕组织内部管理而建构的。而20世纪50年代以后，经济和社会高速发展，各种组织的管理特别是企业管理，对外部环境的依存性和对社会变革的敏感性越来越强，为了适应这种变化，研究组织开放机制的管理理论纷纷登台，如权变管理理论、市场营销理论、公共关系理论、学习型组织理论、管理伦理学、治理理论等。

第三，从研究视角来看，是由单一关注组织-任务，逐渐走向关注人及人与事的结合。20世纪30年代以前属于管理理论的初创阶段，影响比较大的理论主要集中于管理职能、组织建设、生产效率等方面上，对人的关注很少。虽然梅奥的人际关系理论在20世纪30年代开始了对人的行为的研究，但是占主导地位的仍然是对于组织和工作的理论研究。第二次世界大战结束以后，随着社会思潮的转变，管理学与心理学研究携手，对人的需要和人的行为的研究日益兴旺，这方面的研究在管理学领域中占据了重要位置。

以上梳理的管理理论发展的进程或逻辑也体现在教育管理实践发展的逻辑之中。如果将管理实践的行动逻辑与管理理论历史发展的逻辑做一下比较，我们会发现两者有很大的相似性。

举例来说，一位有经验的管理者被委任为一个新建学校的校长，或者受命整顿一所管理不佳的学校，首先要抓什么工作呢？他一定会毫不犹豫地回答：建章立制！为什么呢？因为没有规矩不能成方圆，如果任由人们各行其是就会使学校成为一盘散沙，无从领导。也就是说，纪律是管理活动的基础因素。而当组织基本稳定、工作进入正常轨道、管理者获得更宽松的发挥空间以后，他就可以开始考虑学校长远的创新发展的规划，进一步考虑如何改革教育教学。为了进一步发展，管理者还要进一步考虑落实好组织治理，建设好内外环境，对内要改变领导方式，进一步推行科学决策，同时考虑如何满足师生的合理需求，根据实际向教师和学生放权，给他们以自主发展的空间；对外则考虑如何向社会力量开放，搞好与方方面面的关系，树立学校良好形象，同时引进各种所需资源。上面的描述，是不是呈现了管理实践从基础管束向高阶发展、从组织内部管理向内外协调管理结合的图景？

但是，当我们在实践中注意到这些发展的逻辑或规律的时候，还要处理好每个规律中包含的两个方面的关系：前者(面向基础、面向内部和组织-任务定向)是基本的东西，后者(复杂、外向、人本)是发展走向，两者是一个整体，发展要依靠牢固的基础，同时发展赋予基础以持久、高水平的生命力。在实践中，当组织提出创新活动的时候，一旦启动，就要注意充分发挥管理流程中基础职能(计划、执行力、监督、反馈和修正)的作用，扎实地落实创新。很多新项目的失败，不在于缺乏先进理念和活动设计，而在于缺乏踏实、有韧性的基础性管理。

三、教育管理工作应该吸收企业管理理论的精华

一百年前，当“科学管理”理论被企业和很多社会组织广泛接受的时候，引发了一些社会争议。在教育领域的争议主题之一是：教育是育人的事业，人是有思想情感的个体，能否像科学管理那样按照一个标准去严格地统一管理？这一争议此后起起伏伏持续不断，也在一定程度上造成了教育管理界对企业管理理论不即不离的态度。在教育管理实践中，对于如何引进和转化企业管理理论和技术的创新成果为教育发展服务还需要进一步思考。

这种状态反映了教育界十分警惕教育和教育管理失去“人文关怀”的价值属性，这是对的。但是，我们还要具体问题具体分析，从企业管理理论和实践经验中多吸收一些有价值的东西。具体有以下三个方面的理由。

首先，经济管理特别是企业管理，在高度竞争中十分注意变革以适应社会变化，因此新的管理思想和管理模式不断出现，这些也给教育管理特别是学校管理提供了新鲜思想的启发。因此，根据教育的实际吸收企业管理的理论和经验，既是教育管理理论形成的历史路径，也是现实的需要。

其次，现代企业管理的理论已经发生了变化，由传统上仅仅关注企业利益、组织功能和管理技术，日益向关注社会价值和关怀人的方向转变。例如，管理大师德鲁克首创的“目标管理”，已经摆脱了单纯的任务管理的取向，在目标系统制订的过程中，引入了职工参与目标分解及管理层与下级协商制订目标的要求。这种民主化的管理取向，实际已经和教育的理念很一致了，我们没有理由拒绝它们。

最后，企业管理理论有一个很大的优势，就是它们技术化、操作化、精细化、实证化的取向和品质管理的要求非常强，很实用，而且一直在坚持。这一点我们可以在不同时代的企业管理理论中看到。比如 1900 年前后诞生的泰勒的科学管理理论主题就是科学设计劳动操作，对劳动报酬实行计件工资制。产生于 20 世纪 60 年代的全面质量管理理论是实证性的管理，程序上包括建立质量指标体系、科学获取数据和进行定量定性分析等，后来国际上按照这个理论推出《ISO 质量认证体系》，更是将实证管理推向极致。

20世纪90年代初产生的流程再造理论是以企业业务流程在具体环境下的重组、再造为手段，力争不断提高组织工作效率和提高客户满意度。这个理论的诸多研究者在设计实际操作流程上反复推敲，分别提出了四阶段说、五阶段说、六阶段说和七阶段说。这种情形说明了一个硬道理：企业管理理论不是纸上谈兵，是实实在在地为提高企业质量、效率和创新能力服务的，所以必须要实用，必须要实证。教育管理领域可以从两种角度学习企业管理理论：一方面，可以直接借鉴、改造企业管理理论的一些观点、方法与技术；另一方面，可以借鉴企业管理理论建设的精神、态度和方法，尽可能把教育管理理论操作化、实证化，扎扎实实地服务于教育管理实际问题的解决。

思考题：

1. 对教育管理理论发生重大影响的管理理论流派有哪几个？
2. 科学管理理论在教育管理的哪些方面可以应用？哪些方面不能应用？
3. 行政组织和权力对教育管理的作用主要表现在哪些地方？
4. 梅奥的人际关系学说的主要观点是什么？对你的生活和工作有什么启发？
5. 为什么行为科学管理理论要以人性假设为出发点？
6. 新公共管理的主要思想是什么？国际上在这一思想指导下的教育管理变革是什么？
7. 新公共行政学的主要思想是什么？它对教育管理的发展有什么启示？
8. 请举出两个近年来我国各级政府在推进义务教育公平发展方面所采取的措施，并分析这些措施的理论依据(不一定局限于本教材介绍的各种理论)。

第四章　教育行政体制

第一节　教育行政体制及其类型

一、教育行政体制的概念

教育行政体制是指一个国家的教育行政组织系统，或理解为国家对教育的领导管理的组织结构形式和工作制度的总称。它主要由教育行政组织机构的设置、各级教育行政机构的隶属关系及相互间的职权划分等构成。教育行政体制是国家行政体制中的重要组成部分。国家行政体制是指中央和地方各级政府的行政组织系统和工作制度。它为社会的政治、经济所决定，一旦建立就制约着国家的政治与经济。因此，教育行政体制随着社会政治、经济的发展变化、国家行政体制的发展变化而变化。

二、教育行政体制的基本类型

教育行政体制的类型是指国家以什么方式来干预教育活动，也就是教育行政组织的形态。从教育行政权力的划分及行使方式的不同，教育行政体制可以分为集权制和分权制两种基本类型。

集权制是指行政权力集中于中央政府或上级机关，其下属地方政府和下级机关没有或很少有自主权，一切措施都必须以中央制定的法令和指示为准。分权制是指下级机关和地方政府在其管辖的范围内，有完全的独立权力，中央政府对其在权限内的事项不加干涉。在教育上实行集权制的突出代表是法国。法国从教育事业是国家事业的观念出发，建立了代表国家权力的中央教育部，统一领导和监督全国的教育事业。其权力范围包括确定各级各类教育机构的目标、考试时间和内容、管理公立学校的教职员、确定教育经费等。实行分权制的典型代表是美国，美国联邦会议强调“自治办教育”的思想，主张把办教育的权限和责任留给州和地方学区及州所规定的其他机关。中央教育机构即美国联邦教育部没有实权，处于指导和资助的地位，其职能是服务性的。

教育行政上的集权制与分权制各有利弊。

教育行政上的集权制有利于教育政策的统一，有利于统筹全局、规划教育事业的发展，也便于调节各地教育发展的不平衡，有利于统一办教育的标准，保持全国教育发展的整体水平。但教育行政上的集权制又极易使教育行政缺乏弹性，难以因地制宜地发展教育，也常束缚下级机关办教育的积极性、主动性和创造性。

教育行政上的分权制的最大长处是可以使教育行政管理具有弹性，避免"一刀切"，因地制宜地发展教育事业，可使教育适应各地的实际需要。权力保留在地方，还可以充分发挥地方、下级机关的主动性、积极性和创造性。但权力过于分散，会带来对教育事业的领导与管理上的政令不统一、地方各行其是等问题，以致造成教育发展上的盲目混乱、教育行政的整体功能难以发挥。

从教育上的集权制与分权制的利弊分析中可以看出，正确处理好集权与分权的关系是教育行政体制中的一个重要问题。各国在处理这个问题上做了许多尝试，一些国家在实践中逐步形成了教育行政上的中央与地方合作制，这是一种介于集权与分权两者之间的制度。如日本在第二次世界大战后，以地方分权为基本原则，中央文部省通过建立指导、建议、援助制度、措施要求制度及地方教育委员会的任命制度、教师任命制度等，来加强中央与地方教育领导管理上的联系，即加强宏观控制，在保护地方办教育的积极性、创造性的前提下，统筹全局，使全国各地教育平衡发展。

三、教育行政集权与分权体制的比较分析

人们一般把教育行政的本质规定为国家政权对教育进行领导控制及其管理的活动。就是说教育行政为国家权力所支持。各国社会政治制度、国家体制及文化传统等方面的差异是构成教育行政体制形式不同的重要因素。而决定教育行政体制形式不同的根本点，在于对教育行政权力的划分与行使的方式，或者说从教育行政功能即教育行政系统所具有的作用和职能上讲，主要表现在如何发挥它们的功能上。下面从教育行政体制的基本类型及教育行政职能两个方面对教育行政体制加以比较分析。

(一)基于体制类型选择的比较分析

教育行政是采用中央集权制还是采用地方分权制，这是一个很大的问题，世界上任何一个国家都依赖其历史发展状况，在教育行政上或采用集权制或采用分权制，通过制度化教育行政来实现本国教育的发展。若单从教育行政体制的类型上来比较，很难说哪种类型优、哪种类型劣。就是说，不管哪种类型都有其长处与不足，所以问题并不在于二者择一即可，关键在于依据各国的国情、民情、行政内容、行政区划的大小及中央集权制、地方分权制的特点等方面综合地加以判断。

因此，理想的教育行政体制应是地方与中央两方面的协力。从教育行政为实现教育目的服务的立场出发，有的学者认为，教育的内部事宜由中央权力决定是不妥的，教育的外部事宜则应由中央权力作出决定。教育的内部事宜根据地方分权的原则，应鼓励地方自由和独创。还有的学者认为，不能把分权和集权对立起来，以一种类型代替另一种类型的尝试是徒劳的，不能采取极端化的方式。教育行政活动的某些领域应由中央政府负责，其他领域由地方行政区负责。另外，美国有些学者认为，中央政府应把设定教育的最低标准、财政的援助、专门的技术指导建议及教育的调查研究作为主要任务。关于教育方针、教育课程、教育方法、教学活动等方面，应给地方与学校一定的自主权。苏联根据民主集中制的原则，确保教育的目的、内容的统一性。法国虽然是中央集权型的，但实际上，却有把教育的内部事宜由国家处理、外部事宜委托给地方的传统。它是通过能保证其学区、教育的专业性的组织来维持发展的，这是其教育行政上的特征，与英国、美国都不同。因此，教育行政上是集权制，还是分权制的问题，必须根据各国的国家体制及传统加以考察，为促进国民教育的发展，应注重考虑在现实中以哪种类型作为基本的方式。

当然，在某种程度上国家对教育的控制是重要的和必要的，但由此引出许多问题，例如：中央政府在什么程度上，实施哪类的控制；在什么范围内，把必要的控制转让给地方；必要的控制与不必要的控制如何区分；等等。尽管如此，如果希望有一个有效的教育控制，那么中央集权是不可缺少的。但就以中央集权为主的教育行政体制而言，其具体情况也因国而异。如澳大利亚国家一级的集权很少，州一级的集权倾向突出。美国的教育行政制度实行地方分权制，而在州一级也是分权的，就是说州教育行政组织也把教育权大幅度地委让给地方教育行政组织，可以说美国的地方分权制是以地方学区为基本单位，州负有最终责任。而德国也是以地方分权为基本原则，但其地方权力是集中于州一级的。因此可以说，世界上的很多国家都在使用与发展着某种形式的中央集权制的教育行政或某种形式的地方分权制的教育行政。故而有的学者认为，依据教育行政权力的划分与行使方式把教育行政分为中央集权与地方分权两种类型已经很不够了。格拉默(J. F. Gramer)和布朗(G. S. Brown)主张把世界主要国家的教育行政体制划分为美国的地方责任型、英国的责任分担型、法国的国家责任型、澳大利亚的州责任型、加拿大的一部分州的宗派控制型和苏联的联邦政党控制型六种类型。

世界各国不管采取哪种类型的教育行政，都面临着中央教育行政与地方教育行政如何协调、连接的问题。

（二）基于教育行政职能的比较分析

教育行政职能是指教育行政系统(或组织)所具有的作用和职责。集权制的教育行政系统和分权制的教育行政系统在其职责的划分上、作用发挥上呈现出种种的不同，突出表现在计划、组织、管理、监控、服务等职能方面。

教育行政的计划职能是根据政治、经济及社会发展的需要对教育的发展方向、速度、规模制定计划，以保证教育事业的稳步发展。制定计划，实质上就是作出决策。从内容上说，应包括三个层次：①对教育的发展的政策、目标及应采取的措施作一个原则上的决定；②为了执行这个决定，必须拟定具体方案，方案既要有实施的时间表，还要有教育资源的配备；③要把实施方案转化为具体的行动设计。这三者是互相联系、由一般到特殊的逐层包容的关系。两种教育行政体制在计划职能上反映出的差异是：中央集权制的教育行政注重教育整体发展计划，其计划多为指令性的，就是说这种计划对下级机构具有强制性效力；而地方分权制的教育行政强调指导各地方教育计划的制定及协调地方教育计划的实施功能，其计划多为指导性的，对下级机构不具有强制性的效力，主要为地方教育计划制定与实施提供参考意见。

教育行政的组织职能是指为实现教育发展目标及教育计划所建立的组织机构体系，以及通过组织机构的各种活动实现教育资源，即人力、物力、财力的配置作用。组织职能的核心问题是组织机构的体制问题。依据中央集权原则所建立起来的教育组织系统呈现出高度集权、机构紧密的特点。特别是不同层次的教育行政组织之间存在着明显的权力支配关系。而依据地方分权原则建立起来的教育组织系统则带有分权倾向和松散的特点，特别是中央教育行政组织与地方各级教育行政组织之间保持着一种指导、援助、建议的非权力作用的关系。

教育行政的管理职能是指教育事业发展所需要的教育资源的管辖使用等，以维持教育活动的顺利进行。具体的如教育人员的聘任、经费的使用、教育设备的整备、教育内容、课程设置等。集权制国家教育行政的管理职能一般为国家或上级行政组织所具有。而分权制国家的教育行政的管理职能一般赋予地方行政组织和学校。

教育行政的监控职能是指为了实现教育发展及教育行政的既定目标及计划，使教育活动及教育行政活动有秩序、有节奏地进行，并避免偏离目标，使其不断向前推进所采取的监督和控制措施。从途径上说，监控有行政监控和法律监控。教育行政为集权制的国家强调行政监控，而教育行政为分权制的国家则注重法律监控。再从行政控制的具体方式上讲，集权制的教育行政多采用上下对应的控制方式，而分权制的教育行政多采用上下协调式的控制方式。

教育行政的服务职能是指国家教育行政为地方和学校提供诸如信息、咨询、协调、资助等服务项目，在决策环境和管理条件上对下级施以影响，通常分权制的教育行政突出强调教育行政的这一职能。而集权制的教育行政对这一职能并未给予高度的重视。

第二节　20 世纪 80 年代以来外国教育行政体制改革

教育行政是国家行政的重要组成部分，各国教育行政体制因各自不同的政治理念、行政体制、文化传统等不同而不同。第二次世界大战后，各发达国家普遍关注并开始进行教育行政体制改革。尤其是 20 世纪 80 年代以来，随着各国对教育的关注程度加大，各国对教育行政体制的改革力度也随之加大，教育行政体制改革进入了一个重要的时期。原来实行教育行政中央集权制的国家正在采取措施，加强地方的管理权，而实行教育行政地方分权制的国家则采取措施，逐步强化中央的权限。① 发达国家教育行政体制改革的主要特征，可以概括为扬长避短、趋向均权化。②

一、美国

美国是一个以地方分权制为基础的国家，奉行"自治办教育"的思想，地方分权和行政运作上的民主是美国教育行政上的一个重要特点。美国的教育行政管理体系分为联邦、州、地方三个层次。美国联邦宪法规定，联邦政府并无教育行政权，教育行政权属于各州，而各州又将教育行政权委托给地方，故形成美国教育分权的特色。③ 美国联邦教育部代表国家对整个教育事业实行宏观管理，主要肩负国家财政援助、教育研究、教育统计等职责，处于指导和资助的地位。州教育部代表各州政府管理本州的教育事业，主要是协助地方完成教育计划和制定各种教育条件的最低标准。学区的教育管理机构负责管理辖区内学校的具体事务。从总体上说，美国教育行政管理的权力主要在各州政府及地方教育部门，联邦政府只是通过间接的方法对各州教育事业的发展及改革发挥其指导作用。

美国教育行政虽然以分权著称，但近年来也有强调集权的动向。受国际大国竞争等环境的影响，考虑到国家安全，美国把教育置于事关国家安全的重要战略地位，对教育进行必要的干涉。历史上，美国在建国后 200 年都没有设中央教育行政机关，为了加强管理，1979 年正式成立独立的中央教育行政机构——联邦教育部。联邦教育部主要负责统一处理联邦教育政策和经费。联邦政府通过有条件的教育拨款对地方教育事业发展施

① 杨德广：《高等教育管理学》，21 页，上海，上海教育出版社，2006。
② 陈永明等：《比较教育行政》，2 页，上海，华东师范大学出版社，2005。
③ 孙绵涛：《教育行政学》，57 页，武汉，华中师范大学出版社，1998。

加影响，从而把地方教育发展纳入联邦政府的规范和控制。如美国在1988年新设“大学基金委员会”，通过对具体职能的规定而加强了对大学的控制。对教育投入从1989年的3530亿美元增加到1999年的6350亿美元，教育投资已占美国GDP的7%以上，在发达国家名列前茅。① 此外，美国政府还加强了地方学区的重组和合并。美国将小学区合并为大学区，既可达到教育行政的经济化和地方教育的均衡化发展，也可达到教育的整体规划的目的。②

20世纪90年代以来，美国各届总统与联邦教育部都积极关注教育改革，制定教育发展规划，从宏观上推定美国教育的整体发展。1997年2月，克林顿发表题为《做好准备，迎接21世纪》的演说，在教育改革方面提出了新世纪要达到的三大目标和十大措施。③ 此外，联邦政府还积极规划组织各种教育改革政策措施，尤其是制定全美教育发展战略及其教育课程达标期限，提出建立全国教育质量标准和与此相应的考试制度，1999年举办全国性的四年级学生阅读考试和八年级学生的数学考试，检验和评估各地是否达到对核心学科既定的质量标准。④ 克林顿政府提出《2000年目标：美国教育法》，表明美国在教育改革上决心进一步强化联邦政府的主导作用。2001年1月23日，美国新任总统乔治·W. 布什向国会提交了题为《绝不让一个孩子落伍》的基础教育改革法案。在2002年3月宣布了教育部未来五年的战略计划，提出了六大目标：①创建一种实现目标的文化氛围。通过有效实施2001年的基础教育改革法案及联邦教育项目所依据的设施原则，如责任心、灵活性、扩大家长择校机会等，来达到目的。②提高学生成绩。通过阅读优先、促进数学和科学教学，改革中学，提高教师和校长素质等措施，来缩小学生之间的学业差距，并提高所有学生的学业水平。③改善学校环境，加强品德培养。建立遵守纪律、远离毒品的教育环境，培养良好的性格和公民责任感。④使教育成为以事实为依据的领域。提倡教育科研加强教育科研的质量。⑤发展中学后教育和成人教育，提高中学后教育和成人教育的质量。增加学生入学机会，提高办学机构的效率。⑥建立优质教育管理系统。在教育部内形成一种负责任的文化氛围。⑤ 通过这些政府法律、法令和战略规划，联邦政府的教育行政力量正在逐步加强，也表明美国的教育行政管理体制出现集权的趋向。

但是美国强调联邦政府主导作用也是有限度的。由于地方分权的政体，美国历来重

① 陈永明等：《比较教育行政》，11～12页，上海，华东师范大学出版社，2005。
② 孙绵涛：《教育行政学》，57页，武汉，华中师范大学出版社，1998。
③ 钱源伟：《基础教育改革研究》(第二版)，34页，上海，上海科技教育出版社，2003。
④ 陈永明等：《比较教育行政》，11～12页，上海，华东师范大学出版社，2005。
⑤ 驻美使馆教育处：《美联邦教育部颁布未来5年战略计划》，载《世界教育信息》，2002(11)。

视并尊重各州和地方的作用，在教育改革上也不例外。为了避免对传统的地方权限的削弱，美国议会强调："关于教育的权限和责任，保留给地方学区一级州所规定的其他机关。"同时，正是考虑到这一点《2000 年目标》自始至终强调自愿的原则，而且在编订标准上，既有国家水准，又允许有州水准。

二、英国

英国教育行政的特色是中央和地方密切合作，重视中央和地方教育行政机关的沟通与协调，中央和地方的权限根据国会立法确定。英国政府的立场是"不希望使自己陷入到宪法规定由大学自己负责的事务中去，但也不会把由政府本身来承担更为合适的任务强加给学校"。由于英国四大区域之间的差异很大，各自的教育行政和财政体制也各不相同。

英国的教育行政管理体系分为中央、地方和学校三级。① 英国的中央教育行政由教育技能部负责，主要指导地方教育当局贯彻国家政策，一般不对学校进行直接管理。在地方教育行政上，由于英国实行地方分权制，地方议会就是地方教育行政权力机构。地方教育委员会负责实施教育管理工作。中央教科部和地方机关的关系是伙伴与协商关系，不能直接指挥各地教育行政，只能通过国会的决定才能使自己的教育政策对地方当局产生制约，对地方执行情况进行督导。在校级教育行政层次上，主要由校董事会、校议会、校评议会等具体处理学校的事务。②

从 20 世纪 80 年代中期开始，英国教育制度的基本权力结构开始改变，中央政府对教育的管理和控制加强，中央政府在基础教育方面的影响日益扩大。在 19 世纪上半叶前，英国的教育行政权力多属地方或私人，教育事业纯由私人及宗教团体经营，英国没有中央教育行政管理机关，中央政府对地方的教育也极少予以干涉。后来，英国政府设置了教育委员会(1900—1994 年)。英国的《1944 年教育法》确定英国公共教育体系，对中央和地方教育行政体制进行重大的改革，为第二次世界大战后英国教育事业发展奠定了基础。按照教育法规定，中央最高教育行政机关首长掌握国家教育政策的最后决定权，但又必须切实保障地方的自治权。③ 为了加强国家对教育质量的监测和评估，英国国会于 1988 年 7 月 29 日通过《1988 年教育改革法》，统一中小学课程。④ 这在英国教育史上是一件开天辟地的大事，因为英国的中小学课程在 20 世纪末之前是不统一而是多

---

① 史万兵：《教育行政管理》，92 页，北京，教育科学出版社，2005。

② 同上书，92～93 页。

③ 陈永明等：《比较教育行政》，16 页，上海，华东师范大学出版社，2005。

④ 钱源伟：《基础教育改革研究》(第二版)，42 页，上海，上海科技教育出版社，2003。

样化的。法案规定在中小学开设两类课程，即核心课程(包括英语、数学和科学三门课程)和基础课程(包括现代外语、历史、技术、美术等)，全国所有公立中小学义务教育阶段实行统一课程。全国统一课程的实施，有助于检查和评估，以加强中央政府的统一领导。英国自中小学义务教育阶段实行统一课程后，在每个阶段都有国家统一规定的成绩标准，每位学生都要通过四次全国统一考试。① 此后，英国进一步加强了对教育质量的监测和评估。高等教育方面，1992年英国高等教育体制改革后，原来的多科技术学院更名为大学，由统一的高等教育基金委员会负责分配经费和评估指导。这样中央政府实际上扩大了高等教育管理权限，地方教育当局的权限被削弱。②

1994年，英国通过教育法案将教育委员会改为教育部，教育部又与科学部合并成为教育科学部。其主要职权为制定国家教育政策，而不直接管理学校，不决定学校的课程、教法，也不颁布课程标准，不组织教科书的出版。③

2001年6月，作为英国中央教育行政机关的"教育雇用部"被改称为"教育技能部"。中央教育技能部成立以后，制定《2002—2006年英国教育发展目标》，确定了继续改革全国课程和考试制度等方面的目标。中央教育行政开始对地方教育行政具有监督指挥权，中央的教育行政权力有所提高，从教育技能部和地方的教育行政部门的关系看，现行的英国教育行政既非严格的中央集权制，也非绝对的地方分权制，属于中央与地方共同合作制的类型。

三、法国

法国是实行中央集权制的典型代表，几百年来法国视教育为国家事业，各种教育机构要受国家权力的指挥与监督。教育行政独立于一般行政，中央和地方是一种垂直的指挥及命令关系，中央政府统管的内容广泛而又具体，地方办学需要遵照中央政府的旨意。④ 但是在高度中央集权的教育行政体制下，学校与外部社会疏离，难以适应科学技术日益发达和产业日益现代化的当今世界局势，教育本身也失去了应有的活力。这种教育行政管理体制逐渐遭到人们的抵制，促使政府通过不断的教育改革逐步淡化其集权的色彩，逐渐增大地方教育行政机关的权限。

从1968年开始，法国议会颁布了《高等教育方向指导法》，赋予地方大学区教育行政机关和高等教育机构较大的自主权，强调了大学的自主性和独立性，大学在行政、财政教学方面享有自治权，改变了国家任命大学区总长并由其同时兼任所辖大学区几所大

① 杨德广：《高等教育管理学》，25页，上海，上海教育出版社，2006。
② 钱源伟：《基本教育改革研究》(第二版)，42页，上海，上海科技教育出版社，2003。
③ 帅相志：《市场经济与中国高等教育体制改革》，81页，济南，山东人民出版社，2005。
④ 陈永明等：《比较教育行政》，19页，上海，华东师范大学出版社，2005。

学校长的传统做法。进入 20 世纪 80 年代以来，法国政府把教育放权活动推向深入，1982 年颁布的《地方分权法》，扩大了地方自主权。从 1983—1984 年度起，国民教育部把职业培训交由各学区负责，把初中和高中学校的管理权交给了各省。① 1984 年法国新的《高教指导法》生效，通过法律规定高等教育机构具有教学、科研、行政和财务的自主权。1985 年后，法国初等学校的管理权由原来的市镇村委员会下放到市、镇教育行政。② 由于政局变更，1986 年上台的右翼新政府更加强调减少国家干预。1986 年制定的《高等教育改革法》(又称《德瓦凯法案》)明确指出：要减少国家对高校的干预，使其在经费、教学、科研、招生和管理等方面享有完全的自主权。③ 1989 年的《教育指导法》，将学校计划包括制定培训预测纲要和投资预测纲要的责任都下放给了学区和省教育行政部门。④ 同年，法国政府拟定的 2000 年教育发展规划，重申减少政府对教育的集权领导，确保学校享有自主权。⑤ 虽然法国在行政管理、人事安排、教学、科研和经费使用等方面向大学下放了不少权力，但总的来说，高等教育的立法权及校长的任命、经费的分配等重大事务的决定权仍在中央，所以中央集权制的特征并未改变。⑥

20 世纪 90 年代以来，法国政府把教育行政管理结构调整和课程教学作为教育改革的重点，明确了中央教育行政管理的基本职能是宏观指导、制定教育政策，并监控其落实情况，不直接干预地方教育的发展。1990 年 6 月，国民教育部根据政令成立教育高级理事会。教育高级理事会根据地方分权的精神，引进新的合作伙伴如家长协会、校外团体和国内的各地方行政机构。1997 年，国民教育部颁布有关机构调整和人事放权的政令，教育部重新改组，将原来的 16 个司压缩为 11 个，改变以往教育行政部门僵化保守的形象，加强宏观规划职能和部门之间的横向联系，在学制、教育大纲、教学内容和师资管理方面逐步下放权力，如中小学教师由各级管理改为学区管理，教师在教学方面享有更大的自主权。⑦ 如今，法国的教育行政管理体制正在沿着变孤立、僵化为综合、协调的总方向进行改革。

四、日本

日本教育行政体制集中央集权和地方分权之长，既加强中央教育行政部门的统一领

① 萧宗六、贺乐凡：《中国教育行政学》，47 页，北京，人民教育出版社，2004。
② 帅相志：《市场经济与中国高等教育体制改革》，283 页，济南，山东人民出版社，2005。
③ 杨德广：《高等教育管理学》，22 页，上海，上海教育出版社，2006。
④ 萧宗六、贺乐凡：《中国教育行政学》，47 页，北京，人民教育出版社，2004。
⑤ 杨德广：《高等教育管理学》，22 页，上海，上海教育出版社，2006。
⑥ 史万兵：《教育行政管理》，95 页，北京，教育科学出版社，2005。
⑦ 陈永明：《教育行政新论》，328 页，上海，华东师范大学出版社，2003。

导，又充分发挥地方的积极性，彼此取长补短，教育行政的运作表现出集权与分权交织的态势，但也有表现出强化集权的走势。

日本的教育行政单位分为三级：中央为第一级；都、道、府、县为第二级；市、镇、村为第三级。现阶段，日本参众两院各设有“教育常务委员会”，负责审查政府的教育方针、教育法规、教育计划等，是日本教育政策的最高审核、决策机构。文部省是日本教育管理的最高机构，在内阁统辖之下负责国家的教育、学术、文化及宗教等国家事务。文部大臣由内阁总理大臣任命，是中央教育行政机关的最高长官。文部大臣受首相的委托，主管全国的教育工作。地方实行自治，教育行政管理机关是省市级和区街乡村级教育委员会，他们分别负责自治范围内的教育行政管理事务。

第二次世界大战前，日本在教育行政体制上采取高度中央集权制，文部省统辖全国的教育行政机构。第二次世界大战后，在美国的影响下，日本又将教育分权作为教育管理的基本原则，削弱文部省的权力，其主要特色是民主化、地方分权化和教育行政从一般行政中独立出来。但是，实践上，这种过度的地方分权的政策措施成为推行国家教育政策的阻力，因而相继修改有关的教育法令，增加中央政府的教育行政实权。因此，从20世纪50年代以来，日本教育行政体制改革总的趋势是加强中央集权因素，扩大文部省的领导权力。文部省已不仅是提供指导、建议的咨询性机构，在一些方面对地方教育行政机构也有了相应的控制权力。

20世纪80年代以来，日本政府通过组织全国性高等教育改革加强了中央对高等学校的控制权，甚至出现修改《基本教育法》以恢复天皇对教育的影响的动向。1984年8月，日本成立超越于“中央教育审议会”的、直属总理大臣的“临时教育审议会”，推行以“多样化、灵活化、国际化”为核心的教育改革方案。

20世纪90年代，日本进行战后第三次教育改革，改变过去统得过死、过多的办法，给予高校以更多的自主权。1996年7月通过的《科学技术基础计划》，制定了新一轮改革纲要，核心内容包括进行制度创新，建立能“伸展个性，提供多样性选择”的学校制度等。1998年9月中央教育审议会发布的咨询报告《关于今后地方教育行政的发展》指出，由于对学校过强的制度控制，学校之间缺乏横向竞争的机制和意识，从而造成公立学校整体上的个性缺失。政府主导的主要改革目标是在地方分权的基础上，确立学校的自主性和自律性，把学校从官僚行政管理体制的强力约束下解放出来，把课程管理权适当下放到学校基层，让学校自主管理和自律运营。2001年1月31日日本文部省制定了《21世纪教育新生计划》(又称“长虹计划”)，确立了21世纪初日本基础教育改革的基本方针，包括增强学校管理的自主权等六个方面的举措。

进入21世纪后，日本政府进行了以“提高行政效率”为目标的行政改革，其主要特点是精简机构，简政放权；对中央政府和地方政府的职能重新定位，对义务教育经费承担比率重新确定等。经过日本中央行政机构组织改革重组，2001 年新改称的文部科学省下设大臣官房、国际事务官、终身学习政策局、初等中等教育局、高等教育局、科学技术与学术政策局、研究振兴局、研究开发局、体育与青少年局、文化厅等机构。

在理顺中央与地方的关系、明确中央与地方在教育管理方面的职责权限的基础上，日本已建立了既有中央的有力的集中领导，又能充分调动地方教育积极性的合作型领导体制。在均权制度下，中央教育行政负责制定教育方针及政策、各种教育规定、全国教育发展规划、教育课程的最低标准和全国教育统计等。地方则遵照既定的全国性目标和标准，根据地方的需要，拟定具体计划并付诸实施。中央注重指导和监督，地方注重执行和创新。

五、结语

从教育行政体制上看，无论是分权国家还是集权国家，各国对教育大都实行分级管理。作为基础教育重要组成部分的义务教育，多由基层地方政府主管，但公共投资则由各级政府共同负担，中央或较高层次的政府甚至负有更大的投资责任。

纵观主要发达国家教育行政体制改革的演变过程，从中了解到的特征及获得的启示，主要有四个方面：①各国政府参与或主导教育改革意向日益加强；②各级政府教育行政权限趋于职责化与统合化；③集权的逐步分权，分权的逐渐集权，趋向均权化；④中央重在规划和指导监督，地方重在执行与创新。

第三节 我国的教育行政体制及其改革

一、我国现行的教育行政体制

教育行政体制是教育行政的中心问题。教育行政是国家行政的一个重要组成部分，教育行政体制不仅与国家政权的性质、政体形式有着十分密切的关系，而且还受一个国家经济基础、文化传统等方面的影响。我国是社会主义国家，党领导行政管理的原则、民主集中制的原则、人民群众参政的原则是国家行政应遵循的根本原则，反映到教育行政上，就构成了教育行政体制的主要特点。

（一）党对教育行政的领导

党的领导是社会主义国家教育行政管理的一个最基本的特征，也是教育行政机构代表人民意志、沿着正确的方针路线实行教育行政管理的根本保证。它要求各级各类教育行政组织都必须贯彻党中央制定的教育方针、政策，各级教育行政机构都必须接受各级党委的领导，并建立和完善各级党的组织，发挥党组织和党员的模范作用。在党中央的统一领导下，建立由国务院到地方各级政府从上到下的强有力的教育行政工作系统，专门负责组织领导具体教育行政事务。

(二)统一领导下的分级管理

这是民主集中制原则在中央教育行政与地方教育行政职权划分上的体现，是反映我国教育行政体制基本特征的根本所在，也是决定我国教育行政体制类型的主要依据。统一领导的含义有两点。

第一，从教育行政组织上讲，是指分级设立专门的教育行政组织，在中央政府一级设国家教育部，在省一级设教育厅，在市、县一级设教育局，共三级。以上这些组织均受中央统一领导。

第二，从教育行政内容上讲，我国的教育方针、政策、宏观规划等大政方针均由党中央与国务院制定，由各级教育行政组织具体贯彻执行。分级管理的含义是指对全国整个教育事业实行中央、地方(包括省、市、县)两级管理，即国家教育部与地方各级教育行政机构对全国及所辖地区内的各级各类教育实行职能管理。具体情况大体如下：①教育实行中央、省(自治区、直辖市)、中心城市三级办学体制。由国家教育部、中央各有关业务部门、各省市自治区人民政府及其所属的教育行政机构实行管理。②职业技术教育主要由地方负责。即省、自治区、直辖市所属的高等、中等专业学校，由省、自治区、直辖市领导，有关业务部门主管，属中央各部门办的，地方应给予协调和配合。③基础教育由地方负责，分级管理。地方负责具体政策、制度、计划的制定和实施，对学校的领导、管理和检查。省、市、县三级对基础教育的管理也有职能上的分工。

概括起来讲，中央统一领导下的分级管理就是在中央统一的方针政策指导下，对教育事业实行中央教育行政与地方教育行政两级管理。如上所述，我国现行的中央统一领导下的分级管理的教育行政体制，是以中央集权为基本，中央行政与地方行政相结合的体制。这里应该明确一点，即中央教育行政与地方教育行政之间存在着上下级的关系，同时作为教育行政机构的国家教育部，地方教育厅、教育局等与国家一般行政机构是一体的，也存在着上下级关系。

二、我国教育行政体制改革

新中国成立后，我国的教育行政体制几经变迁，主要原因是受我国政治、经济发展的推动及教育事业发展的影响。历次改革都是以集权与分权的关系，即中央与地方教育行政权力、职责的划分为中心问题。

（一）我国教育行政体制的三次重要变革

一些研究表明，从新中国成立以来教育行政体制的发展过程来看，至今我国进行了三次较为重大的教育行政体制改革。

1. 第一次变革

1958—1959 年的教育行政体制改革可以称之为第一次尝试。在新中国成立初期第一个国民经济五年计划开始实施时，对教育事业也实行了“中央集中统一领导”的行政体制。即关于教育事业发展的综合计划的制定，中学(包括高中)、大学的教学计划、大纲与教科书，大学的新生招收与分配，大学教员的任免，教育经费等全部由中央统一管理。1958 年，毛泽东发表了《论十大关系》，随之在全国范围内开始解决中央与地方的关系问题。在教育方面，主要解决中央向地方放权问题。为此，1958 年 4 月 4 日中共中央颁布《关于高等学校和中等技术学校下放问题的意见》，文件中指出：①为了切实加强党对高等学校和中等技术学校的领导，为了使这些学校培养出来的人才更加适合各地社会主义建设发展的需要，除了少数综合大学、某些专业学院和中等技术学校仍旧由教育部或中央有关部门直接领导以外，其他的高等学校和中等技术学校都可以下放(中等技术学校包括技工学校可以比高等学校多下放，地方性较大的学校可以更多地下放)，归各省、市、自治区领导。②改变统一招生制度。③改变毕业分配办法。

1958 年 8 月 4 日中共中央、国务院发布了《关于教育事业管理权力下放问题的规定》，其目的是充分发挥各省、市、自治区举办教育事业的主动性和积极性，加强地方对教育事业的领导与管理。其主要内容包括：①今后教育部和中央各主管部门，应该集中主要精力研究和贯彻执行中央的教育方针和政策；综合平衡全国的教育事业发展规划；在中央领导下协助地方党委进行政治思想工作；指导教学和科学研究工作；组织编写通用的基本教材、教科书；拟定必要的全国通用的教育规章、制度；对高等学校教师进行必要的调配；及时总结交流经验。并且办好直接管理的学校。②小学、普通中学、职业中学、一般的中等专业学校和各级业余学校的设置和发展，无论公办或民办，由地方自行决定。新建高等学校和中等工科技术学校，地方可自行决定或由协作区协商决定。③所有学校的政治思想工作及各种社会活动，都归地方党委领导。④各地方根据因地制宜、因校制宜的原则，可以对教育部和中央主管部门颁发的各级各类学校指导性教学计划、教学大纲和通用的教材、教科书，领导学校进行修订补充，也可以自编教材和教科书。

在这之后，各级教育行政组织的管理权限有了一些具体的变化。

首先，把部分由中央教育部直接管理的大学、高等专业学校移交给地方或中央业务部门来管理，具体是把以前由中央教育部所管辖的53所高等教育机构中的39所移交给省、市、自治区，7所移交给业务部门，只留下清华大学、北京大学等7所由中央教育行政组织直接管理。另外把由中央各部管辖的47所高等专业学校中的21所移交给地方。这样当时的229所大专院校中的187所就由地方管辖了。

其次，对中等专业学校的管理权限也大幅度地移交给地方。以前由中央直接管理的中等专业学校有252所，其中154所移交给地方管理。另外把114所技工学校中的75所也从中央移交给了地方。

以上这些是新中国成立以来对教育行政体制的第一次改革，改革的中心是强调地方政府对教育事业负的领导、管理的责任。但由于中央政府放权后，缺乏对我国教育发展的宏观控制，加之地方政府和地方教育行政组织缺乏对我国教育特别是对高等教育的管理经验等，产生了地方盲目发展教育的问题，主要反映在高等教育的发展方面。1957年，我国高等教育机构(包括大学和高等专业院校)中的在学人数为44万人，到1959年，增加到81万人。再有，1956年高等学校有229所，1958年又新建800余所，同年全国高等教育机构数已达千余所。教育的快速发展脱离了我国社会发展的实际，特别是经济发展现状。因此，随之而来的必然是对教育发展速度的调整，也就是减速。从以上事实可以看出，这次中央教育行政组织向地方教育行政组织下放一部分权力的改革并未取得预期的成功。

2. 第二次变革

1961年之后，为了纠正教育行政工作中出现的诸问题，进行了教育行政的调整工作。1961年年初，中央批转了中央文教小组的《关于1961年和今后一个时期文化教育工作安排的报告》。报告指出："建国以来……文化教育工作基本上适应了经济基础和生产力发展的需要……但也还有一些不相适应的地方，工作中还存在着不少问题和缺点……"提出："当前文化教育工作必须贯彻执行调整、巩固、充实、提高的方针。"在这一方针指引下，高等学校及中等专业学校在缩短战线、压缩规模、合理布局、提高教学质量等方面有所推进。特别是1961年制定的《高教六十条》纠正了1958年以来许多不切实际的东西。为了加强对教育的领导和管理，1963年中共中央、国务院颁发了《关于加强高等学校统一领导，分级管理的决定(试行草案)》。文件中强调指出，对教育事业问题的处理，各地方各业务部门都必须贯彻实施中央统一规定的指导方针和政策，必须实行中央制定的全国统一的重要规定和教育计划。同时对教育部、中央各业务部门与各省、市、自治区人民委员会的行政权限也作了同样的规定。总之，这个文件表明，中央再一次对教育事业，特别是高等教育，加强集中统一的领导。以上这些变动被看作是教育行政体制的第二次改革。这次变革带来了各级各类教育质量的大提高，教育界人士评价这个时期的教育质量是新中国成立十几年里最高的。可惜，“文化大革命”期间，《关于加强高等学校统一领导分级管理的决定》遭到破坏，“文化大革命”结束后，中央统一领导下的分级管理的教育行政体制才又一次得到恢复。

3. 第三次变革

从1963年至今的教育管理体制改革的历史实践中，我们可以看到，教育行政体制在某种程度上影响着我国教育行政的效率，或者说它存在着阻碍教育行政效率的一些弊端，特别是党的十一届三中全会以来，我国经济体制、政治体制改革，尤其是社会主义市场经济的发展，大大促进与冲击了我国教育事业的发展与教育管理体制，使我们清楚地看到，教育管理权过分集中不利于教育的发展，发展教育必须放权，以使教育更加适应社会主义建设的需要。1985年《中共中央关于教育体制改革的决定》拉开了第三次教育行政体制改革的序幕。文件中指出：“必须从教育体制入手，有系统地进行改革。改革管理体制，在加强宏观管理的同时，坚决实行简政放权，扩大学校办学自主权，调整教育机构，相应地改革劳动人事制度。还要改革同社会主义现代化建设不相适应的教育思想、教育内容、教育方法。”可以说，这个文件为教育行政体制改革指明了方向，也表明了我国教育行政体制改革的内容。概括起来讲，就是中央放权给地方，教育领导部门放权给校长，政府放权给社会。

(1)中央放权给地方。

中央放权给地方主要是将发展基础教育的责任交给地方政府，坚持“基础教育由地方负责，分级管理”的原则，以调动地方政府和广大群众的办学积极性。1985年，《中共中央关于教育体制改革的决定》指出：“实行九年制义务教育，实行基础教育由地方负责、分级管理的原则，是发展我国教育事业、改革我国教育体制的基础一环。”之后，在1993年《中国教育改革的发展纲要》及其实施意见等均提出继续完善基础教育主要由地方负责、分级管理的体制。根据各地实际，加大县级人民政府对教育经费、教师管理和校长任免等方面的统筹权。基础教育由地方负责，分级管理的体制在一定程度上调动了地方政府和广大群众的办学积极性。改革实践进程中，基础教育由地方负责，分级管理的体制在一定程度上调动了地方政府和广大群众的办学积极性，使我国基础教育获得了较快的发展。到2006年年底，全国实现“两基”验收的县(市、区)累计达到2973个(含其他县级行政区划单位205个)，占全国总县数的96%，“两基”人口覆盖率达到98%。到2020年，小学学龄儿童入学率达到99.96%，初中阶段毛入学率达到102.5%①。

但是这一行政体制在实施的过程中也出现了一些问题，比较突出的是引发了农村教

① 数据分别来自：教育部2006年和2020年全国教育事业发展统计公报。

育投入严重短缺的问题。由于中央把基础教育的权力和责任下放到地方，省、县又逐级下移部分权力和责任直至乡镇，义务教育的管理重心过低。而各地经济发展不均衡，加上1994年分税制改革，财政权力上移，在一些经济困难的地方，乡镇政府无力承担义务教育的庞大开支，基础教育经费难以落实，造成许多地方拖欠教师工资、学校危房无钱改造的情况，由此产生一些学校举债运转的问题。为了解决教育资金问题，一些地方政府特别是县乡政府采取了向农民摊派教育经费及乱集资、乱收费的手段，加重了农民的经济负担，引发了社会问题。同时，义务教育的巨大投入差距，拉大了基础教育的校际差距，出现了许多教育基础薄弱学校，一定程度上导致教师从贫困地区学校向富裕地区学校的单向流动，也引发了学生的“择校热”，造成义务教育发展的不均衡，使得教育公平问题日益凸显。对此，2001年5月，国务院发布了《关于基础教育改革与发展的决定》，明确提出农村义务教育“实行在国务院领导下，由地方政府负责、分级管理、以县为主的体制”。2002年5月国务院办公厅发布了《关于完善农村义务教育管理体制的通知》，进一步明确了各级政府对农村义务教育的领导和管理责任。这标志着我国农村义务教育管理体制的又一次重大转变：管理权限由乡镇上收到县。①

但是这一变革也带来新的问题。它虽然很大程度上缓解了农村基础教育投入能力严重不足的问题，但又引发了“谁来管理农村小学”的问题。作为一级教育行政机构的乡(镇)教育办公室(组)撤销以后，根据《关于完善农村义务教育管理体制的通知》的规定，乡(镇)人民政府还要负责招生、防控辍学、维护学校治安和正常教学秩序、治理校园周边环境等任务。农村小学办学条件差，管理和教育教学水平比较低，需要有统一和权威的管理力量或向上沟通求助的渠道，以及协调平衡同区域学校之间的资源。目前全国各地县和乡镇解决这个问题的办法一般有两个：其一，在乡(镇)政府中设置兼管教育的副乡(镇)长和为数不多的专职教育管理人员；其二，设置乡(镇)中心校管理(或兼管)本区域教育事务。从各地做法来看，乡(镇)中心校大致有两类：一类基本是原来的乡(镇)教育办公室(组)原封不动地转换成名曰“中心校”的管理组织，接受县教育局和乡(镇)政府双重领导。它没有独立的人事权和财权，基本承担了原机构的各种管理任务和责任，这类组织安排模式是少数。另一类中心校组织模式居多，它是将管理职能赋予一所本乡(镇)的重点小学(或者就是原来机构移植嵌套过来)，一般当强调其管理职能时，就称呼其“中心校”；当强调教学职能时，就称呼其“中心小学”。这是集(行)政、教(学)职能于一体的农村基层教育管理组织。“中心校”在农村教育工作者中一直存在着“存废”的争议。主张其应保留的人们认为：具有教学职能的中心校(中心小学)管理能力和教学能力

① 张丕芳、黄辉：《对以县为主的农村义务教育管理体制的思考》，载《当代教育科学》，2005(3)。

都很强，对本地农村学校能发挥引领和示范作用；在当前农村适龄儿童减少和流失的情况下，相对优质的中心小学能为农村小学留下更多学生和教师，也能给本地小学教师提供研修机会和其他教育资源。而主张废除中心校(中心小学)的意见认为，它的设置导致教育资源(优秀师资和生源、职称评定、教学设备设施等)分配不均衡，一些地区的乡镇中心校凭借地理、权力和过往历史等条件过多集中了优质教育资源，导致其他普通农村小学的发展受限。为了解决这个问题，全国许多农村地区在教育均衡发展理念的指导下，建设起以“中心小学”为龙头的若干乡镇学校的“教育联合体”，改进和优化了“中心校”管理和分配教育资源的政策和机制。

在我国高等教育行政改革的中央与地方的关系上，这一阶段调整的重心是进一步确立中央与省(自治区、直辖市)分级管理、分级负责的教育管理体制。到 2022 年年底，中央政府直接管理普通高等学校从 1993 年的 358 所减少到了 114 所。同时，中央集中力量办好和建设好一部分关系国家经济、社会发展全局的重点大学和重大教育工程项目。如 1993 年国家教育委员会实施的“211”工程重点建设项目，1998 年教育部设立的“创建世界一流大学计划”(简称“985”计划)等。

(2)扩大高校办学自主权。

扩大学校的办学自主权不仅在高校，中小学校也通过推行党组织领导下的校长负责制，加强与扩大学校办学的自主权。但重点是扩大高校的办学自主权。因为改革政府对高等教育统得过多的问题，是我国推进高等教育发展的关键。

受国外新公共管理运动倡导的“高效”“灵活”“低成本”理念的影响，新时期我国在高等教育方面积极调整政府与学校之间的关系，主要做法是：在招生、专业调整、机构设置、干部任免、经费使用、职称评定、工资分配和国际交流等方面，分别不同情况，进一步扩大高等学校办学自主权，使学校建立起主动适应经济建设和社会发展需要的自我发展、自我约束、自我激励的运行机制；① 在政府管理学校的方式上，高等教育由政府对学校的直接行政管理，转变为运用立法、拨款、规划、信息服务、政策指导和必要的行政手段，进行宏观管理。

1998 年，政府对中央教育管理部门等政府组织进行了重大重组，将国家教育委员会更名为国家教育部，对其职责和权限做了相应的调整。新的国家教育部的职能由过去国家教委对高等学校实行直接的行政管理转向宏观的统筹规划与管理。② 在教育部与其他部委的关系上，扭转了高教部门办学，条块分割的局面。1998 年 11 月李岚清同志在扬

① 杨德广：《高等教育管理学》，31 页，上海，上海教育出版社，2006。

② 杨德广：《高等教育管理学》，31 页，上海，上海教育出版社，2006。

州召开的高教体制改革经验交流会上提出“共建、调整、合作、合并”的八字方针，全面部署了加大改革力度、加快改革步伐、全面推进改革的任务。

(3)政府利用与发挥社会力量和社会资源的作用。

在充分认识到“国家包揽办学”不符合“穷国办大教育”的国情的基础上，20世纪80年代以来，政府积极鼓励和支持“社会力量办学”。1987年国家教育委员会发布了《关于社会力量办学的若干暂行规定》和1997年国务院发布了《社会力量办学条例》《中外合作办学条例》《民办教育促进法》等法规政策有力地引导和推动了我国民办教育的发展。从20世纪80年代起，公办教育一统天下的局面开始打破，各种私立、社会力量办学的学校如雨后春笋般发展起来。特别是《中华人民共和国民办教育促进法》(2003年取代《社会力量办学条例》，并于2018年第三次修订)的实施，成为我国民办教育腾飞的新起点。目前，我国已经初步形成了一定规模、多门类、多学科的民办教育体系，民办教育的规模不断扩大，注册的学生不断增加，民办教育在公共教育体制中的比重不断加大。可以预见，民办教育将在整个教育体系中处于更为重要的地位。

(二)对改革开放新时期教育管理体制变革的分析

1. 成绩分析

第三次教育行政体制改革，应该说取得了重大成果。正如2002年《全国教育事业第十个五年计划》指出的：“教育管理体制改革取得决定性进展。中等及中等以下教育实行‘地方负责、分级管理’的体制，取得了明显成效；国务院部门所属高等学校管理体制改革任务基本完成，布局结构调整实现重大突破，部门办学、条块分割的局面得到了根本性扭转。……学校办学自主权进一步扩大。学校内部管理体制改革向纵深发展，招生、收费、考试、毕业生就业制度改革不断深化。高等学校后勤社会化改革全面展开。……教育资源配置日趋合理，校均规模逐年扩大，办学效益不断提高。”

首先，表现为人们在教育行政体制方面，有了一个观念上的转变。那就是，以前人们普遍认为教育同政治、经济一样，应该强调实行高度集中的管理，这是社会主义领导体制的特点。因此各级地方及校长必须按统一规定办教育。其结果就使整个教育发展脱离了我国地域广大，各地区政治、经济、文化发展不平衡的状况而陷于全国划一、僵化的状态。从我国实践及考察国外教育行政体制及教育的发展中，人们开始认识到，教育管理实行中央集权还是地方分权，主要是由于各国历史情况造成的，与各国社会制度并无必然联系。在当代世界范围的教育改革中，呈现出教育管理实行中央集权的国家，加强了地方和学校的管理权。反之，实行教育管理分权的国家则强调加强国家对教育事业的统一管理的趋势。

其次，放权之后，各级地方与学校办教育的积极性获得了相当程度的发挥。在国家宏观指导下，初步建立起了基础教育主要由地方负责、分级管理的体制，农村基础教育实行县、乡、村三级管理，以县管为主的体制，加快了普及义务教育的进程。

最后，在改革实践中，不断地以教育法律和教育法规的形式将以上的改革内容确定下来，进而以教育法规去规范这一改革，并且根据社会政治、经济的发展不断完善与修订教育法律法规。例如，1986 年颁布并于 2006 年修订的《中华人民共和国义务教育法》，1992 年出台的《中华人民共和国义务教育法实施细则》，1987 年国家教委、财政部颁发的《关于农村基础教育管理体制改革若干问题的意见》等，都进一步对中央和地方各级的基础教育政权划分原则作了具体规定。又如，1986 年国务院发布的《高等教育管理职责暂行规定》，1987 年国家教委发布的《关于扩大普通高等学校录取新生工作权限的规定》和《关于高等学校基本建设管理职责暂行办法》，1998 年颁布的《中华人民共和国高等教育法》，这些文件都进一步对政府与高校的管理职责进行了划分。

2. 存在的不足

但是，在改革中，由于分权之后，教育的发展缺乏中央必要的宏观管理，更明确地讲，是政府按照职能转换的原则干预教育的行为不到位，致使教育的发展出现了一些混乱，也暴露出新的管理体制中诸多不完善的地方。如高等教育的发展过程中出现的盲目建新校和学校盲目升格的现象。1978 年至 1988 年，高校数由 598 所增加到 1075 所。大量的新建学校耗去了相当数额的教育经费，使得本来就不够宽裕的教育资源得不到有效利用。另外，在我国某些种类的专科还存在缺口的情况下，一些高等专科学校盲目向本科升级，而本科高校又都希望设硕士点、博士点或研究院。这就形成了我国高等教育发展中的盲目追求高层次的问题。

再有，在基础教育管理体制方面，管理权限的横向分配过于向普通行政即地方各级政府倾斜，致使在统筹地方经济、社会各方面的发展中，义务教育得不到应有的重视及经费保证，各级财政用于教育的部分随意性增大，教育行为短期化。尤其是 1994 年后，教育经费短缺情况更为加剧。1994 年，我国实行分税制改革，财政权力上移，一些乡镇政府无力承担义务教育的庞大开支，造成许多地方拖欠教师工资、学校危房无钱改造、学校举债运转，义务教育的财权和事权严重不符，在公共财政的名义下义务教育被架空。同时，义务教育乡镇办学造成学校布局分散，教育资源浪费严重。加上各地经济发展不均衡，义务教育的管理重心过于向下，造成义务教育的投入差距很大。尤其是贫困地区、少数民族地区的义务教育得不到有力的公共财政保障，流动人口的子女受教育权得不到保障等问题日益凸显，有损教育的公平与公正原则。以上这些问题为教育改革提出了不断调整的任务。

对此，2001 年 5 月国务院发布了《关于基础教育改革与发展的决定》，该文件可以被看作是教育行政体制改革的深化与延伸。文件中提出的农村义务教育实行在国务院领导下，由地方政府负责、分级管理、以县为主的管理体制，表明教育行政体制改革开始把目光聚焦于日渐严峻的教育公平问题。2002年5月国务院办公厅发出了《关于完善农村义务教育管理体制的通知》，该文件明确提出农村义务教育实行在国务院领导下，由地方政府负责、分级管理、以县为主的体制。县级人民政府对农村义务教育负有主要责任，省、地(市)、乡等地方各级人民政府承担相应责任，中央政府给予必要的支持。这标志着我国农村义务教育管理体制的又一次重大转变：管理权限由乡镇上收到县。2002年以来的农村税费改革、义务教育"一费制"的实施，以及2005年关于逐步实现义务教育的政策，是对以往改革中过度关注效率而造成的教育不公问题的根本扭转。在今后的教育体制改革中，都应把促进教育公平作为重要的原则，不断推进教育的民主化进程。

3. 加强调控保障教育管理体制的改革成功

纵观我国教育行政体制改革，在中央与地方教育行政权力职责划分问题的改革尝试中存在不足的关键，并不在于某些权力该不该下放给地方与学校，而在于权力下放之后，中央对地方如何保持良好的沟通与联系，即有力的宏观调控。

首先，下放权力给地方和学校，是现代教育发展的需要，是现代教育特征的直接反映，是一种大趋势。在我国由于市场经济的建立、体制的改革及文化的发展，使得教育日益复杂化、专业化、区域化，并且变化速度加快。这些变化迫使教育组织要提高自身的反应速度和灵活性。而下放权力正是基本对策之一。

其次，分权的趋势并不意味着集权的无所作为。事实恰恰相反，就组织而言，由于下放权力造成诸多事业上的结合部，也由于进一步分权形成各个职能部门更依赖于其他部门，因此组织协调工作和整体规划等宏观领导工作的重要性比以往更强。这就要求在下放权力的同时必须注意加强宏观调控这种另一类形式的集权。

宏观调控从过程上讲，实际就是依据教育发展的基本规律，运用间接调控手段或称之为管理方式，把地方、学校及个人的微观教育活动纳入宏观教育目标，使整个教育事业健康、高效地发展。因此我们说，加强中央对教育系统的宏观调控是处理好教育管理集权与分权的关键。宏观调控的内容有：①方向调控。统一制定教育的培养目标、方针、政策、法令。②进程调控。编制教育发展的长期规划，确定国民经济发展对各级各类人才需求的总需求量和构成比例，确定各类大学、各种专业的编制和标准，分配政府高等教育经费。③活动调控。规定招生方式、标准和分配原则，教师和学生的操作准则，财务制度等。[①] 加强宏观调控的手段有以下五种。

---

① 帅相志：《市场经济与中国高等教育体制改革》，273页，济南，山东人民出版社，2005。

第一，计划调控。科学制定教育规划，解决对教育系统的管理，要加强统筹规划，确定各级各类教育发展的规模、速度、布局，抓好各种教育形式的协调，使教育事业从外部到内部都得到协调发展。

第二，行政调控。要加强政策指导，发挥教育政策、法令等的导向、协调和控制功能，要把握好教育政策的弹性幅度和稳定性。我国现行的教育政策弹性小且不够稳定，使教育系统的发展缺乏一个较大的回旋余地和相应的稳定，往往造成大起大落的发展变化。

第三，法律调控。要加强教育法规建设，健全的教育法规是现代教育的标志，是对教育系统进行控制、约束的手段。1978 年党的十一届三中全会以来，我国的教育法规建设取得了巨大的进展，特别是《中华人民共和国义务教育法》《中华人民共和国教师法》《中华人民共和国教育法》《未成年人保护法》《中华人民共和国高等教育法》《中华人民共和国民办教育促进法》《中华人民共和国职业教育法》等教育法律的颁布和实施，极大地促进了我国教育事业的发展，尤其是基础教育事业的发展。但就教育法规建设整体而言，我们的任务还很繁重。首先，我们的教育法规还不够完备，有的规定还仅停留在政府决策阶段，教育法规的实施细则出台滞后，教育法规本身的质量需进一步提高。其次，教育法规实施不够有力。因此，应继续加强教育立法及教育法的实施工作，以保证教育系统的健康稳定发展。

第四，经济调控。突出教育投资的方向性，教育投资方向具有重要的管理学意义，也可以说教育投资就是一种有效的激励和惩罚的管理方式。许多国家就是采用经济资助对国内教育系统的发展实行合理的宏观控制。我国目前教育经费紧缺而又浪费严重，因此应突出教育投资的方向性，使教育系统协调发展，使教育经费获得较好的效益。

第五，督导监控。提高行政调控的力度，还必须加强教育督导与评价，健全的教育督导制度和教育评价系统是中央教育行政与地方教育行政保持沟通、紧密联系的有效形式。教育发达国家都非常重视教育督导、教育评价这种宏观调控管理方式。我国自 1986 年国务院批准国家教委重新设立督导司至今，普通教育督导制度已经基本恢复，全国已正式建立起中央、省、地（市）、县四级教育督导机构，到 2021 年，拥有了一支数量达 14.7 万人的专、兼职结合的督导队伍。特别是 1991 年 4 月，国家教委公布了《教育督导暂行规定》，使教育督导有了法规依据。在贯彻落实《中华人民共和国义务教育法》《中国教育改革和发展纲要》等政策和法规的活动中，发挥了很好的执法监督作用。

第四节 课程行政的管理体制问题

在教育活动中，教育课程一般被理解为是为实现各级各类学校培养目标而规定的教育内容及其目的、范围和进程的总和。教育课程行政也被称为教育内容行政，是教育行政的重要组成部分，其中教育课程的制定权和教科书的编写权属于教育管理体制的基本问题。

一、课程的制定权涉及教育权的问题

课程是国家授权专业权威机构和学者选择、编写和施教的有教育价值的知识体系，课程的内容及其实施的效果关系到为社会培养什么样人才的问题，因此，政治家和学者们都认为课程具有政治性。在瑞典教育家胡森(T. Husen)主编的《教育大百科全书》中对此有清晰的阐述："课程的政治性质显而易见……那些被选择为'最有价值的知识'可能是那些支持既存的社会结构和制度的知识，也可能是支持改变甚至颠覆这些结构的知识。"①中外的教育发展告诉我们，随着近代国家的建立和发展，教育所具有的社会功能日益被认识和重视，为了实现国家社会的延续和发展，需要培养高素质的国民和各种人才，因此教育不是仅与个人利益相关的私人活动，而且是与国家社会公共利益直接相连接的公共事业。为此，近代国家将教育组织起来使之制度化。由此国家也负有了对国民实施教育的责任，同时也具有了设定教育目标、决定教育内容的相应权力。课程的编订以谁为主体？又由谁来组织实施？是国家教育行政机构、地方教育行政部门还是学校、教师呢？这是关系到教育权的问题。

二、各国课程行政体制总体脉络与改革趋势

第一，教育行政为中央集权型的或者说中央集权色彩浓重的国家，其教育课程编订权，一般在中央或国家一级。这表现为制定有统一的全国中小学课程标准或课程规划；有教师用教科书书目或中小学教科书的审定权；举行全国性或区域性的中小学毕业统考和升学考试。法国、苏联、日本、韩国、埃及等国基本属于这种类型。

法国的教育行政体制被称为是较稳定的中央集权型，也就是说，国家直接干预教育

---

① [瑞典]T. 胡森、[德]T. N. 波斯尔斯韦特：《教育大百科全书》(第七卷)，张斌贤等译，55页，重庆，西南师范大学出版社，海口，海南出版社，2006。

的特征突出，中央教育行政机构——教育部拥有较大的权力，有关教育方面的一切法令、政策、课程均由教育部决定。教育部内设有专门的课程委员会，负责起草课程大纲和执行大纲的组织工作。课程委员会提出的课程大纲草案，一经教育部审定批准，就具有了法规性质，成为各级学校必须执行的文件。

第二，教育行政体制为分权型或具有明显分权倾向的国家，对教育课程的管理权一般留给地方教育行政机构与学校，通常没有全国统一的课程标准，德国、美国、加拿大、英国基本属于这种类型。

美国宪法既未将教育的权力授予联邦，又未禁止各州行使，根据"保留条款"便留给了各州，所以各州宪法中都有对州教育行政的原则规定。其中，公立中学的课程设置权属于州，但实际上大多数州只负责制定中小学课程的最低标准，而将课程编订权授予学区。对于教科书，美国同样没有集中统一的管理法规，各州都有各自的教科书制度，也就是各州根据各州的有关规定，就教科书的编辑、出版、选择、免费提供等问题独立作出决定，一般说教科书的选定权在州下一级的学区，州只提供教科书选择标准及限定选择的范围。

第三，第二次世界大战后，特别是 20 世纪 70 年代以后，由于各国经济、科学技术和社会的发展，使教育发展的重心逐渐从规模的扩大转向质量的提高，因此，课程改革成为教育改革的中心内容，各国教育课编订权的划分也由于课程改革的需要而发生了变化，其变化的趋势呈现为：课程编订权在地方的国家适当向中央集权，而课程编订权在中央的适度向地方放权。

英国和澳大利亚的变化代表了分权制国家的改变。英国在 1988 年颁布的《教育改革法案》中规定了义务教育阶段要逐步实行全国统一的课程标准。同时提出，为了把握学生学习到达要求目标的程度，要对 7 岁、11 岁、14 岁、16 岁的学生进行全国性的考试，改变了 1944 年《教育法》实施以来没有全国共同课程标准的历史。澳大利亚宪法规定教育行政权在各州政府。学校教育内容是根据各州教育部制定的指导标准自行编制的。教师根据班级实际状况选择教材，组织考试，可以说学校在教育内容方面的裁量权是比较大的，相对应负责任也重大。由于学校课程的多样，各学校教育水平差异大，加上对教师能力水平的怀疑，以及多文化多元社会的教育要求，澳大利亚教育界及社会不断就国家设定教育课程标准的问题展开讨论。1980 年，澳联邦课程开发中心终于出台了《澳大利亚学校的核心课程》，这是为全国公私立中小学编制的统一教育课程草案。

法国的变革代表了教育管理中央集权制国家的变化。自 1973 年，法国逐渐放松中央对中小学课程的控制，规定大约占总课程 10％的教育内容，地方可以不遵照国定标准，自行决定。对于教科书的选用，也改为由中央教育部规定一个大致范围，提供几种可选择的课本，由地方各取所需。

三、我国教科书编订权的变迁

教科书和课程标准、教学大纲是课程的三大基本要素，自1949年以来，新中国就实行高度集中统一的教学计划、教学大纲和教科书。教育课程的编订权一直属于中央。这在中共中央、国务院制定或批准颁发的一系列有关教育和课程的法规和行政性法规中有明确的规定。1949年10月，中共中央宣传部部长、中央人民政府文教委员会副主任陆定一在全国出版工作会议上就明确指出："教科书要由国家办，因为必须如此，教科书的内容才能符合国家政策。""教科书对国计民生影响特别巨大，所以非国营不可。"1950年12月，负责统一编写和出版全国中小学教材的人民教育出版社成立。毛泽东主席题写了社名，叶圣陶以新闻出版署副署长身份兼任社长。1951年秋季，第一套中小学统编教材得以问世。1963年中共中央批准颁发的《全日制小学暂行工作条例(草案)》(简称《小学40条》)中规定："全日制小学必须根据中华人民共和国教育部统一规定的教学计划、教学大纲和教科书进行教学。"同年颁布的《全日制中学暂行工作条例(草案)》中也有规定："教学计划、教学大纲和教科书，地方教育行政部门不得任意修改，如果确有修改的必要，必须由省、市、自治区教育行政部门报教育部批准。"1977年，邓小平针对"文化大革命"期间教材建设混乱所造成的持续性负面影响，指出："关键是教材。教材要反映出现代科学文化的先进水平，同时要符合我国的实际情况。""教材很重要，要统一教材。""不能设想我们国家可以没有统一的中学教材。"1986年颁布实施的《中华人民共和国义务教育法》第八条规定："国务院教育主管部门应当根据社会主义现代化建设的需要和儿童、少年身心发展的状况，确定义务教育制度、教育内容、课程设置、审定教科书。"这种高度统一的课程规划，在规范我国中小学教育内容、促进不同地区教育质量水平发展等方面起到了积极的作用。

1985年全国教育体制改革开始以后，教科书编写体制的改革的探索也被提上日程，1988年，国家教育委员会制定了《九年制义务教育教材编写规划方案》。这个文件提出"我国地域辽阔，人口众多，经济文化发展不平衡的国情，九年制义务教育的教材，必须在统一基本要求，统一审定的前提下，逐步实现教材的多样化，以适应各类地区、各类学校的需要。"具体目标是用四五年时间，按照九年义务制教育教学大纲规定，编写出以下四种教材：适合多数地区使用的一般水平的小学六年制和初中三年制教材；适合多数地区使用的一般水平的小学五年制和初中四年制教材；适合城市地区水平高的小学和初中学校选用的教材；适合经济困难农村地区小学和初中学校选用的教材。文件中还提出："把竞争机制引入教材建设，通过竞争促进教材事业的繁荣和教材质量的提高。鼓励各个地方，以及高等学校，科研单位，有条件的专家、学者、教师个人按照国家规定的教育方针和教学大纲的基本要求编写教材。在教材内容的选择和体系的安排上允许有不同的风格和不同的层次。”这个文件实际打开了“一纲多本”教材编写体制的大门。教育部 2001 年 6 月 8 日印发了《基础教育课程改革纲要》，这份文件提出：“实行国家基本要求指导下的教材多样化政策。鼓励有关机构、出版部门等依据国家课程标准组织编写中小学教材。”在这个文件出台后，先后有 70 余家单位参与了新课程教材的编写和出版。全国中小学教材审定委员会审查通过了义务教育阶段 22 个学科共 167 种教材。普通高中 16 个学科共 67 种教材，供全国各地中小学选用，初步形成了“一纲多本”的局面。

虽然这种教材编写体制的变化调动了出版社和广大编写者的积极性，出现一些有特点的教材，一定程度上改变了“千校一面，万生一书”的局面，但同时也带来不少问题，其中主要有：引入市场机制以后，教材编写过于匆忙，一些教材部分内容不够严谨；编写人员基本素养不整齐，一些人员资质与承担的责任不匹配；为降低经济风险形成的出版社之间合作机制导致组织、质量控制和责任追究难度加大；评审机制也存在不够健全的地方。除了这些编写上的问题，一纲多本也带来一些地方的学校师生选择教材难度加大、跨省转学后教材不一致、教学质量监控困难等问题。另外，文科教材的多样化也带来一些选材和思想方面的争议。基于以上问题，2016 年，中共中央办公厅、国务院办公厅联合印发了《关于加强和改进新形势下大中小学教材建设的意见》，从制度层面明确了教材建设是国家事权。2019 年，教育部印发了《中小学教材管理办法》强调“教材编写必须体现党和国家的意志，坚持马克思主义指导地位，体现马克思主义中国化要求，体现中国和中华民族风格，体现党和国家对教育的基本要求，体现国家和民族的基本价值观，体现人类文化知识积累和创新成果”。同时规定“思想政治（道德与法治）、语文、历史课程教材，以及其他意识形态属性较强的教材和涉及国家主权、安全、民族、宗教等内容的教材，实行国家统一编写、统一审核、统一使用”。为了保证对教材建设管理到位，2017 年 7 月，国务院决定成立中华人民共和国国家教材委员会。同年又成立了教育部教材局，作为国家教材委员办公室，负责统筹管理全国教材建设的具体工作。

四、思考和小结

回顾新中国课程行政体制变化的历程，可以归纳出以下四点启示。

（一）以“宗”为本

课程是教育活动的核心事项，是关系人才培养和国家发展的大事，这决定了教材建设是国家事权，因此课程制定和教材编写的制度就是国家基本制度和基本政策的反映，它的变革是在国家基本制度和根本政策的大框架中因时因势的调整，根据情况在集权和分权之间做出变动。但是中外课程建设实践表明，从总体格局看，万变不离其宗，“宗”就是本源，是国家基本制度和教育的基本管理制度。

(二)权变是发展之道，课程内容选编及其管理体制要因势制宜

为什么不少国家在某个时候要调整课程标准及课程管理制度？形势使然，大环境的变化促使各国做出改变。当科学技术的飞速发展及国际竞争加剧的时候，分权制国家不得不正视分权体制带来的短视、分散、低效的问题，因而做出适当改变来发挥国家权力的前瞻性和统一性优势，来确保提高全国性的教育质量。我国20世纪80年代以后在教材编写管理体制上适度分权也是在改革开放的大局形势下，在教育管理方式和教育教学进行变革的情况下做出的。而经过将近20年的探索，在大环境面临新的深刻变化的情况下，在更深层次的政治判断基础上，在基础教育教材编写权上又适度做了重点课程编写权和管理权的“回调”，从而使得课程管理的体制更加全面、稳妥。所以教材编写及其体制建设，既要体现和吸收世界先进的现代化经验，更要体现符合国情的中国式现代化要求，二者是统一的。要做到这点，需要有深刻的全局视野。

(三)合理的摆动循环是制度进化机制

近40年来我国教材编写管理体制的变化也体现了这样一种世界性的经验：“从整个世界来看，从1920到1990年，集权化和分权化循环地出现在教育中。”①2017年以后我国的这次调整课程编写体制，对同一课程体系下各门课程编写制度究竟是采用集权(一纲一本)还是分权(一纲多本)并没有一刀切，而是根据基本原则和各门课程的学科属性，实事求是地做好这两种制度协调安排，发挥好政府和社会两个方面的积极作用。具体做法是义务教育阶段意识形态属性较强的语文、历史和思想政治(道德与法治)三门课程的教材由教育部组织统编、统审、统用，其他各科仍然采用“一纲多本”，如数学有人教版、北师大版、苏教版等。这次变化没有全盘否定上次的改变，而是有选择地回归，实际是一种融合发展。这种变化的思路和以往比起来是一种进步。

(四)放管相宜才能守正创新

课程制定和教材编写体制的变革是复杂的事情，不能用简单的办法去操作。这其中不仅存在中央、地方和各编写主体之间的权限、任务和责任划分问题，还存在着复杂的质量监控问题。尤其是“一纲多本”教材编写引进竞争机制以后，利益竞争使得管理变得更加复杂。一般来说，“一纲一本”的教材是国家组队编写，质量控制相对简单有保障，

---

① [瑞典]T. 胡森、[德]T. N. 波斯尔斯韦特：《教育大百科全书》(第一卷)，张斌贤等译，86页，重庆，西南师范大学出版社，海口，海南出版社，2006。

而对“一纲多本”的教材编写如何系统化地控制质量，还要科学、精细地进行制度设计和实际管理。

思考题：

1. 简述教育行政体制的含义及其在教育行政管理中的意义。
2. 教育行政的集权制与分权制的利弊是什么？
3. 如何看待不同类型的教育行政体制？
4. 我国现行的教育行政体制是什么？
5. 新中国成立以来，我国教育行政体制改革主要有哪些经验和教训？
6. 实现与加强教育行政宏观调控职能的主要途径和方法有哪些？
7. 如何理解我国在教科书编写权体制上所做的调整？

第五章　教育行政组织及教育行政机关工作人员

第一节　教育行政组织及其职能

一、教育行政组织的含义及特征

现代社会科学一般把组织定义为人们在共同目标基础上，按一定形式联合起来的整体。组织作为管理学中的一个重要范畴，不仅具有上述一般的含义，还有其他各种特定的释义。归纳起来有以下三种。第一，组织是一种管理主体，是专门进行管理工作的组织机构。就是说，管理是由组织去进行的，从事管理活动的管理者也是作为组织的代表。第二，组织又是管理的客体或管理的对象，即管理是对组织的管理。第三，组织又是一种活动、工作、行为，或者说是一种管理职能。一般管理学家认为，管理活动应包括建立组织、维持组织的存在及促进组织的发展等活动。这些活动也被称为组织。由此可见，在管理范围中，组织的确具有多种含义。这里需要强调说明的是，我们讲的教育行政组织是指教育行政的主体，即把它作为教育行政机构来使用。实质上讲的是静态意义上的教育行政组织。在这个意义上，教育行政组织是作为一类行政组织或者说国家行政组织的一个构成部分，我们把它定义为依据国家制定的教育方针、政策、法令及规章制度等领导和管理教育事业的机构。教育行政组织有以下两个主要特征。

第一，教育行政组织是国家性质的社会组织，为国家权力所支持。就是说教育行政组织的全部活动内容体现着国家的教育意志，代表着统治阶级的利益。在我国则为人民教育意愿的体现，是人民利益的代表。教育行政组织是运用国家权力、行使行政权、管理教育事业的机构。

第二，教育行政组织具有严密的体系性。世界各国虽然国家体制不尽相同，但作为管理政务行使国家行政权的行政组织，都形成了从中央政府到地方政府，依宪法和法律规定，上下沟通、密切配合的层阶式组织体系。教育行政组织也不例外。这是由于每个教育行政组织都有一定的职权范围，承担一定的任务，在整个教育行政组织系统中占有一定的地位，同时每个教育行政组织在实现其职能时，需要同上下左右的组织进行沟通与协调。

二、教育行政组织与职能

（一）行政组织结构

行政组织结构是指构成行政组织各要素的排列组合方式。行政组织的结构模式对行政组织的效能发挥具有重要的意义。这里集中谈行政组织的纵向结构与横向结构问题。

1. 行政组织的纵向结构

行政组织的纵向结构，即行政组织的层级结构，它是在对行政组织进行纵向垂直分工的基础上形成的层级节制的阶梯系统。

组织的层级结构有着古老的历史，最早见于《圣经》记载的希伯来人的领袖摩西的岳父耶特鲁提给摩西的建议。后来又成为古典组织理论中的关于组织结构的等级原则，以及现代组织管理理论中的分层次、按等级进行组织管理的重要原则。

德国的韦伯（M. Weber）对行政组织理论研究的突出贡献，就是提出了理想的行政组织体系阶梯级金字塔式的组织结构，或称层峰组织结构。他主张："为了实现一个组织的目标，要把组织中的全部活动划分为各种基本的作业，作为公务配给组织中的各个成员。各种公职和职位是按照职权等级原则组织起来，每一职位有明文规定的权利和义务，形成一个指挥体系或阶层体系。"①这一主张给组织理论以极大的影响，至今许多国家特别是正在发展中国家的行政组织结构模式依然是这样的。

当代西方管理理论中的决策理论学派的代表人西蒙（H. A. Simon）指出："复杂系统的组成差不多普遍存在着分层现象，这说明在结构原理上，存在着某种超出了人类组织特性之外的基本东西。"②

行政组织的层级结构一般是按纵向分为许多层次，上下层为领导与服从的关系。行政组织不同，其层级多寡也不同，但有一点是共同的，即上级的任务偏重于原则的制定与决策方面，所需人数较少；下级任务偏重于具体执行，所需人数较多。可以说上下层级关系是一种权力和责任分配的关系。所以不管在美国的学区组织图中，还是在我国教育行政组织系统中，都可以看到权力和责任的垂直联系。

在研究行政组织的纵向结构时，还必须探讨行政组织的层级与管理幅度的关系，这是因为管理幅度的限制决定了在一切规模较大的组织中必须划分层次等级，同时行政组

---

① ［美］哈罗德·孔茨等：《管理学》，黄砥石等译，4 页，北京，中国社会科学出版社，1987。

② 齐振海：《管理哲学》，233 页，北京，中国社会科学出版社，1988。

织的层次与管理幅度之间成反比关系：行政组织的层级多，管理幅度则小；行政组织层级少，管理幅度则大。管理幅度也称控制幅度，是指一级行政组织或一个管理人员能有效地直接管辖、领导多少下级组织或人员。管理幅度是有限的，也就是说，一级行政组织或一个管理人员的控制能力是有限的，当他们直接指挥和协调的下属组织和人员超过一定数量时，就不能实施有效的领导。因此，必须在掌握和确定适当的管理幅度的条件下进行分层次、按等级的管理。这里需要强调的是，管理幅度适当与否是建立层级合理的行政组织结构的关键，也是影响行政组织效能发挥的因素。实践中，管理幅度小，虽可使行政组织和管理人员有效地控制、协调下级组织和人员的活动，但势必要增加组织层级。组织层级的增多将带来管理活动中人力、财力支出的增大，信息传输渠道的延长，以及层级间协调的困难等问题。管理幅度过大，虽可减少组织层级，消除层级过多的弊端，但又会产生因组织结构松散而难以控制等问题。对于行政组织层级与管理幅度之间的这种矛盾状态，人们多通过改善管理层级之间的相互关系来增大有效管理幅度，以减少管理层次来达到提高行政组织效能的目的。

2. 行政组织的横向结构

行政组织的横向结构，即行政组织的部门结构，它是在对各级行政组织内部工作进行水平分工的基础上形成的，是行政组织活动和组织工作日趋复杂、行政组织机构日益庞大、组织功能日益增多所致。

在管理实践中，一般按以下五种方法来分设行政组织的横向部门。①按照业务工作性质来划分行政组织部门。即把性质相同或业务相似的工作进行归类，形成一个行政组织单位或部门，由该单位或部门全权负责该类工作。这是被广泛采用的划分行政组织部门的基本方法。目前我国和许多国家的各级行政组织部门的划分都是采用这种方法。教育行政组织内部的部门划分也是采用这种方法。这种方法的最大优点是部门的职责明确，遵循了职业专业化的原则，有利于管理效能的提高。其明显的弱点是由于权责过于集中，容易带来集权、本位主义，以及部门间协调的困难，从而降低行政组织的整体效能。②按照功能来划分行政组织部门。即根据每个行政部门在整个行政组织中所发挥的不同作用来划分行政组织部门。根据这种方法，一般可以将一个行政组织划分为决策部门、执行部门、监督部门和信息反馈部门。行政组织的这种横向功能结构形式，构成了一个行政组织的全部活动过程。这些功能部门若能互相配合，就可以充分发挥行政组织的整体效能，较好地实现行政组织的管理目标。③按工作程序来划分行政组织部门。④按地区来划分行政组织部门。⑤按服务对象来划分行政组织部门。以上这些方法在实际行政组织横向部门的划分中，常常不是采用某一种方法，而是采用混合方法。这是因为行政组织的横向部门划分，实质上是行政组织为了实现其目标而对组织内部工作进行的一种专业分工。那么，衡量行政组织横向部门结构是否合理的标准，不是组织部门的划分形式与方法，而是能否高效、低耗地完成行政组织的目标与任务。

目前，我国和多数国家的行政组织结构类型是以层级-职能型为主。层级-职能型结构是以层级式结构为基础，在各级主管人员的领导之下设置相应的职能部门，实行主管人员统一指挥同职能专业部门相结合的行政组织结构形态。这种行政组织结构有两个显著特点：①它是按照行政组织任务、业务工作的性质和管理职能来划分部门和设置组织机构的，突出专业分工。②把管理部门和管理人员分为两类，一类是层级指挥机构和管理人员，另一类是职能机构和管理人员。层级指挥机构和人员有权在自己的职责范围内进行决策，对下级组织及人员有指挥命令权，同时也对自己范围内的工作负有全部责任。而职能机构及人员，通常是在层级指挥人员的领导下，在业务范围内提供建议和进行业务指导。这种行政组织结构形态是在充分利用层级式行政组织结构和单纯职能式行政组织结构的长处并扬弃其不足的基础上形成的，运用得当，将是一种有助于提高行政组织效能的较好的行政组织结构形态。

（二）教育行政组织与职能

教育行政组织的纵向结构，即按其行政主体或按其所拥有的权限和所管辖的范围，可分为国家教育行政组织与地方教育行政组织。它们各有自己的职能。下面主要就我国的情况分别加以介绍。

1. 国家教育行政组织与职能

国家教育行政组织是指国家一级的教育行政组织，也有人称它为中央教育行政组织，包括国务院和国家教育部。

国务院是国家的最高行政组织。根据宪法规定，中华人民共和国国务院对教育行使领导和管理的职权，从这个意义讲，国务院也是国家最高教育行政组织。它有依据宪法和法律制定教育行政法规、审定教育发展规划和财政预算、批准高等学校设置等权力与职能。按其主管业务的性质而言，它不是专门的教育行政组织。

教育部是国家一级的专门性的教育行政组织。它是国务院主管教育工作的一个职能部门。它在教育行政中扮演着双重角色，向上对党中央和国务院负责，是后者制定方针、政策、规划和指令的执行者，对下管理全国各级各类教育事业的地方政府、教育管理机构和人员，它又是指挥者，是具体政策的决策者。

教育部有其自身变革发展的历史。1949 年 10 月成立文化教育委员会、教育部。1952 年 11 月增设高等教育部、体育运动委员会、扫除文盲工作委员会。1954 年扫除文盲工作委员会并入教育部。1958 年 2 月高等教育部并入教育部。1964 年 7 月恢复高等教育部。1970 年 6 月撤销教育部，成立国务院科教组。1975 年 1 月重新设立教育部。1985

年6月撤销教育部，建立国家教育委员会。1998年3月全国第十五届人民代表大会通过了《政府机构改革方案》，方案提出按照精简、统一、效能的原则，调整政府组织结构，实行精兵简政，按照权责一致的原则，调整政府部门的职责权限，目标是建立办事高效、运转协调、行为规范的政府行政管理体系，完善国家公务员制度，建设高素质的专业化行政管理队伍，逐步建立适应社会主义市场经济体制的有中国特色的政府行政管理体制。在这一目标指导下，国务院组成部门从40个减少到29个，国家教育委员会更名为教育部，各级地方政府也要自上而下有步骤、有秩序地进行机构改革，精简机构和人员。这次机构改革是改革开放以来变化比较大、人员调整较多的一次。

教育部的主要职责有以下具体内容。

(1)拟定教育改革与发展的方针、政策和规划，起草有关法律法规草案并监督实施。

(2)负责各级各类教育的统筹规划和协调管理，会同有关部门制定各级各类学校的设置标准，指导各级各类学校的教育教学改革，负责教育基本信息的统计、分析和发布。

(3)负责推进义务教育均衡发展和促进教育公平，负责义务教育的宏观指导与协调，指导普通高中教育、幼儿教育和特殊教育工作。制定基础教育教学基本要求和教学基本文件，组织审定基础教育国家课程教材，全面实施素质教育。

(4)指导全国的教育督导工作，负责组织和指导对中等及中等以下教育、扫除青壮年文盲工作的督导检查和评估验收工作，指导基础教育发展水平、质量的监测工作。

(5)指导以就业为导向的职业教育的发展与改革，制定中等职业教育专业目录、教学指导文件和教学评估标准，指导中等职业教育教材建设和职业指导工作。

(6)指导高等教育发展与改革，承担深化直属高校管理体制改革的责任。制定高等教育学科专业目录和教学指导文件，会同有关部门审核高等学校设置、更名、撤销与调整，负责“211工程”和“985工程”的实施和协调工作，统筹指导各类高等教育和继续教育，指导改进高等教育评估工作。

(7)负责本部门教育经费的统筹管理，参与拟定教育经费筹措、教育拨款、教育基建投资的政策，负责统计全国教育经费投入情况。

(8)统筹和指导少数民族教育工作，协调对少数民族和少数民族地区的教育援助。

(9)指导各级各类学校的思想政治工作、德育工作、体育卫生与艺术教育工作及国防教育工作，指导高等学校的党建和稳定工作。

(10)主管全国的教师工作，会同有关部门制定各级各类教师资格标准并指导实施，指导教育系统人才队伍建设。

(11)负责各类高等学历教育招生考试和学籍学历管理工作，会同有关部门制定高等教育招生计划，参与拟定普通高等学校毕业生就业政策，指导普通高等学校开展大学生就业创业工作。

(12)规划、指导高等学校的自然科学和哲学、社会科学研究，协调、指导高等学校参与国家创新体系建设和承担国家科技重大专项等各类科技计划的实施工作，指导高等学校科技创新平台的发展建设，指导教育信息化和产学研结合等工作。

(13)组织指导教育方面的国际交流与合作，制定出国留学、来华留学、中外合作办学和外籍人员子女学校管理工作的政策，规划、协调、指导汉语国际推广工作，开展与港澳台的教育合作与交流。

(14)拟定国家语言文字工作的方针、政策，制定语言文字工作中长期规划，制定汉语和少数民族语言文字规范和标准并组织协调监督检查，指导推广普通话工作和普通话师资培训工作。

(15)负责全国学位授予工作，实施国家的学位制度，负责国际学位对等、学位互认等工作。

(16)负责协调我国有关部门开展与联合国教科文组织在教育、科技、文化等领域国际合作，负责与联合国教科文组织秘书处及相关机构、组织的联络工作。

(17)承办国务院交办的其他事项。

2. 地方教育行政组织与职能

地方教育行政组织是指一个国家的各级地方政府对教育事业进行组织、领导和管理的机构。在我国主要指各级地方人民政府及其领导下的专门的教育行政机构。

一是各级地方人民政府。作为地方行政组织的省(自治区、直辖市)、市(地、州)、县(区)、乡(镇)人民政府，依照法律规定，管理本行政区域内的教育行政工作，因此省(自治区、直辖市)，市(地、州)，县(区)、乡(镇)人民政府也是地方教育行政领导机构。

二是地方专门性的教育行政组织。在各级人民政府内，设置各级专门性教育行政机构，具体为省、自治区教育厅，直辖市教育局；省辖市、自治州、地区教育局；县(区)教育局(科)，乡镇不设专门的教育行政机构，有的设县管的专门人员协调管理乡镇教育，有的由中心学校校长负责协调。

我国各级地方专门的教育行政机构的基本任务和主要职能是：贯彻执行中央的教育方针、政策和法令，以及上级教育行政部门的教育工作指示；负责本地区教育事业发展计划、基本建设、教育经费、干部和教师的管理工作；领导本地区各级各类学校的教育和教学工作，并对厂矿企业举办的学校进行业务指导等。

我国各级地方专门性教育行政组织的横向结构及其内部部门的划分，因地区及层级的不同而有所不同，即使是同一层级的专门教育行政组织的内部设置也是各不相同的。一般情况是：①省、自治区、直辖市教育厅、局(教育委员会)内设有办公室、普通教育处、高等教育处、职业教育处、师范教育处、成人教育处、人事处、计划财务处。有些省、自治区、直辖市教育厅局内，还设有体育卫生处、学生政治思想处、校办厂处、教学研究室等。有些省、直辖市还单独设立高教局、成人教育局。②地区(州)教育局内设置办公室、普通教育科、成人教育科、计划财务科、人事科。

直辖市所辖区、县教育局内一般设置办公室、中教科、小教科、人事科、成人教育科。有的还设有体育卫生科、幼教科、校办厂科等。一般县(市)教育局内设办公室、人事组、计财组、教育组、文化组。部分县(市)教育局内只设办公室，配备秘书、人事、财会、教育干事若干人。全局工作由局长、副局长分工处理。

第二节　教育行政机关工作人员

一、公务员制度

(一)西方国家的公务员制度

公务员制度即文官制度，指在近代西方国家里政府以法律为依据，对各级文官进行分门别类管理的一系列规章制度。文官或公务员在西方各国中是有其特定含义的，也就是说，在不同的国家里，公务员的范围不尽一致，有宽有窄。例如：在法国和日本，几乎所有的公职人员都被称为公务员；在美国是指在政府机关中工作的所有公职人员；在英国则仅指政府系统中非选举产生和非政府任命的事务官，不包括由选举产生或政府任命的内阁成员及各部政务次官、政府秘书等政务官。但从各国的国家公务员法规的适用范围而言，则一般都是指国家政府系统中的事务官，即非选举产生或政府任命而是通过公开竞争考试择优录用后且长期任职的政府工作人员。公务员制度也就是指对这一部分人的管理制度。因此这部分人才是西方各国公务员的典型范围。公务员制度的内容主要包括对公务员的考试、任用、考核、监督、升降、工资、奖惩、退休、免职等管理制度。公务员制度最早出现在英国，其出现是为了减少政党更迭所带来的影响，保持政策的连续性和稳定性。1854年英国议会根据首相格莱斯顿指派的查理·特里维廉和斯坦福德·诺思科特草拟的《关于建立英国常任文官制度的报告》，开始了文官制度的建设工作。这对西方各国政府的人事管理制度产生了深刻的影响。就在英国的文官制度确立以后，美国、法国、德国、日本等国也先后建立起自己的文官制度。这些国家的文官制度因各国行政组织体制、文化传统等的不同而具有不同的特点，例如：在对公务员的管理方式上，有的采用集权式，有的采用分权式；在公务员的条件上，有的较强调实际工作能力，有的较注重其学历。但是这些文官制度的内容基本是一致的，主要表现在以下五个方面。

第一，公开考试，择优录用。就是依据才能用人的原则，凡公务员都要经过竞争考试，择优录用。一般做法是以公开竞争考试为主，其他多种考试为辅。

第二，对各项行政工作进行职位分类。职位分类就是按照各项工作的责任、业务和性质把组织机构中的各项行政工作划分成一定的类别和等级，这有助于文官的各种职位的体系化，也有助于分析工作的质量和数量，制定科学的定额和考绩的标准。所以说职位分类是人事管理制度科学化、制度化的基础。

第三，重视公务员的专业化和知识化。随着第二次世界大战后科学技术的快速发展，计算机等先进的技术、设施在政府机关里广泛运用，加之政府对政治、经济、社会生活干预增多，使得各国行政部门的工作日益复杂，进而提出各种专家和技术人员参与行政管理、提高文官的文化水平和专业素质的要求。

第四，实行“考绩制”。在文官的使用中，要进行严格的考核，论功行赏，而不是以文官资历的深浅作为他们晋升、嘉奖、加薪等的主要依据。考绩制的含义是指负责监督文官的专职人员或专门机构，根据文官的工作能力、努力程度，特别是以工作成绩来决定其晋升、奖惩、工资、福利、待遇等的制度。考绩制的实质是将竞争机制引入文官系统，目的在于突出既重视资历、学历，更重视品行和实际工作能力的评价标准，以克服论资排辈、平均主义等思想，更大限度地激励工作热情，提高工作效率。

第五，公务员制度的法治化。以法律的形式将公务员制度固定下来，以利巩固和发展。除此之外，还有注重文官的培训、工资待遇的“优厚化”，讲求“职业道德”，恪守“政治中立”原则等。

（二）建立我国的公务员制度

1. 简述我国的公务员制度建立的历程

建立我国公务员制度，是我国干部人事制度发展的必然。我国现行的干部人事制度起源于革命战争年代，新中国成立后得到了不断的完善和发展。从基本性质上讲，这个制度是属于社会主义的干部制度，从实践上看，基本上也适应了那个时期社会主义革命和社会主义建设的需要。但在实践过程中也暴露出公务员制度与社会政治、经济发展不相适应的一些方面，特别是在管理技术和方法方面，还存在着许多问题。第一，干部缺乏科学的分类。具体些讲就是“国家干部”这个概念非常笼统，包括有很多职责不同的人，既包括党政机关工作人员，又包括企业的管理人员和技术人员，还包括单位的研究人员、学校的教师、医院的大夫、剧团的演员、体育运动员等。这些不同职业群体工作性质不同，活动特点不同，成长规律也不同，用同一个标准和制度去管理必然导致不顺不利。第二，干部管理权过于集中。也就是说，无论是党政的干部、国家机关的干部，还是企业、事业单位的干部，统统都由党的组织部门管理，导致了管干部与用干部的脱节。党管干部的原则是对的，但是人力资源管理也是项专业很强的工作，应当在党组织的领导下发挥好专业人事管理人员的作用。第三，管理方法单一陈旧，缺乏相应的法律，“伯乐相马”式的用人传统带有浓重的“人治”色彩等。党的十一届三中全会以来，干部制度的改革也随着我国政治、经济体制的改革展开了，其改革内容集中在：提出干部的“四化”标准，完善和发展干部的选举制、任免制、聘任制，建立干部工作的岗位责任制，实行干部交流制，废除实际存在的干部终身制等方面。这些改革大大改进了我国的干部制度。但从更深入的改革角度讲，从实现干部管理科学化、制度化、法治化的角度讲，这些改革也只能称之为是单项的局部的改革，还不足以改变我国的高度集中统一的不合时宜的管理模式。因此说，干部管理制度的改革还必须加大力度，在总结干部制度改革经验的基础上，借鉴西方的文官制度，建立起适合我国国情、具有中国特色的公务员制度则是我国干部制度改革的发展趋势。因此，1987 年 10 月召开的党的十三大正式决定建立公务员制度。党的十三大报告中指出：当前干部人事制度的改革重点，是建立国家公务员制度，即制定法律和规章，依法进行科学管理。在 1988 年召开的七届全国人民代表大会通过的《政府工作报告》中则具体提出：“在改革政府机构的同时，抓紧建立和逐步实施国家公务员制度。”“今后各级政府录用公务员，要按公务员条例的规定，通过考试、择优选拔。”

我国公务员制度建设的特点是法规先行。1993 年 8 月 4 日国务院正式颁布了《国家公务员暂行条例》，并规定此条例自 1993 年 10 月 1 日起施行。《国家公务员暂行条例》是推行我国公务员制度的基本法律依据，标志着我国公务员制度的基础性法规的初步建立。2005 年 4 月 27 日，第十届全国人民代表大会常务委员会通过了《中华人民共和国公务员法》(以下简称《公务员法》)。2018 年 12 月 29 日，第十三届全国人民代表大会常务委员会第七次会议对这一法案进行了修订。

2. 我国的公务员制度的内容

《公务员法》总则第二条规定，我国公务员是指依法履行公职、纳入国家行政编制、由国家财政负担工资福利的工作人员。这与国际多数国家规定管理基本相同。同时体现出人事管理的政企分开、分类管理的原则，使政府工作人员从原来庞杂的“干部”队伍中分解出来，针对这类人员的特点建立相对独立的管理体系，采取相应的管理方法，实现干部人事制度的科学管理。从内容上看，公务员制度就是指对公务员的分类、考试、录用、考核、奖惩、职务升降、任免、培训、待遇、退休、监督、保障等各个具体制度和体制系统的有机构成总体。

3. 我国公务员制度的特点

我国公务员制度的特征概括起来主要有：①我国的公务员在政治上必须接受中国共产党的领导，不能像西方国家的文官那样，恪守什么“政治中立”。另外，我国公务员要求必须具有一定的社会主义觉悟，应成为行政管理的专家，可以说这是我国公务员制度与西方文官制度的根本区别。②“双轨制”的公务员制度。根据1993年颁布的《国家公务员暂行条例》，将公务员职务分为领导职务和非领导职务两类。前者承担行政管理的领导(决策、指挥等)职责，后者没有领导实权，设在厅局及以下层级，承担管理业务职责。2018年12月全国人大常委会通过了《中华人民共和国公务员法(修订草案)》，取消非领导类公务员，改设综合管理系列公务员(日常也叫职级公务员)，仍然没有领导实权，并将这系列公务员设置为巡视员(2层级)、调研员(4层级)、主任科员(4层级)和科员(2层级)共12个级别，职级只与生活待遇挂钩。在对公务员的管理实践中，这种双轨制解决了领导干部的终身制问题，使调整领导岗位的公务员更方便，有利于领导干部队伍年轻化，非领导岗位的公务员职级提升也有了进阶。但是实践中还是要严格把握标准，防止职级类级别公务员超编。③建立统一的国家公务员管理机构，即依据法律和国家公务员条例组织起来的公务员管理系统。它的任务就是对国家公务员进行综合管理。④通过制度引入竞争机制。采用考试、考核的方法择优录用。

以上四点是属于中国公务员制度的特点。以下四点是我国的公务员制度区别于传统人事管理的、具有普遍性的公务员管理特点。①法治化。通过建立公务员法，对公务员的管理法治化。公务员法就是规定国家公务员管理机构的组织、权限、公务员的考试录用、任免考核、培训、升降、奖惩、工资福利、辞退辞职、退休退职及其权利义务的法律。②实行职位分类。通过制定职位规范，对公务员进行科学的管理。③职位常任。这主要是对业务类公务员而言，使其在无过失的情况下不受免职处分。④强调公务员道德。

总之，建立和实施公务员制度是我国政治体制改革，特别是干部人事制度改革的重大步骤，是确保公务员素质、提高国家公务的执行效益、实现行政管理现代化的需要。

二、教育行政机关工作人员

教育行政机关工作人员是指依法在教育行政机构中担任执行各类教育行政管理工作的人员，包括各级各类教育行政组织中的领导者、专门业务人员及一般工作人员(除工勤人员)。教育行政机关工作人员是我国行政机关工作人员的组成部分，属于国家的公务员(也可称他们为“国家教育公务员”)。

教育行政机关工作的人员是构成教育行政组织的最基本的要素，他们与教育行政机构相结合，构成了教育行政主体。没有教育行政主体，教育行政职能就无从实现。教育行政机关工作人员是教育行政管理工作的承担者，各项教育行政管理任务就是由他们具体执行的。各级各类教育行政机关工作人员既有共同的教育行政管理任务，又因其工作类别及岗位的不同，具有不同的专门职责。

(一)教育行政机关工作人员的条件

教育行政机关工作人员在国家教育行政机关中担任公职，代表国家运用行政权力，从事教育管理活动。他们工作的质量、作风、效果直接关系着我国教育事业的发展。因此对担任教育行政职务的人员，要有一定的条件要求。而作为教育行政机关工作人员的基本条件，就是依据党的选拔任用干部的“德才兼备”的原则，在新的历史时期，社会主义现代化建设对行政机关工作人员所提出的“四化”即革命化、年轻化、知识化和专业化的要求及教育行政机关工作的性质、任务等方面确定的。具体可以概括为以下六个方面：①具有一定的政治理论水平，坚持四项基本原则，贯彻执行党的方针、政策，在政治上与党中央保持一致，能坚持实事求是的思想路线。②忠诚社会主义教育事业，有强烈的事业心和政治责任感，努力为全面贯彻党的教育方针和实现学校教育目标服务。③要能密切联系群众、善于团结同志，道德品质优良。④要有胜任工作的广泛的文化科学知识和专业知识，特别是教育学、心理学和教育管理学方面的知识。⑤要具有一定的管理才能，即计划、组织、指导、控制、协调等方面的管理能力。⑥身体健康。

以上是对各级各类教育行政机关工作人员的基本条件要求。但由于教育行政组织的领导者、专门业务人员与一般工作人员的任务、职责的不同，因此在条件要求上也有要求程度的不同。

(二)教育行政机关工作人员的选拔任用方式

公务员选拔任用方式主要有委任及考试录用两种。

委任是由有任免权的机关或领导者依据法律规定提名委任行政机关工作人员的方式。主要适用于各级各类教育行政组织的领导人员。这种方式是我国现行任用制度中最大量、最经常使用的方法。我国的委任制是建立在民主集中制基础之上的，这就要求在选拔任用教育行政机关工作人员之前，必须充分听取群众意见，群众与领导相结合，使被任用的人员符合国家教育行政机关工作人员的必备条件。只有这样，才能发挥委任这种选拔任用方式的长处。

考试录用是以公开考试的方式，择优录用教育行政工作人员。这是我国各级各类行政部门录用非领导职务公务员的一种主要方式。使用这种方式要求有较严格的程序：①规定招考条件、要求和时间；②进行公开统一考试；③按规定择优录用。这种方式是为了适应我国教育管理现代化的需求、提高教育行政机关工作人员素质的需要而提出来的。但目前尚未普遍实行，更未形成制度，有待于逐步实施与完善。

除此之外，还有选举的方式。总之，教育行政机关工作人员的选拔任用方式直接关系到教育行政机关工作人员的素质，需要结合我国具体情况，对其进行深入的研讨。

在这一部分里，还应涉及教育行政机关工作人员的职责、培训等问题。这里从略。

三、用《中华人民共和国公务员法》制定的机制建设好教育公务员队伍

教育行政机关工作人员属于《国家公务员暂行条例》的适用范围。

公务员制度的内在有效机制，是相对其外部运作条件而言。公务员制度同其他管理制度一样，其有效运作一方面取决于与之相关的政治、经济、文化等外部环境，另一方面也是最根本、最具关键意义的部分，即制度本身所包含的规范内容是否完善。

《中华人民共和国公务员法》(简称《公务员法》)是我国公务员制度的基本性法规，是在总结新中国成立以来干部人事制度的利弊、扬弃我国人事行政管理的历史传统、学习和借鉴各国对公务员有益的科学管理经验和方法的基础上，结合我国国情制定的。因此，《公务员法》的内容是比较完善的，具体规定了公务员的义务和权利、职位分类、录用、考核、奖励、纪律、职务升迁、职务任免、培训、交流、回避、工资保险、福利、辞职辞退、退休、申诉控告、管理与监督的内容。可以说，我国公务员制度实施的起点是比较高的。但是要克服教育行政中存在的弊端和懒政现象，就要落实好《公务员法》提出的管理机制。随着实施工作的有效推进，相信公务员制度所内含的有效机制一定会在教育行政机关工作人员及其他政府系统工作人员的管理中发挥出越来越大的作用。

那么，我国公务员制度主要有哪些有效机制呢？夏书章主编的《行政效率研究》一书将其归纳为三个机制，即激励机制、竞争机制和新陈代谢机制。

(一)激励机制

激励是人力资源管理的核心，符合客观规律和实际情况的激励机制有助于保持和提高公务员包括教育行政机关工作人员的活力和工作效率。我国公务员制度的激励机制主要体现在《公务员法》的奖励和纪律规定、职务晋升制度、职位分类管理方式等方面。

1. 奖励

奖励是激励机制的主要构成部分。《公务员法》第八章中对国家公务员奖励的原则、类别、方法和程序等作了明确的规定。规定内容与1957年全国人大常委会批准、由国务院发布的《关于国家行政机关工作人员的奖励暂行规定》相比更完善、更全面、更具操作性。例如，在奖励条件方面，《公务员法》规定既奖励在本职工作中有突出表现和有显著成绩和贡献的，又奖励在本职以外特别是在突发事件中如抢险、救灾中作出贡献的。

此外，特别把与行政效率直接相关的忠于职守、积极工作、廉洁奉公、办事公道和有发明创造等行为表现列为奖励条件。这说明对提高行政效率的重视。在奖励类型上，改变了1957年规定中的记功、记大功、授予奖品或奖金、升级、升职、通令嘉奖的分类，将公务员奖励种类规定为嘉奖，记三等功、二等功、授予荣誉称号。同时规定被授予上述奖励的公务员，按规定给予一定的物质奖励。充分体现出将精神奖励和物质奖励相结合的原则。

2. 纪律

《公务员法》不仅对国家公务员的行为在奖励方面给予规范外，还从惩罚方面进行了规范，反映在对公务员纪律约束的规定中。公务员纪律是国家行政机关为了保证管理工作正常进行和维护国家行政机关良好形象而要求公务员遵守的行为准则，也是对公务员不应有的行为的约束和限制。目的是使公务员在不应有的行为面前有所警戒，不犯错误或少犯错误。《公务员法》第九章“监督与惩戒”的规定内容既包括国家公务员的行为规则，也包括对违反纪律的公务员的惩处。应该说惩处也是一种激励机制，虽不是激励的主要方面，但同奖励的激励目的是相同的，即调动人的积极性，当然，惩处的激励作用的实现必须使消极因素转化为积极因素。与1952年政务院制定的《国家机关工作人员奖惩暂行条例》和1957年第一届全国人大常委会通过由国务院颁布的《关于国家行政机关工作人员的奖惩规定》相比，《公务员法》第九章“监督与惩戒”的规定在惩处条件、处分种类等方面，突出了新时期惩处工作的特点，即强调了对违反政治纪律、影响在市场经济中政治职能转换或实现的行为、违反社会公德和职业道德的行为的惩处。该章的第五十九条具体列举出公务员不得有的十四种违纪行为，从另一个角度说，这也是对公务员必须遵守的纪律或违反纪律的处分条件的规定。此外，“监督与惩戒”部分中规定的行政处分种类为警告、记过、记大过、降级、撤职、开除六种。去掉了1952年和1957年颁布的《国家机关工作人员奖惩暂行条例》《关于机关工作人员的奖惩暂行规定》中的留用察看。

3. 职务晋升

国家公务员懂得职务是职权和职责的集合，它不仅意味着一定的职权、任务和责任，同时蕴含着与此相应的社会地位和物质待遇，甚至还是担任该职务人员的道德、知识和能力水准的一种表征。职务晋升是公务员通过升任较高的职务，与行政机关构成新的职务关系，它意味着公务员所处的地位上升、职权扩大和责任加重，也意味着工资、福利待遇的提高。所以，职务晋升不仅是使人事相宜的管理手段，而且是激发公务员敬业精神的有效途径。《公务员法》在学习借鉴各国政府的做法和总结我国的干部提升工作经验的基础上，规定了公务员晋升制度，具体内容主要包括：①公务员晋升的原则和标准，即德才兼备、任人唯贤、注重工作实绩。这里强调注重工作实绩是因为工作实绩是德才的综合反映，要求把工作实绩作为衡量公务员能否晋升的主要依据。这样的规定可以鼓励公务员讲实效、办实事，避免空谈和走形式。②公务员职务晋升的资格条件，主要指公务员本身的学历、资历的条件和其他方面的条件，如身体条件、符合任职回避规定等。一般讲晋升职务的不同，所要求的资格条件也不同。职务级别越高，则要求文化程度越高，工作服务年限越长。这样的规定可以鼓励公务员注重和不断加强自身科学文化和专业知识技能的提高，以及自身实践经验的积累。

4. 职位分类

职位分类是公务员录用、晋升、考核培训标准制定的依据。我国公务员的职位分类制度是在吸收和借鉴国外的职位分类和品位分类优点的基础上根据我国国情制定的，其主要内容是设置国家公务员职务和等级序列。职务系列分为领导职务和非领导职务两个子系列。与职务系列对应的还有级别系列。这样的分类制度可以使一部分具有资格条件的公务员沿着科级、处级、司级和部级的领导职务系列晋升。因受职务限额和任职年龄等因素的限制，不能晋升领导职务而又具有晋升资格条件的公务员可沿着主任科员、调研员、巡视员等非领导职务系列晋升，使所有公务员在晋升面前具有相同的机会，这可以激励公务员积极进取，提高工作实效。

（二）竞争机制

国家公务员制度的激励机制主要体现在录用、职务升降和考核奖励的制度中。

1. 录用

《公务员法》第四章第二十三条规定："录用担任一级主任科员以下及其他相当职级层次的公务员，采取公开考试、严格考察、平等竞争、择优录取的办法。"以公开考试的方法录用公务员，体现了竞争原则，通过考试优胜劣汰，能激发人们奋发进取，为优秀人才的脱颖而出提供条件，也从进口处保证了公务员的素质。

2. 职务升降

《公务员法》第六章第四十三条规定："公务员任职应当在规定的编制限额和职数内进行，并有相应的职位。"这就是说，公务员晋升的一个前提条件就是必须有职位空缺。一般地讲，出现空缺而需要补充的职位在数量上总是少于期待晋升而又具备了相应条件的人数，这就必须通过淘汰性选拔，以达到择优晋升，保证进入空缺职位上的公务员的高素质、高水平。

3. 考核奖励

《公务员法》第五章第三十五条、第三十八条和第三十九条分别规定："公务员的考核应当按照管理权限，全面考核公务员的德、能、勤、绩、廉，重点考核政治素质和工作实绩。考核指标根据不同职位类别、不同层级机关分别设置。”“定期考核的结果分为优秀、称职、基本称职和不称职四个等次。”“定期考核的结果作为调整公务员职位、职务、职级、级别、工资及公务员奖励、培训、辞退的依据。”这里首先明确了我国公务员考核的内容，其次规定了考核结果的等次。世界上很多国家都把考核等次作为公务员年度考核的最终结果，只是等级的划分稍有不同。优秀、称职、基本称职和不称职四个等次可以说是我国对公务员的实际表现优劣的高度概括性评价形式，这样的划分等次的考核是对新中国成立以来长期使用的评语考核、考核结果不分等次的做法的改革，目的是充分发挥考核的激励和鞭策作用。最后规定了对考核结果的使用，即作为干部的奖励、培训、职务晋升等管理活动的依据之一。这一规定赋予了考核结果的法律效力，使考核作用的发挥得到了法律保障。要使考核真正发挥出激励作用，必须从实际情况出发，坚持《国家公务员暂行条例》中所确定的“客观公正”的原则，实行“领导与群众相结合，平时与定期相结合”的考核基本方法。

(三)新陈代谢机制

新陈代谢不仅是生物的基本特征之一，也是事物运动发展的基本规律。公务员队伍的建设也必须遵循这一规律，也就是说，只有在不断地吐故纳新的过程中，公务员队伍才能保持朝气和活力，形成行政管理工作的效率。我国公务员制度的新陈代谢机制主要体现在培训和交流制度中。

1. 培训制度

《公务员法》第六十六条至第六十八条中规定了公务员培训制度的内容，主要包括培训的根据、原则、内容、类型及培训与任职和晋升的关系等。与以往我国的有关规定相比，其突出特点是：①强调参加培训是公务员的权利和义务；②公务员培训必须贯彻理论联系实际、学用一致、按需施教、讲求实效的原则；③强调培训形式的多样化，以保证公务员培训的普遍性。众所周知，现代化管理是科学化、专业化的管理，要求管理人员必须掌握现代科学文化知识，熟悉业务。而现代科学技术发展突飞猛进，新思想、新理论、新技术层出不穷，更新知识、提高素质就是现代化行政管理的必要条件。所以，公务员培训的根本目的和作用就是不断更新他们的知识、技能，提高他们的素质。

2. 交流制度

《公务员法》的第六十九条至第七十三条中规定了国家公务员实行交流制度。交流制度的内容主要有交流的范围和形式。前者为行政机关的内部交流和外部交流，后者为调任、转任、轮换和挂职锻炼四种形式。这使我国公务员制度具有了良好的人员新陈代谢机制，具有非常重要的意义。通过公务员的交流，可以促进公务员队伍的优化与廉洁，调动公务员的工作积极性，提高行政机关工作效能。

第三节 提高教育行政组织的效率和效益

一、影响教育行政组织效率和效益状况的因素

提高教育行政组织的效率和效益是教育行政组织的改革和建设实践活动中要解决的重要课题和要达到的根本目标。

效率是指所完成的任务与时间、人力和物力消耗的相对量，或者说完成任务与所用的时间、人力、物力的比例。效率是对完成任务的速度和成本的数量要求，效益就是组织或个人所完成的任务对社会需求的满足程度，或者指完成计划规定的任务和目标所达成理想的实际结果，这是对所完成任务的质量要求，教育行政组织的工作既要讲求经济效益，更要讲求社会效益，也就是满足社会运行和发展的需要。效率和效益是衡量行政机构工作的两个相互联系的尺度。没有高的效率就不可能产生高水平的效益，而缺乏积极的社会与教育的效益，高效率也就失去了它的实际意义。因此，提高教育行政组织的效率与效益是教育事业获得发展的保障。

一般说来，制约行政组织效率、效益的因素主要有：①行政组织结构与具体职能部门设置合理与否，适应环境变化的组织调整机制是否完善；②行政工作程序安排设计因素；③行政管理方式方法选择与运用的因素；④行政机关工作人员的素质。

按照这些标准分析我国教育行政组织效率不高、效益不大的原因，主要有：①教育行政组织主动履行职能不够，特别是很多地方教育行政部门，形式化落实上级政策的行政行为还比较多，创造性工作有待加强；②机构臃肿，工作效率低，各级教育行政组织的职权范围不很明确，从而导致机构层次多、部门林立、机构中人浮于事的现象；③教育行政组织的领导者及一般工作人员的素质有待进一步提高，特别是领导干部素质不能适应教育事业发展的需要，干部结构不合理。

二、提高我国教育行政组织效率和效益的措施

转变教育行政组织的职能、精简机构和提高教育行政领导干部和一般工作人员的素质，是改变我国教育行政组织效率低、效益差的主要措施。

(一)转变教育行政组织的职能

教育行政组织的职能是指教育行政管理活动所具有的能力和作用，又指教育行政组织为实现其任务而进行的职务活动。

教育行政组织的职能是一个完整的体系，包括计划、组织、监督控制、指导服务等方面。计划职能是指确定教育发展的目标和实现目标的手段和程序。组织职能是指为达到教育目标而进行的组织教育系统的机构及机构的管理。监督控制职能是指为了保证计划顺利进行而采取的适当措施，以免出现偏差，偏离目标。监督控制主要采用行政监督和法律监督。指导服务职能即教育行政组织为下一级行政组织及各级各类教育机构提供信息、协调、资助及专业性技术指导与建议等，在决策环境和管理条件上施加影响。随着教育事业的发展及教育活动的日益复杂化，要求教育行政组织改变以监督控制，特别是对下级教育行政组织和教育机构直接控制为主的职务活动，突出计划职能和指导服务职能的发挥，以调动下级教育行政组织及教育机构的积极性，有效地促进教育活动的开展。这也是世界各国教育行政组织活动的一种发展趋势。

(二)使教育行政组织结构合理化

教育行政组织结构的不合理，机构臃肿、重叠、人浮于事是助长官僚主义、影响教育行政组织的效率与效益的客观原因。因此，要建设一个高效的教育行政组织系统，关键在于精兵简政，合理设置教育行政机构。也就是说，所设置的教育行政机构的数量、层次、规模都要有利于教育行政组织的效率与效益的实现。不能因人而设，也不能因一时需要而随意乱设。从这种观点出发，管理现代教育事业的教育行政组织必须是精干的，为此，多余的可有可无的机构应该取消，重叠的机构应该合并调整，这是目前我国教育管理体制改革的一个重要内容。另外从系统论的观点出发，现代教育管理组织系统应该是一个由决策中心、执行系统、监督反馈系统构成的有机管理整体。决策部门的领导人不能多，否则必然政出多门。执行系统人员应较多些，并且应是实干的。监督反馈系统规模可以比执行系统小些，从职能上讲，监督反馈关系应检查监督指令执行的情况，并将情况反馈到决策中心，以便决策中心修正和完善指令，进一步指挥执行系统。从中可见，监督反馈系统的强弱是教育行政组织活动能否有活力的关键。

(三)提高教育行政工作人员的素质

提高教育行政组织的效率和效益的另一个措施是提高教育行政机关工作人员的素质。这是因为在制约行政组织效率和效益的诸因素中，人的因素即行政机关工作人员的素质是最主要的因素。教育行政机关工作人员的素质是指心理方面固有的特点和胜任工作所应具备的基本条件，具体为政治思想素质、身体素质、文化业务素质、智能素质。新中国成立以来的很长时间里，我国对教育行政机关工作人员缺乏严格的、明确的素质要求，特别是在文化业务素质方面。教育行政机关工作人员应该具有与其所从事的管理业务工作相适应的科学文化知识和专业知识。国外一般都通过对教育行政机关工作人员的学历资格要求来加以明确规定。我国1993年10月正式公布的《国家公务员暂行条例》，比较明确地规定了公务员的素质要求。从总体上讲，提高教育行政机关工作人员的素质，要通过全面有效地实施公务员制度，特别是大力加强工作人员的在职培训去实现。

思考题：

1. 教育行政组织的含义及特点是什么？
2. 在教育行政管理中，为什么要重视教育行政组织的结构？
3. 各级教育行政组织的职能是什么？
4. 分析说明我国建立公务员制度的意义。
5. 分析比较我国公务员制度与西方文官制度的异同。
6. 如何提高我国教育行政组织的效率和效能？

第六章　教育政策与法律

第一节　政策概述

一、政策

政策是指国家、政党及其他社会集团等权威力量为了实现自己所代表的阶级、阶层、团体的利益与意志，所制定的一定历史时期内的行动目标、任务及行动原则。政府和公共组织制定的为全社会广大公众利益服务的政策，被称作公共政策，它们表现为各种纲领、发展规划、法律条令、行政决议、措施方法等形式。从社会资源和利益分配的角度来理解，政策与法律并没有本质的区别，都是规范国家和社会生活的一种政治措施。在内涵上，政策的含义更为宽泛，包含法律等多种形式，而法律则是定型化、强制性实施的政策准则。政策的法律化是现代国家依法治国的一个重要发展趋势。

二、公共政策的基本特征

（一）公共政策是国家意志的集中体现

从本质上看，作为一种配置社会资源和利益的制度安排，政策体现了政策主体对各社会集团利益的分配或再分配及价值引导。现代国家尤其是政党政治的国家中，公共政策制定的出发点和归宿都是维护执政党和政府所代表的阶级、阶层的利益。体现国家意志是政策的基本特征。一个国家在不同的时期都会面临不同的社会、政治和经济问题，这些问题往往相互交织，利益关系错综复杂，给国家治理、公共服务和公民生活带来了消极影响。想要解决这些问题，一个重要的途径就是采用制定公共政策的方式，通过政策的制定和执行，协调社会各种利益关系，解决这些社会、政治和经济问题。在实际的国家治理过程中，各个阶级、阶层之间的权力分配是不同的。

（二）公共政策是对利益进行分配或再分配的工具

政策是以利益为基础的。政策学者戴维·伊斯顿(David Easton)认为："政策是对全社会的价值做权威性的分配。”①以法律或权威为合法性基础，公共政策可以对社会资源行使管理、分配和再分配的职能。公共政策制定的基本宗旨是国家通过公共政策的制定，维护居于统治地位的阶级的政治和经济利益。

（三）公共政策具有合法性与强制性

公共政策成功的前提是具有合法性，即政策制定的程序合法、内容合法、执行合法和结果合法，并得到大部分政策对象的认可与服从。同时，公共政策的执行必须具有强制性，不能因为一些人有不同意见就不执行，否则政策就成为一纸空文，政府的威信也会降低。

（四）公共政策重视为公众服务的功能

在体现国家意志、维护阶级统治的同时，政策还发挥着服务于社会经济发展、解决民生问题的重要功能。这是由国家属性的二重性决定的。一方面，国家作为阶级统治的工具，具有维护统治阶级统治地位和利益的作用；另一方面，国家也承担着管理社会事务，提供公共产品，如基础设施建设、教育服务、公共安全等的职能。在现代国家，解决社会发展和人民生活所面临的基本民生问题，如提供基础设施建设、医疗卫生和教育服务、社会安全和社会保障等方面，都需要政党和政府制定具体的政策，切实解决社会公共问题。在这个意义上，人们通常也将政策称为公共政策。既然是解决公共问题提供公共服务，政策的制定通常会涉及不同的阶级、阶层、社会群体之间利益的分配和再分配，不同的群体往往具有不同的利益诉求，这就需要政党和政府能够有效吸纳与综合各种利益和诉求，扩大政策制定的社会基础，提高政策执行效果。

（五）公共政策具有稳定性和可变性

为了实现目标和完成任务，公共政策必须在相应的时间内保持稳定，一旦决策就连续执行和认真执行，不能朝令夕改，这样才能稳定人心，发挥政策的效能，实现组织目标。公共政策稳定的前提是决策正确，领导者要有百折不挠的意志和高超的领导能力。但是政策又必须具有变通的灵活性，当环境发生巨大变化需要调整目标和任务的时候，改变或微调政策就应当策略地进行。

三、政策的分类

国家和社会生活的复杂性决定了政策现象的复杂性。对政策进行分类，能够帮助人们对不同政策的属性进行深入了解，以便针对不同问题准确制定和执行政策。依据不同

---

① David Easton，The Political System：An Inquiry into the State of Political Science. New York：Knopf，1953，p. 129.

的标准可以将政策划分为以下各种类型。

(一)按照政策内容领域划分

按照政策内容领域，可以将政策分为政治政策、经济政策、社会政策、教育政策、文化政策和国防政策等。

(二)按照政策制定主体划分

按照政策制定主体，可将政策分为中央政策、地方(省、市、区)政策和基层组织政策。

在这三个层次上，中央政策是统管全局的普遍性规定，是影响全局的政策，如教育领域中的教育方针、教科书政策、高等学校招生政策等。地方政策大致有两类：一是对中央政策的解释和细化；二是根据中央精神在职权范围内独立制定的政策。基层组织是政策执行机构，它们不具有独立制定影响外部的公共政策的权力，但是也需要根据上级政策精神制定符合本组织机构实际情况的具体目标、规则和制度，这些也可以看作本组织机构的政策。

在三个主体层次的政策制定和执行中，地方政府的政策角色十分重要和困难，它是中央和基层组织之间的枢纽，既要保障中央政策落地，又要协调中央政策与本地利益及实现能力之间的关系。在这个过程中，地方政府及其政策行为不应当是机械的传送带，而应当是扮演排球比赛中的二传手的角色，统观全局，发现着力点，激活执行的活力。要扮演好这种角色，地方政府就要“顶天立地”，既要服从中央，又要服务基层。一方面需要在准确把握中央政策的基础上，做好本地情况的研究，找准问题，确定重点，循序渐进，把中央政策本地化；另一方面，细化中央政策还要实事求是，分层推进，避免制定过死过细的规定，要给基层一定的因地制宜、自主创造的空间。

(三)按照政策纵向层次体系划分

按照政策纵向层次体系，可以将政策分为总政策、基本政策和具体政策三类，这种分类视角与上述按主体分类的做法有重叠之处，但是它更强调各层次政策在政策体系中的地位和作用。总政策是一个国家根本性、全局性的政策，代表了国家的总体发展方向，具有全面性和广泛的指导性，一般体现在宪法和执政党的纲领性文件中。基本政策是指规范社会生活的各个领域的根本行动准则，是执政党和政府制定的领域性大政策、重要政策，如经济领域中企业自主管理的政策、人口与计划生育政策、教育的“三个面向”方针等。具体政策是为了落实总政策和基本政策所制定的具体实施方案、规划和实施程序等，如基础教育的课程改革政策、高考改革方案等。

政策制定和执行过程中要注意把握好各个层次政策之间的关系。

一是下位政策要遵循上位政策。总的来说，总政策是基础的纲领性政策，统领和指导各个领域的基本政策。毛泽东同志在1948年说过：“许多同志往往记住了我党的具体的个别的工作路线和政策，忘记了我党的总路线和总政策。而如果真正忘记了我党的总路线和总政策，我们就将是一个盲目的不完全的不清醒的革命者，在我们执行具体工作路线和具体政策的时候，就会迷失方向，就会左右摇摆，就会贻误我们的工作。”①在具体实践中，以下情况可能导致产生偏离总政策的行为：①对总方针政策的价值取向和目标意图理解得不深入不透彻，没能把握精神实质；②为摆脱一时难困境而不辨方向，“有病乱投医”；③盲目学习外国或其他社会活动领域的经验，忽视不同领域间制度和价值框架的差异。例如，“教育市场化”类型的政策就是把经济领域的政策属性盲目搬到教育领域里来了。

二是上位政策的落实要靠下位政策的实效性来支撑。越是贴近基层实际问题的下位政策，就越要具有可操作性。否则，政策就会被架空，得不到落实。

（四）按照政策的作用和功能划分

按照政策的作用和功能，政策又可以按下面五类进行划分。

一是引导型政策和对策型政策。引导型政策是指有前瞻性的指向未来发展的政策，它的特点是具有超前性和战略导向性，并且被后续细致的政策逐步落实。例如，在改革开放刚刚起步、国家现代化进程还处于朦胧状态的时候，邓小平同志在1983年给景山学校的题词“教育要面向现代化、面向世界、面向未来”就迅速被政府文件确定为指导我国教育现代化的基本政策，引导我国教育向高水平、高质量不断发展。又如，“财政性教育投资占GDP4％”的政策是在1993年中共中央、国务院发布的《中国教育改革和发展纲要》中提出的。不过那时由于经济发展困难大，这一政策长期扮演“引导型政策”的角色，但是这并不意味着这项政策不作为，以后经过经济发展铺路，以及一系列具体政策的陆续出台支持，最终在2012年实现了“占GDP4％”的政策目标，并在以后持续下来。对策型政策是指为解决实际问题而设计的政策，也是落实引导型政策的保障性政策。它的特点是针对具体需求和问题，注重可操作性、可行性和实效性。实践中对策型政策是大多数，这类政策文本的撰写应体现出它的实战性特点，不能脱离实际，避免空话、套话。

二是变革型政策和改良型政策。变革型政策是指在针对现实问题所制定的在观念、制度和举措等方面促成根本性改变的政策，使政策问题得到彻底解决。这类政策实施难度比较大，引发的利益、观念和行为冲突可能比较大，应当在慎重决策的基础上分解矛盾，持续推进。改良型政策是针对原有政策的问题加以局部修正和补充使之完善，其实

① 《毛泽东选集》(合订本)，1211页，北京，人民出版社，1967。

施过程一般比较温和，渐进调整，比较容易为政策对象所接受。在现实中，可以将改良型政策的推进策略纳入变革型政策的实施过程中来。

三是主导政策和配套型政策。政策是一种社会现象，一个主要政策问题周边还有许多支持或制约因素形成政策的生态系统。围绕中心政策问题而制定的目标和规定就是主导政策，而为保证主导政策顺利实施或预防负面效应而制定的政策就是配套政策。在实践中，政策制定者要全面研究政策生态的现实，善于预见问题，使这两类政策相辅相成。配套政策可能被写进主政策的文件里，但是也可能是逐步独立推出的，这是因为政策实施中的矛盾和新需求是逐步显现的，一旦发现问题就需要配套性政策及时跟进。

四是鼓励型和限制型政策。鼓励型政策又称为支持性政策，是为了引导和激励某类事情的发展而制定的政策，这类政策具有保护创造、推广经验、激发干劲的作用。这类政策不仅需要一般性指引方向和提出号召，而且需要明确具体的内容及其规定要求，避免空泛。限制型政策是指为禁止某些事情或行为发生而制定的政策。限制性政策可能作为鼓励性政策的补充写入文件，防止后者可能出现的偏差。当然现实中很多限制性政策也是针对教育中的消极现象独立发文的。

五是实质性政策和程序性政策。实质性政策又称内容型政策，是针对具体问题作出具体规定的政策，多数政策都是实质性政策。程序性政策是指规定事情由谁来做、怎样去做的政策。程序性政策虽然不直接产生实质性结果，但是它会规范和约束政策制定者和执行者的行为，因而对实质性政策的科学性和正当性产生很大影响，最终影响政策的结果及相关人群的利益。

四、政策活动者

政策活动者(Policy Actors)，也被称为政策行动者、政策相关者等，是指那些影响或左右公共政策决策，同时也受公共决策影响而与政策有利害关系的个人或群体。直接或间接参与政策制定、执行、评估和监控的政党、政府与政府官员、立法机构、民意代表、大众媒介、利益团体、社会公众、政策目标群体等机构、人群、个人或组织等都是政策活动者。约翰·金登(John W. Kingdon)在《议程、备选方案与公共政策》一书中，将政策活动者或政策相关者分为“政府内部的”和“政府外部的”两个类别。[①] 其中，政府内部的活动者包括行政当局、政治任命官、文官、国会等。外部的活动者是指那些没有正式政府职务的参与者，包括利益集团、研究人员、学者、咨询顾问、大众媒介、政党和

① [美]约翰·W. 金登：《议程、备选方案与公共政策》，丁煌、方兴译，27页，北京，中国人民大学出版社，2004。

其他与选举有关的角色，以及社会公众等。对公共政策活动者的研究，金登指出，应当着重讨论以下三个问题：①每种政策活动者的重要性；②每种政策活动者发挥重要作用的方式；③每种政策活动者可以获得的政治资源。不同的政策活动者在政策的制定、执行过程中的重要性、发挥作用的方式及其可以获得的政治资源是不同的。

在当今世界，由于各个国家的社会文化、历史传统、政治体制、经济发展状况等方面存在着差异，所以不同的体制之下的政策活动者的构成及其活动方式也存在着差别。在我国，公共政策活动者可以分为“官方的”政策活动者和“非官方的”政策活动者两大类型。官方的政策相关者是指政治体制内的、行使公共权力的政策主体，一般包括国家机构、执政党、政治家和行政领导干部。在我国，执政党中国共产党是政策主体中的一种核心力量，公共政策在很大程度上可以视为党的政策。非官方的政策相关者是指政治体制外的、不直接行使公共权力的政策主体，主要由利益团体、公民(选民)、大众媒介这三种主体构成；另外，还包括政策研究组织如咨询机构、思想库等。[①] 随着社会主义民主政治的发展，非官方的政策活动者在反映政策问题、影响政策议程、反馈政策信息方面发挥着越来越重要的作用。

第二节 教育政策

一、教育政策及其特征

教育政策(Education Policy)是公共政策的一种类型，是指为了解决教育领域所产生的公共问题，政党、立法机构、政府等所制定的教育方针、行动纲领、教育法规、条令条例等多种行为规范和活动过程的总称，是对教育工作的目的、策略和途径的总体规定。教育政策的实质是对全社会内的教育资源进行分配和再分配的过程。

作为公共政策的一种类型，教育政策与其他公共政策一样，也具有阶级性、合法性、强制性、公共服务性、稳定性等基本特征。而相比于一般的公共政策，教育政策也有自身的特殊性，主要体现在以下四个方面。

(一)体现公共利益的诉求

教育政策所调节的对象是教育领域，而教育总的来看是一项具有明显的社会公益性的事业，教育政策的制定必须体现公共利益和诉求。当今世界上大多数国家主要通过非营利性的教育组织来提供非商品性的教育服务，在义务教育阶段更是如此。即使国家允

① 陈振明：《政策科学——公共政策分析导论》(第2版)，84页，北京，中国人民大学出版社，2003。

许营利性教育机构的存在，也会通过课程设置、学位与文凭等方面的政策法规来保障教育过程本身的公益性。

(二)面临社会情境的复杂性

教育关系到千家万户，直接关系到年轻一代的成长和发展，因此教育政策的活动领域与社会公众的相关性更强，教育问题的形成和表现形式也更为多样，更容易引起社会的密切关注和多元化的观点争论，这决定了教育政策所面临的社会情境的复杂性。

(三)更重视人的价值

教育是一种主要在学校进行的培养人的社会实践活动，相比于一般政策，教育政策需要在满足国家和社会发展需要的同时，还需要切实考虑到尊重学生的人格、尊严，尊重个体的价值选择自由，在教育过程中建立起教师、学生、学校管理人员、教育行政人员之间民主平等的关系。

(四)重视促进教育公平和社会和谐

教育政策中的资源和利益分配实质上是对发展机会的分配，公正、有效的教育资源和利益分配对于实现人们的受教育权利、促进教育公平和社会和谐来说，至关重要。[①]教育政策的制定和执行应当充分考虑到教育政策的特殊性。

二、教育政策过程

与其他公共政策一样，教育政策的制定和执行过程通常也表现为一定的阶段性或周期性。[②] 教育政策过程包含教育问题的感知，教育政策问题的确认与议程建立，提出和评估备选方案，教育政策选择与合法化，教育政策实施，教育政策评估，教育政策的调整、终结与废止等阶段。

(一)教育问题的感知

教育问题主要表现为两种形式：第一，社会经济环境的变化导致社会发展和个人发展对教育提出新的需求，而教育却不能及时满足社会和人的发展新需求；第二，在教育的改革与发展过程中，由于社会文化传统和经济体制结构的影响，教育的运行不可避免地会出现一些偏差或障碍，如一些学校的教育乱收费问题、应试教育问题、学生心理健康问题等。在教育问题的前期阶段，教育问题的规模、严重程度、影响通常比较小，未能引起社会的普遍关注。随着时间的推移，问题范围逐渐扩大，带来的负面影响日益严重，以至于影响到了学校的正常的教育教学实践和社会发展，这时教育问题就会被社会

① 刘复兴：《教育政策的价值分析》，42页，北京，教育科学出版社，2003。

② 张金马：《公共政策分析：概念·过程·方法》，312页，北京，人民出版社，2004。

公众所感知，人们就会提出解决教育问题的要求。

（二）教育政策问题的确认与议程建立

教育政策的基本功能就是解决教育领域出现的问题。但是，并不是所有的教育问题都能够进入政府的议事日程，因为政府的资源和管辖范围也是有限的，不可能也没有必要在某个时间段内解决所有的教育问题。只有那些比较紧迫的或可能造成长期负面影响的教育问题才能进入政党、政府议事日程成为教育政策问题。这时，政党和政府才会动用行政资源、学术研究资源和其他社会资源，研究政策问题的成因、范围和可能的影响，开始寻找解决教育政策问题的途径。

（三）提出和评估备选方案

在界定教育政策问题基础上，政党和政府会就教育政策问题的解决设定政策目标，提出多种行动方案，一般教育政策研究者也会对解决教育政策问题提出特定的解决方案。例如，关于基础教育经费投入问题，在坚持基础教育"地方负责，分级管理"体制的前提下，教育经费的投入是以乡镇为主，是以县为主，或者是以省为主，就构成了不同的政策方案。到底选择哪种方案在当前的情境下才是最优的，需要对各种备选的教育政策方案进行全面的评价，在评价时既要考虑到国家的政治经济体制和发展现实，也要考虑到社会各方面的承受能力。教育政策方案评估的主要内容包括对政策结果的预测、方案的可行性、造成的社会成本与收益等方面进行综合评估。

（四）教育政策选择与合法化

在政策评估的基础上，教育政策制定部门将从备择方案中进行优化选择。通常，被选择的政策方案就将进入立法机构、政府教育行政主管部门，经过审议后形成政策草案，并公之于众，征求各种教育政策相关者包括学校、教师、家长、研究者、社会公众等的意见和建议。在此基础上，进一步完善政策方案。一个相对完善的政策方案要想成为一个真正能够得到执行的有权威性的政策，还必须经过政策方案的合法化环节。教育政策的合法化包括教育政策议案的审查、通过与批准、签署和颁布等多个阶段。没有经过合法化程序的教育政策不具有合法性，就不能得到执行。教育政策方案的选择和政策合法化是一个多种政策活动者教育政策诉求表达和综合考量的过程，只有吸收各种政策活动者加入决策过程中来，加强政策意见沟通和交流，相互协调，才能真正制定出有效、可行的教育政策。在这个意义上，教育政策方案的选择和合法化过程体现了教育决策的民主化、法治化，也是依法治国的一个重要体现。

（五）教育政策实施

教育政策实施是将教育政策所规定的目标和内容具体化的过程，在教育政策过程中居于重要地位。不能实施或没有得到实施的教育政策只不过是一纸空文，所以教育政策实施也被称为教育政策过程的一个中介性环节。一项教育政策制定出来之后，首先要为政策执行机构和人员所熟知，也要为教育政策的调整对象所知晓、所认同，才能真正进入具体实施。也就是说教育政策的实施首先要进行广泛的政策宣传，统一人们的思想认识，使人们自觉地接受和服从教育政策规范和行为准则。同时，为了有效实施教育政策，还必须配备必要的人力、物力和财力，建立一定的组织机构负责教育政策的执行，制定具体的操作规程，将教育政策分解实施，并建立起教育政策执行过程中的评估、监督和奖惩制度，从而保障教育政策顺利实施。

(六)教育政策评估

教育政策评估是根据教育政策目标，通过一定的程序，对教育政策实施的效果和社会效益进行分析和判断。对教育政策的具体实施进行评估，主要是分析和判断某项教育政策是否达到了预期的目的和效果，在科学、全面评估的基础上才能确定某项具体的教育政策是应该继续执行，还是应当进行调整、终结甚至是废止。教育政策评价的过程实际上是一个教育政策信息反馈的过程。在我国，教育政策评估的信息来源主体是多元化的，包括各级人大、各级政府及其教育行政部门、政府教育督导部门，也包括学校、教师、学生、家长、社会公众和教育政策研究人员。教育政策评估的形式从机构划分，可以包括政府内部的评估和政府外部的评估；从时间先后划分，可以分为事前评估、实施过程评估和事后评估三个阶段。教育政策评估是检验政策效果和适当性的基本途径，教育政策评估的形式的多样性和评估信息来源的多元性决定了教育政策评估是一个复杂的过程，也体现了教育政策过程的科学化和民主化程度。

(七)教育政策的调整、终结与废止

教育政策评估是一个总结政策经验、发现政策问题的过程。通过评估，通常会发现教育政策目标中某些与社会发展或个人发展要求不适应、不适宜的地方，发现政策措施的无效之处，或者发现政策组织机构及其行为的不当之处，这时候就要对教育政策所设定的目标、采取的政策措施、行政组织及其行为进行修正和调整。教育政策的调整伴随教育政策过程的始终，不可能出台一项政策措施就可以一劳永逸解决所有的教育问题。在对教育政策的具体实施效果进行评估后，将采取通过发布通知、新闻公告的方式中止或废止那些不合时宜的或无效的教育政策措施。通过评估政策实行效果，如果发现政策的实施已经达到了预期的目的，取得了较好的社会效益，则可以通过总结会议、发布政策实施报告的方式，表明某项特定的教育政策已经达到了预定目标，宣告教育政策的终结。教育政策终结的形式主要包括废止、以新政策替代旧政策、政策合并和缩减等方式。旧的教育政策终结之后，伴随着新的教育问题，又会出台新的教育政策，从而教育政策周期不断循环。

依照政策过程的生命周期的观点，上述对教育政策过程的七个阶段进行了分析，虽然实际的教育政策过程可能并不完全包括上述七个阶段，每个阶段的具体内容也会因为国家的宏观政策环境和教育改革与发展的动向而有所差异，但是基本上涵盖了教育政策过程的基本方面，也为人们了解教育政策过程的运行机制提供了一种参考性的视角。需要着重指出的是，政府内外的教育政策活动者包括政党、政府与政府官员、立法机构、大众媒体、利益团体、社会公众、政策研究者和教育政策目标群体等都可能在教育政策过程中的任何一个阶段就某项政策问题、政策议程、政策实施、政策评价和政策终结提出自己的意见、看法和观点，表达自己的政策诉求。随着社会主义市场经济体制的确立，我国的利益分配越来越呈现出多元化的格局，人们的思想观念也日益多元化，在这种情况下，探讨在教育政策过程中如何形成一种有效的利益诉求表达机制和容纳多种利益表达的制度安排，对于促进教育政策过程的科学化、民主化至关重要，这对于推进教育公平、促进教育与经济社会和谐发展具有重要的现实意义。

三、教育政策的战略性分析与管理

政策战略性分析也叫作全局性或系统性的政策分析，是在制定和执行政策过程中对相关的全局性问题进行分析。它主要发生在政策制定阶段，但是完善的政策管理还要将其贯穿于政策过程的其他环节，赋予政策运行全过程以全局性的视野。

政策是一种社会系统现象，一项政策多与众多社会因素相关联，也与很多政策相关，因此制定和执行一项政策，不能对其孤立地加以看待，而应当立足于全局、全过程、全因素，剖析其中重要的和关键的互动关系，这样才能全面、动态地预见和把握政策实践的规律和走向，使之成为未战先胜的利器。这里对政策战略性分析的四项内容作简单说明。①

（一）政策范围

这是指政策制定前首先要识别和分析政策问题涉及哪些系统要素，包括哪些人群、活动、物质、政治因素和相关政策等方面，预判它们已经或将会怎样影响即将制定的政策、哪些因素处于中心和关键地位、他们的利益诉求是什么、彼此之间的关系又是怎样的及可能怎样演化。这些分析和预判能帮助我们建立一个以政策事件为中心的整体网络图景，梳理出问题的核心和脉络，从而为全面地掌控政策过程提供基础，

（二）政策价值与目标的选择或组合

这是指用什么样的理论、价值和原则指导政策的制定与实施，以及怎样选择或组合

---

① 这里部分借鉴林德金等：《政策研究方法论》，52～53 页，延吉，延边大学出版社，1989。

政策目标。包括教育政策在内的社会政策，在制定的过程中首先面临的问题是价值及目标的选择与组合问题，政策制定者在不同价值观念的指导下，会选择不同的目标。根据实际情况和决策者的意图，政策价值的选择可能是单一的，也可能是多种价值妥协与结合。同样，政策目标也是如此。政策问题环境的复杂性决定了政策面临的不同价值之间、不同目标之间的关系是很复杂的。它们有的是相对独立而平行的，在促进学生德智体美劳素质全面发展的教育方针中，“五育”价值并立。但是某些教育事件内含不同利益或价值之间的冲突，如少数民族双语教学政策所承载的“民族语言文化传承”价值与“满足学生个体发展与幸福生活”的价值在现实中就存在一定矛盾和冲突，因为在现实中，教育活动的时间、师资配置就存在着资源竞争。又如大家熟悉的“素质教育”政策与现实利益凸显的“升学教育”的价值冲突也是如此。就多数教育政策而言，这些并存的或看似冲突的利益和价值其实都是社会发展和个人发展所需要的，应当根据社会现实和教育条件策略地加以组合。

在政策制定和执行的实践中，中央政策比较注重社会价值导向。地方政府特别是基层教育组织的政策活动更直接面对复杂的现实，其政策活动的综合性非常强，协调好利益分配和化解矛盾冲突成为日常工作基本要求，否则会陷入两难困境。

(三)教育政策推进策略的选择

根据政策问题的性质、规模和实施过程中各种影响因素的难度等条件，选择相匹配的政策形式组织实施，对于政策的成功及避免风险是非常重要的。本节前文所述“政策分类”中各种类型政策的解析实际包含了对选择政策的策略提供实施建议。其中选择变革策略还是改良型策略是领导者经常面临的问题。变革型教育政策一般是在社会变革强烈要求教育转型，或者某些教育问题严重影响教育全局发展，甚至可能导致社会震荡的情况下推出的。这类政策步子迈得大，目标深入，措施力度大，短期可以收效，但是它面临的不确定性和风险性也比较大。采用这类策略对于领导者能力、相关保障条件及上级政治支持的要求都比较高。教育政策多数还是属于改良型政策，这类政策目标调整幅度小，比较容易被执行者和相关对象群体理解、接受和执行，风险小，可以减少政策烂尾的风险。

(四)对相关政策群体博弈行为的预判与对策

教育政策虽然是关于做事情的规定，但是它们从不同角度触及和激发人的利益、需要、感情和行为，两者密不可分。政策本质上是关于人们利益的分配和再分配，新政策实施会引起政策主体和政策对象之间、不同政策对象群体之间的互动与博弈，这些复杂的互动和博弈决定着政策实现的可能性、质量水平和可持续性。因此，在制定教育政策的时候，不仅要分析社会的需要，还要对各种政策对象的需要及其可能的行动趋势作出研判，抓住关键问题，适时甚至提前推出应对之策。政策运行过程只有做到目中有人、把握脉搏，才能立于不败之地。

四、当前我国教育政策的基本取向

改革开放以来，党和国家高度重视教育事业对我国现代化发展的关键作用，为了促进教育发展，每个重要发展阶段都制定了具有前瞻性的教育政策，涉及教育现代化、教育管理体制、人才培养目标、各级各类教育的发展、教育均衡发展等领域。这些决定、决议、建议或意见、通知等体现了党和政府在一个时期对于教育工作的总体价值取向。主要包括以下六个方面的内容。

第一，关于实现教育社会主义现代化和教育发展的战略地位的内容。

(1)国家坚持中国共产党的领导，坚持以马克思列宁主义、毛泽东思想、邓小平理论、“三个代表”重要思想、科学发展观、习近平新时代中国特色社会主义思想为指导，遵循宪法确定的基本原则，发展社会主义的教育事业。

(2)坚持教育优先发展战略，大力实施科教兴国战略和人才强国战略。

(3)教育要面向现代化、面向世界、面向未来。

(4)构建完善的教育法律及制度体系，深入推进教育部门依法行政，推进各级各类学校依法治校。

(5)明确各级政府提供教育公共服务的职责，保证财政性教育经费增长幅度明显高于财政经常性收入增长幅度。

(6)义务教育是国家统一实施的所有适龄儿童、少年必须接受的教育，是国家必须予以保障的公益性事业。实施义务教育，不收学费、杂费。国家建立义务教育经费保障机制，保证义务教育制度。

(7)要集中中央和地方等各方面的力量办好100所左右重点大学和一批重点学科、专业，力争在下世纪初，有一批高等学校和学科、专业，在教育质量、科学研究和管理方面，达到世界较高水平。

(8)大力提高教育技术手段的现代化水平和教育信息化程度，实施现代远程教育工程，形成开放式教育网络。

第二，关于我国教育管理体制的政策取向的内容。

(1)国务院和地方各级人民政府根据分级管理、分工负责的原则，领导和管理教育工作。国务院教育行政部门主管全国教育工作，统筹规划、协调管理全国的教育事业。

(2)改变政府包揽办学的格局，逐步建立以政府办学为主体、社会各界共同办学的体系。引导民办教育健康发展。

(3)义务教育实行国务院领导，省、自治区、直辖市人民政府统筹规划实施，县级人民政府为主管理的体制。

(4)教材编写必须体现党和国家的意志，坚持马克思主义指导地位，体现马克思主义中国化要求，体现中国和中华民族风格，体现党和国家对教育的基本要求，体现国家和民族的基本价值观，体现人类文化知识积累的积累和创新成果。思想政治(道德与法治)、语文、历史课程教材，以及其他意识形态属性较强的教材和涉及国家主权、安全、民族、宗教等内容的教材，实行国家统一编写、统一审核、统一使用。

(5)坚持和加强党对中小学校的全面领导，中小学校党组织全面领导学校工作，履行把方向、管大局、作决策、抓班子、带队伍、保落实的领导职责。

第三，关于教育的宗旨与育人目标的内容。

(1)教育必须为社会主义现代化建设服务、为人民服务，必须与生产劳动和社会实践相结合，培养德智体美劳全面发展的社会主义建设者和接班人。

(2)国家保障未成年人的生存权、发展权、受保护权、参与权等权利。

(3)实施素质教育，就是全面贯彻党的教育方针，以提高国民素质为根本宗旨，以培养学生的创新精神和实践能力为重点，造就"有理想、有道德、有文化、有纪律"的、德智体美劳等全面发展的社会主义事业建设者和接班人。

(4)教育应当坚持立德树人，对受教育者加强社会主义核心价值观教育，增强受教育者的社会责任感、创新精神和实践能力。受教育者中进行爱国主义、集体主义、中国特色社会主义的教育，进行理想、道德、纪律、法治、国防和民族团结的教育。

(5)教育应当继承和弘扬中华优秀传统文化、革命文化、社会主义先进文化，吸收人类文明发展的一切优秀成果。

(6)提升智育水平。着力培养认知能力，促进思维发展，激发创新意识。

第四，关于教育教学改革的内容。

(1)发展基础教育，中小学要由"应试教育"转向全面提高国民素质的轨道，面向全体学生，全面提高学生的思想道德、文化科学、劳动技能和身体心理素质，促进学生生动活泼地发展。办出各自的特色。

(2)高等教育的发展，要坚持走内涵发展为主的道路，努力提高办学效益。要区别不同地区、种类和学校，确定发展目标和重点。制定高等学校分类标准和相应的政策措施，使各种类型的学校合理分工，在各自的层次上办出特色。

(3)加强和改进体育、美育和劳动教育。

(4)强化综合素质培养，完善综合素质评价。

(5)切实减轻中小学生课业负担。

第五，关于教师队伍建设的内容。

(1)确保方向。坚持党管干部、党管人才，保证教师队伍建设正确的政治方向。

(2)强化保障。优先保障教师工作投入，优先满足教师队伍建设需要。

(3)突出师德。把提高教师思想政治素质和职业道德水平摆在首要位置。

(4)不断提高地位待遇，真正让教师成为令人羡慕的职业。

(5)大力提高教师的教育教学能力。以新时代教师素质要求和国家课程标准为导向，改革和加强师范教育，提高教师培养培训质量。

第六，关于促进教育公平的内容。

(1)国家采取措施促进教育公平，推动教育均衡发展。

(2)坚持公共教育资源向农村、中西部地区、贫困地区、边疆地区、民族地区倾斜，逐步缩小城乡、区域教育发展差距，推动公共教育协调发展。落实农村义务教育经费保障机制，在农村并逐步在城市免除义务教育学杂费，全面落实对家庭经济困难学生免费提供课本和补助寄宿生生活费政策，保障农民工子女接受义务教育。

(3)重视和支持残疾人教育事业。各级政府要把残疾人教育作为教育事业的组成部分，采取单独举办残疾人学校或普通学校招收残疾人入学等多种形式，发展残疾人教育事业。逐步增加特殊教育经费，并鼓励社会力量办学、捐资助学。

(4)加快发展城乡职业教育和培训网络，努力使劳动者人人有知识、个个有技能。

第三节　教育法与教育行政

一、法的概念

法是体现统治阶级意志，由国家制定或认可，以国家强制力保证实行的行为规则的总和。马克思主义认为，法是建立在一定经济基础之上的上层建筑的重要组成部分，它与一定的经济基础相适应，由一定的经济基础所决定，同时又对经济基础产生巨大的反作用。

法通常在狭义和广义两种意义上使用。

在狭义上使用时，是指法律，即是指由国家立法机关制定的受国家强制力保证执行的行为规则的文件。

在广义上使用时，是指法律、行政法规、地方性法规及规章等。即指国家立法机关制定的和其他国家机关制定或认可的规范性文件的总和。

法作为行政规则，属于社会规范的范畴。规范有模式、规则的意思。社会规范是调整人们相互关系的规则。在人类社会发展的各个阶段上，人们在生产和生活过程中结成了各种各样的社会关系，归纳起来，大体可分为三类：①个人与个人之间的关系；②个人与社会集团之间的关系；③社会集团与社会集团之间的关系。与此相适应，形成了处理与协调这些社会关系的各种社会规范，如政治规范、道德规范、法律规范等。法作为一种社会规范，具有一般社会规范所具有的规范性、概括性和可预测性。法的规范性是指它明确、具体地规定了人们在一定社会关系中的行为模式、行为标准和行为方向。法的概括性，一方面是指法具有普遍的约束力，即在国家权力范围之内的人都必须遵守；另一方面意味着法在同样的情况下可以反复适用。法的可预测性是指由于法的存在，人们可以认识自己或他人行为是否合法，预计国家对这种行为的态度及这种行为所产生的后果。法除具有社会规范的一般特性外，还有不同于其他社会规范的特征，具体表现为法是阶级社会特有的现象，具有国家制定或认可的特殊制定方式和一定的法定程序，并以国家强制力作实施的保证。在对社会关系调整的方式和范围上，是以一定的社会关系中的权利和义务(或职权与职责)赋予、保障、履行的方式进行的。

二、什么是教育法

(一)教育法的概念

教育法是关于教育的法规。具体讲，它是举办教育事业所必须遵循的准则、依据和规范。它是国家权力机关制定的有关教育方面的法律文件的总称，是国家法规的一部分，具有法的一般特征。

(二)教育法在法律体系中的地位

法律体系是由不同的法律部门所组成，或者说是以国家根本法——宪法为核心，由民法、刑法、行政法、经济法、国际法等构成的法规系统。

关于教育法在法律体系中的地位问题，实际是探讨教育法在法律体系中是一个独立的法律部门，还是从属于一个法律部门的问题。对这个问题目前有两种观点：一种观点认为，教育法从属于行政法，是行政法律部门下的一个小分支。这种观点是以教育法的形成和发展的历史事实为基础的。众所周知，最初的教育是作为教育者与被教育者个人的关系形成发展的，是促进人的观念、智力、道德发展的活动。所以起初它与宗教一样，是与法毫无关系的领域。随着阶级的出现、国家的产生，进行教育与受教育的益处为社会所公认。国家开始重视教育并干预教育活动，从而使教育组织化。近代教育制度的建立，说明教育已成为国家有组织举办的事业了，也就是说，教育活动具有了国家的职能。这样，就使教育成了法的对象。历史上，由于人们把教育作为国家行政组织活动的一个重要内容，因此，教育法的内容是以国家有关教育的行政行为规则为中心的。国外一般把教育法定义为以国家对教育的组织和作用为主要内容的法规总和。换句话讲，国家与教育紧密联系的领域就是教育法的领域。可以说，将教育法置于行政法下，是历史的产物、历史的必然，其理论基础就是国家的教育权。对于这种观点，从历史发展的观点看，是有其合理性的。但这种观点的不足之处在于忽视了教育法自身的丰富与发展，并把教育法与教育行政法等同起来。

另一种观点认为，教育法是法律体系中的一个独立部门。首先，教育从本质上讲，是一种社会活动，那种把教育全部归于国家行政组织活动的观念早已发生了变化。同时，教育活动中产生的各种社会关系也已不能完全由行政法调整了。其次，教育法在其自身的实践中日益丰富和发展，从世界范围来看，已基本形成了自己较完整的结构体系，即以宪法为母法，以教育基本法为核心，包括各级各类的学校教育法、教育行政法、财政法、社会教育法等内容的不同层次与形式的教育法规体系。从这个意义上看，教育行政法仅仅是其中的一部分。最后，从教育法与教育行政法的关系来看，二者既有联系又有区别。总之，教育法从行政法中独立出来的条件日趋成熟，同时，作为独立的法律部门是符合法律体系中法律部门划分的标准和科学依据的。上述观点立足于教育法的发展现状，它有助于教育法在理论与实践上的发展。

（三）教育政策与教育法

政策是国家、政党为了实现一定历史时期的路线和任务，根据当前的情况和历史条件制定的具体行为准则。政策是以利益为基础的。在我国，党和国家的政策集中体现了人民的意志和利益。社会主义法的实质就是共产党的主张和人民意志的统一。因此，从这个意义上说，政策和法是一致的，教育法是以法律程序和手续确定下来的教育政策。从内容上讲，教育政策是教育法的渊源，教育法律是在已经经过实践验证的政策的基础上而形成和确立的，它们之间具有内在的一致性。

不过，教育政策和教育法在一些方面存在着不同。

首先，制定主体不同。教育政策是由党中央和中央政府所授权的部门或地方政府制定的，而教育法是由专门的立法机构制定的，如全国人民代表大会常务委员会。

其次，执行的方式和力度有所不同。教育政策执行方式主要是依靠行政力量或党的纪律，运用宣传、动员、教育、指导等方式贯彻，有较多的灵活性和弹性，约束力比较小。而教育法律的执行，除了上述手段之外，法律监督和强制性惩罚是强力执行手段，所以任何组织和个人都必须严格遵守。

最后，与教育政策相比，教育法更具有明显的稳定性和连续性，教育政策虽然也要求稳定，但是需要时可以及时补充、修订甚至废除，有关权威部门可以通过适当程序独立去决定，而教育法必须经过复杂程序通过专门立法机构立法，这决定了教育政策应用的范围更广更灵活，特别是用于急于解决的教育问题。而教育法一旦制定，就不能随意更改，教育法的修改、补充乃至解释，都必须依照法定的程序。当然，教育法的稳定性和连续性是相对的，因为随着情况的不断变化，教育法也要有相应的废止、修改。但这种废止、修改也必须由法定机关依照法定程序进行。

(四)教育法在教育行政管理中的作用

教育法在教育行政管理中的作用，是指教育法对教育行政管理活动发生影响的方式、手段和结果。教育法在教育行政管理中的作用与教育法的本质、目的和特征是密切相关的。可以说，是教育法本质属性的外在表现。

1. 教育法保证国家对教育的领导和管理

从本质上讲，教育法是国家教育意志的体现，即占统治地位的阶级通过国家机关表现出来的教育方面的意志。教育法建立的根本目的，就在于借助教育法这个工具来建立、维护和发展统治阶级在教育领域中的社会关系，并通过对教育领域中各种社会关系的法律调整，形成良好的教育秩序，从而顺利地实现国家对教育的领导和管理。

2. 教育法保证必要的教育行政管理秩序

任何管理系统都是按照一定结构组成的多因素复合体，教育行政管理系统也不例外。教育法的建立，可以使教育行政管理系统中的子系统(或者说各级各类教育行政机构、成员)依照法律规定明确自己的职责、权利、义务、利益。从而使它们各自的职能获得正常的发挥，使彼此间的活动有条不紊地开展，进而使整个教育行政管理系统得以有效地运转。这一作用取决于教育法的规范性。

3. 教育法加强了教育行政管理系统的稳定性

正常、稳定的教育行政管理秩序是国家实现对教育管理的需要，也是教育发展的需要。建立正常稳定的教育行政管理秩序，需要运用包括教育法在内的社会规范对教育行政管理系统内部各种管理因素之间关系及各种教育行政行为的调节与控制。教育法具有法的基本特征即规范性、强制性和稳定性。运用教育法进行教育行政管理，有助于把符合客观规律、行之有效的管理制度、方法、形式规范化、条文化，把它明确固定下来，并严格加以执行。从而可以大大加强教育行政管理系统的稳定性，有利于排除管理中的突发因素的干扰，保证教育行政管理系统内部关系的正常化。

4. 教育法促进了教育行政管理系统的功效

提高管理活动的效率、增加管理系统的功效是现代管理理论和实践所追求的目标之一。由于反映事物客观规律的法能抑制管理系统间各种不合理的沟通，保护和促进合理的沟通，有助于建立起一种正常、协调稳定的管理秩序，并能及时有效地调节所出现的矛盾及预测管理行为的后果。所以，正确地运用教育法可以提高教育管理活动的效率，增加教育行政系统的功效，促进教育行政管理系统的发展。

第四节　教育法体系

教育法和其他领域的法律、法规一样，从形式上，可以分为成文法和不成文法。

成文法是指以文书的形式制定的法规。在我国，成文法一般表现为国家制定的宪法、法律、法令、条例、规则、规定、决议、命令等规范性文件。作为成文法的教育法规就是教育的成文法。我国的法律体系属于大陆法系，大陆法系只承认成文法。在现代国家中，不管在哪一个国家里，成文法都是法的中心，因此，教育的成文法也是教育法的中心部分。

不成文法就是不具文字形式或者说不经过立法程序，没有被条文化的但在社会中却起着法作用的法规。在世界范围，它一般由国家认可的惯例、判例等表现出来。作为不成文法的教育法规便是教育的不成文法，也就是关于教育的惯例法。不成文法虽然还没有被我国司法实践全面接受，但是这不等于它就没有影响和行动。现实中，不少为社会公众认可的公序良俗在持续成为教育行政和学校管理实践的非文本指南后，已经进入我国制定教育政策和立法的视野。如 2021 年教育部颁布的《未成年人学校保护规定》中就将“学校不得因家长职业、家庭状况对学生区别”写入该文件，而这个政策文件是对《中华人民共和国未成年人保护法》的具体落实。

教育的成文法，根据法规制定机构的不同，又可以分为国家的教育法规和地方教育法规两类。

国家的教育法规是指由国家制定的关于教育的成文法。它由宪法和关于教育的法律，国务院、教育部发布的决定、指示、命令、暂行规定、暂行办法、通知、条例、章程等构成。宪法是确定国家统治的组织及活动的根本的法的总括体，是国家的最高法规。在宪法里有对教育的规定，明示着国家教育的基本方针和政策。从广义上说，法律是与法在同一意义上被使用的。而狭义地说，法律仅指全国人民代表大会制定的法规。在我国，法律又分为基本法律和法律，二者效力同等，区别仅在于基本法律由全国人大制定，需经半数以上的全体代表通过。而法律则由全国人大常委会制定，主要是在解释、执行国家宪法过程中形成的规范性文件。目前我国关于教育的法律数量很少，大量的是国务院、国家教委(教育部)发布的有关教育的决定、指示、条例、章程等行政性法规。

地方教育法规是由各级地方人民代表大会、各级政府制定的教育成文法。主要有各级地方人民代表大会制定的关于教育的地方法规、自治条例、单行条例等，以及各级人民政府制定的关于教育的规章及发布的决议和命令等。这些地方教育法规必须以与宪法、教育法律、教育行政法规不相抵触为前提。

总之，不同机构制定的教育法，其内容及效力范围是不同的，在整个教育法体系中的地位也是不同的。可以说，教育法体系就是由以上这些不同类型、规格的教育法规所构成的相互关联、合理有序的多层次的系统。

由此引申出一个问题，即从教育法的体系上讲，通常人们把教育法的含义分为广义的、狭义的两层。广义的是指国家机关包括立法机关和政府机关制定和发布的一切有关教育的规范性文件。而狭义的是指行使国家立法权的全国人民代表大会或它的常务委员会，按照一定的民主程序制定、讨论和通过的有关教育的法律。

如果说以上是从教育法规的形成上来阐述教育法体系的话，那么从教育法的内容上来看，教育法体系又可以说由以下七个主要的教育法规所构成：①宪法中有关教育的条款；②与教育制度相关的教育法规；③与教育行政组织机构的设置、职权范围划分相关的法规；④与各级各类学校教育相关的法规；⑤与学术、科研相关的法规；⑥与社会教育相关的法规；⑦与教育经费相关的法规等。以上这些教育法规是以教育的客观规律与教育实践的不同领域为分类依据的，它们的任务是调整教育同政治、经济、文化等各社会领域的关系，以及调整教育内部各个方面的关系。

第五节　教育法的制定与实施

实现教育行政管理的法治化，是以教育法的制定为开端，通过教育法的实施得以实现的。

一、教育法的制定

(一)教育法制定的含义

教育法的制定简称为教育立法。它是指国家机关制定、修改、废止教育法规的专门活动。在我国进行教育立法，首先，国家将自己的教育政策及人民群众的教育意愿上升为法律，变为国家意志的基本方式。其次，教育立法是国家机关把党的教育主张及全体人民的教育意愿，根据法定权限和程序，制定、修改和废止教育法规的专门活动。最后，教育立法和一般立法一样，有广义的、狭义的两种含义。广义的教育立法是泛指有关国家机关依法定权限和程序制定各具不同法律效力的规范性教育文件的活动。狭义的教育立法是专指人民代表大会及常务委员会依法定权限和程序制定教育法规的活动。

（二）教育立法权限的划分

不管哪个国家的立法工作，都有一个权限的划分问题。也就是通常所说的立法体制问题，其核心问题是立法权，即在国家机构体系中，各级各类国家机关制定和颁布具有不同效力的规范性文件的权限如何划分的问题。不同性质的国家或同一国家的不同时期立法权限的划分不尽相同，教育立法权限划分问题也不例外。在我国教育立法权限是通过宪法和有关的组织法加以规定的，具体为：全国人民代表大会有权制定和修改教育基本法；全国人民代表大会常务委员会有权制定和修改全国人民代表大会制定的教育法律以外的其他教育法律；国务院有权依据宪法和教育法律制定教育行政管理法规，发布教育方面的决定和命令；国务院所属各部委可依据教育法律和国务院的教育行政法规、决定、命令，在本部门权限内发布有关教育方面的命令、指示和规章；省、直辖市人民代表大会和它们的常务委员会有权制定地方性教育法规，发布有关教育的决定、命令等；民族自治地区的自治机关有权根据该地区政治、经济、民族文化教育特点，制定有关教育的单行条例；县级以上的各级人民政府和民族自治地方的教育行政机构由政府授权并经政府批准，可以制定和发布规定、办法、通告等执行性的教育行政管理法规。任何超越自己权限制定的教育法规，都是不合法的，也是无效的。

（三）教育立法程序

教育立法程序是指国家机关在制定、修改和废止教育法律规范活动中，必须履行的法定步骤和手续。只有经过法定程序制定、修改的教育法才是合法的和有效的。

立法程序，虽因不同国家、同一国家不同机关制定的法律规范文件的不同而不同。但立法程序，特别是各级权力机关在制定法律规范性文件时，通常都须经过法律草案的提出、法律草案的讨论、法律的通过及法律的公布四个步骤。教育立法程序也一样。

第一步是法律草案的提出。教育法规草案是由法定的机构、组织和人员（即具有法律提案权的国家机关和人员），依照法律规定的办法，在对相应问题进行详细调查，并会同有关团体、人员进行讨论协商的基础上拟定并提出的。其他的机关、团体、企事业单位和公民也可以随时提出制定某些教育法规的建议。

第二步是教育法规草案的讨论。这是指法律制定机关对列入议事日程的教育法草案进行正式审议和讨论。这是教育立法民主化的重要环节，也是教育法规通过的基础。

第三步是教育法规通过。这是指法律制定机关对教育法规草案经过讨论后表示正式同意，从而使教育法规草案变为教育法，这是教育立法过程中最具有决定意义的步骤。

第四步是教育法律公布。这是指法律制定机关将通过的教育法规用一定的形式予以正式公布。一般说来，法律公布与法律效力有密切关系，也就是说，法律被通过之后，如果没有按照法定程序和方式通知公民和国家机关，那么这一法律就不具有法律效力。因此它是制定立法程序的最后一环。

(四)教育法规的修改和废止

教育立法除了教育法的制定外，还包括教育法规的修改和废止的专门活动。其具体表现形式为教育法规的废止、撤销、变更和终止。教育法规的废止是指由于情况上的变化，教育法规失去效力。即原来的教育法规已不适应新的需要，不能继续生效。废止一般采取在法规中直接明确规定，以废止某一教育法规的方式，或以修改前法的方式间接废止某一教育法规。教育法规的撤销是由于教育法规在制定时含有不当或不符合宪法的因素，不能继续生效，故由上级机关或原制定机关予以撤销。教育法规的变更是指教育法规含有废止或撤销的因素时，由上级监督机关或原制定机关将其内容改变。教育法规的消灭是指除上述的废止、撤销和变更的原因外，由于教育法规所规定的社会事实已不存在或效果已达到，引起实际上教育法规的消灭。

(五)教育法制定的基本原则

任何一个立法过程，都是在一定原则指导下进行的。依据我国在立法实践基础上形成的一些具有中国特色的立法原则和教育活动的客观规律，教育法制定的原则除坚持四项基本原则这一根本指导性原则外，还有：①实事求是的原则。这一原则要求制定的教育法规，必须符合我国的国情，适应教育的整体水平。只有满足这一要求，才能使教育法起到应有效用。②民主立法的原则。由于教育法的制定涉及教育、教学等专门性的业务与技术，所以在制定教育法的过程中，要充分了解广大教职工及干部、专家、有关机构团体、学校的意见，并充分发挥他们在制定教育法活动中的积极作用。③系统性原则。教育从制度上看是一个整体，具有系统性。因此要求教育法也要与此相适应，形成系统。从教育客观规律出发，也要求教育法规的种类、规格齐全、配套，形成系统。④稳定性与适时变化相统一的原则。法的特征要求教育法一经公布，就要使之相对稳定，不能朝令夕改，但是也会随着国情的变化和教育的发展对其作及时的补充、修改。⑤本国与外国教育立法经验相结合的原则。新中国成立以来，我国在教育立法工作中虽有教训，但也有很多成功的经验，这些是我们制定教育法规的宝贵财富。另外，世界上许多国家已具有较为完备的教育法规体系，值得借鉴。应该把二者结合起来，建设中国特色的社会主义教育法体系。

二、教育法的实施

教育法制定的最终目的是运用它来规范人们的行为，调整教育领域中的各种社会关系，维护和发展教育事业。制定教育法仅仅是事情的开始，重要的是使教育法在实际教育活动中发挥作用，使其得以实现。所以我们既要重视教育法的制定，更要重视教育法的实施。

教育法的实施是指教育法在现实教育活动中的具体运用和实现。

教育法作为一种意志，它自身不能自动转化，不能自我实现。就是说，教育法要在教育活动中得以实现，需要人们自觉地以一定形式的活动来完成这一转变。教育法实施的具体方式主要有以下三方面的内容。

（一）教育法的遵守

教育法的遵守是指为一切国家教育行政机关、教育组织、教育公职人员、公民按教育法规定的要求去行为。首先，教育法的遵守是教育法得以实施的基本方式之一，是实现教育管理法治化的基本环节，所以一切有关的教育组织和个人都应严格遵守教育法。其次，教育法的遵守也是公民应尽的法律义务。再次，教育法的遵守有利于国家对教育的领导与管理，以利教育的发展。最后，教育法的遵守也是整个国家文明程度的表现。因此，要积极进行教育法的宣传教育工作，并采取必要措施，使人人懂法，并遵守法。

（二）教育法的适用

教育法的适用也可以称之为教育法的执行，即国家教育行政机关及其公职人员依照法定权限和程序，将教育法运用于各种具体的与教育有关的人或组织的专门活动。它是教育法实施的又一基本形式。首先，有效地适用教育法是国家教育行政机关及教育公职人员的神圣职责。在我国教育法的适用过程中，强调以事实为根据，以法律为准绳。以事实为根据是正确适用教育法的出发点，以法律为准绳是表明衡量教育案件、纠纷的是非曲直的标准、尺度，只能是教育法而不能是别的。这是正确有效地适用教育法的保证。其次，教育法的适用同其他法律一样具有平等性，也就是说，对任何公民只要是教育法所赋予的权利，都要平等地予以保护，对教育法中所规定的义务也要平等地予以监督。对任何公民的违法行为都无例外地进行追究，不允许有任何超越法律之上的特权。最后，由于不同形式、不同种类的法规，在法律体系中的地位效力不同，就形成了法律适用中的法律次序原则。具体为：①法的形式效力原则。在我国规定的不同形式的法规效力次序为，宪法是最高法规，以下依次为法律，国务院制定的行政法规、决定、命令，国务院各部委在本部门权限内发布的命令、指示，地方性法规等。按次序，这些法规在内容上，后者与前者不能相抵触；在效力上，依次递减。②后制定的法规优先的原则。即对于形式上具有同等效力的法规，执行中若在内容上发生矛盾，应以后制定的法规为准。③特别法优先的原则。这是法律适用中处理一般法与特别法的关系问题。要求在适用一般法律时，如遇有特定地区、特殊情况和人员需按特别法规进行处理时，特别法规优先于一般法规。一般法规只有在与特别法规不相矛盾时，才能适用。教育法规的适用也必须遵循以上的法律次序原则。

(三)执法监督

不论哪种形式的教育法的实施，都需要实行监督。目的是防止教育法实施不当及滥用教育法的现象，以确保教育法的有效施行。通常采用的监督形式主要有各级国家权力机关的监督、国家行政机关的内部监督、审计监督和人民群众的社会监督。

第六节 教育改革、发展与教育法规建设

教育在改革中发展，教育改革又是教育事业发展的需要，说到底是国家经济、社会发展的要求。中外经验表明，教育改革与发展要求教育法规建设给予紧密配合。其原因是，首先，教育法规可以确认和维护教育制度。这是由教育法规所担负的使命所决定的。我国教育法规的使命是保护符合国家利益和要求的教育制度。其次，它可以促进依据教育的客观规律组织教育、发展教育。因为教育法的本质是教育客观规律的法律化、条文化。最后，它能保证和促进教育改革。具体表现为：教育法可以为教育改革提供依据，指明方向；它是巩固教育改革成果的有效手段，就是说，教育法可以把教育改革中出现的新关系、新秩序规范化、制度化，并加以确立和推广；它还可以成为促进教育改革的工具。因为教育的客观规律反映到教育法律中，并得到规范化、制度化后，必然反作用于教育实践活动。所以在教育改革与发展中，应加强教育法规建设，即加强教育立法和教育法的实施工作。这项工作包含的内容有：①要将成功的教育政策、教育改革的成果用法律形式固定下来；②借鉴成功的历史经验及利用科学的教育发展预测成果，提前立法，以引导和促进教育的改革与发展；③建立和完善教育法的实施措施和步骤，并使之制度化。

我国的法治建设经历了一个曲折的过程。自新中国成立之日起，我国就开始着手进行社会主义民主法治建设，并取得了巨大的成绩。然而由于“左”的错误的严重干扰，在相当长一段时间里，这一建设停滞不前。1978年，在我们党清理了自己的错误、吸取“文化大革命”教训的基础上，党的十一届三中全会确立了“发展社会主义民主，加强社会主义法制建设”的基本方针。从此，我国的法治建设走上了健康发展的道路，我国社会主义法治建设获得了极大的发展，教育法规建设的发展也是其中的一部分。众所周知，1978年以前，由全国人民代表大会或常务委员会通过的教育法律，一项也没有。《中华人民共和国义务教育法》(1986年4月12日)、《中华人民共和国教师法》(1993年

10月31日)、《中华人民共和国职业教育法》(1996年5月15日)、《中华人民共和国教育法》(1995年3月18日)、《中华人民共和国高等教育法》(1998年8月29日)、《中华人民共和国学位条例》(1980年2月12日)都是党的十一届三中全会后制定的。同时，1978年以来国务院和教育管理部门及地方政府也制定了几十部教育的行政法规，使我国教育法规体系初步形成。与此同时也确立了依法进行教育行政的制度，可以说这标志着我国教育走向了依法治教。

但是，就我国教育法规建设的整体而言，尚不完善，还不能适应教育改革和发展的要求。具体问题主要有：第一，在立法方面，①教育法规体系尚不完备，特别是教育法律的制定任务还很繁重，目前需要制定的主要有教育经费法、成人教育法、教育行政法等。②教育法律实施细则出台还需要加速。应当肯定，近年来我国教育立法工作中以法规或政策形式出台的教育法律实施细则越来越多，而且对现实问题的回应也越来越准确，如《义务教育法实施细则》《教师法实施细则》《未成年人学校保护的规定》等。但是，这方面的工作范围还要继续扩大。法律实施细则的制定是立法的一个重要环节，每部颁发的教育法都应该通过相宜的实施细则，去实现它的法律规范在教育活动中的具体落实。教育法规实施细则滞后出台，必然会造成有法难依、依法规范教育行为难的局面。③教育法律本身的质量有待提高。主要是从立法技术上提高教育法律的可操作性，我国出台的教育法律法规的条文内容多为原则性，语言多为描述性的，缺乏明确具体、操作化的规范。因此，其功能难以在教育活动中充分发挥。第二，在法律实施方面，问题就是教育法规实施的力度不够，即有法不依、执法不严、违法不究的现象还比较普遍。教育法规必须在其贯彻实施中，才能促进教育的改革与发展。若不把制定的教育法规变成“现实的教育法规”，那么教育法规的制定就只能是纸上谈兵，教育法规也只是一纸空文。从这个意义上说，教育法规的实施比其制定更有意义。而实际中教育法规得不到有力实施的原因，分析起来主要是：①公民的法律观念不强，守法意识差。教育行政人员执法意识淡薄，依法治教的行为不自觉。②行政执法制度不够健全。缺乏专门的执法机构，特别是教育法规实施的监督制度、惩罚制度不完备。因此，在教育法规的实施中，常常使教育法规提供的教育行为规范失去它本应有的强制实施性。所以，加强行政执法监督制度、惩罚制度的建设是当前我国教育法规建设的最关键的环节。目前，应主要通过加强各级人大对教育法律执行情况的监督检查和教育督导活动来发挥教育法律实施的检查、监督、评价、指导作用。

思考题：

1. 什么是教育政策？教育政策过程包括哪些环节？

2. 我国当前教育政策取向包括哪些内容?
3. 为什么现代教育行政管理要求法治化?
4. 一个完整的教育法体系应包括哪些教育法规?
5. 教育政策与教育法的异同是什么?
6. 阐述教育法实施的主要方式及当前我国教育法有效实施的举措。
7. 我国教育法规建设中，当前必须着力解决的问题是什么?

第七章　教育计划

第一节　教育计划概述

一、教育计划发展的简单回顾

有研究者认为，十月革命后的苏联“首先发展起来教育发展和规划及方法”，苏联是“第一个将(教育)规划作为政策手段的国家”①。例如，从1918年开始，苏共中央和苏维埃政府就通过决议推行男女平等的五年初等义务教育，从1923年开始运用教育规划的方法改造旧教育、建设新社会教育的最早尝试，1939年确定推行包括中等教育在内的九年义务教育。但是这个时期，教育规划的实践多于理论和技术框架建设。

一般认为，严格意义上的教育计划，即作为教育行政管理学上的计划，是在第二次世界大战后50年代至60年代产生并获得明显发展的，其中的原因之一就是许多国家都面临着战后重建和如何发展、人口激增、教育需求加大的问题，苏联以1957年卫星上天为标志的巨大科学技术成果让西方国家看到了苏联教育的成功，从而提高了对教育计划的肯定。随着科技竞争而来的教育竞争的展开，使教育计划在各国迅速建立起来。20世纪60年代以后教育规划在欧美国家的发展，欧洲经济合作组织(OEEC)发挥了很大作用，1961年它刚刚成立就推出了教育规划技术——地中海模型(人力需求模型)，大大提高了教育计划的科学性。有人把它称之为现代教育计划。

新中国成立以来，我国经济和社会发展宏观上都是按照有计划按比例发展的规律举办各项事业，其中把教育事业作为国民经济发展计划的一个组成部分，即在每一个五年计划中，在规划经济与社会发展的同时规划教育事业发展。1978年实行社会主义市场经济体制以后，在经济管理和部分社会领域的管理中制度和方法有所调整，但是在关系国

① [瑞典]T. 胡森、[德]T. N. 波斯尔斯韦特：《教育大百科全书》(第七卷)，张斌贤等译，432页，重庆，西南师范大学出版社，海口，海南出版社，2006。

计民生的教育领域，我国政府基本坚持实行有计划按比例的发展，在中观和微观领域更是坚持规划(计划)先行，与1978年以前相比，更加注重了规划(计划)的科学性和前瞻性。

二、教育计划的定义和特点

(一)什么是教育计划

对于计划，人们从不同的角度对它作出不同的定义和解释，目前尚无一致的意见。例如：有的以国家政策为中心来定义计划；有的以行政效率为中心来解释其含义；有的则强调计划的过程及手段；有的则从计划的决策合理性出发，去理解计划；还有的从管理学、心理学和社会学的角度去涵盖其内容。如此多种的理解反映了计划需要多方面、多学科的知识，同时也说明我们对计划的研究还有待于深化。

这里首先要说明计划是什么。计划是在一定价值和意图的指导下，为了达到某一目标而对活动全过程进行系统的、合理的分析，提出达到这一目标的方法步骤。计划活动涉及想要什么、做什么、什么时候做、在什么地方做、谁来做及怎样做等方面的问题。由此引申，我们将教育计划定义为：在国家教育方针政策的指导下，为实现预定的教育目标及任务而采取的规则、步骤、方法的总和。

近年来，在国际上使用的教育计划，主要是指与各国社会和经济发展计划密切相连的较长期的、综合的教育计划。也就是我们通常所讲的教育事业的发展规划，简称教育规划。在教育行政上所讲的教育计划正是在这个意义上讲的，是相对于短期的实施计划而言的。

(二)教育计划的特点

从定义出发，教育计划有如下特征。

第一，长期性，是指教育计划揭示了5年、10年或20年这样长期的教育发展目标，并以达成此目标为目的。

第二，与经济发展和社会发展密切相接，为经济和社会发展服务。

第三，教育政策是制定教育计划的前提。就是说，教育计划必须为权力所支持。一般说来，教育政策是由国家权力所决定和支持着的关于教育的思想观念、意愿和行动准则。这与个人、党派、社会团体等关于教育的意见、希望、提案等有着根本的不同。当然教育计划不同于教育政策，但教育计划是离不开教育政策的，它必须以教育政策为指导。

第四，定量化。教育计划是量化了的教育政策目标或教育发展目标。它不是个人或团体对教育发展的某种愿望，而是以数量化的形式表现出来的、可能实现的教育目标。

另外从时间上看，它又是为实现某一教育目标而制定的时间一览表。

第五，综合性。教育计划涉及的教育活动范围是综合的，不仅内部分为很多类型和层次，与外部很多方面因素也都相关。它不仅包括对各级各类正规学校教育的计划，还包括校外教育和成人教育的发展设想，也还包括对实现这些发展规划的物质、组织和政策等保障条件的规划。

第六，教育计划的过程具有系统性和技术性。教育计划作为实现教育目标的过程，它包含着对教育现状的分析、对未来发展的预测、战略上的决策，以及实施方案的建立等程序或步骤。而教育现状的分析、教育预测、教育决策、教育计划实施方案的建立都具有一定的技术性，都需要通过相应的技术手段来实现。

三、教育计划的类型

教育计划可从不同的角度进行分类。

首先，按照教育计划的规模可以分为教育规划和教育计划。教育规划与教育计划的区别在于，规划是对较大范围、较大规模及较长时间内教育发展总方向、大目标、主要实施步骤及重大措施的设想。这种设想的最大特点是粗略规定各有关发展指标，不具体确定有关的工作步骤和实施措施及具体工作时间表。因此我们也可以说规划不是严格完整意义上的计划。计划相对规划而言，是指在规划指导下，根据一定的政策、任务做出的较短时间的具体安排和落实措施，计划的发展指标、措施步骤、时间安排都比较详尽、具体。规划与计划在实际工作中往往是相互联系、互相包含的。因此人们并不把它们作严格的区分。我国制定的国民经济、社会发展计划、教育发展规划等，实际上都不是单纯的计划或规划，而是二者结合的产物。

其次，按照计划时间的长短可以分为教育的长期计划、中期计划和短期计划。长期计划(一般在 10 年左右)、中期计划(5 年左右)、短期计划(以 1 年为主兼季度、月计划)是相对而言的。一般说来，中期计划是长期计划的中间站，短期计划则为实现中、长期计划的一个实际步骤。一个完整的长期计划应包括长期计划、中期计划、短期计划，以上各部分也可以是独立存在的。

再次，按制定计划主体权力的大小、能控制教育资源范围的大小、计划对象特定化的程度来划分，可分为国家的教育计划、地区的教育计划及学校内部的教育计划。在实行计划管理的国家，实际上不可能只有国家的教育计划而没有地方的、学校的教育计划。因为只有国家的教育计划，而没有地方的、学校的教育计划，国家的教育计划就会落空。

最后，按教育计划的内容来划分，可分为综合的教育计划与单项的教育计划。现代教育计划的一个特点是其内容的综合化。制定单项教育计划应以全社会及整个教育系统的发展为出发点。从教育行政管理上讲，为了加强对教育事业的宏观控制，不但要制定好教育事业的综合发展规划，还要制定好单项的教育计划。单项教育计划，从教育系统的纵面来讲，即指初等、中等、高等教育，以及师范教育、职业教育、成人教育等各级各类教育的发展计划；从横面来讲，是指智育、德育、美育、体育、经费、教职工、学生等方面的工作计划。

第二节　教育预测

一、预测与教育预测的含义

预测是指事先对事物进行推想和估计。现在预测科学中所使用的预测概念一般是指人们利用已掌握的知识和手段，预先推知和判断事物未来或未知状况的结果。从其本质上讲，科学的预测是对预测对象活动规律的预判。这一规律是指被预测对象的同类行为及其相近后果在一定的条件下反复出现的大概率可能性。只有掌握预测对象的发展规律，才能真正认识预测对象，才能对预测对象的未来发展作出正确的判断。

从科学预测的依据来看，预测者要以社会需要、经验和情报资料为依据，作出预测。社会需要与价值判断的差别影响着预测的结果，影响着预测的成功与否。预测质量高低又与预测者的经验知识有着密切的关系。情报资料的完整性、连续性、系统性、准确性如何，直接决定着预测的精确程度。因此，社会需要与预测者价值观的趋于一致、预测者的知识经验及情报资料的掌握情况同预测的科学性有着直接的关系。当然，我们也应当注意在一些非常复杂的社会和教育问题面前，这种知识和经验也可能带来认识与判断的局限性。

教育预测是指人类在教育领域中从事的预测活动，也就是以教育现象为预测对象，对其发展趋势或倾向作出科学的估计。教育预测具有预测活动的基本特征，即前提性、时间性、描述性。

前提性是指教育预测与其他预测一样，都是在一定前提条件下作出来的。而前提条件又分为必然性前提和假设性前提。必然性前提的获得是以真正掌握预测对象的本质规律为根本条件的。以必然性前提为条件的预测是比较肯定的预测。但由于事物的未来状况难以预料，所以需要假设性前提条件。这时所作的预测，往往是对事物未来各种可能性的推断。

时间性是指教育预测与其他预测都具有一定的时间概念，这种时间概念有时笼统地表示为将来、今后、在未来的几十年中，也可以确切地给定，如1990年、2000年等。

描述性是指教育预测和其他预测一样都必须描述预测对象的特征。通过描述事物的特性如状况、数量、质量等的变化，进行预报或预言。这个描述可以概括地描述和说明，也可以用确切的数值或量词来表示。

二、教育预测在教育计划中的作用

不管哪一种计划，都与预测有关，也就是说，没有对事物未来状况的预测和预计，就没有制定计划的基础。教育计划也必须以教育预测为基础、为条件。

具体教育预测在教育计划中的作用，可以表现在以下三个方面。

（一）为教育计划目标的设定提供科学的依据

教育计划目标的设定是编制教育计划过程中的重要一环。目标是组织所希望达到的未来状况。教育计划是在预见未来社会发展、经济发展趋势的基础上，确定教育整体活动的目标、要求和步骤。教育计划目标的设定是以对教育的社会需要及个人需要的预测为依据的。另外，教育计划目标虽然是没有实现的教育未来的状况，但它又是根据一定条件经过一定过程应该得到实现的状况。这就是教育计划的现实性问题。我们说目标不单是一种希望，而是从现状分析出发，通过一定的推算，并通过调整被确定下来的。从这个意义上也可以说，教育计划目标的设定首先是一个教育预测活动。只有建立在科学的教育预测基础上的教育计划目标才是可能实现的教育计划目标。

（二）为教育计划中可行方案的选择提供服务

教育计划目标设定之后，就要寻求达到目标的多种可能性，即研究达到目标过程中的重要问题的解决办法。科学教育预测不但预测教育发展的各种趋势和各种状况，而且还要根据可能出现的情况提出不同的对策，形成不同的方案。就是说，科学的教育预测不仅包括教育发展的状况预测，还包括针对情况的方案预测。有了各种不同的实施计划的方案，才可能加以比较和选择，找出实现计划目标或解决主要问题的最佳途径和方法，从而提高教育计划目标实现的效率。

（三）为教育计划实施中的修改、补充提供服务

客观环境不断发展变化，教育计划或实施方案在实行中，也要相应地作这样或那样的修改和补充。这就需要根据教育计划实施过程中出现的新问题、新倾向，预测它们的未来后果，并依此对教育计划进行必要的修正、调整、补充，以避免因盲目性而引起失误。

三、教育预测的内容

(一)教育发展模式的预测

教育预测以教育体制为预测对象。探讨教育体制即探讨由教育管理制度、教育结构、办学形式、经费来源、发展规划等方面所构成的模式与一个国家的政治、经济、文化的关系及其变化趋势。

(二)教育结构发展变化的预测

教育预测以各级各类学校的比例构成、高等教育的专业结构与普通教育的学科结构等的变化为预测对象，探讨国民经济结构变化及其发展水平对教育结构的影响及相互关系。

(三)教育人口变化的预测

教育预测以教育对象变化为预测对象，探讨人口变化对教育发展的影响。教育对象是人，人口的变化直接带来教育需求的变化，人口数量的增减带来受教育人数及教育规模的变化，人口年龄构成的变化又带来不同类型、不同级别的教育机构设置的变化。

(四)教育投资预测

教育预测以国家对教育投资总额的多少及教育经费分配构成为预测对象，探讨国民经济发展状况即物质生产状况与教育投资水平的关系。

(五)教育内容、方法发展变化的预测

教育预测把教育内容与方法作为预测对象，探讨由于政治经济的需要，特别是科学技术的发展对教育内容提出的新要求，所引起的教育组织形式、教育教学方法、手段的新变化。

(六)教育布局的预测

教育预测以不同地区教育的规模、数量、种类、级别等方面的发展状况，即以教育在不同地区的布局为预测对象，探讨教育布局与经济、文化布局的关系。由于经济文化的发展在地理上呈现出一定的差异，必然带来教育布局上的地区差异。如何使教育布局与经济、文化发展布局相适应是教育布局预测的核心问题。

(七)人才需求预测

教育预测以未来经济和社会发展所需要的人才的数量、规格、层次、结构和比例为预测对象，探讨人才培养与经济和社会发展的关系。

教育预测是在诸多经济与社会发展预测项目基础上完成的，以上这些预测项目虽没有涵盖教育预测的内容，但从中可以看到，教育计划所需的预测项目是很多的。

教育预测要对教育计划实施与政策调整可能带来的社会反响作出预判。对这些情况的预判可为制定计划目标及其实施策略提供参考。

第三节　教育计划的结构

一般说来，教育计划由以下四个部分组成：教育现状的诊断及分析、教育发展目标、教育计划行动方案的拟定与选择、教育计划实现的保障措施。

一、教育现状的诊断及分析

教育计划的制定要具有历史连续性和问题导向性。这两点都离不开对于教育现状的诊断分析。特别是计划目标的设定是以对现状的诊断及分析为前提的。对现状进行诊断与分析的目的在于确认问题、界定问题及分析原因。确认问题是现状诊断与分析的第一步。管理学所说的问题，是指现实状态与期望状态之间存在着的需要缩小或消灭的差距。要确认问题就需要了解实际状态、期望状态和差距这三个方面。实际状态一般是通过有关资料的收集、处理、调查分析获得的。期望状态来自教育发展目标，是以预测为基础的。差距出自二者的比较。界定问题意味着准确查明差距的真相、程度及所发生的时间、场所，以弄清楚问题的范围与界限。决策目标仅靠界定问题不行，还需要诊断和分析问题出现的原因。教育问题要在教育的发展变化中、教育与社会的联系中去寻找原因。这不仅是目标设定的前提，也是提出具体解决措施的基础。

二、教育发展目标

在教育规划中，教育发展目标是指教育整体发展目标，它是对教育发展的一种期望。教育目标是落实教育计划的行动设计的出发点，又是评价计划期内教育事业发展的指标。

教育发展目标的编制一般分为两个层次，即总目标和分目标。

（一）总目标

在国家的层面总目标又称为战略目标。它是依据对国家或地区的社会、经济、文化、教育发展情况及需要的调查分析，对规划期内教育的发展方向及重要方面的发展指标所提出的总要求。

总目标的特点是它具有方向性和概括性。这表现在提出明确的指导思想或工作方针，以及制定总体任务和宏观目标。当前我国教育规划总目标制定时，文本写作上改变了以前以价值目标为主的定性写法，开始向虚实结合，也就是定量目标和定性目标相结合的方向发展。

这里以国务院制定的“国家教育发展‘十三五’规划”的部分内容为例加以说明。

“工作方针。优先发展、育人为本、改革创新、促进公平、提高质量。”“战略目标。到2020年，基本实现教育现代化，基本形成学习型社会，进入人力资源强国行列。”这两个方面是大的政策方向指南。

“实现更高水平的普及教育。基本普及学前教育；巩固提高九年义务教育水平；普及高中阶段教育，毛入学率达到90%；高等教育大众化水平进一步提高，毛入学率达到40%；扫除青壮年文盲。新增劳动力平均受教育年限从12.4年提高到13.5年；主要劳动年龄人口平均受教育年限从9.5年提高到11.2年，其中受过高等教育的比例达到20%，具有高等教育文化程度的人数比2009年翻一番。”这是定量的战略目标。

“惠及全民的公平教育。坚持教育的公益性和普惠性，保障公民依法享有接受良好教育的机会。建成覆盖城乡的基本公共教育服务体系，逐步实现基本公共教育服务均等化，缩小区域差距。努力办好每一所学校，教好每一个学生，不让一个学生因家庭经济困难而失学。切实解决进城务工人员子女平等接受义务教育问题。保障残疾人受教育。”这是定性的战略目标。

这些目标体现出和“十二五”期间国家教育发展规划的衔接，体现出问题导向和需求导向的结合。另外，“十三五”规划中提出了“坚持以人为本、全面实施素质教育是教育改革发展的战略主题”，突出了重中之重。这是符合发展规划要突出重点的要求的。

(二)分目标

这是计划期内各个教育领域的具体发展目标，这个部分涉及各级、各类教育或本地方各类教育发展的具体要求，需要将发展需要和问题导向紧密结合。规划文本在写作上要具体、细致，具有一定的操作性，越是接近于教育一线的管理层面，要求越要做到位。

这里以“国家教育发展‘十三五’规划”中的学前教育发展规划为例说明要求。

“基本普及学前教育。学前教育对幼儿身心健康、习惯养成、智力发展具有重要意义。遵循幼儿身心发展规律，坚持科学保教方法，保障幼儿快乐健康成长。积极发展学前教育，到2020年，普及学前一年教育，基本普及学前两年教育，有条件的地区普及学前三年教育。重视0至3岁婴幼儿教育。”这里针对幼教问题提出教育思想和方法的改进要求，又具体提出了到2020年刚性和弹性的普及学前教育的目标要求，把理想目标和可行目标很好地结合起来。

“明确政府职责。把发展学前教育纳入城镇、社会主义新农村建设规划。建立政府主导、社会参与、公办民办并举的办园体制。大力发展公办幼儿园，积极扶持民办幼儿园。”学前教育是非义务教育，但是它的发展不足影响了幼儿发展，因此特别强调了政府责任。

“重点发展农村学前教育。努力提高农村学前教育普及程度。着力保证留守儿童入园。采取多种形式扩大农村学前教育资源，改扩建、新建幼儿园。”在社会大变局的情况下，农村教育发展遇到严重困难，留守儿童的学前教育尤为困难。针对问题，规划将发展农村学前教育作为重点方向。

三、教育计划行动方案的拟定与选择

教育计划目标的设定并不意味着目标的实现。目标的实现需要行动，行动总要选择一定的方案或手段。选择的前提是拟定出多种可以替代的行动方案。教育的发展离不开资源的支持。从内容上讲，教育计划行动方案就是为了达到某个目标，把教育系统中的人力、物力、财力、时间、空间、信息等资源因素科学合理地组织起来，不同的组合就构成了不同的教育计划行动方案或实施方案。一个目标的实现，往往可以通过多种行动方案去完成。而为了最有效地达到教育计划目标，必须对各种行动方案进行比较选择。这样看来，替代行动方案的数量与质量对最后方案的选择具有极大的影响。

四、教育计划实现的保障措施

无论是那个层面的教育计划，其实现都是一个复杂的系统工程，面临诸多影响因素，会遭遇障碍和困难。因此，对于保障措施的设计和组织十分重要。保障措施涉及包括思想保障、组织和领导保障、政策和法律保障、资金保障、信息保障、师资等人力资源保障等方面。

第四节 教育计划的编制步骤及方法

一、编制教育计划的步骤

通常我们把教育计划看作是对教育发展的一个设计。这个设计具体是由预判与工作计划、信息的收集与分析、计划目标的设定、教育计划实施方案的研拟与选择、在实施中的反馈与调整五个步骤所构成。

(一)预判与工作计划

新一期教育计划不是从零开始的，它是在上期计划执行结果及其他相关实际情况粗略估计的基础上作出的。因此在制定计划之前，先要初步综合有关领导、有关部门、有关群体对于制定新一期教育计划的意见和建议，对于计划的取向初步定位，为开展下一

步详细的计划工作进程设想大致取向和目标框架。

(二)信息的收集与分析

教育发展计划是综合性的计划，它要求与社会、经济发展计划相统一。教育发展计划目标的多元性等因素，使教育发展计划的作业领域扩大并复杂化了。因此，提供正确的信息或完整的资料是制定计划的前提。换句话讲，教育计划的制定必须建立在比较充分、可靠的信息收集的基础上。在此基础上了解教育从过去到现在的发展实态及倾向，正确进行现状分析并预测将来，为教育计划目标的设定与计划实施方案的拟定与选择提供依据。

与教育计划的编制有关的信息资料大体上可分为四大类，即教育系统内的信息(包括正规教育及在职训练等方面)、有关人口发展变化的信息、有关教育经费的信息及人力与就业的信息。

教育系统内的信息主要包括：学生的数量、专业分科、教育层次、入学率、升学率、淘汰率、毕业率等有关学生情况的统计；教师的数量、任用资格、各级各类教师的数量与质量、教师与学生比等有关教师方面的统计；各级各类的学校数、班级数、班级的容量、专业设置、校舍设备等有关学校的信息；补习教育、成人教育及在职训练等有关信息。

人口发展变化的信息主要包括：每个年龄阶段的人口数、各学校教育阶段年龄组的人口数、各地区人口的流动量、出生率、死亡率、人口的地区分布、男女性别的人口数等。

教育经费的信息主要包括：教育成本，特别是教育社会成本，即教育经费总额、不同来源的教育经费额、各级各类学校学生单位社会成本、一定年限内各级各类学校学生教育费用的增长率、国民经济生产总值及增长率、教育经费占国民经济生产总值中的比例与增长率、教育经费的内部分配等方面。

人力与就业的信息主要包括：各主要经济部门的人数，各种不同职业类别的人数、年龄、性别、文化程度，经济部门及各种职业的变化流动情况，社会的就业情况等方面。

在收集与分析这些资料时，应注意：①信息资料的相关性、可靠性及现实性；②信息的发展变化过程即要考虑到它的过去、现在和将来；③在收集本国资料信息的同时，收集国外的有关信息，以资进行对比与借鉴。

(三)计划目标的设定

在收集与分析信息的基础上，要确定计划目标。目标的确定是以价值观为前提的，因此，目标的确定特别是计划目标的确定应该根据上级有关政策、任务和要求来进行。

但这并不等于说计划目标的确定可以完全不顾事实前提，相反，合理可行的计划目标必须建立在一定的有关事实情报的基础上。所以，教育计划目标是依据上级有关教育的政策、任务和要求，结合教育发展的实际情况而设定的。

具体在设定教育计划目标时，要考虑以下三个方面的问题：①环境方面，即社会为教育所规定的目标。由于教育与其他社会领域如政治、经济、文化等相互依存，教育计划目标不能不受其影响、限制。因此在设定教育计划目标时，必须以经济、社会发展目标为导向。②教育系统本身。由于教育系统的功能及内部结构是多重性的，因此教育系统发展的目标也具有多元性及层次性。教育系统的整体目标与教育系统内部各级各类教育发展目标可以说是不同层次的计划目标。另外，为实现某个目标所需要的一定手段，也形成了低一层次的目标。按层次推下去，目标越来越具体。在教育系统中各种发展目标可能会发生冲突，这就需要依据情况确定目标的优先顺序，以协调目标之间的关系，形成合理的目标结构。③目标本身的特点。即目标应该是高标准的、能激励人们去奋斗的，又是切实可行的，而不是高不可攀的。

（四）教育计划实施方案的研拟及选择

这一步骤包含两个方面：一是提出多种替代实施方案；二是满意方案的选择。

提出多种替代实施方案，实质上就是研究在达到目标过程中遇到的主要问题及其解决方法。一般说来，不管哪类教育计划，其主要问题多集中在教育发展的规模、速度与社会发展、经济建设需要不相适应方面，特别集中在教育事业的发展与可能提供的人、财、物、时间的矛盾方面。因此在研拟实施方案时，要充分分析教育系统中的各种资源因素。如对学生、教职员工的数量与质量，教育经费的分配与经济效益，房屋设备的使用率，以及时间资源的科学使用等问题的分析。在教育计划实施方案的研拟过程中，要遵循整体详尽性和相互排斥性原则。整体详尽性是指在拟定实施方案前，要把各种可能实施的方案尽量多地收集在一起，以便决策者从诸多方案中选择满意的方案。相互排斥性是指各个方案之间要有原则性的差别，是相互排斥的。只有这样才有可能和必要进行选择。由于实际情况的复杂性，这些原则的运用也有一个灵活掌握的问题。

满意方案的选择，即在提出各种替代的实施方案之后，在比较、评价这些不同方案中进行满意的选择。在决策理论中，人们把这个过程称之为手段决策。选择满意方案，首先，要确定价值标准，没有标准就没有判断好坏的尺度。在这里主要的标准是效率、满意。效率就是指所选取的实施方案应是对实现计划目标最有效的方案。满意是对所选取的实施方案的合理性要求。由于实际情况所限，选择实施方案的标准只能是在诸多方案比较基础上的相对合理。理想的或者说最优化的方案在实际中很难找到，因此不可能以最佳、最优作为实施方案的标准。其次，要组织有关人员进行比较及反复论证，以确定公认的好的实施方案。再次，要对选定的实施方案进行必要的修订补充。这是因为每个备选方案都有其长处和不完善之处。最后，选择实施方案要受到选择者知识水平及其他各种因素的制约。总之，注意以上问题是进行合理的实施方案选择的必要条件。

(五)在实施中的反馈与调整

任何一个经过精心研究制定的计划或实施方案，在实际执行中总要进行这样或那样的修改和补充，这是因为客观情况总在不断地变化。实施这个步骤的关键是及时了解掌握计划执行的情况和问题。从组织措施上说，必须建立起有效的畅通的信息、反馈系统，在计划和方案执行之前，就要提出监督计划执行的方法。

二、编制教育计划的方法

(一)社会需求法

社会需求法是把教育的社会需求，作为制定教育发展计划的参照条件。教育的社会需求有两重含义：一是指基于社会中的个人及家庭本身的价值观念及发展取向，产生的对各级各类教育的需求；二是指为获得社会的发展与进步，今后各级各类教育应如何举办与改革。前者是以社会大众的爱好取向来计划教育的发展，其理论基础是人人皆有受教育的权利，而公共教育事业的发展应充分保障和实现国民的这种权利。后者是从社会发展的角度来规划教育事业的发展，其理论基础是教育的根本功能之一即服务于社会发展目标的实现，推动社会的全面发展。社会需求法认为教育计划(特别是国家、地区的教育计划)既要考虑大众的教育需求，又要立足于社会发展的需要，二者应统筹兼顾，但并非平分秋色，从教育的社会功能来讲，应以后者为重点。

这种方法要求从分析影响社会需求的因素出发，获取教育发展结构、规模、速度的计划参照系数。一般说来，影响教育的社会需求的因素很多，具体包括：①家长的价值观、教育观在一定意义上，给子女教育以极大的影响；②社会各阶层的文化背景，即各社会阶层对学校教育具有不同的传统观念，这将产生不同的教育需求；③人口的多寡将影响教育的社会需求总量，人口的年龄结构影响着各级各类教育的规模、类型、层次，人口的地区分布影响着设校的地点、学校的容量等；④政府的教育政策影响着教育制度的类型，这是一种很有影响力的社会需求；⑤国家的发展，即社会经济、文化、政治的发展对教育产生的要求等。

在分析影响教育的社会需求因素的基础上，应进一步分析个人教育需求趋势即拟受教育的类型及人数，分析由经济发展所需的人才类型及数量，分析由社会发展所产生的教育需求，最后还要以现有的教育规模、结构为基础，考虑满足社会个体及社会各方面发展的需求。

这种方法一般仅依据人口增长趋势、年龄的分布及长期的国家教育政策，对于各级各类学校入学需求作综合的推测，并在此基础上设计教育发展计划。从实践上看，这只能为教育计划制定提供社会需要的教育类型及其人数，因此，这种方法较多应用于较低层次的教育发展计划上，如小学、初中的教育普及发展方面。其原因是：①教育的个人需求不仅受个人及家庭价值观的影响，还要受社会、经济、文化等因素的影响，较确切地分析这种需求是比较困难的；②教育社会需求的实现，是需要资源给予保证的，撇开这个问题来规划教育的发展目标，在实践上是缺乏保障或者说可能性是低的。

（二）人力需求预测法

人力需求预测法是以经济发展过程中所需要的各种人才的培养与提供为目标值，来规划教育发展的方法。这种方法着眼于教育与社会经济发展的关系，强调教育是社会经济发展的推动力，而社会经济发展需要一支训练有素的劳动大军及各级各类专业人才，教育具有承担这一培养任务的功能。

人力需求预测法于 20 世纪 60 年代提出。在经济合作与发展组织(OECD)及联合国教科文组织(UNCO)的支持下引入各国，并把它作为经济成长型教育计划的最一般的技术而加以使用。运用这种方法的具体步骤为：①预测未来某一时期国内生产总值；②设定各经济部门的产值；③实现以上预测所需劳动力数量及劳动力职业构成的预测；④教育供应预测，即把不同水平的劳动力需求作为目标值，以此来确定教育系统培养人员的规模；⑤对教育系统的培养能力和需求水平进行综合平衡，从而决定出各级各类教育发展的规模与速度。

这种方法的出现适应了 20 世纪 50 年代后期在世界范围内开始的战后经济恢复及随着经济发展而出现的科技人才之不足的需要，所以该方法得到了广泛的应用，成为较流行的教育计划技术。但它也有其本质上的弱点，正如许多经济学家所指出的那样：①无视生产技术的变化及替代可能性的存在；②人才培养及供给被限定在制度化的正规教育系统内；③无视现存人才的再利用；④对于人才培养及必要的资源和手段配合的变化及可替代性考虑不够；⑤对人才培养的成本不够重视；⑥忽视职业与学历的关系。所以，人力需求预测法作为教育计划的一种技术，也是有其局限性的。

（三）教育的投资收益分析法

教育的投资收益分析法是从单纯经济观点来考虑教育的发展，其理论基础是教育经济学的基本观点。这种方法产生于 20 世纪 60 年代，是随着教育经济学理论的发展及在对社会需求法的批判中产生的。作为教育计划技术的基础，可以把这种方法看成是教育经济学的根本，其基本观点是把教育经费视为一种同其他经济活动一样的资本投资，同样可以带来利润。具体讲，就是在教育过程中获得了知识技术的人们，可以预计得到更多的个人所得及提高生产效率，因此教育具有一种投资的性质。教育经费是一种投资，教育所需的费用及教育所带来的收益之比，即为教育投资收益率。如果以教育投资收益率为指标，把教育投资与其他社会部门的投资进行比较，就可以获得教育经费在国民收入中的比值，从而获得教育发展的情况。另外，在规划教育时还可以用这种方法计算出教育系统内各层次各种形式教育的投资收益率，通过比较来确定教育系统内各级各类教育发展的优先顺序、规模、速度及教育系统内教育经费的分配构成。

这种方法的根本长处在于可以估计各种教育投资对经济发展的作用与贡献，并把它作为分配教育经费的参照，规划教育整体及各级各类教育的发展状态。但在实际工作中，把这种方法运用到教育计划编制实践中的例子几乎没有，或者说这种方法还只停留在理论阶段。形成这种局面的主要原因是这种方法无论在理论上还是在技术上都有其明显的弱点，主要表现为：①教育并不是一种纯经济活动，社会与个人从教育中不仅获得经济上的收益，还有社会、文化、道德等非经济上的收益，这些收益虽然难以量化，但从整体上讲其分量并不比经济收益少；②作为计算基础的教育费用及收益的内容是比较模糊的；③教育所带来的经济外的收益的把握与计算是比较难的。因此，这种方法要成为一种实用性较强的计划方法，必须不断解决上述问题。

(四)教育类型法

教育类型法实际上是一种比较法。比较法的关键是比较指标的设定。教育类型法的指标构成，一方面是指一个国家、一个地区等教育发展的实际水平；另一方面是教育整体及各个具体层次教育发展的理想目标。教育类型具体可分为国际比较法和国内比较法。国际比较法是将发展阶段接近的国家分为若干组，然后分析本国属于哪一组，进而分析各国教育在适应经济、社会发展及教育自身发展方面的状态与问题，找出本国是否存在着其他国家存在的问题，以明了本国教育发展上的困难及发展趋势。国内比较法是依据农村和城市加以划分的，找出农村教育和城市教育各存在什么问题。

通过教育类型比较，为教育发展规划的制定提供基础，即教育现状的诊断及发展趋势的分析。

思考题：

1. 说明现代教育计划的含义及特征。
2. 教育规划与教育计划的关系及异同是什么？
3. 分析说明教育计划在教育行政管理活动中的作用。
4. 如何编制教育计划？
5. 编制教育计划的主要方法有哪些？

第八章　教育督导

第一节　教育督导的意义

一、教育督导的含义

教育督导是对教育工作(包括教育行政工作和学校的组织领导、教育、教学、总务、人事工作)进行视察、监督、指导、建议的活动。具体讲，教育督导机关和人员依据党和国家的教育方针、政策，按照督导的原则和标准，使用科学的方法，对教育行政工作和学校工作通过精密的观察、调查和考核，进而作出审慎的分析和评价，指出成绩和缺点，并提出积极的改进意见，使教育工作质量不断得到提高的活动。

教育督导也常被称作教育视导。教育督导和教育视导经常是在同一个意义上使用。但严格地讲，两者是有所不同的。例如，英国中央一级的教育督导机构叫作视导机构，其成员称为教育视导员。又如，日本在第二次世界大战前中央与地方教育行政组织中没有督学与视学官，第二次世界大战后，随着教育行政的指导建议职能的强化，在文部省内设置了视学官，在地方教育行政组织中设置了指导主事。从中我们可以看出两种提法是有区别的。区别在于，两词的英文词源不同，督导译自 inspection，视导译自 supervision。在使用上前者通常是在强调突出监督、检查作用时使用，而后者常常是在强调指导、建议作用时使用。一般说来，监督、检查活动要为权力所支持，而指导、建议多为非权力性的。教育督导虽然较之教育视导更强调监督、检查作用，但并不排斥指导、建议作用。反之亦同。实际上两者是辩证统一的。

二、教育督导的性质

从教育行政是国家行政的组成部分的观点出发，教育行政系统中的督导活动，是随着教育行政的产生而出现的，是在现代教育行政发展中制度化的。它是教育行政的一个职能，是教育行政的一个重要组成部分。

(一)教育督导的实质是行政监督

1991年国家教育委员会颁发的《教育督导暂行规定》第一条就明确指出:"为建立教育督导制度,加强对教育工作的行政监督,制定本规定。"这里所说的"对教育工作的行政监督",指明了教育督导的性质就是行政监督。行政监督就是指国家行政机关内部,如行政领导机关或专门监督机关对行政管理对象实施监督,其价值取向主要是秩序和效率。更确切些讲是一般的行政监督,即行政管理机关的监督。它是依行政管理权和行政隶属关系而产生的,是上级政府部门对下级政府部门和基层执行机构实施的监督。这种监督实际上是行使行政管理职能的一种手段。行政管理过程一般包括决策、咨询、执行、控制、监督、反馈、修正等环节,监督就是整个行政管理链条中的一个环节。所以,教育督导是行使国家行政管理权力实施的监督,它是一种自上而下的直接的规制性的监督,集中反映了行政管理强调权力作用的本质特征。

随着时代进步,对于教育督导中"发挥权力作用"提法的认识和实践也在不断进步。这主要表现在改变了传统上监督工作只对上级负责,其检查结果只向上级汇报、单向反馈的做法,强调督导工作也要对下级负责,要全面、科学地评价下级工作,有"督"也有"导",要及时向被评估者反馈督导结论并指导改进工作。

(二)教育督导具有指令性、法治性和权威性

教育督导的权威性主要表现为行政指令性、法治性和权威性。

1. 教育督导工作所具有的指令性是有限的行政指令性

教育督导活动是教育督导机构或督学,运用同级政府或教育行政部门授予的行政权,对下级政府、教育行政部门及学校的教育工作进行的检查、监督和指导等。这是一种国家监督,它不仅为国家的行政权力所支持,而且是自上而下的、以领导与被领导的关系为前提进行的。因此,不管被督导者是否愿意,都必须接受督导。特别是有时要制止被督导者的错误或不当时,没有一定的指令性是不行的。例如,被督导单位违反国家教育方针、政策、法规的行为,督导机构或督学要求其限期改正的意见就具有行政指令性。当然,由于社会和教育的变迁导致教育督导的专业性、民主性日益提高,因此,在教育活动中,指令性督导行为的作用范围有所改变,教育督导机构或人员对被督导单位提出的指导性意见和建议的做法得到加强。在这个意义上我们说教育督导工作的指令性是有限的行政指令性。

2. 教育督导工作具有法治性

作为行政监督的教育督导工作的内容主要是对下级政府、教育行政部门、学校及工作人员落实对有关法规、政策和方针的情况进行监督、检查与指导。因此它具有明确的法治性。教育部2012年颁发的《教育督导条例》第一条明确规定"为了保证教育法律、法

规、规章和国家教育方针、政策的贯彻执行，实施素质教育，提高教育质量，促进教育公平，推动教育事业科学发展，制定本条例”。也就是说，督导的基本使命是“护法”。教育督导的法治性一方面是表现在教育督导机构和人员依法进行督导活动中，一般是在编制督导评估指标时会将有关的政策、法规的内容与精神纳入其中，以引导被督导者给予重视并加以贯彻，达到保证执法的目的；另一方面是体现在通过各类督导活动发现违法问题并及时纠正。

3. 教育督导工作的权威性

作为行政监督的教育督导的权威性，与行政监督一样来自其凭借的职权和法纪。由于教育督导是对掌握和运用着一定权力的下级政府或下级教育行政部门及学校的教育工作进行督导，所以教育督导机构或督学拥有着比被督导者更高的权威。只有这样才能对被督导者进行检查、督促与指导。《教育督导条例》规定教育督导机构实施教育督导可以行使一系列职权，包括“就督导事项有关问题开展调查”“向有关人民政府或者主管部门提出对被督导单位或者其相关负责人给予奖惩的建议”等，并明确指出“被督导单位及其工作人员对教育督导机构依法实施的教育督导应当积极配合，不得拒绝和阻挠”，这些规定赋予督导主体以极大的权威性。

应当看到，教育督导的权威性还不仅仅来自这些部门的权力属性及其工作指令性质，还应当来自督导评价和指导的专业性及督导成果的落实。督导评价和指导的专业性是指通过严谨的督导工作过程所作的诊断评估结论及提出的改进建议，对于督导对象来说是抓住问题、有说服力、重点突出、建议实用的，这些品质是不少督导活动和结果所不具备的，形式化的督导很容易产生肤浅结论和建议。督导成果见实效是指将督导的结论和建议付诸后续的管理实践，督导机构与行政机构合作，以督导结论为基础采取行政措施，奖励优秀者，推广好经验，追责失职者，这样才能使大家信服督导工作的价值。另外，时代的变迁也在改变着被督导者的认知和需求，他们在被督导时也希望被尊重，因此现在的教育督导活动越来越强调，督导人员不仅依靠职权去影响被督导者，更要依据自然权力即个人所具有的知识、品行、性格魅力、领导艺术等引导被督导者，树立自身的权威。

三、教育督导的意义

我国教育视导人员的设置始于1906年，经过长时间的发展变化，到新中国成立之后，在国家进一步强调视察工作重要性的同时，在中央及地方教育行政部门中设立了相对独立的教育视导机构。但由于独立设置的视导机构和人员往往不很熟悉业务主管部门处理问题的详情，不能与业务部门密切配合，加上20世纪50年代末“左”倾思想的影响，1951年年底独立的视导机构和人员被撤销，而把视导工作交给了职能司、处。“文化大革命”结束不久，随着教育战线的拨乱反正及党的十一届三中全会的改革开放决策的推行，恢复和发展教育督导制度被提到教育改革和发展的日程。其根本意义在于以下四个方面。

(一)建立教育督导制度是加强政府对教育宏观调控的重要途径

1986年颁布的《中共中央关于教育体制改革的决定》中指出：“必须从教育体制入手，有系统地进行改革。改革管理体制，在加强宏观管理的同时，坚决实行简政放权，扩大学校办学的自主权，调整教育机构，相应地改革劳动人事制度。还要改革同社会主义现代化不相适应的教育思想，教育内容，教育方法。”这就明确了我国教育管理体制改革的方向和内容。实践证明这一改革决定是符合我国国情的，是行之有效的，已极大地调动了地方办学的积极性，加快了普及义务教育的进程，推动了基础教育的发展。扩大学校办学自主权，调整了政府、社会和学校三者的关系。

但改革放权之后，由于教育管理体制的改革涉及面广、十分复杂，加上目前管理干部的素质、经验及管理水平还不能适应新体制的要求，政府按照职能转换的原则干预教育的行为不到位，致使教育事业发展出现了一些混乱。这说明政府下放管理权力的同时，必须注意加强宏观调控。宏观调控，从过程上讲，就是依据教育发展的基本规律，运用间接调控手段或方式，把地方、学校及个人的微观教育活动纳入宏观教育目标，使整个教育事业健康、高效地发展。而健全的教育督导制度和教育评价系统是国家教育行政与地方教育行政、学校保持沟通、联系的有效形式。许多发达国家都非常重视教育督导、教育评价这种宏观调控管理方式的运用。

(二)建立教育督导制度，是实现依法治教的需要

健全的教育法规是现代教育的标志，是对教育系统进行控制、约束的手段。1978年党的十一届三中全会以来，我国的教育法治建设取得了巨大的进展，除政府及教育行政部门制定颁发的大量法规性文件外，特别是《中华人民共和国义务教育法》《中华人民共和国教师法》《中华人民共和国教育法》《中华人民共和国高等教育法》《中华人民共和国未成年人保护法》等教育法律的颁布和实施。有力地促进了我国教育事业的发展，尤其是基础教育的发展，更标志着我国已步入了依法治教的轨道。但就教育法规建设的整体而言，我们的任务还很繁重。

首先，我们的教育法规还不够完备，教育法规的实施细则出台滞后，教育法规本身的质量有待进一步提高。

其次，教育法规实施不够有力，有法不依、执法不严的现象还相当普遍地存在。教育法规必须在其贯彻实施中，才能促进教育的改革与发展。若不把教育法规变成“现实的教育法规”，教育法规的制定就只能是纸上谈兵，教育法规也只是一纸空文。从这个

意义上讲，教育法规的实施比其制定更有意义。而有效的法规实施，有赖于公民守法意识的提高，行政执法人员自觉地依法治教，也有赖于行政执法制度的健全，更有赖于教育法规实施的监督制度、惩罚制度的完备。监督执法正是教育督导工作的一项主要任务。1991 年教委颁发的《教育督导暂行规定》明确我国教育督导的任务是“对下级人民政府的教育工作、下级教育行政部门和学校的工作进行监督、检查、评估、指导，保证国家有关教育的方针、政策、法规的贯彻执行和教育目标的实现”。

（三）建立教育督导制度，是实现教育管理科学化的需要

从现代管理体制上讲，对教育事业实行科学管理的保障是形成“三位一体”的教育行政管理系统。“三位一体”的教育行政管理系统是指教育决策系统、执行系统和监督系统“三位一体”。这里，教育督导系统是构成健全的教育行政管理系统的重要部分。只有决策、执行系统而没有监督系统，必然会使教育决策缺乏科学论证，执行缺乏检查监督。在我国以往教育行政管理体制中，决策系统、执行系统和监督系统是混合在一起的。故而在管理实践中，常常出现领导忙于下达命令、指示，传达上级精神，而很少照顾到下面如何贯彻执行、贯彻政策怎么样、应给予什么样的指导的现象，以及决策系统、执行系统反馈情况难等现象。这是因为没有独立的监督系统，致使决策、执行系统自己评价自己，常常报喜不报忧，最终导致决策与执行缺乏科学的依据。所以根据我国的现状与国外经验，建立起与决策、执行系统并行的相对独立的检查监督系统，是改革我国现行教育行政管理体制、提高教育管理效率与效益、推动教育发展的重要方面。

（四）建立教育督导制度是提高教育行政人员和学校管理者政治和管理素养的必要手段

督导工作是以法律法规和各项教育工作的基本标准为指南进行的，督导工作过程也是由系统性的工作环节组成的。项目督导活动对于督导者和被督导者双方的理念和实际能力都是检验，也是一个学习过程。督导针对具体工作所作的诊断和评价，其结论不仅为改进被评估者工作提供了指南，而且能帮助他们发现自己的不足，指明提高的方向，有利于带着问题深入学习。

第二节　教育督导的基本职能与具体任务

一、教育督导的两个基本职能——监督和指导

教育督导的职能，是指教育督导应该承担职责和应该发挥的作用，又指教育督导机关及人员为执行其任务所进行的职务活动。

“督导”一词的字面含义即监督和指导。若进一步分析督导的内涵，监督包括检查、调查、监察、考核、督促等作用；指导包括指示、引导、辅导、帮助、鼓励、启发等作用。可以说，监督、指导是组织化、制度化了的教育督导活动的两个基本的职能活动。

对教育督导职能的概括，在以往的研究中有好多种，如在刘问岫主编的《普通教育行政概论》中，被分析归纳为预防性功能、补救型功能、完善性功能、评价性功能、沟通性功能、反馈性功能。孙绵涛在其编著的《教育行政概论》中，指出教育视导的职能为沟通评价职能、检查监督职能、指导推广职能。这些概括虽然是从不同的角度加以归纳分类的，但有一个共同点，即着力反映教育督导活动的发展，也就是教育督导活动内容的扩大、作用的变化。这不能不说是以上概括的出发点和特色。对此，若从强调揭示教育督导职能活动的变化上讲，是必须给予肯定的。但我认为，就教育督导职能活动的内容而言，主要的就是监督和指导。其他的均可看作这两种职能活动的延长、作用、结果或方式、手段。例如，反馈、评价就是视察、监察活动的延长，预防、补救、完善等可视为监督、指导活动的作用或结果，沟通、协调是监督或指导的活动方式、手段。因此，在这里，将监督与指导作为两个基本的职能活动。

教育督导的职能活动就像一个复杂系统的任何一部分，可以从不同的角度进行考察，也可以采用不同的理论参照系进行分析。为了进一步分析认识教育督导的监督、指导职能，以下试从行政监督行为、管理过程的控制行为角度进行一点探讨。

(一)教育督导的行政监督职能

行政监督是指在公共行政管理过程中各种监督主体对行政机构和人员所进行的监察、督促和控制活动。行政监督可以分为广义和狭义两种。

广义的行政监督是指对行政管理活动进行监督的所有形式，即法律监督、政党监督、群众监督。这些监督的组织系统不论大小，都独立于行政机构之外，因此也称之为外部监督。

狭义的行政监督是行政系统的自我监督，它的最突出特点是以上下隶属关系为监督行为的基础，所以可以说，它是一种自上而下的、直接的、规制性的监督。狭义的行政监督的含义可分为两层：①行政机关内部对自己的机构及其公务员的不良行政行为所实施的监察和督导；②上级行政机关、领导对下属组织及其人员的监督，是行政机构内部的监督。

实践中，这样的监督行为主要凭借权威和纪律来对下级组织及人员进行监察、考核，并且是消极的，就是说它以考核办事成绩为检查的目的，办事努力者予以奖励，不努力者予以惩戒。这种监督行为只对上级负责，检查结果只向上级汇报，是单向的反馈。另外，其特点还表现在行政监督的内容上，主要是对下级组织及人员、对有关法规及政策的实施进行监督。正如“监督”一词的原意所表示的那样，是上级行政部门对下属部门及人员的查看、监督、考核。从这个意义上讲，教育督导活动也必然是居高临下的视察、考核活动，是有督无导的消极监督。

随着管理理论的普遍化，行政活动进入了管理理论的对象范畴。受一般管理理论的影响，现代行政监督活动已逐步以指导(包括激励、辅助等)为主，重视发挥人的积极性。因此现代行政监督的内涵不仅包括查看、监督、考核，还包括指导、建议、协调、沟通等内容。

(二)教育督导的控制和指导职能

管理是一种持续不断的过程，这个过程由几个不同的要素或环节所构成。一般把管理过程(包括行政管理过程)划分为五个要素，即计划、组织、指挥、协调和控制。控制在管理活动中是不可缺少的一环，其内涵被表述为根据组织管理决策的目标与计划，对组织活动及其成果进行监督检查，为消除目标实施与预期目标之间的差异所进行的管理活动。这样说来管理过程中的控制活动就其目的作用而言，为行政管理过程中的行政监督行为。

从控制活动的内涵出发，其首要特点就是与目标紧密相连。“控制”一词源自希腊文，原意为舵手，舵手的根本任务就是保证航船的行驶始终朝向目的地。管理过程中的控制活动主要是保证使组织或成员的行为始终不偏离目标。为此，控制活动主要是通过反馈和指令来保证实际行动过程与所定目标计划保持一致。

反馈就是将本来要求按照计划去进行的行动过程的实际情况与计划目标比较的结果(即信息)反送回决策和执行机构的活动。反馈是控制活动的主要部分，没有反馈，就无从实行控制。为了获取反馈信息，必须追踪实际过程，检查实际过程与原定计划、目标、政策是否一致。从这里去理解作为控制行为的教育督导活动对反馈的重视，一方面，重视以获取反馈信息为目的的检查、监察、调查职务活动，而不是以消极考核为目的的监督活动；另一方面，重视双向的信息反馈，信息反馈不仅是对上级决策部门，而且也对实施、贯彻部门及人员，这也是一种信息沟通。当然，对上的信息反馈是控制活动不可少的，但对下传递和交换信息、报告视察结果、分析其原因也是重要的。从整个控制过程来说，信息的传递、交换是控制活动的核心，离开了信息系统，控制就不能发挥对下的评价、信息传递、咨询及服务功能。因此，教育督导活动不仅要重视对上的信息反馈以尽参谋职能，而且要重视对下的信息反馈。

实施控制除了反馈之外，一般还通过发出指令去进行。指令是一种指导性命令。指令的作用在于改变人和组织的行为，使之符合计划的要求，以利于行为过程朝向目标。指令在发挥改变人和组织的行为作用时，不能简单地理解为限制人们的某种行为，强制人们采取另外的行为，由于人的行为是受思想支配的，人的思想发展有其自身的规律性，因此指令要力求为个人及组织所接受、所理解，以形成共同的价值观，在共同价值观下达到行为的协调一致。因此，在管理理论指导下的教育督导活动强调以指导为重要的职能活动内容，并要求突出指导活动的启发功能、激励功能、协调功能。在这个意义上，许多学者提出的教育督导的激励功能、协调功能、启发功能等都是由指导这种根本职能活动派生出来的行为和作用。当然，在实施控制时，要求组织成员协调一致的因素也总是存在的，对于这种情况，控制也起着某些抑制、限制的作用的。

二、国外教育督导的监督与指导职能的发展变化趋势

第二次世界大战之后与之前相比，世界上许多发达国家的教育督导职能活动呈现了改善监督职能的动向，尽可能减少职能活动中的命令行为，不是以考核为终极目标，而要强调其指导职能。

第二次世界大战之前，督导活动作为指挥监督行政的一个环节，是从维持教育活动的正常运转的根本目的出发，为使中央的教育政策、上级的教育意图浸透到学校去，并为检查落实的情况而对学校进行的视察活动。同时，为达到教育政策在学校得到贯彻的目的，在教员管理方面也采取了一定的措施。故而，一些国家的督导常常被赋予了教员评定权。通过对教员的勤务考评，即依据行政当局制定的标准或评价项目对教员进行考核，直接插手或间接影响教师的经济报酬、晋升、奖惩等人事工作。另外，督导代表教育行政当局，代行其教育视察、评定、指导等行政行为。因此督导要受教育当局的领导，同时对教员又作为上司，传达当局的政策、命令，并对政策命令的贯彻行为进行自上而下的监督。

第二次世界大战之后，从日本、法国、联邦德国的变化可以看到，对以上的督导职能活动改革的基本方向，就是强调、强化、扩大教育督导制度的指导职能，不断扩大指导性职能活动的范围，改革指导活动的方式。这一变化趋势的具体内容可以归纳如下：①以改革、发展教育为根本目的，从单纯对下级教育行政部门及学校对上级教育政策执行情况的视察考核，转向在视察考核的基础上，开展积极的指导建议活动；②从直接或间接地插手、影响人事管理转向提高专门职业能力的各种活动的组织与协助；③以指导学校的教育、教学特别是教师的具体教学的专业性活动为指导职能活动的中心内容；④改善以上下级从属为前提的督导与被督导者的关系。代之以平等合作的关系，改善监督命令的督导方式，代之以协商、激励的方式。

日本指导主事制度的建立，英国开展的督学人员的“教师商谈者、学校职员协作者”活动，西德重视视学人员的情报提供、建议、激励作用的发挥，法国的教育活化、督导

活动活化等实践活动都是这种变化的反映。

到 20 世纪 90 年代，世界性的教育改革风起云涌。由于社会和公众对教育给予了史无前例的关注，效率和质量成为使用频率最高的术语。国家政府对于教育的干预有所加强，相应的国家级或地方级教育目标也开始在一些有分权传统的国家中出现，教育实验和改革不断涌现。致使一些国家进一步积极改变现行的教育督导体制，努力建立民主、高效、服务性强的新式教育督导。

比利时在维持原教育督导制度不变的前提下，根据教育改革的实际需求增加了一个教育咨询服务系统，这样原教育督导系统仍然维持监督和检查的功能，将具体对学校的法律实施政策落实特别是经费使用情况予以监督，而教育咨询服务系统将以全新的管理理念为学校提供各种教育咨询。

英国尝试性地将市场原则引入教育督导之中，1993 年的教育法规中规定“如果某一注册督学认为一所学校办学失败，则在其报告中提出整改措施，经学校总督学批准即具有法律效力”。

美国非常强调教育督导的指导性和服务性，20 世纪 90 年代以来对教师实行了“发展性督导”，即督导人员在教师自我设计和自我发展的基础上发挥作用，使督导工作的开展以教师的需求为出发点①。

三、教育督导的任务

《教育督导条例》第二条规定，教育督导的内容分为两个部分：其一，县级以上人民政府对下级人民政府落实教育法律、法规、规章和国家教育方针、政策的督导；其二，县级以上地方人民政府对本行政区域内的学校和其他教育机构教育教学工作的督导。按照上述规定，可以从督导对象和督导职能两个角度分析教育督导的任务。

（一）从对象角度看督导的任务

如果从教育督导的对象而言，教育督导的任务主要是两个方面：一方面是督导政府包括政府设置的教育行政机构，简称督政；另一方面是督导学校，主要是中小学校，简称督学。督政与督学密切相关，督政离不开督学，督学是督政的基础。近年来我国教育督导实践就是既督政又督学，并以督政为主。这是由我国的国情决定的。

督政即把督导下级政府的教育工作（包括教育行政部门的工作）作为主要任务，这在世界其他国家里是不存在的，他们的教育工作主要是督学。应该说这是我国新型社会主义督导制度的一个特点，是我国的政体与教育管理体制所决定的，也是教育体制改革、

① 洪成文：《90 年代国外教育督导发展轨迹初探》，载《比较教育研究》，2001(6)。

发展教育的需要。

首先，我国现行的行政体制决定了“督政”的任务。我国现行的教育行政体制从教育行政与一般行政的关系上讲，属于从属制，而非独立制。就是说教育行政是国家行政的一个组成部分，各级教育行政机关必须接受各级政府的直接指挥与监督。我国现行政治体制的根本特点，决定了我国各项事业发展的宏观决策权，人力、物力、财力的统筹和调控主要由党委和政府领导所掌握。教育的发展及教育行政部门的合作都离不开政府的重视和领导。这也是社会发展规律和教育自身发展规律的反映。就社会发展全局来看，现代经济和社会的发展要求各级政府干预教育，从教育自身的规律看它又不能离开社会的政治、经济、文化而发展，教育所固有的经济功能、政治功能、文化功能决定了其必须与社会的政治、经济、文化的发展保持同步。因此，重视和加强政府对教育的干预是现代教育的发展趋势之一。

其次，这是贯彻中央确定的教育优先发展战略所必需的。国际上普遍将加强教育作为增强综合国力和提高国际竞争力的重要砝码。我国改革开放以来，党和国家政府也把教育摆在优先发展的战略地位上。邓小平同志在1985年在全国教育工作会议上指出：“一个地区，一个部门，如果只抓经济，不抓教育，那里的工作重点就是没有转移好，或者说转移得不完全。忽视教育的领导，是缺乏远见的、不成熟的领导者，就领导不了现代化建设。各级领导要像抓经济那样抓好教育工作。”1994年江泽民同志在全国教育工作会议上指出：“教育能否优先发展责任首先在各级政府，关键也取决于各级政府的诸如落实有关教育方针政策法规、对本地区教育事业发展的规划及实施、教师队伍的建设、教育经费的投入、引导各行各业支持教育等方面的工作情况。”建立督导制度、开展督政工作正是为了加强政府对教育的管理，实现教育的优先发展。学校的教育、教学和管理活动直接关系到所培养的学生的水平，目前我国深入开展的教育改革已把提高教育质量提到了教育发展目标上来。因此，督学即督导学校的各项工作也不容忽视。特别是随着教育改革的深入发展、督导制度的不断完善，督学也将成为一定历史发展时期我国教育督导工作任务选择的侧重点。

最后，教育管理体制改革需要强化督政。20世纪80年代中期以来的教育管理体制改革，旨在通过简政放权，实现中央教育行政管理职能向宏观调控的转换，建立基础教育地方化、由地方负责的管理体制。《中华人民共和国教育法》第十四条规定：“国务院和地方各级人民政府根据分级管理、分工负责的原则领导和管理教育工作。中等和中等以下教育在国务院领导下，由地方人民政府管理。高等教育由国务院和省、自治区、直辖市人民政府管理。”因此，各级政府特别是各级地方政府对教育工作的认识和教育管理的水平，对办好教育事业尤其是基础教育有着决定性的作用，新的管理体制的健康发展，不仅取决于“放权”，而且取决于上下之间的良性互动，取决于上级对下级的监督和指导。那么建立专门机构了解和监督各级政府的教育工作也就成为必需。《教育督导暂行规定》把代表同级政府对下级政府的教育工作，依法进行综合性监督、检查、评价、指导确定为教育督导机构的任务和职责，是我国建立中国特色的社会主义督导制度的有益探索，根本上是教育管理体制的改革和发展教育的需要。

（二）从教育督导职能看督政的任务

若从教育督导职能的角度理解、概括，教育督导的任务有以下五个方面。

第一，监督和检查下级政府、教育行政部门和学校贯彻执行国家的有关方针、政策、法规的情况，教育、教学和教育管理工作的情况，以及其他有关事项。

监督和检查是指领导对下属的监察和督促。其目的在于使下属能够迅速、准确、有效、积极主动地贯彻执行教育方针及各项政策，完成教育、教学和教育管理等方面的工作任务。教育方针与各项政策的贯彻执行，仅仅靠通知和指令，常常得不到切实的贯彻落实。又由于各个地区经济条件的不同，教育事业发展的不平衡，加之各个地区、学校的领导和教师，在思想认识、政策水平、教育观念、实际经验上存在着较大的差距，因此在贯彻方针、政策的实践中，往往会出现很大的差别。这就需要教育督导机构及督导人员专门承担起国家对教育行政机关及学校的工作质量、教育质量等方面的监督和监察任务。

第二，评价下级政府、教育行政部门和学校的管理水平、办学水平和教育质量。

评价下级政府和教育行政机关工作成效及学校经验实施的成果，是教育督导的一项主要任务。从现代教育行政管理的观点和发展趋势中看，积极开展教育评价，对于提高教育管理质量、贯彻教育方针政策和推动教育事业的发展有着巨大作用。教育评价的内容是很广泛的，概括起来主要是：对教育行政部门管理水平的综合评价；对学校办学水平的综合评价；对教师的教育、教学工作的评价；对学生学习质量的评价。

第三，指导和帮助下级政府、教育行政部门和学校的工作。

指导是相对于监督、指挥而言的，有指点、引导的意思。指导的目的在于帮助下级行政部门和学校更有效地完成任务。第二次世界大战之后，世界许多国家对教育督导工作的改革，其内容之一就是扩大教育督导机构的指导建议职能。指导的开展，注重人的潜在积极性的调动及启发诱导方法的运用，并强调发挥指导的激励、辅助作用。从督导工作的过程来看，指导是其中重要的一个环节。成功的指导是以调查的事实和基于事实所作的评价为依据的，以督导人员与被督导人员之间相互信任为条件的。

第四，向本级政府和教育行政部门反映下级教育部门、教育工作者的意见和要求并提出建议。

教育督导系统被视为教育管理的反馈系统。就是说，教育督导机构及人员通过反映下级教育部门、教育工作者的意见和要求，实现上级各项方针、政策、指令任务、执行情况及方针政策本身问题的反馈。反馈是检查决策(包括方针、政策、指令、任务等)是否正确、执行是否有效的依据。与此相联系的一个问题是教育督导机构及人员在分析反馈信息的基础上，通过向政府、教育行政部门、学校领导及教师提出意见和建议，实现其参谋职能。

第五，教育督导工作应鼓励并协助下级教育行政部门和学校就日常管理、教育、教学活动中遇到的问题进行合作性的调查及研究，以寻求解决问题的依据和方法。

人们常常感到，教育研究部门及大学中有关学者对教育管理、学校教育中实际问题的研究，往往对问题的解决助益不显著，而实际工作者又很少有意识地对所遇到的问题进行研究，这是一件很遗憾的事情。因此，教育督导人员就评价结果及调查中发现的实际问题应组织、协助、参与有关专家、实际工作者的合作研究，以推动教育工作的方针教育质量的提高。

第三节　教育督导机构与人员

一、教育督导机构的设置

(一)我国教育督导机构的设置的历程

1983年，教育部在《关于建立普通教育督学制度的意见》中，提出在中央教育部，省、市、自治区教育厅(局)，地、县教育局内设置四级督学机构。1986年国务院批准教育委员会重新设立教育督导机构——督导司。1987年国家教育委员会转发了《国家教委督导工作座谈会纪要》，并发出积极稳妥地建立督导机构的通知。1988年9月14日国家教育委员会、人事部下发《关于建立教育督导机构问题的通知》，要求县级以上人民政府建立教育督导机构或配备专职教育督导人员。此后，有许多省、市、自治区在其教育厅(局)内设置了督导机构，但就全国来讲，尚未形成健全、完善的自上而下的四级教育督导机构系统，特别是地县两级的教育督导机构的设置还有大量的工作要做。1991年国家教育委员会颁布的《教育督导暂行规定》，使我国教育督导机构设置获得了新的发展。其表现在两个方面：一是基本形成了中央、省、市、县四级教育督导机构网络，特别是到1998年年底，全国31个省(自治区、直辖市)已全部建立了省级教育督导机构。全国有99.7%的地(市)和97.3%的县(市、区)也都建立了督导机构。二是部分教委督导机构改建为政府督导机构。政府督导机构是各级人民政府在教育行政部门内建立的对教育工作进行监督、检查、评价、指导的专门机构。虽然其工作机构多设在教委内，日常工作由教委管，但它可直接代表政府去监督下级政府的教育工作。教委督导是各级教育委员会(或教育行政部门)在其内部设立的相对独立的职能部门。它在监督下级政府教育工作时需由同级政府授权。

2000年1月，经中央编制委员会审核，国务院批准，国家教育委员会教育督导团正式更名为“国家教育督导团”，这对地方加强建设教育督导机构产生了直接的影响。截至2000年，全国31个省(自治区、直辖市)及新疆生产建设兵团全部建立了人民政府教育督导室(督导团)。

2001年，《国务院关于基础教育改革与发展的决定》颁布后，各地在督导机构建设方面取得了新的进展。主要表现在省地两级教育督导机构改革已基本完成，截至2005年底，全国31个省(自治区、直辖市)全部成立了人民政府教育督导团(室)。98.5%的地(市)建立了教育督导机构，其中91.1%是人民政府教育督导机构。全国共有2716个县建立督导室，其中冠以人民政府督导机构称谓的占82.7%。

为了强化教育督导工作，2020年2月中共中央办公厅、国务院办公厅印发了《关于深化新时代教育督导体制机制改革的意见》，国务院设立教育督导委员会，由分管教育工作的国务院领导同志任主任，教育部部长和国务院协助分管教育工作的副秘书长任副主任。该委员会成员包括中央组织部和教育部等18个部委相关负责同志。该文件要求各省(自治区、直辖市)结合实际，比照上述做法，强化地方各级政府教育督导职能，理顺管理体制，健全机构设置，创新工作机制，充实教育督导力量。

(二)教育督导机构的地位及其与同级教育行政部门的关系

如何进一步提高教育督导机构的权威性？教育督导机构是否需要在组织上、工作过程和人员组成上有独立性？这些问题在国内外都在不断讨论，尤其在国内随着教育督导日益受到重视，强化其独立性的呼声也越来越高。对这个问题需要根据国情和管理的规律来加以分析，其结论应该是：教育督导部门应具有一定独立的权威地位，但客观上这种独立性又是相对的。

首先，为了提高督导工作的权威性，必须使其获得与履行职能相匹配的权力与地位。这是因为教育督导机构如果没有组织地位的独立性和权威上的对等性(与同级教育行政部门同级别)，就会完全附属于教育行政部门，就要服从行政部门领导和指挥，那就很难客观公正地督政和督学。而失去独立性和相应的行政权力级别，督导部门就不太可能顺利地与教育部门及其他同级政府机构进行沟通和协作；缺少行政地位和权力的督导部门提出的改进和问责建议就可能很难受到行政部门的重视，它向本级政府提出的教育建议也可能因为“级别低”而被冷落；无利于督导机构基于调查结果为教育行政部门向本级或上级政府申诉困难和寻求支持。

提高督导部门的权威地位可以从以下两个方面入手。①从组织制度上解决这个问题的方法之一是将隶属于教育行政机构的督导室改为独立设置并与教育行政机构平级的教育督导处(室)，归本级政府直接领导。这种举措应当有法律和政策文件明确其地位和职能。名正才能言顺，这对提高教育督导机构的行政权威十分必要。②教育督导部门的独立性更多应表现在工作制度、工作过程及其成果质量上。这包括：督导部门要在全局视野的考量下，制定独立的督导规划和项目计划，勇于和善于发现问题、挖掘信息和诊断问题，提出有价值的督导结论和改进建议；督导部门应当充分发挥“教育质量保障和协调中枢”的作用，主动联系和协调有教育视察任务的部门(比如说政协、安全管理部门等)和有检查和评价能力的机构(如教育评价与信息中心，教研中心等)沟通与分享督导信息，寻求技术支持，协调各种力量合成为高效的督导团队和服务团队，从而提高督导工作的效率和效能。

其次，关于教育辅导机构为什么必须具有独立的身份地位，前边已经解释过了，至于说这种独立性是相对的，原因有以下两个。

第一，教育督导工作任务的广泛性和综合性决定了教育督导机构在履行其职责的过程中要与其他职能部门发生关系。主要是与教育行政部门及其职能处室的关系、与教育科研部门的关系、地方三级教育督导机构之间的关系、与其他有关政府部门的关系(如公安、卫生部门等)及与群众团体之间的关系等。这些部门或团体是具有专业性的督导协作力量，或者是督导信息的重要来源。督导部门与它们之间的关系是协作关系而不是命令关系，它对这些部门在专业问题上有一定的依赖，因此辅导机构独立性受到限制。

第二，教育督导机构与教育行政部门及其职能处室的关系是影响和保证教育督导工作顺利进行的重要方面，过于强调独立性不利于提高行政效率和效能。

在我国现行的教育行政体制下，教育行政部门是管理我国各级教育发展和日常工作的主导机构，在权属范围内，它掌握着指挥属地教育运行的所有实际权力，包括督导所需的问责权的落实。同时，由于教育行政部门与基层有着持久、广泛的联系，对情况熟悉。因此教育督导部门在履行职责过程中必须和教育行政部门密切沟通与合作。

教育督导机构只有与教育行政部门密切协作，才能防止低效地叠床架屋，减轻被督导者的负担，提高工作实效。尽管教育督导机构与教育行政部门是在同级政府领导下分别独立设置，但在工作对象、任务、目的方面有着极大的共同部分，其工作的终极目标是共同的，即根据国家的教育方针、政策、法规，维持教育工作的良性运作，推进教育的改革与发展，使教育更好地为社会主义现代化建设服务。其工作的对象是下级教育行政部门和学校。因此在实际工作中不可避免地发生交错重叠、多头指挥等问题。所以，处理好教育督导机构与教育行政部门及其内部业务部门的关系，解决好它们之间沟通、联系、分工合作的问题，就成为完善教育督导组织机构、理顺教育督导机构与其他相关机构的关系、提高教育督导机构的效率的一个必须面对的问题。在1995年国家教育委员会拟定颁布的《普通中小学督导评估工作指导纲要》及关于实施试点的意见中，就提出了在试点中要研究督导评估学校与督导评估政府教育工作的关系，并处理好督导机构与教育行政部门内有关单位的关系。

最后，关于如何处理好教育督导机构与教育行政部门的关系，可以从以下四个方面入手。

第一，根据实际情况，加强政府的领导责任，理顺督导管理体制，健全机构设置。处理好教育督导机构与教育行政部门的关系这个问题也是世界许多国家在完善教育督导机构中遇到的问题。为解决这个问题，各国采取了不同的方法，其中加强政府的领导责任是一个比较普遍的做法。如法国，规定了中央一级教育督导部门由教育部部长直接领导，负责对全国的教育情况进行了解、分析、评价与咨询，并完成由教育部部长委派的其他特殊任务。而地方教育督学则由同级教育行政最高长官兼任。美国的教育督学也采用兼职制，即由地方行政长官兼任。2020年2月中共中央办公厅、国务院办公厅印发的《关于深化新时代教育督导体制机制改革的意见》，采取的国务院设立教育督导委员会并要求地方参照执行的要求，也属于这类措施。

第二，提高教育督导部门的行政地位。英国将教育督导部门与教育行政部门进行分设。我国经过多年调整，已经逐步将剩余的教委督导室改建为政府督导室。

第三，教育督导部门主动协调与教育行政机构的合作关系，统筹安排督导和检查工作。建立机制协调教育行政部门与教育督导机构的工作安排，交流工作计划和方案，互相听取对方的意见，交流信息，统一行动，尽量避免重复工作。还要建立必要的规章制度，如双方主要领导的联席会制度、双方合作的检查评估制度等，以保持相互间的经常联系、信息传递和相互支持。为了方便工作联系，一些地方采取了两类机构合署办公的工作模式。这一模式值得深入探讨。

第四，教育督导部门与教育行政人员适度交叉任职。交叉任职主要是指经验丰富的教育行政机构人员到教育督导部门任职，以提高督导工作的规划能力和问题发现与分析能力。当然，一些入行教育督导工作不久的督导人员也可以在一定时间内到教育行政部门的岗位体验管理工作，相当于“在岗培训”。我国很多地方的督导人员特别是督导领导者就是从教育行政岗位流动过来的，督导活动中某些业务性强的督导项目更是经常吸收熟悉情况的行政部门人员参与。在国外也有类似情况，法国的督导人员中的一部分就是教育行政人员充当的。

二、教育督导人员

我国把教育督导人员称为督学(也称“视导人员”)。

(一)督学的条件，即督学的素质问题

由于督学是代表同级政府、教育行政机构对下级政府、教育行政部门和学校进行检查、督促、评价、指导工作，所以对什么样的人才能做督学从素质到资格是有一定要求的。教育的发展与改革及教育督导制度的发展变化，也对督学的资格和素质不断提出新的要求。在中外督导史上，对督学的资历和素质的研究始终是个重要的内容，同时也均有相当严格的要求。

1. 国外对督学的研究

柏奇(Burch)和邓莱(Danley)就十分强调视导人员的十项能力，具体如下。

(1)视导人员应具备公开场合主持会议及演说的能力，并且能给人留下良好的印象。

(2)视导人员能代表政府或机关，提供有关的信息给相关的个人或团体，以利于沟通的进行。

(3)视导人员能与教育界及非教育界的相关人员保持良好的关系，同时也鼓励组织中的成员，能与其他人维持良好的互动。

(4)视导人员能广泛阅读，随时吸收新的知识与信息，并乐意与其他人分享相关的信息。

(5)视导人员能有效分配个人的时间，并适当运用相关的人力、物力资源，以发挥最大的成效。

(6)视导人员能协助教师获得所需之专业知识、能力，能编制教学指引及教材，也能设计、执行教师在职教育方案，并针对课程内容项目、教育活动加以客观的评估。

(7)视导人员在视导学校时，能主动解说学校教育目标，并客观评估教学上进步的情况。

(8)视导人员能运用适当方法介绍新观念，以激励教师提出创新的想法；能有效影响学校教师作必要的变革；能对教学努力及成效卓越者，给予奖励。尤其应在个人工作及专业态度上，能成为教师的典范。

(9)视导人员能分析危机形成的原因及背景，能圆满处理人际间的冲突，也能与他人沟通协商，以获得圆满效果。同时，为应付未来可能遭遇系统之危机，能发展出一套危机处理的办法。

(10)视导人员能圆满处理例行性工作，并对各项问题作进一步的追踪研究。

2. 国内对督学的研究

20世纪三四十年代我国的视学理论研究也有对视学人员的任职条件及素质的探讨。

如孙爱棠就认为，一个好的视导人员必须具备下列条件。

(1)品格方面：诚挚不欺；公平无私；富同情心；勤劳谨慎，不操切疏忽；坚毅忍耐，能任劳任怨，不为环境所左右；虚怀若谷，沉着踏实，不自满足，不自矜炫；光明磊落，无不道德行为；有专业之自觉心，力求工作与成绩之表现。

(2)经验方面：对于教育有深刻之研究与浓厚之兴趣；在教育休整与教学训导方面，有实际的经验；具有丰富的普通常识，同时有专门的学术研究；有健全合理的人生观；明了国内外之情势，以及教育状况与教育思潮；深切了解本国教育宗旨与实施政策和方式；有合乎科学精神的视导方法与办事方法；明了一般的视导原则与标准；对事接物，有虚心研究精神和精密的研究方法；能介绍新学说、新方法与新出版之书刊等于被视导者。

(3)才能方面：精明强干，遇事应付裕如；机警敏断，能即洞悉事体之是非曲直，与缓急轻重；熟悉世故人情；办事有条不紊；注意周到，并能持久；记忆力强，并善记载；有发表的能力，无论文字的或口头的皆能畅所欲言；能指示教师教学之优点与缺点，鼓舞其努力进步，或暗示其改进途径，并能示范教学。

(4)体态方面：强健的体魄，面貌端正，感官健全；语言清晰，能说国语；精神振作，举动敏活；态度和蔼、诚挚，举止大方，令人可亲；有文雅之体貌，而无官僚之习气；衣履朴素整洁。

自 1983 年恢复重建我国教育督导制度之后，督学的任职条件、督学的选拔等问题始终受到重视。2012 年国务院颁布的《教育督导条例》中，对督学的任职基本条件作了明确的规定，包括以下六条。①坚持党的基本路线，热爱社会主义教育事业；②熟悉教育法律、法规、规章和国家教育方针、政策，具有相应的专业知识和业务能力；③坚持原则，办事公道，品行端正，廉洁自律；④具有大学本科以上学历，从事教育管理、教学或教育研究工作 10 年以上，工作实绩突出；⑤具有较强的组织协调能力和表达能力；⑥身体健康，能胜任教育督导工作。

第一条是要求督学必须具备较高的政治素质。这是我国教育事业的社会主义性质所决定的。督学是我国教育事业的“守门人”，在其职务活动中首先必须坚持和维护教育的社会主义性质。为此，督导人员必须对我国的教育事业有高度热忱，积极执行党的各项方针、政策。

第二条是要求督学必须具有较高的政策水平以及知识水平和业务能力。这是我国教育督导的任务的行政属性和教育专业性所决定的。依法督导，督促各级人民政府及其有关部门贯彻国家有关教育的法律、法规、方针、政策，促进教育改革的深化，是督学的重要职务活动。因此，督学必须熟悉国家的有关教育的法规及政策。

第三条是对督学的职业道德要求。这些要求是督学履行其职责的道德底线，只有做到这些伦理规范，公正无私、立场坚定地履行职责，才能为我国的教育事业运行和发展把握方向和守住质量。

第四条是对督学的学历、资历和教育经验的要求。教育督导工作是专业性很强的工作，特别是现代教育督导重视其专业性的指导、建议、咨询等职能的发挥，要求督学必须具有较广博的知识，熟悉教育特别是中等及中等以下的教育，有一定的教育工作经历，要具有教育督导、教育管理、教育评价、教育教学，甚至某一学科教学的专业知识与技能，最好是某一方面的专家。

第五条是对督学的社会活动能力和组织能力的要求。现代教育督导重视被督导者积极性的发挥，倡导开展有被督导者参与的合作式督导。这就向督学提出了更高的工作作风和社会交往能力方面的要求，要求督学能深入实际，联系群众，不摆架子，善于与人交往及合作，敢于讲真话，善于听取不同意见等。

第六条是对督学健康方面的要求。督导工作需要经常深入基层，到学校去，需要督学有健康的身体，以保证工作的顺利进行。

(二)教育督导人员的配备

督导制度的确立和督导任务单完成，最终都要以督导人员的配备为基础。为此，建设一支与教育督导任务相适应的教育督导队伍，做到数量足、结构合理、素质较高、相对稳定，是使教育督导制度有效执行的根本保障。

教育督导人员的配备主要解决的是督导人员的结构合理化问题。人员结构是组织结构的一个重要组成部分，对人员结构的设计反映了对组织活动的价值取向、任务责任、活动内容及其特性、组织的稳定性与可持续发展等方面问题的思考和认识。对督导人员配备的设计主要涉及三个方面的问题：一是督学人员的类型问题；二是督导人员的年龄结构问题；三是督学的任务数量承担问题。

1. 督学人员的类型

督学人员的类型是指受督学任务内容、性质和相关条件的约束，需要聘任具有哪些特点和能力的人担任督学。根据实际情况，目前聘任的督学一般分为以下四种类型。

(1)专职督学与兼职督学。

教育督导工作不仅政策性、专业性强，而且涉及面广、工作量大。教育督导人员的职务应以专职督导为主，并根据需要聘用一定数量的兼职督导。2012 年颁布的《教育督导条例》明确规定："县级以上人民政府根据教育督导工作需要，为教育督导机构配备专职督学。""教育督导机构可以根据教育督导工作需要聘任兼职督学。"1996 年 5 月国家教育委员会颁发的《关于加强教育督导队伍建设的几点意见》中，强调了专兼职督学相结合的配备原则："实行以专职督学为骨干，专职督学与兼职督学相结合的配备原则。"专职督学的数量取决于各级教育行政部门的管理范围的大小、学校数量布局及本机关人员编制等情况。兼职督学主要由各级教育行政部门中的业务部门的干部，教学教育研究室的教研员，经验丰富的老校长、老教育局局长、民主党派成员和无党派人士兼任。兼职督学按聘用的时间长短可分为相对稳定的兼职督学和临时抽调的兼职督学。不管是专职还是兼职督学(临时兼职的人除外)都应给予相应的职务名称，并通过相应的干部任免程序按审批权限给予任免。督学的职级，在中央分为总督学、副总督学和督学三级。在地方分为主任督学、副主任督学和助理督学。专职督学的"任免按有关人事管理权限和程序办理""由本级人民政府或教育行政部门颁发督学证书"。兼职督学"具有专职督学同等的职权"，一般由各级教育督导机构聘用。

(2)管理干部型督学与业务专家型督学。

我国各级政府正式、稳定聘任的专、兼职督学大多是以教育管理干部为主体的，辅之以专家型督学。教育管理干部多是刚刚退休的、符合条件的教育行政干部或中小学校长。专家型督学多是刚刚退休的有经验的教师和学校业务的管理者，这种类型的督学也有少部分是在职人员，如市、区级的教育研究人员及教师类培训学员的教学人员等。学者型督学经常活跃在学校和教师中间，对实际业务非常熟悉，所以在督导活动特别是督校活动中体现出很强的专业素质，很受欢迎。由于督导活动内容的多样化，需要聘请不同专业的专家参与督导，所以很多专家都需要临时聘任。这种情况在国际上也是比较普遍存在的。许多国家配备了行政督学(行政干部型督学)和教学督学(专家型督学)。例如：法国将其中央一级所设的督学分为行政督学和教学督学；地方督学分为普通教育督学、技术教育督学、情报督学和行政督学四类。随着我国教育督导制度的不断完善，在督学的配备上专家型督学会得到发展。

(3)责任督学。

责任督学的设置是 2010 年以后我国基础教育督学制度的一项变革。这是由区、县教育督导部门委派到指定学校，依法依规对学校办学行为进行经常性监督指导的督导人员。按照国务院教育督导委员会办公室 2013 年印发的《中小学校责任督学挂牌督导办法》的规定，设置责任督学的时候，县、区教育督导部门应按统一规格制作标牌，标明责任督学的姓名、照片、联系方式和督导事项，在校门显著位置予以公布。所以，责任督学所进行的督导活动又被称为"挂牌督导"。

设立责任督学的目的，是教育督导部门为了加强对学校监督指导，加强教育行政部门与社会的联系，及时发现和解决学校发展中出现的问题，推动学校规范办学行为，实施素质教育，提高教育质量。责任督学的责任和任务与学校职责和日常工作紧密联系。

按照规定，责任督学每人直接负责五所学校的督导工作，对每所学校实施经常性督导每月不得少于一次，视情况可随时对学校进行督导。

(4)特邀社会代表督学。

教育事业与社会公众利益要求有着千丝万缕的紧密联系，现代教育必须面向社会公众开放，随时听取公众意见和建议，接受公众监督。因此，督导工作也应当邀请部分社会代表作为兼职督学参加到督学活动中来。上海市在这个方面做了有益的尝试，该市设置了上海市特邀教育督导员，他们是由市委统战部和市人大推荐的民主党派人士和人大代表①。

2. 督学的年龄构成

国家教育委员会1996年5月颁发的《关于加强教育督导队伍建设的几点意见》中提出："督导人员的整体应该是年富力强的。专职督学必须以中年为主，实行老、中、青结合。兼职督学的年龄可以适当放宽，但必须身体健康，能完成督导任务。"这种规定至今总体上是成立的，但是要根据各地教育领域具体情况和督导工作项目的特点与要求做出安排，比如说责任督学，按照人校比1∶5的比例安排，需求数量比较大，各位督学活动安排比较多，要求高，这个岗位不太可能安排兼职责任督学，这样的情况下"以中年为主"就很难做到。但是无论具体情况怎样，从长远着眼，抓好督学梯队建设，以保障有高质量的督学队伍持续做好督导工作。

(三)教育督学的职权

《教育督导条例》的第十二条对督学的职权作出以下规定："(一)查阅、复制财务账目和与督导事项有关的其他文件、资料；(二)要求被督导单位就督导事项有关问题作出说明；(三)就督导事项有关问题开展调查；(四)向有关人民政府或者主管部门提出对被督导单位或者其相关负责人给予奖惩的建议。"

(四)教育督学的培训

督导工作是一项专业性很强的工作，它要求督学具有其即将工作的那个领域的丰富知识与经验，还要有适合这个职务的个人素质。所以，应对督学给予一定的专门培训。我国规定，专职督学在履行其职责前须经系统的督导专业课程的岗位培训。

进行培训的条件是设置培训机构和开设有关课程。培训机构可单独设立，也可以委托师范大学教育系或教育管理学院等机构兼任。所开设的课程主要应为教育基本理论(包括宏观与微观教育管理理论)与方法，以及教育内容、方法等方面的各类课程。

另外，由于科学技术、经济的发展，教育总是处于变化之中。教育的民主化与科学

---

① 平辉：《打造新时代中国特色社会主义督学队伍》，载《光明日报》，2020-03-03。

化对教育督导的任务、重点、范围、方式方法产生了极大的影响，所以需要不断地通过各种形式，如召开督导工作会议、参观访问、经验交流、专题讨论，特别是通过“各地教育督导部门建立日常业务学习制度，及时组织督学学习有关法律、法规和政策文件，有计划地开展教育督导业务研究活动，不断提高督学的理论水平和业务能力”（引自国家教育委员会颁发的《关于加强教育督导队伍建设的几点意见》），以适应教育的发展、督导工作的变化。

第四节　教育督导评估[①]

一、什么是教育督导评估

从字面上看，教育督导评估就是教育的督导加教育评估。对什么是教育督导我们前面已经解释了，而教育评估就评价者对教育活动的过程和结果是否达到教育目标所进行的事实和价值的分析与判断。把督导和评价结合成一件事，表明在实践中，二者是有机地结合为一体的，教育评估以教育督导为出发点和归宿，教育督导以教育评估提供的结果为依据。据此，我们可以将其定义为：教育督导评估是教育督导部门按照国家教育方针、政策及相关法律、法规，对有关政府部门及学校的教育管理工作、教育教学质量、效益和发展水平进行的检查和评判，进而据此指导督导对象改进工作。督导评估也可以称之为评估性督导，评估既是教育督导的重要手段，又是教育督导的一项重要的职能。教育督导评估是教育督导过程中的一个不可或缺的环节。

二、我国教育督导评估制度的建立与发展

教育督导评估是教育督导制度的核心部分，它是在为我国教育事业的改革保驾护航的实战中逐渐建立和成长的。在督导制度逐渐推进的过程中，督导评估的制度和方法及广大教育从业者对督导评估在认识上和行动上都产生了系统和深刻的进步。下面大致按照发展顺序简单梳理一下这个过程。

① 该节内容主要利用和参考：国家教育督导团办公室：《发展中的我国教育督导》，载《新华月报》，2000(1)；国家教育督导团：《在实践中创建有中国特色的教育督导与评估制度》，见《邓小平理论指引下的中国教育二十年》，福州，福建教育出版社，1998；国务院教育督导委员会办公室：《教育督导“长牙齿”，全面步入崭新历史阶段——教育督导这十年》，载《人民教育》，2023(2)。

(一)高等教育督导评估是新时期督导评估的开路先锋①

1985年,《中共中央关于教育体制改革的决定》中提出了“教育管理部门要……定期对高等学校的办学水平进行评估”,自此以后,部分工科高等院校借鉴国外经验开始了学科评估的研究和尝试。1990年,国家教育委员会发布了《普通高等学校教育评估暂行规定》,根据文件精神,国家教育委员会对200多所高校组织开展了合格、优秀和随机性三种类型的评估,从实践层面对评估开展了多种形式的探索,积累了涉及标准制定、队伍建设、指导改进等方面丰富的经验。进入21世纪以后,面对高校招生规模迅速扩大、新办本科院校大量涌现的情况,教育部对全国范围的680所高校组织开展了大规模评估。这轮评估对高校普遍改善办学条件、加强教学建设发挥了重要的推动作用,并且对高校普遍建立质量保障意识和规范办学行为产生了重要的促进作用。这个阶段的督导评估暴露出一系列问题:评估采取自上而下的方式展开,难以保证被评价对象主动参与其中;指标体系固定化,难以体现高校特色;重视总结性评估,忽视过程性评估;等等。针对这些问题,教育部在2011年出台《关于普通高等学校本科教学评估工作的意见》,提出了“五位一体”质量保障体系:以学校自我评估为基础,还包括院校评估、专业认证及评估、国际评估和教学基本状态数据常态监控。

高等教育督导评估40年的发展中紧紧追随我国高等发展改革的步伐,为保障高等教育的质量作出了重要贡献。同时高等教育督导评估的理念不断更新,标准日益切合实际,机制不断完善,成为一个有效率、可持续的体系。其中很多经验对于基础教育督导评估的发展也是很有启发价值的。

(二)“两基”检查评估启动了基础教育督导评估

改革开放以后,基础教育改革和发展成为我国教育发展的重中之重。1985年颁布的《中共中央关于教育体制改革的决定》中指出“基础教育薄弱,学校数量不足、质量不高、合格的师资和必要的设备严重缺乏”的现状,并明确提出了根据我国社会和教育发展的现实状况,将普及九年义务教育的进程分为三类地区、分三步走的战略安排。同时将扫除当时大量存在的青壮年文盲问题也提上日程。自此以后,针对“两基(基本普及九年义务教育和基本扫除青壮年文盲)”目标和任务的各类督导评估就被提到日程。例如:1989年国家教育委员会受国务院委托,在全国各省、自治区、直辖市开展了中小学教育五项内容督导检查(德育工作、教育经费政策和教师工资待遇、危房改造、制止流失生、制止乱收费);1990年又对六个省进行了“五查”的复查。为了系统、持久地推进“两基”任务的完成,1993年,中共中央和国务院颁发的《中国教育改革和发展纲要》中提出,要建

① 林蕙青:《加快形成中国特色高等教育评估制度体系》,载《中国高教研究》,2020(9)。

立义务教育的检查、监督和奖励制度。据此，国家教育委员会下发了《普及九年义务教育评估验收办法》等三个文件，建立起“两基”督导检查和评估验收制度。

教育部带领地方部门进行了“两基”验收的制度设计，逐步形成了省负责评估验收，国家负责对省级“两基”工作进行指导和抽查，并对省上报的县级“两基”验收材料进行审查，合格者公布名单等工作制度。截至2010年年初，教育部已公布了16批，总共2845个县(市、区)实现了两基。全国“两基”人口覆盖率达到99.7%，西部地区“两基”人口覆盖率达到99.5%。

为了保证“两基”检查评估的质量和巩固“两基”工作成果，教育部组织已经通过检查的县进行复查和对先进的县进行表彰。例如，在教育部2008年公布的第十五批实现“两基”的县中，有7个县需要复查。经2009年审查，这7个县消除了薄弱环节，通过了复查。在表彰方面，教育部除了每批验收后进行表彰外，国务院还在2011年全面实现“两基”目标之际，于2012年年初对北京市顺义区等80个“两基”工作先进地区予以通报表扬。

“两基”检查督导的实践，为基础教育普遍开展教育督导评估活动积累了经验，为重大教育项目督导评估提供了一整套比较成熟的制度和技术设计样本。在“两基”检查督导进行的同时，1999年《中共中央 国务院关于深化教育改革全面推进素质教育的决定》提出：“在继续进行‘两基’督导检查的同时，把保障实施素质教育作为教育督导工作的重要任务。”2012年，在全面完成“两基”督导评估任务以后，教育部马上提出了对“教育均衡发展”任务的督导评估。

(三)对普通中小学校进行督导评估的制度

1991年国家教育委员会下发了《普通中小学校督导评估工作指导纲要》及其试点意见，各地陆续开展了试点工作，总结和积累了不少经验。在此基础上，1997年又下发了《普通中小学校督导评估工作指导纲要(修订稿)》，并要求在全国全面推行对中小学校的督导评估。此后，各地根据《普通中小学校督导评估工作指导纲要(修订稿)》的精神相继制定或修订了评估指标体系和评估方案，开展了对学校的督导评估。在实践的基础上，一些地方也形成了初步的制度。这标志着我国督导评估普通中小学校的制度初步建立。

对普通中小学校的督导评估，从内容上看，包括了办学方向、党组织的领导地位和实际作用、党政领导的素养和绩效、教师管理与提高、教育教学管理、行政工作的常规管理、办学条件、教育质量诸多方面。它有力地规范着中小学校各方面的工作，引导每所学校健康、有效地发展。在贯彻落实《中共中央 国务院关于深化教育改革全面推进素质教育的决定》中，中央和各地都在努力探索建立全面推进素质教育工作的督导评估制度，全面建立和完善对普通中小学校的督导评估制度，以促进学校全面实施素质教育。

2000年以后，对学校的督导评估与对各级政府的督政在项目上结合起来了，这样做的直接目的就是让各级政府在基层落实中央政策上切实负起责任。根据1999年发布的《中共中央 国务院关于深化教育改革全面推进素质教育的决定》中提出的要“建立自上而下的素质教育评估检查体系，逐级考核省、市、县乡各级党委和政府及其主要领导干部抓素质教育工作的情况”的规定，中央政府制定对地方全面推进素质教育工作进行督导评估的指导性文件。并要求各地结合本地区的实际，制定实施方案。

在国家教育委员会下发的《关于当前积极推进中小学实施素质教育的若干意见》和《普通中小学校督导评估工作指导纲要(修订稿)》的指导下，地方政府和教育管理部门努力尝试着建立学校自评制度，建立有关各部门相互配合，开展以综合督导评估为主的工作制度，拓宽督导评估的工作范围，推广到中专学校、职业学校、技工学校、幼儿园、特殊教育学校、社会力量举办的中等及中等以下学校和其他教育机构。这些实践将发挥出教育督导评估对深化素质教育的导向、激励、规范和保障的作用，同时也将使对普通中小学校督导评估制度得到进一步的完善。

(四)建立义务教育质量监测制度

基础教育质量检测，是教育部督导部门组织的对全国义务教育质量的监督性测量。这项工作于2007年启动，经过初步小范围实验研究以后，2015年教育部制定了《国家义务教育质量监测方案》，并根据情况持续修订。这项工作接受了国际上基础教育质量监督的理念，以全面覆盖德智体美劳教育质量的监测指标体系为基础，委托高水平教育质量测试机构独立操作，每3年检测一次，测试学科包括德育、语文、数学、英语、科学、体育与健康、艺术、劳动、心理健康9门课程，将它们分配在3年里测完。所有样本是在全国340个县市分别抽取4年级学生122000名左右和8年级学生80000名左右。检测除了获取学生的学科成绩信息以外，还通过对相关教师、班主任、校长及区县教育管理人员的调查，获取相关影响义务教育质量的各种因素的信息。执行机构对获取数据进行统计和各类对比分析以后，形成国家、省市和区县各层面的报告，并提出咨询建议。2024年5月，义务教育质量检测活动又开启了第3期。从以往两期实施的效果看，这项活动对于各级教育部门把握全国和各地义务教育质量的情况，及时了解义务教育学校的办学思想和实践中的问题，在促进学生全面发展、促进各个地区义务教育均衡发展等方面，都发挥了强有力的支持作用。

(五)对地方教育行政工作的督导检查制度

各地在开展、总结、推广“两基”督导检查和普通中小学校督导评估工作过程中，相继进行了县、乡两级教育行政工作的督导检查活动，有些地方，如北京、上海、湖南、重庆等地，已基本建立起对县(区)、乡教育行政工作进行督导检查的制度。这个制度的建立是我国教育督导职能有效发挥的前提。2004 年 1 月国务院办公厅转发了《教育部关于建立对县级人民政府教育工作进行督导评估制度的意见》，标志着这个制度在全国范围上的推进。在 2020 年 2 月，中共中央办公厅、国务院办公厅印发的《关于深化新时代教育督导体制机制改革的意见》进一步明确提出："加强对地方政府履行教育职责的督导。完善政府履行教育职责评价体系，定期开展督导评价工作。重点督导评价党中央、国务院重大教育决策部署落实情况，主要包括办学标准执行、教育投入落实和经费管理、教师编制待遇、教育扶贫和重大教育工程项目实施等情况。"这一要求在此文件发出前就已经得到实施，例如，2018 年国务院督导办公室已经对全国所有省份组织全面督查，2019 年制定了全面的督政检查制度，实行省级全面自查、国家每 5 年进行一轮实地督查。省级政府履责评价结果每年向党中央、国务院报告。

（六）加强问责提高督导评估的效用

教育督导制度成熟的标志之一是它的结果的"有用"，即督导之后能够解决问题，从而真正推动各级政府部门和学校的教育工作的改进和发展。教育部 2019 年发布的《关于深化新时代教育督导体制机制改革的意见》指出教育督导体制机制建设的目标是"到 2022 年，基本建成全面覆盖、运转高效、结果权威、问责有力的中国特色社会主义教育督导体制机制"。为落实该文件提出的"结果权威，问责有力"的要求，2021 年 7 月 20 日国务院教育督导委员会印发了《教育督导问责办法》。该文件在陈述被督导单位和负责人应被问责的种种情形以后，提出了对组织和对个人的两种不同督导问责的方式。第一种，针对被督导单位，主要采取公开批评、约谈、督导通报、资源调整、行政处罚等问责方式。第二种，针对责任人，主要采取责令检查、约谈、通报批评、组织处理、处分、移交监察机关或司法机关等问责方式。针对民办学校和教育培训机构责任人，还可采取依法罚没违法所得、从业禁止、纳入诚信记录等问责方式。为了严肃督导纪律，真正落实督导责任，上述文件还对督导机构和人员的问责情形和问责方式作了具体规定。这样的制度设计是周全和严谨的，使得督导主体和被督导对象都对督导工作及其结果怀有敬畏之心，从而使得督导工作真正"长牙齿，起作用"。

二、科学组织教育督导评估活动

教育督导评估活动具有很强的科学性，在组织实施督导评估活动中充分实现其科学性，是使督导评估产生积极效应的基础。那么，如何保证督导评估组织实施的科学性呢？

（一）确立正确的督导评估目的

在一次督导评估活动启动之际，操作者都必须回答这样一个问题，即该次督导评估活动要达到什么目的。不管是哪个领域的督导评估，如教育行政督导评估、学校教育工作督导评估，还是哪类督导评估，如综合督导评估、专项督导评估，从实施上讲，概无例外。教育督导评估目的决定着所进行的督导评估采用什么样的评估标准，决定着评估工具、手段的选择，影响着督导评估实施的一些具体做法，因此十分重要。

选择确立督导评估的目的一般从两个角度入手。第一个视角是督导评估功能的内容。因为管理理论认为管理活动的职能或功能是与其目的有着密切的关系的。而理论研究结果表明，督导评估基本职能是“监督”和“指导”两个方面，而这两个方面又可以分为多样的功能，这是由教育督导评估内容的不断扩大，其作用不断发展而决定的。当今，组织实施教育督导评估活动，在其“监督”职能方面就有检查、鉴定、评比等功能，在“指导”职能方面有咨询、评议、改进、创新、发展等功能。在督导评价实践中，这些重要职能和功能的关系如何处理问题需要仔细斟酌，要考虑以哪个为主导的问题。因为两类功能是有着一定联系的，特别是指导、改进、发展功能的实现是需要以检查、鉴定为前提、为条件的。所以不是简单的二者择其一的问题，其实也不可能二者选一。第二个视角是督导评估功能作用领域。教育督导评估的理论研究成果显示，就教育的整体而言，教育督导评估是为了端正教育思想，提高教育质量。但是，对教育不同领域活动的督导评估，其要求不同，具体目的也不同，尽管它们的最终目的也是为教育质量的提升服务。到目前为止，教育督导评估研究把教育诸领域的督导评估的具体目的概括为以下四个方面：①为指导教育、教学活动服务；②为学生学习服务；③为教育调查、研究服务；④为教育管理活动服务。

要确定好教育督导评估的目的和目标，就一定要有问题意识，带着问题去设计督导评估的任务和活动。问题意识，首先是态度上要有通过督导评估发现问题解决问题的愿望和思想准备；其次是在了解督导评估任务的时候，要做好初步调查研究和预判，初步设定问题作为目标。也可以在督导活动过程中发现问题，临场生成少数小目标，这样才能把督导评估做得有实效性。

（二）编制有效的督导评估指标体系

教育督导评估指标体系是督导评估的纲领和准则。它从质和量两个方面规定着督导评估的内容和标准。具体从构成上讲，督导评估指标体系是由最能反映督导评估对象状态、属性的若干指标及反映每项指标在整个指标体系中的角色地位的权重构成。教育督导评估指标的科学与否、有效性如何，直接影响着督导评估结果的客观性、准确性、可信度。至今的研究提示我们有效的督导评估指标应具有以下特点。①和教育目标相符合，即必须体现教育工作的社会主义方向和教育方针、政策、法规及培养目标的要求。反映评价对象的目标、任务应达到的水准。②能反映教育工作的客观规律，以体现它的客观性和科学性。③要切实可行，即标准要定得适当，不宜过高或过低。④明确具体，就是各项指标要有准确的科学含义。⑤根据实际情况，确定各种具体指标的权重，适度区分其重要性。为保证督导评估指标体系的有效性，在编制时，要注意采用科学的方法，遵循其客观原则。

（三）全面而有重点地收集督导评估资料

收集督导评估各项指标内容所必需的资料，是督导评估过程中的一项具有基础性的工作，信息资料越全面越有利于作出科学的督导评估结论，因此信息资料的收集要力求全面。但是，由于现代教育活动十分复杂，在有限的人力和条件下，试图毫无遗漏地收集有关资料是不可能的。因此，必须在全面收集的努力之上，有重点地收集重要的信息资料，才能保证督导评估的顺利而有效进行。

为全面而有重点地收集信息资料，在方法上要解决好两个问题：一是到什么地方或利用什么机会去收集所需资料；二是用什么样的工具收集资料即收集资料的工具的选择和使用的问题。前者主要通过自然观察(对自然场合的活动的观察)与规范性的条件下的调查、测试等两种途径，去获取督导评估所需的质的和量的信息资料。后者多选用查阅资料法、座谈法、观察法、交谈法、问卷法、测试法、典型调查法等多种方法并用，以保证信息资料尽可能全面、可靠、适用。

收集评估资料的过程应当引导评价对象全面客观提供资料，既讲过程和成绩，也要揭示和分析问题。督导人员要引导被评价者抓住主要问题提供重要资料。

（四）迅速而又比较准确地整理、分析、解释督导评估资料

比较准确而迅速地汇集、分析资料是督导评估活动中的一项带有全局性意义的工作，它直接影响到评估资料的解释。主要通过定量与定性两种方法去整理分析资料，具体多用打分、计算等统计方法和归类、描述、建档等方法。

资料分析应关注这样如何把定量与定性方法有机结合的问题。对督导评估资料进行解释，目的是要得出明确的结论。而要实现这一点，则需要一个进行价值判断的参照基准即评估基准，而所依据的评估基准不同，其解释也会不同。目前多用绝对解释、相对解释和个体差异解释，其中又以前两种为基本。这三种解释各有利弊，因此在实际运用中，常常是两种或三种解释并用。需要探讨的是三种解释如何有机结合并用。

（五）督导者与被督导者充分互动交换意见，形成督导报告

督导评估是督导活动双方民主互动、发现问题、形成共识的过程。所以，双方要相互信任，相互尊重。督导小组应当对被督导单位的自评报告、现场考察情况和公众的意见进行评议，形成初步督导意见。督导小组应当向被督导单位反馈初步督导意见；被督导单位可以进行申辩。

应当指出，督导评估不仅仅是发现问题，还包括发现学校工作中突出的成绩和创新点亮点，督导小组不仅要肯定和鼓励这些成绩和创新，还要在督导活动之中和之后帮助学校总结经验，提炼精华，使之能够得到巩固。

在此基础上，督导小组要写好督导评估报告或督导意见书。督导意见书应当就督导事项对被督导单位作出客观公正的评价；对存在的问题，应当提出限期整改要求和建议。

(六)充分利用督导评估结果

首先，利用评估结果督促整改，这是督导工作的目的所在。督导评估活动结束后，督导机构应当向被督导单位和有关部门反馈督导评估情况，被督导单位应当对督导结论进行反馈，提供可行的整改计划。一段时间后，督导机构和教育行政部门应进行复查，检查改进进度和成果。对于存在整改不力的单位和个人要加强问责，方式可以是公开批评、责令检查、约谈、督导通报、行政处罚、处分直至移交监察机关或司法机关等，只有在必要的时候采取权威和强制措施，才能真正使督导发挥其职责。

其次，坚持定期发布教育督导公报。对于社会公众普遍关心教育问题的专项督导公报要通过多种媒体形式向社会公布，引导教育舆论，培育良好教育氛围。

最后，逐步建立和完善督导工作信息分享系统。将督导工作中获得的基础资料和评价信息建立电子和纸质文本信息系统，一方面为后续的督导工作提供可供比较的信息；另一方面通过一定制度向相关部门和人员开放查阅。这个系统也可以通过一定程序接收其他部门的有关补充资料，互通有无，减少重复劳动，减轻被督导单位管理者和普通员工的工作负担。

三、提升内涵，促进督导评估工作高质量持续发展

(一)培育和发展学校内部督导的自觉性和能力

教育督导评估要真正取得可持续性的高质量效果，就必须立足于推动学校自觉、持续地开展自我评估。目前一般督校工作的重点放在发现和指导学校各项实际工作中的具体问题，对于学校自我监督和自我改进的表现强调得不够，这表现在督导评估活动中，专家们对被督导学校的自评汇报的质量及对问题的揭示很少作出评判，即使对学校发展规划管理的专项督导，也很少触及这些最应涉及的问题。在被督导学校的表现方面，虽然活动的开始都有学校自评汇报的环节，但是学校表现常常不能令人满意：讲成绩多，讲问题少；分析问题客观原因多，分析主观原因少；讲师生问题多，讲领导问题少；讲对个别问题个别对策多，讲对重点问题的持续解决和提升少。这些表现从一些侧面反映了学校领导层对于主动开展内部督导的认识和准备不足。如果内部督导不能成熟有效地

发展起来，那么外部督导的效力就会减弱，学校就很难精细地持续改进和发展。

学校内部督导是学校依据国家的各项教育方针政策及办学标准，结合学校的实际情况，主动、持续地对学校各项工作所作的系统的、精心规划的检查、评价和改进。学校内部督导和通常所说的“工作检查”及“工作评价”有一致和重叠的部分，但是将“内部督导”作为一种制度纳入学校管理工作中来，它比后两个概念或两件事要更完整、更严谨、更具有权威性。一般来说，它有以下六个特点：①问题的针对性。内部督导重在发现问题和揭示问题，特别是发现问题后进行专题督导。内部督导反对回避问题、掩盖问题。②要有计划，对结果有明确要求，有人牵头承担任务和责任。这一点与日常工作的检查和评估有很大差别。③用事实说话，用数字或调研材料说明结论。④有比较明确的结论和解决问题的方案(对于突出的经验或成绩也要有奖励方案或推广建议)。⑤全程的分享性和研讨性。这一点和外部督导有很大不同，受时间和其他因素限制，外部督导很难充分展开研究讨论。内部督导则有分享问题、经验、知识的可能。⑥对后果的现场追踪与复查。外部督导也强调对改进意见落实的复查，但是它的现场直接性不如内部督导。当然，这里总结的几个特点是对成熟的、理想的内部督导活动的总结及设想，要达到这种水平，还需要做更多努力。

从一些已经尝试开展内部督导工作的地方和学校的情况看，这件工作的进展和反映有很大差别。一些反对意见认为，现在外部综合或专项督导很多，已经难以应对，学校内部也要求建立专项内控制度、教师和学生的评价制度等，加上各种临时要求的自我检查，实在忙不过来。在这种情况下再设立内部督导，有多此一举之嫌。而一些对此项制度采取欢迎态度的学校则认为设立学校内督制度对于改进学校管理与领导工作、提高教师干部的责任感与工作能力大有好处。而且很多管理和评价项目有重叠之处，只要合并同类项、优化设计、彼此促进，是能够减轻负担的。而且可以通过此项制度的建立，向上级争取专家协助等资源，有助于搞好校本管理。

(二)积极开展元评价，持续改进教育督导活动

元评价是对评价活动的评价，也就是在一次评价活动实施之后，对评价活动的再评价，也可以看作对评价者的评价。元评价的作用是向督导评价者指出他们工作中的问题，即查明评价工作中出现的偏向，目的是推动评价工作的改进、完善，以提高评价工作的质量。特别是在评价体制不够完善、评价人员素质不够整齐的情况下，开展元评价是非常有意义的。

元评价要特别抓住以下关键点：督导活动的目标定位是否准确，是否突出了重点；评价团队组成人员的专业或专长是否满足了本次督导任务的要求；收集督导评价信息的渠道、方法和资料是否充分与恰当，是否与被调查者充分交换了信息和意见；评价结论

是否经过了充分和深入的讨论，结论是否揭示了问题并提出中肯有效的改进建议；督导结果是否通过有效机制加以利用。

思考题：

1. 如何认识教育督导在教育行政活动中的意义？
2. 怎样认识教育督导的性质？
3. 教育督导活动的主要任务是什么？
4. 督政指什么？在我国实施督政的意义何在？
5. 教育督导的基本职能是什么？
6. 教育督导评估的含义是什么？
7. 如何协调教育督导部门与教育行政机构之间的关系？
8. 你认为应该如何提高教育督导评估的科学性？
9. 督学工作应该如何为中小学干部和教师“减负”？

第九章　教育财政

拥有庞大的公共教育体系是现代国家的特征之一。通过财政为公共教育体系提供经费是政府的重要职能。很多国家的政府不但为公共教育体系提供经费，同时还向私立教育提供资助。因此，教育财政是教育行政的重要组成部分。在本章中，我们将让读者理解政府通过财政为教育提供经费的原因，了解政府为提供教育经费而进行的一系列制度安排，熟悉当前我国教育经费的来源渠道和支出结构。

第一节　教育财政概述

一、教育的公共性

现代公共教育体系是工业革命的产物，是随着人们对政府职能和教育属性的认识不断深入逐步建立起来的。现代国家为公民提供义务教育的最初动机是为了向产业工人的子女提供保育服务，并且为产业工人提供机器大生产所必需的知识和技能。因此，早期的义务教育带有强烈的福利色彩。至今一些国家仍然还有作为福利而存在的教育体系。

20 世纪初期，世界范围的经济危机的爆发和共产主义运动的兴起使人们认识到自由资本主义的弊端。自由市场并不能确保资源配置自动达到帕累托效率，市场会失灵。在这种背景下，人们开始对政府职能重新进行定位。稳定经济、提供公共品和调节收入分配等成为政府的重要职能。政府不再是“守夜人”，不再只是确保市场自由竞争、自发调节和自流放任，而成为“看得见的手”，与“看不见的手”共同操控经济和社会运转。市场失灵为政府干预市场和社会提供了合法性。造成市场失灵的原因有很多。市场势力、信息不对称和外部性等都会导致市场失灵。政府建立公立教育体系的根本原因就在于自由市场不能很好地提供教育服务。对于自由市场为何不能有效地提供教育服务，学者们有不同的解释。但这些解释主要集中在两方面，即教育服务具有公共性和正外部性。

萨缪尔逊(Samuelson，1954)最早给出了公共品的定义。他认为公共品是指个人对这种物品的消费不会导致其他人对其消费减少的物品。根据他的观点，是否存在消费量的减少是区分公共品和私人品的关键特征。公共品就是消费量不会因增加其他消费者而减少的物品。私人品则相反。其他经济学家根据他的定义概括出了公共品的两个重要特征，即消费的非竞争性(nonrival)和收益的非排他性(nonexclusion)。非竞争性(也称为供应的联合性)是指增加消费者的成本为零。国防就是满足非竞争性公共品的典型例子。非排他性是指排除那些从消费中受益但拒绝付费的人需要很高的成本或从技术上不可行。例如，所有人都可以从清洁的空气中受益，但把那些只愿意享受清洁空气而不愿意为提高空气质量付费的人排除在外需要很高的成本。纯公共品同时具有消费非竞争性和收益非排他性的特征。

也有学者认为纯公共品还具有效用的不可分割性，即不能被分割为若干计价单位在市场上销售。效用的不可分割和收益的非排他性在某种程度上可以互相替换。现实中，纯公共品和纯私人品的种类都比较少，大量物品是介于两者之间的混合品(准公共品)。尽管纯公共品同时具有消费非竞争性和收益非排他性的特征，但非排他性和非竞争性之间并无必然联系。具有非竞争性特征的物品并不一定具有非排他性。典型的例子是有线电视，对电视节目的消费并不会因为用户的增加而减少(满足非竞争性)，但通过加密可以很方便地实现排他。

关于教育的产品属性，经济学家有不同的观点。有些学者如瓦里安(Varian，1977)认为教育是私人品，教育消费具有竞争性。在一定程度上，随着消费者数量的增加，每个消费者所获得的教育消费会减少。尽管如此，但多数国家作出了提供公共教育的行政决策，使得人们把教育作为公共品来看待。多数学者认同教育为混合品(semipublic goods)，同时具有公共品和私人品的特征。正如瓦里安所讲，增加教育消费的成本不为零，教育消费具有竞争性。但教育同时具有正外部性，会导致市场提供的不足。

外部性(外溢效应)是指一方的生产或消费活动，直接成为另一方的生产或效用函数变量的现象。外部性的存在会改变第三方的效用。增进了第三方效用的外部性为正外部性，降低了第三方效用的外部性为负外部性。外部性的存在意味着消费者的效用受到了第三方的影响。由于人类机会主义行为的普遍性，第三方会隐瞒自己的偏好进行“搭便车”。因此，外部性会影响消费者和生产者的决定，最终引起市场失灵。外部性和公共性之间有很强的关联性，很多具有外部性的物品同时具有公共性。

对于教育的正外部性，也有学者进行过论述。弗里德曼(Fredman，1955)指出教育可以为公民提供最低限度的文化知识和共同的价值准则，而这些最低限度的文化知识和共同的价值准则是民主社会的基础。社会学的研究表明，教育不但具有社会化的功能，而且还有社会分层的功能。经济学的研究表明，教育作为能力的信号是用人单位选择雇员的重要依据。这些都是教育公共性的表现。教育的正外部性和公共性是教育财政得以存在的逻辑基础。政府利用财政举办公立教育有充足的理论依据。

二、教育的公权属性

教育的属性不仅可以从经济学的角度进行定义，还可以在法学的视野中进行扫描。现代国家一般具有完备的法律体系，任何一项事业只有获得法律确认的地位才能稳定运转。因此，从法律中寻找政府对教育的定位也十分有必要。法律关注权利，从法学角度讨论教育的属性，自然要厘清教育的权利属性。确定教育的法律属性需要在公权和私权之间进行抉择。法律对公权和私权的调整有很大差异。

在历史发展的不同阶段，甚至同一时期的不同国家对教育的法律定位可能会有所不同。这是因为教育在不同阶段、在不同形态的社会中所扮演的角色有所不同。农业社会中生产所需的技能通过简单的口耳相传基本就能满足，教育对经济和社会的影响相对较小。在这个阶段，受教育基本上是个人及家庭的私事，受教育权属于私权。

当人类社会演进到工业社会以后，教育对经济和社会发展的作用越来越凸显。通过教育进行人力资本投资不但有利于科技和社会的进步，而且受教育成为公民实现社会升迁的基本条件，教育甚至在一定程度上复制既定的社会结构，成为阶层再生产的工具。也就是说，教育不仅影响收入分配，而且还影响着权力的分配。对所有的人开放教育机会已经不再是个人的私事，而关系到整个社会。教育权开始具有社会性甚至强制性。

由此可见，教育的权利属性随社会发展而变化。在古代社会，受教育权基本上属于私权。随着社会演进，教育逐步具有了公权与社会权的属性。江平(2005)认为教育是带有社会性的私权。公权和私权的区分主要看强制性的强弱。不论人们对教育权的属性如何界定，在现代社会教育权带有一定社会性是肯定的。

义务教育法的颁布与公立教育体系的建立是教育权开始具有社会性和强制性的重要标志。国家举办公立教育并强制公民接受，改变了教育的私权属性。教育权的社会性和强制性有一个独特的特点，即由私权让渡而来。

现代教育包含不同的层次，这些不同层次的教育其法律属性也不尽相同。从法律关系的角度看，公权、社会权与私权本身构成了一条强制性由强到弱的权利链条。在这根链条中，社会权处于中间位置，公权与私权分别位于两端。在各个层次的教育中，义务教育的强制性最强，不能被拒绝，因此更多地体现了公权的特点；高等教育的强制性最弱，更多地体现了私权的特点；高中教育的强制性适中，更多地体现了社会权的特点。从法学角度看，义务教育是一种强制性的权利，具有公权的特点。这为政府建立公立教育体系提供了法理依据。

值得一提的是，教育的权利属性和产品属性之间具有内在一致性。正如各个层次的教育在公权、社会权与私权构成的权利链条中依次排列一样，各个层次的教育同样也在公共品、混合品和私人品构成的产品链条中依次排列。法学中区分权利属性的强制性和经济学中区分产品属性的排他性的含义十分接近。由此可见，不论从经济还是从法律的角度，政府都有建立公共教育体系并为之提供经费的理由。

三、教育的公共选择

在明确了政府建立公共教育体系并提供经费的原理之后，还应对政府提供教育经费的方式有所了解。公共选择(社会选择或集体选择)是政府提供公共品的通用方式。公共选择是指根据既定规则通过政治互动进行决策的过程。公共选择过程依赖于国家政治体制。西方国家的公共选择制度以代议制、普选制和政党制为基础。西方学者也常以此作为衡量政治体制和政治文明程度的标准。西方学者的标准不一定就是人类社会共同的标准。一国政体的选择既要借鉴人类优秀的政治文明成果，同时也要考虑本国传统和社会发展程度。

公共选择的规则包括一致同意和多数裁定两种。一致同意表明决策属于帕累托改进，符合所有人的利益，同时也意味着一票否决。一致同意在现实中很难满足，就如完全竞争在市场中很少真实存在一样。多数裁定包括简单多数、超多数和计点投票三种规则。计点投票是指投票人按规则给被选议案计点打分，按照点数多少决定议案通过与否的裁定规则。简单多数需要二分之一以上赞成票，超多数需要三分之二以上赞成票。无论是多数裁定还是一致同意都有难以克服的缺点。多数裁定会导致多数人暴政，一致同意会导致少数人敲多数人竹杠。

公共选择的形式包括直接民主制和代议民主制两种。直接民主制就是全体选民通过直接投票方式参与表决。代议民主制是指由选民选出代表、由代表进行投票表决的方式。直接民主制最能充分体现选民的偏好，但实践中直接民主制也面临一系列问题。主要问题是决策不仅需要信息，需要为搜寻信息支付成本，而且还需要必要的判断力。选民经常会因为不具备必要的判断力被利益集团制造的假象所左右，还会因为对决策问题不感兴趣而拒绝投票或胡乱投票。而这些情况可能会造成决策不当，陷入理性无知之境。

代议民主制是世界各国普遍选择的公共选择形式。代议在立法机构进行，职业政治家、民意代表、特殊利益集团代表和政府官员根据专门机构提供的有关公共品安排等信息进行投票表决。间接的代议民主制也有很多问题，如投票交易、寻租、特殊利益集团控制和官僚集团内部人控制等。因此，民主政治并不是完善的公共选择机制。

对于我国的政治体制改革而言，目前最重要的问题并不是实现普选，而是解决决策的科学性，防止官僚集团内部人控制和权力寻租等。我国政体的特点是行政主导，行政机关不仅有执行权，而且还有建议权和事实上的决策权。在这样的制度安排下，很容易出现官僚集团内部人控制和权力寻租问题。

虽然全国及地方各级人大对政府编制的预算具有审批权和监督权。但预算极其复杂，人大代表在短时间内，很难判断其合理性。尽管在预算提交表决之前，政府财政部门已经和人大常委会的预算委员会进行过多次协商。但目前预算还是由财政部门和其他具有资金分配功能的行政机关主导，体现的还是行政部门的意志。因此，把预算编制部门从财政部门中独立出来非常重要。

教育是一类非常重要的公共事务，教育预算是公共选择的重要内容。在我国过去很长一段时间里，公共教育支出占 GDP 的比重长期达不到规定要求。既有政府财政能力的问题，也有管理体制的原因。如果财政部门仅仅是一个执行机构，没有决策权和建议权，那么落实教育投入问题的困难就会大大减少。因此，政府应改革现行的行政管理体制。成立专门的咨询机构行使建议职能，咨询机构提出的方案交由人大常委会预算委员会审查并提交人大代表表决，最后由政府财政部门负责执行。总之，国家行政管理体制对教育财政有直接影响。只有不断完善行政管理体制，才能确保教育财政决策的科学性和合理性。

四、教育财政的政策目标

公平是所有公共服务共同的价值目标，当然也是教育财政的政策目标之一。公共教育支出只是政府众多支出中的一项，与其他支出之间存在竞争，所以充分性也是教育财政政策的一个重要目标。公共事业由于多方面的原因，与私人企业相比效率相对要低。但这并不意味着效率不是教育财政政策的目标。教育财政既要保障教育服务的高质量和高水平，同时也要确保用最小的成本达成教育目标。所以，公平、充分性和效率是教育财政的政策目标。

公平有机会公平、条件公平和结果公平等很多方面。一般而言，结果公平并不是政策追求的目标。确保机会公平和防止结果的过度不公平才是政策追求的目标。横向公平和纵向公平是相对公平的两个重要维度。在教育中，横向公平是指能力相同的学生受到同等对待；纵向公平是指能力不同的学生受到差别对待。

横向公平可以借助于统计指标进行度量。最常用的指标有极差、限制极差、变异系数、基尼系数、麦克伦指数和沃斯特根指数(中位数以下或以上观察值的总数与所有观察值的总数之比)等。借助以上指标可以判断同一辖区内生均支出的差异。纵向公平在教育财政中的含义主要是指对额外需求从经费上给予倾斜。在具体操作中，满足纵向公平的原则主要表现为对有特殊需要的学生、学区和项目确定相应的权重。

教育财政的公平性不仅体现在辖区内的学校和学生之间，而且还体现在辖区间。由于不同辖区的财力状况不同，处在不同辖区的学生所能得到的教育服务的数量和质量也会有差距。为了平衡辖区间的教育财政状况，学者们提出了财政中立原则。财政中立是指教育投入独立于财力状况。为了实现财政中立原则，需要有合适的描述地方财政能力和税基的指标。这样才能判断生均教育支出是否独立于财政状况。

在美国，地方政府的收入主要来源于财产税，也就是说教育经费的税基相对固定。这样就可以计算生均财产值和生均支出的相关系数和弹性系数。在国内教育没有固定对应的税基，衡量财政能力一般用可用财力。可用财力是指在某个预算年度内，政府可以通过其职能部门直接分配和使用或间接加以调度支配的财政资金。因此，在目前情况下，可以使用生均公用经费和生均可用财力两个指标计算它们之间的相关系数和弹性系数来分析我国地方政府的财政中立状况。之所以使用公用经费而不使用事业费与可用财力进行比较是因为人员经费在事业费中的占比高，在当前体制下，同一地区人员经费之间的差异相对较小。

教育财政的充分性主要是对地方政府提出的要求。因为教育主要还是地方政府的责任。根据美国学者奥登(Odden)和皮库斯(Picus)的研究，确定一个学区和学校教育投入充分性有三种方法。

第一种是只考虑实际投入不直接考虑产出的投入确定法。采用这种方法首先要确定日常教育教学活动和有特殊需求的教育活动所需的基本的人力和物力资源配备及其标准；然后再根据各投入要素的平均价格，计算出满足充分性标准所需的教育投入。这种预算模式和工程预算十分类似。我国湖北省曾经利用这种方法估算过该省所需的教育投入。英国和美国也采用这种方式进行过教育投入估算。该方法的优点是相对比较准确，缺点是对办学质量的考虑不够直接。办学质量不同，教育需要的投入也不同，采用这种方法对不同质量的教育所需投入的估计来源于专家，而非直接来源于对学生成绩的考察。

第二种是业绩-投入类比法。采用这种方法首先要确定学业成绩的预期水平，找到学业成绩符合预算水平的地区，在这些地区中找出与本地区可比较的地区，然后再计算这些地区的生均支出，最后根据生均支出和本地区的学生数计算出所需的教育投入。在该方法中，费用不是根据实际耗费而是根据成本函数确定。学生的特殊需求、规模、价格因素、效率等都可以在成本函数中被考虑。

第三种是业绩-投入标杆法。这种方法就是把学业成绩最好的地区或学校作为参照标准的投入确定方法。这种投入确定方法的理念基础是让每个学生都成功，因此是高支出水平的投入确定方法。

实际上，这三种方法由确定投入和产出的不同方法组合而来。第一种方法确定成本采用的是会计方法；第二种和第三种方法采用的是成本函数法来确定投入；第一种方法对办学质量的确定采用专家估计，第二种和第三种方法则采用直接的学业成绩测试。根据确定办学成本和办学质量的不同方法，还可以组合出其他确定教育投入充分性的方法。

效率是指产出与投入之间的比率，通俗地说，就是用最少的投入获得最大产出。在经济学中衡量经济效率的一般准则为帕累托准则。帕累托效率是指社会资源的配置达到了这样一种状态，即在不使任何人境况变坏的情况下，不可能再使某些人的处境变好。确立效率准则的目的是通过各种改进措施提高效率。帕累托改进是指这样一种变化，即在没有使任何人境况变坏的前提下，至少使一个人变得更好。帕累托改进是最优改进，但现实生活的很多改进并不最优，往往只是次优。卡尔多-希克斯准则是次优改进的标准之一，即改进在使一部分人处境变好的同时，也会使另一部分人的处境变坏，但总体上利大于弊。

帕累托效率包括交换效率、生产效率和配置效率。达到交换效率的状态是指通过交易不能再从中得到更大的利益。此时任意两个消费者、任意两种商品的边际替代率相同，并且两个消费者的效用同时达到最大化。生产效率是指经济体在生产可能性边界上。此时任意两个生产不同产品的生产者，需要投入的生产要素的边际技术替代率相同，并且两个消费者的产量同时得到最大化。配置效率是指经济体产出产品的组合能够完全反映消费者的偏好。此时任意两种商品之间的边际替代率与任何生产者在这两种商品之间的边际产品转换率相同。

教育生产具有特殊性，产出不容易被测量。通过未来在劳动力市场上的收入度量教育产出，难以剥离个人禀赋和家庭等因素的影响。通过学习成绩的增值来测量教育产出需要有统一考试。即使有统一测试成绩为基础，证实经费投入和学习成绩之间的关系也并不容易。哈努谢克(Hanuwshek，1997)通过对90多个不同刊物中377个基于学校和班级层面的数据建立的生产函数进行分析后得出结论，在学校资源和学生业绩之间没有紧密联系。但换作州层面的数据来分析，生均经费和学业成绩之间还是有一定的相关性。而其他一些学者如格林瓦尔德(Greenwald)、海迪斯(Hedges)和莱恩(Laine，1996)等人的研究则表明，生均支出和学业成绩存在相关性。由此可见，对于经费投入与教育产出之间的关系还需要作进一步探索。近年来的一些研究表明，尽管经费投入对学校质量有一定影响，但对学生成绩影响最大的因素是同辈群体。

教育是典型的劳动密集型产业，人员成本在总成本中占有很高比例。对于私人企业而言，不断增高的人员成本可以通过产品销售转嫁给消费者。但对于公立学校而言，经费来源于财政拨款，而拨款是一个政治过程，转嫁不断提高的办学成本并不容易。而且，教育作为公共事业，支出监督往往并不十分有力。尽管教育有成本不断扩展的趋势，度量教育产出有一定困难，但控制成本提高效率仍然是教育经费分配和使用过程必须考虑的重要问题。总之，充分性、公平和效率是教育财政政策的重要目标，教育财政政策应紧扣以上目标。

第二节　教育财政体制

一、教育预算管理体制

教育是公共支出中一项非常重要的内容。教育财政体制是国家财政体制的一部分。教育投入中的诸多问题与财政管理体制和教育财政体制直接相关。讨论教育预算制度首先应了解国家预算管理体制和教育管理体制。财政管理体制是规定各级政府之间划分财政收支范围和财政管理权限的根本制度。财政管理体制有广义和狭义之分。广义的财政体制主要包括国家预算管理体制、国家税收管理体制、国有企业财务管理体制、行政事业单位财务管理体制、财政投融资管理体制和国有资产管理体制等。狭义的财政体制是指国家预算管理体制。

国家预算是法定的政府年度财政收支计划。它不仅规定国家财政的收支指标及平衡状况，同时也是重要的立法文件，必须由政府递交国家权力机关审批后方能生效和执行。预算管理制度涉及预算内容、预算形式、预算编制方法、程序和步骤、预算年度和预算审议与监督等。预算内容主要有预算收入、预算支出等。预算形式有单式预算和复式预算。预算编制的方法有分项排列预算、增量预算、规划预算、零基预算和绩效预算等。预算编制的程序和步骤主要包括预算编制的准备、测算预算控制指标、编制预算草案和预算草案修正等步骤。预算年度是指预算收支起止的有效期限，有历年制和跨年制两种。预算审议与监督指立法机关对预算进行表决和对预算执行情况进行监督。

历史上最早关于预算的思想散落在早期政治哲学家的著作中。柏拉图、马基雅弗利、霍布斯、孟德斯鸠和洛克等人都直接或间接地论述过政府预算。现代意义上的国家预算制度最早形成于英国。1832 年英国国会通过法律，规定财政大臣每年必须向国会提交全部的“财政收支计划书”。我国自周朝以来，历代封建王朝大都有中央财会制度并有一定形式的预算。但现代意义上的国家预算出现在清朝末年。新中国成立后，政务院于 1951 年正式颁发《预算决算暂行条例》。但计划经济体制下的财政主要是生产建设性财政，随着计划经济向市场经济的转轨，国家正在逐步建立公共财政体制。

建立一套与社会主义市场经济体制相适应的公共财政管理体制需要一个过程。西方发达国家公共财政体制的建立同样也经历了一个漫长的过程。在财政管理体制改革中，最重要的问题是财政统一和预算监督。财政不统一会造成政府预算不完整，行政事业单位可能存在大量的预算外收入没有纳入财政预算。2011 年，我国全面取消预算外资金，将所有政府性收入全部纳入预算管理，但在一些基层政府至今仍有少量预算外资金存在。当前财政体制改革的很多措施，如建立收支两条线制度、国库集中统一支付制度和政府采购等制度的目的主要是为了解决财政不统一的问题。

预算监督是保障财政支出科学合理的重要手段。收支分类科目是编制政府预决算、组织预算执行及预算单位进行会计明细核算的重要依据。长期以来，我国的财政收支分类体系和预算编制方法不是很科学，结果使政府支出“外行看不懂、内行说不清”。旧的政府收支分类体系，带有分项排列预算的特点。这种分类方法使政府究竟办了什么事在科目上看不出来，很多政府的重点工作支出如农业、教育、科技等都分散在各类科目中，不能形成统一概念。

为了有效地对预算支出进行监督，迫切需要改革政府收支分类体系，实行部门预算。当前我国正在进行政府收支分类体系改革。改革后的政府收支分类体系由“收入分类”“支出功能分类”“支出经济分类”三部分构成。收入分类主要反映政府收入的来源和性质，设置类、款、项、目四级，四级科目逐级细化。支出功能分类主要反映政府活动的不同功能和政策目标，设置类、款、项三级。支出经济分类主要反映政府支出的经济性质和具体用途，设置类、款两级。

改革后的收入分类不仅包括预算内收入，还包括预算外收入、社会保险基金收入等应属于政府收入范畴的各项收入。从分类方法上看，将原先只是简单罗列的收入分类，如各项税收、行政事业性收费、罚没收入等，改为国际通行的税收收入、社会保险基金收入、非税收入、贷款转贷回收本金收入、债务收入及转移性收入等分类方法。从分类结构上看，改革后分设类、款、项、目四级，在原收入分类基础上增设了目级。

教育预算是国家各级政府和各级各类教育机构的年度收支计划，是国家及地方财政预算的重要组成部分。国家各级各类教育经费的来源、分配、使用等都要通过教育预算来实现。教育预算制度受国家预算体制和教育管理体制的影响。随着财政管理体制和教育管理体制改革的进行，国家先后通过了一系列法律和法规规范教育预算。《中华人民共和国预算法》《中华人民共和国预算法实施条例》《国务院关于加强预算外资金管理的决定》《事业单位财务会计准则》《高等学校财务制度》《高等学校会计制度》《中小学校财务制度》《中小学校会计制度》《中华人民共和国教育法》《中华人民共和国义务教育法》《中华人民共和国高等教育法》等法律、法规确定了我国教育预算制度和管理体制的大致框架及教育预算的基本程序和内容。

教育预算管理体制中存在的问题主要来源于财政管理体制。所以，教育预算制度改革受制于国家财政体制改革的整体进程。在旧的预算编制中，由于上报的预算草案中没有有关部门的具体数字，而只是按功能分类，即分成基建、挖潜改造、支农、行政管理、科学研究、国防和科教文卫等类。同时，预算没有细化到二级单位，所以人大无从审核。

实行部门预算前的教育预算支出包括教育事业费支出和基本建设支出，其中教育事业费由财政部门负责预算，教育基本建设投资由国家发展和改革委员会负责预算。预算支出依次分为类、款、项三个等级，教育事业费属于文教科学卫生事业费类中的款级，教育基本建设费属于基本建设类中的社会文教费款级。由于各级人大一般只对类级预算进行审议，所以教育经费在人代会上不能被直接审议。而且按照资金性质归口管理办法编制预算，导致教育经费分散在各类科目中，形不成统一的教育预算。

现在政府改革支出功能分类体系，实现部门预算，教育支出的预算等级由原来的款级提升为类级，反映教育部门的具体支出事项的各级各类教育支出成为项级科目。重新分类的支出科目能够清楚地反映政府教育支出的内容和方向，为人大监督教育预算提供了更为便利的条件。这些改革大大提高了预算管理工作的科学性。对于教育部门而言，必须按照预算年度的因素和事项，分轻重缓急测算每级科目的支出需求，工资性支出按编制人数核定，公用经费按照部门分类、分档，按定额和项目编制预算，基建、挖潜、科技三项费用和建设性专款等都要进行项目论证，测定支出概算，最后综合形成教育部门预算。

教育预算要从基层单位逐级编制、层层汇总形成一本预算，作为预算建议数，先报到财政部门，财政部门审核后下达预算控制数，教育部门再将根据预算控制数编制的预算报财政部门，财政部门再根据人大批准的预算草案批复给教育部门。这就是教育预算编制的“两上两下”过程。预算编制是一项技术性很强的工作，教育预算编制既要能保障学校正常运转，即教学设施和人员配备能够保障教育、教学任务的顺利完成，能够保障学生身心健康；同时还应考虑学校未来的发展；此外还要考虑政府管理学校的实际需要。为了做好教育预算编制工作，我国政府组织编写了《农村义务教育预算编制读本》，该读本对于指导农村义务教育阶段的学校编制预算具有非常重要的作用。学校应认真填写基本情况表、政府采购预算表和收入/支出预算表。在深入理解 4 类收入来源和 20 项 17 款 4 类支出含义的基础上做好预算。

零基预算和绩效预算是我国预算编制改革的方向。但教育绩效难于准确测量，所以在教育预算编制时，首先应考虑的还是满足基本需求。绩效预算在教育预算编制中，不宜独立使用。零基预算的技术难度比较大，可以先从具体项目开始积累经验。总之，改革教育财政管理体制，做好教育预算对于实现教育财政政策的目标具有重要意义。

二、政府间教育财政责任划分

中央政府与地方政府如何划分财权、财力的问题是财政体制的核心。财权服从于事权，财权和财力的划分应以事权划分为基础。在计划经济时代，我国实现高度集权的管理体制，中央政府的权力相对较大。改革开放以后，地方政府的权力得到了加强。但总体来讲，中央政府的事权还比较大。因此，中央出政策，地方出钱的状况屡见不鲜。这种管理方式导致了地方为维护地方利益而采取封锁、自我保护、扩大地方财政收入及截留中央政府收入等行为。因此，合理划分中央政府和地方政府的事权和财权是确保中央政府和地方政府各司其职、各负其责、顺利推进各项行政管理工作的前提。

当前，我国实行中央、省、市、县和乡镇的五级财政体系。2023 年全国有 31 个省级财政(省、自治区、直辖市)，下辖 333 个地市级财政(地级市、地区、盟、州)，2844 个县级财政(县级市、市辖区、县)和 40497 个乡镇级财政。理顺五级财政之间的关系，对于确保包括教育在内的公共服务具有重要意义。中央政府和地方政府进行事权划分的一个重要原因是公共品的受益范围有大小。有些公共品的受益范围是全国，而有些公共品的受益范围仅仅局限于较小的地域范围。全国性的公共品由中央政府提供比较合理，地方性的公共品由地方政府提供较为方便。财政分权不仅有利于迎合地方偏好，而且有利于鼓励地方政府之间展开竞争，同时还有利于积累地方性公共品提供的经验。正是因为以上原因，决定了公共品生产时应该实行多级财政体制。

2022年，受疫情、对外援助等多种因素的影响，美国联邦政府的教育支出下降较多，占联邦财政支出的比重为1.2%，正常财年联邦政府的教育支出要高于这一比例，但一般不超过3%。而州和地方政府教育支出占其财政总支出的比重约为40%。2022年我国财政性教育经费(主要包括一般公共预算安排的教育经费、政府性基金预算安排的教育经费、国有及国有控股企业办学中的企业拨款、校办产业和社会服务收入用于教育的经费等)为48472.91亿元，中央财政性教育支出5715.56亿元；地方财政性教育支出42757.35亿元；一般公共预算教育经费为39256.96亿元；中央财政性教育支出占中央财政支出的比重为4%，地方财政性教育支出占地方财政支出的比重为12.9%。在美国，教育属于地方事权，联邦政府的教育支出主要集中在资助基础研究和贫困生。我国中央政府除了要承担上述任务之外，还要承担部属院校的经费，因此我国中央政府的教育支出份额比美国联邦政府多也在情理之中。问题的关键是我国地方政府所负担的教育经费相对较少。当然，这也与目前中央政府和地方政府的财政分权状况有关。

1994年，我国实行了分税制财政体制改革。分税制财政体制的主要特征是合理划分中央与地方政府各自的事权。按照财权服从事权的原则，划清中央政府和地方政府的财权。合理划分税种并按税种划分中央财政和地方财政各自的固定收入与共享收入，并建立相应的中央和地方两套税务机构。地方政府在符合国家法律的前提下，拥有一定的税收立法权及税收管理权限。建立规范的中央对地方政府的财政转移支付制度。分税制财政体制的核心是中央财政与地方财政的分立，自收自支、自求平衡。按照一级政权、一级事权、一级财权、一级税基、一级预算、一级产权、一级举债权的标准建立多级财政体制。

在1994年分税制改革中，中央财政与省级财政通过中央税、地方税和共享税划分了收入分配关系，省级财政又对地方税进行了省对下的分税制改革。这样一来，县乡财政不仅要提供中央税和共享税中的中央部分，而且还要提供省市级税收。从支出角度看，除了县乡财政固定收入所形成的公共支出外，县乡财政还承担了安排上级一般性财政转移支付与专项转移支付的支出责任。

经过本次改革，各级政府的财政状况发生了很大变化。县乡基层政府没有获得与事权相匹配的税基。分税制改革以来，县财政收入占全国和地方财政收入的比重总体上呈下降趋势。在这种情况下，县乡财政的主要任务是“保工资、保运转”。教育财政的任务同样也是如此。但对于教育而言，即使这样的目标也常常被缩水。公用经费零拨付，教师工资执行过期标准的现象在很多地区都存在。

针对这种情况，国家采取了一系列举措。2001 年确立了“以县为主”的农村义务教育管理体制，把财政责任的重心上移到县。2006 年实行农村义务教育经费保障新机制，采用“分项目，按比例”的方式重新划分了中央与地方在农村义务教育阶段免除学杂费、寄宿生生活补贴、免费教科书、公用经费、校舍维修改造基金等方面的责任。这些举措的实质就是重新划分政府间教育财政责任。

合理划分基础教育的政府间财政责任需要与行政管理体制改革相结合。从当前我国行政管理体制的改革趋势看，建立中央、省和县三级财政体系的可能性很大。“省直管县”和“乡财县管”的改革已经说明了这种趋势。未来影响基础教育投入的政府间财政关系主要是中央、省和县政府间的财政责任划分，特别是省和县两级地方政府间教育财政责任的划分。

理顺省、县两级政府的教育财政责任有两种思路。第一种思路是按照教育层次来划分教育事权和财权。基础教育可分为义务教育和高中教育。按照这种思路，应由省、县两级政府分别承担这两个阶段的教育。英国的基础教育属于郡政府预算。德国的义务教育主要由州政府负担。我国幅员辽阔，人口众多，相对于省级政权而言，县级政权的数量十分庞大。因此，由省财政负担义务教育不仅财力有困难，而且也不符合当前我国以县为主的基础教育管理体制。从长远考虑由县财政负责义务教育、省财政负责高中教育的体制较为可行。当前，可由市财政先负担高中教育。在市级财政取消之后，高中改由省财政负担。短期来看，采用这种分担方式，县财政的压力仍比较大。但从长期看，高中教育的规模会逐渐扩展，考虑到省财政同时还要负担地方高等教育，这种划分相对能较好地平衡省和县的财政负担。

第二种思路是按照教育经费的构成项目进行分担。省、县两级政府分担教育财政责任可以选择在教育经费中所占比重较大、结构相对简单的人员经费。教育是劳动密集型产业，教师工资在教育支出中所占比重最大。教师工资的项目和标准相对于公用经费和校舍维修改造基金更为简单，实践中也更易于操作。此外，通过分担工资保障教师收入还有利于稳定教师队伍。日本义务教育阶段的教师工资就由中央政府和地方政府各负担 50%。法国义务教育阶段的教师工资则全部由中央政府负担。当然，我国各地的县域经济发展程度和财政能力差异很大。在分担过程中可以采取不同的分担比例。具体的分担比例可以根据各县的实际需求、可用财力等因素综合进行测算。

以上两种思路，并不对立。即使按照教育层次对政府间教育事权和财权进行划分。上级政府也可以通过转移支付来承担部分或全部下级政府的基础教育教师工资。总之，不管采取何种分担方式，只有各级政府的教育财政责任明确了，基础教育的经费保障问题才能彻底摆脱体制束缚，从而建立起真正的长效机制。

三、教育经费拨款制度

实践中，人们关注的教育拨款制度主要是指政府如何把教育经费拨付给学校。其中讨论较多的是高等教育拨款。从国际上来看，高校拨款模式主要有增量拨款(协商拨款)、公式拨款、合同拨款和绩效拨款等。这些拨款模式的适用范围和追求的政策目标有所不同。增量拨款和公式拨款主要适用教育经费，合同拨款主要适用专项拨款。绩效拨款的政策目标主要是强调效率和效益。

新中国成立后，我国高等教育拨款制度经历三个阶段，即1955—1986年的“基数加发展”阶段、1986—2002年的“综合定额加专项补助”阶段和2002年至今的“基本支出加项目支出”阶段。新中国成立之初，预算体制尚不健全，高校拨款无成形的方法。“基数加发展”的拨款模式中的“基数”指按照各高校往年的经费分配份额作为今年拨款的基础。“发展”是指根据当前教育事业的发展和变化情况进行拨款。这种模式属于增量拨款。其优点是操作简便，缺点是承认了现状的合理性，对公平、效率和效益的考虑均不足，容易出现“马太效应”。

1986年，国家教育委员会、财政部联合颁发了《高等学校财务管理改革实施办法》，强调高等学校财务管理改革是高等教育管理体制改革的重要组成部分，应按照教育规律和经济规律办事，讲求社会效益和经济效益，并提出对高等学校教育事业费的拨款办法进行改革，在年度预算核定方式上把原来的“基数加发展”的事业费拨款方式改为“综合定额加专项补助”。“综合定额”是指经费总量根据有关政府主管部门制定的不同层次、不同类型、不同地区的生均经费定额标准和在校生数核定下达。“专项补助”作为对“综合定额”的补充，由财政部门和教育主管部门根据国家的政策导向和学校的特殊需要单独核定下达。

在这种拨款模式中，拨款的基本依据是学生数量，同一地区相同层次和类型之间的学校在综合定额方面体现了公平性。而且各高校有权按照“包干使用，超支不补，节余留用，自求平衡”的原则，自主统筹安排使用主管部门核定的预算经费，并可将上年度预算节余部分转入下年度使用。促进了高校主动避免浪费和节约挖潜、提高资金使用效益。但在该拨款模式下，经费总量主要取决于学生数量，所以也助长了一些学校不顾办学条件盲目扩张的办学行为。

从2002年开始，财政部对中央部门的预算核定方式为“基本支出加项目支出”。“基本支出”是解决学校正常运转、完成日常工作任务所需的经费；项目支出预算主要是解决学校大型修缮和某些专项业务活动而发生的支出。经费拨款是一种重要的管理工具。政府设立公立高校并通过拨款对高校进行管理的目的是体现政府的政策导向。政府的高等教育政策目标从根本上可以归结为公平和效率两方面。高等教育的基本支出是为了解决学校日常运转而发生的费用，从政策目标上主要应考虑实际需求体现公平。项目支出主要应考虑学校特殊需求体现效率。

高校的教育教学活动以学科为单位，人才类型以学科为划分标准。所以，按学科以学生为标准进行拨款相对更为科学合理。北京市市属市管高校拨款曾采用过以学科分类的学生为标准进行拨款。不管采用何种拨款模式，只要对资金的使用效益进行监管就需要有成本信息。当前，我国高校会计制度的主体还是收付实现制。这种会计核算基础，既不利用成本核算，也不能反映高校的负债情况。2018 年，根据《中华人民共和国预算法》《国务院关于批转财政部权责发生制政府综合财务报告制度改革方案的通知》等要求，教育部直属高校、直属单位开始实施政府会计制度，采用权责发生制的核算原则。改革后，基本建设会计核算合并到了学校财务会计核算之内；增设“累计折旧”“预提”“在建工程”等科目。改革后的会计报表体系设置资产负债表、现金流量表、基金变动表、基本数字表和教育成本报表等。

采用绩效拨款模式是未来教育经费拨款模式的方向，但改革有赖于其他配套制度的配合。除了上面提到的高校会计制度变革之外，还需要有相应的高校绩效评估制度，需要设立专门的机构对高校绩效进行评估，再由专门的拨款委员会根据评估结果进行拨款。由此可见，完善拨款制度还需要建立一系列配套制度。

四、学费和学生资助制度

（一）学费

对非义务教育阶段的学生征收学费，与国家选择的经济与社会管理体制有关。举办教育需要费用，这种花费要么来自政府税收，要么直接来自公民个人。如果国家决定把教育作为公共事业，让公民免费接受教育，那么国家就需要向居民征收更多的税收。如果国家决定负担部分教育经费，那么个人也就需要分担另一部分教育成本。如果国家决定所有的教育都由市场提供，那么个人就需要支付全部的教育成本。

在计划经济时代的很长一段时期，上学不交学费，而且政府还向升入一定阶段达到一定程度之后的学生提供人民助学金。这是因为在当时个人收入在收入分配中所占比重很低，在教育的个人收益和社会收益之间，社会收益占主导。随着我国经济和社会体制的转型，收入分配关系在个人、集体与国家之间发生了根本性变化，个人收入所占的比重越来越大，教育的个人收益也越来越突出。因此，按照受益原则，个人支付部分甚至全部教育成本成为可能。

学术界对学费的性质存在争议。有人认为学费的本质是教育服务的价格，有人认为学费的本质是教育成本的补偿而并不是教育服务的全部价格。事实上，判断学费的性质要看政府是否对学校提供了资助。如果政府对学校进行了投入，那么学费就不完全是教育服务的价格，而只是教育成本的补偿。

在现代社会，教育对收入和社会分层有重要影响。受教育权的平等常常与经济和社会地位的平等有关。因此，受教育权备受关注。收取学费客观上会对低收入者的入学机会产生影响。所以，学费标准的确定一直备受社会关注。

我国实行九年制义务教育。高中和高等教育都要收取一定数额的学费作为教育成本的补偿。在我国学费标准的确定实行属地管辖原则，由学校所属地区的物价局根据当地物价水平确定。1996年，经国务院批准，国家教育委员会、原国家计委和财政部联合印发了《高等学校收费管理暂行办法》(教财〔1996〕101号)，规定高校学费标准实行属地化管理，审批权限在省级人民政府。学费标准的调整，由省级教育行政部门提出意见，物价部门会同财政部门根据当地经济发展水平、办学条件和居民承受能力进行审核，三部门共同报省级人民政府批准后执行。教育收费决策实行成本监审、听证、公示等制度。所以，全国各地的学费标准的确定方式也不尽相同。有些地区实行统一限价标准，即不同类型和不同学科采用统一学费标准。有些地区则采用分科制与分等制相结合并辅之以热门专业适当提价的确定方式。

从学费水平看，全国31个省市区差别较大。经济发达地区学费较高，中西部落后地区学费相对较低。从实践中看，确定学费水平有多个参考标准。在学费确定中，经常考虑到的因素分别是高等教育成本、政府财政能力、高等教育的私人收益率和居民支付能力等。站在不同的立场，采用不同的参照标准得出的结论可能会有所不同。

高等教育具有正外部性，其定价不宜采用边际原则，而应遵循成本原则。早在2000年教育部下发了《关于2000年高等学校招生收费工作若干意见的通知》，提出学费标准应依据高校年生均日常运行费用、财政拨款、当地经济发展水平和居民承受能力等情况确定，并且规定了高等学校的学费弥补生均成本的比例最高不超过25%，以及不同地区、不同层次的学校、重点学校和一般学校，同一学校的不同专业的学费标准应有所区别等要求。

教育支出占居民消费支出的比重是衡量居民教育负担的重要标准。随着经济和社会发展，城镇居民的可支配收入和农村居民纯收入一直在增长，但收入的增长速度和学费增长的速度并不匹配。学费的增长速度明显要快于收入增长速度。教育支出在居民消费支出中所占的比重因此出现上涨趋势。从保障居民生活质量的角度考虑，高校的学费水平也不宜再提高。

对大学学费水平进行有效监控，既涉及技术问题，更涉及制度问题。从技术角度看，对大学学费水平进行监控，需要建立兼顾国家和个人利益的较为全面的指标体系。确定学费标准既要考虑国家财政对高等教育的负担能力，也要考虑公民的支付能力和投资回报率。在实际操作中需要建立一套综合指标体系来指导学费水平确定。要加强对高等教育收益率和大学学费占居民家庭收入合理比重的研究，为学费水平确定提供经验依据。

为了避免学费超过居民承受能力，可以就学费水平举行价格听证。听证会可以由政府物价部门、财政部门、教育行政部门、高等学校、提供信用助学贷款的银行代表、收入层次不同的学生家长代表及专家学者组成。在听证会上，有关各方应提供详细的研究报告和资料，说明各自的主张及其理由。总之，学费标准的确定很重要，需要合理的制度加以保证。

（二）学生资助

学生资助体系是与成本分担机制匹配的制度。正是因为居民分担了部分教育成本，才导致收入成为受教育的一个必要条件。而收入成为入学机会分配的条件，不符合公平正义的社会理想。因此，作为配合学费制度而存在的学生资助制度便应运而生。目前，我国已经建立了以政府为主导、学校和社会积极参与的覆盖学前教育至研究生教育的学生资助政策体系，实现了“三个全覆盖”，即从学前教育到研究生教育所有学段全覆盖、公办民办学校全覆盖、家庭经济困难学生全覆盖。

2022年，全国累计资助学前教育、义务教育、中等职业教育(包括人力资源和社会保障部门管理的技工学校)、普通高中教育和普通高等教育学生16144.16万人次(不包括义务教育免除学杂费和免费教科书)，累计资助金额2922.30亿元。其中，资助学前教育幼儿771.47万人次，资助金额100.35亿元；资助义务教育学生7518.11万人次，资助金额577.35亿元；资助中等职业教育学生1996.72万人次，资助金额400.72亿元；资助普通高中教育学生1269.62万人次，资助金额168.29亿元；资助普通高等教育学生4588.24万人次，资助金额1675.59亿元。财政投入2098.76亿元，占资助资金总额的71.82％。

我国目前已经建立了较为全面的家庭经济困难学生资助政策体系。高等教育形成国家奖学金、国家励志奖学金、国家助学金、国家助学贷款、生源地信用助学贷款、助学贷款代偿和勤工助学等多种方式并举的资助政策体系。其中，解决家庭经济困难学生学费、住宿费问题，将以国家助学贷款为主，以国家励志奖学金等为辅；解决生活费问题，以国家助学金为主，以勤工助学等为辅。中等职业教育已形成以国家助学金为主，以工学结合、顶岗实习、学校减免学费等为辅的资助政策体系。

助学贷款既有银行提供的，也有学校提供的(学校贷款)。其中银行提供的助学贷款可分为国家助学贷款和一般助学贷款。国家助学贷款是国有独资商业银行对全日制高校中经济困难的学生发放的财政予以贴息的信用贷款。一般助学贷款是金融机构根据自身业务特点对高校学生、学生家长发放的商业性贷款。

学校贷款开始于1987年。此后，国家教育委员会分别在1993年和1995年对部分实施方案进行了调整。学校贷款是无息贷款，额度小且受益面很窄，难以解决资助广大贫困生顺利完成学业的任务。

商业性助学贷款开始于1997年，由上海浦东发展银行首先开办。此后多家国有和股份制商业银行均开办了此项业务。中国农业银行的“金钥匙”助学贷款、中国银行的出国留学贷款、建设银行的“圆梦”助学贷款等都是商业性的助学贷款。商业性助学贷款因为有抵押和担保，回收有保证，银行开展的积极性较高。但学生家庭特别是广大农村的贫困生家庭因为缺乏可以担保和抵押的财产(农村住房估价困难)，所以也很难获得这种贷款。

国家助学贷款实施于1999年，大规模推行于2000年。最初国家助学贷款的贷款范围局限于本科生的学费和生活费；还款期限一般不超过8年，即学生必须在毕业后4年内还清本息；利率按人民银行公布的同期限贷款利率执行，不上浮，国家财政贴息50%，部属院校由中央财政贴息，地方院校由地方财政贴息；坏账由学校偿还60%，学生贷款管理中心偿还40%。

后来又规定贷款对象扩大到研究生，形成的呆坏账按实际发生额由财政进行全额核销。接着又确定了“四定”(定学校、定范围、定额度和定银行)和“三考核”(按月考核经办银行国家助学贷款的申请人数和申请金额、考核已审批贷款人数和贷款合同金额、考核实际发放贷款人数和发放金额)的原则。按照该规定，高校学生贷款的范围不再局限于学费和生活费，住宿费也可以提出申请，但申请总额度的上限为每生每年6000元，申请人数的比例不能超过学生总人数的20%，实际上压缩了贷款额度。

2004年6月，经国务院批准下发了《关于进一步完善国家助学贷款工作的若干意见》，建立以风险补偿机制为核心的国家助学贷款新政策、新机制。新机制对国家助学贷款政策、实施机制、风险防范等方面进行了重大调整和完善。

1. 贷款政策方面

改革财政贴息办法，由整个贷款合同期间对学生贷款财政贴息50%，转变为实行贷款学生在校期间的贷款利息全部由财政补贴，毕业后全部自付；延长了还贷年限，由自学生毕业之日起即开始偿还贷款本金、4年内还清，转变为实行贷款学生毕业后视就业情况，在1～2年后开始还贷、毕业后6年内还清；为鼓励获得国家助学贷款的毕业生到艰苦地区和艰苦行业工作，提出了研究建立国家助学贷款代偿机制，对到国家需要的艰苦地区、艰苦行业工作，服务期达到一定年限的贷款学生，经批准可以奖学金方式代偿其贷款本息。

2. 实施机制方面

改变由国家指定四大国有商业银行经办国家助学贷款业务，实行由政府按隶属关系委托全国和省级学生贷款管理中心通过招投标方式确定国家助学贷款经办银行；对普通高校实行贷款总额包干办法，全日制公办普通高校每年的贷款总额原则上按全日制普通本专科学生(含高职学生)、研究生及第二学士学位在校生总数20%的比例、每人每年6000元的标准计算确定；由高校和银行共同操作。

3. 风险防范方面

建立国家助学贷款风险补偿机制，按学校隶属关系，由财政和普通高校按贷款当年发生额的一定比例建立国家助学贷款风险补偿专项资金，给予经办银行适当补偿，具体比例在招投标时确定，国家助学贷款风险补偿专项资金由财政和普通高校各承担50%；建立学生还款约束机制，国家金融管理等有关部门、经办银行、学生贷款管理中心及各高等学校各负其责，共同建立还款约束机制。

为了减轻贷款学生负担，提高信用助学贷款的偿还比例。2006年9月，国家启动了助学贷款代偿机制。2008年，又启动了针对贫困家庭的生源地信用助学贷款，由国家开发银行负责实施。生源地助学贷款虽然也是信用贷款，但是学生和家长(或其他法定监护人)为共同借款人，共同承担还款责任。因此相对于学生信用助学贷款，在贷款回收方面更有优势。

国家助学贷款实施以来，贷款额度与偿还期限随着经济与社会发展不断调整。2020年7月，教育部等四部门调整完善国家助学贷款政策，将助学贷款还本宽限期由3年延长至5年。自2023年秋季学期起，全日制普通本专科学生(含第二学士学位、高职学生、预科生)每人每年申请贷款额度提高至不超过16000元；全日制研究生每人每年申请贷款额度提高至不超过20000元。国家助学贷款额度调整后，服兵役高等学校学生学费补偿、用于学费的国家助学贷款代偿和学费减免标准以及基层就业学费补偿、用于学费的国家助学贷款代偿标准，相应调整为本专科学生每人每年最高不超过16000元、研究生每人每年最高不超过20000元。

国家助学贷款中存在的主要问题是贫困生识别较为困难和贷款回收有一定困难。当前各高校采用的贫困生识别方法主要还是以学生家庭所在地的基层政府提供的贫困证明为依据。这种方法在实践中证明并不有效。很多并不贫困的学生也能通过各种渠道取得所谓的贫困证明。2007年6月26日，国家出台了《教育部、财政部关于认真做好高等学校家庭经济困难学生认定工作的指导意见》教财〔2007〕8号文件。文件中提出了家庭经济困难学生的认定，由学生本人提出申请，实行民主评议和学校评定相结合的原则。

学校成立学生资助工作领导小组和学生资助管理机构负责组织和管理家庭经济困难学生的认定工作。文件中强调评议小组成员中应有一定数量的学生代表，名单在本年级(或专业)范围内公示。认定标准可设置一般困难、困难和特殊困难等2～3档。具体的认定标准参照各行政区域内各地(市、州)的城市居民最低生活保障标准。学校和院(系)每学年定期对全部家庭经济困难学生进行一次资格复查，并不定期地随机抽选一定比例的家庭经济困难学生，通过信件、电话、实地走访等方式进行核实。如发现弄虚作假现象，一经核实，取消资助资格，收回资助资金。情节严重的，学校应依据有关规定进行严肃处理。

亚洲金融危机以来，我国的个人消费信用体系建设已经取得了很大进展。2022年11月，我国建立的个人征信管理系统已经收录超过11.5亿自然人的征信信息。全国集中统一的个人信用信息基础数据库自2006年1月正式运行以来，基本上为每位大学生建立了信用档案，如实记录大学生开立银行结算账户、信用卡、借用和偿还国家助学贷款及其他类贷款的信息。该系统为商业银行防范国家助学贷款业务中的信用风险、保证国家助学贷款政策的持续实施提供了有效工具。

在经济和社会发达的大城市，信用在生活中的作用已经显现。但在中小城市个人信用的作用还不是很明显，所以少数毕业后在中小城市就业和生活的学生，在还款方面还有侥幸心理。尽管，银行采取通过媒体公布违约者姓名和身份证号码等方式试图促使学生履行还款义务。但仍有一些学生因为信用对其生活的影响不是很大而继续逃避还款。学费和学生资助制度对高等教育入学机会具有重要影响，是教育财政的重要内容。

总之，当前我国已经建立了完备的学生资助体系，资助金额也随着经济与社会发展不断调整，配套管理制度在不断完善。

第三节　教育筹资

一、多渠道筹资

经济尚未发达，教育规模庞大是我国的基本国情。2022 年全国共有各级各类学校 51.85 万所，各级各类学历教育在校生 2.93 亿人，专任教师 1880.36 万人。全国共有幼儿园 28.92 万所，在园幼儿 4627.55 万人；义务教育阶段学校 20.16 万所，招生 3432.77 万人，在校生 1.59 亿人，专任教师 1065.46 万人；普通高中 1.50 万所，招生 947.54 万人，在校生 2713.87 万人，专任教师 213.32 万人；中等职业学校 7201 所，招生 484.78 万人，在校生 1339.29 万人，专任教师 71.83 万人；高等学校 3013 所，在学总规模 4655 万人，研究生招生 124.25 万人，普通本科招生 467.94 万人，职业本科招生 7.63 万人，高职(专科)招生 538.98 万人；成人本专科招生 440.02 万人，网络本专科招生 280.89 万人，高等教育自学考试学历教育报考 398.41 万人次；高等教育专任教师 197.78 万人。

2022 年我国国内生产总值为 1210207 亿元，年末全国总人口为 141175 万人，人均 GDP 85698 元；全国一般公共预算收入 203703 亿元，一般公共预算支出 260609 亿元；全年全国居民人均可支配收入 36883 元，中位数 31370 元；城镇居民人均可支配收入 49283 元，中位数 45123 元；农村居民人均可支配收入 20133 元，中位数 17734 元。

为庞大的公共教育体系筹措经费是一项十分艰巨的任务。2021 年全国教育经费总额为 57873.67 亿元，具体来源及比重见表 9-1。2022 年全国教育经费总额为 61329.14 亿元。其中，国家财政性教育经费为 48472.91 亿元，一般公共预算支出的教育经费为 39259.96 亿元。教育投入与教育质量密切相关。改革开放后，我国通过了一系列教育法律如《中华人民共和国教育法》《中华人民共和国义务教育法》《中华人民共和国高等教育法》《中华人民共和国职业教育法》等。在这些法律条文中，都有关于教育经费的专门规定。教育投入取决于教育事业的总体规模和国家财政状况，同时还取决于财政在教育方面的努力程度。

表9-1　2021年我国教育经费收入来源及比重　　单位：万元

总计	国家财政性教育经费/%		民办学校经费/%	社会捐赠/%	事业收入/%		其他/%
	79.2	一般公共预算教育经费/% 64.73	0.42	0.24	18.07	学杂费/% 14.05	2.1
578736693	458353089	374633647	2423821	1426654	104575160	81306525	11957969

资料来源：国家统计局《2023中国统计年鉴》。

改革开放以后，我国各级各类教育事业取得了很大的发展，教育的总体投入也有很大的改善。但相对于经济与教育事业的发展程度而言，教育投入的总体水平仍不高。为了弥补国家财政投入的不足，1993年2月中共中央、国务院颁发《中国教育改革和发展纲要》明确指出，建立以国家财政拨款为主，辅以征取用于教育的税费，收取非义务教育阶段学生学杂费，校办产业收入，社会捐集资收入和建立教育基金制度等多种渠道筹措教育经费的体制。

二、财政性教育经费

在我国衡量政府财政投入的指标主要有两个，一个是财政性教育经费，另一个是一般公共预算支出教育经费。财政性教育经费与一般公共预算支出教育经费的计算口径不一致是因为在很长一段时期内(2011年前)，我国的财政预算不完整，各级政府拥有"小金库"。当前，财政性教育经费包括财政一般公共预算教育经费，政府性基金预算安排的教育经费，企业办学中的企业拨款，校办产业和社会服务收入用于教育的经费等。一般公共预算支出教育经费包括教育事业费、基建经费、教育费附加等。国家财政拨款是教育经费来源的主渠道，2022年我国财政性教育经费和一般公共预算支出教育经费的总量分别为48472.91亿元和39256.96亿元，占全国教育经费总收入61329.14亿元的比重分别为79.04%和64.01%。

各级政府征收的用于教育的税费是指城市教育费附加、农村教育事业费附加和地方教育费附加。1984年为了筹措农村学校办学经费，《国务院关于筹措农村学校办学经费的通知》出台。1986年为贯彻落实《中共中央关于教育体制改革的决定》，国务院发布《征收教育费附加的暂行规定》，开始征收教育费附加。教育费附加的使用范围为改善中小学教学设施和办学条件。1990年国务院修改了《征收教育费附加的暂行规定》，把城市教育费附加提高到2%。将教育费附加纳入预算管理，作为教育专项资金，根据"先收后支、列收列支、收支平衡"的原则使用和管理。地方各级人民政府依照国家有关规定，使预算内教育事业费逐步增长，不得因教育费附加纳入预算专项资金管理而抵顶教育事业费拨款。农村按照农民纯收入的1%～2%征收。地方征收的教育费附加，按专项资金管理，由教育部门统筹安排，提出分配方案，经同级财政部门同意后，用于改善中小学教学设施和办学条件，不得用于职工福利和发放奖金。

1994年分税制改革之后，城市按三税(消费税、营业税、增值税)的3%征收。农村按农民纯收入的1.5%～2%征收。2002年农村税费改革中，向农民征收的教育费附加被取消。但向企业征收的教育费附加仍然存在。教育费附加为改善中小学教学设施和办学条件发挥了非常重要的作用。2002年向农民征收的教育费附加被取消之后，我国农村教育经费曾出现了很大的困难。随着中央财政转移支付力度的加大，这一问题才逐步得以缓解。

通过校办产业筹资是富有我国特色的筹资方式，国外的学校很少直接参与生产经营。校办企业的兴起始于改革开放后。1980年清华大学成立了技术服务公司，这是改革开放以来中国高校最早创办的科技公司。经过多年的发展，我国的校办企业已经有一定规模。2004年，近5000家高校企业的资产总额为1463.77亿元。2013年，据教育部发布的高校校办企业统计概要公告显示，552所高校的5279家企业，资产总额已达到3538.06亿元。2015年，中国高校企业资产总规模已接近4500亿元。但校办产业收入中直接用于教育的并不多。

从实际情况看，一些学校举办的校办企业经营状况尚可，但另一些学校的校办企业经营状况并不理想。最近几年，一些校办企业暴露出了很多问题。很多校办企业成立于20世纪90年代初期《公司法》出台以前，注册很不规范。从现在来看，各种性质的公司都有。既有股份有限公司、有限责任公司、股份制公司、民营企业，也有学校全资企业。从公司规模看，大的有上市公司，小的有招待所，种类繁多，情况各异，很多学校对校办企业的管理不是很到位。

产权不明晰和资产混乱的情况在很多校办企业都存在。有些校办企业主要是靠教师艰苦奋斗和不断积累逐步发展起来的，学校对其投资很少或没有投资，但学校依然是其法人。有些企业在成立之初，学校就在许多方面给提供了支持，利用了学校各种各样的条件，如校名、知识产权、资金、设备、场地、人员等，但其有些资产却不在校办企业财务账中。

为了解决校办产业中存在的诸多问题。2000年国务院办公厅下发了《关于北京大学清华大学规范校办企业管理体制试点问题的通知》。同时，国务院体改办和教育部起草了《关于北京大学清华大学规范校办企业管理体制试点指导意见》，启动了北京大学和清华大学规范校办企业管理体制的试点工作。2002年教育部批复了北大、清华的校办企业改制试点工作方案，全国其他高校也在参照国务院文件精神及本校实际，积极推进校办企业改制工作，规范校办企业的经营与管理，建立防火墙机制。总体来看，各学校主要通过成立资产经营与管理公司对校办企业进行参控股。这样学校不再直接经营企业，而转变为投资企业的股东。在完成投资划转之后，对新产生的经营风险不再直接承担责任。2009年年底，68家教育部直属高校全部组建了资产公司。清华大学启迪控股也在2012年开始进行混合所有制改革，股权结构变为清华大学和非公经济股东共同持股。

2015年，中央深化科技体制机制改革文件指出，要逐步实现高校与下属企业剥离。2018年，中央深改委审议通过《高等学校所属企业改革的指导意见》，高校校办企业进入新一轮体制改革，高校对所属企业按照清理关闭、脱钩剥离和保留管理三种方式进行分类处置，厘清产权和责任关系，促使高校聚焦教学科研主业。原则上，2022年年底前基本完成高校与所属企业的改革任务。2019年，山东大学将上市公司山大华特的实际控制权无偿划转给山东国资委下属企业。复旦大学将其持有的复旦复华1.28亿股A股股份无偿划转给上海市奉贤区国资委下属企业奉投集团。2020年，中山大学也将持有的达安基因股份的全部资产无偿划转，变更后的公司实际控制人为广州市人民政府。2021年，清华大学与四川能投签署了《国有产权无偿划转协议》，将7家清华系持有的清华控股100%股权无偿划转给四川省国资委，实现校属企业的体制改革。这意味着校办企业的筹资方式将逐步退出。

国家对学校的税收减免也属于财政性教育经费。在我国从事学历教育的学校享有广泛的税收优惠。根据2003年国家颁布的《财政部、国家税务总局关于教育税收政策的通知》的精神，国家从营业税、增值税、所得税，房产税、城镇土地使用税、印花税，关于耕地占用税、契税、农业税和农业特产税，以及关税等多个税种，对从事学历教育的学校提供教育服务、技术转让、技术培训、技术咨询等取得的收入，对学生的勤工俭学收入，对教师取得省级人民政府、国务院各部委和中国人民解放军军以上单位，以及外国组织、国际组织颁布的教育方面的奖学金免征个人所得税；对学校以股份或出资比例等股权形式给予个人的奖励，获奖人在取得股份、出资比例时，暂不缴纳个人所得税；对校办企业收入；对个人教育储蓄存款利息所得；对学校占用房产和土地；对教学仪器、图书、资料和一般学习用品的进口等进行税收减免。

值得注意的是，2006年国家下发《财政部和国家税务总局关于加强教育劳务营业税征收管理有关问题的通知》指出，学校收取赞助费择校费须缴营业税。按照2003年文件的规定，对从事学历教育的学校提供教育劳务取得的收入免征营业税。在新的文件中，国家税务总局认定的“学历教育”是指：受教育者经过国家教育考试或国家规定的其他入学方式，进入国家有关部门批准的学校或其他教育机构学习，获得国家承认的学历证书的教育形式。

“从事学历教育的学校”是指普通学校及经地、市级以上人民政府或同级政府的教育行政部门批准成立、国家承认其学员学历的各类学校。上述学校均包括符合规定的从事学历教育的民办学校，但不包括职业培训机构等国家不承认学历的教育机构。“提供教育劳务取得的收入”是指对列入规定招生计划的在籍学生提供学历教育劳务取得的收入，具体包括：经有关部门审核批准，按规定标准收取的学费、住宿费、课本费、作业本费、伙食费、考试报名费收入。税务总局表示，对上述收入免征营业税。但超过规定收费标准的收费及学校以各种名义收取的赞助费、择校费等超过规定范围的收入，不属于免征营业税的教育劳务收入，一律按规定征税。财政部和国家税务总局的文件实质上认定了我国公立学校存在市场经营行为。

财政性教育经费中除了以上介绍的内容，还包括企业办学经费。企业办学是计划经济体制的遗留产物。随着国有企业产权关系的逐步明晰和企业办社会体制的逐步转型，企业办学的经费不应当再列入财政性教育经费。顾名思义，财政性教育经费应该是政府投入的教育经费。所以，对于企业办学经费这里不再讨论。

三、社会捐集资

捐集资指城镇、农村、厂矿、企事业单位和个人根据自愿、量力的原则捐(集)资助学，以及海外侨胞、港澳同胞、外籍团体、友好人士等对教育的资助和捐赠。2021 年我国全国的教育捐集资收入仅为 142.67 亿元，占全国教育经费总收入的 0.24%。我国在利用社会捐集资方面还有很大的空间。但由于我国市场经济体制实行的时间很比较短，公民个人所积累的财富与发达资本国家比还有较大差距，公民的慈善意识和慈善观念还需加强。

为了鼓励慈善事业发展，我国先后颁布了《中华人民共和国公益事业捐赠法》《红十字会法》《社团登记管理条例》《基金会登记管理条例》《企业所得税法》和《个人所得税条例实施细则》与慈善有关的法律法规。同时，我国很多省、自治区、直辖市都制定有捐集资办学条例及鼓励捐集资办学的地方政策。

但目前看来，相应的利益补偿机制仍不是十分健全。国家对于捐赠之后的税收等一系列制度安排对于调动社会各方开展捐资助学积极性还不够有力。我国企业和个人所得税法规定，内资企业和个人向慈善公益组织的捐赠额，如果占应纳税的比例分别在3%和30%以内，可以从其应纳税的所得额中扣除。但如果企业、个人捐赠超出上述比例的部分仍需缴税，而且由于免税政策仅限于现金捐赠，这也对个人捐资助学产生了一定的影响。

为了推动包括捐资助学在内的慈善事业的发展。应适时开征遗产税、赠予税和特别消费税，鼓励富人积极参与慈善公益事业，扩大捐赠资金量。同时还可以适当提高捐赠企业减免税款的比例。总之，社会捐资助学不仅依靠公民个人财富的积累和慈善意识的提高，同时还应有相应的税收制度鼓励捐赠者将更多的钱投入慈善事业，建立对捐赠者的利益补偿机制。

四、社会团体和公民个人办学

社会团体和公民个人办学是指由办学单位或公民个人依靠其社会影响力吸引社会捐资兴办学校。民办教育是其中的重要组成部分。我国民办教育的发展相对于发达国家仍然比较落后。据2006年经济合作与发展组织(OECD)国家教育概览提供的资料，2006年各国小学、中学和中学后非高等教育资金平均7%由私人负担，其中澳大利亚、德国、韩国、墨西哥、瑞士、英国及智利私人资金超过13%。2021年，我国民办教育经费为242.38亿元，仅占当年全国教育经费总额的0.42%。

为了促进民办教育的发展，我国已经颁布了《民办教育促进法》及其实施条例。但《民办教育促进法》及其实施条例并没有真正起到促进民办教育发展的预期效果。其中的根本原因在于多数民办教育的举办者把举办民办教育当作投资行为并希望取得合理回报。入学机会公平是体现社会公平正义的重要标识。多数国家都不允许把收入作为入学机会的必要条件，当然也不允许把教育作为营利的工具。近年来，随着学龄人口减少和国家对民办义务教育政策的收紧，民办教育发展特别是义务教育阶段民办学校的发展受到了一定的抑制。因此，即使在西方市场经济十分发达的国家，其私立教育也严格遵循教育的非营利原则，举办私立学校不是投资行为，而只是单纯的慈善行为。由此可见，我国民办教育的发展还任重而道远。

五、学杂费

除了以上各种筹资渠道以外，学杂费也是当前我国教育筹资的重要渠道。2021年，我国学费、杂费收入为8130.65亿元，占全国教育经费总收入的14.05%。1985年以来，学杂费在我国教育经费中所占的比重越来越大。从国际来看，各国高教私人资金份额几乎都在增加。据 2006 年 OECD 国家教育概览提供的资料显示，半数提供数据的国家高等教育阶段的私人资金增加了 3%以上，澳大利亚、意大利和英国的增长率达 9%以上。丹麦、芬兰、希腊、挪威和土耳其高教私人融资占 5%以下，而澳大利亚、日本、韩国、美国和智利则超过 50%。2021 年，我国普通高等教育的学杂费收入为 3170 亿元，已经是国家一般公共预算普通高等教育经费的 31.68%。

尽管，我国实行以财政拨款为主，多渠道筹措教育经费的体制。但由于除学杂费和国家财政以外的其他筹资渠道在教育筹资中的作用仍然十分有限，因此教育经费负担过程中国家财政负担和公民个人负担之间的矛盾比较突出。要缓解政府财政和公民个人负担教育经费之间的矛盾，必须大力发展基金会等中介组织，努力扩大社会资金对教育的投入。总之，在今后相当长的一段时期内，教育筹资仍然是我国教育财政中的重要问题。

六、教育基金

教育基金也是一条非常重要的筹资渠道。在我国基金会是指利用自然人、法人或其他组织捐赠的财产，以从事公益事业为目的的非营利性法人。美国基金会中心给“基金会”定义是：“非政府的、非营利的自有资金(通常来自单一的个人、家庭或公司)并自设董事会管理工作规划的组织，其创办的目的是支持或援助教育、社会、慈善、宗教或其他活动以服务于公共福利，主要途径是通过对其他非营利机构的赞助。”

1988 年国务院发布《基金会管理办法》。2004 年又颁布了《基金会管理条例》。按照该条例的规定，我国的基金分为公募和非公募两类。面向公众募捐的基金会为公募基金会，不面向公众募捐的基金会为非公募基金会。公募基金会按照募捐地域范围，可分为全国性公募基金会和地方性公募基金会。2022 年年底，全国有基金会 9620 家，其中非公募基金会占 71%，公募基金会占 29%。在美国的基金会中，私人基金会约占 85%，公司基金会约占 5%，而面向公众筹款的社区基金会和运作型基金会的总数和资产还不到 10%。

2006 年 3 月，教育部、财政部共同支持发起了全国性的公募基金会——中国教育发展基金会。该基金会收到的第一批捐赠款逾 2 亿元。按条例规定，公募基金会每年用于从事章程规定的公益事业支出，不得低于上一年总收入的 70%；非公募基金会每年用于从事章程规定的公益事业支出，不得低于上一年基金余额的 8%。基金会工作人员的工资福利和行政办公支出不得超过当年总支出的 10%。

李嘉诚、曾宪梓、霍英东、邵逸夫、田家炳等香港企业家都有以个人财产设立的教育基金会。这些基金会为我国高等教育的发展作出了重要贡献。高校基金会是高校筹资的一个重要渠道。大多数高校基金会属于非公募基金。据不完全统计，2022年，在民政部和地方民政厅登记注册的高校基金会超过700家。2009年10月，财政部、教育部联合制定了《中央级普通高校捐赠收入财政配比资金管理暂行办法》，中央财政设立配比资金对中央级普通高校接受的捐赠进行配比。2021年，原985高校的基金资产规模超过600亿元，年度筹资规模接近150亿元。2022年，清华大学教育基金会与浙江大学教育基金会，筹资规模分别达到了20亿元和15亿元。优秀校友与企业的大额捐赠已成为高校筹款的重要渠道。除了高校外，一些办学历史悠久的中小学也成立了基金会，通过基金会筹资已经逐渐成为学校资金来源的重要渠道。

第四节　教育支出

一、"两个比例"

教育事业的发展表现在规模、质量、结构和效益等方面。但教育不论如何发展都离不开数量充足、分配合理的经费。教育只是政府举办的一类社会事业。教育经费与其他社会事业和其他财政支出项目之间具有竞争关系。人力资本理论面世以来，人们越来越接受办教育不仅是消费，同时也是投资。作为后发国家把教育放在优先发展的地位，对国家发展具有战略意义。

借鉴国外公共教育支出(占GDP)的百分比(见表9-2)，1993年《中国教育改革和发展纲要》明确提出逐步提高国家财政性教育经费占国内生产总值的比例到2000年达到4%的目标。但2005年，我国财政性教育经费占国内生产总值的比例仅为2.81%(见表9-3)。2006年中共十六届六中全会上通过了《中共中央关于构建社会主义和谐社会若干重大问题的决定》，文件指出要保证财政性教育经费增长幅度明显高于财政经常性收入增长幅度，逐步使财政性教育经费占国内生产总值的比例达到4%。直到2012年，我国财政性教育经费占国内生产总值的比例才达到4.04%，并一直持续到现在。但近年来，受疫情、外部环境与人口等多种综合因素的影响，政府财政压力很大，未来继续保持这一投入比例并不容易。

公共教育支出占国内生产总值的比重和财政支出中教育支出的比重是衡量公共教育支出的重要指标。世界各国教育支出占财政支出的比重大体都在1/6左右，因此公共教育支出占 GDP 的比重与财政支出占 GDP 的比重有关。发达国家财政支出占 GDP 的比重较高，一般在 35%以上，所以发达国家的教育支出占国内生产总值的比重平均约为 6%。发展中国家财政收入占 GDP 比重约为 25%，财政支出占 GDP 的比重约为 4%。

表 9-2　1870—1993 年公共教育支出(占 GDP)的百分比

	教育总支出/%						高等教育支出/%	
	1870 年前后	1913 年	1937 年	1960 年	1980 年	1993—1994 年	1970—1972 年	1993 年
澳大利亚	—	—	0.7	1.4	5.5	6	1.5	1.2
奥地利	—	—	2.5	2.9	5.6	5.5	0.7	1.1
比利时	—	1.2	—	4.6	6.1	5.6	—	1
加拿大	—	—	—	4.6	6.9	7.6	2.5	2.2
法国	0.3	1.5	1.3	2.4	5	5.8	0.7	0.9
德国	1.3	2.7	—	2.9	4.7	4.8	0.6	0.9
爱尔兰	—	—	3.3	3.2	6.6	6.4	0.8	1.1
意大利	—	0.6	1.6	3.6	4.4	5.2	0.5	0.8
日本	1	1.6	2.1	4.1	5.8	4.7	0.5	0.4
荷兰	—	—	1.5	4.9	7.6	5.5	2.1	1.4
新西兰	—	—	2.3	3.2	5.8	7.3	1.3	1.5
挪威	0.5	1.4	1.9	4.2	7.2	9.2	0.9	1.5
西班牙	—	0.4	1.6	1.3	2.6	4.7	—	0.8
瑞典	—	—	—	5.1	9	8.4	0.9	1.5
瑞士	—	—	—	3.1	5	5.6	0.8	1.2
英国	0.1	1.1	4	4.3	5.6	5.4	1.4	0.9
美国	—	—	—	4	—	5.5	1.3	1.3
平均	0.6	1.3	3.5	3.5	5.8	6.1	1.1	1.1

资料来源：[美]维托·坦齐、[德]卢德格尔·舒克内希特：《20 世纪的公共支出》，北京，商务印书馆，2005。

表 9-3 1952—2023 年我国公共教育支出(占 GDP)的百分比

年份	公共教育支出比重		年份	公共教育支出比重	
	占 GDP 比重	占财政支出比重		占 GDP 比重	占财政支出比重
1952	1.62	6.41	1988	2.39	14.32
1953	2.34	8.78	1989	2.44	14.6
1954	2.32	8.18	1990	2.49	15
1955	2.09	7.23	1991	2.46	15.72
1956	2.58	8.89	1992	2.33	16.61
1957	2.62	9.45	1993	2.18	16.26
1958	1.96	6.39	1994	2.19	17.59
1959	2.32	6.14	1995	2.05	17.54
1960	3.18	7.2	1996	2.09	17.84
1961	2.7	9.26	1997	2.08	16.74
1962	2.4	9.34	1998	2.17	15.99
1963	2.4	8.92	1999	2.35	14.61
1964	2.39	8.83	2000	2.44	13.73
1965	2.09	7.79	2001	3.19	13.41
1966	2.17	7.54	2002	3.41	13.76
1967	2.08	8.39	2003	3.28	14.68
1968	1.6	7.68	2004	2.79	14.9
1969	1.4	5.14	2005	2.81	14.58
1970	1.22	4.24	2006	3.01	15.18
1971	1.39	4.6	2007	3.22	16.26
1972	1.56	5.14	2008	3.48	14.9
1973	1.6	5.37	2009	3.59	15.69
1974	1.83	6.46	2010	3.66	15.8
1975	1.77	6.48	2011	3.83	16.31
1976	1.94	7.1	2012	4.04	16.13
1977	1.86	7.07	2013	4.3	15.27
1978	2.07	6.69	2014	4.15	14.87
1979	2.31	7.27	2015	4.26	14.7
1980	2.53	9.29	2016	4.22	14.75
1981	2.53	10.79	2017	4.14	14.71
1982	2.6	11.79	2018	4.11	14.48
1983	2.62	11.01	2019	4.04	15.51
1984	2.52	10.63	2020	4.22	14.8
1985	2.53	11.32	2021	4.54	15.25
1986	2.69	12.46	2022	4.1	15.1
1987	2.46	12.99	2023	4	15.3
			平均	**2.69**	**11.73**

资料来源：1952—2000 年的数据来源于王磊：《公共教育支出分析》，68 页，北京，北京师范大学出版社，2004。2000—2023 年的数据来源于教育经费统计年鉴。

我国政府财政收入占 GDP 的比重较低。2006 年，我国财政支出为 40422.73 亿元，国内生产总值 209407 亿元，财政支出占 GDP 的比重为 19.03%。按照我国当前财政支出占 GDP 的比重来看，2006 年实际公共教育支出占 GDP 的比重为 3.01%还算较为合理。但这种算法的背后有很多值得商榷之处。

2022 年，我国财政支出为 374587 亿元，国内生产总值 1194401.4 亿元，财政支出占 GDP 的比重为 31.36%。按照我国当前财政支出占 GDP 的比重来看，公共教育支出占 GDP 的比重为 5.23%较为合理(31.36%/6)。但 2022 年，财政性教育经费占 GDP 的比重仅为 4.1%。

首先，我国财政支出占 GDP 的比重与发展中国家的平均水平相比要较低的原因是国家财政不统一，而不是政府收支少。2004 年我国各级政府的预算外收入达到 4699.18 亿元。在我国不但财政税务部门可以收费，其他政府行政机关也可以通过土地使用权转让、国有企业分红、收缴社会保障费用、司法、质检服务等各种渠道取得非税收入。而这些非税收入大部分没有进入财政预算。因此，准确地讲 19.03%并不是我国政府支出占 GDP 的实际比重，而只是通过财政部门的支出占 GDP 的比重。当然，财政统一需要过程。但是简单地用财政部门的支出占 GDP 的比重作为计算政府公共教育支出占 GDP 比重的依据并不妥当。

其次，我国财政性教育经费中不仅包括各级财政对教育的拨款，还包括城乡教育费附加、企业用于举办中小学的经费和校办产业减免税部分等。企业用于举办中小学的经费并不是政府教育支出。因此，我国财政性教育经费的统计口径夸大了公共教育支出的数量。

由此可见，参照国际经验，把我国政府公共教育支出占 GDP 的比重确定为 4%比较合理。同样把教育支出占财政支出的比重维持在 1/6(约 17%)也比较合理。

二、“三个增长”

为了使财政性教育支出在 2000 年达到 GDP 的 4%。1995 年通过的《中华人民共和国教育法》第五十五条规定，各级人民政府的教育经费支出，按照事权和财权相统一的原则，在财政预算中单独列项。各级人民政府教育财政拨款的增长应当高于财政经常性收入的增长，并按在学校学生人数平均的教育费用逐步增长，保证教师工资和学生人均公用经费逐步增长。但实际上，“三个增长”的规定落实起来有很大的困难。在我国和教育法一样要求经费不断增长的法律还有《中华人民共和国农业法》和《中华人民共和国科学技术进步法》。教育、科技和农业所占比例的增长需要其他支出的比例同时下降，而这涉及部门利益之间的博弈。因此，“三个增长”的执行情况一直不是很理想。此外，财政经常性收入的口径界定不清晰也是“三个增长”不能有效落实的重要原因。

为了解决该问题，2004 年发布了《财政部关于统一界定地方财政经常性收入口径的意见》，对财政经常性收入的口径进行界定。按照财政部的界定，地方一般预算收入(剔除城市维护建设税、罚没收入、专项收入及国有资产经营收益等一次性收入)；中央核定的增值税及消费税税收返还、所得税基数返还及出口退税基数返还；中央通过所得税分享改革增加的一般性转移支付收入为各地共同的财政经常性收入。行政事业性收费是否纳入地方财政经常性收入范围，由各地财政部门与人大有关部门商定。

此外，还发布了《财政部关于切实做好教育经费预算安排确保实现法定增长有关问题的通知》，文件要求各级财政部门在安排年初预算时，要调整支出结构，合理安排教育经费预算，确保预算内教育经费的增长高于财政经常性收入的增长。对于预算执行过程中的超收部分，也要按照上述要求和分配原则，安排教育经费，确保全年预算执行结果实现预算内教育经费拨款的增长高于财政经常性收入增长的要求。文件还要求，每年年初省级财政部门要将上年度辖区内预算内教育经费法定增长情况汇总上报财政部。财政部将把各地落实预算内教育经费法定增长情况，纳入中央对地方教育专项资金"以奖代补"指标体系，在分配有关教育专项资金时作为重要的参考依据。

经过多年持续不断的努力，2012 年，我国财政性教育经费占 GDP 的比重终于达到了 4.04%，并一直持续到现在。从理论上讲，"三个增长"在教育投入基本达标之后就完成了历史使命，因为任何一项财政支出在总支出中的比重不可能永远增加。但正如前文所言，我国公共教育支出相对于经济发展水平，还有继续增长的空间。所以，继续监测"三个增长"的情况，在当前仍有必要。

2022 年全国 31 个省份预算一般公共预算教育经费比上年都有增长(见表 9-4)，除山西、内蒙古、陕西、青海与新疆外，26 个其他省份一般公共预算教育经费的增长都超过了财政经常性收入的增长。山西、内蒙古、陕西、青海与新疆都是能源大省，财政经常性收入与能源价格有很大的关系，因此教育投入增长占比不稳定可以理解。总体来看，全国一般公共预算教育经费相对财政经常性收入增长的达成情况较好。从全国各级教育的生均一般公共预算教育经费看(见表 9-5)，2022 年，除了高等教育阶段的经费增长下降外，其他各学段的经费都实现了增长。另外，全国高等教育阶段的生均事业费也在下降(见表 9-6)，而各学段的生均公用经费都在下降(见表 9-7)。生均公用经费下降对学校运转与教育质量会产生不良影响，这也从侧面反映了随着房地产市场疲软，地方政府的财政状况受到了较大影响。

表 9-4　2022 年一般公共预算教育经费增长情况

地区	一般公共预算教育经费/亿元	一般公共预算教育经费占一般公共预算支出比例/%	一般公共预算教育经费本年比上年增长/%	财政经常性收入本年比上年增长/%	一般公共预算教育经费与财政经常性收入增长幅度比较/%
北京市	1161.00	15.54	2.28	−2.26	4.54
天津市	474.88	17.40	0.40	−18.01	18.41

续表

地区	一般公共预算教育经费/亿元	一般公共预算教育经费占一般公共预算支出比例/%	一般公共预算教育经费本年比上年增长/%	财政经常性收入本年比上年增长/%	一般公共预算教育经费与财政经常性收入增长幅度比较/%
河北省	1754.60	18.86	8.24	−15.94	24.18
山西省	855.84	14.56	10.33	25.33	−15.00
内蒙古自治区	674.21	11.45	6.39	21.95	−15.56
辽宁省	743.18	11.87	5.00	−6.01	11.01
吉林省	497.35	12.30	2.77	−18.40	21.17
黑龙江省	614.68	11.27	1.21	−0.76	1.97
上海市	1093.09	11.64	7.87	−2.11	9.98
江苏省	2544.33	17.07	1.56	−10.36	11.92
浙江省	2182.55	18.16	7.52	1.57	5.95
安徽省	1420.07	16.95	7.96	5.58	2.38
福建省	1196.77	21.03	12.68	−6.47	19.15
江西省	1317.15	18.07	5.30	−1.29	6.59
山东省	2596.97	21.41	8.80	−7.50	16.30
河南省	1845.65	17.34	5.88	−2.91	8.79
湖北省	1279.80	14.84	4.47	1.36	3.11
湖南省	1530.29	17.02	7.41	−4.30	11.71
广东省	3863.13	20.84	1.84	−12.30	14.14
广西壮族自治区	1141.19	19.36	3.27	−0.40	3.67
海南省	306.29	14.60	1.19	−10.07	11.26
重庆市	827.66	16.92	2.81	−14.02	16.83
四川省	1856.26	15.58	6.61	1.32	5.29
贵州省	1152.81	19.70	2.41	1.63	0.78
云南省	1158.75	17.30	1.02	−11.96	12.98
西藏自治区	316.67	12.21	9.06	−20.05	29.11
陕西省	1052.34	15.56	1.81	18.55	−16.74
甘肃省	698.43	16.41	5.52	−0.37	5.89
青海省	230.92	11.69	0.24	1.54	−1.30
宁夏回族自治区	213.62	13.45	7.32	5.44	1.88
新疆维吾尔自治区	974.50	17.06	5.04	12.85	−7.81

表 9-5 各级教育生均一般公共预算教育经费增长情况　　单位：元

地区	幼儿园		普通小学		普通初中	
	2022 年	增长率/%	2022 年	增长率/%	2022 年	增长率/%
全　国	10198.39	7.29	12791.64	3.32	18151.98	2.14
北京市	37950.54	−7.49	35896.90	1.19	62214.95	−2.98
天津市	22348.54	−7.05	19654.47	−4.22	28877.17	−8.68
河北省	7996.58	12.63	10557.45	8.63	14666.50	5.74
山西省	6676.82	16.36	12596.99	10.38	18092.51	8.83
内蒙古自治区	16055.55	13.44	15731.39	7.55	20600.46	8.27
辽宁省	6238.97	13.66	11546.53	1.12	17594.20	7.20
吉林省	11999.98	10.52	14853.07	0.61	19239.45	1.26
黑龙江省	11060.27	11.40	15534.29	3.56	17748.13	3.50
上海市	36105.81	12.04	32009.96	3.79	45055.84	0.03
江苏省	11064.71	5.85	15497.60	0.50	23603.87	−3.65
浙江省	16961.68	4.54	20263.06	3.35	29204.74	3.48
安徽省	8507.60	8.22	11413.72	2.24	17745.05	1.82
福建省	9979.46	13.63	12317.46	9.32	19342.71	6.63
江西省	10544.19	7.49	11696.44	4.69	14995.23	3.14
山东省	6487.23	11.93	11898.77	7.45	18364.61	4.08
河南省	4438.70	13.78	7339.47	3.39	10541.81	1.01
湖北省	8188.40	3.31	11696.22	1.76	18334.67	0.23
湖南省	5681.65	8.48	10843.53	5.71	16099.47	6.13
广东省	10228.76	6.57	14942.65	0.26	21955.12	−0.84
广西壮族自治区	4354.63	5.62	8904.78	0.29	11637.40	1.03
海南省	14331.93	2.90	12878.22	0.31	18558.99	0.25
重庆市	7677.13	−9.81	14043.45	2.25	17862.56	0.55
四川省	9345.88	7.10	12237.31	3.91	16255.17	4.12
贵州省	9667.48	4.06	11168.63	0.63	14656.91	1.05
云南省	7000.59	0.50	11908.66	−0.18	14879.17	−1.22
西藏自治区	27901.16	5.45	32704.15	6.40	38904.38	9.82
陕西省	13367.76	0.49	13418.12	−0.57	19899.13	0.17
甘肃省	10434.93	7.48	12637.47	2.93	16185.39	4.22
青海省	8929.63	0.88	15675.89	0.14	20656.82	3.30
宁夏回族自治区	9666.32	4.94	12441.68	6.61	16726.97	4.31
新疆维吾尔自治区	14905.41	33.09	13164.90	0.14	20916.25	0.04

续表

地区	普通高中		中等职业学校		普通高等学校	
	2022 年	增长率/%	2022 年	增长率/%	2022 年	增长率/%
全　国	19117.92	1.64	17461.54	2.14	22205.41	−1.69
北京市	67497.57	−7.04	71796.68	−0.44	62230.62	−4.82
天津市	29029.81	−10.08	25619.45	2.17	18637.96	4.94
河北省	15975.60	3.29	16739.11	3.20	19864.66	5.52
山西省	18222.98	4.85	17786.25	4.69	22624.28	6.18
内蒙古自治区	22570.85	8.34	22191.72	−5.82	20773.21	−5.46
辽宁省	15704.12	6.36	17569.00	9.25	15879.97	0.68
吉林省	13128.54	1.65	22080.33	0.20	17400.80	12.79
黑龙江省	13673.14	4.49	21950.71	3.02	18120.74	0.02
上海市	58877.08	0.02	62283.53	0.13	42309.82	2.14
江苏省	28349.21	−6.14	20314.50	−3.74	21392.51	−2.55
浙江省	35003.78	2.54	29244.92	5.39	27052.70	5.64
安徽省	16599.15	2.88	15655.94	5.15	17334.25	3.69
福建省	20081.32	11.03	19562.48	5.22	20579.13	5.75
江西省	15495.58	1.15	15179.84	3.98	19513.95	4.20
山东省	20212.84	9.41	20026.99	5.82	17971.67	−1.88
河南省	11944.58	6.65	9632.01	6.00	15353.80	3.71
湖北省	18692.42	−2.07	15876.94	0.47	18404.39	0.85
湖南省	17009.98	6.15	15576.20	4.99	15019.33	1.08
广东省	25436.49	−6.92	20227.92	−2.49	31984.09	−10.31
广西壮族自治区	11596.08	1.41	10707.65	−1.93	14491.23	0.90
海南省	19728.39	0.36	12472.09	−5.90	30156.75	−6.35
重庆市	16584.20	0.10	14800.68	0.11	16979.14	2.83
四川省	15505.00	6.82	13838.81	1.30	21060.31	13.42
贵州省	15402.61	0.28	8579.17	−2.40	22801.83	0.90
云南省	15226.96	−4.78	12536.83	−5.52	18124.17	11.35
西藏自治区	39420.42	−7.07	39013.91	−5.55	56176.00	−11.49
陕西省	19357.72	1.86	14932.98	5.78	16258.10	−1.94
甘肃省	16775.16	6.68	18440.82	1.23	17979.29	4.20
青海省	22088.04	1.06	20391.48	9.72	42315.28	−17.10
宁夏回族自治区	16494.97	4.18	18670.70	21.51	28408.03	1.16
新疆维吾尔自治区	20325.25	1.00	19875.50	11.94	21724.49	−3.63

表 9-6 各级教育生均一般公共预算教育事业费支出增长情况 单位：元

地区	幼儿园		普通小学		普通初中	
	2022年	增长率/%	2022年	增长率/%	2022年	增长率/%
全　国	9736.51	7.83	12259.53	3.53	17225.61	2.59
北京市	37880.85	−1.71	35265.13	4.85	58564.07	2.46
天津市	22372.49	−9.33	19446.29	−4.36	28652.87	−7.79
河北省	7961.33	12.81	10429.42	9.03	14302.09	7.27
山西省	6348.86	12.55	11990.68	8.09	17095.18	7.42
内蒙古自治区	14946.15	6.75	14989.72	8.32	19211.92	6.98
辽宁省	5970.53	11.70	11201.39	0.24	16835.40	5.56
吉林省	12033.03	1.88	14452.71	−2.66	18506.56	−3.67
黑龙江省	10820.28	7.48	15225.97	1.34	17393.23	2.46
上海市	29835.46	8.91	26260.19	1.40	37014.91	1.92
江苏省	10392.31	10.30	14629.34	1.99	22193.12	−2.29
浙江省	15634.26	6.94	19094.92	3.56	27292.98	4.01
安徽省	8494.11	8.62	11313.88	2.92	17234.31	3.35
福建省	9932.86	9.88	11951.97	6.71	18679.11	4.22
江西省	10164.00	7.09	11351.66	5.27	14450.03	4.08
山东省	6224.40	12.43	11395.94	7.63	17339.11	4.93
河南省	4271.84	11.38	7080.78	3.54	10054.21	0.97
湖北省	8258.87	2.24	11760.14	0.98	18423.46	−0.48
湖南省	5410.73	8.46	10542.32	5.56	15434.12	5.11
广东省	9857.27	7.82	13487.34	0.47	19522.88	−0.09
广西壮族自治区	4271.47	6.98	8798.40	−0.16	11279.06	−1.47
海南省	14159.42	0.81	12729.79	0.61	18098.74	1.19
重庆市	7325.45	−8.26	13193.73	1.92	16868.73	2.50
四川省	8776.83	9.12	11758.62	4.60	15568.94	4.65
贵州省	9611.71	8.50	11000.58	2.90	14481.32	4.07
云南省	6737.16	−0.24	11715.41	−0.16	14676.95	−0.88
西藏自治区	26220.17	10.79	30155.70	10.64	37079.89	14.10
陕西省	12581.74	3.83	12827.17	2.38	18619.83	2.24
甘肃省	10162.40	6.42	12342.42	2.25	15633.69	3.21
青海省	7481.39	2.83	14560.43	1.85	19305.09	4.42
宁夏回族自治区	9830.29	−8.53	12569.64	0.06	16772.49	0.03
新疆维吾尔自治区	14460.03	33.98	12568.54	0.53	19669.03	0.59

续表

地区	普通高中		中等职业学校		普通高等学校	
	2022 年	增长率/%	2022 年	增长率/%	2022 年	增长率/%
全　国	17796.54	3.25	16254.68	2.24	20926.53	－0.31
北京市	63467.48	－4.47	70456.50	－0.08	60731.14	－7.92
天津市	28909.08	－10.73	25640.28	－0.53	17831.28	4.48
河北省	15799.88	4.37	16373.94	8.23	20766.57	24.87
山西省	17270.13	7.29	17106.60	－0.13	20725.60	3.35
内蒙古自治区	21243.62	5.64	20956.13	－5.59	19523.59	－8.11
辽宁省	15044.33	4.06	16218.42	3.82	15726.25	7.27
吉林省	12857.43	－0.60	21522.46	－3.87	17003.59	4.92
黑龙江省	12971.28	0.95	21419.54	－1.02	17416.06	－1.45
上海市	44820.83	－1.09	40790.93	0.52	36234.97	6.94
江苏省	25545.10	－4.19	19108.95	－4.14	21008.53	－2.95
浙江省	32130.02	4.44	26584.60	8.79	26147.39	9.80
安徽省	15139.77	6.07	15002.90	7.17	16582.43	3.34
福建省	19341.45	7.89	17047.10	7.58	19756.30	5.00
江西省	14862.34	3.87	13917.16	1.07	17221.23	－8.07
山东省	19167.57	10.93	17911.82	7.59	17357.63	－4.29
河南省	11033.28	5.82	8803.27	3.20	14432.17	－1.46
湖北省	18725.25	－3.18	15977.17	－1.22	18441.22	－0.32
湖南省	15683.23	6.66	14421.80	9.32	14288.65	0.75
广东省	21506.79	2.28	19193.91	－2.85	27221.22	－3.95
广西壮族自治区	11121.70	0.49	9670.20	－6.00	13381.19	－1.82
海南省	19470.66	1.02	12161.20	－6.24	29143.55	18.94
重庆市	15938.50	1.84	14003.03	6.29	15983.99	1.43
四川省	14826.70	7.13	13307.19	－0.10	20346.69	12.31
贵州省	14452.67	2.50	8304.29	5.14	19493.78	－2.56
云南省	14743.91	－5.53	12005.71	－3.45	17828.74	9.79
西藏自治区	37097.86	4.52	40680.22	－0.23	46403.17	－20.46
陕西省	18030.39	3.70	14351.30	6.34	15552.91	－1.57
甘肃省	15981.37	4.64	16881.73	－4.87	16086.12	－2.16
青海省	20568.94	－0.96	18159.89	－0.06	29848.37	－18.23
宁夏回族自治区	16610.24	0.16	17389.72	－6.19	24062.71	－9.20
新疆维吾尔自治区	18900.58	3.27	18335.92	10.84	19923.85	－6.05

表 9-7 各级教育生均一般公共预算公用经费支出增长情况 单位：元

地区	幼儿园		普通小学		普通初中	
	2022 年	增长率/%	2022 年	增长率/%	2022 年	增长率/%
全　国	3208.62	−0.51	2785.89	−2.43	4167.74	−0.86
北京市	13451.46	−8.14	10055.04	2.69	18312.17	3.36
天津市	5417.67	−29.42	3556.85	−7.40	5107.70	−16.86
河北省	1707.26	−3.50	2350.15	−4.99	3485.60	−1.30
山西省	2243.66	8.35	2625.15	3.02	4059.14	9.18
内蒙古自治区	4619.29	−8.57	3146.49	−6.30	4202.12	−6.87
辽宁省	2034.12	−0.75	1878.17	−15.86	2623.98	−4.46
吉林省	3736.50	−11.87	2646.09	−17.85	3848.82	−17.58
黑龙江省	4398.39	0.63	2392.30	−14.60	3115.25	−13.53
上海市	6563.63	−19.79	5650.58	−20.32	8678.54	−12.02
江苏省	2993.43	5.50	2757.82	−0.68	4572.27	−6.00
浙江省	5631.45	7.94	4608.32	12.54	6280.17	12.29
安徽省	3662.07	10.70	3235.43	4.73	5141.04	6.30
福建省	2709.06	−1.40	2553.03	−5.42	3801.15	−7.78
江西省	4951.03	−0.10	3921.45	6.70	5810.65	3.74
山东省	1739.19	−15.72	1930.07	−7.84	3250.44	−8.82
河南省	1409.78	13.91	1755.39	−1.29	2716.07	−0.47
湖北省	3474.90	1.06	3339.29	1.29	4894.87	3.55
湖南省	2248.05	3.94	2382.94	−6.01	3954.54	1.10
广东省	3456.04	5.46	3119.07	0.57	4789.39	5.52
广西壮族自治区	1459.08	−10.29	1767.88	−14.31	2562.70	−13.17
海南省	7583.10	−14.01	3982.93	−11.95	7535.75	−2.28
重庆市	3642.46	−18.47	3397.52	0.01	4505.71	2.15
四川省	3815.84	3.51	2777.26	−1.85	3782.81	−0.32
贵州省	2917.10	17.79	2050.51	0.55	2961.68	10.35
云南省	1684.83	−11.79	1900.88	−12.80	2504.94	−10.23
西藏自治区	7138.85	3.75	6863.87	10.84	9921.73	33.88
陕西省	4448.15	2.48	4186.28	−3.00	5657.60	−3.85
甘肃省	2841.72	−6.44	2759.49	−5.14	3569.53	−2.29
青海省	3116.02	−1.12	3827.14	3.53	5322.97	14.39
宁夏回族自治区	5617.34	−19.85	3995.06	−10.91	5526.65	−14.25
新疆维吾尔自治区	2089.67	13.44	1823.07	−16.59	4312.11	−5.57

续表

地区	普通高中		中等职业学校		普通高等学校	
	2022年	增长率/%	2022年	增长率/%	2022年	增长率/%
全　国	4223.18	−1.25	5833.13	−0.56	8147.39	−3.47
北京市	17484.75	−10.54	24353.64	−1.21	21684.64	−25.57
天津市	4210.71	−21.59	6834.66	16.96	5886.78	6.16
河北省	3502.78	−16.47	4478.16	−6.61	6732.61	−0.54
山西省	4723.18	18.05	6302.99	−9.06	9430.04	−1.01
内蒙古自治区	6452.84	−2.15	7676.79	−14.26	6325.87	−34.03
辽宁省	2414.24	−13.96	4086.70	−14.73	7444.13	8.40
吉林省	3310.09	0.98	6577.32	−5.91	8909.86	6.34
黑龙江省	2817.69	−9.97	6258.34	−2.02	6360.51	−20.61
上海市	11003.74	−14.35	12071.95	−20.25	17292.76	16.88
江苏省	6095.90	−6.51	5455.63	−10.21	8742.23	−7.76
浙江省	7089.03	7.46	9180.32	21.55	10951.71	13.58
安徽省	3898.29	13.31	7226.13	11.26	7229.24	2.39
福建省	3765.21	5.08	5727.24	0.61	7522.75	−0.97
江西省	5600.25	0.21	7552.95	1.61	5662.70	−20.55
山东省	2824.81	−6.23	5424.64	−0.75	4807.02	−15.55
河南省	3255.12	7.67	3708.55	6.12	6876.24	−4.09
湖北省	5194.62	−6.19	6788.40	−5.17	6968.72	−7.28
湖南省	3425.02	6.69	5751.97	20.83	4330.64	−1.37
广东省	4833.87	16.52	6370.82	−4.21	10507.71	−6.84
广西壮族自治区	2624.06	−11.10	4078.57	−15.40	6931.16	−13.88
海南省	7315.49	−1.06	5789.85	−12.02	17834.12	35.06
重庆市	4070.41	−2.38	6491.76	8.68	7748.31	4.70
四川省	3525.02	12.23	4827.61	−5.71	8456.39	35.13
贵州省	3282.83	−7.86	3086.75	13.31	8991.02	−8.82
云南省	3192.59	−26.12	3955.40	−11.25	7802.21	30.15
西藏自治区	10268.35	1.11	18211.75	7.44	17720.57	−33.21
陕西省	5364.82	−0.92	4759.23	0.75	7316.67	−1.75
甘肃省	3288.23	−3.55	5699.60	−18.88	8466.71	−7.80
青海省	5562.29	−15.03	9496.26	2.92	15942.56	−27.39
宁夏回族自治区	5052.40	−20.32	9750.02	−15.46	11038.65	−18.01
新疆维吾尔自治区	2734.26	−10.92	8002.09	14.33	6695.75	−17.58

三、教育经费在三级教育间的分配

教育支出除了总量外，还有结构性问题。教育支出结构主要包括教育经费在各级各类教育间的分配，还有各级各类教育中教育经费支出项目之间的结构。教育经费的支出结构在一定程度上反映了教育经费的使用效率。三级教育是指小学教育、中学教育和高等教育三个阶段的教育。

我国教育支出的实际状况是不但教育总量长期没有达到既定目标，而且教育经费在三级教育间的分配也不是很合理。高等教育经费在教育经费总量所占比重偏高。2017—2021年，我国普通教育经费占教育经费总量的80%以上。在普通教育中，高等学校、中学和小学所占经费的比重分别为32.18%、34.03%和33.79%。而同期普通高校、普通中学和普通小学在校生数的比例平均为1∶3.7∶5.3。国际上发达国家公共高等教育支出占公共教育支出的比重约为20%。总之，我国公共教育支出在三级教育间的分配不是很合理，高等教育支出所占比例过大。

四、教育支出的项目结构

办教育要遵循教育自身的行业特点。教育经费支出也要反映教育的行业特点。国际上通用的公共教育支出可分为经常性支出和资本性支出两大类。经常性支出是指本年度用于商品和劳务生产所经常需要的支出。资本性支出是指在两个或两个以上会计年度的各项支出，包括固定资产、无形资产、递延资产的支出。教育中的资本性支出包括用于校舍、体育场、图书馆及大型设备购买的支出。

从2002年开始，财政部对中央部门的预算核定方式改为“基本支出加项目支出”。基本支出是解决学校正常运转、完成日常工作任务所需的经费；项目支出预算主要是解决学校大型修缮和某些专项业务活动而发生的支出。按照北京市财政局的规定，基本支出的内容包括人员经费和公用经费两部分。人员经费包括人员支出和对个人和家庭的补助支出。公用经费包括公用支出和专项业务费两部分。

2002年之前，我国教育支出分为教育事业费和教育基建费。其中教育事业费分为个人部分和公用部分。教育事业费和教育基建费与经常性支出和资本性支出大体对应。教育事业费中的个人支出与经常性支出中的教师工资支出相对应，公用支出与教学用品支出相对应。我国教育事业费中的教师工资支出中包括基本工资、补助工资、其他工资、职工福利费和社会保障费等。公用支出包括公务费、业务费、设备购置费、修缮费和其他费用(招待费和培训费等)。

经济尚未发达，教育规模庞大是我国的基本国情。计划经济时代我国的财政是建设财政，改革开放后，相当长的一段时期带有很强的吃饭财政的痕迹。保工资、保运转、保民生是我国教育财政最重要的任务。近年来，随着教育投入的增长，支出结构已变得更加合理。教育事业费占比高达近98%(见表9-8)，人员经费占一般公共预算教育事业费的比重从过去的90%下降到近70%(见表9-9)。但在一些财政困难的县，教育公用经费拨付不足的情况仍时有发生。由此可见，我国教育经费的总量仍然需要提高，使用结构仍需要进一步合理完善。

表9-8　2017—2020年一般公共预算教育支出使用结构

	2017	2018	2019	2020	平均
教育事业费/%	97.84	97.73	97.54	97.46	97.64
教育基建费/%	2.16	2.27	2.46	2.54	2.36

表9-9　2017—2020年一般公共预算教育事业费支出使用结构

	2017	2018	2019	2020	平均
个人部分/%	68.47	68.50	69.30	70.10	69.09
公用部分/%	31.53	31.50	30.70	29.90	30.90

思考题：

1. 请论述现代国家建立公立教育体系的原因。
2. 请论述当前我国教育预算管理体制中存在的主要问题。
3. 请论述我国多渠道筹资的教育经费体制。
4. 请描述当前我国公共教育支出的特点。

第十章　教师人事行政

第一节　教师人事行政的含义与意义

一、含义

在行政管理活动中，人事就是用人治事，协调和统一人与事、人与人之间关系，根据“人”与“事”的特质，通过相应的途径，使“人尽其才”，即人的内在潜能获致最高的发挥与利用；使“事竟其功”，即以最经济的手段获取最大的效果；使“人事相宜”，即事能得其人，人能当其事，人和事有机结合。

教师人事行政，就是教育行政部门通过一系列的规范、制度和措施对教师的选拔任用、调配、培训、考核、工资、奖惩及福利待遇等事宜所实施的管理。其根本目的是为教育事业的发展提供质量高、数量足的教师。

二、意义

教师人事行政是开发教师人才资源的重要手段。教育活动需要人、财、物等多种资源的投入，而现代资源理论和人事管理新观念指出了人是资源中最宝贵的资源，通过科学的管理和开发，调动和开发人的潜能，就可以使其升值，进而创造出更大的价值。我国现拥有一支庞大的教师队伍。改革开放以来，这一丰富而宝贵的人才资源日益为人们所关注。但也由于教师所处社会环境的变化形成了对教育改革的挑战，加之人事管理改革滞后，使教师流失、浪费等问题突出。因此，必须通过人才资源的有效组织、合理调配、积极培训、适宜的激励等方法的选用，帮助教师合理设计自己与自身的工作，促进教师工作的成功，使教师获得人格、能力等多方面的发展。这既是现代教师人事行政的重要任务也是教师人事行政的作用所在。

（一）教师人事行政可以对教师实施综合管理和优化配置

现代人事管理与传统人事行政的重要区别有两个方面：一是如何对待“人”与“事”。

传统的人事管理强调工作第一、制度第一，为事择人、管人、用人。从组织利益和工作运行来看，这也没什么不对。但是问题在于事情是要人来干的，人要有干事情的积极性，就需要关注人的合理需要。在这一点上，传统人事管理不缺制度缺"温度"。现代教师管理以人为本，把教师当作教育事业的主人，当作能动的有创造性的脑力劳动者，由此给他们以学校主人的地位，管理中注意开发他们的潜力，也注意他们各种合理需求的满足。二是现代人事管理注意到了用人是一个系统工程，必须强调人力资源管理的综合性。这种综合性在教师人事行政中就表现为，从教师职业生涯发展的系统性和连续性出发，对教师的管理不仅要注意选拔和任用，还要注意激励和培训；不仅注意教育的现实需要而且还预测到未来的需要，为未来培养高水平的师资队伍；师资队伍管理不仅要考虑一校一地的教育需求，还考虑各所学校之间、各地之间教师队伍平衡发展；从全国来看，还要考虑各级各类教师之间的比例的优化组合与平衡发展的问题，以保证和促进教师队伍整体的优化和教育人力资源使用效率的提高。

（二）教师人事行政是提高教育质量的关键

振兴教育的希望在教师，教师是教育工作的实际承担者，是直接从事教育教学活动的专业人员，对教育的发展具有重要意义，具体说是教育成败的关键因素。从各国发展教育的历史经验中，特别是义务教育的普及过程中，可以看到各国都十分注意培养和建设一支数量足够、质量合格的教师队伍。

从教育的实际过程来看，教师是学校的主体，教师在不断提高学校的教育、教学质量上具有重要作用。不管教育方针、教育政策制定得多么正确，教学计划、教学大纲、教科书编写得多么完善，要取得教育教学的成功，取得培养人才的成功，首先取决于教师的水平。

教师是教师人事行政工作的对象、客体，对教师进行人事管理的主要内容就是根据教育的发展制定教师需求预测和培养计划，制定师资的管理制度，调动教师的积极性，形成一支数量足、质量高、结构合理、相对稳定的教师队伍，以实现教师人事行政的最终目的，即发展教育，提高教育、教学的质量。

第二节　教师职业的专业性

教师职业是在社会中的专门教育机构里从事直接的教育、教学活动的工作。在当今的世界范围中，教师职业现在已成为人数众多、引人关注的一种社会职业。这种职业究竟是一种什么样的职业？如何认识这种职业，关系到教师的培养、任用、工资、社会地位、考核及福利待遇等一系列的教师人事管理行为。

职业是社会分工的产物，社会越发展分工越细，职业种类越多。人们通过承担某一种职业活动，而获得与其劳动付出相应的收入与社会评价，并感受人生价值。职业也是人与社会相接的结点，具体说，职业活动不仅使个体意识到自己的存在，还意识到自己的工作对其他职业活动的依赖关系，从而认识自己与社会的关系。而且职业活动更直接决定着个人的社会收入和社会地位，以致个人的生活水平及生活样式。社会学的研究也表明了职业性质、职业环境对人的影响是显而易见的，特别是从社会化分工、城市化、管理体制、知识化及流动率等多方面的论证结果表明了职业对人的变革具有相当大的促进作用。因此，人力资源的管理与开发是离不开对职业性质的认识的。教师究竟是一种什么样的职业？首先要求教育行政管理者要找到答案，因为如上所述对教师职业的认识关系到对教师的选拔、任用、培训、考核、工资及福利待遇等一系列的人事管理行为的选择。

自20世纪六七十年代至今，世界各国出于发展经济与社会的需要，对教育从量到质都提出了越来越高的要求。实际上，教师数量不足、质量有待提高，特别是教师职业的魅力下降，已构成了妨碍教育发展的关键性问题。因此，在这期间的教育改革中，各国都注意把教师问题作为一个优先度高的教育政策问题。

与以上问题密切相关的一个重要问题是教师职业的社会地位、声望问题。准确些讲是教师职业的专门性问题。对于教师职业是不是一种具有专业性的职业问题，已引起了国外许多学者的关注与探讨。1966年10月5日联合国教科文组织发出了《关于教师地位的建议书》，全文共146条项目，其内容不仅是教员问题还涉及有关的教育问题，例如，教员地位的定义，教员的继续教育，教员的雇用，教员的权利与责任、义务，教员的工资，教育的目标与政策等。其中最应该给予重视的是关于"教师职业是专门性职业，教员是专业性职业的从事者，教员在其职务的执行过程中享有学问自由"的条项。这条建议给世界许多国家以极大的影响，此后，纷纷开始在理论上探讨教师职业的专业性问题，在实践中努力促成教师职业的专业化。

在我国，2009年8月27日第十一届全国人民代表大会常务委员会第十次会议修正通过的《中华人民共和国教师法》第三条规定："教师是履行教育教学职责的专业人员"，这表明我们确立了教师职业具有专业性的认识，并以法律的形式将这种认识固定下来，以规范教师教育及教师管理行为，意义重大。同时也表明我们对教师职业的认识及对教师管理的行为取向正走向世界。

一、专业的含义

专业从职业的角度上讲是指具有高度专门知识和技能的职业，所以也称为专门职业，英文为 profession，是相对于普通职业而言的。从事专门职业的人员通常被称为专业人员。一般认为典型的专业人员是指医生、律师、工程师、建筑师等。对于教师是否为专业工作者的问题，由于种种原因，连一些专家学者也持有不同的意见。如有些学者将教师、护士及某些社会工作者等同，归类为“半专业”人员。这就是说他们认为教师职业的专业性尚不及医生、律师、工程师、建筑师等职业，尚未达到“完全专业”的水平。而另一些学者不完全赞同这种看法，认为专业虽有一定的标准，但各种职业的结构与性质均在不断的发展变化之中，因此以专业的标准很难绝对客观地衡量每一种职业，要想了解一种职业是否符合了专业标准，最好探讨这种职业在专业化的过程中达到何种程度。这就出现了教师是“准专业”，是“正在形成的专业”的说法。

实际中，虽然由于社会的进步，教师职业的功能有了明显的扩大和变化，就是说教师已不单纯是知识的传播者，而且成为社会生活中的引导者、咨询者。教师劳动是一种复杂、艰巨的，具有创造性和综合性的劳动。可以说它既是一门科学，也是一门艺术。但教师工作(主要指中小学教师)的专业水准不如医生、律师、工程师等则是人们公认的事实。

二、专业标准

许多学者积极探讨这个问题，并提出了自己的见解。从他们所提出的一种专业所必须具备的条件，也就是构成一种专门职业的标准来看，大同小异，主要包括以下内容：①专业工作是具有高度技术性的职业，必须运用专门的知识和技能；②专业工作人员必须经过长期的训练；③专业工作必须是社会延续发展不可缺少的功能，是为社会大多数人提供必要的服务，因此必须强调服务精神而不计较经济报酬；④专业工作人员在一定的专业领域内享有相当的独立自主权；⑤专业工作人员必须具有职业道德；⑥专业工作人员必须进行不断的在职进修；⑦专业工作人员必须获得较高的社会评价。

三、教师职业的专业性分析

最早提出教师是一种专门性职业思想的是李伯曼(Lieberman)，他 1956 年出版的《作为一门专业的教育》是表达这种思想的代表作，获得了很高的评价。在文章中，他从各种角度对教师职业是一种专门性职业进行了基础性的研究。他指出，教师这种职业具有：①公共性即为公众服务的性质；②具有知识、技术性；③需要经过长时间的训练；

④职务的执行需要自觉性；⑤需要个人责任感；⑥具有非利润性；⑦具有明确的伦理纲领；⑧需要成员的自我管理。这八个方面是互相关联的组合体。把这种思想推向高潮的是联合国教科文组织1966年发出的《关于提高教师地位的建议书》，其中提到"教师职业必须被视为专业，教师职业是一种需要教师精心钻研，以便获得专门知识与特殊技能的特殊专业，并且要求对学生的教育和前途，负有高度的责任感"。这就明确提出教师职业应该成为专门性的职业。

一般说来，高等学校教师职业的专业性已获得社会相当程度的认可。然而，中小学教师职业的专业性远没有得到社会的承认，主要有以下四个方面的原因。

第一，作为专门职业的核心属性的高度的专门知识与技能、技术，没有得到充分开发，与已形成的专门职业加以比较的话，在专门知识技术方面明显相形见绌。产生这一现象的深层症结在于教师培养课程的广而浅。我们知道教师培养的一个重要特征是双专业教育，它要求对教师的教育既要突出教育专业课程的教育，又要保证不低于其他大学相同专业的学科教育程度。长期以来，传统的教师培养制度没有能处理好这两难问题，而使教师教育课程陷入文化科学基础知识单薄、专业学科知识过窄而不实用、教育学科课程贫乏落后、教育实习不足的困境。第二次世界大战之后，许多国家采用开放的教师培养制度，其目的就是克服以上问题，提高教师素质，开发教师职业的专门技术性。

第二，教师在其专业领域内的独立自主性的低弱。相当程度的独立自主性是专业性工作的必要条件。独立自主性是指专业人员在其执行业务时对其业务领域内一定范围问题的处理是根据其高度的专业素质而作出的明智的判断和选择，对其所负责的事务通常可作全权处理而避免外人不合理的干涉。一般说来，学校教师在课堂上有相当的自由来选择与决定教学和教育的方式方法，虽然他们需要依据有关规定与接受校长或督学的指导，但校长与督学的视导不是外行的干涉，就教师工作的整体而言，教师工作是为国家和社会培养所需要的人才，这就要求教师工作既要遵循人的身心发展规律，又要受国家、地方政府教育方针、政策的约束，如教育内容的确定，教材、教学计划的编制，都要遵循国家教育行政部门颁布的课程标准与规定来选择，学校教师自由选择教材的机会是极其有限的。而教师工作的相当程度的独立自主性是教师职业专业化的核心内容，它是取得职业声望和教师个人尊严，形成教师权威的前提条件。

第三，现实中仅具有最低限度的职业意识和最低限度的专业知识能力的教师还大量存在。产生这种现象的原因，是由于各国随着经济社会发展教育需求急剧增加，进而使教师人数激增，导致教师素质不齐。而最终根源在于：第一，缺乏严格的教师任职资格制度，使进入教职队伍的人员质量得不到严格的控制；第二，缺乏完善的教师在职培训制度，难以使在职教师素质得到不断提高，特别是在专业知识与技术不断变化与增长的情况下，难以使教师素质保持一定的水平。我们知道，教师自身的业务水平与专业能力是决定教师职业社会声望的实质性因素，因此教师必须通过努力提高自身的专业知识、技能水平，才能促进教师职业的专门化，从而获得较高的社会地位。

第四，教师待遇的偏低。待遇的高低和收入的多寡虽不是影响职业声望的绝对因素，但却是衡量一种职业社会地位的重要指标。因此，在联合国教科文组织 1966 年发出的《关于提高教师地位的建议书》中指出“在影响教师地位的诸因素中，应该重视工资”“在教育事业发展中教师这种职业对人类和近代社会发展作出了重大贡献，因而，必须确保教师的应有地位”。这个地位即“社会按教师任务的重要性和对教师能力的评价而给予的社会地位或敬意，以及所给予的工作条件、报酬和其他物质利益”。事实上，在世界范围内，不论发达国家还是发展中国家都曾经或正在为教师待遇偏低的问题所困扰。

除以上原因外，父母受教育程度的不断提高，由于大众传播媒介的现代化多样化使教育信息来源的渠道大量增加、信息量猛增，社会教育期望的不断提高等也是阻碍教师专业化程度提高及获得认可的社会因素。

四、提高教师职业专业化程度的措施

（一）提高教师素质，改革师范教育

教师职业专业化程度的提高，首先要通过教师本身的专业知识及能力与教师职业道德的提高来获取。与此密切相关的是对教师教育的改革。改革师范教育首先要改变传统的由单一的师范院校培养教师的做法，积极创造条件，让普通高等院校参与教师培养工作，以保证和提高教师的专业知识与技能的必要水平。其次是改革教师教育课程。对师范院校的课程改革，一方面要强调专业基础课的加强，相关学科知识教育课程的增设；另一方面要充实教育专业课程的内容，适当延长教育实习的时间，加强对教育实习的指导。普通高等院校的教师教育必须努力确保教育专业的教育及实习的数量与质量。最后是建立起较完备的教师进修制度。教师进修是教师培养的第二个阶段，是面对现代社会科学知识量的剧增及内容日益更新的挑战，确保教师素质适应社会发展的需要。建立教师进修制度，一方面需要设置数量充足、形式多样的教师进修机构，如教育学院、教师进修学校、暑假学校、教师之家、教师培训中心等；另一方面从教育形式上建立起脱产集中进修与在职经常进修相结合，较长时间的进修与临时开设讲座、讲习班、经验交流相结合等互相连接，彼此交叉的动态的教师进修系统。

（二）提高教师待遇

提高教师待遇意味着改变教师待遇偏低的状况。首先要努力使教师工资水平在国家财力限度内，尽快达到不低于或略高于其他行业中具有同等学力者的平均工资水平。其

次是改善教师工作条件。由于政府财力所限，要大幅度提高教师报酬，困难可能较多。因此，改善教师工作条件就成为提高教师待遇不可忽视的内容。例如，调整师生比例，给予教师休假、进修及升迁的机会，改善教师的居住条件等。这些措施有助于教师自身及社会大众对教师工作在社会发展中的作用、价值的肯定，提高教师职业的吸引力，有助于教师积极性、创造性地发挥。

(三)形成尊师的社会风气

社会风气是社会价值观的外在表现，社会大众是否尊重这种职业的社会价值，承认这种职业的重要性，也是决定这种职业是否达到专业化程度的一个因素。要使社会尊重教师为社会提供的服务，给教师以尊崇，或者说形成尊师的社会风气，是需要一定的措施或制度来实现的。具体些讲，例如：建立教师节制度，建立并充分发挥学校家长会的作用，就是说除了使学校家长会发挥家长与教师沟通交流共同教育青少年的作用外，还可以为教师举办些活动，表示家长及群众对教师的敬意和激励；利用大众传播工具，向社会广大人民群众进行教师职业特点、教师劳动的艰巨、优秀教师事迹的宣传等。

第三节　教师的任用

教师的任用是教育行政部门、学校按照一定的规则和程序，选用一定资格的人从事学校的教育教学工作的行政行为。各国教师的任用都包括两个方面：一是一定的资格标准；二是通过一定的方式。教师要正式取得教师职位，就必须具备一定的资格条件，履行一定的手续。反之，教师要代表国家、学校实施教育，也必须经任用明确身份，规定其权利和义务、职权和责任。同时任用也是对考试和考绩成果的肯定。因此，教师的任用是实现教师人事行政职能、保证教师质量的关键环节。通常人们用“入口处”去形容任用在人事管理中的位置。

一、教师的任用资格

经验表明，教育质量的高低很大程度上取决于教师的素质，为了保证教师的质量，许多国家都规定了教师任职的资格标准，或者建立起教师许可制度或教师资格证书制度。各级各类教师的任职资格标准是教师资格制度的基本内容，主要由学历标准和职业道德要求所构成。它是国家对从事教师工作人员的基本要求，也是教师人事行政规范化、科学化的标志，是教育发展水平的反映。建立与实施教师资格制度始于19世纪初西欧各国，是当时各行会实行的行业技术资格证书和技术职称制度的迁移。第二次世界大战之后，随着教育的发展，特别是义务教育程度的提高，对教师规格要求越来越高，为了满足教育发展需求和保证义务教育的水平统一，越来越多的国家实行了教师资格制度。特别是实行非定向型教师培养制度的国家都实施了较为严格的教师资格证书制度。如日本 1949 年颁布了《教员许可证法》，该法规定日本所有教师必须受过专业训练，修完规定的专业课程，小学和初中的一级教师必须大学毕业，具有学士学位；二级小学和初中教师必须短期大学毕业或在大学学习 2 年以上。德国从 1978 年起，中小学正式教师一律由综合大学培养，学生读完大学二年级基础课程取得合格分数并选修完师范专业课程后，才能申请教师许可证。英国自 1970 年以来，要求大学毕业生再接受 1 年的教育专业训练，才能获得教师资格证书。美国各州对此都有具体规定，一般情况下，要求中小学教师必须在高等学院修业 2～4 年。可以说，各国教师资格内容都注意了教师教育的双专业性，强调了教师必须受过高等教育和一定的教育专业训练。但由于各国教育发展水平的不同，教师人事行政制度的差异，教师资格制度的内容也不完全相同。例如，各国对各级各类学校教师的学历要求是不同的，发达国家普遍要求小学教师必须具有高等教育学历(包括二年制大专学历)，而诸多发展中国家将小学教师的学历标准定为中等师范毕业或高中毕业。但从发展角度上看，各国又都为适应社会的进步，努力在原有要求水平上提高教师的学历标准。此外，各国教师资格认定的方式和认定的职权划分也并不尽相同。

在我国，1986 年颁布的《中华人民共和国义务教育法》明确提出和规定了国家建立教师资格考核制度，对合格教师颁发资格证书。1993 年颁布的《中华人民共和国教师法》和 1995 年颁布的《教师资格条例》，对我国教师资格制度作了详尽的规定，其基本内容除了包括对教师资格条件的规定外还包括教师资格的分类和适用、教师资格考试、教师资格认定等规定。实施教师资格制度是提高我国教师素质、加强教师队伍建设的实际需要，也是我们积极借鉴国外行之有效的教师人事管理做法的举措。

《中华人民共和国教师法》(简称《教师法》)对教师资格的学历要求的规定具体如下：

(1)取得幼儿园教师资格，应当具备幼儿师范学校毕业及其以上学历；

(2)取得小学教师资格，应当具备中等师范学校毕业及其以上学历；

(3)取得初级中学教师、初级职业学校文化、专业课教师资格，应当具备高等师范专科学校或者其他大学专科毕业及以上学历；

(4)取得高级中学教师资格和中等专业学校、技工学校、职业高中文化课、专业课教师资格，应当具备高等师范院校本科或者其他大学本科毕业及以上学历；取得中等专业学校、技工学校和职业高中学生实习指导教师资格应当具备的学历，由国务院教育行政部门规定；

(5)取得高等学校教师资格，应当具备研究生或者大学本科毕业学历；

(6)取得成人教育教师资格，应当按照成人教育的层次、类别，分别具备高等、中等学校毕业及其以上学历。

不具备本法规定的教师资格学历的公民，申请获取教师资格，必须通过国家教师资格考试。

我国《教师法》规定的取得教师资格的学历要求比一些西方发达国家规定的学历标准略低一些，这是由于我国现在的教育发展水平和教师状况决定的。我国人口基数大，受教育的人口多，师资需求量大，师范教育还比较落后，很难在短时期内培养出数量足够的高学历的教师，因此照搬西方国家的教师的学历标准，是不现实的，也是行不通的。而与我国现有教师队伍学历水平相比，《教师法》规定的学历标准已属比较高的要求了。因此，如果彻底实施《教师法》对教师资格的学历要求，就可以使我国教师的业务素质得到一定的提高，可以适应教育任务的需求。

教师资格的认定是确定教师资格的重要一环。符合《教师法》中规定的"遵守宪法和法律，热爱教育事业，具有良好的思想品德，具备本法规定的学历或经国家资格考试合格，有教育教学能力"诸要求的中国公民，经过法定机构的认定，就能获得教师资格。

《教师法》根据不同情况具体规定了我国教师资格认定机构。中小学教师资格由县级以上人民政府教育行政部门认定；中等专业学校、技工学校的教师资格由县级以上人民政府教育行政部门组织有关主管部门认定；普通高等学校的教师资格由国务院或省、自治区、直辖市教育行政部门或由其委托的学校认定。

各国教师资格认定一般都按规定的程序进行。我国《教师资格条例》里也对此作了详细规定。取得教师资格的人员，首次任教时，要有必要的试用期。

二、教师的任用方式

各国因教育发展水平及教育行政体制的不同，对具有合格教师资格者的任用方式有所不同，一个国家在其教育和教育行政体制发展的不同时期所采取做法也不尽相同。新中国成立以来，国家对教育事业实施集中统一的教育行政，在教师的任用上一直采用派任的方式。派任是由上级教育行政部门和组织人事部门按计划向学校委派教师的形式。这种形式的优点在于手续简便，便于教育行政部门对教师的统筹安排和管理，也有利于教师的稳定。不足之处在于学校没有选择人才的余地、教师的任用与使用分离，教师工作有保障而助长其不思进取的消极情绪。改革开放以来，随着计划经济向市场经济的转轨，国家对教育事业管理体制的改革，派任教师的方式日益显露出对新情况的不适应及其自身的弊端。因此，许多地方和学校在教师任用方式上进行了改革，采用了聘任制。

1995 年颁布的《中华人民共和国教育法》和 1993 年颁布的《中华人民共和国教师法》充分肯定了这种教师任用方式，并将其确定为我国今后教师任用的基本方式。《中华人民共和国教师法》第十七条规定“学校和其他教育机构应当逐步实行教师聘任制”。聘任制是指学校与被用教师签订合同，由学校发给聘书，明确在一定时期内给予任用的方式。这种方式与派任制有着诸多的不同。①从本质上讲，派任是建立在支配与服从的行政权力作用基础上的上级教育行政部门与被任用教师之间的行政关系，是以教师服从为条件的。而聘任是学校与被聘用教师基于双方地位平等原则，在双方意愿一致基础上的民事法律关系。②派任的行为主体是上级教育行政部门，是管理教师的机构而不是使用教师的机构。聘任的行为主体是签约双方，学校可以根据自己的需要选择适当人选，并可以解聘不称职教师。同样，受聘教师也有依自己的愿望决定受聘与否及合同期满后决定续聘与否的权利。③聘任制有利于建立公平择优、平等竞争的选拔任用机制，有利于激发教师的责任感和进取向上的精神。2010 年以后，为了推进县(区)域内教育均衡发展，缓解城乡之间、校际师资配置的水平差异，国家引导地方改革教师聘任制度，实行“县管校聘”，具体操作上是由区县教育行政部门统筹公立学校教师管理和配置，学校招聘和使用，定期轮岗交流。对这一制度的完善仍在探索中。

第四节　教师的在职培训

教师的在职培训是指对已在岗位的教师进行有组织有计划的再培养。孙子说：“兵众孰强?”“教戒为先。”“士不教，不用也。”孙子“教戒为先”的思想，在今天的人事管理中具有重要的战略意义。不教不用、用养并重也成为现代人事管理的一条重要原则。教师是直接从事教育教学工作的专业人员，对教师的管理更应该遵循这条原则，重视并组织好在岗教师的培训。

一、教师在职培训的意义

(一)在职培训是职前教育的继续延伸

师范教育是培养教师的专业教育，是学习者获取教师资格的准备性教育，是职前教育。这种职前教育主要是进行教育专业领域的基础教育(教育专业基础知识和技能，以及教育伦理知识)，由于时间限制，教育工作的实际训练很少，要切实掌握学校教育实际工作中所需要的知识、技能、态度就必须在就职后结合工作情景进行在职培训。从这个意义上讲，健全的教师教育应该包括职前教育和在职培训，二者缺一不可。在职培训可以丰富新教师的经验性知识，能帮助他们学会带着问题学习和改进工作，能激发教师进行教育科学研究，提高学术水平。20世纪70年代以来，一些发达国家在师范教育的改革上，已把注意力转移到在职教师的培训上，使教师的在职培训制度化。例如，1971年英国的詹姆士·波特就提出了以职前教育、任用初期的试用与培训、在职教育的三段师范教育体制代替以往的一段式师范教育体制。这一提案的实质无疑是把教师的在职培训作为培训师资不可缺少的有机组成部分。由于教师在职培训的制度化是终身教育思想在教师教育中的具体表现，所以有人也把这称之为教师培养的继续。

(二)在职培训是适应社会和教育的发展提高教师执教能力的重要途径

当代技术革命的急剧发展，引起知识总量激增，经济和社会生活突变，产业结构大幅度调整，劳动就业市场急剧波动，这些都对教育提出了全方位改革的要求。由此引发了教师教育的改革，也必然对教师个人的生存和发展提出了挑战。正如琼·托马斯在他的《世界性的教育问题：简明分析调查》一书中所说："教师界的态度是最终决定改革成功或失败的因素"，"在每一次教育革新过程中，教师的合作是最基本的，但这一点也是特别难以做到的。一方面，教育改革经常成为一种对有关教师的权威的挑战；另一方面，也使重新培训成为必要。所以，教师必须改变自己的习惯和常规，必须建立新的师生关系"。上述分析告诉我们，"持续地对教师进行培训是教育制度发展和不断更新的前提。"①第二次世界大战之后，各国普遍认识到现实中教师数量不足、质量不高成为阻碍教育改革和发展的关键性问题，也是教师职业魅力下降的重要原因。因此，各国都在教育改革中都注意把教师问题作为一个优先的教育政策问题。在举措上，各国政府一方面改革师范教育；另一方面努力建立和完善教师进修制度，如形成了脱产的长期进修与经常的在职进修相结合的体制。这种变革取得了很大成绩，为欧洲第二次世界大战后的教育复兴培养了大量合格的教师。

二、我国教师的培训制度

(一)我国教师培训制度的发展与当前的特点

我国在改革开放之后，把教育放在发展经济的战略重点，又将提高教师素养作为重中之重，逐步将教师培训纳入制度化轨道。从20世纪80年代中期到20世纪末年，是我国基础教育教师培训的启动和探索时期。1986年制定颁布的《国家教委关于加强在职小学教师培训工作的意见》，对我国教师培训工作的任务和要求、形式与渠道、原则、范

---

① [瑞士]查尔斯·赫梅尔：《今日的教育为了明日的世界——为国际教育局写的研究报告》，王静、赵穗生译，19页，北京，中国对外翻译出版公司，1983。

围等作了全面的规定，使我国教师培训走向规范化和系统化。1993 年颁布实施的《教师法》又明确将“参加进修和其他形式的培训”“不断提高思想政治觉悟和教育、教学业务水平”确立为教师的一项基本权利和义务。使教师培训工作有了法律保障。这个阶段还大力建设教师培训的组织保障和教学资源保障。1999 年发布的《中共中央 国务院关于深化教育改革全面推进素质教育的决定》，提出支持综合性高等学校和非师范类高等学校参与培养、培训中小学教师。为了解决受训教师面临的工学矛盾，该文件提出通过学校自培、函授教育、业余大学、短训班等多种形式提升教师学历层次和业务水平。总的来看，这个时期的工作奠定了教师培训的法律保障、制度和机制，以及方式、方法选择应用的基础。

进入 21 世纪以后，我国的基础教育教师培训扩规模、提质量，加速发展，主要呈现以下六个特点①：①任务驱动。围绕重大教育任务设置培训项目，为任务保驾护航，也提高培训的实效性。例如，2001 年教育部发布《基础教育课程改革纲要(试行)》，为使教师肩负起新课程教学改革的重任，教育部组织开展了系列教师培训。除了新课程教师培训外，教育部还设立了许多支持西部大开发与新农村建设的教师培训等项目。②以国家级教育培训作示范带动地方教师培训质量提升。这主要表现在 2010 年教育推出的“国培计划”，即“中小学教师国家级培训计划”。这个培训计划包括若干子项目即中小学骨干教师培训、中小学教师远程培训、班主任教师培训、中小学紧缺薄弱学科教师培训等。其目的就是为全国中小学教师培训培养骨干作示范，并开发和提供一批优质培训课程教学资源。③将教育公平的精神注入教育培训，发挥教育培训促进社会与教育公平的职能，如“国培计划”的子项目之一就是“中西部农村骨干教师培训项目”。在促进教育公平的教师培训活动实践中，多种机构协同发力促进“老少边穷”地区的教师培训，除了中央和省级政府出面组织培训以外，大学和教育发达地区的优质中小学与“老少边穷”地区的政府和学校合作，在学校改进活动中持续开展展开现场培训，收到很好的效果。④高度重视师德培训，全面提升教师素质。2010 年发布的《国家中长期教育改革和发展规划纲要(2010—2020 年)》中提出要严格教师资质培养，提升教师素质，其中将“师德高尚”作为教师的首要素质要求。这个阶段发布的教师培训项目内容设计上都进一步强化师德师风建设要求。⑤丰富和提升教师培训的目标和内容，将培训、教研、教改结合起来，为此加强了教育行政部门、教科研机构和电教等各类、各级教师教育机构建设，形成从中央政府部门到基层学校多层面、多部门的培训联动和交叉互动。⑥教师培训逐渐引领

---

① 屈曼祺、李宝敏：《强师之路：我国中小学教师培训制度推进历程、变迁特征与展望》，载《中国教育学刊》，2023(11)。

教育和教师队伍向现代化创新发展。2019年，中共中央、国务院印发了《中国教育现代化2035》，提出建设高素质专业化创新型教师队伍。在2022年教育部等八部门发布的《新时代基础教育强师计划》中进一步强调。通过"新时代中小学名师名校长培养计划"等高端项目引领，从培养专业教师到培养教育家型教师，为高质量教师队伍打造引领导航。

(二)进一步提高教师培训的实效性

近20年来，我国基础教育教师培训工作发展日益成熟，取得了很大的成绩，但是教师培训的一个基本问题始终是绕不开的：怎样提高教育培训的实效性？应当说，各级培训部门和人员在解决问题和提升其水平上做了不少工作，但这是一个"永远在路上"的话题，还有要解决的具体问题，还有可提升的空间。

什么是教师培训的实效性呢？是否可以从一般和较高标准来看。一般标准就是受训教师学懂和能用；较高标准就是在一般标准之上加上性价比高及促进受训者自主发展。学懂就是培训者讲明白了，学习者学明白了，知其然，也知其所以然。这是最基础的。能用还是就培训的内容而言，不仅有一般理论知识和事实知识，还有将这些知识转化为实践解决问题的技术、技能和方法，以及培训后受训者能独立操作所传知识与技能，而且能举一反三。这两个要求看似简单，但是确实很不容易做到。当培训者对中小学老师进行培训的时候，他们实际还面对着隐形的对象——中小学生，所以培训者传授的知识和技能都是与受训教师的未来教学实践联系在一起，这样，培训者如果没有教学一线的经验积累，要把知识和技能讲明白就很难。下面说说高标准的两个标准。第一个标准"性价比高"，是指培训时间用得少，学习者掌握扎实，用得好。第二个标准"促进受训者自我训练和发展"，是指培训活动不仅能激发受训者受训后的教学的热情和改进教学的活力，还提升了他们在教育教学活动中主动开展研究性学习的愿望和能力。

提高教师培训实效性可以做很多工作，这里重点讨论一下使教育培训"落地"的"最后一里地"的三个体制和机制问题。

1. 提高区县教育培训机构担当中小学教师培训的责任与能力

根据已有的制度，我国当前基础教育重大项目的中小学教师培训任务的牵头者是师范大学和有资质的综合性大学，而区县教师培训机构的作用仅被列为"服务与支撑"(见教育部2011年发布的《教育部关于大力加强中小学教师培训工作的意见》)。这种安排多少有些无奈，一定程度上反映现实状况，但却是必须长期努力加以改变的。从一些经济和教育发达地区教师培训情况看，在启动重大教育项目(如新课改)需要开展大规模集中培训的时候，区县级教师培训机构确实存在水平和力量的不足，但是一旦进入常规培训，区县教师培训机构的师资懂实际、接地气、常活动的特点就显现优势了。所以在教育水平高的地区，区县培训机构的培训活动是很受欢迎的，被认为能解决问题。但是在农村地区和教育不发达的地方，优秀师资短缺，教师培训机构的力量就显得薄弱了。尽管如此，必须重视这支“常驻不走”的培训力量，将其作为“‘国、省、市、县、校’五级培训常态化促进教师学习的关键”。为此，国家应当立项把对这支队伍的培养和训练作为长期战略任务坚持下去，给他们提要求，压担子，提高其在整个教师培训体系中的地位和作用。

2. 训改一体化，培训者按需指导

培训的实效性不仅在于学习期间，更在于学习以后的实践。区县教师培训机构所以受到教师干部的欢迎，就在于培训课程结束后，受训者一般要带着自选改进课题回校实践，然后带着问题接受培训教师的指导，这个后续过程实际是“做中学”的继续培训过程，学习者独立实践与思考，培训者指导针对性强，会大大提高培训的效果。这种“训改一体”的培训机制应当尽可能在所有的教师培训活动中都成为一种制度，培训者应当在课堂培训完毕都以各种形式“陪跑”一段时间，帮助解决实际问题，这样不仅对受训者是进一步的实践性学习，对培训者来说，也是一种对培训成果的检验和反馈。

3. 完善校本研修制度

校本研修是学校各级组织和教师个体根据实际需要确定课题进行的研究、学习和改进的活动，校本研修包括了教师集体的教研或科研，也包括了系统研究和片段反思，一定意义上说，这就是学校内集体的和个人的自我培训。从校本研修与外部培训的关系看，它也是外部培训的延续与目标期待，因为外部培训就是要帮助学校和教师主动地提升工作水平和促进其能动发展，没有校本研修接棒，这个目标很难实现。校本研修是外部培训与学校教育教学实践的结合点或黏合剂，只有这项活动做到位，才是为培训的落地铺好最后一块砖。

第五节 教师的工资

工资是以货币的形式支付的教师劳动报酬。工资不仅能满足教师谋生的需要，又是维持和激发教师工作积极性、稳定教师队伍的管理手段，还是影响教师职业魅力的一个重要因素和考察教师职业的社会地位、声望的一个指标。因此，各国都十分注意对教师工资的管理。自 20 世纪六七十年代以来，教师工资管理呈现出两个发展趋势：一是不少国家以法律的形式规定了教师工资的平均标准；二是不断提高教师的工资水平。

新中国成立至今，我国教师工资经历了三次大的变革。第一次是在 1952 年以大行政区为单位的工资制度初步改革及1956年国家整个工资制度进一步改革的基础上，实行的职务等级工资制即八级工资制。第二次是1985年党中央和国务院作出改革国家机关、事业单位工作人员工资制度的决定以后，实行的以职务工资为主要内容的结构工资制。其特点是把工作人员的工资待遇同本人负担的实际职务密切结合起来。结构工资也被称为组合工资和分解工资，即把支付给工作人员的劳动报酬分为基础工资、职务工资、工龄津贴、奖励工资四个部分。基础工资是保证工作人员基本生活的部分，从行政领导到一般工作人员都按一定数额支付；职务工资即按照实际职务确定的相应工资部分；工龄津贴是依工作人员工作年限，以年为单位，逐年增加，按月发给的部分；奖励工资是以工作成绩按鼓励先进的原则发给。这种以职务为主要内容的结构工资制度，能体现按劳分配的原则，有利于教师工作积极性的调动。但从教师工资制度的整体上看，还需要在经济改革和教育改革中，确立新的教师工资参照系，以解决教师工资水平偏低的问题。完善定期提薪制度，增加课时津贴，克服尚存的一定程度的平均主义，以体现工资的激励机制与杠杆作用。第三次是根据党中央、国务院的决定，从1993年10月1日起实施的事业单位包括中小学校工资制度改革后的中小学职务(技术)等级工资制。这种工资制度的工资构成形式由过去的结构工资改为新的复合形式，由教职工的职务(技术)等级工资和津贴两部分构成。职务(技术)等级工资在一定的时间区内，为工资中相对固定的部分，主要体现工作能力、责任、贡献、劳动的繁重程度，这一部分实行定期升级，适当体现劳动差异。新工资制度规定，中小学教师实行统一的职务序列和职务工资标准。津贴为工资构成中的变量部分，直接、具体反映教师的实际工作成绩、劳动数量和质量差异。在各学校的全部工资总量构成中，职务工资部分占70%，津贴部分占30%。“三七分”的比例是就一个学校的总量而言，具体到每位教师，津贴部分所占比例可能高于30%，也可能低于30%，这正是活工资职能的体现。这次工资改革，具体贯彻了《中国教育发展纲要》的精神，落实了《中华人民共和国教师法》中的有关规定，较之1985年的工资改革有了实质性的进展，具体表现在以下四个方面。

第一，新工资制实现了“制度脱钩”“分类管理”的原则。“制度脱钩”即事业单位与国家机关在工资制度上脱钩。“分类管理”即全国事业单位按行业特点分为五大类，教育、科研、卫生等为第一类。改变了新中国成立以来，教师工资系列以官为本，即比照国家行政机关工资制度的模式，只讲规格、级别，不讲教育活动的自身规律和教师劳动特点，将教师与国家行政机关人员混同的老问题，使教师工资制度走向科学化。

第二，一定程度上改变了中小学教师平均工资水平偏低的问题。据国家统计局的测算，我国中小学教师平均工资在全国12个行业中长期徘徊在第十位。1992年年底以来还出现大面积拖欠教师工资现象。新工资制度贯彻落实了《中国教育发展纲要》和《中华人民共和国教师法》中的有关规定，前者的规定即“改革教育系统工资制度，提高教师工资待遇，逐步使教师的平均工资水平与全民所有制企业同类人员大体持平，八五期间，教育系统平均工资要高于当地全民所有制企业职工平均水平，在国民经济12个行业中居中等偏上水平，其中高等学校平均工资高于全民所有制企业职工平均水平”，后者的规定为“教师平均工资水平应当不低于或高于国家公务员的平均工资水平。并逐步提高……”《国家公务员暂行条例》中规定：“国家公务员与国有企业相当人员的工资平均水平大体持平。”

第三，新工资制度针对以往教师工资缺少正常的升级和增薪、奖励制度的弊端。明确规定了中小学实行严格考核、定期升级制度。具体内容是：①凡正常履行教育教学职责，经学校考核合格的教职工每两年晋升一级职务等级工资。考核不合格者不予晋升，考核优秀人员可以提前或越级晋升；②每两年调整一次工资标准和相应的津贴标准。新工资制规定的奖励政策的内容为：①对年终考核合格的中小学教职工年终发给相当于本人一个月工资的奖金；②对在教育教学改革中作出重大贡献和取得重大成果的中小学教师给予重奖。

第四，新工资制度体现了宏观管理和微观放权的教师工资管理体制改革的基本原则，扩大地方决策权，赋予学校在微观分配上的自主权。如津贴分配方式为国家总量控制、政策指导，学校自主分配。地方在工资分配上有一定决定权，表现在：①可以根据国家制定的基本工资标准、工资政策与指导性意见，结合本地实际情况制定具体实施意见；②可以建立地区附加津贴，提高教师工资待遇。

当然，新工资制度尚有不足，如与西方发达国家教师工资的原则性标准(超过其他行业里具有同等条件者的工资水平)相比，我们还有距离。不过，给予教师较高的工资待遇，西方国家也不是一次到位的，也是经历了一段发展过程。我们的目标应该是尽量缩短这个过程。此外，新的职务(技术)等级工资的复合结构中，按规定职务等级工资占70%，但实际上许多地区和学校的奖金与各种津贴所占比重大大超过30%，甚至超过职务等级工资，使现有的工资概念不能代表教师实际收入水平，削弱了职务等级工资作为激励职工提高技术业务水平的职能。

第六节　教师考核制度

一、教师考核的意义

教师考核是指学校和其他教育机构根据国家制定的教师职务任职条件和职责，运用定性和定量结合的方法，对教师工作进行定期与不定期的考察与评价。《中华人民共和国教师法》确立了我国实施教师考核制度。教师考核制度与教师资格制度、任用制度、职务制度、培训制度、奖励制度等共同构成教师管理制度的基本内容。它标志着教师管理科学化、规范化的程度。教师考核是教师管理中一项经常性、基础性的工作,其目的与作用在于:①为教师的使用、培训、晋升、提级提薪、奖惩提供依据;②引导教师按教育规律办事,以提高教育质量。现在世界上许多国家都建立起了正常的教师考核制度。

二、教师考核机构

《中华人民共和国教师法》第 22 条第 1 款规定“学校或者其他教育机构应当对教师的政治思想、业务水平、工作态度和工作成绩进行考核”。根据这一条的规定,负责教师考核的机构是聘任教师的学校或其他教育机构,而非教育行政部门,教育行政部门对教师考核工作的职责是指导、监督。《中华人民共和国教师法》第 22 条第 2 款就是对此的专门规定。首先,我国教师考核机构的确定和职权的划分是与我国教育管理体制改革精神相一致的。改革开放以来,我国努力通过教育管理权限的重新分配,调整政府与学校的关系,转变政府职能,使学校拥有更多的自主管理权,教师的聘任、考核就是自主管理的重要内容。而教师考核权赋予学校之后,作为学校上级的教育行政部门的职责就是对学校教师考核工作的行政监督和专业指导。其次,教师的考核权留给聘任教师的学校和其他教育机构,较好地体现了用人与管人相一致的原则。学校是直接选用教师的机构,对教师最了解,这有利于考核工作的有效开展,有利于发挥考核结果对聘任教师的积极作用,使聘任教师工作科学化。

三、教师考核的内容

根据《中华人民共和国教师法》的规定,教师考核内容包括政治思想、业务水平、工作态度和工作实绩四个方面。这是教师考核内容的国家标准。

政治思想方面:主要考核教师对社会主义制度的态度,对党和国家的路线、方针、政策的态度,以及遵纪守法、思想品德、师德等。

业务水平方面:主要考核教师的文化科学知识和专业知识,包括一般文化科学知识、教育科学知识和专业知识、技能,业务能力包括教育、教学能力,自学能力,创新能力等。

工作态度方面:主要考核教师的责任感、工作积极性、组织纪律性、团结协作精神等。

工作实绩方面：主要考核教师所完成的工作数量、工作质量和工作成果。工作数量一般包括教学工作量(备课量、上课量、课外辅导量、批改作业量、指导学生课外活动量)、思想教育工作量、其他工作量(科研、社会工作等)。工作质量一般包括教学工作质量、教育工作质量和其他工作的质量，这是从质量上考核教师所担负的各项工作完成得如何。工作质量是反映教师业务水平的主要内容，因此在一定意义上讲工作质量的考核也是对教师业务水平的一种考核。工作成果是对教师工作效果及工作效益的评价，主要通过学生在德智体美劳方面的发展水平、学习成绩、学习能力及家长评价、社会评价来考核。

四、教师考核的方法

教师考核的方法，按形式分有教师自评法、学生评价法、教师相互评价法；按内容分有单项考核法和综合评价法；按时态分有平时检查考核法和阶段性集中考核法；按考核性质分有定性考核法和定量考核法。

考核方法的选择和运用要依据考核的内容与要求，灵活掌握，通常是几种方法并用。而任何一种考核方法的运用都需要有明确的考核标准，这是进行考核的依据和尺度，也是教师工作的指挥棒。因此，要努力制定出科学可行的考核标准，这是进行有效教师考核的关键。科学可行的考核标准就是反映了教育教学工作的本质特征及基本规律，符合教学计划和教学大纲的有关规定，体现教师工作的质与量的基本要求，顺应教育改革的需要，考虑教师职业的特点的指标。

五、教师考核的原则

教师劳动是一种复杂性劳动，教师劳动的水平、成效不仅取决于教师个体的努力及思想、知识、业务水平，还取决于教育对象的特点、水准，学校教育教学设备，教师集体的沟通协作，家长与社会的配合，教育行政部门及学校赋予的进修提高机会的多寡等因素。因此，考核教师特别是考核教师的工作实绩是一件非常复杂和费力的事情，就这一点讲，有人认为对教师个体的考核仅仅是一种近似性的评价。为此，努力提高教师考核的科学性和有效性，就成为教师考核实践上迫切性高的课题。

2008年，教育部发布了《关于做好义务教育学校教师绩效考核工作的指导意见》，对基础教育考试教师的工作提出了以下原则作为指导。

第一，尊重规律、以人为本的原则。这条原则要求评价活动要尊重教育规律，包括尊重教师的主体地位，从教书育人工作的专业性、实践性、长期性特点出发认识和评价教师的工作表现和业绩。这要求管理者有较高专业水平，懂得教师成长规律，严格而且耐心。

第二，以德为先、注重实绩的原则。贯彻这一原则要求教师要坚守“立德树人”的职业使命，考核教师时把师德放在首位，完善绩效考核内容，注重教师履行岗位职责的实际表现和贡献，不能离开教育教学主业去评价教师，如不能过分突出论文发表标准。

第三，激励先进、促进发展的原则。考核教师的目标是激人奋进，鼓励教师全身心投入教书育人工作，引导教师不断提高自身素质和教育教学能力。考核中“长善救失”是一体的。

第四，客观公正、简便易行的原则。贯彻这一原则必须坚持实事求是的精神，做到民主公开、科学合理、程序规范，这样才能不带任何偏见保护教师的合法权益。同时应该讲求实效、力戒烦琐。贯彻这条原则，要求考核主体克服传统的习惯凭印象、凭经验的主观臆断，注重调查，尊重事实，坚持以评价标准为尺度的考察鉴定。要求考核主体要充分注意和结合自己学校的工作环境、学生特点等具体情况和实际水平对学校内教师个体进行综合评价。

第五，考核中还要贯彻民主性原则。就是要求在考核教师活动中尊重教师和学生的意见，创造机会让教师参与考核工作。贯彻这条原则，要求评价主体首先要改变传统的教师是被动的考核对象的认识，树立教师与学生也是考核活动的主体，即合作者、参与者的观念。其次要让教师学生参与考核活动的每个进程，即从考核标准的制定、考核资料事实的收集到分析判断。最后在方法的选择上要重视自我评价，发挥好教师在考核活动中的主体作用。这与学校在教师考核工作中的主体地位是不矛盾的。

思考题：

1. 教师人事行政的含义及意义是什么？
2. 你认为教师职业是一种专门性的职业吗？为什么？
3. 应如何提高教师专业性的从教能力？
4. 我国现行的教师聘任制的长处与不足是什么？如何完善？
5. 我国教师考核工作的原则是什么？怎样有效贯彻？

第十一章　教育信息的管理与公开

第一节　教育信息及其分类

一、教育信息

在信息社会中，人们在社会实践活动中使用频率较高的词汇之一就是信息，人们从不同的视角来认识信息。信息作为科学概念，是从20世纪初开始的。随着信息技术的飞速发展，信息这个概念首先在通信领域提出来，其中最有代表性的是1948年信息论的奠基人申农(C. E. Shannon)和控制论创始人维纳(N. Wiener)。申农认为信息是用来消除不确定性的东西。这一定义是从通信的角度来提出的，在通信领域中的信息确实能够消除不确定性，但是这只是信息的一种功能，并不是信息的本质特征，也没有包容信息的内容和价值。维纳认为，信息是人们在适应外部世界，并使这种适应反作用于外部世界的过程中，同外部世界进行互相交换的内容的名称。此后，信息的概念被广泛应用到物理学、计算机科学、社会科学等领域，信息的内涵被一再地延伸、扩展，表现出多侧面的不同含义。

信息作为人类社会的一种重要发展资源，需要对其进行有效的管理。信息管理的思想起源于20世纪40年代，60年代和70年代逐步发育成熟，80年代以后信息管理理论的研究进入了一个新的发展时期，并形成了多种学术流派，如信息系统学派、记录管理学派、信息资源管理学派等。不同学派对信息管理概念与内涵的界定也各不相同。归纳起来有两个方面的内容：一是认为信息管理是对信息进行组织、加工、规划、控制，并将其引向预定的目标；二是认为信息管理还包括对涉及信息活动的各种要素(信息、人、机器、机构等)进行合理的组织和控制，以实现信息及有关资源的合理配置，从而有效地满足社会的信息需求。简要地说，信息管理就是对信息和信息活动的管理。

教育信息是指教育部门(主要是教育行政部门与学校，也包括相关政府机构)在从事教育管理活动中所产生、获取和拥有的信息。教育信息管理则是指教育行政部门与学校，以及相关政府机构，对其所拥有的教育信息的管理。

二、教育信息管理的意义

(一)为制定教育政策与决策提供信息基础

信息是决策的基础，科学的决策是建立在准确可靠、全面系统的信息基础之上的。美国管理学家西蒙(Herbert. A. Simon)认为“管理就是决策”①。管理科学化的根本特征在于实现决策的科学化，如果决策仅停留于决策者的本能和经验水平的基础之上，是很难实现科学决策的。由于个人理性与知识的局限性，科学决策需要借助于一个完整的决策体系来实现。这个体系包括决策系统、智囊系统和信息系统三个部分，其中决策系统是关键、是核心，智囊系统和信息系统是为决策系统服务的支撑系统。决策者只有获得大量可靠的信息，在保证信息收集、传递的真实性和分析推理的无误性的情况下，才能作出正确的决策。

真实的教育信息对教育决策和教育发展具有重要作用。中国是一个拥有世界上最多人口的发展中国家，地区之间发展不平衡。教育部和各省、自治区和直辖市的教育厅局(委员会)分别负责国家和地方的宏观教育决策。教育信息为各级教育行政部门进行分区规划和分类指导提供了基本依据。如教育行政部门可以依据学龄人口、学校规模、经费、师资等方面的信息，适时作出普及义务教育的决策。教育部在制定2000年和2010年教育宏观发展规划过程中，也是根据历年教育指标显示的沿海、中部和西部发展不平衡的态势，确定了普及义务教育要“根据分区规划、分类指导、分步实施的原则，全国不同地区的发展目标和速度可有差异”②的决策。

(二)对教育工作的运行状态进行监测

对教育信息的分析有助于发现教育工作中的偏差，并及时向主管部门发出预警信息，从而促进教育事业的正常、协调发展。例如，20世纪90年代中期以来，国家统计局几次人口抽样数据显示，到2000年初中阶段人口总数同1990年全国人口普查的预测数相比，产生10%以上的增量，这对于2000年前后普及九年义务教育的原有规划形成了新的压力，教育部有关单位建议各地政府注意这一情况，根据本地实际对于校舍和教师进行必要的调配。再如某省教委在统计资料中发现，由于全省师资培养能力不足，中

---

① [美]赫伯特·A. 西蒙：《管理决策新科学》，李柱流等译，33页，北京，中国社会科学出版社，1982。

② 国家教育委员会：《全国教育事业“九五”计划和2010年发展规划》，4页，北京，人民教育出版社，1996。

小学教师学历合格率比上年度有所下降，已经影响到义务教育普及的进度和教学质量，为此教委向省政府提出加强中小学教师队伍建设的紧急对策措施，被省政府迅速采纳。

（三）为日常的教育管理与研究提供信息咨询

自 20 世纪 90 年代起，中国的每个省级教育行政部门都相继出版了地方教育统计年鉴或资料。这些教育信息不仅在教育的改革和发展、加强教育部门的科学管理方面起着重要作用，而且为地方教育研究机构提供了分析的基础资料。这些资料通过教育研究机构进一步分析处理后，可以为教育决策提供更好的参考。

（四）用于各级学校的管理和提高质量

学校管理和提高教学质量是微观教育过程，中小学校长和教师关注对学校水平评价有关的教育信息比较关注，如学生入学率、巩固率、辍学率、留级率、考试合格率、升学率、教师学历合格率、图书达标率、实验设备达标率、办学条件达标率、危房率等，这些信息与学校日常管理和改进措施有着比较直接的关系。

（五）促进社会公众了解、支持和监督教育

教育信息的公开化，为促进社会各界了解、支持和监督教育起了重要的帮助和导向作用。目前，教育部和各级教育行政部门利用多种形式向社会各界提供教育信息服务，如每年发布的教育统计公报、通过新闻发布会发布重要教育信息等。美国的特许学校采用了一种全新的提高教育质量的机制——“通过透明来实现绩效”（accountability via transparency）。这种绩效机制更加强调信息公开和公众参与，主要通过向家长、教育工作者、决策者、纳税人和其他社会公众提供能足以表明学校是否成功的信息，社会公众通过这些信息来了解、监督和选择学校，从而迫使学校管理者不断地提高教育质量。作为管理人员，他们要尽其所能去收集、获取、筛选、分析，然后利用这些信息，向公众汇报。①

三、教育信息的分类

（一）正面信息与负面信息

按照信息反映的事件性质不同，可以把信息分为正面信息和负面信息两类。正面信息反映的是政府在教育领域当中所取得的成绩与良好的效果，如教育经费投入的增长情况、教育改革取得的成效、教育质量的改进、九年义务教育达标率提高、文盲率降低、高等教育入学率提高、西部教育所取得的成效、学校危房减少、大学生就业率提高、高校科研论文的数量增多和质量提高等，都反映了教育事业向前发展的良好态势和政府在

---

① 丰继平：《美国特许学校绩效制原则及其运作》，载《外国教育研究》，2004(4)。

教育领域中所取得的成效。负面信息反映的是教育领域中的失败或失误的信息，如挪用教育经费、乱收费、违规补课、违规招生、招标中的暗箱操作、办学条件不达标、学生伤亡、校舍倒塌、教育质量不达标、校园暴力等，这些信息往往反映了政府或学校决策不当、行为失误或管理不善，以及教育事业发展中存在的诸多问题。

(二)常规信息与危机信息

根据信息所反映的事件发生的状态，可把信息分为常规信息与危机信息两类。常规信息是指正常教育工作中所产生的信息，如升学考试、招生、就业、职称评定、课题招标、政策制定、会议讲话、投资办学、绩效考核、行政审批等，这类信息具有常规性、确定性、可预见性和可控制性。危机信息反映的是突发事件中的各种信息，包括自然灾害和人为因素引起的突发事件，如学生中毒、校舍倒塌、校园暴力，以及学校发生疾病传播、水灾、火灾等事故，这类信息具有突发性、不确定性、破坏性、不可预见性和不可控制性，并且容易引起社会的关注和强烈的反应。

(三)动态信息与静态信息

按照信息的运动状态分类，可以把信息分为动态信息和静态信息。动态信息是指反映物质处于相对运动状态的信息，这种信息具有较为明显的相对性、变化性、过程性的特征，所以有时也把动态信息称为过程信息，如招生的过程、招聘的过程、职称职务评定的过程、招标投标过程、决策的过程、事故处理的过程、规章制度制定的过程等。静态信息是指反映物质相对静止状态的信息，这种信息具有相对稳定性、确定性、变化缓慢等特点，有时也称为结果信息，如教育政策与法规、决策的结果、招生录取的结果、招聘结果、事故处理的结果等。

(四)国家教育信息、地方教育信息与学校教育信息

按照信息反映面分类，可以把教育信息分为国家教育信息、地方教育信息与学校教育信息。国家教育信息反映的是整个国家教育发展中的宏观信息，具有战略性、整体性、综合性，如国家教育政策与法规、国家教育发展规划、国家教育改革与发展、整个国家的教育经费投入与使用、全国高校招生情况、全国大学生就业情况等。地方教育信息反映的是地方(包括省、地市、区县、乡镇四级行政机构)教育发展中的各种信息，具有局部性、地域性，如地方教育政策与法规、地方教育经费投入与使用情况、各地教师的需求与供给情况、各地生源情况、地方义务教育达标情况、地方教育发展规划、地方流动人口子女就学情况、地方学校危房改造情况等。学校教育信息是指学校教育教学和管理过程中的各种信息，具有个体性、个别性和微观性。

当然，教育信息还有其他的分类标准。如按照信息的加工程度分类，可分为原生信息和派生信息。原生信息是指未经过加工的原始信息，这类信息直接产生于教育活动当

中，并具有零散性、无规则性和非系统性等特点，但却是最真实的。派生信息是相关部门在原生信息的基础上加工后所获取的一种相对集中的、系统化的信息，如研究报告、信息综述、史料汇编等。另外，按照信息的来源分类，可分为内生信息和外生信息。内生信息是政府在行使职能过程中所产生的信息，如各种条例、规定、办法、章程、命令、通知、会议纪要等。外生信息是指政府为了行使职能而从外部获取的与政府管理活动有关的信息，如新闻报道、群众信访、议案提案、社会调研信息等。不同类型的信息有其不同的特点，在信息管理时应充分考虑到这些信息的特点。

第二节　教育信息管理职能

教育信息管理是一个系统工程，从教育信息管理的主体来看，需要履行以下主要职能：收集与沟通、分析与解释、研究与开发、预测与引导、公开与保密。

一、收集与沟通

（一）信息收集

信息收集是教育行政部门最基本的信息管理工作。我国的教育行政部门，从教育部到省（自治区、直辖市）教育厅，再到地（市）教育局，再到县（区）教育局，每年都要对自己所管辖范围内的基本教育信息进行收集与统计。信息收集的目的主要是为了了解教育发展的基本情况，对教育系统的运行进行监控，并为教育行政部门领导进行决策与规划提供信息基础。从我国目前的情况来看，教育行政部门在收集信息时，需要关注以下三个问题。

1. 信息服务的对象需要进一步拓宽

目前，教育行政部门信息收集，主要是为教育行政部门的领导服务的。上级需要什么信息，就收集什么信息，很少考虑其他用户的信息需求。信息收集的主要目的也是为了教育决策、规划、管理与监控。但实际上，不同用户有不同的信息需求。例如，家长想了解所在区县各校的办学情况，包括师资力量、办学条件、教育质量、招生计划、升学率、收费情况等，从而为孩子选择一所合适的学校。而教师可能对职位空缺、职称评定、工资待遇、教师培训等信息感兴趣，从而更好地规划自己的职业生涯和更好地完成教学任务。校长则需要了解教育改革的动向，以便更好地执行教育政策。教育研究人员由于各自的研究重点与兴趣不同，他们所需要的教育信息涉及方方面面，如流动人口子女问题、贫困地区的子女教育问题等。还有社会用人单位，他们也需要了解当前的毕业生情况，以便更好地制订自己的用人计划。这些信息很大部分都需要由教育行政部门和学校来提供。因此，教育行政部门在收集信息时，应该考虑公众的教育信息需求，而不是把上级作为唯一的信息服务对象。

在美国，教育信息服务的对象是很广的。美国的《不让一个孩子掉队法案》要求通过常规评估来确定学生在主要学科(英语和数学)方面所取得的进步和存在的问题。评估结果必须以学生整体和分类群体(如低收入家庭孩子、少数民族孩子、残疾孩子等)的形式予以公开。学区可以通过这些数据来判断学校需要哪些特殊的帮助，并进行战略规划；学校用这些信息来确定教师在哪些方面需要帮助和额外的培训，并帮助一些学生群体来达到目标；教师能用这些信息来作出明智的决策，为学生学习提供最佳策略；家长通过获得州、学区和学校的大量信息，就能够更好地监督学生和学校的进步并作出明智的决定。

2. 教育信息指标体系需要进一步完善

教育行政部门在收集信息时，是根据一定的指标体系来实施的。我国的教育指标体系分为国家级教育指标体系和地方教育指标体系，二者的统计项目基本上是一致的。国家级教育指标体系包括教育统计指标体系(ESI)和教育评价与监测指标体系(EEMI)。教育统计指标共7类90项，侧重于对教育现状的数量性描述，多为原生性和基础性的指标。教育评价与监测指标共有5类120项，侧重于对国民教育水平、结构及学校设施的评价和监控，多为再生性或结构比例性的指标。

我国的教育指标体系主要涉及教育投入和教育结果两部分，很少涉及教育背景与教育过程，这与其他国家或国际组织的教育指标体系有很大的差异。如新加坡的国家教育指标体系包括入学情况、资源、教育成果和教育相关因素四大类。经济合作与发展组织(OECD)的教育指标体系(CIPP模式)包括教育背景、教育投入、教育过程和教育结果四部分。其中教育背景指标包括家长的受教育水平、贫困学龄儿童所占比例、贫困少数民族学生所占比例、单亲家庭学龄儿童所占比例、处境危险的学生所占比例等，教育过程指标包括学校系统的组织结构、决策权的分配、学校风气、学校课程设置、教育领导的素质等。通过比较，可以看出我国的教育指标体系涉及的范围明显偏窄，需要进一步完善。

3. 确保教育信息的真实性

我国的教育信息管理系统分为中央、省、市、县四个级别，教育信息的收集也主要通过这四级系统，由下而上进行汇总。真实性是对信息最本质的要求，但信息传递的链条越长、环节越多，信息失真的可能性就越大，每经过一个层级，就要被过滤一次。信息失真的原因有两方面：一是信息收集过程中由于技术和设备的缺陷，人员的经验与判断能力不足，以及环境的不确定性造成信息的失真；二是人为的虚报、瞒报导致信息的失真。信息不真实，不仅不能让公众正确地了解教育，反而会误导公众。教育行政部门在收集信息时要对信息进行筛选、鉴别，去伪存真，去粗取精，保证信息的真实性。

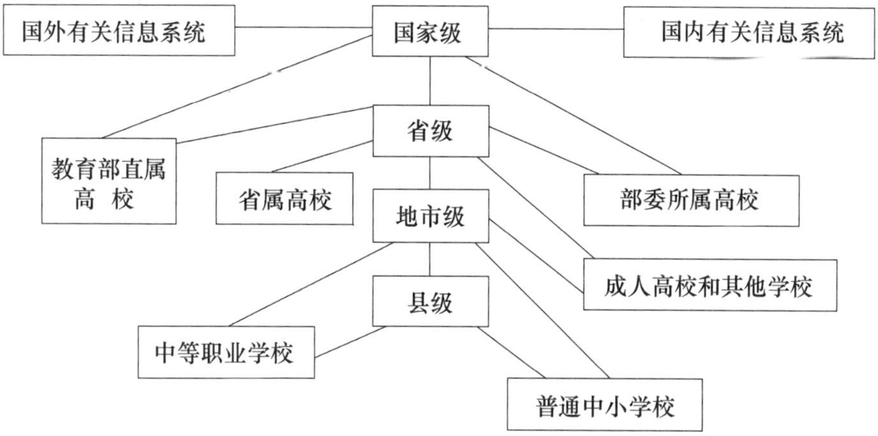

图 11-1　国家教育信息管理系统①

（二）信息沟通

教育行政部门不仅要向公众提供真实的信息，还应该保证信息的完整性和相关性。片面的信息会导致片面的理解，并最终误导人们的行为。而要保证信息的完整性，就必须加强教育行政部门之间及教育行政部门与其他部门之间的信息沟通。

1. 教育行政部门之间的信息沟通

我国教育行政部门之间的信息以纵向传播为主，包括自下而上的信息传播和自上而下的信息传播。①自下而上的信息传播是指信息在教育行政组织中由低级向高级的流动。它是上级领导和部门获得反馈信息、了解和掌握组织全面情况的重要途径；是组织成员向领导、下级向上级反映自己的要求、愿望、意见，提出批评、建议、问题的正常渠道。向上传播有助于提高组织的工作效率，组织的决策实际上要以向上传播的信息为依据。②自上而下的信息传播是指信息在组织中由高层向低层级的流动。它是教育行政组织中占主导地位的信息传播方式，是上级领导贯彻政策、发布指示的正常渠道。向下传播对于保持政府组织的整体性、实现政府组织的功能具有决定性作用，通常以文件、指令、会议等形式传递。

目前，教育行政部门之间的横向沟通比较缺乏。不同的信息由各个部门自行保存，

① 张力：《教育政策的信息基础——中国、新加坡、美国教育指标系统分析》，47 页，北京，高等教育出版社，2004。

没有专门的机构或人员对这些信息进行整合，信息处于零散状态。

2. 教育行政部门与其他部门之间的信息沟通

一方面，教育行政部门要通过其他政府部门及时了解与教育相关的信息，如人口统计信息、经济发展状况、劳动力需要状况等，为教育决策和规划提供信息；另一方面，教育行政部门也要把教育领域的信息传达给其他政府部门，以获取支持与帮助。例如，学校出现传染病时应及时与卫生部门沟通，学校发生伤害事故时应及时与公安部门取得联系。

当前，不管是教育行政部门之间的信息沟通，还是教育行政部门与其他部门的信息沟通，均存在较为严重的信息沟通障碍。在信息时代，信息是一种重要的权力资源，信息的拥有者可以利用手中的信息谋取私利。在这种利益的驱动下，各部门自然都不愿意将自己掌握的信息与他人共享。从制度层面看，解决沟通障碍的途径有二：一是建立激励机构，将信息沟通纳入各部门的工作评价指标体系中；二是建立问责制，让当事人为其隐匿信息所造成的后果担责。

二、分析与解释

收集信息的目的是利用信息，而有效利用信息，就需对获得的信息进行分析与综合，进行由此及彼、由表及里的过滤提炼，揭示信息的真实含义，把握信息的真正价值。对同一信息，不同的人会因所站立场和角度不同，而得出不同甚至截然相反的分析结果，根据这些分析作出的决策自然会大相径庭。教育行政部门作为权威机构，有义务为公众提供科学的、客观的和理性的分析，以引导人们作出正确选择。信息分析得越准确，其实用性与可靠性就越强。

教育行政部门具有分析与解释信息的义务与优势。一方面，按照韦伯的组织设计，行政组织中的工作人员都应该是专业的技术人员，精通该岗位的各项事务。而且由于公职人员的非人格化因素，能够做到理性而客观地分析问题。另一方面，由于教育行政部门拥有一定的权力，掌握一定的资源，包括人力、物力、财力，还有“智囊团”。教育行政部门往往会和比较权威的研究机构或研究人员进行合作，委托他们对各种事情进行调查研究，然后在此基础上，给公众一个科学的、理性的和客观的解释。

信息分析与解释是教育行政部门的一项常规工作，特别是在发生突发事件时，教育行政部门的信息解释至关重要。在各种观点针锋相对、事情真相还不明朗的情况下，公众更希望听到权威部门的声音。信息分析与解释还包括对虚假信息的鉴别与澄清。在信息社会中，各种信息充斥着整个社会，其中包括一些虚假信息。这些虚假信息有的是由于人们不明白真相而误传的，而有的则是某些利益群体故意散播的，以达到某种不可告人的目的。在这种情况下，作为权威部门的教育行政部门就必须站出来，还公众以真相。例如，2004 年 8 月，有媒体报道称“教育部取消部分成人高校招生资格”，并公布了被取消的成人高校名单。教育部了解此事后，专门召开记者招待会，教育部新闻发言人专门就此发表声明予以澄清：报道中所列出的学校并未被取消招生资格，该报道属失实新闻报道。教育部同时要求刊登过该报道的媒体尽快更正，消除影响。

案例 11-1　美国的标准——普尔学校评估服务

教育质量问题一直备受人们的关注。如果教育信息被收集上来后，不加分析地呈现给公众，公众将无法理解这些原始数据到底意味着什么，无法确定是什么导致了学生成绩的提高或下降。为此，美国许多州都引进了标准——普尔学校评估服务(Standard & Poor's School Evaluation Services，SES)，为家长、纳税人、教育者和决策者提供数据分析和强有力的决策工具，以改进学生成绩和学校管理。

SES 利用教育评估与信息中心的数据，通过分析学业、财务与人口统计方面的指标与趋势，对每所学校的成绩提出客观的评价。更为重要的是，SES 不是就考试成绩而论考试成绩，而是更加注重学校的发展，把改进学生成绩与促进学校发展联系在一起，把所有可能影响学生成绩与学校发展的因素都考虑进去，通过分析和比较不同学校，提炼出影响学校绩效的基准因素(benchmark)，从而使成功的实践经验在不同学校之间实行共享。

SES 的分析从总体上分为六部分：①一般概况(summary for parents)，学生在州教育考试中的表现、学生在大学入学考试中的表现、毕业率、辍学率、班级状况、学校支出、学校收入等；②学生成绩(student performance)，MEAP 的通过率、优秀率、参与率，学生统计情况(按性别、种族、民族、经济状况、残疾)、大学入学考试情况、毕业率、辍学率等；③学校财政(spending，revenue & taxes)，学校总支出、生均经常性支出、平均教师工资、生均经常性投入、学校剩余经费、学校债务等；④办学效益(return on resources)，双语教育、特殊教育、贫穷孩子的教育等投入资源所取得的效果；⑤学校环境(school environment)，注册人数(包括贫穷家庭孩子所占比例、特殊孩子所占比例、英语不熟练的孩子的比例)、教职工情况(包括教师情况、师生比等)、学校安全(包括学生暴力袭击及各种事故，如吸毒、非法持有枪支)；⑥社区状况(community profile)，包括人口数量、平均年龄、学龄人口、拥有学士学位的成年人、单亲家庭的孩子、失业率等。SES 不仅仅对学校之间进行比较与分析，还对学区之间、各州之间进行比较。分析之后形成的报告(SES observation)都通过教育信息系统向社会公开，这样家长、教师、教育工作人员、投资者及其他人员，就能够清楚学校绩效的改进状况，明白是什么因素影响了学生的成绩，从而能够更有指导性地参与到教育当中来。

案例 11-2 美国对第三次国际数学与科学研究提供的信息的分析

美国对第三次国际数学与科学研究(The Third International Mathematics and Science for the Evaluation of Educational Achievement，TIMSS)提供的信息也进行了精细的分析。美国国家教育统计中心联合了若干所大学的研究机构，组成了强大的研究力量，构建了一个多侧面和多层次的信息分析框架。①多侧面分析。美国的研究人员通过三个侧面进行了梳理与分析：数据和文字资料分析，包括美国的学生在做什么、别国的学生在做什么、美国的教师怎么教、别国的教师怎么教等；录像资料分析，邀请课堂教学研究者、资深教师和校长对比观看美、德、日三国教师的课堂教学实录，从而鉴别出美国教师在课堂教学技术细节方面的缺陷，然后对这些缺陷加以归类，并进一步寻找背后的原因和改进策略；国际基准分析，在上面分析的基础上，提炼出中小学数学与科学的课程目标、内容及教学质量的国际基准，从而改变美国教育界以往热衷于自我纵向比较和小范围横向对照的旧习。②多层次分析。美国研究人员分别从课堂、学校、政府、社会四个层次，对美国中小学数学与科学教学及管理方面的缺陷作了鉴别与分析。

三、研究与开发

信息分析更多的是面对现在所存在的问题，而信息研究与开发则是在分析当前问题的基础上，提出面向未来的解决之道。如利用TIMSS信息来寻找问题和分析问题的成因，是其他TIMSS参与国也能够做到的，但对TIMSS信息进一步开发，并将其转换为改进现在缺陷的工具，则是美国对TIMSS信息处理的独到之处。例如，美国联邦教育部指令研究人员利用TIMSS信息开发的“工具包”(toolkit)就是一个典型的例子。该“工具包”由“指南”“教育”“成就”“教学”和“课程”五个部分构成。其中，“指南”是有关“工具包”的内容和使用说明；“教育”部分旨在为读者提供TIMSS概览，包括TIMSS各主要报告的摘要、简介性的录像带、引导性的讨论题；“成就”部分主要是TIMSS的测试题和TIMSS各参与国学生的成就数据，以帮助相关人士了解差距；“教学”部分选摘了美国教师理事会和日本文部省所制定的教学标准、选辑了 TIMSS 部分课堂实录并配以说明，以助反思；“课程”部分包含了一份比较美国课程与别国课程的指导手册，意在帮助相关人士找到课程与教学改革的方向。此外，美国研究人员还利用 TIMSS 课堂实录资料，开发了多种教师专业发展的方案。①

美国的经验告诉我们，教育行政部门不仅仅要履行“领导”职能，而且还应行使“服务”职能。在我国的教育改革中，基层学校的教育改革探索虽然是必要的，但基层学校的改革视域和研究能力都是十分有限的。更何况我国地域广大、学校众多，各地、各校之间的信息交流渠道并不十分畅通，很多研究常常因低层次的重复而浪费了有限的教育资源。由于教育行政部门，尤其是中央教育行政部门掌握着最丰富而全面的信息，也最具备调动各种研究力量和组织大型研究的能力。因此，教育行政部门完全可以在发挥“领导”作用的同时，通过行使其“服务”的职能，也即通过组织开发权威的改革工具，来更好地引领中小学的教育改革。②

四、预测与引导

信息预测与引导是指行政主体所应承担的对行政事态发展的方向作出预测、推论，并提出有价值的有关社会发展格局判断的信息义务。如气象局每天发布的气象预报、地震局发布的地震灾害预报。这些预测和判断对于人们安排生产劳动和采取防范措施非常重要。教育行政部门作为教育领域的主管部门，也负有对教育事态发展方向进行预测、推论和判断的义务。

教育发展的不确定因素很多，而社会个体没有能力去收集足够的信息，也没有专业知识对收集到的信息进行分析，因此无法对教育作出理性的选择。教育行政部门作为教育管理机构，拥有专业知识，了解教育的运行规律，对教育事务具有宏观调控能力，具备对教育事态发展方向进行预测、推论和判断的能力。例如，根据劳动力市场供求情况，对高校毕业生的就业状况进行分析与预测；根据世界教育改革的趋势及我国的具体情况，对我国未来教育改革与发展的方向作出预测；根据人口结构的变化，对学生入学的情况进行预测；根据学龄人口的变化，预测未来的教师需求状况；等等。

信息引导作为政府的重要职能，是党的十四大报告明确提出的，该报告指出：在社会主义市场经济体制条件下，政府的职能主要是“统筹规划，掌握政策，信息引导，组织协调，提供服务和检查监督”。信息引导是指政府运用信息调节、控制国民经济与社

① 冯大鸣：《美、英、澳教育管理前沿图景》，276～277 页，北京，教育科学出版社，2004。

② 同上书，280 页。

会发展的管理手段和管理方式。即政府在实施经济和社会管理过程中，通过一定的方式和途径向社会发布信息，表明政府在一定时期、一定条件下对经济和社会发展的意图及主张，从而影响和引导人们的行为，实现国家经济和社会发展的战略目标。如教育行政部门发布的招生政策、就业政策、教育改革政策等，都将对人们的未来行为起着引导作用。

信息引导还表现在对“负面事件”的正面引导。面对“负面事件”，教育行政部门应该在说明事实真相的基础上，更多地提供一些如何救治、如何预防、如何矫正的信息，从而引导人们以积极的心态来共同面对，进而采取积极的行动来协助政府部门。如果信息引导不当，就可能会引起公众的恐慌和导致公众对政府的不信任，进而产生对抗的心理，甚至采取过激的行为。

信息引导的突出作用表现在发布预警信息。预警信息，从字面来理解，就是能够给人们起到警示作用的信息。这种信息具有紧迫性，及时发布能够避免社会遭受更大的人身和财产损失，如国家安全预警信息、天气预警信息、交通预警信息等。

五、公开与保密

(一)信息公开

信息公开就是政府机构在履行职责过程中产生、获取、利用、传播、保存和负责处置的信息，只要不涉及国家秘密、商业秘密与个人隐私等不宜公开的内容，都应该向社会公开。① 目前，世界上已经有40多个国家或地区制定了信息公开法，采用了政府信息公开制度。② 我国有些地方政府也制定了信息公开规定，如《广州市政府信息公开规定》于2003年1月1日开始实施，上海、成都等城市也实施了信息公开规定。只有让信息流动起来，在政府与公众之间形成一种良性的互动与沟通机构，才能真正发挥信息的作用。教育信息公开，不仅能让公众更好地了解和监督教育部门的运行，而且能够增强公众自主参与和自我决策的能力，从而提高教育部门的工作效率。

(二)信息保密

信息公开并不意味着把所有的信息都向社会公布，如果涉及国家秘密、商业秘密和个人隐私等信息，则必须加以保密。信息公开是为了让公众共享教育信息和对教育活动进行舆论监督，保密则是为了使国家秘密、商业秘密和个人隐私得到保护，从而实现更高的稳定、公平与公正。保密性包含以下三层含义：①按照法律严格保密，无论何时都

① 应松年、陈天本：《政府信息公开法律制度研究》，载《国家行政学院学报》，2002(4)。

② 周汉华：《外国政府信息公开制度比较》，10～12页，北京，中国法制出版社，2003。

不能公开。有些信息无论何时公开都将危及国家的安全与稳定。②在一定时期内保密。如《中华人民共和国档案法》规定，档案经过三十年的保密期后，经过审核，有些信息可向社会公开和供社会查询。③在一定范围内保密。有些信息只能被某些部门或某些群体所知道，而不能向其他人公开。如学生及其家庭的各种情况，学校教职工、教育行政部门工作人员有权了解，但其他人无权知道。因此，教育部门在履行信息公开职能时，还负有信息保密的职能。如高考试题，英语四、六级考试试题等，都属于保密范畴，必须严格履行信息保密的义务，题目一旦泄露出去，必将影响到考试的公平与公正。

案例 11-3　美国对学生个人信息的法律保护

美国国会于 1974 年通过了《家庭教育权与隐私权法案》，来保护学生及其家庭的隐私，也叫作伯克利修正法案。法案授予家长有权获取他们孩子的教育信息和在没有他们同意的情况下限制这些信息的公开。它还允许家长和成年学生（eligible student）修改这些信息，当他们认为这些信息是错误的或会引起误解时，他们有权利申请修改。①

《学生权利保护修正法案》（the Protection of Pupil Rights Amendment，PPRA）于 1994 年的《目标 2000：美国教育法案》中得以修正，明确了在美国教育部资助下的，通过调查、研究、分析或评估而收集到的学生信息必须提供给家长查阅。如果家长需要，收集到的资料必须提供给家长。由联邦资助的，在中小学进行的调查也受该法律的约束。收集学生信息的机构必须向家长解释 PPRA 所赋予他们的权利。而且必须考虑到残疾人和非英语家长能够理解。PPRA 从两个方面来保护学生及其父母的权利。首先，它要求家长有机会查阅相关的联邦调查或教学资料，以及同意他们的孩子参与这项调查。其次，PPRA 要求州或地方教育机构及他们的合作者或代表，在收集以下信息之前必须取得学生家长的同意：加入的政党，精神和心理问题，性行为和取向，违法或自我犯罪行为，家庭成员的关键评价，给予律师、医生和代理人的特殊信息，收入。当家长认为他们的隐私权受到侵犯时，他们可以直接向地方当局或州教育机构的官员投诉。联邦官员将会检查未得以解决的投诉，并督促地方解决这些投诉。

---

① 这里的家长是指亲生父母或养父母、法定监护人，或在父母和监护人缺位的情况下担任父母职责的人。当学生年满 18 周岁或当他们进入中学后教育机构以后，家长享有的这些权利就转移给成年学生。然而，如果成年学生在纳税方面还要依靠家长的话，那么家长仍然有权利进入。

《残疾人教育法案》(Individuals with Disabilities Education Act，IDEA)对残疾孩子的隐私保护给予了特殊规定。残疾孩子的父母有机会查看与他们孩子所接受的特殊服务有关的所有教育记录。而且，他们还有权了解州或地方教育机构对他们的孩子进行鉴别、评估和定位，以及提供免费服务的有关信息。还包括校外专家制作的但由学校保管的医疗或心理测评的信息。

《学校午餐法案》(National School Lunch Act，NSLA)由美国农业部制定，为适当的学生提供免费的或减价的午餐。《学校午餐法案》涉及学校午餐计划、学校早餐计划和特殊牛奶计划。它严格限制学区使用参与该计划的学生的个人信息和家庭信息。该法律保证无论是参与资格还是计划确认信息都不会进入学生的教育记录。而且，该法案针对无权披露和非正常使用学生个人信息，还制定了处罚措施。

《联邦戒毒与戒酒记录保密法案》(Federal Drug and Alcohol Patient Records Confidentiality Law)禁止公开申请或正在接受该项服务的学生信息。该法律由美国健康与人权服务部制定，该法律规定任何病人的记录，甚至学校少数学生的记录，只要接受了该项服务，他们的信息就必须保密。

第三节　教育信息公开

教育信息公开是指教育部门(主要是教育行政部门与学校，也包括相关政府机构)在履行职责过程中产生、获取、利用、传播、保存和负责处置的信息，只要不涉及国家秘密、商业秘密与个人隐私等不宜公开的内容，都应该向社会公开。教育信息公开是个系统工程，主要涉及信息公开的主体、信息公开的原则、信息公开的方式、信息公开的保障四个方面。

一、教育信息公开的背景

(一)信息公开是世界行政改革的主要趋势之一

“自第二次世界大战结束以后，一场以行政公共信息公开为核心内容的改革在全球范围内兴起。为实现行政公共信息公开的制度化和规范化，美国、法国、加拿大、澳大利亚等西方主要资本主义国家和日本、韩国等亚洲国家都先后制定了统一的信息公开法。毫不夸张地说，行政公共信息公开已经成为时代的潮流。”①截至目前，世界上已经有40多个国家或地区制定了信息公开法，采用了政府信息公开制度。

（二）信息公开是我国转变政府职能的重要组成部分

当前我国政府改革的重点是转变政府职能，强调从全能政府向有限政府转变，从管制型政府向服务型政府转变，从暗箱行政向透明行政转变，从免责行政向责任行政转变，并最终建立和形成“行为规范、运转协调、公正透明、廉洁高效”的行政管理体制和政府运行机制。“公开是现代社会的一项基本特征，它有别于传统社会惯有的封闭、独断、暗箱操作，体现了民主、开放、科学决策的现代管理新思路。”②党的十五大提出“政务公开”；党的十六大把建设社会主义政治文明作为小康社会的重要标志，提出“健全民主制度，丰富民主形式，扩大公民有序的政治参与，保证人民依法实行民主选举、民主决策、民主管理和民主监督”；党的十六届三中全会提出“完善政府重大经济社会问题的科学化、民主化、规范化决策程序，充分利用社会智力资源和现代信息技术，增强透明度和公众参与度”。在十届全国人大会议上，把政治文明与物质文明、精神文明一起写入了宪法。社会主义政治文明的本质和核心是人民群众当家作主，享有管理国家和社会的权力；而没有政府信息公开，就很难做到实质性的政治参与，人民群众的主人翁地位就无法保证。从这个意义上讲，没有政府信息公开，就没有真正意义上的社会主义政治文明。

（三）入世为中国政府信息公开提供了契机

“信息公开和信息自由成为世贸规则的基本要求和各国政府规制改革的主导方向。加入世贸组织对我国政府经济规制改革的重大挑战便是如何促进信息公开，确保企业和消费者的信息自由权。”③我国加入WTO后，在教育服务领域上，除了特殊教育服务（如军事、警察、政治和党校教育）和国家义务教育之外的其他教育领域都作出了开放的承诺。应该说，与其他国家相比，我国教育服务贸易的开放程度是相当大的，涉及大多数教育领域，尤其是普通教育系统和职业培训系统，开放程度相当可观。我国教育服务贸易的开放意味着教育领域也必须履行世贸体制当中有关信息公开与政策透明的要求与义务。

（四）社会危机加速了信息公开的进程

政府信息公开是一种观念的革命，而政府官员的观念还存在传统惯性。传统观念的转变不是一两个月就能够完成，甚至不能依靠政府官员自觉的行为。事实上，它往往是

---

① 章志远：《“非典”与行政公共信息公开》，载《人大研究》，2003(5)。

② 江平：《公权力如何具有公信力》，载《财经》，2003(7)。

③ 杜钢建：《入世后应建立信息公开制度》，载《国家行政学院学报》，1999(12)。

这样一个过程：出现了因为没有及时公开信息而造成重大损失或严重伤害到民众利益，从而引起相当不满的典型案例，被曝光了，失职官员被惩处了，带来相当大的触动，政府进而有了公开的意识。

教育领域的安全事故也时有发生。北京市教委制定的《北京中小学生人身伤害预防与处理条例》第十条规定：事故发生后，学校应当在24小时内将有关情况报告学校所在地的区、县教育行政部门；属于重大事故的，应当在2小时内报告区、县教育行政部门及有关部门，区、县教育行政部门接到报告后，应当在2小时内报告同级人民政府和市教育行政部门，并及时派人指导、协助事故处理。

(五)教育信息不透明问题严重

信息不透明问题在教育领域非常普遍。如招生录取、职称评定、基建采购、人事安排、选拔干部等过程中的违规操作，义务教育达标率、高校就业率等数据造假，学校考试分数公布权的垄断与寻租等。

案例 11-4　考试分数公布权的垄断与寻租

2001年6月4日，四川省招办开办的四川省招生考试信息咨询有限公司与四川省绵阳市报刊副刊研究会的广告经营部签订了独家有偿发布当年普通高校招生录取名单的《协议书》，研究会广告经营部向咨询公司支付“信息使用费”22万元。而绵阳市报刊副刊研究会的广告经营部又以20万元的价格将当年成都市普通高校招生录取名单的独家发布权卖给《四川青年报》社广告部。后因“信息使用费”的支付问题产生纠纷，而引发了我国首例高考信息买卖诉讼案。2003年7月7日，新华社通稿报道了江苏省招办通过竞标方式，以120万元的高价将该省今年高考分数发布权独家卖给了江苏省电信，引起了社会舆论的高度关注。2004年3月14日，人民网又报道了陕西省研究生招生办将报考本省各高校研究生的考试分数的发布权出售给了“陕西招生考试信息网”，考生要在该网站上查询成绩，都必须在指定地点购买一张3元或6元的密码卡。

二、教育信息公开的重要性

(一)教育信息公开有利于促进教育公平

教育公平问题一直是教育实践与教育研究中的热点问题。影响教育公平的因素有很多，例如：经济因素，东部与西部、城市与农村、发达地区与落后地区，由于经济发展水平不同造成教育经费的投入也不同；社会分层因素，穷人与富人的孩子所接受的教育也大相径庭；政策因素，教育政策中的“城市取向”“重点学校取向”“重点班级取向”。而教育信息的不透明则进一步加剧了教育不公平，尤其是在学校招生与学生入学这个环节中，由于招生程序、招生规则及招生过程的不透明，给“有权人”与“有钱人”提供了暗箱操作的机会。教育信息公开在一定程度上有助于防止暗箱操作，促进教育公平。

案例 11-5 “就近入学”考验政府信息公开

针对就近入学当中的信息不透明进而影响学生公平入学的问题，广州市人大代表杨承华在 2003 年 5 月 12 日向市人大常委会提交了一系列有关“中小学生就近入学”的建议。他认为，各区公办名校应向市民公开详细的招生方案，并及时向区人大常委会报告。杨承华指出，由于历史原因，广州市中小学发展不平衡，各区、各学校间硬件设施、教学水平差异较大，“等级”分明。因此，尽管近年来广州市要求小学、初中不得收取择校费、赞助费，一律改用就近入学和电脑派位方式，但在具体操作中，仍然存在不正之风。因此，杨承华建议，广州市教育局应要求各区教育行政主管部门，在每年招生摸查工作结束后，立即向区人大常委会报告，并接受其监督。报告的内容应包括：中小学校地段划分标准、划分程序；当年招生地段划分方案详图；等级学校招生地段适龄儿童摸查情况；等级学校计划收取捐资助学的学生；等等。同时，详细的招生方案，如招生地段怎样划分出来，以及收取多少地段生、非地段生等信息，都要向市民详细公布，并且“公布的媒介应当是包括网络在内的大众传媒，而不仅仅是在学校门前贴个告示”。

（二）教育信息公开有利于保障学生安全

学生安全问题一直是政府与家长都非常关注的问题，因为学生（尤其是中小学学生）是社会的弱势群体，面对突发事件时往往缺乏应变和处理能力。而近年来校园安全事故不断发生，威胁着学生的生命安全与财产安全。为此，中央综治委、教育部和公安部联合下发了《关于深入开展安全文明校园创建活动的意见》，要求扎实做好学校及周边治安综合治理工作，创造学校及其周边地区的良好治安秩序和文明育人环境。但在实践当中，由于信息没有及时地公开而使学生安全受到严重威胁的事件时有发生。

（三）教育信息公开有利于遏制教育腐败

教育腐败主要集中在七个环节：招生录取环节、教材和教学设备采购环节、购买学生保险环节、对外承包教学点环节、单位财务资金管理环节、学校的基建工程环节、人事管理和调动环节。教育腐败的成因非常复杂，但其中有两条非常重要的原因：一是权力高度集中，缺少制衡机制；二是权力的行使缺少透明度，容易搞暗箱操作或权钱交易。因此，从源头上防止腐败，一是要形成权力行使的合理制衡机制，避免掌握权力的人滥用权力；二是改变权力行使的方式，使其过程处于人民群众的监督之下。而实行社会监督的前提则是信息的彻底公开，最不愿意把信息公开的即是那些利用职权进行舞弊的人。信息不透明是所有腐败现象的根本特征，而“阳光是最好的防腐剂”。

(四)教育信息公开有利于提高办学效益

我国一方面是教育经费严重不足，另一方面是教育资源的极度浪费，资源浪费与资源不足的结构性矛盾十分突出，严重制约着我国办学效益的充分发挥。在目前教育投入不足的情况下，人们往往把注意力放在如何加大投资力度上，而对如何更好地使用有限的教育资源来提高办学效益却重视不够。很多教育部门把大量的资金用于修建豪华的办公楼、体育馆、图书馆、教师住宅，用于购买先进的电脑等教学设施、设备，用于各种场合的巨额招待费，用于教职工的工资、福利、津贴，而真正用于教育教学质量改进的资金却少得可怜。教育经费的使用由于缺乏透明度，失去了强有力的监督，从而降低了办学效益。

(五)教育信息公开有利于改进教育质量

在传统观念中，教育质量的改进是在政府监控之下实现的，当政府发现学校教育质量下降时，会采取相应的措施来监控。政府要对整个教育系统进行监控，首先必须拥有足够的信息，如果信息不完整、不及时，甚至信息虚假，那么政府就不可能作出正确的决策与引导。同时，随着教育市场化和教育民主化理念的深入，人们意识到，教育不仅仅是政府的事情，同时也需要市场的介入与社会的参与。通过把竞争机制引入教育领域，把教育选择权与参与权赋予家长，家长会自主地根据自身的教育需求选择不同的学校，家长的选择导致学校的“优胜劣汰”，从而最终全面提高教育质量。而家长实现教育选择权的前提就是能够拥有足够的信息，了解每所学校的运行状况。

三、教育信息公开的主体

教育信息公开的主体涉及权利主体与义务主体两个方面。权利与义务密切相关，相互依存。权利是法律主体依法为或不为一定的行为，以及要求他人为或不为一定行为的可能性。这种权利源于法律的规定，受法律的保护；并且，它以义务人履行相应的义务作为保证，当义务人不履行义务时，权利即无法实现。所以当权利受到侵犯时，权利人有权要求义务人履行义务，甚至追究相关人的法律责任。[①] 义务是法律主体依法必须为或不为一定行为的必要性，它是法律对法律主体行为的一种约束。权利可以放弃，而义务必须履行。

教育部门(主要是教育行政部门与学校，也包括相关的政府机构)是教育信息公开的

① 周永坤：《法理学——全球视野》，236页，北京，法律出版社，2000。

义务主体。教育部门负有信息公开的义务，基于以下三点理由。

（一）信息的公共性

教育部门不仅收集信息，而且还生产信息，但这些信息并不归教育部门所有。因为教育部门行使的公共权力是由公众所赋予的，教育部门所花费的经费也是由纳税人所支付的。教育部门的存在不过是为了代理公众更好地管理教育事务，实现公众的教育权利。因此，教育部门在行使职权过程中所产生和掌握的信息具有“公共财产”的性质，信息的所有权人应是公众，而不是教育部门，教育部门只不过是暂时的“持有者”或“保管者”。教育部门无权单方面决定其所拥有信息的使用、处分而排除公众的利用，并应负有向真正的所有者公开信息的义务。

（二）信息的不对称性

公众与教育部门实际上形成了委托-代理关系，公众是委托人，教育部门是代理人。按照信息经济学的观点，由于委托人与代理人之间信息分布的不对称，所以代理人具有委托人无法观察到或需要付出巨大的信息成本才可以观察到的信息。这就导致了两种典型的委托-代理问题：逆向选择和道德风险。逆向选择是指代理人利用事前信息的非对称性所进行的不利于委托人的决策选择，即在委托人无法识别潜在代理人的条件禀赋时，越是劣质的潜在代理人越容易成为现实的代理人。道德风险指代理人借事后信息的非对称性、不确定性及契约的不完全性而采取的不利于委托人的行为。因此，公众要对教育部门的行为进行有效的监督以保护自己的权益，就必须掌握尽可能多的信息，而要掌握这些信息，就必须对代理人的信息公开义务提出强制性要求。

（三）通过透明来实现绩效

通过透明来实现绩效是针对传统的通过管制来实现绩效而提出的。传统的教育绩效制的推动力来自教育管理体制内的科层管理及控制；透明绩效制的推动力来自公众，通过向公众提供信息，帮助公众作出合理的选择，以提高教育资源的配置效率。

案例 11-6　美国“通过透明来实现绩效”

美国教育部门公开信息的义务主要在三个层次：学校、学校主管部门和州政府。①学校。校方要定期、系统、全面地公开学校工作计划、学校所取得的成绩、学校组织机构和财务等方面完整的、准确的信息。②学校主管部门。学校主管部门定期、系统地公布完整的、准确的学校审批的标准和程序、监督和干预学校续办规章，提供其所管辖学校的可比信息。③州政府。定期公布准确的、所有有关特许运动的信息资料，获得对特许运动进行审查和评估的情况。①

---

① 丰继平：《美国特许学校绩效制原则及其运作》，载《外国教育研究》，2004(4)。

> 美国的科勒工作组在对《国家处在危机之中》这个报告实施20年来的效果进行评估后，提出责任、透明与选择是重建美国基础教育的三大基石。责任意味着教育系统内的所有人，孩子、教师、学校和学区领导，都必须对他们的结果负责。透明意味着那些想搜索学校或教育系统的信息(不包括个人信息)的人能够很轻易地得到它。选择意味着自由、多样性和教育供给方式的改变。这三者紧密地结合在一起，为重建美国基础教育提供新的机制。要实现信息透明应该做到以下四点：①提供强有力的信息。家长、教师和政策制定者需要准确地了解他们的孩子和学校成绩如何，他们的钱是如何花费的。这就需要每所学校清楚地陈述目标和标准，提供详细的课程、评估指标体系、进步的证据，而且预算呈现的方式要与课程和目标的支出相联系。②报告学校取得的进步。学术成绩应该以绝对值(学生的考试成绩如何)、附加值(学年末他们掌握了哪些内容)和比较值(与学区、州或国家标准相比较，或与其他学校和学生相比较)三种形式呈现。③容易获取。所有这些信息应该在学校或教育系统的网页上呈现，从而让教职工、家长和政策制定者，以及媒体、研究者、纳税人和竞争学校都能轻易地获取。④全国性报告。虽然透明的责任主要在于各个学校、学区和州，国家也有责任。美国正在筹划对联邦教育信息的收集与分析进行升级，目前主要保存在国家教育统计中心，并希望加强和扩展国家教育进步评估中心的独立地位。

但在实践中，教育部门在实施信息公开义务时会面临很多的困境。例如：政府利益与公众利益的冲突；效率与民主的冲突，政府工作必须讲求效率，但信息公开更强调公众的民主和参与，而民主在某些情况下可能会降低效率；稳定与风险的冲突，政府必须考虑社会的稳定，如果信息公开不妥当，就有可能会引起社会的恐慌与动乱；成本与技术的约束，信息公开是有成本的，政府必须进行成本与收益分析，同时还要考虑技术上的可行性。

公众是教育信息公开的权利主体。公众作为纳税人，有权了解与监督税收的使用情况，他们的信息需求具有很大的共性。但就具体的权利主体而言，公众所需求的信息是有差异的，教育信息的公开必须充分地考虑到这些差异性需求。尤其是学生及其家长、教师、学校管理人员、教育行政部门工作人员、教育研究人员、社会用人单位、教育投资者等，他们各自需要哪些信息？另外，还要考虑影响权利主体信息需求的各种因素，包括社会因素与个体因素。社会因素有政治文化、经济发展水平、政府的信用、媒体的信用等；个体因素有利益相关性、文化水平、家庭收入、获取信息的能力、获取信息的成本与收益分析等。只有考虑到了这些因素，才能为权利的实现创造更好的环境。

四、教育信息公开的原则

内容是教育信息公开最核心的部分，它直接关系到教育部门对哪些信息负有公开义务，公众对哪些信息拥有知情的权利。从理念上讲，政府应该像透明的玻璃缸，一切都应该在阳光下进行，没有什么是可隐瞒的。但在某些情况下，信息公开可能和其他重要的公共利益冲突。因此，应该在信息公开的利益与不公开的利益之间取得平衡。教育信息是否公开应该遵循三条原则：公开为原则，不公开为例外；利益平衡原则；适度的自由裁量权原则。

（一）公开为原则，不公开为例外

确立公开为原则，不公开为例外。一方面，为了避免教育部门工作人员以各种借口扩大不公开的范围。而之所以不是简单地公开所有的教育信息，是因为例外的规定可以避免或防止某些利益因为教育信息公开而受到损害。例如，不公开个人信息可以保护个人的隐私权和宁静的生活，不公开商业秘密可以保护企业的商业利益和正常经营，不公开国家秘密可以保证国家安全。另一方面，由于教育信息非常烦琐，要一一列举需要公开的信息是一件很困难，也很不现实的事情。因此，教育信息公开内容的具体构成基本上是在信息公开原则的前提下，采用具体列举和概括规定相结合的方式，同时对不予公开的信息采用排除式的列举规定。

（二）利益平衡原则

教育信息公开必须在公开的价值与包括国家安全、个人自由等其他的价值之间寻求平衡，片面追求某一方面的价值是行不通的，这就是利益平衡原则。公众行使知情权的过程中，随时都会与其他权利发生一定的冲突，规定利益平衡原则，是为了保证更有效地行使知情权。当信息公开与不公开的边界出现模糊、不容易确定时，通过利益平衡原则，根据对社会的损害与效益分析，决定是否应该公开信息。对信息公开的损益分析包括两种情况：一是在某些情况下，对于不应公开的教育信息，教育部门如果认为有明显的公共利益要求公开，或者公开不会造成实质性损害的，可以决定予以公开；二是在某些情况下，对于本应公开的信息，教育部门如果认为公开会造成实质性损害，则可以决定暂时不予以公开。

（三）适度的自由裁量权原则

遵循利益平衡原则的关键在于寻找“平衡点”，就像称东西一样，把秤砣放在秤杆上移来移去，就是在寻找平衡点。要找到这个平衡点，在很大程度上要依赖于教育部门的自由裁量权，也就是教育部门要在法律规定的范围内，因时、因事、因地制宜地作出是否公开信息的决定。自由裁量权的设定目的，在于使教育部门根据具体情况、具体对象作出一个正确合理的选择和判断，从而更加准确地贯彻法律的意图。在信息公开实践中，由于社会生活复杂多变，法律条文不可能概括所有情况，赋予教育部门适度的自由裁量权，不但可以使教育信息公开制度更为科学和全面，而且也真正实现了例外所要保护的社会利益。

在信息公开的三条原则当中，核心原则是“公开为原则，不公开为例外”，因为只有遵循这条原则才能从根本上保证公众的知情权和杜绝教育部门的暗箱操作。而利益平衡原则和适度自由裁量权原则则充分考虑到了各种利益冲突与具体情况，没有这两条补充原则，将使法律规定变得机械而呆板，进而可能与立法的根本精神背道而驰。

五、教育信息公开的方式

教育信息公开的效果与信息公开的方式和途径有很大的关系，同样的信息采用不同的方式和途径公开，所取得的效果是不同的。教育信息公开的方式有两种：主动公开和申请公开(或称被动公开)。

(一)主动公开

主动公开是指教育部门通过某种途径，将教育信息主动向社会公开。如《教育部财政部关于实施高等学校本科教学质量与教学改革工程的意见》(教高〔2007〕1号)提出：“建立高等学校教学基本状态数据监测体系，定期采集各类高等学校本科教学基本状态信息和数据，统计和分析高等学校教学基本状态和变化趋势，逐步将教学质量和教学改革的数据向社会公开。”主动公开可以减少公众单个申请教育信息的成本，也可以降低教育部门处理大量申请的负担，而且也体现了教育部门在履行信息公开义务方面的主动性。主动公开的信息主要包括机构组织与人事信息、各种规范性文件及涉及公共利益的一般性决定、各种办事程序与规则、教育经费的投入与使用情况、与公众密切相关的重大教育事项、重大决定草案、教育发展的统计报告等。

教育信息主动公开的途径有很多，有出版物、网络、新闻发言人、召开教育听证会、设立查询点等。教育部门应该充分考虑教育信息本身的特点、不同途径的优势，以及信息需求者的特点，来选择合适的途径。

1. 出版物

出版物是指由政府及其所属机构所发表和出版的文献，包括图书、期刊、小册子、影片、磁带及其他声像资料等，所以也称政府出版物。政府出版物是重要的信息源，也是政府信息公开的重要途径，最具有权威性和严肃性。

(1)《教育部公报》与《中国教育报》。《教育部公报》是我国教育部主办，以刊登并向社会公布教育部文件和领导讲话为主的政府部门公报(政报、文告)类期刊。该刊的办刊宗旨是宣传教育法规、政策，为推行教育部政务公开、接受人民群众和社会监督服务。《中国教育报》是教育部主办的以教育新闻为主的全国性日报。它的宗旨是全面、准确、及时地宣传党和国家的教育方针、政策及工作部署，传播教育改革与发展的信息和经验。除要闻版外，还有高等教育、基础教育、职成教育、理论、国际教育等专刊。校长、读书、招生考试与就业等周刊，全方位报道国内、国际重大时事，并设有多种为师生提供知识和咨询服务的栏目。可以说，《中国教育报》是我国主动公开教育信息的一条重要途径。

(2)教育年鉴与教育统计报告。我国每年都会制定和出版各级各类教育年鉴和教育统计报告，反映一段时期的教育发展情况。这些年鉴与统计报告涉及的面较广，对于公众了解教育发展的一般概况起了重要作用。但由于统计的指标较宏观，而且人们往往只能看到全国与各省市的报告，很难了解更具体的、每个区县、每所学校的信息。在这方面，我们可以借鉴美国的经验。《不让一个孩子掉队法案》要求，从 2002—2003 学年开始，所有的州和学区都要出版《年度报告卡》(Annul report cards)，来反映前一学年的数据。

(3)《家长手册》。除了《年度报告卡》，美国多数学校还会为家长制定和提供《家长手册》。家长手册使学生家长对学校方方面面的情况有一个全面的了解，并为学生家长更积极地参与学校提供各种信息服务。家长通过这个手册，不仅可以了解到学校的一些发展规划与课程，还包括许多更为具体的信息，如学生安全问题等。

(4)办事指南与信息公开目录。教育部门应该编制并定期更新本机构的办事指南。办事指南中应该说明该机构的组成、职权、主要适用的法律、管理范围、主要办公地点、联系方式、信息的分类、信息登记簿的编制方式与使用方式、申请的具体步骤与要求、首席信息官的联系方式、收费方式与减免条件、救济渠道与程序等。信息公开目录也叫信息登记簿，它的编制应有利于公众查询，既可以按登记的时间、信息的主题、制作的机关等标准单独编制，也可以根据数据项标准综合编制。如果按照多重标准综合编制，最好能够提供交叉检索功能。

2. 网站

随着互联网的兴起和政府信息化建设，网站已成为政府与社会进行信息交流的重要平台。我国教育部门也都普遍建立了自己的网站。网站的发展与完善为教育信息的公开提供了重要的途径，大量的教育信息上网，并向社会公开。对公众来说，政府网站改变了获取信息的方式，可以在任何时间、任何地点接受方便快捷的信息服务。与传统政府相比，政府网站在信息公开服务方面存在明显的优势：信息公开的成本低、信息公开的内容全面、信息获得的途径便利、信息公开的互动性增强。

3. 新闻发言人

新闻发言人的职责是及时准确地披露政府各类信息，最大限度满足公众的知情权，让老百姓来监督政府，实现政务公开、信息透明。中央和地方政府部门通过向新闻界公开政务信息，再通过媒体报道，使人民了解政府的立场态度、政策决策，还人民知情权。

4. 教育听证会

近几年来，试行教育听证的地区范围越来越广，充分说明各地教育行政部门把教育决策科学民主化提到议事日程，同时也说明，在涉及社会成员切身利益的问题上，政府部门开始重视并提供适当的机会与渠道，采取适当的形式让利害关系人表达自己的意见；实行教育听证的范围在行政处罚和收费领域的基础上有所扩展；教育领域的听证从宏观的教育行政行为扩展到微观的对学生个人的处罚行为。目前实施教育听证的关键问题在于如何实行真正的公开透明，防止听证流于形式。召开听证会议之前，有关部门是否将有关信息向社会公告，以引起人们的关注？参加听证会议的代表是如何产生的，选取代表的标准是什么，他们能否代表不同群体、不同阶层的意见？听证的方案与材料是否公开，以让代表们充分了解听证的内容？听证的过程是否公开？代表们都提出了哪些针锋相对的意见？听证记录是否公开？听证的最后结果如何？听证结果如何影响最终的决策？如果教育听证在这些方面不能做到公开透明，那么就会流于形式，而无法取得效果。

案例 11-7 处分学生听证制

北京海淀区在中小学实行“处分学生听证制”，明文规定，对典型的、重大的、具有普遍教育意义的学生违纪事件，听证会人员应由违纪学生本人、班委会代表、班主任、教育处有关领导、学校“处分学生听证制”学生代表团组成。学生代表团有了解犯错误学生违纪情况权和对处分意见的建议权。听证制分四个阶段：一是学校对出席听证会人员进行资格审查和确定；二是通报学校处理的初步意见，违纪事件涉及的双方学生进行申述，学生代表团进行讨论、分析并就学校处理初步意见发表意见和建议，并进行处分意见不记名投票；三是如有必要，违纪事件涉及的双方家长进行申诉；四是结果反馈给校委会，由校委会讨论后形成最终处分决定。

5. 设立查询点

查询点既可设在教育行政部门与学校的办公场所，也可设立网络查询点。如美国的http://nces.ed.gov/ccd/网站就是由美国国家教育统计局设立的搜索网站，该网站容纳了全美国94000多所公立中小学校、17000多个地方教育机构(其中约14500个是在正规的学区)的综合的、年度的、全国性统计的信息。但这个网站由于涉及的范围较广，多数站点不太好使用，而且提供的信息也不具有可比性。

除了官方建立的搜索网站外，美国还有一些非营利机构与私营机构建立的教育搜索网站。如美国的 http://www.DCschoolsearch.com 网站，创立于 1999 年，由哥伦比亚大学的研究人员与两个非营利机构（21 Century School Fund 和 Friends of Choice in Urban Schools）共同创建的。该网站可搜索到哥伦比亚地区 169 所 K-12 公立学校（其中 43 所是特许学校）、88 所私立学校、600 所幼儿园的主要信息。这些信息按学校、学生和员工进行分类，包括学校注册、学校涉及的年级、办学条件、教师资格、学生成绩、学生的人口统计情况、学生人数等信息。这个查询网站的目的在于为哥伦比亚地区的家长提供信息以选择学校；让每个人都了解该地区的公立学校，包括磁石学校和特许学校；让教育工作者了解是什么影响家长的教育选择。

美国的网站查询为我国教育信息的公开提供了很好的借鉴。我们可尝试先在经济条件比较好的地区，由政府单独创立或政府与其他机构合作创立教育查询网站。除了以上信息公开方式外，还可通过大众传播媒介来公开信息，包括报纸、杂志、广播、电视、网络等。大众传播媒介具有面广、量多、便捷、速度快等特点，应该加以充分地利用。

（二）申请公开

由于政府管理的事务非常广泛而且极其复杂，所涉及的信息非常繁多，而且与人们的关切程度各不相同，所以如果所有的信息不分当事人是否需要，都由政府事无巨细地向社会公开，那么不仅会违背政府工作的效率原则，而且会增加大量的成本，既不经济也不可行。因此，各国在信息公开立法当中规定，任何政府信息如果没有被政府机关主动公开，均属于可以依申请获得的信息。

1. 申请程序

（1）申请。

申请人向有关机构提出申请应以书面申请为主要方式，包括到受理申请机关办公地当面填写申请书、挂号邮寄、传真或电子邮件。由于教育部门所掌握的信息量非常大，申请人应该说明文件的性质、大致的内容和制定的时间，以方便查找，如果申请人提供的描述过于笼统，必然会增加检索的工作量。但申请人不必说明申请理由。公众只要提出获得教育信息的申请，而且申请的信息不属于法定保密的范围，教育部门就应该公开，不管申请人申请该信息的意图和目的是什么。

（2）受理。

受理是教育部门对当事人的信息公开申请表示接受的一种具体行为。教育部门在接到申请人的申请后，应当在一个确定的法定期限内及时查验申请人提交的申请及有关证明文件。对符合申请、手续齐全的申请，应当依法受理，对不符合申请条件的应当不予受理或要求在规定期限内予以补正。对不予受理的申请，教育部门应当以书面的方式作出不予受理的决定，并说明不予受理的理由。如果教育部门在法定期限内既不受理，也不作出不予受理的决定，则应当视为不予受理，允许提起救济。

(3)审查。

审查是拥有信息的教育部门对申请人的申请及所涉及的信息是否应当公开所作的一种审核调查。审查分为形式审查和实质审查两种。形式审查是指从申请的程序、申请信息是否确定及申请信息是否属于应公开类别等方面进行审查。形式审查的意义在于，形式审查的结果如不符合法律规定，则可以中止信息公开程序，从而节约行政成本，提高行政效率。实质审查是指对申请的信息是否符合公开要求进行实质性审查。

(4)决定。

教育部门对申请人的申请书和要求公开的信息进行审核后，认为申请人的申请符合法定条件的，应当决定公开。如果决定不公开，则应书面通知申请人并同时告知当事人救济的方式、途径和时限。

2. 申请费用

为了节约财政支出，各国政府一般均不负担对私人提供文件的费用，申请公开信息的个人或组织需缴纳必要的费用。虽然各国对申请费用的具体规定有所不同，但由于信息公开以保障公民知情权、促进民主和公平利用政府信息为目的，所以向申请人收取费用不应以营利为目的，而应仅限于提供信息的直接成本支出，不得包括机关内部收集信息的费用及其他间接费用，并应针对不同的使用目的收取不同的费用，同时规定一些可减免费用的情形。

六、教育信息公开的保障

教育信息公开是一项信息处理工程，需要做大量的工作，除了思想上的转变外，还需要从制度上、组织上、财政上与技术上给予保障。

(一)制度保障

信息是一种资源，也是一种权力，谁拥有的信息多，谁占有的资源就越多，同时拥有的权力就越大。目前教育信息公开面临的最大障碍之一就是教育行政部门与学校管理人员缺乏信息公开的动力。因此，一方面，要制定相应的激励机制来免除教育行政部门与学校公开信息所带来的风险和增加公开信息所带来的回报，尤其是给每个当政者所带来的个人风险和个人回报。这样他们才乐于主动公开信息，不管是正面信息，还是负面信息。激励教育部门主动、自愿地公开信息的关键在于改变目前单一的绩效评价体系，从多个侧面、多个角度来评价，甚至可以把信息是否透明与信息管理的水平作为绩效评价的一个重要指标。

另一方面，要明确责任制度，采取强制措施，把信息公开作为教育部门的一项必须履行的责任和义务来实施。如果没有很好地履行，就必须承担相应的责任。在信息披露方面，我国存在着一种明显的责任不对称的情况。表现在作为某一级主管的官员，不披露某类信息就不会承担任何责任。但一旦他披露了，却可能要承担由此而来的全部后果。因此，在信息披露问题上应该建立对称的责任制。这时官员就会有一个权衡：如果不披露，引起的负面效果和损失，自己是否能够承担得起责任。

把责任制落实到信息公开当中，首先要制定相关的规章制度，使信息公开有规可依，也使责任追究有章可循。没有强有力的制度要求，信息公开就会成为可有可无、可做可不做的行为，责任追究也就成了一句空话。其次要将责任制真正落实到具体的责任人，出了问题就要追究相关人士的责任，不能只对部门进行泛泛的规定。只有“问责”标准从严、处罚从严，才能对违规者形成强有力的震慑。

案例 11-8　《政府信息公开条例专家建议稿》规定的法律责任

《政府信息公开条例专家建议稿》第三十八条规定了程序违法的行政责任：政府机关违反本条例规定，无正当理由不受理依法提出的信息公开申请，不按照规定移送申请，在法定期间内不作出决定，或者不按照规定提交年度统计报告的，对直接负责的主管人员和其他责任人员依法给予警告、记过、记大过的行政处分。造成严重后果的，依法给予降级、撤职、开除的行政处分。第三十九条规定了实体违法的法律责任：政府机关没有依法履行主动公开义务，故意不向公众提供政府信息，篡改、毁灭政府信息，不将政府信息登录到信息登记簿，向申请人乱收费，非法干预首席信息官的正常活动，或者故意侵犯第三人的合法权益的，对直接负责的主管人员和其他责任人员依法给予记大过、降级、撤职、开除的行政处分；构成犯罪的，根据刑法追究刑事责任。①

（二）组织保障

组织落实非常重要，没有专门的人，没有固定的职位，教育信息公开是做不好的。

1. 首席信息官

在国外，很多国家都设立了首席信息官（CIO），由他来负责整个组织的信息资源管理控制，负责制定组织的信息政策和标准，负责集中受理并处理申请人提出的政府信息

① 周汉华：《政府信息公开条例专家建议稿——草案·说明·理由·立法例》，181页，北京，中国法制出版社，2003。

申请，制定本机关办事指南与登记簿，就该机构的政府信息资源管理、信息技术设备的购置与使用向机关领导提供政策建议，对处理信息公开工作的工作人员进行培训，就信息公开协调与其他政府机关的关系。具体来说，政府CIO的职责包括以下六个方面。

(1)参与高层管理决策，领导单位信息战略的制定和重要信息化项目的实施。

(2)制定组织的信息政策与信息活动规划及制度。

(3)制定组织的信息流程，规范单位信息管理的基本标准。

(4)负责组织的信息系统建设规划与宏观管理。

(5)监控所有信息化项目的实施，监控现有信息系统的运行，评估信息技术的投资回报。

(6)单位信息化的宣传、咨询、培训、沟通与组织协调。①

应在每级教育行政部门内和每所学校内设立首席信息官，负责该机构的信息公开工作。合格的CIO应该既懂技术，又懂业务过程，并且具有综合能力，能充分协调组织的技术发展战略和业务战略。①在知识方面，要掌握信息技术知识，包括信息技术评价、数据库设计管理、信息安全技术等知识；信息管理知识，包括信息搜集、加工、检索、分析、开发与服务等知识；公共管理知识，包括公共决策等；业务知识，指与教育部门所从事的工作相关的业务知识；财务知识，能够降低信息成本。②在能力方面，要有表达能力，能胜任培训与宣传工作；感知能力，能根据信息工作的全部流程，感知信息的需求和提供方式；应变能力，能处理各种突发事件；沟通能力，能全面统筹和调控各信息分支机构与部门；管理与决策能力，能对本部门的信息工作进行战略管理与决策。③在素质方面，要善于学习，紧跟技术进步；要有高度的责任感；要有服务意识；要顾全大局。

2. 信息资源主管部门

目前教育行政部门与学校的信息管理工作主要由办公室来负责整理与协调，其主要任务就是通过公文处理、会议组织、调查研究、文件收发、值班接待、信访处理、信息反馈等手段直接为领导决策提供信息，其工作过程就是一个信息的收集、处理和输出过程。服务领域相对狭小，服务对象相对集中，它不是面向全社会，而是专门为各级领导及各职能部门领导的决策活动及各自的调控职能服务。而且，由于办公室是个综合部门，从事的工作比较繁杂和凌乱，所以信息管理工作并没有得到重视。没有把信息管理作为一项系统工程来抓，没有把信息作为一种资源来开发和利用。大部分信息仍然杂乱而零散地分布在各个部门，各部门工作人员自身对自己拥有哪些信息都不清楚，更谈不上为其他部门或公众提供信息服务。大量有价值的信息沉睡在各个角落，不被重视，得

① 焦保文：《政府CIO战略管理与技术实施》，4～5页，北京，清华大学出版社，2004。

不到充分的利用。所以，一方面，要从战略的高度认识到信息资源管理的重要性。信息管理不仅仅是一项常规工作，而且是一项系统工程，具有很重要的战略地位。无论是机构的内部事务，还是机构的对外服务都必须建立在充分的信息基础之上。另一方面，要设立专门的信息资源主管部门，对信息进行开发和管理工作。信息资源主管部门主要承担以下职责。

(1)信息资源的开发。具体涉及信息资源的收集、交换与发布工作，以及主要业务数据库的规划与建设。

(2)技术基础设施及应用系统的开发。信息基础设施建设为信息的生产、处理、传播与利用提供平台。

(3)工作人员的信息能力开发。为有效利用信息技术与信息内容，全面组织公务人员的信息化业务培训，提高公务人员开发利用信息资源的能力和水平。

(4)制度等支撑资源的开发。为有效开发信息资源，还必须完善信息资源管理体制，制定各种政策和措施，使信息资源开发得以顺畅进行，如信息收集制度、信息处理的技术标准等都需要通过建立相应的机制和法律、法规来实施。

(5)负责处理信息申请工作，并撰写和提交信息公开报告。① 该报告的内容包括以下七个方面：①申请的数量、同意提供的数量、全部或部分拒绝的数量；②拒绝提供的例外理由分类统计；③提出复议、申诉、诉讼的数量及结果；④收费、减免情况与政府机关成本情况；⑤主动公布信息的情况；⑥对官员的培训情况；⑦主要存在的问题及可改进的领域。②

目前，在很多教育部门都有信息中心，但这个信息中心的任务比较狭窄，主要是为本部门的信息需求服务。即使对外发布信息，也主要是为了宣传。因此，对于这样一个机构，必须重新认识其职责与作用，使其不仅成为对外宣传的窗口，更是为公众提供信息服务的平台。

案例 11-9 美国密歇根州的教育评估与信息中心

美国密歇根州的教育评估与信息中心的宗旨是为了增进公众对密歇根州教育系统的了解，帮助所有密歇根州居民了解他们的学校是否达到了学术上、财政上与经营绩效上的目标；为了给地方教育当局、学校管理人员、决策者、教育组织者、家长

① 甘利人、朱宪辰：《电子政务信息资源开发与管理》，43 页，北京，北京大学出版社，2003。

② 周汉华：《政府信息公开条例专家建议稿——草案·说明·理由·立法例》，156～157 页，北京，中国法制出版社，2003。

提供有关学生的、财政的、教职员工的及学校层面的可靠数据，从而为教育决策、教育研究、测量学生成绩、教育改革评估、决定经费的使用及其他资源的分配提供依据。

教育评估与信息中心的使命是要成为密歇根州评估公立学校与学生的最详细、最准确和最有用的信息来源。它主要有以下职能。①常规管理，包括建立教育信息的收集、保存、报告与使用的相关程序与制度；确定教育评估与信息数据库运行的期限；建立数据编码、定义，确定文件格式、报告结构、数据转换协议、软件与硬件规格，以及为了有效而准确地传输与收集数据所必需的其他系统规范与程序。②技术支持，包括建立一个能够让所有相关的人都能共享的电子教育数据库；给大学区、地方学区、公立学校提供技术支持，从而能够有效地、准确地收集数据，消除不必要的重复；确保信息的安全水平，保护每个学生的隐私；给使用教育信息的各级政府及普通公众提供技术帮助，使他们能够轻松地获取和理解教育信息。③协调功能，包括明确所有相关的人在收集与管理教育数据当中的角色；协调与其他政府部门的关系，如果教育评估与信息中心有要求，政府部门和其他政府机构应该提供中心所要求的政策与技术信息；教育评估与信息中心有权力管理州政府当中其他部门与机构所拥有的教育数据。④收集和管理信息，确定要收集和保存哪些信息。

(三)财政保障

各国在受理公众的信息申请时，尽管会根据处理信息所需要的时间和人力收取相应的成本，但政府仍然需要给予一定的财政资助。如美国在20世纪80年代刚刚修订完《信息公开法》时，好评如潮，然而一到法律的执行阶段，它又遭到许多严厉的批评，原因在于行政机关若严格遵循该法，则会耗资巨大。每年的花费是5000万美元到2亿美元，大约是国会原来估计的10万倍。①

(四)技术保障

教育信息公开除了要考虑人力与物力的投入外，还要考虑技术上的可行性。必须有一套完备的技术来对教育领域中的各种信息进行系统的管理，包括收集、加工、分析与保存。目前很多教育行政部门和学校由于缺乏技术的支持，信息系统之间不匹配，很多资料没有得到很好的整合与利用，仍然处于“数据丰富，但却信息贫穷”的状态。

在公开教育信息时，以前大多采用专栏、布告、文件、简报等传统的公开方式，这

---

① 李真、黄瑞华、陈园：《政府信息公开的立法研究》，载《西安交通大学学报(社会科学版)》，2001(2)。

在时间上、范围上阻碍了教育信息的公开，不利于信息的传播。要加速教育信息公开的速度，扩大信息公开的范围，必须采用现代化的公开手段，使信息公开现代化。而网络作为继报刊、广播、电视之后发展起来的第四种媒体，在信息储存、信息传播、信息管理等方面具有得天独厚的优势，为信息公开的现代化提供了途径。所以，在信息化、网络化的今天，要加快教育信息公开制度的发展进程，必须借用网络系统，使教育信息公开现代化，利用信息技术为公众提供更迅速、简便、周到的信息服务。

另外，在公开信息时还必须注意保护国家秘密、商业秘密和个人隐私，这也需要在技术与设备上不断创新。

思考题：

1. 教育信息有哪些重要作用？
2. 教育信息管理的基本职能有哪些？
3. 教育信息公开的背景和意义有哪些？
4. 教育信息公开包括哪些要素？

第十二章　学校效能与学校改进

第一节　学校效能概述

一、学校效能的概念

学校效能研究在20世纪60年代开始于美国，后扩展到其他国家。一般认为，学校效能概念源自管理学中的效率和效能概念。在学校效能研究的早期，研究者在使用这一术语时并没有对其进行明确定义，只是按照日常用语的含义来使用它。就日常语言而言，学校效能几乎和学校质量与优点是同义语，但作为一种研究的术语，直到20世纪80年代后，其含义才引起学者们的普遍关注。

关于学校效能的界定可以从两个方面来进行：一是本质属性定义；二是操作化定义。本质属性定义是对事物的本质特征的概括，而操作化定义则是为了便于研究操作而对事物本质特征的一种具体化表述。在学校效能的本质特征定义上，学者们的意见较为一致，大多数人认为：学校效能是学校选择目标的适宜程度及实现学校功能的程度。例如，荷兰学者谢润斯(Scheerens)认为，学校效能是指学校达成其教育目标的过程。中国香港学者郑燕祥认为学校效能就是学校在固定输入下可以表现出来的功能的程度。他还进一步区分了学校效能与学校效率：学校效能是学校非金钱性的输入或过程(如课本数量、课堂组织、教师专业训练、教学策略、学习安排等)与其输出功能的比较；学校效率则是学校金钱性输入(如学生的人均津贴、书籍费用、教师和工作人员薪酬、机会成本等)与其输出功能的比较。

学校目标和功能是复杂的，它不像企业组织目标那样明确和易于量化，因此学校效能的操作定义一直争论较大。这一点也正是学校效能研究遭到攻击的主要原因。学者们提出了关于学校效能的各种操作定义。多数学者认为：学校效能是学校教育对学生成就进步所起的作用或所产生的贡献，如莫特摩雷(Mortimore)认为有效能的学校是能够使学生实际的学习进步大于根据其起点水平所预测的其应该获得的学习进步的学校。而学校效能则是学校能够使学生取得的进步比学生从其本身已有特性出发所期望的进步更大，一般用学校教育给学生带来的附加值表示。附加值是一种表示教育效能程度的指标，即在某给定时期内，学生从某给定的起始点起，可能超过或低于预期进步的程度。对学生所获得的附加值的测量就是对学校实施教育后学生增加的教育成就的测量，这个增加的教育成就，是排除了学生的学习背景(如家庭背景、种族、性别等因素)和前期学习成就等因素对当前学习成就影响之后的剩余部分。

有些学者批评这种操作定义过于狭窄，他们认为，学生成就进步只是学校教育目标或功能的一个方面，要想全面地考察学校的效能，需要从学校的目标和功能的各个方面入手，寻找能够衡量其目标或功能实现程度的指标，这样才能对学校效能作出全面的操作化定义。

基于对学校效能的理解，学者们也阐述了学校效能研究的含义，如谢润斯认为学校效能研究是以寻找或发现对学校的产出有积极影响的学校特征或其他因素为目的的研究。英国伦敦大学教授高登斯坦(Goldstein)则认为，学校效能研究是描述有关探讨学校内及学校间差异的教育研究的术语，其主要目的是运用恰当的模型来获得有关解释性因素与结果因素之间关系的知识。其基本形式涉及选择一种结果，如考试成绩，然后在调整一些相关因素如学生入学成绩等之后，研究学校之间的平均差异，其感兴趣的问题是学校差异的相对大小，以及其他因素如学生的社会背景或课程组织等能够在何种程度上解释这种差异。

我国自 20 世纪 90 年代以后才开始介绍国外在这一领域的研究，目前国内这方面的研究仍然处于起步阶段，以介绍国外相关研究的方法、进展及成果为主，所进行的学校效能实证研究较少，方法也不够规范。国内学者更多关注了学校效能的本质属性定义，大多数学者的定义都很相近，而且与国外的定义也很一致。如比较典型的定义有：学校效能是学校合理利用教育资源、实现教育目标并能不断满足系统内其他各方面的要求，进而使学校及其成员和社会得到相应的发展的特征和有效作用。

由以上分析可以看出，在学校效能的本质属性定义上，国内外学者的观点基本一致，一般认为是指学校选择目标的适宜程度及实现学校功能的程度。但由于学校目标及功能的多层次性和多元性，因此在学校效能的操作定义上，学者们的分歧较大，不同的学者所强调的方面不同。这一领域的主流研究主要关注了学校在促进学生学业成就提高上的贡献，但批评者则认为，应该涵盖范围更广的衡量教育目标实现情况的指标，如公众及服务对象对教育的满意度、学校对社区和社会的适应能力等方面。

二、学校效能模型

由于学校效能研究视角的不同，学者们提出了多种学校效能模型，划分了多种学校效能类型。目前划分的标准主要有三种：一是学校系统的构成及投入-产出过程；二是学校的目标或功能；三是产生效能主体的层次。

(一)学校效能的社会系统模型

学校作为一种社会系统，其各组成部分都会作用于学校产出的结果，因此学校效能是一个系统的过程模型。谢润斯从社会系统论的角度提出一个研究学校效能的理论模型，如图 12-1 所示。

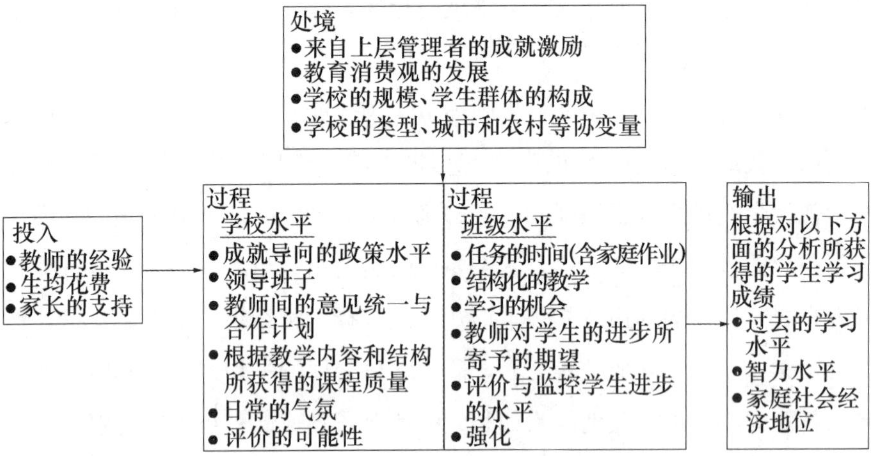

图 12-1 学校效能研究的理论模型

社会系统模型从经济学的视角出发，重视学校的生产功能，把学生当作教育的产出，将学校效能等同于学校质量效果，强调以较少的资源投入培养数量较多、质量较好的学生。

(二)学校效能的"功能-层次"模型

学校效能与学校目标密不可分，表现为学校实现有价值的目标的程度。从功能主义的角度说，学校目标是学校功能的体现。学校既有外显的功能，也有内隐的功能，此外，学校功能存在层次上的差异。郑燕祥从学校在现代及未来社会应承担和发挥的功能出发，划分出了二十五种学校效能。他认为，学校潜在的主要功能有技术/经济功能、人际/社会功能、政治功能、文化功能和教育功能，每种功能都表现在个人、机构、社区、社会及国际五种不同的层面上。这二十五种功能的表现分别如表 12-1 所示。

表 12-1 五层面、五类别的学校效能"功能-层次"模型

层面	技术/经济功能	人际/社会功能	政治功能	文化功能	教育功能
个人层面	知识及技能训练 就业训练 为教职员提供职业	心理发展 社交发展 潜能发展	公民态度及技巧发展	使有修养、有文化 价值、规范及信念的社会化	如何学习及发展 如何教育及辅导 专业发展
机构层面	生活场所 工作场所 服务组织	社会实体/系统 人际关系	政治社会化场所 政治联盟 政治谈论或批评场所	文化传播及复制中心 文化复兴及整合场所	学与教场所 传授知识中心 教育改革及发展中心
社区层面	照顾社区之经济需要	照顾社区之社会需要	照顾社区之政治需要	照顾社区之文化需要	照顾社区之教育需要
社会层面	供应优质人力 改变经济行为 影响人力结构	社会整合 社会流动/阶段复制 社会平等化 人力资源选配 社会发展改革	政治合法化 政治结构之维持及延续 促进民主 政治发展及改进	文化整合延续 文化复制 文化资本产生 文化复兴	教育专业发展 教育结构发展 知识信息传播 学习的社会
国际层面	国际竞争 经济合作 国际贸易 科技交流 地球保护 信息交流	地球村 国际友谊 社会合作 国际交流 消除国家/地域/种族/性别偏见	国际联盟 国际了解 和平/反战 共同利益 消弭冲突	欣赏不同文化 接受跨国家/地域文化 发展全球文化	发展全球教育及合作 国际教育交流

此外，这二十五种功能还可以表现为时间长度上的差异，从而进一步被分为长期功能和短期功能。长期功能是指学校在一段长时间产生的持续功能。短期功能是学校短期内产生的外显功能。

由于学校效能的多样性和多层次性，因此，不同研究所强调的学校效能常常并不相同，此外，就目前研究的情况来看，不同效能之间的关系也并不很清楚，一种效能高并不一定保证其他效能也高，一种效能在某一层面上高，也并不保证其在其他层面上也高，同一效能在不同层面上的表现有时还是相互冲突的。一般来说，人们更重视学校在个人及机构层面上的技术/经济效能及社会效能，却忽视其他方面和层面的效能。

郑燕祥等人还总结了八种评估学校效能的理念模式，具体情况如表 12-2 所示。

表 12-2　学校效能模式

学校效能模式	学校效能的理念	适用的情境	评估指标
目标模式	达成明文目标	目标清楚，众人同意，有时限，可量度及资源充足	列于学校方案/计划中的目标、标准和细则，如学业成绩、出勤率、辍学率等
资源-输入模式	取得所需优秀资源与对学校的投入	当在学校投入与产出之间存在清晰的关系时；当学校优秀资源稀少时	为了学校功能获得的资源，如学生招生质量、便利设备、财政支持等
过程模式	校内运作过程顺畅及“健康”	当在学习过程和教育成果之间存在清晰的关系时	领导方式、参与度、社会交往、教室氛围、学习活动和经验等
满意模式	使所有重要的学校支持群体满意	当支持群体的要求一致并不可忽视时	教育当局、董事会、行政人员、教师、父母和学生等的满意
认可模式	学校获得合法的地位和声望	当学校处于生死存亡的关头时，当环境恶劣并充满竞争时	公共关系、市场、公众形象、声望、在团体中地位、负责任的表现等
无问题模式	在学校中没有问题和麻烦	当没有一致的效能标准，但却需要有学校改进策略时	没有冲突、功能缺失、困难、缺陷、弱点和麻烦等
组织学习模式	适应环境变化，不断克服内部障碍	当学校新建或面临转变时，当必须面对外在环境的转变时	对外部需要和变化的关注、内部过程的控制、程序评估、发展计划、员工发展等
全面质量管理模式	内部人员及过程的全面管理，以满足所有重要的学校支持群体的需要	所有重要的学校支持群体的需要一致，有全面质量管理的技术及资源	领导、人的管理、策略规划、过程管理、教育结果、相关重要支持群体的满意感、学校声望等

各种模式的主要特点表现为以下八个方面。

1. 目标模式

目标模式是常用于评估学校表现和研究学校效能的一种模式。该模式认为实现正规的目标是学校应达到的基本要求。它假设学校有清晰的、长久的、标准的和普遍认同的目标。当学校以所获得的投入来达到指定目标时，学校就是有效的。一般用于评估学校效能的指标主要是学校计划和方案中所列的目标，尤其是与教学的环境质量及公平考试成绩有关的内容，如学生的学业成就、出勤率、辍学率、个人发展、进入大学的毕业生数量、全体教职工的专业资格等。这种模式易于理解，但往往存在两个问题。首先，学校目标并不一定是清晰的、普遍认同的。学校目标对于不同层面的利益相关者而言，可能会很不同，准确评估学校效能需要详细列出这些目标。其次，在使用这种模式时，人们往往更偏向使用学生的学业成绩作为评估学校效能的主要目标结果，这种对结果的过度关注，常常会使人们忽视重要的教育过程变量，从而对评估学校成效造成不利影响。

2. 资源-输入模式

资源-输入模式认为，学校受到多种利益相关者的影响，常常需要追求多种不一致的目标，在这种情况下，学校发挥功能的好坏依赖于学校所获得的资源情况。因此学校所获取的资源的多少与优劣，是评估学校效能的重要指标。当学校的投入与产出有清晰的联系，并且达成目标所需要的资源又非常稀缺时，这种模式会非常有用。该模式假设教育效能是优秀生源及学校投入的自然结果。评估学校效能的指标可能包括学校对优秀生源的吸引力、更高素质的教职工、更好的便利条件和设备、更好的生师比，以及从中央教育权力机构、校友会、学生家长、赞助团体或其他外部机构获得的更多的财政支持等。

这种模式过分强调资源投入对学校效能的作用，忽视学校主观努力，这常常会造成学校对内部教育过程的疏于管理，甚至会降低资源的使用效率或造成资源浪费。

3. 过程模式

过程模式假设学校的内部过程是学校表现和产出的基础，学校过程的本质和质量往往决定了学校目标可达成的程度，因此内部功能顺畅健康就意味着学校是有效能的。学校过程一般包括管理过程、教学过程和学习过程，这三种过程中的经验也是教育目标和成果的一种形式，可以作为评估学校效能的指标，例如：管理效能指标包括领导方式、决策、学校氛围等；教学效能指标包括教学有效性、教学方式、课堂管理等；学习效能指标包括学习态度、学习策略、出勤率及学习经验等。

当学校过程与产出有明确的关系时，这种过程指标的使用将有利于改善学校的效能。但过程的监测和数据收集常常并不容易，此外，过度关注过程也容易造成重方法轻结果的后果。

4. 满意模式

满意模式认为学校支持群体的满意度对学校的生存至关重要，因此学校效能应由学校能满足其支持群体的需要和期望的程度来决定，这些支持群体包括教师、董事会成员、家长、学生、校友及教育部门的官员。当学校的重要支持群体的需要与期望一致时，这种效能模式比较有用。但现实生活中，不同利益群体对学校功能的理解是非常不同的，这种情况下学校追求所有重要利益相关群体对学校的满意是非常困难的。

5. 认可模式

随着学校竞争的加剧，教育环境越来越具有挑战性。认可模式认为为了生存及完成任务，学校需要获得社会团体的承认与支持。因此，学校如果能够获得公众的认可或在市场上能够生存的话，学校就是有效能的。评估教育效能指标包括公共关系、市场、问责、学校的公共形象、声望或在团体中的地位。

在择校背景下，用认可模式来评估学校效能可能是合适的。但过度依赖这种评估模式，也可能会使学校关注短期外部效果，而忽视对学校内部过程的优化。

6. 无问题模式

无问题模式认为，分析学校无效的方面，更有可能准确地找出学校改进的方向和策略，因此衡量学校效能的标准是学校没有问题、麻烦、缺点、弱点、困难和功能缺失，没有问题就是学校有效能。

无问题模式主要关注了学校过程中的弱点和缺点，这对于改善学校的管理、提高学校的技术能力比较有帮助，它更适合于那些新建立的和原有基础比较差的学校使用，对于优质学校则作用不大。

7. 组织学习模式

组织学习模式认为，变化的教育环境几乎对学校功能的每个方面都带来了巨大的挑战，因此，如何应对环境的冲击和内部障碍的挑战，便成为评估学校效能的关键所在。学校效能是动态的，学校学会适应转变并减少内部阻力对学校改进非常重要。评估学校效能的指标通常包括了学校成员、过程和成果的不断改进与发展。

这种动态效能模式适用于变革环境下的所有学校。它的缺陷在于进步指标常常不太容易测量，而进步程度的评估方法也还不够完善。

8. 全面质量管理模式

全面质量管理模式是各种模式，尤其是组织学习模式、满意模式及过程模式综合的结果。它认为学校对内部环境的全面质量管理及满足顾客的需要，是学校效能的关键。它强调学校以重要对象(如家长、学生等)为核心持续的过程改进，以及全体成员的全身心的投入对学校效能的作用。

全面质量管理模式对学校效能的看法更加全面，适用的情境也更加广泛。但如何在关注全面管理的同时又有所侧重并突出学校改进的重要方面，以及如何防止内部质量过程指标的形式化，是该模式急需解决的问题。

(三)学校效能的层面模型

层面模型主要侧重于分析学校效能的各个方面，目前主要是根据学校结果的影响面及发挥效能的主体等特征来对学校效能进行分解。

郑燕祥认为至少可以从三个层面来理解学校效能：第一层面是内部效能，指学校完成其预定目标；第二层面是外部效能，指相关人士对教育服务感到满意，教育对公众负责；第三层面则是指面向未来的效能，指教育满足个人、社区和社会，适应未来需要的程度。

王新如等认为学校效能是学校充分发挥人和物两个层面的作用，使其均产生良好的绩效，有效进行教育产出，以达成学校预期目标的程度，并进一步把学校效能结构划分为校长效能、教师效能及学生效能三个方面，如图 12-2 所示。①

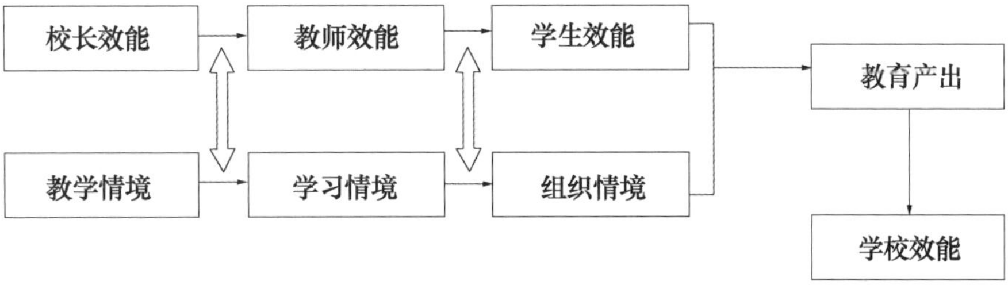

图 12-2　学校效能的主体层面模型

第二节　学校效能的测量

一、学校效能研究方法的演进

学校效能研究从其产生开始，就一直面临来自各方面的挑战。正是在应对这些挑战的过程中，学校效能研究在内容上不断丰富，在方法上不断成熟。随着对教育效果与教育过程实证研究的增多，教育政策的制定与实施效果评价也逐渐进入学校效能的研究视野，从而形成了多视角、多层次及多范式研究的新型研究模式。这种新的研究模式弥补了教育研究领域那种脱离课堂及学校实践的教育经济学研究模式的不足，拉近了研究与现实及理论与实践的关系，使教育政策的制定能够建立在科学研究的基础上。此外，学校效能研究在方法上的发展也为教育研究方法的进步作出了贡献。其中，多层线性模型(Multilevel Linear Model，HLM)的发展与应用，拓展了教育研究所能考察的变量的范围，弥补了传统实验室设计不够切近现实的缺陷，能够在真实的环境中采集多种变量之间的关系，并对真实世界中事物之间的因果关系进行检验。多层分析不仅仅是一种统计分析技术，而且是一种新的研究设计思路。它的提出与应用也广泛地影响了社会科学其他领域的发展。

目前，学校效能研究已发展成为一种综合采用观察法、调查法、测量法、实验研究、个案研究等多种方法并将质性与量性研究相结合的整合研究领域。在这个过程中，

① 王新如、郑文：《谈学校组织文化与学校效能》，载《教育科学》，1997(3)。

学校效能研究方法的进步，是其应对来自各方面的批评与挑战的结果。在不同时期，学校效能研究所面临的挑战有所不同，因而其在方法上的进步表现也各有侧重。其在方法的进步表现出三个阶段的特点。

第一阶段，20世纪60—70年代，学校效能研究主要面临统计分析方法及研究样本大小的挑战。在研究方法上的进步表现为寻找替代传统回归分析方法的新技术，并开始在研究设计上考虑进行有效推论所需要的最小样本数。

传统回归分析技术对数据分析层次的限制，以及大型研究在取样上的局限，是这一时期的研究受到攻击的主要原因。在美国有科尔曼(Coleman)所作的教育机会均等调查和詹克斯等人(Jencks，et al.)的《美国家庭和教育影响再评价》报告，在英国有鲁特等人(Rutter，et al.)所作的纵向研究和雷诺兹等人(Reynolds，et al.)所作的学校效果研究。科尔曼和詹克斯的研究是基于传统的多元回归分析技术，在选取大量学校采用学校水平的测量及学生水平的社会经济背景的各种测量的基础上进行的，这些研究均是横断研究，没有做任何入学调整。而鲁特等人则因样本太小而无法得出有推广价值的结论而遭到质疑。为应对挑战，研究者们开始寻找替代传统回归分析的新统计技术，并尝试在研究设计的取样上，考虑有效推论所必需的最小样本数。

第二阶段，20世纪80年代，学校效能研究主要面临研究方法多样化及研究结论重复验证的挑战。而应对这些挑战在方法上的进步表现为采用实验研究和准实验研究等方法，并寻求更加复杂的统计分析技术来探讨学校教育的效果及学校之间的差异。

这一时期，学校效能研究所面临的方法上的挑战表现为四个方面：①研究的基本发现能否被其他调查重复；②研究结果能否经得起更复杂的统计技术(如多层回归分析模型)的检验；③在小学是否也会发现同样的结果；④学校效果研究的结论能否同样应用到不同的社会和种族中。

在应对这些挑战的过程中，各种验证因果关系的研究方法被广泛地应用到学校效能研究中，如实验研究和准实验研究等。为弥补传统回归分析的不足，有些研究者开始发展多层线性模型，但由于其计算上的复杂性，这一时期还难以在研究中应用这种技术。

第三阶段，20世纪80年代末和90年代，学校效能研究面临全面的概念挑战，为应对挑战，在方法上的进步表现为采用更加复杂的研究设计，探讨学校作用的内在过程及机制。

20世纪80年代末，学校效能研究面临着全面的概念挑战：①许多人提出了对学校效能概念的质疑，需要重新界定学校效能的概念；②有关学生心理和功能发展的心理社会性影响的结论也面临挑战，这种挑战首先来自20世纪90年代以后，生物学领域兴起的基因革命引发的学术界对环境影响人发展的信条的怀疑，其次则来自对横向研究方法缺陷的不满。这一时期的研究，在方法上强调不能仅仅满足于发现危险的有效指标，而是除了观察事物的联系之外，还要对因果假设进行严格的检验来识别关键的中间机制，并理解相互作用的过程和多个关联环节的过程。这一时期的研究有六个方面的特点：①通过纵向研究数据测量个体的变化；②采用自然实验将混在一起的变量分离开来；③对假设的原因变量进行有效的测量；④系统地检验某种反应的变化，如学习成就、学习态度及行为等；⑤从几种假设的机制解释中明确出一种；⑥充分控制社会选择、初始水平和自我完善等因素的效果。

就此，经过三个阶段的发展，学校效能研究在方法上逐渐走上了综合化发展的道路，并逐渐形成了一种整合性研究的新模式。

二、学校效能的测量

学校效能的测量方法的进步是推动学校效能研究发展的主要动力。学校效能的评价涉及两个方面：一是学校效能的测量；二是学校之间效能差异的测量。

测量是对那种可以以线性的方式来加以描述的量分配数量的过程。凡存在都有量的特征，但并不是所有量的特征都能被测量。只有那些能够被当作线性量的特征，才能用数量加以描述。对某个事物的测量事实上就是把这个事物分配到一个抽象连续体的某一点上，这个连续体要足够长，并且有一个起点，其一端代表较少的量，另一端代表较多的量。这个连续体就是一个合适的量表(如一把尺子)，我们可以把个体的某种特征分配到这个量表的某一点上。这个合适的量表就是有起点(又称为原点)和测量单位(计算量的依据)的尺度。所有的测量都意味着将所测量的特征表述为一种抽象的线性形式。

对学校效能的测量就是要以线性方式表述学校效能特征，并依据一定尺度来为每个学校分配一个学校效能量。学校效能一般是指学校对学生成就增长的贡献。由于影响学生成就增长的因素是多方面的，因此学校效能往往与其他影响学生成就增长的因素混在一起，必须在排除学校以外的其他因素的影响后，才能准确测量学校效能。

如果学校在除了教育质量以外的其他影响成就的因素上都等同，那么学校效能的测量将变得非常简单和直接。学校在教学质量上的差异将成为学校之间成就差异的唯一可能来源。因而，学校效能将等同于学校成就，而学校平均成就差异将是学校效能差异的有效测量。

然而，现实生活的状态并不是这么理想，学生并不是随机地分配到学校，我们需要获得许多被假定为影响学生成就的学校之间的变量因素的信息，如父母的教育水平、家庭收入水平、班级大小、学生的个人能力与动机等，这些因素都要被有效测量。此外，学校之间在获得其他文化和教育投入(如丰富的项目)及外部资金上的差异也可能影响学生成就。因此，学校在学生特征及非学校教育投入上的不平等，使人们不能简单使用学校成就来识别学校效能。学校之间的成就差异可能在某种程度上是这些“初始”差异造成的，而不是学校的效能差异。学校除教育质量以外，在许多其他方面存在的差异也反映在其成就水平上，因此，要测量学校效能的真实水平就需要分离出这些初始外部因素的效果。

目前常用的测量学校效能的方法主要是附加值法，又称统计控制法。其实质是对学校之间除教育质量以外的其他初始差异进行统计控制，通过多元回归分析，计算出各种初始差异对学校成就的贡献，得出各初始差异的预测方程，然后再在学校的实际观察成就中排除由初始差异预测方程所估计出来的预测成就，其剩余的部分(又称“残差”)就是学校的效能。在这种情况下，学校效能被操作化定义为观察到的(实际的)学校平均分与基于这些特征预测的平均分之间的差异(也就是回归残差)。这些残差提供了识别“异常者”的基础。

直到20世纪80年代以前，学校效能研究均是采用传统的多元线性回归技术来获得预测回归方程。传统回归分析没有区分学校层次的变量和个体层次的变量的不同影响，此外还存在多元共线性问题，因此这种方法所得到的结果一直受到人们的质疑。后来，直到20世纪80年代末甚至90年代，才开始使用多层分析模型来估计学校效能。

在20世纪80年代和90年代，人们主要关注学校效能指标(又称“表现指标”)的生产和使用，大多数研究都采用学校平均成就分数测量。这引起了很大的争议，以学校平均成就分数作为学校效能指标的主要问题在于以下两个方面。

首先，这类指标的用途非常狭窄，主要在于对学校进行排序，它并不能解释造成学校差异的原因。

其次，大量研究显示，这种“表现指标”在提供有关学校的可靠信息方面存在着严重的局限：①它很难提供一个能够抓住学校特征的所有重要方面的简单的单维或二维的区分学校效能的测量；②用于分析学校表现的信息通常来自几年前进入学校的一群学生，这些结果能否应用于未来学校的学生身上，是有待探讨的问题；③对学校或教育机构的效能判断不能仅靠一群学生某一时的表现，而是要看他们在一段时间里表现的变化，对学校效能的比较，要基于对入学成就和其他相关因素的合适的调整，但即使这样做后所产生的教育附加值(或增值)估计，也常常有很多的不确定性，使得它难以提供可靠的排序。

总之，统计控制方法存在不可回避的内在局限，这表现在以下三个方面。

第一，在统计控制中，因为缺乏广泛的学生成就因果模型，所以可能会忽略一些重要的变量，预测方程不能包含所有的相关变量。此外，由于测量方法或逻辑上的困难，也会丢失一些重要的变量。预测方程常常只包含了有限的社会人口学特征，如教育水平、家庭大小等，而忽略难以测量的相关特征，如智力、动机、学习时间等。这会降低统计控制的效果，导致对学校效能的估计偏差。例如，忽视学校在学生动机上的差异会导致我们高估学生动机高的学校的效能，而低估学生动机低的学校的效能。

第二，按照定义，学校的效能估计就是预测等式的残差，这不是一个衡量学校效能的绝对标准，而只是一个相对标准。在一定取样范围的学校中，总体的残差是为 0 的，因此应该有一半的学校的残差大于 0，而另一半的学校的残差则小于 0。这样无论学校的真实效能如何，都会有一半的学校被判断为有效，而另一半的学校被判断为无效。可见，一个学校是否有效，会受到与之比较的学校情况的影响。附加值估计只能作为一种用来识别“异常者”的初筛工具，而不能用来定义学校的效能。它不能准确描述学校能做什么。以附加值来判断学校改进也存在同样的问题。

第三，目前所采用的统计控制方法大多使用了学校总体的社会经济特征来估计预测成就，对其他影响成就因素的变量的控制还很不够。因此，这种方法在很大程度上难以反映真实的学校贡献情况。

科尔曼所提出的学校效能测量模型，就是以学校总体的社会经济地位来估计预测成就，并基于这个预测模型在学校层面对学校观察平均成就水平进行校正，以此来评价学校效能的一种模型。当然，后来的研究者在对学校观察成就水平进行校正时考虑了更多的因素。1992 年英国学者卡腾斯(Cuttance)所提出的学校效能测量模型就是基于学校层面的校正和学生层面输入校正后，来估计学校效能的一种模型。但在学校层面他只考虑了学生的平均社会经济地位的贡献，在学生层面则只考虑了学生原有的入学成就的贡献。其具体的测量方法可以由图 12-3 表示。

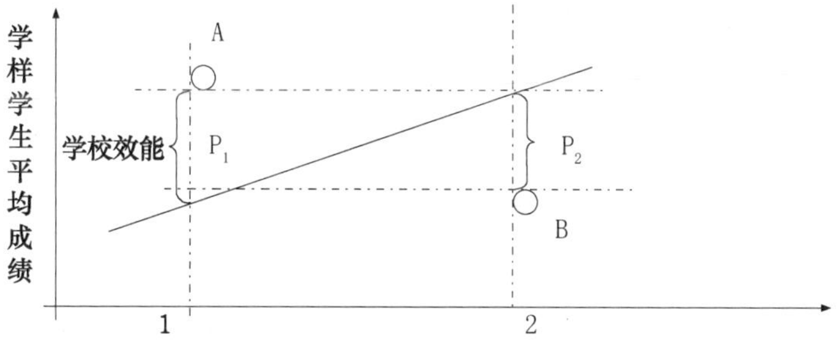

图 12-3 卡腾斯学校效能测量模型

图中直线表示某地区所有样本学校的家庭社会经济地位与学业成绩的正相关关系，A 校学生的平均社会经济地位是 1，B 校学生的平均社会经济地位是 2，A 校学生的观察成就分数高于其社会经济地位预测的成就分数 P_1，而 B 校则低于其社会经济地位所预测

的成就分数 P_2。学校平均观察成就分数与按照社会经济特征预测的学校成就分数的差异，就是衡量学校效能的指标。

2000年，察哈等人(Cahan，et al.)提出了一种新的估计学校效能的方法，这种方法将学校效能定义为：同一学校某组学生在连续两个年级之间的成绩增长(即在X年级与X－1年级的成绩差)。由于学生是同一组，学生特征是恒定的，只需要考虑学校的影响和学生自然成熟及年龄相关因素的影响，这种方法要求使用同一成绩测量工具，在连续两个年级，对同一组学生进行两次测量，同时采用“年级间”准实验回归非连续设计。这种设计有两个主要特点：①学生分配到出生日期是随机的；②年级水平是唯一的年龄因素。

这种方法将学生的成绩增长分解为两部分，即一年的年龄成长和一年的学校教学，年龄的效果以同年级内学生测验分数在生理年龄上的回归来表示，学校学习的效果以两个年级的年龄回归线之间的非连续性表示，如图12-4所示。

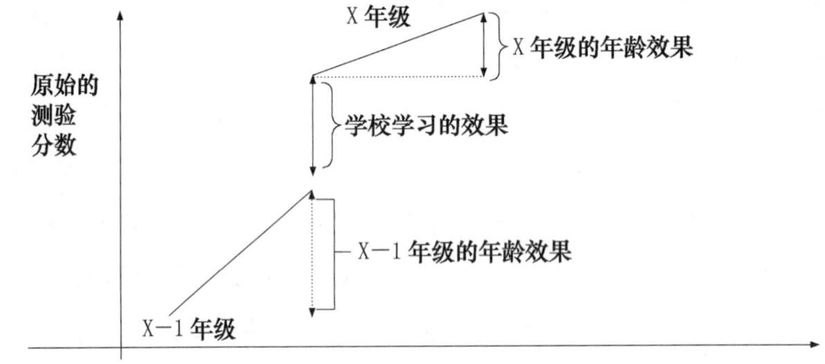

图12-4　察哈学校校能测量模型①

这种方法的优势在于，采用校内设计方法来估计学校效能，克服了以学校之间的相对比较来确定学校效能的缺陷，其所定义的学校效能具有实质性含义，它能够说明学生取得进步的实际情况，这种操作定义更加符合其实质定义。

此外，采用这种方法来估计学校效能，学校的效果与其他因素对学生学习的影响就不会产生相关(除了年龄以外)，学生的出生年龄是随机分配的，可以独立地估计出年龄因素和学校因素对学生学习成就的影响。

这种方法在理念上具有明显的优势，但操作使用还存在一定困难。使用这种方法的关键在于，找到能够有效测量连续两个年级学生的学习成绩的同一测量工具，在现实中要找到这种工具并不那么容易。目前，大多数提倡这种方法的研究，都是采用某种智力

① Cahan, S. & Elbaz, J. G.. The measurement of school effectiveness. *Studies in Educational Evaluation*, 2000(26), p. 130.

测验工具来替代成绩测量，但智力测验的结果可能与学校教学相关不高，这可能使我们低估学校教学的效果。此外，智力与年龄的关系也并不是完全线性的，到一定年龄后，智力的增长速度会变慢，这种现象也会使我们低估高年级学校教学的效果。

三、多层线性模型的发展与使用

多层线性模型(HLM)这一术语最早是由林德利(Lindley)和史密斯(Smith)在 1972 年提出的，然而多层分析思想的出现却远早于此，近半个世纪以来，社会科学研究者就一直在探讨如何区分个体水平和社会背景水平的变量对个体行为的不同影响。在 1972 年 HLM 被提出后，这种想法并没有在统计上得以实现，因为其参数估计的方法与传统的回归方法不同，当时的计算技术还很难满足这种要求。直到 1977 年，登普斯特(Dempster)、莱尔德(Laird)和鲁宾(Rubin)等人提出了期望极大(Expectation Maximization，EM)算法，并在 1981 年，将 EM 算法应用于解决 HLM 的参数估计后，HLM 的应用才成为可能。此后，在 1986 年戈德斯坦又采用迭代加权广义最小二乘法(iteratively weighted generalized least squares)来估计参数。随着参数估计问题的解决，多层线性模型的统计软件也相继出现，进一步推动了 HLM 在社会科学领域的应用，目前最常见的多层分析软件是 HLM、MLwiN。

社会科学研究，数据结构常常体现为分层嵌套的形式，即低一层的数据嵌套于高一层的结构之中。例如，在教育和心理研究中，探讨学业成绩的影响因素，常常考虑的预测变量有学生的入学成绩、性别、家庭社会经济地位，以及班级大小、班主任和教师的特点、教室环境等，这些变量分别来自两个不同的水平，即学生水平和班级水平，学生嵌套于班级之中。如果再考虑学校的特征，那么，数据的层次扩大到了三层，学生水平嵌套于班级水平，班级水平嵌套于学校水平。

在 20 世纪 80 年代以前，由于统计和计算技术的局限，在社会科学领域，探讨多层结构变量之间的关系时，只能采用传统的回归分析方法，对多层数据的处理只能采用两种方式：①在学生水平上进行回归分析，在个体水平上对学生的个体变量及班级(或学校)变量进行整合和分析，这个过程实际上是忽略了班级与班级(或学校与学校)之间的差异；②在班级(或学校)水平上进行回归分析，在班级(或学校)水平上对学业成绩的个体因素和班级(或学校)因素进行整合分析，这样做的主要问题是忽视了班级(或学校)内学生个体间的差异。

传统的线性回归模型的基本假设是：变量间存在直线关系，变量总体上服从正态分布，方差齐性，个体间随机误差相互独立。后两个假设在分层嵌套设计中往往不成立。例如，不同班级的学生可以假设相互独立，但是同一班级的学生由于受相同班级变量的影响，很难保证相互独立，因此如果采用传统的回归分析方法，误差将会很大。而HLM能够将不同层次的变量分层计算，把误差按层次分解为：由第一水平个体间差异带来的和由第二水平班级间差异带来的，并假设第一水平个体间的测量误差相互独立，第二水平班级带来的误差在不同班级之间相互独立。这样做就提高了差异分解的精度。

与传统的回归分析相比，HLM有五个方面的优点：①考虑了不同层次的随机误差和变量信息，其标准误差估计、区间估计和假设检验更加准确和有效；②可以通过计算不同水平变异在总变异中所占的比率来确定不同水平对因变量的影响程度；③可以作为结构方程模型的拓展，用来分析具有多层结构的潜变量之间的因果关系，建立多水平结构方程模型；④可以分析重复测量的数据，即将测量看作第一水平，将测试个体看作第二水平；⑤可以分析离散型的数据资料，如二项分布和泊松分布的数据等。

具有嵌套结构的数据，在大规模的社会调查，组织研究、经济研究领域广泛存在，因此，多层线性模型在社会科学研究具有广泛的使用前景。多层线性模型也是一般线性模型的拓展，许多传统统计方法都是它的特例。在两个水平模型中有一个水平的变量为常数时，多层线性模型就简化为传统的回归分析；而单因素方差分析、单因素协方差分析也可以看成是多层分析模型的简化。

与结构方程模型相比，国内社会科学领域对层次线性模型介绍和应用研究都普遍较晚，所发表的研究报告也不多，其中可能有两方面的原因：一是多层模型的统计软件出现得较晚；二是一般研究难以满足多层线性模型对样本量的要求，特别是对水平2(如班级)的样本量要求，虽然并没有统一的标准来判断各水平的样本量多大合适，但一般来说，水平2的样本量都在100以上。

以两水平的多层线性模型为例，假设水平1和水平2都只有一个预测变量，则两水平的多层线性模型可以表示为：

水平1(如学生)$Y_{ij}=\beta_{0j}+\beta_{1j}X_{1ij}+r_{ij}$

水平2(如班级)$\beta_{0j}=\gamma_{00}+\gamma_{01}W_{1j}+\mu_{0j}$

$$\beta_{1j}=\gamma_{10}+\gamma_{11}W_{1j}+\mu_{1j}$$

在水平1的方程中，下标“0”表示截距，其中，下标j代表水平1(如学生个体)所隶属的水平2的单位(如某班级)。Y_{ij}表示第j班第i个学生因变量的观测值(如学生的期末考试成绩)，下标“1”表示与水平1的预测变量X_1有关的回归系数，如果有更多的水平1变量，如X_{2ij}和X_{3ij}，就会有β_{2j}和β_{3j}。β_{0j}表示第j班的截距，γ_{ij}表示第j班第i个学生的测量误差。

对于水平2模型，γ_{00}和γ_{01}分别表示截距β_{0j}对于班级变量W_{1j}的回归直线的截距和斜率，μ_{0j}表示由第j个班级的班级变量带来的截距上的误差。γ_{10}和γ_{11}分别表示截

距 β_{1j} 对于班级变量 W_{1j} 的回归直线的截距和斜率，μ_{1j} 表示由第 j 个班级的班级变量带来的斜率上的误差。

从上面的数学表达式可以看出，水平 1 的模型与传统的回归模型类似，所不同的是，回归方程的截距和斜率不再假设为一个常数，而是不同的班级回归方程的截距和斜率都不同，是一个随机变量。每个班级回归方程的截距和斜率都依赖于水平 2 的变量，如 W_{1j}(假设是班级的学习风气)。

目前，多层线性模型主要应用五个领域：①组织和管理研究中的大规模调查数据的分析；②个体追踪研究或多次观察的发展研究中的数据分析；③对研究文献进行定量分析；④利用多层模型较高的统计能力，弥补因水平 1 单位取样不足而造成的无法进行统计分析的问题，帮助回答水平 1 数据的问题。

第三节 学校改进

一、对学校改进的简单说明

(一)学校改进的概念及其发展简况

1. 学校改进的概念

学校改进是为适应内、外部环境变化和解决发展中的问题，学校及其合作者组织的系统的持续性活动，以实现提升成员素养和提高工作质量的目标。

这里需要解释一下学校改进与学校改革两个概念及其在实践中的关系。

学校改进和学校改革都是讲对学校事务的改变和促进，不同的是改变的程度和力度。改革是对学校事务进行彻底的或带有根本性的改变，如教育、教学理念和行为从单纯的应试教育转变到素质教育轨道。而改进是舒缓的、渐进的转变。根据教育活动的特点，多数的教育变革特别是学校变革都是渐进的，所以国际上讨论学校问题解决时用“教育改进”相对比较多。我国社会大环境中讲“改革”比较多，这也影响到学校管理领域的语言表达，所以使用“学校改革”或“学校变革”比较多。在学校管理的实践中，“改革”和“改进”实际上是分不太清楚的，相互渗透，融为一体。而且这两种称谓的活动在不同校情的学校有不同含义，在一些学校中的“改进”活动，在另一些学校中可能就是“改革”活动，反之亦然。

2. 学校改进的当代发展简史

学校改进作为一类教育活动或一种教育现象，应当是自学校教育诞生起就存在，因为学校要完成育人的使命，就要反思和改进自身工作中存在问题。但是作为一种规模化的有组织推进的国际教育运动，学校改进运动是学校效能研究运动的“接棒者”和“实践转化者”。1980年左右开始，研究者们为了证明学校能够对学生的学业成就发挥积极影响，开始以学校效能研究的成果为基础进行学校改进的实践研究，并逐渐形成国际研究的气候。由于这种实践研究更接近世界范围内正在兴起的教育改革的需要，因而赢得国际组织和一些国家政府的支持，时至今日，此活动仍在国际上持续发展。①

我国大范围系统性的学校改进活动是在改革开放以后逐步系统地发展起来的，总体看，它是在教育改革的大环境下，在政府政策引导下产生和发展起来的。1985年颁布的《中共中央关于教育体制改革的决定》提出“在加强宏观管理的同时，坚决实行简政放权，扩大学校的办学自主权”，同时提出“学校逐步实行校长负责制”。这个重要文件开启了新时期教育改革的闸门，为学校自主改进与发展创造了巨大可能。1993年2月13日，《中国教育改革和发展纲要》中指出：“中小学要从‘应试教育’转向全面提高国民素质的轨道，面向全体学生全面提高学生的思想道德、文化科学、劳动技能和身体心理素质，促进学生生动活泼地发展，办出各自的特色。”这是新时期我国推行素质教育的肇始。1992年和1996年国家教育委员会先后颁布新的初中和高中课程计划，提出了设置地方课程、选修课与活动课的要求，也为学校改进指明了具体方向。在这些文件指引下，20世纪90年代开始在我国中小学领域进行了一系列教育教学模式和课程建设的改革，如小学中开展的“快乐教育”、中小学普遍设置选修课和综合活动课等。2005年以后，国家为促进教育公平制定了一系列政策，由此也在全国范围激起了面向农村学校、少数民族学校和基础薄弱学校的学校改进浪潮，不仅各地政府加大了指导与投入，大学、教育研究部门的学者们也加入这一行列。政府指导下的教育集团办学模式在全国各地推广开来，集团中高水平学校给薄弱学校注入了优质教育资源，改变了基础薄弱中小学孤军奋战的局面，使这些学校的改进获得了有力支持。同时，教育行政部门和督导部门也通过实施一系列教育发展项目和多样化的督导工作引导学校改进，收到了比较好的效果。

如果将这些年来我国的学校改进和西方国家的学校改进的活动比较一下，可以发现有两点存在差异。第一，我国政府对基础薄弱中小学校的改进更为重视。政府履行公益职责，制定政策大力投入资源改进薄弱中小学校。这反映了我国在政府主导下推进教育公平发展的体制优势。第二，我国的学校改进目标和机制中越来越多地渗透了“共同发展”的社会主义理念和行动要素。在21世纪初我国大规模实施改进中小学薄弱学校的行

① 参见：冯大鸣：《美、英、澳：教育管理前沿图景》，219～221页，北京，教育科学出版社，2004；赵德成：《有效的学校改进：理论探讨与案例分析》，3～13页，上海，华东师范大学出版社，2022。

动以后，针对各种现实问题，中央政府先后制定了一系列政策和举措。例如，针对小学薄弱校招不到优质生源的问题，各地教育行政部门推出了优质初中招生“名额到校”的政策，利益向低、中水平小学倾斜，以帮助这些小学吸收优质生源。再如，为解决边远农村地区师资短缺问题，出台了“特岗教师”政策，促进农村学校办学水平提高。特别是为解决由于历史原因和外部环境无序竞争导致的薄弱中小学的师资、管理水平偏低无力独立自主改进的状况，国家倡导各地推进由优质学校牵头的“集团化办学”的合作模式，以集团形式优化学校的领导结构，共享优质师资和管理资源，重组教学和培训活动，激发集团学校内部活力，使原来的相邻学校由竞争关系变为合作共进的利益共同体，大大提升了学校改进的动力和效果。

（二）学校改进的特点

学校改进活动实质是学校工作中专门设立的一个个的发展项目。它具有以下一些特点。

1. 学校是改进活动的主体

这里包含三层意思：其一，学校一定要有积极、自主的改进愿望和热情。学校改进活动是学校发展的工具和手段，学校这个主人不行动，工具自己不会运转，也就无所谓改进成果。无论改进项目是由谁发起的，学校都要把它当成自己的发展机遇，根据自己的实际需要转化成校本发展项目，为提升自身素养和工作质量服务。其二，要明白自己的问题和需求，清楚知道向何处去和怎么做。其三，学校领导者（特别是校长）和教师是学校改进的主体，没有他们的认同和主动参与，改进项目是不可能成功并传承下去的，所以参与改进的教师人数要根据改进项目需要尽可能多一些，以便形成改进的学校氛围。英国在1991年启动的“为全体学生改进教育质量（IQEA）”项目在项目学校签订的协议中要求必须做到至少40%的教师（涵盖所有学科）参加与项目有关的教师发展活动，至少40%的教师（涵盖所有学科）定期从教学中抽出时间参加以课堂为基础的项目活动①。

2. “人的发展”是学校改进的核心归宿

学校改进是育人事业的改善，不管学校改进工作的直接对象是事还是人，最终都要落实到人的教育与发展上面。如像校园环境的改进、学校设施设备的引进和管理工作改进等，似乎都是对物或事的改善，但是这些物或事是要为师生所用，是为师生生活和发展服务的。所以，不论这些改进的最初动因如何，持续下去的目标和任务都是要考虑并落实到师生发展中，并且以促进师生发展状况作为评价改进工作实效性的标准。

---

① 赵德成：《有效的学校改进：理论探讨与案例分析》，9页，上海，华东师范大学出版社，2022。

3. 具有问题针对性

改进项目是为解决问题、满足发展需要而设立的。所以改进项目一定要追求实效，不能设立空泛的目标，否则很容易走形式。改进活动要针对学校当前或长远问题和需要设立项目、设计具体的目标要求和有效用的活动，这样才能获得真正解决问题的成果。这需要项目设计者具有充足的相关知识，思考：改进问题的价值取向是什么？问题的内容结构是什么？有哪些理论和经验值得借鉴？有什么解决问题的途径和方法可以选择？

4. 切入点的多样性

在现实中，学校改进可以通过很多途径切入。如我国学校改进的项目就有学校发展规划、特色学校建设、学校文化建设、精品课程建设、基础薄弱学校改进、特色课程建设、校本课程建设、"同在一个蓝天下"心理健康课题研究、生命教育、"青蓝"教师发展培训项目等。但是需要注意，如果这些项目的设计没有紧扣本学校发展的实际需要，缺少问题意识，那么改进的成分就会大打折扣。

5. 相对独立

学校改进的项目一般要单独立项成为学校工作中一个关注的焦点，才不至于淹没在纷繁的日常活动中，也才有利于改进项目的负责人行使职权，真正负起责任来。尽管很多学校改进项目的活动可以(甚至必须)与日常工作一同进行，但是一定要为它做相对独立的专门安排，同时协调好与常规工作的关系。例如，设立独立的改进小组和项目负责人、独立的专业培训、专门的活动时间安排、独立的改进活动的设计、活动记录和活动总结分享等。

6. 系统性

学校改进的对象表面是针对一件事、一个活动甚至一个行为，但是却牵涉对象周边和背后的诸多因素，这些因素互相联系，构成一个环环相套的系统。所以对学校改进项目的设计要进行因素解析，找出关联，分清主次，建立目标体系，从而使改进项目建设成一个多因素协同可持续发展的工程系统。

7. 持久性

学校改进是一个在探索中逐渐澄清问题和规律，在反复实践中积累经验和成果的教育活动，它的成功有赖于师生素质的稳定提高。一般来说，从改进项目启动到形成可持续的制度化的成果需要2～3年时间，所以那些扎下根来的重要改进项目多以螺旋式提升的态势不断展开。

8. 研究性

学校改进项目是针对问题而启动、运行中又不断产生新的问题的过程，所以要不断分析和解决问题。真正的改进活动总是在研究中细化、深化的，从而找到适合本校的发展路径和操作模式，并最终形成有底蕴的成果，在这样一个过程中，研究发挥着解题和引导的作用。可以说，没有研究就没有学校的扎实改进。

（三）学校改进以丰富的知识储备为基础

学校改进是一个在知识组织中进行的智力工程，这就是学校改进中要组织精干、有学习力的实施团队，以及要引进专家来指导的重要原因。一些学校改进的选题和目标制定大而无当的原因之一，是改进团队人员缺少相关的知识去作比较和分析，这可能导致不会和不能判断真正存在的问题、改进的细节和策略。要管理好一个改进项目，改进团队人员应当具备以下四个方面的知识。

1. 价值性知识

价值性知识就是影响和指导一项教育改进活动的各种主要价值观念及其含义和基本表现形式。由于改进活动涉及多种活动、多个主体及其利益，所以价值的种类、性质和需求也是多样的甚至可能是冲突的，需要加以分析和选择。

知道和能够对改进项目的价值表现进行分析十分重要，这牵涉对改进活动方向选择与决策。如改进项目“课堂上的学生小组合作学习”，其主要育人价值就是促进学生自主学习与合作学习态度和能力的发展。进一步分析，发现要实现这个教育价值，必须处理好教师的主导作用与学生主体作用的价值关系。这需要结合学生课堂小组学习的实际过程作进一步分析和解释：在这个教育活动中，教师发挥主导作用的价值具体表现为深入了解学生的合作学习的知识基础与能力水平及在此基础上设计讨论话题和程序，还表现在对讨论过程的启发式引导等。学生的主体作用则表现为课前积极做好预习、上课时主动参与讨论和善于交流问题与提出问题等。只有结合实际做好操作性的价值分析，才能把价值的引领作用真正落实。

2. 专业知识和技能

改进活动所涉及的专业知识有理论知识，也有实践(经验)性知识。在改进活动中，每个项目都有专业知识，进一步说，我们需要把每个改进的活动领域都要当作一门“专业”去研究和解析它的知识和技能系统，只有懂得这些才能谈得上分析它，解决它面临的问题。

3. 管理知识和技能

改进活动又是对多要素进行有效组合的管理活动，所以改进项目的领导者要懂得管理知识和技能。这些管理知识和技能大致包括：调查和分析问题、制订目标和组织活动的知识与能力；建设有执行力的组织及激发成员的积极性的能力；协调学校内外各种相关关系的政治智慧和能力。

4. 思维方法的知识

思维方法是关于如何动脑思考问题的方法，是指导如何分析具体工作问题的思考方法，所以也是工作的方法论。思考方法一旦形成比较成熟、稳定的逻辑结构，就被称为思维模式。学校改进不能局限于对具体问题就事论事的解决，学校改进要从大格局考虑发展，就离不开思维方法的指导。一般来说，在学校改进中经常用到的思维方法有以下四种。

(1)系统综合思维。

系统综合思维是指把学校改进项目与学校其他有关工作作为整体来看待，把涉及学校改进的各个方面因素建设成相互支持的系统，克服考虑问题的片面性，把学校改进工作建设成有生命力的有机体。从持续发展的角度看，系统综合思维还包括把改进工作当成一个连续的系统去处理，这也可以称为以问题为中心的连续分析思维。

(2)人性思考。

人性思考是指站在对师生员工合理需要理解的立场上去改进工作和组织改进活动。这种思考包括两个方面：一方面，把需要改进的工作设计成组织发展需要与师生个体合理需要的紧密结合；另一方面，把学校改进的活动办得有意思，让干部和师生员工感受到成长、成就、快乐和幸福。

(3)模式化思维。

模式化是指把经过实践检验比较成熟的经验以程序化的方式加以固定和表述出来，用稳定的规则模块指导人们对于特定问题的思考和实践操作。模式化思维可以帮助管理者和教师稳定与巩固经验，也可以借鉴已有的成功模块(系统经验)指导类似问题的改进工作，节约探索时间。当然，要防止因“模式化”而导致的僵化，应当根据实际情况灵活地运用模式。

(4)迭代思维。

迭代是反复的意思。迭代也指循环执行、反复执行的意思。迭代将致力于反思、重复、修改、增强目前的架构，每次的迭代都是在上一次迭代的基础上进行的，以便建设越来越强壮和稳定的架构。这种思维要求改进工作不要浅尝辄止，应当在现有进步的基础上发现新的问题或更高的境界，提出新的目标和要求，继续发展。

二、学校改进过程三个需要重视的环节

上面讲过，学校改进活动实际是一个教育项目实施及其管理的过程，也就是运用专门的知识，充分开发、组合与利用各种资源，在一段时间内对项目实施的全过程进行计划、组织、指挥、协调、控制和评价，以实现改进工作的目标。由于对这个管理过程所

涉及的各种专门管理知识会在以后章节中细致陈述，这里仅结合学校改进实践中一些经常存在不足的重要管理环节作简单分析和说明。

（一）改进项目的选题与定位

明确选题和定位就是明确改进的任务，这是学校改进活动的起点。

1. 选题

学校改进活动的选题与撰写工作性论文的选题有些相似，要符合下边两点要求。

（1）契合学校实际问题和需要。

改进项目的选题来源很多，可能是上级管理部门提出的改进任务，也可能来自合作者（如研究部门学者）的推荐，更多的是学校自己确定的选项。不论什么来源的题目，学校都要根据自己的实际问题和发展需要，确定具体的命题。

（2）聚焦问题，题目大小要适当。

最好直接点明任务焦点，使选题更具有问题针对性和实际价值。要弄明白本校在拟选项目领域存在的问题和改进方向，研究该领域的专业要求和发展趋势，才好在反复比较分析的基础上作出选题决定。

案例 12-1

某革命老区的县教育局开展了以“建设学校特色推动教育质量提高”的学校发展活动。某优质小学要将多年来一直在做的“红色传承”革命传统教育纳入特色教育建设，这是不错的项目，但是以前的工作注重日常活动，没有特点。为了使常态化的“红色传承教育”真正建成特色，促进学校向更高水平发展，在专家协助下，学校在以下方面作了深入细致的调查分析：本校已经开展的“红色传承”教育活动经验是什么，还存在什么问题？其他学校在传统教育活动中的经验和问题是什么？要将这一项目深入发展还需要做什么？经过调查和分析，发现本校和其他学校一样，大多将“红色传承”教育停留在一般性活动上，如参观革命遗址、革命故事阅读及节日宣誓仪式等，缺少深入的主题设计，也缺少研究性学习，更缺少将学习革命传统与学生良好行为习惯的养成联系起来，所以实效性不足。调查还发现，领导者和教师缺少对这些问题的思考与活动组织能力。根据这种研判，这所学校的特色项目名称确定为“知行合一的红色传承教育”或“红色传承主题下的综合实践活动”，这样主题的项目突破了一般化的活动设计，将红色教育引向深入，可以创造出这个教育领域的特色，并以此提高教师的教育水平。

2. 项目定位

项目定位是指对改进项目在学校整体工作或局部工作系统中地位与作用的认定。对改进项目的恰当定位有两个方面的意义：其一，影响学校领导对该项目的重视程度，包括领导者与教师的精力投入多少、时间安排、参与人数与范围、组织调整等；其二，影响对改进项目与其他工作协调的策略和方法。例如，如何处理本学校的“学习型课堂建设三年规划”与区教育局正在推动的“学生阅读能力提高”项目之间的关系？显然，可以把后者当作前者的组成部分加以实施，也设计一个“学生阅读能力提高三年计划”协同进行，这样既完成了区教育局的任务，也丰富了学校项目的内容构成。

一般来说，确定学校改进项目的定位有三个标准，即重要性、紧迫性和影响范围。这三种标准结合起来可将改进项目分为四类：①非常重要、紧迫、影响全局的项目，如“农村寄宿学校改进安全管理”项目。对这类事情学校领导要亲自挂帅，全员参与，抓紧、抓狠、抓持续。②重要、不太紧迫、关系全局的项目，如“改进教学模式提高素质教育水平”项目。这类改进多涉及改进多种教与学的因素及师生深层素养提高，因此不是“急就章”，要持续抓、做准、做细。③重要性一般、不太紧迫、关系局部但有全局推广潜力的项目，如“特色课程建设”项目。这类项目成功后其经验可以在校内移植甚至可以影响到校外，领导者对这类项目要持续关注，组织教师团队细致研磨。④一般性项目，影响范围小，如“改进小学低年级音乐教学方法”项目。

影响改进项目定位的因素很多，包括教育政策等大环境的影响、上级管理部门的工作重点取向、改进项目对学校发展的实际价值、项目的困难程度，以及学校领导对项目重要性的主观认识、干部和教师的能力水平、学校领导掌握的可用资源的多少等。在实践中，这些因素多是交叉互动，共同影响到项目定位。

(二)制订改进活动的计划

根据改进项目规模大小和复杂程度，应当建立不同层次的计划，形成一个相互联系的整体改进工作的格局。一般来说，学校改进计划应当由工作总计划和产品-分项目计划组成。

1. 工作总计划

总计划是对改进工作总的规划，它表明学校决策层的意图和决心。总计划的内容包括改进项目的起因、问题分析、改进目标、活动内容与实施要求与进度、活动制度、时间要求，以及组织结构与人员安排、保障措施、成果要求及其检验办法等。总计划是对改进工作的布局和总要求，也就是改进活动的总指南和流程设计。

2. 产品-分项目计划

如果一个项目有众多可分内容及其目标的话，为了使各小项任务扎实完成，就应当按分项内容逐一制定产品-分项目计划。

这里先交代一下学校教育改进工作中什么是“产品”和“产品管理”、什么是“项目”和

“项目管理”，以及它们之间的关系是什么。

产品是经济名词，指的是生产出来供人们使用、满足其需求的东西。产品的内容范围很广，包括有形的物品、无形的服务、建设起来的组织、生成的观念、工作计划等。在教育工作中，教育活动实施的“过程”对教育的成果有决定性作用，教与学的过程及其制度化的规范也是师生努力创造的结果，因此也应当被视作“产品”。这里之所以要借用经济领域的“产品”这个名词，是因为它比较精练、明确地表述了对活动成果的要求，可以完善对教育工作目标的表达，使用“产品”和“产品管理”的概念和技术有助于在教育者更重视对成果目标的细致设计和实施，标准到事，专责到人，把改进活动做精细，提高专业性。

对产品生产活动的管理称之为产品管理。产品管理的职能包括对产品的研发、规划、生产、推广、更新等系统活动。对学校改进来说，这些职能也是适用的。撰写产品管理的计划书，其内容一般包括对产品名称、功能和标准的简单介绍、产品改进的依据（相关理论、政策和学校改进工作需要等）、对该产品现状和问题的分析、改进的方向和具体目标、改进人员的组成与责任分工、改进的具体措施与过程、产品生成中期检查的时间和方法、对最终产品成果的评价分析和进一步改进对策等。

案例 12-2

20 世纪 90 年代中期，某大学和某科研所四位专家协助北京某中学开展了综合活动课程建设的实验。根据学校与专家多次研讨，确定需要完成以下产品作为本改进项目的具体成果，并为以后继续推广该课程提供指导文件和参考资料。这些产品根据活动课程的要素类别(教师、学生、方案和标准要求)进行分类。

产品 1：实验小组教师组织实施综合活动课程能力的培养成果

具体要求：教师的课程和教学理念向素质教育方向转变，理解综合活动课程的特点；知道综合活动课程所提出的学生素养培养要求及其标准；知道培养学生各项素质的途径和方法，具备指导学生各种素质培养的实践能力；具备在活动中管理学生和防范风险的意识与能力；独立设计和实施综合活动课程方案的能力；等等。

产品形式：综合活动课程标准和操作规范及其培训方案；教师实际组织和指导能力。

产品形成途径和方法：研讨性培训；综合活动课实战活动；专家组对教师个别指导。

产品完成者：专家组为主，学校教师实验组集体互助。

产品2：培养学生参与综合活动课程的知识和能力

(1)前期培训成果：知道综合活动课程的特点并期待上课；知道课程目标所规定的素质培养要求；初步知道活动类型、要求和方法；初步具备风险防范的意识和知识。

(2)学生上课后成果：喜欢并积极参加综合活动课；理解并初步形成课程提出的能力，表现良好；学生参加课程活动的各种成果：自主设计小组活动计划、与他人合作活动的态度和能力、动手制作模型的能力、撰写总结报告和小论文的能力、参与讨论、口头报告与质询的语言能力。

产品形式：培训计划与讲义；国内外活动课程影像资料；学生素养发展评价表及评价报告；学生撰写活动计划、报告、论文、自制模型等。

产品形成途径和方法：资料检索；专家、教师和学生撰写；在实践中生成。

产品完成者：专家、教师、学生。

产品3：综合活动课活动方案和工具模本

成果类型：各类活动方案、调查问卷和访谈提纲、评价标准及评价表格。

产品形式：各种文本和影像资料。

产品完成者：专家、专家与教师的合作小组。

产品4：综合活动课过程与结果真实样本

成果及其形式：真实的活动影像资料、活动纪实文本；有代表性的教师的课程计划、总结报告及专家评语；有代表性的学生撰写的计划文本、总结报告及专家和教师评语；学生制作的模型等作品。

产生途径和方法：教师、学生和专家在活动过程各阶段写作、记录、拍摄、录制与制作。

成果完成者：学校电化教育教师、学生、课题组教师、专家。

“项目”一词被广泛应用于经济及其他社会活动领域，是指以生产出合格产品或做好一件事情为目标，而将可获得的资源组合起来完成任务的活动过程。对项目的管理活动包括对项目运行的全过程进行计划、组织、指挥、协调、控制和评价。

学校改进中产品管理与项目管理存在紧密联系，它们是一体化的。简单说，产品决定做什么和什么规格，它决定了成果的类型和品质；项目决定怎么做产品，能否高效、节约地完成产品。对于学校改进，产品和项目两者相辅相成，呈现一种相互嵌套、相互生成、相互保障的关系。就其发生过程来说，可能是先有一个作为总体任务的大项目立项，如建设“美好教育”文化，围绕这个大项目要设计一套总的计划和方案，提出若干要生产的“产品”，如“美好学生”“美好教师”和“美好课程”等，这一步要设计各个产品的内容结构及其质量标准要求。而每个产品的实现要靠一个个系统组织的项目来完成，如“美好学生”培养项目，这个项目要针对“美好学生”产品的结构和质量要求制订计划，组织活动，进行资源保障，开展评价与指导、总结与修正等管理活动。总之，如果没有产品定位和设计，项目运行是含糊的，成果的效用是不高的，也缺乏可持续性。如果缺少细致严谨的项目管理，产品生成可能是低效、低质甚至是失败的。回顾许多学校改进项目工作中的不足，最主要问题是缺乏产品意识、产品研发和产品管理，这是导致学校改进项目不细、不深，一些改进工作的成果呈现似有似无状态的重要原因。

（三）学校改进工作的组织建设

从改进工作的实际进程来看，组织建设和人员配备是位于学校改进工作过程的前端的，因为一旦决定启动改进项目，全盘工作就要由专门的组织和人员来运作，组织的建设和管理工作贯穿于学校改进活动的全过程。在这个领域要注意以下一些问题。

1. 领导人员配备

要根据改进项目在学校工作中的重要性安排主管领导和项目负责人。凡是列入学校发展规划或独立设置的重点改进项目，应由校长或主管副校长任实质性领导者，承担领导职责。实践证明，没有校级领导的持久关注与引导，重要改进项目就可能名存实亡。

2. 项目执行组织及其负责人

（1）成立专门的项目任务小组并设置有权威、有能力的负责人。

经验表明，如果把改进项目完全融入学校常规组织“捎带着去做”，那么改进项目很难真正成功。即使由于学校缺乏人力资源难以专职完成项目，也要有明确的兼职人员成立专门项目小组作为核心力量引领与示范项目实施。项目执行负责人应由部门领导者或既懂业务又懂管理的骨干教师担任，最好这些人有过相关教育产品研究和开发的经历，他们会比较重视产品研究，把项目做出深度，做成精品。他们的职责是在校长领导下开展项目设计、组织参与者学习培训、参加并组织项目活动、指导和评价项目进展、争取资源和分配资源、协同有关部门对内推广项目成果，对外进行宣传和交流。

（2）设置产品-分项目小组。

较大改进项目最好设置各种专门的产品小组，并设置“产品经理（产品项目负责人）”作为其管理者。产品小组的职责是对产品开展研究、制定标准、设计活动，并将成熟的做法编写成规范化的实施流程等制度文本。设立产品小组的制度能够提高学校改进活动的专业化水平，进而提高其质量、效率和效果。

3. 学校改进的外部支持组织

绝大多数学校改进都多少带有自我突破和创新的因素，很难完全通过本学校之力实现改进，总要寻求一些外部支持。越是难度大的改进，学校越要持开放态度，争取外部组织或个人的制度性支持，特别是对完成改进项目至关重要的外援力量，应当通过契约保持稳定。一般来说，下面三种外部组织的支持是要争取的。

(1)政府组织的支持。

获得政府权威的支持，不仅可以增强学校改进活动的动员力，还可以获得物质、信息、感情甚至政策方面的支援。把政府纳入本学校的支持力量的途径和方法有很多，其中最重要的有两种：①学校积极参与和完成政府发起的教育发展和改进项目，将政府项目融入学校改进需要，这样做不仅可以获得改进的资源与指导，还可以获得政府机构的长期信任与关注。②创建有特色的本校改进项目，做成精品，创出比较系统的经验，形成一定影响，及时向政府报告并请求指导。这将为本地区教育发展提供样板，能得到政府机构的肯定和支持。

(2)学术组织支持。

学校管理者和教师们的日常工作特点使得他们习惯于在松散的经验王国中漫游，很难应对新问题的挑战，也缺少系统研究和解决新问题的能力，所以需要有实践经验的理论工作者的协助和引导。这里有三个要注意的问题：①聘请的学术指导人员应当具备改进项目实践经验，并且其专业领域与学校改进项目对口，这样才会真正发挥引导作用。经验表明，各级教研部门的教研员、多次参与学校改进工作的大学教师及有一定学术水平和分析能力的退休中小学干部与教师是比较好的智力外援。②外援专家要比较稳定和持久，最好在3年内能经常参与学校改进活动，这样才能帮助学校改进工作形成巩固、高质量的成果。③学校领导需要理清思路，在与外援沟通的时候明确提出自己学校的需要，并在专家指导下形成系统性的改进工作的框架和思路，而不是使自己与专家的合作仅仅停留于个别活动的组织和个别方法的指导。

(3)兄弟学校的支持。

学校领导和改进项目的负责人要挖掘一切有利资源为己所用，争取与有同类项目的学校建立合作关系一同开展活动，也可以与高水平的学校建立长期友好联盟。

4. 以知识管理的思路建设项目团队

学校改进活动不仅涉及组织和技术等硬件因素，更重要的是涉及知识这一软件因素。学校是知识型组织，学校改进就是知识整合与转化的过程，所以要重视这个过程中的知识管理，知识实践团队是学校改进活动的基本组织形态。

(1)什么是知识管理?

知识管理是高科技发展时代的管理新技术，从20世纪80年代开始受到国际经济领域的关注并迅速发展。知识管理最初为电子技术领域所欢迎，逐渐在各个知识经济所属领域扩展开来，并逐渐推向全社会领域，成为现代化管理理论和实践发展中极具影响力的分支。

对什么是知识管理的解释很多，但是总体离不开一些关键词：知识、问题、学习、研究、应用。一般可以将知识管理概括为：在问题和需要驱动下，管理者引导组织成员对相关隐性和显性知识进行集成、分享和使用，以提升成员素质并进而实现组织目标的实践过程。

这个定义指明这样三个重要问题：①知识管理不是纯理论或学术活动，而是服务于组织解决问题和实现需要的实践技术；②知识管理关注的知识既包括显性知识即系统表达的知识，也包括没有明确表达出来的隐性知识即经验性知识，要把隐性知识挖掘和表达出来，与显性知识共同发挥作用；③知识管理是指向组织目标和组织发展的一个完整的实践活动链条，包括知识的收集、挖掘、分析、整合、创新、传递、分享和应用。

为什么要在学校改进中引进“知识管理”？这里有三个原因。①学校改进的基础在于对相关知识的掌握、分析和转化，缺乏知识会影响改进活动准确、深入地展开。②学校改进是校本性的，需要把外来知识加以改造用于本校实际，同时挖掘出本校经验性知识促进学校发展，知识管理正是做的这件事。③学校改进不仅是一个问题的解决或一个目标的实现，它是长期的战略性的任务。一个问题的解决会为学校的发展开启新窗口，也为师生发展奠定了新的基础。而做到持久发展，就不能没有知识管理的视野和实践。

(2)在学校改进中建设知识实践团队。

学校改进的基础是组织起来的教师团队，而且是士气高、有能力的团队。这需要建设知识实践团队。知识实践团队又可以称作知识实践社团，是一种学习型组织，它是一群业务活动或知识志趣相似的人组成的小组或团队，对共同关心的知识和业务问题进行合作学习、研究和实践，深入挖掘专门知识和技术，以解决工作中遇到的问题，同时满足个人发展中兴趣与新的需求。

与一般单纯任务与活动定向的学校工作组织比起来，知识实践团队在以下三个方面有着明显的特点，这些特点也成为其优势。①这种团队重视将实际问题的解决与相关知识学习的紧密联系，知行合一，以用导学，学以致用。②形成一定机制持久地合作学习和研究。知识实践社团强调问题导向，强调不断改进和发展，并且形成一套行之有效的知识寻求和改进的方法，包括问题的鉴别和分解、知识的学习、知识的探索与研究、知识的分享、知识的应用等。各个环节形成流程，帮助参与者形成成熟的思考方式和工作方法。③知识实践社团内强调每个成员身份和地位的平等，关心和支持每个成员在完成组织任务的过程中提高专业水平，并为每个成员解决个性化专业问题提供援助。这样的组织对成员来说不仅是事业合作的场所，而且成为精神的寄托和发展的平台，必定为学校改进活动的成功提供组织基础。

那么怎么建设知识实践团队呢? 以下一些建议和经验值得考虑。

一是有层次地建立知识实践社团组织。根据改进项目的内容需要，在总的改进项目组织中适当分化出面向不同产品或任务(如专门检索梳理专题信息、专门研究理论基础)的小组。每个小组要适当向改进活动组织内外开放，欢迎有能力、感兴趣的老师参加。每个小组要制定自己的活动制度和流程。

二是建立有吸引力的组织愿景和明确的目标。这个愿景不仅是领导者和所有成员对团队的价值和目标的共同认可，也应当包括团队组织理解和认可每个成员对自己在活动中获得进步的期待和愿望，这样才能真正形成组织凝聚力。

三是在项目实施中加强民主管理，给予每个人提出意见和建议的权利和机会，也给每个成员合理地独立尝试改进活动的机会。

四是分解课题，形成有系统的微小课题群，以自选和派发相结合的形式给每个成员分配研究小课题，形成“人人有研究，不断有进展”的局面，形成制度化的研究和学习氛围。

思考题:

1. 如何理解学校效能?
2. 简述学校效能的主要测量方法。
3. 如何看待学校效能研究和学校改进运动之间的关系?
4. 学校改进有哪些特点?
5. 在学校改进中为什么要实行“产品管理”?
6. 为什么在学校改进中要建设知识实践团队?
7. 对于学校领导者而言，学校改进中可能应用到的主要知识有哪些?

第十三章　学校管理过程

过程是一切事物发展变化的轨迹，是它们动态的存在状态。对过程的研究揭示了事物内部各因素相互作用的规律，从而为预测事物的发展和对其进行控制提供依据。对学校管理过程研究的意义也在于此。

第一节　管理过程概述

一、管理过程研究的视角

对管理过程认识的基础在于承认管理活动“有序”，即对每项工作的管理都按照一定的逻辑展开，在这一点上，人们差不多取得了共识。但是对这个“序”由什么所组成，其逻辑轨迹是怎样的这个问题，却存在着不同的看法，较有影响的是诺贝尔奖获得者、科学决策理论的提出者西蒙(H. A. Simon)的“决策链条”说和美国管理专家戴明(W. E. Deming)的“四环节”说。

西蒙认为，管理过程就是一个不断进行决策的过程，整个管理活动由“决策——执行——再决策——再执行”这样一些连续不断的活动所组成。这一观点的长处就在于它抓住了决策这个关键要素，突出了科学决策在各层次管理活动中的核心地位，但它的不足之处是没能直观地指出“再决策”与决策在管理活动中的职能差别，对这一环节的特点分析不足，因而会给管理带来由于含义不明确而产生的操作困难。

戴明提出，管理由计划、执行、检查、修正四个环节组成，这四个词的英文字头分别为P(plan)、D(do)、C(check)、A(action)，因此管理过程被认为是由PDCA构成整体、连续循环的过程。这种认识获得了广泛的认同。

计划是对组织所要达到的目标的设想，对在此过程中可能遇到的问题的预见，以及对实现目标进程的筹划。

执行是将计划付诸行动，为达到预想的成果所采取的措施。这个环节包括了组织、指挥、协调、控制、激励等一系列活动。

检查是对照计划对执行阶段的活动和成果进行评价和诊断，肯定成绩，发现问题，纠正偏差。一般来说，检查是伴随着执行的过程随时进行的。

修正这一环节，现在多被称为总结，它是在工作总体完成以后所进行的总评价，它的任务包括肯定成绩、发现问题、提出改进措施和对人员进行奖惩。从管理效用的角度看，这一环节更应重视总结以后的“纠正”，对工作中的不足采取纠正措施后，才真正使管理过程成为闭环。

二、管理过程四环节的运行规律

戴明认为，这四个环节的联系和运动具有以下三个规律。

第一，互相联系，互相制约，循序递进，首尾相连而形成封闭性的系统(见图 13-1)。

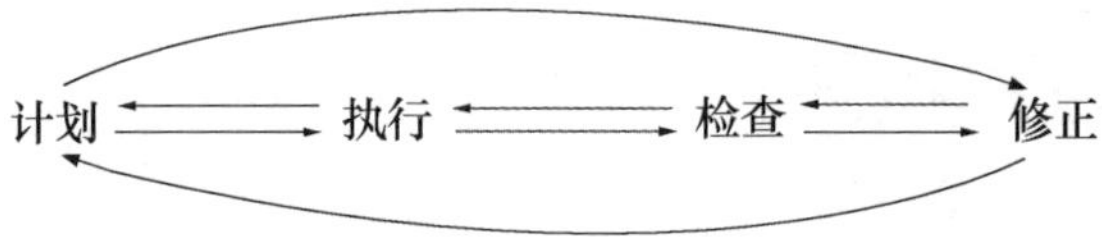

图 13-1 封闭系统

第二，学校各个层次的部门及个人围绕总计划的运行分层次地制订各自的计划并付诸实施，形成大环套小环的管理过程系统，从而保证管理过程统一、有序地进行。

第三，管理过程在“戴明环”滚动循环中不断向前发展(见图 13-2)，每完成一个循环，就使学校管理和学校各项工作提高一步(见图 13-3)。

鉴于后面章节对总结评价有专门论述，故以下只阐述计划和执行两个环节的有关问题。

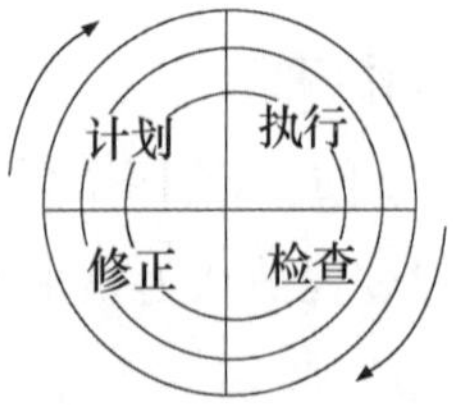

图 13-2 “戴明环”滚动

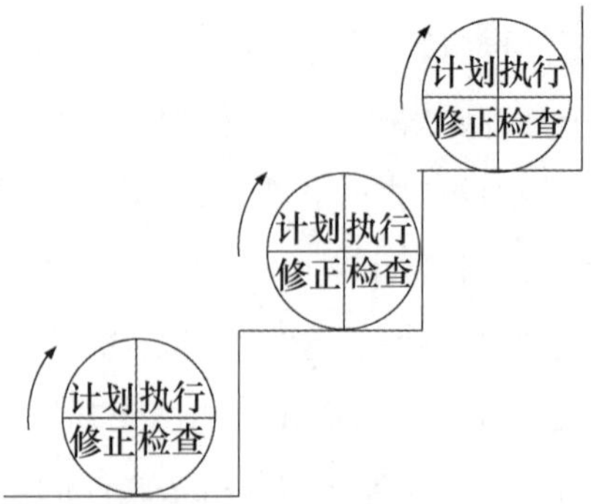

图 13-3 管理过程向前发展

第二节　学校工作决策与计划的制订

一、为什么要制订学校工作计划

学校工作计划是指导学校工作的基本文件，它是在一定的观念和政策的指导下，为实现学校工作的任务和目标而对学校工作的内容、规则、步骤、资源分配及方式方法的通盘预先安排。

为什么要制订学校计划？因为它在以下三个方面的作用是不可忽视的。

第一，为学校的高中层管理人员提供明确的方向与政策，以便作为指导和协调工作的方针。

第二，通过说明学校工作所要达到的最终成果及其标准、工作步骤和日程，使每个工作人员明白对全校、所在部门及个人的期望是什么，同时使每个部门和每个人明白自己与其他人的工作联系，以加强彼此的协调。

第三，预先估计在计划执行的过程中会发生些什么问题，以便提前采取措施，防患于未然。

从以上的分析中不难看出，学校的工作计划必须包括以下内容：工作目标、政策与规定、活动内容与程序、日程安排、方式和方法、组织、绩效及其衡量标准、必要的控制措施。

二、学校计划的类型

（一）按层次可分为总体计划、中间计划和具体工作计划

总体计划是学校决策层所作的全校性的工作计划，它规定一段时间内学校总目标、总任务、总政策、总体的活动项目和措施。它要回答的问题是：学校工作要向什么方向发展？有哪些可利用的资源及如何配备？组织上如何安排？什么人去负责什么事情？要达到什么成果？什么时候完成？

中间计划是落实总体计划的协调计划，是由学校的职能部门所制订的。它要回答的是：如何有序、有效地落实总计划？需要什么资源及如何获得？什么时候开始实行方案？什么时候及在什么地方协调哪些人员、部门的哪些活动？什么人对什么业务进行监督？

具体工作计划是基层单位的活动计划，如学校教研组或年级组的工作计划。这种计

划非常具体，操作性强。它要回答的是：具体任务及任务标准是什么？完成任务的活动有哪些？具体的工作日程？每个人的工作安排是什么？对设备的要求及准备是什么？

(二)按时限可以分为长期计划、中期计划、短期计划

学校是基层单位，“长期”的时间界限一般以两个因素为尺度：对学校未来最大的可预见年限；一位校长比较有把握的任职年限。按照这个标准，长期计划以6～8年为宜，中期计划为4～6年，短期计划为3年以下。

(三)按内容的复杂性程度可分为综合计划和单项计划

综合计划是关于学校所有部门的工作及其相互关系的总体计划，这种计划概括、全面，但在关键因素上一定要明确，这些因素包括成果标准、重要工作的时间进度、各部门之间重要的协调要求。单项计划是关于某单一工作任务的计划。

(四)按作用可分为进入计划、常规计划和应急计划

进入计划是指开展一项新工作的计划，它要筹划该项目如何上马。由于是面对新工作，这类计划应把问题考虑得尽可能详细一些，对困难设想得复杂一点。常规计划是指对经常工作项目的安排，这类计划由于是对大家所熟悉的工作做出安排，所以不一定太细致，但应突出重点，如重要的工作要求等。应急计划是指对意外事故如何采取应对措施的计划，这类计划是为预防可能发生的事故而事先制订的。它可分为两类：一类是一般性应急计划，它是对学校可能出现的紧急事故所作的计划，它偏重于组织工作计划，包括遇到紧急事故哪些校领导负责指挥、哪些部门参与哪类事故处理等；另一类是特定活动应急计划，是对某一具体活动或工作而事先制订的应对事故计划，如组织学生外出游玩就应该针对可能出现的意外制订这类计划。

三、学校计划活动中的决策

(一)什么是决策

决策是管理工作的一项重要活动，是计划工作的核心部分。西蒙认为管理就是决策。在他看来，管理活动就是对问题、环境、条件、人的主观能动性进行不断的分析、判断和作出决定的过程，他的看法抓住了管理活动最富有生命力的部分。

人们从不同角度对决策下过不同定义：从选择的角度看，决策被认为是对一些可供选择的行动方针所作的抉择；从信息运动角度看，决策被认为是将信息转换为行动的过程。还有一种最通俗的解释，认为决策就是拍板，或说是拿主意。这些定义各自抓住了决策行为的某一特征，但都不够全面。从现代决策的观点看，决策不是某一个行动，而是一连串科学行为的整合，可以将其定义为：决策是管理者在一定的条件下，运用科学的方法对解决问题的方案进行研究和选择的全过程。

决策可以按照不同标准划分为不同类型，表 13-1 举出一些主要分类。

表 13-1　决策的主要分类及具体类型

分类标准	决策类型
决策主体	中央决策、地方决策、基层决策
决策主体人数	集体决策、个人决策
问题范围	战略决策、战术决策、具体问题决策
决策先进程度	科学决策、经验决策、理性决策、非理性决策
问题认识程度	确定性决策、风险性决策、非确定性决策
目标多少	单目标决策、多目标决策
内容	业务决策、管理决策

（二）决策的程序

科学的决策要经过一系列步骤，它们有机地联系在一起，被称为决策程序。一个完整的决策过程包括明确问题、设定目标、制订备选方案、评价与选择方案、在实施中追踪决策等基本环节。

1. 明确问题

这一阶段是决策的前提，问题不清，原因不明，决策的方向就难以判定。这一阶段须做好以下三项工作。

（1）查明问题的范围、程度和特点。

范围是指问题发生及影响的广度，如大家感到近期学校教学质量下降，就要弄清究竟是所有年级都是如此还是个别年级。程度是指问题发生或影响的深度，如教学质量下降究竟下降多少？是稍微下降还是大幅度下降？这方面情况的判定最好用定量的方法把差距表示出来，这里特别要注意研究的问题是在正常范围内的波动，还是已经脱离正常轨道而对学校工作任务和目标构成威胁，如果是前者，可以不采取新的措施，如果是后者，就要认真考虑了。特点是指所发生的问题与其他类似情况有何不同，存在什么新颖之处。

（2）分析问题的原因。

解决问题要追本溯源才能治本，查找原因要深入，必须作纵向和横向分析。横向分析是对所有原因进行假设验证，去伪存真；纵向分析是指对问题层层剥皮，穷根究底地分析原因。这两种分析要交叉进行，并最终找出真正的和关键的原因。如学校教学质量下降了，横向分析查明了有学生学习积极性下降和教师工作不到位的原因。但进一步分析发现，学生方面的原因与教师工作不负责任有关。而深入地纵向分析发现教师不负责任原因是一些教师受市场经济大潮冲击，兼职经商，另一些教师的工作情绪逐步受到消极影响，但进一步分析，就发现根本问题出在领导层上，领导班子欠缺敏感，见事迟，未能采取坚决措施，以致事情发展到难以控制的地步。

(3)预测事态发展趋向。

预测就是对某件不确定的或未知的事情作出分析，对其发展前景和过程的各种可能性进行判断。科学的预测要运用系统分析的方法，综合相关因素而作出整体性的判断，要经过确定问题、收集和整理资料、建立预测模型、得出预测结论、拟合验证等步骤。可见，作为决策过程一部分的预测实际是一次“预决策”，它会极大地影响决策者的判断和决心，所以事关重大。

2. 设定目标

有些研究者将这一步叫“确定”目标，这种说法不完全妥当。第一，目标并不是一下子确定下来的，也是通过比较从多个目标中选择一个较为满意的，所以先要构想若干可供选择的目标；第二，目标一般是与其实施方案浑然一体的，有的目标看来很合适，但实施中可能遇到的障碍太大，也无法被选择，所以这一步仍然是假设目标。在现实决策活动中，“目标设定”与“拟定方案”经常是同时去做的。确定目标是决策的核心内容，它体现决策者的价值选择、对校内外情势的分析认识及付出代价取得成绩的意愿和勇气。目标是制订和选择行动方案的依据。确定目标要满足以下两个方面的要求。

(1)要选择正确的价值标准。

正确既包含标准的先进性，也包含它的可行性。学校决策要符合政府的有关政策，合乎教育规律，要面向现代化。但是，任何先进的价值观念都必须符合实际条件的要求，否则就是毫无意义的空谈。价值标准是各种公众利益要求的反映，在决策中要全面研究这些利益要求，进行恰当的综合。

(2)决策目标要有准确性。

首先，决策目标所用概念应该是明确的，不模棱两可，不含糊其词。如一些中小学提出把学校办成“与世界接轨的一流学校”，这种类似口号的目标含义非常不明确。

其次，决策目标要满足约束条件的要求。约束条件是指给目标附加的一定条件。例如，某校将提高中考和高考升学率作为新的工作目标，这个目标本身无可非议，但实现这个目标同时必须做到三条：①面向所有学生抓好教学，绝对不抛弃后进生；②绝对不能用教学排挤思想教育和体育，必须坚决贯彻全面发展的方针；③必须使学生劳逸结合。这三条就是附加给学校升学目标的约束条件。

再次，决策目标要有明确的时间规定，否则就会使其价值大打折扣，失去作为对管理活动实施监控的职能，甚至会沦落为不负责任行为的挡箭牌。

最后，在可能的情况下，尽量使决策目标数量化。

3. 拟定备选方案

科学决策的精髓就是决策者有选择的自由，没有选择就没有决策。只有对一批适合各种不同条件要求、达成不同水平结果的方案进行比较、权衡，才能合理决策。

拟定备选方案宜先粗后细。先粗是指高屋建瓴地从多种角度设想各种可能的方案，保证方案把各种重要发展前景都照顾到。如果在设想第一个方案时就陷入细节，很可能为后面的宏观设想设置了思维障碍。后细是指对已经提出来的方案轮廓细节化，将每个决策的活动内容、日程安排、人员配备、经费落实、实施代价逐一讨论、编排。特别是对每个方案执行的后果要仔细考虑，它们的积极后果与消极后果、有形后果与无形后果、当前后果与长远后果、直接后果与间接后果都应仔细权衡。

4. 方案选择

方案选择即拍板，它经过对方案的评价决定哪个方案可以选用。这一阶段有两个问题要注意：一个是选择方案的标准；另一个是选择方案的方法。

(1)方案选择标准除注意与上述“设定目标”的要求保持一致外，还要注意这一阶段特殊的价值选择：是极优、满意，还是渐进？

极优(有的作者称为“最优”，本书考虑它易与“最优化”混淆，故用“极优”)是将决策建立在一种想象中的理想状态下进行，这种价值选择认为决策者可以得到一切有关信息，并且可以完全左右决策和决策实施过程，因而目标的设定追求“极大化”。这种选择方案的价值标准过分地简化了现实，忽略了它的复杂性，因而是一厢情愿的。

西蒙认为，人的理性是有限的，决策者不可能在决策前掌握所有信息，也不可能有效预见决策执行过程的一切问题，所以决策的目标及其实现方案必须留有余地。由此，决策追求的结果不应是极优，而是次优，即足够的满意。

另一决策问题的研究者林德布洛姆(C. E. Lindblom)提出，决策必须是一个渐进的过程，因为过犹不及，欲速则不达。他认为，决策的进程中荆棘丛生，到处布满陷阱，如果进四步退三步，不如一步一步前进来得稳妥，从经济和心理角度上衡量，后者决策成本比前者要低。人们普遍评价，林氏的理论在用于常规事务决策时是可行的，但用于需要进行变革的事情时，则显得有些保守，有可能成为改革的阻力。

(2)决策方案的选择方法大致有经验判断法、数学计算法和实验法三种。

5. 追踪决策

一个决策并不因为拍板定案、付诸实施而完结，还必须经过执行过程的考验。因为在作决策时，可能会遇到信息不充分、经验不足或情况发生变化等一些负面因素的影响，因此对已经执行的决策必须进一步收集反馈信息，对不合乎实际或被证明存在错误的内容进行修正。

(三)影响决策质量的若干因素

决策质量大致应包括决策先进程度、决策的可行程度、决策的效率、决策成本及决策过程中所付出的代价。影响学校决策质量的因素既有宏观的社会因素，也有微观的个人与组织因素。这里只从微观上作出分析。

1. 决策者个人特点的影响

决策是决策者的主观世界作用于客观现实的过程，他的个性特点起着重要作用。这里关键的因素包括以下四点。

(1)价值倾向性。

价值倾向性主要包括决策者的政治观念、教育理想、关于人性的基本认识，对待权力的态度。

(2)对有关问题的感知能力和感知风格。

这方面是指决策者对问题的敏感性、理解力和排列顺序的能力，这关系到他能否迅速决策。按照美国学者穆尔(C. Mouer)的分析，这里又有两种不同风格：一种是钻研型风格，这类决策者要求信息多多益善，非常关心细节，追求精确；另一种是开拓者风格，这类决策者视野广阔，但只是迅速"扫描"重要信息，对细节不感兴趣，为创造寻找机会。[①] 前一种风格可能导致决策中逻辑严谨，稳妥但缺少创意；后者善于抓住机遇，有创造性但可能失之大意。

(3)对备选决策方案评估和决断时的风格。

穆尔认为这一阶段也有两种基本风格。其一是果断风格：决策者先有意向，后有事实与理论的论证。他们自信心强，敢作敢为，一旦作出决定就坚持不变，而且越是困难，反对之声越大其态度越坚决。如果所作决策正确，效率是会很高的。但这种人由于有先入为主之好，可能以非关键事实支持自己的观点，并冥顽不化，导致决策失误。其二是评价风格：这种决策者头脑清醒，将自己的决心建立在对现实评估的基础上，他们细致入微，并且不受个人偏见影响，对什么信息都要问为什么，努力分清事情的优劣和轻重缓急。但这种风格可能造成动作过缓，容易错过时机，如果个人判断能力较弱，也可能在价值冲突和错综复杂的信息面前不知所措。

还有研究者将决断阶段各种决策风格的表现分为五种：固执己见，拒斥逆耳善言；见风使舵，没有原则立场；因循敷衍，拖延决策；没有主见，惊慌失措；多谋敢断，保持警觉。应该说，第五种最好。

---

① 黄孟藩、王凤彬：《决策行为与决策心理》，309～323页，北京，机械工业出版社，1995。

(4)经验多少。

决策活动陷入经验主义是不对的，一切决策总是套老经验，没有创新，不思进取，就会把学校办得死气沉沉。但是决策活动面临很多似是而非的情况，非常微妙，具体情况下各种因素复杂的互动，会使看来与以往差别不大的事情得出很不相同的结果，要对这类问题正确决策，往往只可意会，不可言传，这就需要经验的积累。把上面分析综合起来，结论就是决策者要勇于实践，积累经验，但又不要盲目地为经验所束缚，必要时能够迅速转换视角和思维方式，有所创新。

2. 影响决策的组织因素

(1)决策群体的影响。

一般来说，在常规性问题上个人决策效率较高且有利于决策者负起责任；在复杂问题上，集体决策可减少失误，而且由于经过讨论获得多数人的支持，落实过程会减少阻力。但是当决策群体中存在不民主的氛围、不负责任的群体倦怠或情绪冲动时，会助长“群体无知”的现象发生，即群体盲目赞成某些自己不懂或缺乏深入思考的决策意见，因为谁也不准备对决策负起真正的责任。

(2)权力之争。

决策群体中如果存在权力之争，将会降低决策效率，还可能由于不同意见的冲突与制约，大大削弱决策的有效性。

(3)组织惯性的存在。

组织惯性是指组织中大多数人信奉的价值观、所遵循的行为模式、已有的规章、各种先例。这些因素常作为压力或规范，自觉或不自觉进入决策者的意识，成为决策方案的“约束条件”。在一般情况下，考虑这些因素是必要的，但是某些惯性因素有可能导致发生目标转移，即将那些非目标的、非关键的、非实质的因素放到不恰当的位置，成为正确、有效决策的障碍，这是必须注意防止的。例如，某校领导一贯很民主，大家习惯了他经常听取大家意见的作风，但有一次，他在职权范围内对一件紧急的事情独立决策，虽然决策正确，但还是有人对此不满并有意抵制这个决策，因为这些人习惯了他原来的行为模式。

第三节　学校发展战略规划

一、什么是学校发展战略

从词义上讲，战略是指一个组织所制订的关乎全局的计划。“战略”一词来自希腊文

“Strategos”，含义是“将军”，当时是指指挥军队的艺术。从该词使用的起源来看，“战略”首先是一个军事术语，指统帅的作战谋略。在以后的社会发展中，随着政治斗争的复杂化，该术语又用来表述政治团体政策和行动的目标、主攻方向、力量的组合、策略的集合。在20世纪60年代和70年代，企业战略研究形成热潮。研究者把企业战略看作高层次的管理职能，他们对战略内涵的解释主要有：①战略是一种计划。战略是一种有意识、有预见、有组织的活动，它把一个企业的目标、政策与活动结合成一个有机的整体。②战略是一种行动模式。战略不是纸上谈兵，而是为了实现长期目标而进行的决策、控制、资源分配等一系列行为的组合。③战略是一种关于企业经营性质的决策。决定进入哪个市场是最重要的选择，因为这关系企业未来的发展空间。

进入20世纪80年代以后，对于战略的研究又有了深入的发展，这个时期研究的主要观点是：①战略是一种具有思维张力的意图。战略的实质是创新，是一种争取领先地位和远大前程的渴望。思维张力、预见力和挖掘潜力是战略意图的核心。②战略是一种选择。选择得当就能建设企业的特色，形成自己的竞争优势。③战略是一种革命。战略制定必须有突破性。④战略是一种过程。战略本质上是一个随着环境的变化和组织自身的发展而不断建构的过程。

战略不是对组织以外短期变化所作的反应，也不是对日常工作所作的总结；战略不是组织现状的简单推论，即使一个组织制订了自己5年以上的长期计划，如果这种计划没有新思想、新目标，不导致新的结构和成果的诞生，那么也不是战略，起码不是优秀的战略；战略不是单项组织活动的计划，是多项活动的综合；战略不是一种理论说教，不是领导者个人思想的集合，战略是行动的规划和落实。

正是基于“什么不是战略”的分析，纽曼对什么是战略提出自己的看法：“战略集中规划长远的基本方向，战略首先是定性的，战略对制订短期计划发挥指导作用，战略结合各项经营活动计划形成企业的全盘规划，战略是切实可行并指导行动的，战略是被企业全部中、上层人员所理解的。”①根据专家们的分析，学校发展战略应当定义为对学校发展的长期目标和行动路线所作的宏观的、有预见的构想和安排。

二、学校战略管理在学校发展中的意义

学校战略管理是对学校长期发展进行规划和对于规划的实施进行组织监督的管理活动。它有以下四方面的实践意义。

① 中国工业科技管理大连培训中心：《企业战略与政策》，23页，北京，企业管理出版社，1985。

（一）强化学校的环境适应意识，提高发展的能动性，扩大服务的能力和空间

由于有比较稳定的资源供给、缺少竞争对手及追求稳定，学校很容易自我封闭。战略管理使学校主动适应变化的环境，自觉地预见未来环境变化趋势，正视挑战和威胁，把握机遇，进行科学决策，为未来确定发展方向和奋斗目标。

（二）推动学校持续发展

任何组织都有自己的生命周期，它在自己发展历程中要经过起步、上升、高峰、停滞到下降一系列环节。战略管理是对组织未来发展态势的思考、规划和行动，它不仅对组织现状进行判断，还要将组织放在环境发展的框架中分析，它要帮助组织分析新出现的社会要求，分析竞争对手的发展，还要揭示组织过去积累下来的弊病，在此基础上形成组织新的发展战略，在更高的起点上再造辉煌。这就是组织发展的“二次曲线”。战略管理不断向管理者敲响危机的警钟，使组织越过发展中的“高原期”，超越他人也超越自己。

（三）提升学校内在素质

战略管理把学校放在变化的环境中审视自身，迫使它在适应环境中改变自己，改变那些不适应发展的思想观念，提升管理者和教师的知识和能力水平，完善学校的各项规章制度。学校的创新素质将在战略实施中得到最大促进，因为战略不是计划“我们现在要做什么”，而是要考虑“为了将来我们必须做什么”，这就迫使管理者不断在新的起点上对环境变化和组织战略进行连续探索，寻找组织发展新的切入点。

（四）挖掘组织内外资源

战略管理对待资源的态度与常规管理有着很大差别。常规管理在行动中是本着量体裁衣的原则来办事情的，有多少资源办多少事情，规避风险。战略管理则与此不完全相同，它首先关注的不是现有资源，而是机遇，如果发现对于自己可发展的新的领域，那么就会投入战斗，全力研究新的战略计划和行动策略。如果缺少资源，就把争取资源作为战略行动的一部分，千方百计把资源的蛋糕做大，满足组织战略发展的需要，而不是消极地等待资源。

当然，战略管理并非都是“开卷有益”的，运用它也存在一些危机因素。

首先，不恰当的战略管理可能导致管理者把理想简单地当作现实，陷入发展的“乌托邦”而触发生存危机。在一些组织实行的扩张战略中这一点表现得非常明显。管理者以个人的意愿取代现实，缺少对于环境的正确估量，不是把战略作为一个个的连续体，而是随心所欲地追求“毕其功于一役”，在实力不足的情况下无限扩展规模，营造巨大的“王国”，从而演出悲剧。

其次，组织战略很可能被改变其实在的品质，变成一些管理者冒领虚功的手段，利用它来“作秀”。

另外，学校发展战略是以学校个体为单位的，由于寻利动机的驱使，每个学校都想把自己的利益最大化，一些学校将其他组织当作“假想敌”，利用自己的优势进行不当竞争，这就使得战略很可能成为扩大区域教育不均衡发展的推动因素，也可能成为学校间消极伦理关系的策源地。

三、学校发展战略的基本模式

战略管理的使命就是在较长的一段时间内集合优势力量最大程度消除或减少不确定性，接近理想中的目标。这个过程需要抓住各种要素和机遇，把它们结合成相对稳定的行动结构，从而给战略目标的实现提供可以理解和可以操作的“抓手”，这就是战略模式。战略模式是学校发展战略行动的具体目标、行动切入点和行动策略的总和。在实践中经常被人们采用的学校管理战略模式有以下五种。

(一)质量战略模式

质量是工作的过程与成果满足使用者要求时所具备的特性。美国质量管理专家洛丝特说过：“质量如同美丽一样，出自旁观者的眼中。”①这种说法指明了这样两点：质量不是一种夸夸其谈，而是发挥效用的行动过程或实体；质量水平高低不是自己说了算，而是需要经过使用的效果来加以证明。

质量战略是学校以向全社会持续地提供合乎需要的教育服务赢得社会信任、促进学校发展的系统行动。公众的社会需要有三个特点：①应当是合格的，最好是优质的，最大限度地满足各个方面的要求；②应当是持续提供的，因为社会需要不断补充人力资源，新生个体不断出现，对高质量教育的要求不会断档；③内容和水平上不断更新和发展，因为新技术、新观念不断出现，人对社会生活不仅是要适应，还要创造。现代质量管理不仅关注满足顾客的期望，而且更强调超越顾客的希望，为顾客创造新的需求，推动他们生活品质的提高。反过来说，如果学校的管理者和教职工意识到了这些并且在行动上实现了这些要求，那么学校的发展就会“更上一层楼”，增强自己的竞争力。

学校质量战略组成包括学校的质量方针、质量目标、质量战略保障系统和质量项目管理。

1. 质量方针

质量方针是学校质量管理的价值取向和行动方针。它是学校全体工作人员的质量宣言和质量承诺，特别是主要领导者关于学校发展方向和质量理念的概括性表述。质量方针是在对学校质量的历史、现状、国家政策、竞争环境、学校条件等基本要素进行分析

---

① [美]洛丝特：《全面质量管理》，李晓光等译，8页，北京，中国人民大学出版社，1999。

的基础上制定出来的，大致由三部分内容组成：一是质量管理的价值取向和指导原则；二是质量战略成果承诺；三是概括提高质量的主要途径或手段。例如，某中等水平的完全中学，最近合并了一所水平比较低的初中校。在优质中学扩招的情况下，学校办学面临困难。经过充分讨论，全校员工下决心发扬完全中学“不低头、不服输”的精神，经过几年奋斗，把学校办出水平来。他们对于教学质量确定的方针是：坚决贯彻素质教育的思想，满足学生及其家长的合理要求，通过狠抓教学管理和教师队伍培养，一年理顺关系，稳定教学秩序；三年总结出符合本校特点的教学规律并初步制度化，超过原来最好的教学成绩；五年左右形成一套行之有效的教学制度和策略，使学校的教学质量列为第二梯队的排头兵。

2. 质量目标

质量目标是学校在战略执行期间想要达到的成果。它是学校对政府和公众的质量承诺，是学校质量管理的努力方向和评价依据，也是激励管理者和师生员工努力创造新成绩的动力。

质量目标的结构可以从以下五个维度考虑。

(1)学校工作的内容：教学质量、德育质量、教师及其管理质量、安全管理质量、生活和教学服务质量、财务管理质量、社区公共关系质量、领导工作质量。

(2)一般质量目标：各项工作和各个环节的质量特性包括师生比、骨干教师比例、升学率、考试优秀率、毕业率、后进生转化率、学生出勤率、学生流失率、学生犯罪率、学生身体发展达标率、学生满意率、家长满意率等。

(3)改进质量目标：学生“出口”与“入口”时的学习水平、态度、能力和其他素质发展相比较的“增值”情况；教师的发展情况。

(4)比较质量目标：在区域中总体或主要项目上与其他学校(特别是同类学校)相比的进步指标。

(5)时间维度：达到各项目标的限定时间。

制订质量战略的质量目标，必须在关键项目上考虑质量目标的相关性。如学校素质教育的目标应当与教师发展的一些目标相关联，一所基础薄弱的学校确定的改进质量目标要与学校公共关系工作的目标联系起来，因为社会公众特别是学生家长更为关注绝对指标——升学率、安全情况等，对于表明学校“增值”的目标兴趣不太大，这就需要学校“推销”自己的目标，让公众理解和接受。

3. 质量战略保障系统

实现质量战略是一个复杂的工程，需要大量资源投入，也需要运作复杂的程序，专业化程度日益提高。例如，过去计算学校教育质量的“增值”就是对感觉的描述(举出考试绝对值或个别说明进步的案例，证明确实发展和前进了，但是没有说明背景情况，因此无法证明进步是由于学校工作带来的还是其他因素导致的)，但是现在人们要求科学的说服力，这就要在对历史资料的整理基础上进行回归分析，然后比较实际业绩与预期业绩之间的差异。做这样的事情没有资金、技术和管理是绝对无法完成的，这些要素的有机组合就是质量战略的保障系统。学校的质量战略保障系统在内涵上是与质量管理系统基本重叠的，所不同的是更多地加入战略职责。简要地说，质量战略保障系统包括以下四个组成部分。

(1)质量领导：领导者对于质量负起责任是学校质量保障的首要条件。负起责任必须具备充分条件：清晰和正确的质量观；务实的管理态度；扎实和系统的组织能力。

(2)质量管理团队：由学校、年级和班级形成的多层次质量管理组织；明确的团队努力方向和目标；有学术基础和组织能力的骨干；务实的团队活动计划。

(3)完善的制度：完整合理的质量标准；科学的质量信息管理和分析制度；合乎教育规律的评价制度。

(4)激励政策：质量达标奖酬政策；质量创新奖酬政策；团队成就奖酬政策。

4. 质量项目管理

除了学校工作的常规管理以外，战略性的质量提高需要通过一个个项目来推进工作水平的提高和组织的建设。项目管理是对一个工作项目的连续性操作进行管理的组织方法，这种方法包括五个程序块。

(1)起始程序块：确定一个项目，并开始实行。

(2)计划程序块：进行计划，并策划一份可以操作的工作安排，确保实现目标。

(3)执行程序块：协调人力、资金、物资和社会关系资源，落实计划。

(4)控制程序块：监督、检测目标达成的情况，及时采取必要的修正措施。

(5)结束程序块：完成目标后有序地结束，把可以持久运用到质量管理的经验制度化。

粗看起来项目管理没有什么新鲜的东西，但是它作为严谨的管理模式把一个项目捆绑成“活动包”，系统地完成以后，就可以使学校某些工作的质量和相关人员的素质得到提升。

(二)联盟战略模式

联盟战略模式是两个或两个以上的组织为了实现长远的利益，形成不同程度的联合体共谋发展的战略模式。该战略模式可以使得学校之间优势互补，共享资源(管理经验、优秀师资、校舍场地、资金和生源)，拓展学校发展的空间。

1. 学校间联盟的形式

(1)按联合的对象分类：中小学学校间的联盟、中小学与高等院校的联盟、高等学校与其他社会组织的联盟。

(2)按联合的主要目的分类：发展教育(学校)——发展教育(合作者)；发展教育(学校)——经济利益(合作者)；资源共享(学校)——资源共享(合作者)；扩大规模(学校或合作者)——争取生存(合作者或学校)；执行政策促进公平(优质骨干学校)——分享资源改进学校(普通加盟学校)。

(3)按联合的实质程度分类：紧密联盟(组织相对融合，资源共享，利益分配制度化)；松散联盟(缺少明确的联合目标，组织协调不健全，只有少量共同项目或活动)；虚拟联合(通过网络进行信息交流和共享，联合活动项目具有临时性)。

(4)按联合体中的各自地位分类：平等联盟(各个加盟组织权利、义务完全平等)；主宰联盟(一个学校为中心控制其他加盟组织)；指导联盟(一个组织对加盟者有指导、协助的义务，但是没有特殊权利，政府委托责任的学校联盟具有这种特征)。

2. 联盟战略的组成要素

(1)内部组织结构，主要是领导体制和组织设置。实质性紧密联盟的领导体制应适度集中权力，但是要各个加盟组织有自己的代表在议事和决策机构中，通过充分讨论和谈判决定代表各方利益的行动，这样才能充分发挥联盟的作用。

(2)共同的发展规划及相关的利益目标。

(3)协调机制，包括目标协调、信息沟通、行动监督、利益分配、争议仲裁。

3. 联盟战略可能存在的问题

联盟产生在组织危机发生或需要突破“高原现象”寻求更大发展的时期。利益在其中发挥着很大作用。这里利益的计算是必要的，但是如果利益“计算”过度，就会变成“算计”，为联盟的破裂埋下伏笔。这里有些失误是必须避免的。

(1)缺少思想准备，贸然联手。贸然联手包括：对对方的利益要求不清楚，没有明确契约，造成彼此猜疑，陷入被动；对对方和自己的优势、劣势没有分析清楚，合作低效；对对方的管理层不了解，不能以诚相待；自己心理准备不足，期望过高，不能承受磨合过程中的矛盾。

(2)文化冲突。文化冲突包括语言、管理模式、工作习惯、被管理者的权威意识、竞争心理、对于公平的理解和追求等方面的差异。没有彼此之间文化的沟通、理解、调试、磨合和重构，就不会有真正的联盟。

(3)缺乏信任。选择联盟对象时应当谨慎从事，详细考察对方的优劣势、目的和诚信品质，而一旦形成联盟，就要在制度基础上互相信任和支持，并形成一套增强互信的机制，有了问题，不要互相指责，而要针对问题拿出办法去解决。

(4)独断专行。一些学校在联盟中优势比较大，可能会以“盟主”自居，免不了颐指气使，引发冲突。

(5)业绩风险。包括业绩不良和业绩高速增长两种风险。业绩不良会导致管理层的争吵和分裂。业绩高速增长时也会出现争功争利的情况，要求利益重新分配，或者强势成员打压弱势加盟成员，造成联盟分裂。

(三)防御战略模式

学校运行中也会遇到各种战略性的失败和风险，例如：生源锐减引发学校生存危机；学校发展过快导致资源严重短缺；政府政策改变使学校在竞争中面临“出局”的危险；糟糕的社区环境导致学校长期业绩不佳；很多后起的学校进入某老牌学校的传统业务领域；等等。在社会转型的时期内，学校面临的危象更是频频发生。引发学校生存危机的因素大多是系统因素，它们的长期性决定了必须进行防御战略性“治疗”。

防御战略模式中使用比较多的是任务转移战略模式和紧缩战略模式。

1. 任务转移战略模式

任务转移战略模式又称为转向战略模式，它是指当学校的生源大量减少或自己提供的服务内容已经不复存在的时候，所采取的另行开辟新领域或更新服务新对象的行动模式。这种模式名为防御，实际带有很强的发展色彩。这种战略模式除了使学校的发展在困境中得以延续之外，还使公众获得新的服务内容。

任务转移战略模式包括以下四个组成部分。

(1)评价原有服务领域的市场变化情况，如果存在萎缩趋势，就应当考虑撤出这个市场。评估不但要注意质的部分，而且要注意量的部分，即市场在什么范围内、以什么速度和多大数量的尺度在发生变化，这对于考虑战略的策略很重要。

(2)新市场调查和评估。

(3)以沟通、协商为基础的战略决策。学校管理者要与利益相关的方面，涉及政府、学生及其家长、教师和社区公众沟通，获得他们的理解和支持。

(4)实施任务转移战略。这里除了尽快熟悉业务运作以外，还需要处理好转向可能带来的组织危机。

采用任务转移战略模式可能会出现以下失误。

(1)感觉迟钝，错失转移时机。

(2)看不到即将发生的危机，不忍放弃既得利益。

(3)错误判断新市场。一种是没有准确估量新市场的容量和潜力，估计过高而贸然进入；另一种是没有估计到政策变化对市场的影响，启动后困难重重。

(4)缺少自知之明，志大才疏，管理不当，痛失良好新领域。

2. 紧缩战略模式

紧缩战略模式是指学校缩减当前服务领域类型或规模数量水平的一种行动取向。实行紧缩战略模式的基本原因包括生源短缺、师资流失、学校发展规模和速度过大和过快、更好的发展领域需要集中资源加以发展等。这些情况下只有采取收缩的措施，才能重新组合资源，实现学校的长远发展。

实施紧缩战略需要做好下面三个环节的工作。

(1)明确是什么问题拖累了学校的生存和发展及紧缩的内容究竟是什么。

(2)确定紧缩的目标。

(3)在仔细分析学校内外各个相关方面利益要求的基础上，拟定紧缩的程序和组织策略，防止利益相关者与学校管理者发生矛盾和对立而抵制战略实施。

(四)顾客战略模式

顾客战略模式是以尊重和服务学生及相关公众作为学校的基本价值，通过双方的良性互动，了解、满足和创造学校服务对象的需要，同时引导学校服务对象建立起对学校的忠诚，发展真诚合作以形成教育的合力，同时借助这种力量推动学校发展。

1. 顾客战略模式的实施要点

顾客战略模式的核心在于通过学校的优质服务和有效的沟通工作，培养顾客的忠诚(customer logalty)。为了达到这个目标，下面三个方面的工作是必要的。

(1)必须在产品类型方面下功夫。产品不仅是学生的成绩水平，而应当是包括学业成绩在内的学生整体素质，还包括其他相关服务项目。要通过周密细致的调查切实了解顾客需要，甚至要弄清不同顾客的特殊需要，从而开发不同的产品。还要根据社会发展的形势，为顾客创造新产品。

(2)要不断提高产品质量。学校要在保证基本质量前提下，根据顾客的特点和要求不断充实和改进各个方面工作的质量。特别要在学校的特色产品和品牌产品方面下功夫。

(3)从公共关系入手，培养顾客忠诚。实施顾客战略，有赖于顾客对学校的情感信任。学校要与自己的顾客加强联系，增进友谊。

(五)特色战略模式

特色是一所学校的整体办学思路和在各项工作中表现的积极的、与众不同之处。特色在学校的发展中占有突出的地位，在某种意义上说，学校的发展战略的成功就是创造特色和以特色取胜的过程。学校争取“与众不同”地位的基础要靠与众不同的办学思路和成果来实现。特色战略模式着眼于社会需求，挖掘本校的潜力和特长，将学校办出与众不同之处，对内以这一特色为新的起点，振奋和动员所有教职员工，把各项工作提高到新水平；对外以它为“卖点”，为学生和其他社会公众提供新内容和新水平的服务，从而扩大学校的社会影响，并以此为契机拓宽学校获得资源的渠道。如一些学校抓住在新的历史条件下社会对贫困社会阶层的关注，为一批有发展前途的、家庭经济困难无力继续攻读高中的学生提供免费学习的机会，此举不仅仅解决了一些优秀高中生的就学问题，还获得其他收益：形成良好社会影响，扩大了学校知名度；得到政府的政策支持；受到社会各方的经济支持；对校内起到振奋人心的作用。运用特色战略模式时，学校决策者必须对社会需求非常敏感，而且要决心大，动作快，做到“人无我有，人有我精，人精我新”，始终占据战略优势地位。

可以称为学校中的特色的活动有很多，但是并不是每项都可以成为学校战略发展的切入点。只有那些能够对学校发展全局有一定意义、带动教师教育观念提升、促进质量提升且在学校内外形成一定影响的项目，才有战略意义。但是这些项目不是一蹴而就或唾手可得的，需要精心挖掘、培植和使用，这个过程要注意下面三点。

1. 精心研究学校发展的需要，以长远的战略眼光筛选特色

一所学校教育特色的发展程度与学校管理者把特色摆在什么位置、赋予它什么使命有关。要使已经发展起来的教育特色巩固和发展下去，就必须不断给特色赋予新的价值定位，把它放到学校总的发展前景中去发挥作用。把教育特色纳入学校发展战略，使它真正发挥推动作用，一般要考虑：特色教育的内容如何进一步丰富和创新，更加新颖、多样和情趣化，增加对师生的吸引力，从而使得它在校内获得持续的成功和支持；如何使特色教育进一步深化，揭示和承载更多的现代教育观念，并迁移到各项工作和所有教师身上，促进教师素质的全面提高；如何扩大特色教育的社会影响，形成学校教育的“品牌”，提高学校的知名度和美誉度。

2. 以科学研究推动教育特色深入发展

学校特色教育进展到一定阶段就难于深入，停滞不前，原因之一是缺少坚实理论的支撑和深入科研的指导，使得特色活动总是局限于经验水平上，狭隘而浅近。科研可以加深对特色的理解，坚定发展特色的决心；也可以分解特色教育的要素，探寻各个方面的规律，从而加深、拓宽特色发展。

3. 建设一支有持续发展能力的教师队伍

学校中强势特色的发展，光有领导者的决心还不够，还有赖于一支有热情、专业化和结构合理的基本队伍。发展学校特色的队伍中要有：一般业务教师，他们的职责是组织、实施特色普及性教育活动，这是多数人；骨干业务教师，这是为数不多的2～3名业务教师，他们精于业务技术，能够从总体上设计和开发特色教育的新形式和新内容；兼职的专家，发挥专业指导作用；特色活动协调负责人，他们是特色教育活动的组织者和内外关系的协调人，实际是特色教育的总负责人，主要负责考虑如何将特色教育活动纳入学校的战略意图，如何在全校的教育活动中保证特色教育的恰当地位和吸引力，如何将特色教育的成果推向社会。对于这支队伍的建设要有政策的支持，包括选拔和引进政策、激励政策、培训政策。

四、制定学校发展战略规划

制定学校发展战略规划要经过战略环境分析、学校条件分析、战略进程设计、实施战略的资源保障等环节。

（一）战略环境分析

研究和顺应环境的变化是学校发展的精髓。学校领导要能够预见未来环境的变化，作出有眼光的超前决策。环境分析包括宏观环境分析、中观环境分析和学校经营环境分析。

1. 宏观环境分析

宏观环境是影响学校发展的高层次的外部因素，包括政治因素、经济因素、社会因素和教育因素。如国家经济与社会发展的规划、国家的产业发展政策和劳动人事政策、国民经济的发展水平与国家财政分配政策、人口流动政策和劳动人口分布现实状况等，它们构成影响学校发展的总体的制度和心理制约因素。学校在发展的过程中具有长期性和间接性的特点，还存在差别性特征，也就是某种环境因素对于不同层次、不同水平、不同区域、不同任务类型和不同主观定位的学校来说影响作用不同。

对于宏观环境的审视主要要研究和领悟下面四个基本范畴：①观念的发展变化。在中央政府和地方政府的政策和行动计划（项目）中，会出现一些新的（有的可能是探讨中的）理念作为社会发展和政府教育工作的指导，如"以人为本""可持续发展""有发展力的和谐社会""建设学习型社会"等，它们对于教育的创新和发展也有持久的指导力。②政策的发展变化。许多宏观或中观政策不管是否涉及教育，都为学校长远发展作了背景铺垫或未来条件预设。③政策性项目。国际组织或我国政府提出的一些重大或大项目会影响到学校，直接或间接为学校发展提供了机遇。如世界银行提供的支持中国西部贫困地区基础教育发展贷款项目、中国青少年基金会的"希望工程"项目等。④公众的心态与教育需求。宏观社会环境的重要作用之一是引发和形成公众对未来的希望和发展预期，这些期望促进了对教育的需求。

2. 中观环境分析

中观环境主要是给学校提供经常性资源的行政辖区内的相关政治、经济、人口、文化和教育发展状况，它对于学校发展的影响具有直接性、地方性、微观政治性[①]等特点。

---

① 微观政治指的是个人或群体通过正式或非正式权力，以谈判、妥协、交易、斗争、冲突等方式进行的利益的分配或再分配。微观在这里指的是组织的基础性。微观政治是社会生活中普遍存在的现象，它的价值善恶要根据具体问题情景作具体分析，但是从积极角度看，作为民主生活的一种形式，以及作为推动组织改进的一种机制，其存在意义是不容忽视的。

从现在情况看，县域或市域内人口出生数量和人口流动情况对中小学校生存和发展影响重大，这需要紧密跟踪。

3. 学校经营环境分析

学校经营环境是指学校外部的具体运作环境，它们在微观层面直接影响学校的发展。这种环境的结构内容大体包括教育的消费者、行业内的竞争者、行业内外的合作者。

教育消费者的需要决定了学校可以在哪些方面有所为，对学校教育服务消费者的分析包括：谁是本学校教育服务的消费者？他们需要什么？有多少人选择某些项目的教育服务(比如寄宿服务)？他们分布在什么地方？他们通过什么方式获得关于本学校的各类信息？他们有什么社会特征，如什么社会阶层、什么国籍、什么经济收入？

对行业内的竞争者分析应当关注：他们的业务领域是什么，其优势何在，弱项或强项何在？在行业中已经形成的地位和影响怎样？他们是否还要继续扩张和发展？他们特色是什么？其发展领域空间大小？竞争对手的竞争策略是什么？谁是某个竞争领域的潜在进入者？

对行业内外的合作者分析涉及以下问题：合作者的优势何在？有什么可以为我所用？合作者的需要和合作条件是什么？合作者是否有足够的合作诚意和执行合作的能力？如果合作者诚意不够的话，那么学校在多大程度上可以利用对方的优势为学校的发展战略服务而又不至于冒太大风险？

(二)学校条件分析

为了将学校的战略规划建立在坚实的基础上，学校要前瞻性地自我分析，理清“家底”。学校的优势和劣势分析应当包括两个相关的步骤：首先全面清理学校内部基本条件(见表13-2)；然后分析关键的竞争优势和劣势。

表13-2　学校基本情况分析项目

项目	内容
学校的教育服务类型、数量和质量	1. 学校提供了哪些公众需要的教育服务产品(普通教学内容及其质量、特色教学及其质量、学生品德教育的内容和实效、学生安全教育与安全保障、学生升学或就业服务、学生食宿和业余活动等生活需要、家长信息沟通要求等)、数量规模是否恰当及在类型和数量上是否具有调整的可能和必要 2. 各类教育服务的质量如何及公众评价如何 3. 学校运行链条的各个环节协同性如何 4. 学校教育服务新项目的研究和开发能力如何
学校的发展历史和社会位置	1. 学校以前的成就内容和地位、发展的主要原因 2. 学校过去几年的主要目标、实现程度，如果没有完全实现，检查是规划原因还是执行力度不够 3. 过去几年采取的战略模式及是否成功 4. 在惯例评价范围内学校现在所处地位

续表

项目	内容
领导者和管理人员素质	1. 主要领导者的教育和管理思想是否先进和符合学校发展要求、是否具有战略意识及统率全局的领导能力怎样 2. 领导层的年龄、知识、经验结构是否搭配合理及这个领导班子的眼光、抱负、能力和作风是否能够同心协力带领学校持续发展 3. 领导层的管理思想和领导作风是否有利于调动下属积极性 4. 中层领导在管理和控制本部门工作中是否具备相应专业能力和管理能力、是否具有全局意识和团队精神
学校组织结构	1. 学校组织结构基本是什么模式及是否同时满足学校日常工作和改革发展的要求 2. 权责关系是否明确、是否符合教育规律及如何进行监督 3. 规章制度建设是否完善、科学、合理，有利于学校发展和教师与学生的发展 4. 是否建立有效的与外部沟通的组织和机制
教职工的基本情况	1. 教职工数量、专业结构、职业能力总体水平能否满足日常教育、教学、后勤保障和管理业务的需要 2. 是否建立起可以带动学校发展的、占教师总数 20%以上骨干教师(和科研人员)队伍，以及有无培养出少数几个学科领域中的教学、教育和科研做出突出成就的教师并有相应机制充分发挥他们的作用 3. 教职工的心态是否与学校发展要求相一致 4. 人事制度是否有利于调动教师积极性和促进教师发展 5. 工资和奖酬政策是否与学校发展要求相匹配及是否有资源保证 6. 学校教职工中是否存在学习和自我发展的氛围与机制
学校建筑“设备”设施情况	1. 学校建筑、设备、设施是否能够满足基本教学需要，是否能够满足教育教学改革的基本需要，以及在同类学校中处于什么装备水平 2. 现有设备设施使用效率如何，以及如果没有充分使用的原因何在 3. 设备是否存在对外(兄弟学校、社区)资源共享的空间，以及是否存在利用外部资源的必要和可能性
学校资金运作状况	1. 有无资金筹措和使用的规划，以及对于资金使用的效益有无明确指标、核算系统和监督措施 2. 资金来源渠道都有哪些，以及存在哪些风险和采取什么避险措施 3. 有无与学校战略密切配合的财务计划 4. 财会主管人员是否具备能力协助领导把握战略性资金收入和支出，以及避免政策性失误和技术失误
学校发展能力	1. 学校是否有稳定的机构、人员和机制分析、规划和监督学校的战略发展 2. 学校管理人员和教师中是否有一些具备整体发展和项目开发能力的人员，以及有无培养这类人员的机制 3. 有无在少数学科领域取得突破的并持续发展的机制 4. 收集、加工处理和向内外部传播发展信息的能力如何 5. 学校形象的自我推介能力、社会资本的建构能力和服务产品的“推销”能力如何

在上述分析的基础上，下一步就要查找学校的优势、劣势和判断学校的独特竞争力(见表13-3)。

表13-3 学校的优势劣势分析

项目	内容
学校教育业绩的优势和劣势分析	1. 基础性业绩，包括各科教学成绩的达标、学生安全保障、学生道德品行良好，没有严重违纪，特别是没有恶性犯罪 2. 核心竞争性业绩，指社会公众最为关注、给学校和教育行政部门带来巨大压力的最基本的和普遍性业绩指标，如中小学与升学相联系的教学成绩，与学生就业相联系的中、高等职业学校的学科设置和教学声誉及研究型大学的科研成果等 3. 外围性业绩指在核心业绩以外学校所提供的各种教育服务项目所创造的业绩，如学校开发的特色课外教育活动、周到的生活服务、与家长紧密的联系、学校为社会提供的服务、特殊教育服务(如当前情况下残疾学生随班就读)、开发的新教学模式等
内部素质和活动过程的优势和劣势	学校基本情况分析中归纳了学校的素质要素和过程要素，对于这些方面的分析既要考虑一般规律，又要在学校之间进行横向比较
学校独特竞争力	独特竞争力相对来说是一所学校所独有的，构成这种竞争力的要素难以转移也难以模仿，考察学校的独特竞争力既要考察资源状况，也要考察它的组织能力

对于内外部环境的分析相当于以学校为中心画了一个全景图，大致标明了学校的现在方位。但是找到现在位置不是战略规划的目的，完成环境分析以后就应当是探询：下一步该向什么方向走？继续前进应当停靠在哪一站？也就是说，解决学校发展的战略定位和目标问题。

组织的战略定位的含义：就贡献而言，定位是一个组织要争取的提供特定产品或服务种类、数量和质量方面在本行业系统内相对比较水平；就发展而言，定位是一个组织的发展能力水平；从服务对象的角度而言，定位是组织为哪个群体服务。

学校战略定位一般要综合地考虑：学校为哪个群体服务和服务主要内容及其质量；学校教育、教学或组织发展已经和将要建设的重点领域；确定学校在所在服务领域中所要争取的地位。在现实战略定位中，抓住外部机会与建构内部能力是密不可分的。确定学校的定位以后，就要考虑在战略发展期内的战略目标，战略目标是在战略规定的时间内学校发展所要追求的最终结果。

完整的学校战略目标分为总体目标和分项目标两类。总体目标要说明学校未来在所属学校群体中的位置、学校发展的重点领域、关键指标的努力方向和发展水平等，它指向学校争取实现的宏观业绩。总体目标带有概括性，但它是针对学校环境、问题和前景需求的概括，所以不是纯粹的理念表述，而应该用清晰的语言有针对性地说明学校未来所要完成的任务和达到的水平。由于总目标不能过分冗长，所以在简洁的表述中力求每句话都有伸张力，可以拓展，在分目标中解释其丰富内涵。

分目标是对学校工作和运行的各个主要具体领域提出的发展性目标，它们是学校在战略规划阶段要完成的任务或者是完成任务的必要保证。分目标应该与总目标紧密配合，在任务方面要对总目标进行分解和说明，在条件方面要与实现总目标的需要相结合；它们应当有重点，在设计分目标的时候，应当设定时间标准，确定每个阶段完成的任务。

（三）战略进程设计

学校战略目标如何实现是一个困难的问题，因为这个过程漫长而又充满了变数，所以设计规划的时候，必须把推进过程的主要程序纲要式地在文本中表达出来。这种程序包括进展阶段预想和战略模式策划。

1. 战略实施过程的主要阶段设计

对于学校战略的实施过程，要有阶段性的设计，即按照实现战略目标的需要，分几步解决主要问题。这些问题有的与目标直接相关，有的则为扫清外围，为战略目标的实现铺平道路。解决这些问题的过程相当于一个个的战役，这些战役成功了，战略预期的目标就基本实现了。战略实施阶段落实到文本上，除了把阶段目标陈述清楚以外，还要尽量澄清每个阶段完成任务的指标。

2. 战略模式选择与组合

学校发展战略模式是落实战略的行动策略，这里要注意的问题有：模式是为战略目标服务的，不能用来装样子；以项目管理的机制确保模式的实现；不同战略模式在实践中可以几种类型结合使用，但是在一段时间内应当有轻重之分，并尽可能寻求这些模式的结合点，使得它们能够发生协同效应。

（四）实施战略的资源保障

完整的战略规划需要对于实施战略的支持条件进行策划，以便在战略实施过程中开发和组织这些资源，为战略实现提供保障。除了资金、设备和设施、信息、工作人员以外，特别要注意战略领导的组织因素和政策因素。

战略领导的组织因素要考虑：建立和完善学校的战略决策机构，明确校长的第一责任人的地位和职责；明确已有学校职能部门的战略职能（不能仅仅关注日常工作职能）和战略责任；建立和完善战略决策的决定机制和监督机制；制定适应战略发展中改革需要的新型组织（如虚拟型组织）建设原则和程序。

学校的战略性发展是一个个大大小小的改革过程，其间穿插诸多的利益调整和工作制度的变化。通过分配政策的调整，重建利益关系的结构，以便在“人力资本产权交易”

的制度框架下，激励各个方面的人员尽职尽责地履行自己的战略职责。

满足学校发展战略需要的相关政策因素来自两个方面：上级的政策和学校内部的政策。上级政策包括充分挖掘和利用已有政策和向政府争取新政策两个方面。学校内部的政策是指学校在国家政策和自身能力范围内推出的学校的微观政策。

第四节　学校计划执行阶段的管理

学校计划的执行过程包括了组织、指导、协调、激励和控制等一系列活动。这里仅就控制、协调和组织技术三个方面作简要介绍。

一、控制及其要求

控制是学校管理者为保证实际工作与学校的计划相一致，或为使人们的行为遵循规范，所采取的监督和矫正等管理行为。它的目的是指出偏差，以便纠正错误，并防止重犯。

控制是使学校的各项工作围绕目标运转的基本管理活动，它具有收敛性特征，即引导所有工作纳入规范轨道的功能。控制有三种基本类型：①事前控制(前馈控制)，是在行动之前对可能发生的情况进行预测并提前做好准备的控制形式；②过程控制，是在执行计划的活动过程中对偏差实施的控制，是即时性行为；③成果控制(反馈控制)，是在计划完成之后，经过与目标对照，查找偏差再实施矫正的控制行为。在管理技术日渐发达的今天，事前控制备受青睐。

控制活动包括三个基本环节：①确定控制目标，工作计划是基本的控制标准，但为了实施更为有效的控制，应当对各项工作和活动设置详尽的、可操作的标准；②衡量执行效果；③采取措施纠偏。

对控制活动的要求：①围绕目标和计划进行；②建立严密的组织机构加以保证，明确各部门和每个人的职责；③控制要及时，迅速发现问题并立即加以纠正；④对待计划要有适度的灵活性，内外部情况发生较大变化时，应对控制的目标和方式方法进行合理的调整；⑤控制措施要有一定的力度。

二、协调及其要求

协调是为了完成计划和实现目标，对各项工作及各位人员的活动进行调节，使之同步，互为依托。

学校的各项工作虽然都经过计划安排，但是由于各个部门和各个工作人员的任务、利益、环境及能力、性格、认识等条件各不相同，在活动中的矛盾冲突及不和谐在所难免，因此就会导致效率下降乃至破坏目标实现。协调的目的就是要减少矛盾，把内耗降到最低的程度。协调要遵循以下五项原则。

第一，全员参与原则。必须使所有人员都了解学校的目标、计划及与其他人员的工作关系，树立与他人配合工作是自己的职责而不是额外负担的观念，从而自觉、主动地搞好协调。

第二，有效沟通原则。沟通是进行协调的基本手段。有效沟通，一是指要有效能，即能够达到所要达到的目标；二是指有效率，即能够迅速实现协调的目的。为此，要注意把握以下四个方面的问题：①沟通目的要清晰，对通过沟通希望解决什么问题必须心中有数；②信息表达应当清晰无误；③注意沟通的技巧，比如语言的恰当运用、说话分寸的掌握和时机的选择、善于倾听沟通对象的发言等；④对信息沟通的效果进行追踪检查，及时反馈。

第三，及时协调原则。在制订工作计划时就应该考虑各项工作会有什么协调关系，并提前拟定方案和措施。在执行计划过程中管理者应对可能发生的问题保持警觉，一旦发现就以适当的方式迅速处理，不要等积累成山再采取行动。

第四，连续性原则。要追随工作的发展不断协调。

第五，直接接触原则。这里涉及两个方面：一是管理者在协调各个部门或各个人员的工作关系时，一般情况下应与被协调者直接见面，与对方交换信息和意见，这样不仅可以保证信息准确，而且可以在深入解决思想和现实问题的基础上妥善协调，特别是在关键问题上，直接接触使协调更加确定，避免节外生枝而延误时机；二是尽可能使几方被协调者直接见面，这样既可使意见摆到桌面上来，又可以使当事者进行情感上的交流，而情感沟通往往比认识协调更具有意义。

第五节　学校的目标管理

一、目标管理概述

（一）目标管理的概念与发展历程

目标管理是20世纪50年代以后发展起来的一种管理方法，它以组织的总目标为中心，运用系统方法建立分层的目标体系，通过分权调动被管理者的能动性，从而有效地完成组织任务。

目标管理是1954年由美国管理专家彼得·德鲁克(Peter. Druber)提出的。他在《管理的实践》一书中首先提出了“目标管理和自我控制”的主张。他认为一个组织的“目的和任务，必须转化为目标”，如果“一个领域没有特定目标，则这个领域必然会被忽视”。他在分析目标的作用时指出，如果没有一定的目标指导每个人的工作，则组织越大，人员越多，发生冲突和浪费的可能性也就越大。由此，他提出目标管理的实践性主张。

目标管理模式的出现绝非偶然，而是当代管理理论和实践发展的要求。众所周知，泰勒等人于20世纪初提出科学管理模式，大大提高了劳动生产率，但也由于增加了劳动强度和强化劳动监督而遭到工人的激烈反抗，劳资之间矛盾加剧。为解决这一问题，梅奥(Mayor)等人于20世纪20年代末提出了人际关系理论，主张在企业中应重视人的社会要求，通过改善人际关系和发挥非正式组织的作用来提高劳动生产率。这一主张的实施在一定程度上改善了工人的劳动境遇，但也显示了不可忽视的缺点，即易于导致组织涣散，降低劳动生产率。将这两种理论的长处融为一体，保护劳资双方的利益，就成为新理论的使命，目标管理也就应运而生。

自彼得·德鲁克提出目标管理以后，到20世纪80年代初大致经历了三个发展阶段。

第一阶段是50年代到60年代初以绩效评估为中心的目标管理。这一阶段的重点是以“工作具体成果”的评价代替传统的以“个人气质”为评估标准的做法，力图普遍建立每项工作的量化标准，从而使管理走上突出个人工作成绩的轨道，让每个工作人员明白应向什么方向努力、应达到什么水平，企图以此加强控制，并刺激人们的主动性和创造性。

第二阶段是在60年代中期，目标管理开始从仅强调组织的总目标和部门目标，向设置个人目标发展，并使个人目标与总目标、部门目标有机地结合起来，形成完整的目标体系。这一阶段已经开始注意引导所有成员参与组织管理。

第三阶段是70年代形成的以战略规划为中心的目标管理，它超出了保证短期任务完成的范围，进一步关注组织长期发展目标的实现。

(二)目标管理的特点

1. 面向未来

目标具有未来指向性，目标管理是领导者引导被管理者共同努力追求未来新成果的组织行为，因此实施过程中十分注意目标决策的正确、先进与可行。目标管理是具有发展性、创新性的管理，不是保守的管理。

2. 系统性的管理

在这种管理方式中，目标是全部组织活动的中心，根据它来安排和指导工作、确定工作重点，并以它的实现程度衡量组织功能的优劣。同时，目标动员所有组织成员参加管理，各成员都要承担职责内的分目标实现的任务，使每个成员都明确自己对总目标应承担的义务，增强了整体观念，保证了整体目标的实现。

3. 重视成果的管理

成果是指一个组织设定的目标水平的高低及这些目标实现的程度，其水平越高、实现程度越高，目标成果也就越大。获得目标成果是每个组织存在的意义，因为它关系到对社会的贡献，也关系到组织的生存。重视成果是指在衡量每个部门与个人的工作时，以对实现目标所作的贡献为标准，而不是空洞的言辞或无效的劳动。重视成果，有利于克服“干好干坏、干多干少都一样”的“大锅饭”管理作风和懒汉作风，有助于克服“做表面文章”的虚假风气，可以起到促先进、督后进的作用。

4. 重视人的管理

目标管理强调人是管理的核心和动力，规定必须引导所有组织成员都参加管理。它的特点之一是使参与管理的原则操作化，在制订目标、执行目标和检查目标执行情况等各个环节都规定了一般组织成员参与管理的具体办法，非常有利于调动人们的积极性。

二、学校目标管理的过程

目标管理过程指目标管理实行的活动程序。它与一般管理模式一样，也包含了计划、执行、检查等基本环节，所不同的是在各个阶段都更多地贯穿着民主和科学的色彩。有研究者将目标管理的过程概括为“一个中心、三个阶段、四个环节、九项工作”，是很贴切的，其过程如图 13-4 所示。

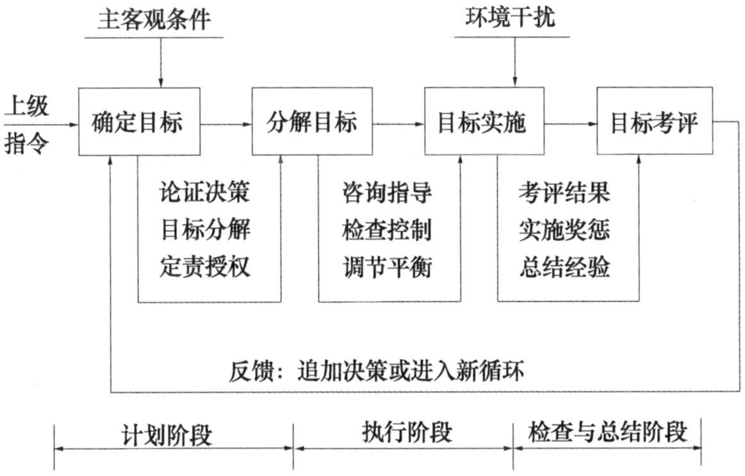

图 13-4 目标管理过程

(一)计划阶段

计划阶段包括确定目标和分解目标两个环节，其中又有论证决策、目标分解和定责授权三项活动。

论证决策是指选择目标，是设计目标并说明其必要性和可行性的过程，这是目标管理的关键一步。制定学校的总目标时，应包括总方针、定量目标和保证措施。

目标分解是指通过协商方式将总目标逐层落实到各个部门和各个成员身上的过程，通过这一活动形成纵横交织的目标网络。目标分解依次经过三个步骤：①学校领导宣布总目标。②下级根据总目标制定分目标。在这一步中，上级既要检查下级的目标与措施，但又不要管得太死，妨碍下级积极性的发挥。③协商与调整，包括上下级的纵向调整和横向的部门间、个人间调整。领导者一定要对所要协调问题的重点及下级情况做到心中有数，协商的原则应坚持民主与集中相结合，充分听取下属意见，发挥其积极性，但又不能迁就不合理的要求。

定责授权是在分解目标的基础上，明确各个部门及个人的权利与责任。这一步要注意三个问题：①建立责任制，责任内容一定要明确，把各项工作的数量、质量和时间要求逐一写清，形成明文规定的约束，否则责任就无法落实；②明确责任时，同时要授权；③不能越级授权。

(二)执行阶段

执行阶段的具体工作包括咨询指导、检查控制和调节平衡三项。

咨询指导是目标管理活动中有特色的管理行为，因为目标管理强调给下级较多的自主权，所以对下属工作较少直接命令，而更多通过出主意、提供信息供参考等办法实施间接引导。

检查控制不仅指对下属工作进行检查，还要检查管理者向下级所授之权和所应提供的资源是否到位。

控制是通过反馈纠正偏差的管理行为，目标管理的控制应注重每个工作人员的自我控制，在内容上要对关键方面实施控制，而不要事无巨细都加以干涉。

(三)检查和总结阶段

检查和总结阶段包括三项工作，即考评结果、实施奖惩和总结经验。

三、目标管理在学校中的应用

(一)实施目标管理对学校管理的意义

将目标管理的模式引入学校已被证明是行之有效的。

1. 有助于全面贯彻国家的教育方针政策

目标管理强调目标的指导作用和控制作用，将对教育方针政策指导下的教育教学活动过程及结果的要求设计成系统的目标体系，从而规范所有管理者和教职员工的行为。

2. 有利于调动教师的积极性

目标管理的特点之一是所有的教职工都参与管理和自我管理，这一做法十分符合教师的特点。教师的文化水平高，认识能力强，有相当的自我管理能力；就其心理特点而言，他们希望能够得到尊重和信任，期望能在工作中取得较大成绩。因此，实行目标管理，将学校目标转化成为激励性的教师个人目标，赋予其相当的自主权，正是教师们所希望的。

3. 有利于完善和巩固责任制，提高教育质量

实行目标管理，就要将目标层层分解，逐级落实，把每个人的工作职责规定得清清楚楚，使其明白自己应该做什么、做多少及做到什么程度，这样就能确保学校各项工作保质保量完成。

（二）实施目标管理对领导者提出的要求

实行目标管理是领导方式的转变，不因为管理中实行分权而减轻领导者的工作量和责任。相反，由于目标和责任进一步明确，管理技术趋于复杂，对领导者的思想观念和工作作风的要求更高了。

第一，领导者要从任务型管理方式摆脱出来，不能满足埋头事务，而应将主要精力转向统筹全局；要从控制型管理转向民主型管理，将集权和分权有机地结合起来；工作重点要由事后检验转向前期决策，从经验管理转向科学管理。

第二，领导者要进一步全面提高管理能力，包括决策能力、组织能力、授权艺术及协调人际关系的能力。

第三，领导者要树立扎扎实实的工作作风。要精心做好各项基础工作，包括建立严格的责任制和信息系统，努力使工作标准化。

四、学校管理目标系统

学校管理目标是学校各项工作应该达到的质量规格。表 13-4[①] 是对普通中小学管理目标系统的构想，限于篇幅，只设定到三级指标，如需对各项工作分项要求或检查，还应继续分解才能符合目标管理操作需要。

---

① 张玉田等：《学校教育评价》，338～342 页，北京，中央民族大学出版社，1998。

表 13-4　学校管理目标系统

项目	分项	要素
领导集团	个体素质	政治素质、事业心和责任感、文化素质和实际水平、领导作风、工作经验
	结构组合	数量编制、年龄结构、专业结构、智能结构、性格结构
	运转情况	党组织领导作用、办学思想、党政群关系、职责分工、团结状况、工作效率
队伍建设	教师队伍	文化程度、梯队结构、专业构成、调整情况、培养提高、稳定状况
	政工队伍	工作指挥系统的形成、文化水平、马克思主义理论水平、社会科学理论水平、政策水平、梯队结构、稳定状况
	后勤队伍	为教学、教育和生活服务的思想态度，数量编制，技术状况，培养提高
管理过程	决策与计划	工作目标与党的教育方针一致，工作目标符合中小学教育任务和培养标准，工作目标符合上级要求和符合本校情况，工作目标具体明确，计划详细，先进和可行，制订计划过程民主程度较高
	执行	人力、物力、财力的组织情况，领导深入实际与指导的情况，工作秩序，党团队学生会工会的配合
	检查	以目标和计划为依据，过程检查和效果检查结合情况，各种检查方式的运用，对检查结果的处理情况
	总结	以目标为依据，内容的全面性，改进措施的恰当性和具体性，数据资料和典型事例的使用
组织建设	—	管理机构的合理与健全，上下层次与平行部门之间关系的明确性，职责范围的划分，各组织机构的协调
制度建设	—	各种制度的健全程度，切实可行程度，审查和增补情况，制度贯彻和检查
工作管理	思想政治工作	计划、组织、安排的合理性，与国家形势任务要求的一致性，政治课执行教学大纲情况，班主任选派合理性，全校性教育活动的针对性，与家长及社会联系，教职工的思想教育活动
	教学工作	执行教学计划情况，执行教学大纲情况，教师分配、使用和考核，教学环节执行情况，课外活动，师生教学和学习档案的建设
	体育卫生工作	执行教学大纲情况、“两课、两操、一活动”开展情况，“达标”锻炼、课外体育活动，代表队训练，体育竞赛活动开展情况，预防疾病工作开展状况，对教学、生活、体育、劳动的卫生监督，健康档案的建立
	后勤工作	勤俭办学、开源节流情况，执行财务制度情况，师生生活条件改善，物品的保管、供应和维修
	学籍工作	学生档案建立，各项学籍工作符合政策，奖惩适度而严格
	公共关系工作	全校师生员工公共关系意识强烈，积极开展干群、师生的双向沟通，与社会各有关方面加强平时联系，积极开展社会服务活动、公共关系活动，方法要灵活多样

续表

项目	分项	要素
办学效果	德育方面	政治课成绩，操行评定优等生率，遵纪守法率，校风校纪
	智育方面	除政治课以外的文化课成绩，合格率，升学率，大学、中专、高中升级率，巩固率
	体育方面	达标率、视力正常率、身高体重平均增长率
	校风方面	师生建立起良好教风、学风，建立起多数满意的人际关系，树立起良好社会声誉
	综合方面	教育投资的效益，实际合格率，师生比，教职工与学生比例，年设备利用率，校园的整洁卫生、绿化美化状况
办学条件	—	校内场所设施，教师的数量和质量，教学的设施和设备，各种设施的布局

思考题：

1. 戴明所提出的管理过程四环节揭示了哪些规律？
2. 决策过程包含哪些环节？各环节有什么要求？
3. 衡量决策质量的指标有哪些？影响学校决策质量的微观因素是什么？
4. 学校战略规划的特点是什么？
5. 如何制定学校战略规划？
6. 实施学校计划过程中的控制和协调要求各有哪些？
7. 目标管理的特点是什么？其实施环节中不同于一般管理过程之处是什么？

第十四章　学校组织管理

第一节　组织概述

一、组织的意义

从人的存在多寡形式来看，可以分为个体存在和群体存在。个体存在是单个人的生命和生活的运动；如果是两个以上的人共同活动，那么他们的关系就构成群体。但是群体的存在也有两类不同水平。一种是松散的群体，即人们缺少共同目标的随机集合，没有严谨的关系结构，如人们到集贸市场去买东西，似乎大家有一致的目的——购物，但这个目标是每个人自己的，而不是大家共同的。另一种是人们的关系较为紧密的群体，这种群体具有下面三个特点：①人们为共同的目标集合起来；②群体中有严密的结构，包括专业分工、职务分配和工作的委派等；③有明确的活动规则。这种群体是人类存在的高级形式即组织，它可以定义为：两个或两个以上的个人，为了达到共同目标而理性地分工合作，按照一定的规则建立联系和从事活动的社会单位。

组织在人类社会存在与发展中发挥着巨大作用，主要表现在四个方面。

（一）组织是社会活动的载体，是人们自觉地实现预定目标的工具

任何社会活动都是协作性活动，是复杂的社会系统工程，需要人们有共同的意志和共同的行动作为基础，分散的个人不仅无力承受哪怕是很小的社会使命，甚至会出于有意或无意的个人动机而与这一使命相抵触。组织作为人类群体意识和群体力量的集合，必须责无旁贷地承担起这种使命。离开组织，社会就会陷于混乱和瘫痪，连保持人们最低水平生存和尊严的条件也会破坏殆尽，这一简单的道理就是为什么马克思主义在反对资产阶级统治时不同意以无政府主义为武器的道理之一。

（二）组织发挥聚合人们力量的作用

组织通过一定的机制进行内部和外部的协调，集中和放大各种单个的力量。这种协调机制一方面是通过各种规范约束个人的行为，减少内耗，形成共同意志；另一方面是

通过协调使人们的行为更符合各种活动的规律性，使集体的力量恰如其时、恰如其分地发挥复合叠加作用，从而大大超过单个人所能表现出来的力量。

（三）组织发挥着沟通作用，使人们的活动更有效能和效率

信息是社会生活运转的基本条件，作为在意识支配下自觉行动的人类，需要获得各种信息指令去指导自己的行动。在高度竞争的现代社会中，信息传递得正确、迅速是任何工作成功的基本条件之一。组织有严密的结构、严谨的行为规范和行之有效的沟通手段，在内部及内部与外部之间形成良好的沟通渠道，使上情下达和下情上达。

（四）组织发挥着教育作用

组织是个人社会化的最基本机构，从儿童进入幼儿园，就要学习各种价值观念和行为习惯，组织的动力机制如压力、从众、模仿、暗示等都对人们各种观念和习惯的形成产生影响。

二、组织的分类

首先，以目标为标准分类，组织分为营利组织和非营利组织。营利组织是以经济活动为主，为了获得利润而存在的组织，又称为工商组织，企业、商店、银行等都属于这类组织。在市场经济的环境中，这类组织完全按照经济规律运营，自筹资金、自负盈亏，按照政策向国家缴纳税金。非营利组织的直接目标是为公众提供各类服务，满足他们的合理需求和提供基本的安全、健康保障，维护全社会利益，促进社会进步。根据组织的资金来源及其与所服务公众的经济关系，这类组织又可以分为以下三种。①公益性组织，资金来源于政府财政，提供服务时不向服务对象收费。属于这类组织的主要是政府机关、监狱、公立图书馆和军队等，义务教育阶段的中小学也属于这类组织。②服务性组织，资金的一部分来自对服务对象的收费，另一部分来自政府的津贴和社会的捐助，医院就是这类组织。非义务教育阶段和民办的教育机构也应属于这类机构，虽然它们为了支付办学的费用必须向学生收取一定费用(民办学校还要有少量盈余才能保证继续发展)，但这些费用必须是有限度的，并且必须将其主要部分用于学校教育事业发展，而不是用于其他方面。③互益性组织，是以组织成员的缴费为资金保障，并且只为缴费的成员服务的组织，如俱乐部、工会等。

其次，以决策集中水平分类，组织可以分为军事组织、准军事组织和非军事组织。学校属于非军事组织。

最后，以正规化程度分类，组织分为正式组织和非正式组织。正式组织是由权威机构明文规定成立的，其内部有固定的编制、明确的分工和严格的组织纪律。学校、班级都是正式组织。非正式组织一般是指自发成立的、没有正式规定的组织，这类组织以个

人之间的喜爱、好感为基础，有的有一定的关系结构和行为规范，有的则很不明显，非正式组织成员的行动带有鲜明的情绪色彩。非正式组织在任何正式组织系统中都是普遍存在的，它与正式组织之间呈现多种多样的关系，当它与后者的目标相一致时，会发挥助力作用。

第二节　组织理论的发展

在人类史上，许多古代国家如中国、埃及、波斯、罗马帝国都曾先后建立起强大的国家组织，绵延不绝的政治的、军事的和宗教活动，孕育和产生了丰富的组织理论的思想萌芽。从18世纪起，在资本主义工业发展的基础上，随着各个领域社会化程度的提高，现代组织理论开始生成，并随着社会经济、文化的复杂变化而日益显出多样化的发展趋势。先后出现产生重大影响的组织理论有古典组织理论、人际关系组织理论、社会系统理论和现代权变组织理论。

一、古典组织理论

古典组织理论又称经典组织理论，它产生于资本主义工业化初期，既反映了人类几千年各国政府官僚制度的基本组织原理，更揭示了社会化大生产条件下对组织结构及其运行机制的要求。一般认为，这一理论体系最初的理论表述出现在经济学家亚当·斯密(Adam Smith)的《国民财富的性质和原因的研究》里，他在这本书中研究了管理职能对提高经济效率的意义，指出统一控制、专业化的分工及工作地点位置的接近等管理因素为高效率的生产作出了贡献，这些观点在以后一再被重复。但是对于官僚制度的最系统的研究是由德意志社会学家马克斯·韦伯(Max Weber)作出的，他在研究商业、政治和宗教组织的基础上写出《社会组织与经济组织理论》，提出了完全按照理性建立起来的理想化的、高效率的组织模式，这种组织模式的基本特点包括：①建立专业分工，把组织的全部活动划分为若干基本作业，作为公务分给组织成员。专业化的分工可以使工作规范化，提高效率。②形成等级化的指挥系统。各种公职和职务都按照职权组织起来，每一职位有明文规定的权利和义务。③理性地进行人事行政，人员的任用完全根据职务的要求，规定每个职位的从业人员必须具备的能力范围，根据个人所具备的技术资格进行任命，通过考试来进行，所任用的人员要进行专业训练。④组织中的人际关系非人格化，以理性为准则，决策只受规章左右，不受个人情感影响。⑤建立稳定、详尽的规章制度和办事程序，这些组织纪律任何人都不能违反，这是组织活动及其成果稳定、连续、可预测的基础。⑥管理人员有固定的薪金和明文规定的升迁制度。⑦建立文牍制度。对所有正式决定都要作记录，这样使工作正规化，可以核查，从而避免决策个人化、随意化。

韦伯认为，按这些特征建立起来的组织有利于目标的合理化，使组织运行有效率；工作可预测而便于监管；可以消除裙带关系。但是在20世纪，人们对这种组织理论提出种种批评：根据它所建立的官僚组织过于将规则、程序凌驾于对现实问题的考虑之上，从而培养了一些只讲形式而不管解决实际问题的“官僚”；因强调规则而扼杀创新，不适应环境的变化；等级森严，压制优秀人才脱颖而出，培训出很多不思进取的无能干部。尽管古典组织理论存在种种不足，但它所强调的理性精神、严谨的操作结构及其强调的效率意识，仍是现代组织建设中所不可缺少的，因而它在当代组织建设实践中的影响仍居于主流地位。

二、人际关系组织理论

人际关系的组织理论是由美国心理学家梅奥20世纪20年代末期在西方电气公司的霍桑工厂进行实验的基础上发展起来的，后来经过西蒙等管理学家充实发展而成为行为科学的组织理论。这一学派先后提出的主要组织观点有：①人是组织的主导因素，人控制着组织活动各种要素的运作。人是社会的人，在生产效率的决定因素中，逻辑的因素远不如感情因素重要。在建设组织和安排工作中，除满足生产的客观要求外，还必须满足职工在工作场所得到社会性满足这一主观要求，管理人员都要关心人事-人际关系问题，所以组织结构中层次不宜过多，扁平组织更利于上下级之间、同级之间人们的沟通与交流。②组织建设和工作任务分派要考虑人的需要和特点。③建立新的权威概念和领导能力概念，以上下级的协作态度和协作制度为基础建设起新的组织秩序，应当用信息沟通代替指挥监督，领导者以与下级平等的身份来协调工作，使被领导者心悦诚服地协助工作，完成任务。④重视和推动非正式组织发挥积极作用。正式组织与非正式组织是互相依存的，非正式组织对组织目标的实现有很大影响。

人际关系的组织理论改变了古典组织理论的哲学观念，将目光由单纯面向工作任务的完成转向了对人的关切，注意发挥人在组织中的主导作用，满足被管理者的合理需要，这对于建立和谐的上下级关系，充分发挥被管理者的主动性和创造性，起着十分重要的作用。但这一理论的不足也十分明显：由于过分强调满足个人需要，可能使组织管理变得更加复杂，很不稳定；同时它在实践上有可能削弱专业分工的优越性，从而使工作效率降低。

三、社会系统理论

社会系统学派是管理学的一个重要流派，其代表人物巴纳德(C. I. Barnard)将科学管理理论和行为科学流派理论联系到一起，所以有人将其称为现代管理理论的集大成者。在对组织进行分析的方法上，这一流派不像前面两个流派那样宏观、简单，而是分析组织中起作用的力量的种类和性质，以及它们互相作用的方式，因而更深刻、更具有实践性。

社会系统学派组织理论的中心观点是将组织看作活动的协作系统，认为社会就是一个巨大的协作系统，任何组织都是这个系统中的一个部分，而不是由有限成员组成的孤立系统，人与人、组织与组织只有在协作中才能发挥作用，一个协作系统的效率尺度就是它满足其成员需要，从而使他们为实现组织目标而奋斗。

巴纳德对协作系统进行了操作性的解剖，提出它有三个基本要素：使个人行为非个人化的协作意愿、所有成员共识的一致目标和有效的信息联系。他研究如何使信息沟通有效的原则，是这一领域研究的先驱。

除了上述观点之外，这一流派的代表人物巴纳德和罗茨里斯伯格(F. J. Roethlisberger)等十分重视非正式组织的作用，认为它与正式组织之间相互创造条件，在某些方面对正式组织产生积极影响。

四、现代权变组织理论

现代权变组织理论是建立在系统理论基础之上的。古典组织理论对组织进行分析的一个前提是将组织看作封闭的、机械的、决定论的系统，而从系统理论看，组织是开放的、有机的、权变的系统，它与环境之间存在着交换关系，要适应并在一定程度上改造环境。对不同的组织来说，环境是千差万别的；即使对同一组织，环境也在不断变化。组织总在具体的环境下运行，没有一种适用于一切的组织结构模式，只有根据具体情况采用与之相适应的组织结构，才能收到良好的效果。

美国管理学家马奇(J. G. March)认为，有七种基本因素对组织结构起着作用：共有的价值观念、制度、领导作风、人员素质、工作技术特征、发展战略、外部环境，这些因素的复杂关系共同影响着组织的建设(见图 14-1)。

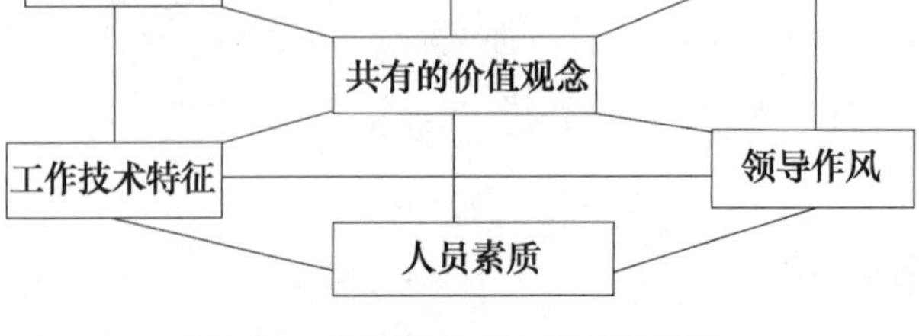

图 14-1 组织结构的七种基本因素

美国管理学家卡斯特(F. E. Kast)和罗森茨威格(J. E. Rosenzweig)列举了运用权变法对组织进行分析的一些结论。

当下列条件成立时，适用稳定的、集中性强的、等级关系严格的机械组织：①目标规定详尽并持久；②技术连贯而稳定；③环境相对稳定；④决策有计划；⑤活动是例行公事，生产效率是主要目标。

在下列条件下，分权决策、低度正规化、重视横向协调的有机组织更合适：①目标多样且不断变化；②技术复杂且在发展；③环境不稳定；④活动创新性较大；⑤决策中的灵活性和创造性较大。

第三节　组织结构

一、组织结构的含义

组织结构是组织内部纵向各层次工作群体、横向各个部门的设置及其关系的总和。它是组织的框架体系，构成组织的基本形态。

对组织结构包含哪些内容，人们有不同理解。美国管理学家卡斯特认为，组织结构应包括两个部分：机构设置、职位、法令规章、权力关系、沟通网络属于正规的、刚性的部分；技术和组织内的社会心理则属于非正式的、柔性的部分。美国管理学家麦克法兰(Macfaland)在其著作《管理：原则与实务》中提出组织结构有五个基本要素：纵的层级，平行的部门和单位、职位的任务，责任和义务，领导机构，临时机构。综合这些理解，可以认为组织结构大致分为三个部分：①分工即横向专业部门划分；②纵向等级系统，包括权力的层级系统和职责的划分；③协调机制，包括制度规则、沟通网络与程序等。

组织结构对组织目标的实现有很大意义。结构决定功能，组织的结构决定了它的内部张力，即是否有足够的控制力和凝聚力，是否能够顺利地完成组织的任务，同时也决定了它的对外拓展力，这关系其能否适应环境的变化。组织结构对组织运行的经济性有很大影响，直接与管理成本的高低有关。

二、管理跨度与分层

(一)分析组织结构的指标

美国管理专家斯蒂芬·P. 罗宾斯认为，描述组织结构特征的指标有三项：复杂性、集权度、正规化。①

复杂性是指组织的横向专业分化和纵向层级分化的程度。专业分化又称水平分化，组织的部门数量多表明其工作专业知识技能含量多而杂，这会带来横向协调困难。纵向分化是指组织的层级多少，它与分权有关。除上述两个方面，组织的地理分化也影响其结构的复杂性，如一所偏远山区的小学，由于自然原因将学校分为几个相对独立的教学点，协调工作就将非常困难。

集权度主要是指组织中决策权力的分布情况，决策权力只集中于领导层而下属人员无权参与，则被称为高度集权；如果根据问题的性质和范围，授予各个层次的管理者及工作人员相应的决策权力，则被称为分权。

正规化是一个组织依靠规则和程序引导员工行为的程度，其规章条例越多，执行越严格，正规化程度越高。

任何组织的领导者在行使职责时，都面临一个对组织结构进行设计的问题，即他要设立或变革组织结构，使之适应工作任务和目标的要求。而对以上三个维度指标因地制宜地进行匹配和协调，也是对管理者的经验、智慧和控制能力的检验。

(二)管理跨度与分层

管理跨度是一个主管人员或部门直接管辖的下属人员或部门的多少。迄今为止，管理跨度一直是管理实践和理论关注的话题，它的地位是由它在管理过程中的作用决定的，一般来说，管理跨度影响管理者对下属的控制强度，影响组织分层的多少，影响信息沟通的速度或准确，关系下属积极性的发挥。在这个问题上，存在着管理跨度小型化、大型化和权变化三种观点。

传统观点认为，一名管理者管理的下属不应超过6名，只有这样才能施加严密的控制，才能避免由于下属人员的增加而带来的复杂关系，因为随着下属人数以算术级数的增加，人际关系的数量呈几何级数增长。

主张管理跨度大型化的观点认为，这种结构可以使层次减少，有利于沟通；可以减少管理人员的数量，较少发生权利和责任的重叠，因而使冲突和推诿责任的现象较少发生；可以使下属享有较充分的权力，有利于调动其积极性；可以降低管理成本，节约资金。这种观点在当代管理实践中越来越受到重视，许多人认为管理跨度大、分层少的扁平组织最符合现代发展趋势。这种观点的问题在于没有对各类不同组织区别对待。

持权变观点的人们认为，管理跨度究竟多大为好不能一概而论，要视具体情况而定，下列因素是影响跨度大小的主要变量：下属工作的相似程度或工作程序标准化程度

---

① [美]斯蒂芬·P. 罗宾斯：《管理学》(第四版)，黄伟卫等译，229页，北京，中国人民大学出版社，1997。

大小，相似程度大或程序性强，则管理跨度可以大些；任务的复杂性，当任务复杂时，由于需要更多地对下属个别加以关照，因而管理幅度就要小一些，但如有专家辅助，则可以宽一些；当下属是组织的新成员，对其情况不十分了解，而下属对工作也十分生疏的情况下，跨度要小，反之可以大些；组织的管理信息系统先进程度关系到工作控制的及时性、有效性，控制手段先进可以使管理幅度加大；组织文化凝聚力强，下属自觉性高，幅度可以大些。

三、组织结构的几种形式

组织结构的形式是指组织中权力关系的构成模式，即决策中心与下属部门及下属各部门之间的管理关系。加拿大管理专家亨利·明茨伯格(Henry Mintzberg)认为，每个组织应包括以下五个组成部分：①最高决策层，负责组织的战略决策和总体指挥事宜；②中层管理部门，负责协调各方力量落实决策；③基层操作部门，负责具体工作任务的完成；④技术支持部分，由组织内外的专家提供有关各部门专业技术工作的咨询、指导，他们可以以固定的或松散的形式联系；⑤行政管理支持部分，由内外部管理部门或人员对组织的管理工作提供道义、物质或信息支持(见图 14-2)。

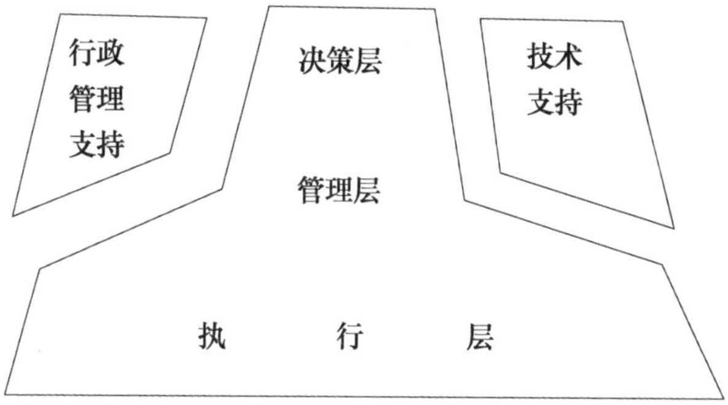

图 14-2 组织的五个组成部分

这种组织的基本结构形式在不同情况下可以产生如下四种变形。

(一)直线式组织形式

直线式组织结构形式的特点是一位上级领导负有最高指挥责任，命令从上至下层层下达，形成直线式的指挥链(见图 14-3)。上级有权在权限范围内作出决策、指挥下属而无须征求别人意见。这种最简单的形式适用于小型组织，优点是指挥统一，权责明确且到位，效率较高；缺点是对最高领导者个人素质的依赖性太大，在复杂问题的决策上产生失误的可能性较大，主要领导容易陷入事务性工作而无暇顾及组织的长远发展，同一层次各部门缺少横向沟通。英国的中学行政系统的组织结构基本就是直线制，在校长、副校长之下设学级与学系(教研室)作为第二级管理机构，直接指挥教师与学生。

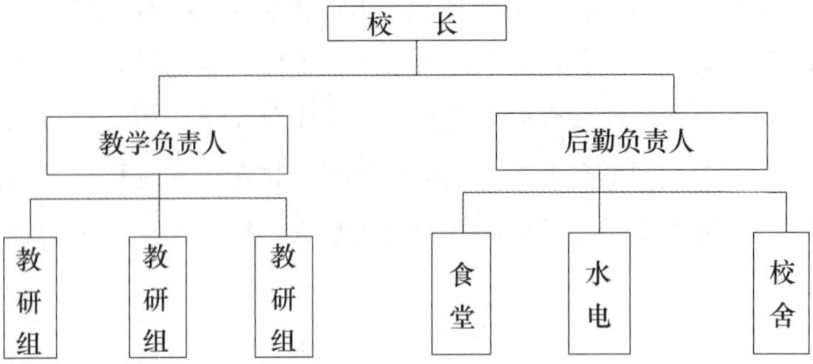

图 14-3　直线式组织形式

(二)直线参谋制组织形式

直线参谋制组织形式是在组织的规模扩大以后，随着业务量的增大和决策日益复杂，组织的最高领导者配备了专门的助手来协助完成决策与指挥工作。这种专门的助手通常是几个职能机构，他们替领导者收集信息、研究专业问题并向决策者提供参考意见，在领导者授权范围内处理日常工作中的问题(见图 14-4)。这种体制减轻了决策者的负担，使他们可以集中精力研究重要问题，更科学地决策。我国较大规模的中小学都是采用这种组织结构。这种体制对校长识人、用人、驾驭人的能力提出了很高的要求，如果用人不当就可能大权旁落，造成工作混乱。另外，它同样存在着横向沟通不足的缺陷。

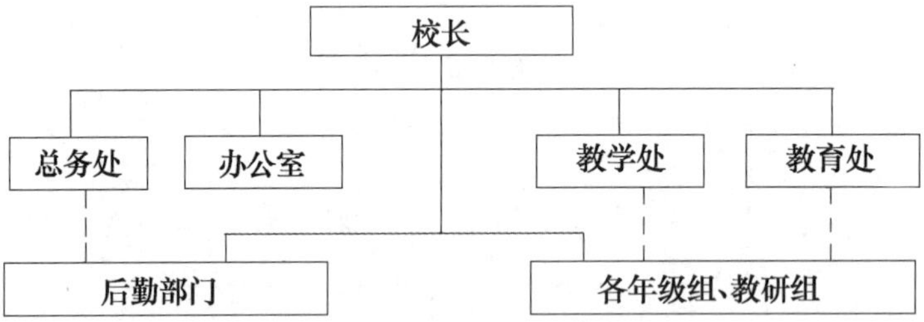

图 14-4　直线参谋制组织形式

(三)矩阵式组织形式

矩阵式组织形式是在大型组织中，为克服缺乏横向沟通的弊病，把管理中的垂直联系和水平联系、集权化与分权化有机地结合起来而设计的。在这种结构中，纵向设有指挥——职能领导关系，横向设有项目——目标协调关系，各职能部门的垂直系统和各项目的水平系统组成一个纵横交错的矩阵(见图 14-5)。矩阵式组织的优点是加强了成员之间横向沟通，自动协调的机制强化了，资源可以得到充分利用，对环境变化的适应性也得到改善。不足之处是对下属可能形成双重领导，使之难以适从。我国大学和规模较大的中小学，很多采用这种组织模式。

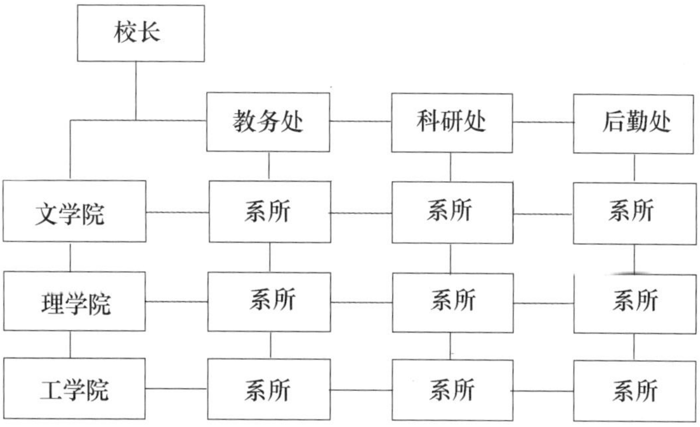

图 14-5　矩阵式组织形式

（四）事业部制组织形式

在组织活动中还可能存在这样一种情况：各部门分别从事某一领域的经营，彼此之间的业务范围有较大差距，需要独立开展工作。在这种情况下，部门获得相当程度的自主权就显得非常重要，因为他们需要针对环境变化及时作出决策，避免贻误战机。对这种组织，集中性的领导形式很不适合要求，学校高层领导必须以“大权（政策决定权、宏观调控权）独揽，事权分散”为原则，建构新的组织形式。事业部制组织形式是一种可供考虑的选择。

事业部制是将负责各个项目的部门作为相对独立的实体加以对待，在组织内部根据一定规则进行最大程度授权，使之享有责任范围内的决策权、财权、人事聘用权、业务指挥权等，同时规定其对整个组织应尽的义务（见图 14-6）。为防止分权后形成“诸侯割据”的分散状态，组织的领导集团必须握有干部的任命权和管理权，同时建立权威的中心协调机构，协调各事业部的工作关系与利益关系，实现“全局一盘棋”。

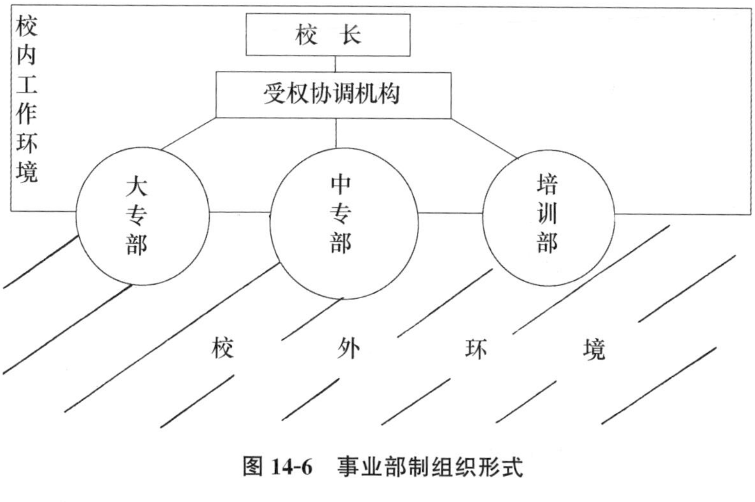

图 14-6　事业部制组织形式

第四节　学校组织建设

一、学校组织的性质

学校组织的建设既要遵循组织管理的一般原理，又要考虑学校组织的性质特点。

对学校组织性质的分析有两种视角。一种是美国组织社会学家艾兹奥尼(A. W. Etzioni)的分析方法，将社会组织按照其影响组织成员的方式分为强制性组织、功利性组织和规范性组织三类。强制性组织的特征是以物理性的胁迫行为，如关押、殴打、训斥等，迫使其成员就范；功利性组织是以物质刺激，如工资、奖金等支配其成员；规范性组织是以精神手段促使其成员参与组织活动。哪类影响方式占主导地位，该组织就被认定为这类性质的组织。在这三类组织中，其成员的行为顺序按照“被动—或被动或主动—主动”的路线发展。根据这种分类，学校应基本属于规范性组织。

另一种分析角度更贴近学校管理的现实：学校是科层组织还是非科层组织？科层组织就是韦伯所说的官僚组织。如前所述，这种组织是按照权力等级和严格的纪律理性化地建立起来的。根据分析，学校具有官僚组织的特点，包括：①在业务系统和管理系统建立起专业分工的体系；②存在权力等级；③制定明确的规章制度；④人员任用有严格的资格限制，并要通过考核。但学校又不只具有科层组织的属性，它还有另外一些自己的特点。

第一，在学校中，行政职位不是唯一的权力来源，学术影响也产生权力性威望。学校是文化组织，以教学和学术研究为本，培养出优秀学生，发表有价值的科研成果，是学校生存和发展的根基。而一支稳定的、高素质的教师队伍是学校出“精品”的前提条件，学术上出类拔萃的教师更是学校成就的灵魂，因此教师应当受到重视。另外，学校作为传递文化的专业组织，教师对专业的发展最有发言权。一般来说，在各级学校中，专业分化越强，难度越大，由学术因素产生的权力影响也越大。如大学教师对学校决策的影响超过小学教师。

第二，学校中教师存在较强的自律要求，希望自己能受到像对成熟的人那样的尊重，由自己约束自己，而不是像小孩子一样处处受到约束。这种要求与教师的工作弹性性质有关，也与他们的文化素质有关。这种自律性要求并不反对纪律规定，但希望纪律要有弹性，要适合教师的特点，这不可避免要与一些管理者强调使用纪律进行刚性控制相抵触。

第三，教师们参与学校管理的愿望和能力较强，他们掌握的知识和经验比较多，分析问题的能力很强，彼此横向上对学术和管理问题的沟通很多，学校的文化氛围重视平等、民主观念，这对于权力的等级性产生一定的冲击。

第四，学校中的人际关系重视情感，这与学校工作的育人性质有关，也与学校管理者和教师的人文素质有关，科层制度所强调的“处理人际关系的非人格化”的理性特征在某种程度上被弱化。

根据上述分析，学校的权力结构是行政-学术二元化结构。各级学校的学术层次越高，二元化的特征越明显。这种特征一方面有利于加强学术组织的力量，强化民主机制，但也可能导致行政组织与学术组织的矛盾和冲突，可能削弱对必要的制度与纪律的建设，这些都是学校组织管理中必须注意的。

二、学校组织建设的原则

我国现代学校组织经过一个多世纪的发展，把西方的、苏联的和我国的经验结合在一起，形成了自己的学校组织体系和管理原则。但是当我们以现代化的眼光审视当前的学校组织建设时，发现还存在不少问题，这些问题包括：学校组织建设缺少科学的、权威的法律法规的指导，例如：至今没有一部由国家颁布的学校编制法规；教职工队伍编制过大，师生比太小，冗员多造成资源浪费；学校办社会，承担了过多的社会职责，造成学校设置过多的非教育性机构；行政主导和民主监督两重机制都尚未完善。从宏观上看，这些问题多数要由国家出面从宏观入手加以解决；从微观上说，学校领导者也要树立新观念，在条件允许的范围内按照现代化的原则建设学校组织。

（一）精兵简政，与学校目标、任务相一致的原则

这一原则是指学校组织机构和工作岗位的设置，必须以提高效能和效率为指导思想，坚持因事设岗，组织建设围绕学校目标和任务进行，不设冗员。

在组织建设中，超越实际需要设置冗余机构和人员，不仅会造成资金浪费，负担增加，还会制造内耗，各部门、人员之间互相推诿责任。冗余的管理部门和人员为了体现“政绩”，可能会制造许多不必要的工作（如开毫无意义的会、填写谁都不看的表格等）让基层部门去做，搞形式主义，干扰实际工作。

贯彻这一原则，应该做到：①对校内机构和职位的设置一定要进行科学论证，以追求效能和效率为目标。图 14-7 的思路可作为面临新任务时机构与岗位设置决策的参考。②努力做到专业分工合理，坚持按照各岗位满工作量来确定人员总体编制。以此为基础，倡导工作人员一专多能，最终实现“高效率、高质量、高成果”的组织建设目标。

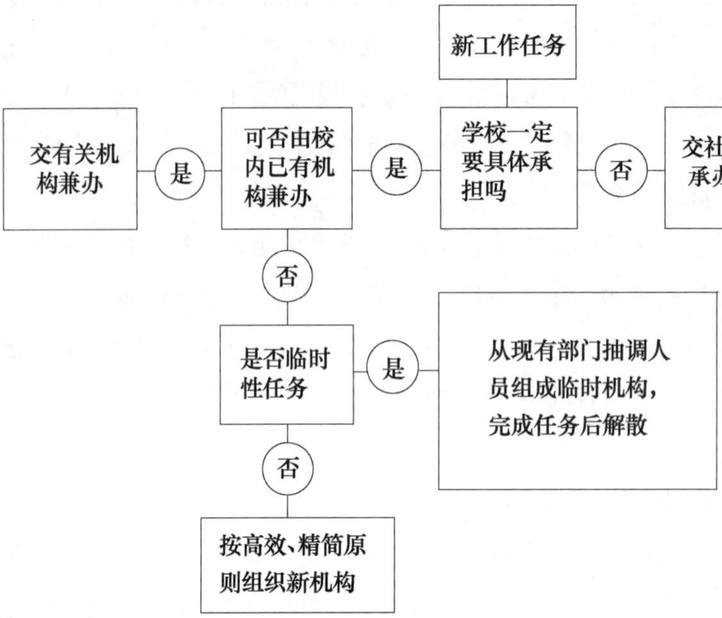

图 14-7 机构与岗位设置决策的思路

(二)统一领导的原则

这一原则是指在学校工作中，只能有一个指挥中心，每个下属只接受一个直接上级的领导并且对他负责，管理者不可越级指挥。

管理工作的大忌之一是“政出多门”，多头领导就会出现决策和指挥的不一致，造成命令混乱，下属无所适从；多头领导就会发展出内部的多个中心，引起矛盾，甚至可能瓦解组织。

贯彻这一原则要注意以下三个方面：①正确处理校内的党政关系，在中小学落实党组织领导下的校长负责制，建立健全民主决策机制和监督保障机制，确立党组织在学校里的全面领导地位和作用，保证校长的行政指挥中心的地位和作用。为此，要建设一整套完善的决策制度和沟通机制。②建立严格的责任制，明确各级管理人员和工作人员的职责和工作关系，保证指挥到位。③领导者要在善于识人的基础上敢于授权、善于授权，避免工作中越俎代庖。

(三)分工协作的原则

这一原则是指学校组织建设中要根据开展业务工作的需要进行专业分工，规模较大的学校要建立专业部门开展专门领域的管理工作，从而提高工作的科学性和效率；但同时要建立有效的协调机制，使各个专业部门和人员分工不分家，彼此互相合作，紧密配合，以组织的内在联系保证工作有系统地进行。

贯彻这一原则的时候要注意做到：①依法治校，将各个部门和人员之间的协作关系以制度形式明确加以规定，不留缺口。对完成新设任务的部门，尤其要仔细研究其协作关系。②“利益部门化”是学校组织老化的标志之一，部门利用手中的特权尽力为本组织争取利益，不顾全局，甚至以邻为壑，如不加及时、有力的管理，最终就必然形成尾大不掉乃至全局失控的局面。为此，学校在考虑各部门合理利益的同时，要对片面追求部门利益的行为进行必要的限制。部门领导干部及工作人员的定期轮换岗位，是削弱这种倾向的手段之一。

（四）职、责、权相一致的原则

这一原则是指任何岗位上的工作人员都应严格承担起与其职务相一致的责任，履行其应尽的义务，并享有完成职责所必需的权利。

对任何履行工作义务的人员来说，职责权都是一个密不可分的整体，缺一不可。“名不正而言不顺”，职务明确，任务和责任才好严格定位；“在其位谋其政”，处于一定职位的人员要切实履行其责任，完成好每项任务，这样才能使学校各项工作有序地运行，实现整体目标；“工欲善其事必先利其器”，权力是公认的条件保证，只有享有相应的权力，才能顺利地完成任务。

贯彻这一原则必须做到：①规范地建立岗位责任制，以文件形式明确每位工作人员的职责任务和工作质量要求，确定管理者应向其提供的各种条件，并在规定完成或没完成任务的情况下所给予的奖励或惩罚。②建立双向监督机制，既监督工作人员尽责情况，也监督领导者保障工作人员合法权利的情况。

（五）建立监督机制，促进民主管理的原则

这一原则是指为了保障学校重大决策的科学准确和防止领导干部渎职、腐败现象的产生，应尊重教职工参与管理的民主权利，从组织和制度上加以保证。

没有监督的权力必然是腐败的权力，这是不以人的主观意志为转移的规律。对于学校各级领导者都必须建立相应的监督机制，既有管理集体内部自上而下的监督，也有广大群众自下而上的监督，还应有同级之间的平行监督。

贯彻这一原则时应做到：实现组织落实，切实建设好党组织会议、校务委员会、教职工代表大会和家长委员会等组织，不仅应使其组织健全，而且应切实落实它们的知情权、建议权和监督权，使其职责制度化和活动规范化。随着我国教育法的进一步完善、学校干部教师素质的进一步提高，教职工代表大会和家长委员会应进一步扩大职权并具有一定自主性，以利其主动发挥监督作用。学校还应当依法建立重要信息公开制度、各级管理干部年度述职制度、重大项目审计制度、党组织纪律检查制度等。

（六）因校制宜的原则

这一原则是指每所学校在设置组织机构和制定制度时，不应千篇一律照搬某种模

式，而应根据本校的实际情况设计适合于自己需要的结构。

三、学校组织文化建设

(一)学校组织文化的含义

学校组织文化是指一所学校在自己的长期活动中所积淀下来的、为全校成员所共同赞成和遵循的价值观念和行为方式的总和。

不同于组织机构、规章制度这些把人们连接在一起的“硬”性因素，文化是学校组织的“软性”结构，它无“形”(实体)而有“象”(外在的表现)，作为组织的核心精神的集大成者，它外化为学校成员一致的和一贯的行为方式。组织文化弥漫于学校组织之中，所有成员都自觉或不自觉地感到它的存在，并受到它的影响。

组织文化是一所学校个性的体现，是一所学校个性的高度概括，它从全体师生的无数活动中提炼出代表性的精神要素和行为要素，并像血脉和神经系统遍布人体一样融入学校的人与事之中推动着学校的发展。

学校组织文化不是单一类型的。实际上，学校中的文化类型总是多样化的，有多数人所遵循的主流文化，也有少数人所认可的非主流文化。主流文化与非主流文化并不一定是对立的，它们可能共存，甚至相辅相成。罗宾斯将主流文化称为“强文化”，非主流文化称为“弱文化”(当然，强与弱还有相对意义)，前者对组织成员影响更大，因为他们对这类文化接受程度大，承诺也大。①

组织文化在学校管理中具有十分重要的意义。首先，组织文化为管理工作的开展提供了活动的框架。如组织结构模式的设计、组织冲突的解决、规章制度的制定与实施，都离不开对学校师生现有价值观和行为习惯的理解，它们必须与一定文化相适应(即使这种文化落后，也要先顺其自然，再逐渐加以改革)，才能有效地发挥作用。其次，获得认同的优秀组织文化对所有组织成员都有较强的约束力，这种约束力的特点是出于自然而非强迫，使成员形成良好习惯，大大减轻管理的压力。最后，优秀的文化对学校成员有凝聚作用，大家有共同的价值观念、工作作风、行为方式，彼此之间的认同感会得到加强，感情会更为融洽，从而使学校成员团结一致为实现学校目标而努力。

(二)学校组织文化的内容

学校组织文化应该如何分类？它究竟包括哪些内容？学者们分析的角度不同，关注的中心点各异，得出的结论也就略有不同。

---

① [美]斯蒂芬·P. 罗宾斯：《管理学》(第四版)，黄卫伟等译，61页，北京，中国人民大学出版社，1997。

一类从一般文化概念的外延入手，把学校文化分为物质文化、制度（或行为）文化、精神文化。

精神文化是学校文化的内核，它是指学校中师生员工所信奉的价值观念，这种信念成为学校组织成员的精神支柱，是他们行动的指导原则。学校精神文化的表现形式多为学校宣示的办学宗旨、校训、育人目标、校徽、校旗和校歌等。

制度（行为）文化是指由各种规章、条令、程序所组成的条文及其执行系统，以及在一定制度规定引导下形成的校风、教风、学风等。有人将这个系统的外延扩大到许多不成文的规矩，即约定俗成的行为模式，所以又可将制度文化称为行为文化。制度（行为）文化为人们提供了可供效法的行为框架或行为模式，使所有人在这个架构内有序地工作与生活，与其他人和谐相处，从而保证学校工作卓有成效地运转，也使得遵循这些行为模式的人们生活在心理上的舒适区里。制度文化并非仅指学校条令的集合，更重要的是条令深层蕴含的思想观念，如制定条令中的科学态度、现实精神及管理中对重视工作和尊重人两种价值关系的妥善处理等，又如制度执行中的坚定性、上下同心的一致性、公正精神、对效率的追求等。

物质文化是学校中由人的活动所创造的、体现着一种精神价值的物质群，如某种风格的建筑群、校服、文化装饰等，这些物质形式外在地体现着学校的价值追求。当然，并不是完全一致的物质形式才体现某种价值追求，自然的、和谐的多样性也是一种文化，例如：学生按统一样式着装体现了团结、严谨、纪律等精神；没有统一着装要求，则可能体现了宽松、自主、信任、尊重个性等观念。应当指出，学校的物质文化与育人是紧密结合在一起的，它不仅要具备“有物”的性质，还要具备“有人”的品性，也就是说，物的属性要为师生所用，要与育人结合起来，这才是“活”的物质文化。

以上三层分析法是一种全景式分类方式，它把所有文化范畴都包括在学校组织文化里，分析起来层次感比较强。不足之处是它仅给人们一个思考的路径，具体内容还需自己填充。

另一种分类则将学校组织文化的核心即价值部分提取出来，按照学校的特点加以分类归纳。罗宾斯的《管理学》是这样做的，朱颜杰所著《学校管理论》也是按照这一思路进行分析的。根据我国学校的特点，学校组织文化应包括如下五个方面。

第一，成就目标与成就意识。学校要有符合时代特征，又有个性特点的成就目标。根据各个学校条件，目标大小及水平高低会有所区别，但是否具有进取、革新精神则是重要的文化标识。同时，学校是否鼓励人们的成就意识，工作氛围是否以教学和学术研究为重心，以及为实现目标是否培养勤奋、严谨的作风则是学校文化的基本特色。

第二，成员对学校目标的认同程度及由此所体现的组织凝聚力。包括师生员工与组织目标保持一致的程度，承认学校团体利益高于个人利益、愿为学校发展付出努力与代价的程度。这一指标的直接感性体现是群众对学校领导集体的亲疏程度。

第三，对人的关注。管理者普遍对人的本性抱有一种什么样的哲学观；教师普遍具有什么样的学生观；是否尊重每个人的人格，对所有人都公正无私，一视同仁；是否对有缺点的人抱有宽容、帮助的态度；是否真正认可师生员工的主动精神、尊重他们的民主权利。

第四，对控制的态度与操作。控制是用于监督和约束学生与教职工行为使之符合规定要求的管理行为，控制在不同的组织、任务和对象面前是有不同要求的。控制的文化冲突表现在如何处理执行制度与关怀人、尊重人、促进人的发展的关系，有些学校制度规定得精细严格，但把人管死了，不给师生半点发挥创造性的余地，这是“目中无人，一统就死”的文化特征；有些学校却注意在制度的制定和执行中留有余地，给师生以自我表现的“自由度”，这是“尊重创造，张弛有度”的文化特征。

第五，与社会环境的关系。学校是否勇于承担应负的社会责任，将公众利益放在首位；是否具有开放的态度，有远见地适应环境变化，不断对自己进行革新。

(三)学校文化的建设

学校文化是在学校长期发展中形成的，建设优秀的、有特色的组织文化是一项战略任务。下面四个因素对它的生长具有关键意义。

第一，学校领导者(书记和校长)是学校文化建设的灵魂。一所学校的发展，是领导者的智慧、能力的表现，优秀的组织文化往往体现领导者的远见卓识，表现他的教育哲学观、管理哲学观。蔡元培将充满腐儒气息的老北大改造成思想和学术活跃的新北大，就是他的“囊括大典，网罗众家”构想的实现，从而形成“兼容并包”的北大文化。所以一名校长要有战略家的头脑，他不仅要考虑学校未来的“实体”发展，如规模多大、课程怎样设置、校舍如何规划等，还要注意“虚体”的构思，深入思考学校应树立一面什么样的精神旗帜，旗帜上应书写哪些“箴言”，如何引导所有学校成员集合到这面旗帜下。

第二，引导师生员工结合实际理解和践行“知行合一”。学校组织文化本质就是持续性的知行合一，或者说是理性的行为习惯。它的形成逻辑可以是知—行—再知—再行，也可以是行—知—再行—再知。学校要针对实际问题和文化建设需要设计一个个持久的活动项目，引导师生知晓习惯要求—练习习惯—心悟习惯—养成习惯，从而达到文化养成的境界。当师生员工对本学校的价值取向和行为要求有了自觉的认识并发自内心地拥护时，学校组织文化才真正确立其地位。

第三，要有延续性地建设一支骨干队伍。学校组织文化的建设是一个连续的自组织过程，自组织是一个事物自动地形成有序结构的过程，而自组织的条件之一是要有一个小规模的有序的基体。从组织上说，它以一批有理想、有能力的人为基础，通过他们的倡导和力行，辐射开来，影响其他人的行为，从而形成与巩固组织文化。

第四，有计划地、持之以恒地长期进行。改造旧文化、建立新文化是一个循序渐进的过程，要一步一步地进行，不要期待学校文化的建设可以一蹴而就。各级管理者都要明确组织文化建设的目标，将其核心精神贯彻到每个部门的工作和每项活动中去，并把每种精神、制度、行为的内涵和要求具体化、细致化、操作化，持之以恒地实行，在长期的磨合中由外修而达于内化，使这种精神在每个成员心中孕育成长。

思考题：

1. 学校组织的“非营利”性质应如何理解？

2. 基本的组织理论有哪几种？其内容要点是什么？

3. 学校组织的属性是什么？这个属性下建设好学校组织应当注意什么问题？

4. 如何理解学校组织的性质？根据这种性质，你认为对学校组织的管理中应注意哪些问题？

5. 分析你校组织文化的特征，并提出你的改进设想。

6. 如何建设好学校组织文化？

第十五章　学校工作质量管理

第一节　学校工作质量管理概述

一、学校工作质量的概念及构成

学校质量管理就是对学校各项工作质量进行管理，从而有效地实现学校工作目标。那么，什么是学校工作质量呢?

学校工作质量就是学校工作过程和结果满足使用的要求时所具有的特性。任何工作的好坏，都不是由哪一个人任意评定的，而是由实践的结果来评断的，要由接受该工作结果影响的人们作出结论。例如，教师上课前对所教的内容进行了充分的准备，使得学生听得明白，理解透彻，并且激发了他们的学习兴趣，那么就可以说这位教师备课质量比较高，能够抓住重点、难点，深入浅出的讲解使学生易于理解，能将科学性与趣味性统一。

如果一讲到学校工作质量就是指教育教学成果的质量，这种理解在对质量构成结构方面的认识是不充分的。对学校工作质量的构成可以从内容和过程两个角度区分。

从内容角度看，学校工作质量大致可分为业务工作质量和管理工作质量两部分。业务工作质量包含教学工作质量、德育工作质量、体育卫生工作质量、后勤工作质量，这里边前三项内容统称为教育质量。管理工作质量是指对各项工作进行管理活动的质量，它是对教育质量的保障。

从过程角度分，可以将学校工作质量分为标准质量、过程质量和结果质量，其中过程质量和结果质量又可以总称为符合性质量，即符合标准要求的程度。

标准质量又叫设计质量，它是对工作过程和结果质量标准进行构想的质量。制定工作质量标准是对学校工作质量进行监控的起点，有了标准各项工作行为才有准则，评定成果才有尺度，所以标准的质量是属于管理的“龙头”部分，它向哪个方向“甩”，工作就向哪个方向“扭”。那么质量管理中就产生了一个基本问题：质量标准设计得怎么样？在学校质量管理中，人们采用的标准多数为两个来源：一是上级下达的，如一门课程的质量标准就是国家下达的教学大纲；二是多数学校共同认可的，这类标准是在经验的交流中形成的，如不少教师和管理者都认为学生管理得好与不好标志之一就是要看是不是把学生管得有规矩，学生是否循规蹈矩。当然，更多的时候是两类标准相互交叉融合。不管是哪种来源的标准，都会遇到下面三个问题：①标准是否够先进，反映了新观念和社会的新要求？②标准是否符合本学校发展的实际条件和要求？③标准条款的设计是否具有较强的可操作性？但在现实中，由于服从权威和从众心理影响，使许多教师疏于对这三个问题认真独立地思考，这种情况就使一些管理者陷入陈旧过时的标准中难以自拔，结果管理活动一开始就陷入先天不良的困境。例如，我国教育工作中普遍存在的一个倾向就是把能够老老实实听老师的话、认认真真念书但缺乏独立性和创新精神的学生当作“好学生”。而当我们站在科技革命的高速列车上来审视这一标准时，就会认识到，尽管它有许多适应当前某些社会条件需要的理由，但它确实正由我国现代化发展的隐性障碍发展为显性障碍。由此可见，进行质量管理的第一步是要站在一定的理论高度，现实地对质量标准进行全面和认真的思考。

过程质量是将标准转化为成果的行为的质量，具体表现为各项工作的各个活动环节符合要求的程度，在工作科学化、规范化的前提下，高质量的活动是高质量成果的保障，同时它也为提高工作效率、降低成本提供了条件。

成果质量是各项工作产品的质量，它是对标准和过程质量进行管理的目的所在，离开它质量管理就失去根本意义。

在学校管理工作中，三种质量是互相制约、互为依托的整体，其中标准质量是前提，过程质量是保障，结果质量是目的与验证。

二、学校工作质量管理的意义

努力提高教育质量是学校全部工作的出发点和归宿，学校质量管理是以强化教职工的质量意识为基础，运用科学的手段和方法，对学校的各项工作过程及其结果进行设计、实施、检查和分析，以取得较高水平成绩的活动。加强质量管理，无论对社会还是对学校都有极其重要的意义。

（一）质量管理是实现学校基本任务和满足社会需要的保证

现代社会是“在质量大堤的保护下生活的”，原因有两个：一是当人们的起码生存条件得到保证以后，便开始注重提高生活质量，即要求社会提供质量较高的物质产品和精神产品，粗制滥造的低劣产品不仅是一种浪费，而且是对人们美好愿望的亵渎；二是在日益复杂、精细的科学技术与生产过程及社会生活日益走向一体化的今天，高水平的工作质量和产品质量已经成为保证社会生产和生活正常运转的必要条件。党的二十大指出，中国式现代化的本质要求之一是实现高质量发展，而高质量的教育则是全部社会产品“质量大堤”的基础，因为社会产品的质量是要以人的质量为前提的，离开符合社会要求的人就无法生产出合格的物质产品和精神产品，人的质量这个基础一旦动摇，全部社会生活就会发生停滞乃至危机。20世纪50年代以来，全球以科技和经济为导火线而引发的一系列教育改革与教育争论，其直接目标大多指向教育质量，原因也正在于此。

(二)抓好学校质量管理才能保证教育投入的有效性

传统学校管理不注重研究教育的效益问题，认为教育既然是一项消费事业，又是社会的责任，那么花钱多少或钱花得合算不合算都无所谓。这种认识已落伍于时代。随着经济和社会发展的需要，教育事业发展的规模日益扩大，教育成本也在不断增加，资源投入越来越多。许多国家财政支出的统计资料表明，教育投入仅次于甚至超过军费支出。因此，教育质量的低下必然造成巨大的浪费，而且会造成义务教育阶段学生辍学，进而带来更多社会问题。因此，要保证教育投入有较高的效益，就必须加强对各项工作的质量管理。学校质量管理是一整套的科学程序，它不仅能够监督教育工作的每一步进展和最终结果，还能预警可能出现的教育问题及相关社会性问题，防患于未然，从而减少资源和劳动的浪费。

(三)质量管理提供了客观评价学校工作的标准与手段

质量管理本质上是一个控制过程，其核心是信息反馈，也就是说，在及时、准确地获得信息并正确判断的基础上，采取措施保证工作达到标准要求。现代教育质量管理的控制行为是建立在科学基础之上的，从而为人们客观严谨地认识学校工作的优劣提供了依据和方法。

三、学校工作质量管理的特点

学校质量管理与企业和行政部门的质量管理相比具有不同的特点，在某些方面它的难度更大些。这主要是因为学校各项工作的最终“产品”与其他行业的产品有很大不同之处，其质量形成过程也有明显特点。

第一，学校质量管理必须坚持正确价值观的导向。学校质量管理的根本任务是为未来培养人才，学校工作任务的主体是传递知识、培育人才，作为一种精神活动，它首先面临的是价值选择问题。价值是人们对客观事物的主观要求。人们对同一事物的看法和要求是多样的，所以价值观念也千差万别，既有着眼于当前要求的功利价值观，也有着眼于未来的理想价值观。在社会转型期间，价值的冲突和价值的融合是经常发生的，学校管理者的责任是要正确、全面地判断社会当前的需要及未来发展趋势，整体地、辩证地把握价值体系，树立先进、可行的育人指导思想。

第二，学校质量管理以人的质量为中心。学校的根本任务是育人，它所追求的是培养出高水平的、全面发展的学生，它的成果也要以所培养的学生是否符合社会要求为衡量标准。而这一成果的实现是要通过学校管理者和广大教师的辛勤劳动，没有高素质的校长、教师，就没有高素质的学生。可见，学校工作质量的核心是围绕人的质量而形成的质量链条：校长及领导班子的质量即素质(保证学校管理工作的质量)——教师的质量(保证教育教学工作的质量)——学生的质量。学校工作可以分解出众多质量指标，但这些指标背后都是人的质量问题，所以毛泽东同志说一所学校的办学方针确定之后，重要的问题就是选择校长和教员。与企业管理同样强调厂长和工人素质不同，在学校这个人-人系统中，教育者的个性魅力是对受教育者的成长施加有形或无形影响的中介，他们的素质特征会通过师生交往而迁移并嵌入学生人格结构中去。

第三，学校质量管理目标具有一点多面的特点。学校育人的质量目标归根结底是学校公众的利益要求的反映，而学校面对的公众是多种多样的，所以学校实际操作中的学生质量标准不是点、面而是立体结构。学生希望能够安全、健康、快乐地学习与发展，能够有理想的升学就业前景，能够得到关心和爱护，个性得到尊重；学生家长与孩子有上述共同要求，但在孩子发展前途上有更为强烈的要求；社会用人部门希望学生踏实敬业，学以致用，迅速进入职业角色；学校根据社会要求和教育规律，提出明确、详尽的学术标准；国家则代表全社会将质量标准定位于促进学生全面发展、维护社会安定进步。这些要求既有共同之处，在一些方面又有特殊点，而学校作为社会的教育“公仆”，要尽力满足各个方面的合理要求，甚至要对他们彼此的冲突要求竭力进行微妙的平衡。例如，政府在指导教育工作时，针对社会存在的过度追求升学率的情况提出一系列限制性政策，学校既要落实这些政策，但又不能过分否定学生及其家长对升学的正当要求。

但是学校在教育事业中的主导角色是社会意志的执行者，它在国家的指导下努力实现社会的根本利益，所以它又必须从总体上把握一个基本点，即带根本性的质量目标(质量基准目标)作为教育工作中的“大地原点”，以它为准协调与整合来自各个方面的利益要求，这个质量基准目标就是培养学生以全面、主动发展为内容的发展性素质。

发展性素质是对人的质量而言的，在工业产品质量管理中称为产品的耐用性质量。耐用性质量是耐用产品的使用特性，它指产品通过维护与修理可以长时间地多次反复使用的性质。从人口经济学的角度看，人口质量具有耐用性，这是因为：①人口质量形成以后就会长期发挥作用，只要人生存在社会上，他就要通过各种途径长期地表现自己，不管这种表现的结果好坏。②他可以通过教育和实践补充和提高自己，从而更好地和持续地发挥自己的作用。这种补充与提高就是发展。人的发展动力来自两个方面：一方面来自外部，由社会对其发挥影响；另一方面来自内部，就是他的学习动机、愿望、爱好、知识基础和学习能力，这一方面带有根本性，因为外部动力也要由内部动力作为中介才能发挥作用。我们所说的学生的发展性素质，就是指学生在校期间，特别是离开学校以后，积极参与社会生活的态度和能力，以及不断发展自己的志向与能力。

为什么要把发展性素质作为学校教育质量目标坐标系中的一个基础维度呢？这里有三个基本原因：①高水平的综合素质是一种稀缺资源，而发展性素质是高水平综合素质的内在源泉。从当代社会急剧的发展和人们的无限欲望来看，人口的质量总是不能满足需求。社会在飞速地变化，新的知识和技术在不断涌现出来，不学习就会落伍于时代，不仅不能很好地工作，甚至不能健全地生活，而这种学习将伴随一个人的一生。现代社会已经步入知识经济的时代，学习化社会已经到来，在这样的社会中，一个无心或无力学习的人，将无法找到自己恰当的位置。②现代的学习者必须学会学习，因为即使在学校中教师也不会教给学生所有知识，何况离开学校以后。学习者必须学会为自己选择学习的内容，并能独立地掌握知识，才能适应环境所提出的种种要求。③在社会加速发展和变化的时代，各种社会组织中的新陈代谢也将加速，一个不能以积极姿态参与社会生活、不能为自己不断设定更高目标的人，就会被不断涌来的“后浪”超过，甚至会有被淘汰出局的危险。总之，以培养学生的发展性素质为根本性质量目标，是教育事业对高科技时代社会要求的回应，也体现了对人的未来命运的真正关怀。

图 15-1 所示的学校教育质量目标模型中，首先将培养学生的发展性素质作为核心，它充满了发展的张力；其次是一般的知识和技能，它是一般教学大纲所规定的具体的教学目标和学校自定的学生个体与集体的发展标准，也是学校工作直接承受的育人质量标准，有人称之为内适性标准；最后，最外边这个圆环是社会用人部门、家庭、学校、学生根据自己的利益所提出的具有特点的要求，人们称之为外适性标准。这个模型显示：只有内核目标得到充分实现，其余两个层次的目标才能更好达到；第二、第三层次的目标虽是外围，但它对内核目标的实现既有拉动作用，也有压抑作用，但是不管其作用是积极的还是消极的，它们的存在都绝不能忽视。

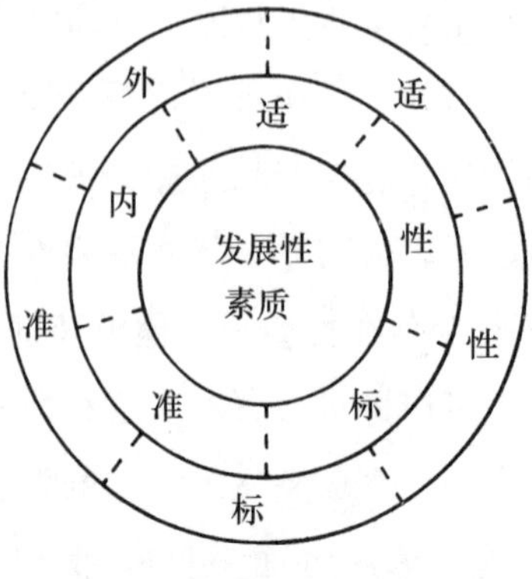

图 15-1　学校教育质量目标模型

第四，学生素质特性决定学校质量管理具有创造性。学校教育面对的是一个个成长中的人，他们在与社会的相互作用中不断发展。他们的特点及上述的相互作用，构成了质量管理的复杂性，而这种复杂性就对学校教师和管理者的创造能力提出了挑战。下述两个方面问题是教育创造力的主要挑战者。

一方面，如何处理好学生质量的一致性与差异性的关系？对一个国家或一个地区而言，必须有一个基本的、明确的、统一的社会要求，才能保证学校的工作质量和学生的质量。缺少科学一致的标准而由各个学校自行其是，必然会出现人才培养水平参差不齐，与社会各方面基本要求不相符合的问题。从微观上说，只有基本质量标准统一，才有利于教职工和学生确定自己的目标和活动程序。但基本质量标准统一，并不意味着用一个模式把所有学生培养成一模一样的人。20 世纪初，一些西方教育家曾搬用刚刚诞生的科学管理理论，试图用统一的教材、方法来批量地“生产”出规格统一的毕业生，这一主张遭到了其他专家和实践工作者的反对而未能推行。这是因为：①学生质量形成存在着许多个性化的、不可控的因素，如师资、学校物质条件、学生个人的资质与社会背景等都存在着差异，它们共同决定着一个学生的质量，所以学生的差异性发展是必然的、绝对的；②学生的差异性发展是其个性差别性的结果，如果这种发展不是消极的，就应得到承认和尊重；③学生的差异性发展能够满足社会对人才规格、品种的多层次、多样化的要求。总之，学校培养学生的质量标准要定位于共性与个性的统一。

另一方面，如何发现与培养学生的深层质量？学生的深层质量是指学生人格发展中那些不够外显、难以衡量而又对其长远发展起着关键作用的素质，如学生对社会和人生的真实看法、承受困难与灾变的心理能力、思想方法的特征、生活中特殊经历或特殊事件所形成的潜意识等。这些素质属于我们在上边所说的耐用性素质，它们是个人发展中的动力性因素，非常重要，但因为其表现模糊、难于衡量，又与人们所重视的智力成就呈间接关系，往往没受到应有关注，管理上也没有发展出成熟、简便、有效的测量工具，对其培养更显薄弱。如何识别学生的深层质量，建立有效的工作网络和方法体系进行培养，这需要更多的实验与探索。

第五，管理活动对象的多样化。学生质量是在一种开放的环境中形成的，在这个过程中，许多校内、校外因素都自觉或不自觉地介入进来，直接或间接地影响着学生质量。在这些因素中，除学校教师有意识地施加影响外，国家各项方针政策、传媒的形形色色信息、学生所在地区的经济与文化状况、学生家庭的文化及道德背景、学生校内外伙伴的价值观和行为表现等。这些因素形成复杂的互动网络，共同影响着学生素质的发展过程。学校按照国家的要求对学生施加教育，有责任对各种有利或不利的社会因素加以微观调节，尽管不可能完全控制他们。鉴于这一特点，学校质量管理必须从系统的质量管理出发，建立起校内外合作的教育系统网络，最大限度地调动积极因素，克服和抑制消极因素。

第六，管理方法以定性方法为主，定性与定量相结合。

第二节 学校工作的全面质量管理

传统的学校工作质量管理有以下三个特点：①自上而下的管理，由学校管理者对教师工作进行检查来实现；②以对最终成果的评定和考核为主；③考核的内容分散，缺少全面性。这种质量管理方式仍局限于管理者个人的经验之上，没有系统性，计划性也不够，全凭管理者的个人自觉性行事。这种情况必然造成学校内工作质量的不平衡，各个部门或个人间工作质量互相掣肘，管理工作缺乏连续性的倾向。为克服上述问题，可以借鉴工业上推行的全面质量管理的经验。

全面质量管理是一种全新的质量管理思想和管理技术。工业质量管理在其发展中经历了事后检验、统计管理和全面质量管理三个阶段。事后检验是古老的质量管理模式，它以剔除废品为保障出厂产品质量的方法，这是一种浪费资源和劳动的方法。在第二次世界大战中，休哈特(Schewhart)等人推广了质量管理的统计学方法，运用数理统计方法确定质量问题发生频率最高的环节，进而决定在哪一方面采取控制措施，从而使质量管理转向了"预防缺陷"，取得了巨大成效。但这种管理仍带有很大被动性，将管理建立在"问题必然要出现，是不可避免的"认识之上，不敢设想一种主动的、近乎完美的管理。但是现代高技术的发展要求质量管理必须逼近"无缺点"，否则在一个复杂的巨系统中，小小的错误或缺点就会被放大成毁灭性的灾难。在20世纪60年代，美国管理专家菲根鲍姆(Fiegenbaum)等人提出了全面质量管理的新观念，把组织管理、数理统计和现代科学紧密地结合起来，建立了一整套质量保障体系，使质量管理工作进入了更高阶段。

一、全面质量管理的指导思想

第一，企业或其他任何组织存在与发展的根本目的是为服务对象作贡献，满足其需求。在组织外部，广大公众是服务对象；在组织内部，下一道工序或下一个部门就是服务对象。这一认识规定了每个岗位上的工作者都必须树立为他人圆满服务的意识，从自己做起，保障产品质量。

第二，从整体出发把握质量。影响质量的因素是多方面的，它们之间的关联和交互作用决定着产品的最终质量，因此解决质量问题不能孤立地解决个别环节上的缺陷。

第三，好产品是生产出来的而不是检验出来的。质量管理要以预防为主，把问题消灭在工作开始之前或过程之中。从这一认识出发，质量这一概念就应包括设计质量、工作质量和产品质量三个部分。

第四，质量管理必须科学化。必须按照专业化生产的客观规律进行管理，运用科学的方法对质量加以保障，包括尽量使管理指标数量化、具体化，采用数学工具和其他科学手段进行质量监控。

第五，通过组织落实实现质量保障。

二、全面质量管理的主要特征

第一，全面质量管理是对全部因素的管理。它在实施中要求对影响产品质量的所有指标实施监督和控制，根据对象特点，将每个方面的基础指标分解为第二级、第三级等不同层次的指标，使其尽量具体化，以便进行控制操作。当然，对质量因素的全面覆盖并不是说主次不分、平均用力，而是要在掌握全局的同时选择好重点，在影响质量的主导因素上下更大功夫。

第二，全面质量管理是对工作全过程的管理。产品质量的形成是连续进行的全部生产活动的结果，每个步骤进行的恰当与否都关系着质量的高低。只有用科学的方法监督和控制每个环节，才能防患于未然。

第三，全面质量管理是全员参与的管理。上述两“全”管理不是少数领导和管理人员大包大揽可以管得过来的，必须让所有组织成员都参与进来，才能实现质量目标要求。在学校中不能仅仅由校长和各个职能部门来进行管理，而必须使所有干部、教师、职工和学生共同行动，人人树立起质量观念，明确并担负起相应的质量责任。

第四，尽量做到一切用数据说话，重视资料和数据的收集与整理，按客观规律办事。

三、学校全面质量管理的基础工作

开展学校全面质量管理工作是一项深远、持久的系统工程，必须扎扎实实地做好一系列基础工作，才可能真正获得实效。这些基础工作包括标准化工作、质量信息提取、质量信息加工处理、建立质量责任制、质量教育。

（一）标准化工作

标准化工作是对学校各项工作的过程、结果和学生发展质量所进行的设计，它是依据国家提出的要求，在科学研究及实践经验的基础上，制定标准和贯彻标准的活动过程。

标准是指导和衡量工作的尺度。没有质量标准，就无法对管理者和被管理者提出要求，使其缺少努力的目标和方向，失去纠正教育偏差的参照系，无法对学校工作的优劣作出中肯的评价。总之，离开了标准就无所谓学校质量管理。

学校质量标准包括管理工作标准、教职工工作标准和学生发展质量标准。管理质量指标是对机构、管理程序和制度、各级机构和岗位责任制、各部门工作协调办法、信息反馈流程等作出的统一规定和要求，它们是学校质量管理活动的依据。教职工工作标准是对教师和职工工作提出的技术性尺度与准则。学生发展指标既是以学生为对象提出的发展标准，也是作为衡量学校管理和教师教育、教学工作成果质量的标准。学生质量指标可以用分项基础指标即学生各个阶段的德智体美劳各种素质发展水平来表示(这种标准以国家颁布的规定为依据，或以科学制定的常模为依据)，也可以用比较性指标来表示，这类指标如高考成绩、各类竞赛成绩等。这两类指标中，前者是基本标准，后者是辅助性标准(但这类标准常被用来作为激励性标准，与各种大大小小的利益联系起来)。运用比较性标准时，要注意它的局限性，将它们运用在恰当范围。例如，作文竞赛成绩表示学生在作文能力上的相对水平，成绩好的学生表示其作文方面有些特长，应予鼓励，但不能用这一标准要求所有学生，更不能用其作为衡量一所学校教学成绩的主要指标，否则就可能对教师的工作片面误导。

理想的学校质量指标要符合以下四个方面的要求：①标准要符合国家的教育方针和相关政策，并应随着社会发展而不断改进。②标准应系列化。这里有两个方面要注意：一方面，各项工作及一项工作的各个环节应制定配套的标准，避免由于存在标准缺口而影响整体质量；另一方面，在确定标准时要考虑对象群体中存在差异，标准在基础水平之上应分出不同层次要求，使管理对象既有努力方向，又感到切实可行。③标准要明确、具体，不可模棱两可。④要有群众基础，制定标准既要考虑上级要求，又要总结教师和学生的经验，引导被管理者参与到标准制定的过程中来。

(二)质量信息提取

质量信息提取是通过调查、测量等方式来获取关于学校质量状况的数据及描述性资料的管理活动。

质量信息提取在学校教育活动中具有特殊的地位。从质量管理的角度看，获取这些资料是领导者了解现状、预测未来不可缺少的基础。从对教育工作的指挥来看，它又直接起着导向作用，因为提取信息活动将各项工作的目标与任务具体化、操作化，提取的内容和方式对教职工与学生的行为产生较为强烈的影响。管理经验告诉我们，任何形式和内容的调查与预测活动，只要与被测者及相关者的活动有联系，就会激发其敏感性，从而产生一系列的应对行为。所以对提取工作从其设计到实施各个环节都要精心考虑，对它的直接效果和间接效果作综合分析预测，尽量减少消极作用。

学校质量评定的项目种类和内容繁多，其特点各异，因而所采用的方法和手段也不完全一样。一般常用的方法有考试和测验(包括论文式考试、标准测验和问题情景测验)、问卷法、直接谈话法、作业及作品分析法、实验或实践报告分析法、行动观察法、自我诊断法、个案研究法等。

在提取信息活动中，要注意以下四个问题：①方法科学化。计量是一门科学，它有专门的规范、方法和手段，操作时应结合各项工作的特点，实现其标准化，破除传统的主观任意的行为模式。计量应较全面反映所测项目的工作规律，要有较高的信度、效度和区分度。②结果一般应在一定程度上显示出标度，即该项目所达到的水平，使之具有明显的可比性，让使用该结果的人一目了然。根据不同项目的特点，标度可用数值表示，如用百分制、五分制表示学生的成绩；也可以用模糊程度(如一般、比较好、较差)表示对象在某方面所达到的水平。③评定质量的方法和手段各具特色，其适用范围有所长也有所短，尽可能交叉使用，如以一种为主，其他作为辅助方法，这样就会使信息获得更全面、更客观。④信息提取的方法和频率要从教育规律出发，考虑它的综合效果。例如，过于频繁的考试就不仅仅是对教育、教学质量的监控行为，它还会给教师、学生造成沉重的心理压力，使其行为定向于僵死的目标，妨碍他们能动地发挥自己的创造性才能。

(三)质量信息加工处理

这一工作是对与学校各项工作质量有关的信息进行整理、分析和保存的活动。原始的质量信息资料给管理者所提供的质量水平信号常常是杂乱无章的、表面化的甚至是互相矛盾的，需要进行去粗取精、去伪存真，还需要将众多的信息条理化，从而使其易于理解和分析。质量信息加工处理要符合以下四个方面的要求：①按质量要求责成各个部门与人员对质量信息进行数据的审核、汇总、查询和订正，确保信息真实可靠。②严格按照统一的方案、方法和表格进行综合整理，整理时注意标准和标度的一致性，从而使质量资料具有可比较性和可判断性。③资料应配套、完整。在这一点上，应从粗放的事务性管理向精细的科研性管理发展。传统上我们收集学校教学质量资料只注意各个班级学生的考试成绩，将其进行横向或纵向的比较，认为这就可以说明教师的教学水平了，但是这种资料只说明了在某个质量标准下教学工作“达标”的情况，要真正揭示教师的教学成果，必须还要将学生原有学习状况的统计资料作为比较的基础。所以资料的收集和整理必须事先有一个系统的计划，使资料的整理齐备。④在资料整理、分类的基础上，建立卡片档案，有条件的学校应将资料输入计算机系统，便于查询。

(四)建立质量责任制

质量责任制是学校岗位责任制的重要组成部分，它明确规定每个教职工所负有的质量任务、责任和应享有的权利。只有实行明确的质量责任制，才能做到事事有人管、人人有专责、办事有标准、工作有检查，才能建立起稳定而严格的质量工作秩序。

质量责任制一般是在建立工作岗位责任制的同时完成的，大致经历以下三个程序。

第一，进行职务分析，确定各个部门、各个工作岗位的工作任务及其质量责任，也就是说要规定各个岗位人员的质量职能。这一环节包括：各个岗位应完成哪些基本任务？这些任务的标准是什么(要有明确的最低标准)？完成任务有何基本要求或约束条件？承担任务者应具备哪些经验、技能、品德和心理素质？

第二，制定考核制度，明确质量考核的范围、标准、时间和方法，同时说明奖惩的细则和方法。

第三，制定并向教职工颁发职务说明书，其中包括指导教职工履行职责的详细要求和检查、考核质量绩效的主要依据。

(五)质量教育

质量教育是培养和强化教职员工质量意识，提高其业务素质的活动。任何工作质量的根本保障在于人，人的业务能力和工作态度是决定质量的两个基本变量，提高这两个变量的品质是质量教育的核心目标。质量教育工作应该从三个方面入手。

第一，进行质量意识和质量责任感教育。在工业质量管理中，专家曾对产品质量问题作过调查统计，发现70％的问题出在操作者缺乏责任心，不按操作规程办事。教育工作虽然具有与物质生产不同的特点，但敬业精神仍然是决定质量的基本因素，尤其教育活动是人对人的心灵塑造过程，教师随时以自己的行为影响着学生的精神，成为建构学生人格的最基本因素。质量意识教育可以在三个层次上操作。①在培养社会责任感层次上进行，使教职工树立对国家、对人民负责的信念；同时，要通过传递信息使大家看到国际、国内教育工作的迅速发展，激发起教职工追赶先进水平的内在动力。②在树立对学校和学生负责精神的层次上进行，使教师们认识到教育教学质量与学校的声誉紧密相连，在竞争的环境下，关系着学校的生存和发展，通过引导大家分析现实和潜在的危机而保持人们的敬业精神。③在激发个人成就感的层次上进行，使教职工认识并真正体会到高质量的工作成果与个人利益的紧密联系。

第二，进行专业知识和能力教育。随着社会发展，学校各项工作的价值指导、知识与技能都会不断拓展，质量标准也会不断变化，所以必须经常组织业务培训。培训要以在岗培训为主，脱产培训为辅。

第三，进行质量管理培训。质量管理的思想和技术不仅学校各个层次的管理人员应当掌握，一般教师也应当掌握。

通过对全面质量管理的分析，我们不难看出，它与目标管理所阐明的基本精神是一致的，即将工作的标准化与调动教职工的积极性有机地结合起来，充分尊重和大胆依靠教职工，在完善质量责任制的基础上向各部门、各人员授权，发挥其主动性、创造性。这样的质量保障体系是在高水平的制度与人员为前提下运行的，比起传统的教育质量管理体系性能要可靠得多，效果要明显得多。

第三节　学校工作的质量评价

学校工作质量评价是教育评价的一个组成部分，它是从微观层次上，对学校内部的教育活动包括思想教育、教学、体育卫生、后勤、领导、办学条件的改善与发展等方面工作进行的检查和督励。它以一定的价值观念和具体的标准体系为准绳，对学校各方面工作质量状况进行科学的调查和判断，确定所考察的对象达到什么水平，是否符合人们对它所提出的要求，并进而提出改进的意见。评价不同于测量，后者侧重于对教育现象的描述，前者却要对后者所描述的情况进行价值分析并对分析结果提出改进意见。

科学的教育评价对促进学校各个方面工作有十分重要的意义，它为学校各个方面的工作提出标准，发挥指导的作用；它是管理者监督工作运行的工具，诊断工作中出现的问题和失误；它作为一种管理机制，不断提高工作人员规范治校的自觉性，激发广大干部和教职工的工作干劲。

一、教育评价的发展历程

为了更好地理解学校质量评价，回顾一下教育评价的发展历史是必要的。

教育评价是与考试制度联系在一起的。起始于中国隋朝的科举制度，是以文字考试形式鉴定文人学力的一种古老评价制度，由于它突破了传统的“荐贤”所固有的“举人唯亲”，原则上可以实现“举人唯贤”的政治要求，所以在相当长的历史时期内，它是中国统治者选拔政治人才的基本手段，并成为以后政治生活中选任文官的示范。

20 世纪初，在美国首先形成了心理测量运动，心理学家桑代克于 1904 年发表了《精神与社会测量导论》，宣称“凡是存在的东西都有数量，凡是有数量的东西都可以测量”。此书的出版标志着心理测量运动的开始。到了 30 年代，心理测量已发展为学力测验、智力测验和人格测验三种类型。30 年代以后，有些学者批评心理测验试图用数字指标表征人的全部心理状况是不现实的，因为人格中的某些方面，如社会态度、兴趣、爱好、情绪等，仅凭测量是无法把握的，而应该用非数量化的方法去进行描述、比较和评定。这种批评是教育评价发展的舆论准备。

1929 年，资本主义发生经济大萧条，大批工人失业，如何为他们提供适当的课程以使其重新就业成为社会关注的一个问题。从 1933 年起，以拉尔夫·泰勒(Ralph Tyler)为首的课程评价委员会，对此进行了 8 年研究，不但对课程提出了有益的改进意见，而且对教育评价提出了较为系统的见解。例如，评价不应是临时性的孤立行为，而应有组织地连续进行；评价不应只依据个人的经验，更应该采用科学的方法；评价不应只针对学生个别方面的发展，而应是全面的。这些观点为教育评价科学、全面的发展奠定了基础。

1948 年，美国教育学家集会芝加哥城，提出探讨将教学活动的评价建立在一个更为科学、系统的指标体系上的问题，这一任务由布鲁姆(B. S. Broom)领导一个委员会进行。该委员会在 20 世纪 50 年代初提出了分类为认知、情感意志和技能技巧的教育目标体系，这一体系的提出为学科教学任务指明了方向，同时使教学评价规范化了。

近 20 年来，教育评价的发展呈现了以下五个特点。

(一)教育评价形成多种互补模式

教育评价自泰勒正式提出以后，占主导地位的是行为-目标模式。这一模式就是由权威机构提出评价教育活动的目标体系，教育工作者遵从目标要求去开展工作，之后将结果对照目标要求进行评价。这一模式是迄今为止最基本的模式，它的优点是目标明确、指导性强，有利于加强管理者的权威，评价活动规范，各方面人员行为的可预见性强，有助于形成默契配合的关系。但这一模式也潜藏着三个问题。①权威机构提出的目标体系就那么正确吗？它会不会存在错误？有没有不够完全的地方？②这一模式由于重权威性，因此它必须照顾多数被评价对象的共性，体现普遍要求，这就容易忽略个别人的特殊性。③这一评价模式强调稳定性，其价值指导和指标内容有可能滞后于环境的变化。如果这些问题是存在的，那么这种模式可能会掩盖某些问题，甚至会产生误导。

基于上述考虑，米歇尔·斯克里温(Micheal Scriven)于 1972 年提出了目标游离模式，这一模式重视结果胜于重视意图，只从结果来判定教育活动的价值，而不管当初的目的何在。在实践中这一模式具有发散性的特点，评价者具有独立性，他只从自己的价值观和标准进行评价，不拘泥于原有目标，从而提出具有启发性的结论。当然，这一模式由于随意性较大，作为评价的主体模式也是不适宜的，只能作为前一种模式的补充。

另外一种较有实际意义的评价模式是司法式评价模式，又称对手模式。这一模式是基于管理者想在复杂的教育活动中充分听取各种不同评价意见的前提而诞生的，如评价一项重大的改革方案，或者讨论在关键岗位上举用一个优缺点均很突出的人员是否适当等。这一模式借用法律诉讼程序的做法，设置控辩对立双方，在各自研究资料的基础上进行讨论，详陈观点并举证说明，最后由决策者根据双方叙述的观点和情况作出决断。

（二）形成性评价的地位不断上升

传统的评价把重点放在终结性评价，即只关心活动的结果，这种倾向导致教育者和管理者以主要精力开展对最后成果的检查、评比，忽视对生成过程的管理，导致缺乏对教育过程规律的研究，也就不能有针对性地提出改进意见，从而使结果缺少合理、科学的过程保障。现代教育评价注意到了这种做法的片面性，将形成性评价的地位大大提高了。形成性评价是对教育过程所进行的评价，它的功能是揭示问题、改进工作，只有通过评价教育过程的各个环节，实施质量约束和保证，才能培养出合格人才。

（三）评价方法日益科学化、多样化

随着教育评价深入发展，方法的科学性问题越来越受到重视，人们力图使评价结论真实可信。从总体而言，系统科学的方法受到广泛应用，人们不是孤立地评价某个对象，而是把它放在一定的背景下进行考察，从而获得对问题公正的认识；计算机技术也被引入评价手段中来，使得原来难以处理的某些模糊现象（价值、情感、品德、智力）能够在一定程度上得到合理加工和综合。从微观上看，教育评价的各个环节都得到深入的研究，更加科学化，例如：在制定评价目标阶段广泛运用了专家会议法、特尔裴法等；在收集信息阶段运用了观察法、问卷调查法、标准化考试、问题情景法等。

（四）评价主体范围日益拓展

传统教育评价局限于组织内部管理者对被管理者的评价。当代教育评价则根据民主化原则和实际需要，将评价者的范围大大拓宽了，不仅管理者对被管理者进行评价，被管理者也参与对自己、对同事、对上级的评价；不仅教育系统内部对教育活动进行评价，而且其他社会力量如社区、企业、家庭也对教育系统中各部门的工作进行评价。这种趋向弥补了单一评价主体所可能带来的片面性，在评价中反映了各个有关方面的教育要求，从多视角对教育工作的成败进行全面的考察。

（五）评价内容向全方位发展

传统的教育评价限于对学校课程设置的评价、对学生学习情况的评价，范围比较狭窄。现代教育评价充分注意到教育工作的各个方面，改进各种因素对教育质量的影响。

教育评价在教育管理领域所发挥的巨大作用不仅引起了教育界的普遍关注，许多国家政府也将它作为监督和指导教育工作的有力手段，大力支持和完善这项活动。

二、教育评价的原则

教育评价是一项真理性和价值性都很强的工作，它在运行中既要符合评价对象的发生发展规律，也要考虑被评价对象(人)的利益要求并进行恰当的方向引导。评价所得出的结论对实际工作有很大的导向作用，对处于第一线的领导、教职工和学生都有较大影响。因此评价必须遵循一系列科学的原则，使评价真实可信，既能客观揭示问题，又能激励被评价者上进，促进各项工作开展。

(一)客观性原则

进行教育评价时，要实事求是，不主观臆断，不以个人好恶论长短。评价必须根据科学的评价标准来进行，标准一经确定，就不要随意改动。评价中如果掺杂个人感情，势必会挫伤被评价者的积极性。

(二)全面性原则

在评价中要全面而恰如其分地评价教育工作中的各个项目或各种具体指标，不要过分地渲染某些项目或某些指标，而忽视另外一些项目，这样易使工作失去平衡，出现片面性。而片面性是与培养全面发展的人的方针格格不入的。当然，全面性与分清主次是不矛盾的，对性质和作用不同的项目给予不同程度的权重是必要的。完全忽略某些方面或对该较多关注的项目给予关注不够，都是不对的。

(三)一致性与差别性相结合的原则

一致性原则是指教育评价时，对所有教职工和学生都采用一致的标准，而不能采取两套或两套以上的标准。只有遵循一致性标准，才能在群体中区分出好坏、优劣，使被评价者知道自己的实际状况和在群体中的位置，这样才有利于找出差距，发现不足，激励人向上。

但在评价过程中又需要注意问题相对性的一面。由于学校条件各异，领导水平不同，教师和学生个体的特长和不足各异，所以在评价中要从被评价者实际情况出发，寻找个体内的差异，通过与过去相比，判断他们现在是进步了还是退步了，这样做能使被评价对象发现自己主观努力程度如何，相对自己过去而言还需在哪些方面加倍努力。注意有区别地评价对象，可以起到鞭策和激励人的作用。

(四)定量分析和定性分析相结合的原则

定性分析是对被评价对象的状况和性质所进行的判断，这种分析方法通常首先要对评价对象的表现按照一定的标准进行描述，然后对其特点、问题、本质、发展趋向等方面进行解析。这种分析方法的特点是综合性、模糊性较强，注意抓住事情的重点和本质。定量分析是对被评价对象进行数量分析和比较，其特点是分析因素单一、精确。与定性分析方法比较，定量分析具有明快、简单、易于比较等特点。20世纪70年代以来，在教育评价的某些可量化领域得到应用。但是量化法本身有一些不足值得注意：①对评价要素进行量化时，首先要把它精确地区分，使之独立才能正确地加以测量，这样我们在评价某事物时，在观察阶段就必须主观地割裂它与其他事物的联系，这常常导致对问题进行简单化、表面化的分析，不能从根本上看问题；②对评价要素量化时，要将其静止化，把它看作某一时刻的某一点才能精确测量，在很多情况下，这一点表现带有一定偶然性，不能真实反映被评价对象的实际；③很多社会因素和人的心理因素不能或不易被量化。根据这些特点，评价中要将二者有机地结合起来，缺少任何一个方面都不足以全面把握被评价对象的实际情况。

（五）他人评价与自我评价相结合的原则

他人评价与自我评价相结合的原则有两层含义，具体表述如下。

其一，评价不仅要有领导、同行、同学或专家来参加，还要有被评价者自己参加。现代教育评价的任务不仅仅是给被评价者下一个定论，更重要的是通过评价改进他们的工作。离开被评价者的积极性，评价就失去了它的意义。同时，被评价者的自我认识和自我评价是保证全面、公正地进行评价的一个不可缺少的因素，没有他们对自己工作和表现所提供的信息与看法，评价就失去一个方面的根据，其客观性和公正性也难以保证。

这里特别应当加以说明，既然被评价者作为主体参加到评价活动中来，就应当是一个有充分权利的主体，不仅应当作出自我评价，还应享有对评价的最终结论提出申辩的权利。这样做不仅是对被评价者的尊重，还可以通过答复申辩进一步开展管理者与被管理者之间的沟通，进行指导，以便更好地改进工作。

其二，对教育工作的评价不仅由教育系统内部自己评价，还应由教育系统以外的人士或机构来进行。教育系统人员作为评价主体有了解教育规律之利，但也可能产生自我保护之弊。何况，教育系统以外人士进行评价可以收到目标游离模式效应，广开思路。

上述几个原则仅仅是对教育评价的一般原则所作的阐述，照顾到了教育评价中的普遍情况。而当被评价对象及其活动具有特殊性的时候，教育评价的原则还应该根据具体情况加以适当补充或细化。如一些研究者根据活动课程的实践性强、以学生为中心等特点，提出了“体验分享的原则”“以学生自我评价为主的原则”“非等级评价的原则”。①

三、教育评价的过程

（一）制定评价指标体系

指标体系是系统的、可操作性的、可测量的评价标准，是目标的具体化。目标是对

---

① 高峡等：《活动课程的理论与实践》，237～245页，上海，上海科技教育出版社，1997。

行动结果的笼统指向，为了使目标可操作性得到落实，就必须依据目标要求，遵循评价对象的运动规律，制定出具体的要求。它是开展评价工作的主要依据，也是评价成功的关键。在这个体系中，蕴含着教育的价值观，也明确规定了对被评价者及其职责的详细要求，因而它发挥着导向和规范作用。

1. 制定指标应把握的特殊要求

制定教育评价的指标体系除了要遵循教育评价的一般原则之外，还要遵循下面四点特殊要求。

(1)各项指标要有独立性，其内涵不应与其他指标相互重叠。如在对学生发展进行评价时，“主体性”与“独立性”不应同时列入指标，因为后者应是前者内涵的一部分。

(2)各项指标要协调，一方面，应能从各个侧面反映目标要求，在主要规定性上完整地表现出评价对象的特征；另一方面，指标间不应相互矛盾和冲突。

(3)指标应是可测的。指标应尽量使用行为化、操作化的语言，以便采用适当方法获得较为直观、便于处理的信息。例如，评价教师的教学质量时，仅用“教学成果”作为指标项目就不够，还应将其分解为若干细化的项目，如“学生考试成绩”“学生自学能力发展”“学生对该学科兴趣的增长”等，才能实施测量。当然，指标的操作化细分不是无限的，过细也会带来评价操作的困难。

(4)指标应有可行性。指标设定的水平应符合学校的实际，有群众基础，为他们所认同，不能过高或过低，也不能过于复杂，不便操作。

2. 指标体系的设计方法

指标体系设计大致分为两步，即分解目标和制定权重。

分解目标是将总目标解析为层次分明、可测量的具体指标条目的过程，这一过程大概要经过以下两步：①研究目标结构，将一级目标逐个列出。②将每个一级目标逐层分解，可列为二级、三级目标。直至定出可测量、可操作的末级指标。一般来说，为了操作方便，指标分解到三级就可以了。分解后，要从总体上审查指标是否合理，例如，有内涵重复的要合并；如有矛盾的要修正；对不可测量的，或舍去，或另立一个指标系统。

制定权重是对各项评价指标根据其在总体指标体系中作用大小而赋予一定的价值，它是以小数值来体现的，在0～1之间取值，同一评价指标体系中各项权重之和为1。科学、客观地制定权重很重要，由于权重表示各指标的地位，被评价者会对权重较大者给予较大关注，其导向的作用是十分明显的。

权重的分配方式可以有两种：直接分配和分级分配。直接分配是将权数直接分配到每一指标身上，这种分配方式在指标数目较少的情况下使用起来较为方便，数目一旦较多，每个权重值都非常小，造成各指标的评价分值都很小，难以区别差异大小。分级分配是将指标分为几个层级，每一层级都被看作总权数为 1 的相对独立的指标系统，在它的内部按各个指标不同地位分配相应权数，这一方式克服了直接分配方式的弱点，使得各指标在本层级中差异较为明显，便于比较和分析。

确定权重的主要方法也有两种：专家会议法和特尔斐法。专家会议法是邀请一批专家开会共同讨论指标权数的确定，大家面对面交换意见并最终达成一致看法。这一方法的优点是考虑问题全面，但有可能形成权威专家一言堂，或者一些人由于顾虑大而不愿意发表独特见解的情况。特尔斐法是专家背对背、以匿名方式展开讨论确定权重的一种方式。运用特尔斐法要经过几次意见反馈，过程比较复杂。考虑到教育评价指标权重确定相对简单，因而可将其“背对背”这一特征借来运用，其余环节相对简化。

特尔斐法的实施步骤具体如下。

第一，确定被征询意见的指标体系，编制征询意见书。这个意见书除写明意图和要求外，要设计好表格(见表 15-1)。

表 15-1 征询意见

项目	很重要	重要	一般	不重要
指标 1				
指标 2				
指标 3				

第二，选择专家。

第三，发放征询意见书，专家独立填写完成。

第四，统计处理专家意见，将模糊评价转换成等级分，计算平均数。这里要将各模糊评价等级赋值，如很重要为 95 分、重要为 80 分、一般为 65 分、不重要为 50 分。现假定对上述指标体系请 15 个专家评定，结果如表 15-2 所示。

表 15-2 征询意见结果

项目	很重要	重要	一般	不重要
指标 1	7	5	2	1
指标 2	10	5	0	0
指标 3	4	4	5	2

根据表 15-2 中的数据计算各指标实得总分：

指标 1 实得总分$=(95\times7+80\times5+65\times2+50\times1)\div15=83$

指标 2 实得总分$=(95\times10+80\times5)\div15=90$

指标3实得总分=(95×4+80×4+65×5+50×2)÷15=75

然后对以上各分值作归一化处理，即将各指标的得分做总值为1的权数处理：

指标1权数=83÷(83+90+75)≈0.335

指标2权数=90÷(83+90+75)≈0.363

指标3权数=75÷(83+90+75)≈0.302

(二)选择恰当手段获得信息

在教育评价中，一般常用的获得评价信息的手段有考试(标准化考试、论文式考试)、问卷调查法、谈话法、行动观察法、问题情景法、个案研究法等。这些方法的运用要严格遵循科学程序进行。

(三)质量信息的分析

在对各项工作的质量和学生的质量进行考核或调查而获得必要的信息之后，就要对所得资料进行科学的统计分析和评价，寻找出某些带规律性的结论，作为实施质量控制的依据。

学校质量分析大致可以分为前后相联系的两种类型：状态分析和因果分析。前者是对质量现有状态的初步分析和判断，带有描述的性质；后者是对影响质量的原因进行分析，带有推断的性质。

1. 状态分析

状态分析又可分为特征分析、比较分析和综合分析。

特征分析是对学生质量或工作质量的某些项目特征指标所进行的分析。这种分析使人对质量在哪些方面或哪些具体指标上还存在什么不足可一目了然，因而它是指导教职工改进工作和指导学生改进学习的必要手段。如分析体育教学中的学生身体练习质量，就可以从动作的准确性、协调性、缓冲性和经济性四种特征指标去进行分析。特征分析的量标多带有一定模糊性，一般采用优、良、较好、一般、差五级标准进行计量。在上述体育质量分析中，如果计量结果大致呈正态分布，达到“一般”以上四级水平的人数占80%以上，这说明身体锻炼的质量基本还是符合要求的。

比较分析是以现在的质量状况相对于某一质量水平所进行的比较。其目的是要判断被比较者质量状况的相对水平，或判断出被比较者的质量发展趋势。以学科成绩为例，可以进行三个方面的比较分析：①本学期考试成绩的纵向比较。这种比较可以是同一班级前后不同时期成绩的统计比较，目的在于发现学生学习成绩进步状况或研究不同类型、不同难度、不同分量的考试所造成的成绩差；也可以是将某一考试成绩与历届同一年级最高水平或最低水平相比，联系试题特征进行分析，从中发现学生对知识的理解、运用等方面有何特点。②对同一年级的不同班级进行比较。这种比较可以判断任课教师的教学水平，也可分析一个班的学习风气等方面的问题。③比较同一年级或同一班级各科考试的一般状况，以分析学生有无偏科状况。

综合分析或根据某些综合性指标，如学习成绩的合格率或体育的达标率，对质量进行的总体性分析；或凭经验或印象，对工作质量和学生质量进行整体性的评价和概括。这种分析有时较为粗糙，但对整体情况的了解却是不可缺少的。

2. 因果分析

在对质量的一般状况心中有数之后，就需要对质量提高或下降的原因进行分析，找出问题的关键所在。一般说来，分析学校教育工作质量的影响因素要从教师、学生、设备与教材、管理及环境五个方面着手。这五个方面还可以分解为许多子因素。通常用鱼刺图来表示质量形成中的因果关系。图 15-2 是某学校一学期以来学生思想教育质量不佳的因果图。在这种因果分析中，除列出各级因素之外，还要考虑各种因素之间的交互作用，同时要将起主要作用的因素找出来，为了醒目起见，需要将关键因素用波浪线或彩线标示出来。

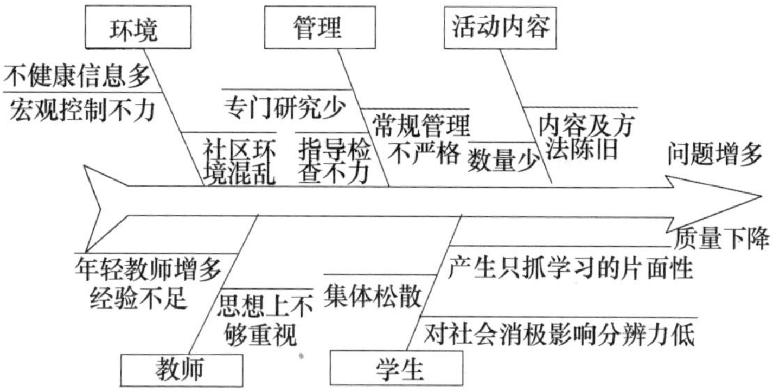

图 15-2　学生思想教育质量不佳的因果图

(四)提出质量改进意见和建议

质量改进建议应该在坚持基本要求的前提下，因人、因地制宜地提出实事求是的改进期望，所提要求应尽可能与被评价者或部门直接交换意见。

四、教育评价中需要处理好的一些关系

(一)常规评价与改革评价的关系

常规评价是指按照一定的评价标准对学校日常工作所进行的评价。这种评价注重价值观念和衡量尺度的稳定性，在环境变化的情况下，它常常显现出一定的保守性，由此也就会给学校中的改革带来一定的障碍，因为变革通常要打破常规去探索新路，创造特色。所以对学校改革应当事先制定明确的评价指标，这些指标除了坚持常规评价指标中

的有效内容外，要根据新的价值观念确定新的标准。在新标准尚不十分明确的情况下，可以给改革项目开设“特区”允许探索，而不要简单照搬常规评价指标约束改革进行。

(二)内部评价与外部评价的关系

内部评价是指学校内部或教育系统内部对学校工作所进行的评价，外部评价是指学校或教育系统以外的人员或机构所进行的评价。内部评价比较容易组织，专业性强，熟悉情况，评价时专业理解比较到位，但也容易受习惯制约，产生保守倾向，并有可能有意或无意识地进行自我保护。外部评价除了采用以目标为准的规范评价以外，还经常采用目标游离模式，即适度离开既定标准而从社会各种需要出发进行评价，评价者对学校工作存在的问题比较敏感，常能发现教育系统内部所忽视的不足，但外部评价也可能过于实用化，眼光狭隘。在实践中，应根据具体情况，把两种评价类型有机结合起来。

第四节　学校工作的质量控制

质量控制是对影响学校质量的因素施加干预，使质量向理想的方向发展。

一、对不同性质的质量原因采取不同对策

造成学校质量问题的原因，按其产生的形式和作用时间的长短，可区分为偶然因素(又称急性故障)和系统因素(又称长期性故障)。

偶然因素是一种随机产生的影响质量的因素，没有确定的出现时间，也不够稳定。如教师讲话一时措辞不当伤害了学生的自尊心。偶发性因素随其自身特点及作用的不同，所产生的危害也不同。如纠正不力或不及时，它也会转化为长期故障。对偶发因素的控制方法是密切注意各项工作的反馈信息，及时抓住偏差，并采取措施加以纠正，将原发因素和受动因素都调整到正常状态。

系统性因素是长期影响学校质量状况的那些因素，它们相对来说比较稳定，如管理制度是否健全、教师业务水平高低、师生个性特点等。重要的系统性因素品质不佳，会使学校质量长期得不到提高。对这类因素所造成的质量问题，应采用质量突破的办法来解决。

质量突破是指采用革新性的措施打破原有条件的桎梏而使质量获得根本性的改进。这种方法具有创新性、需要群体协作和周期长等特点。质量突破需要经过以下六个步骤：①确定问题，论证质量突破的必要性和可行性。②选择突破目标，确定在这一目标下所要解决问题的先后顺序。③做好教职工的沟通工作，使他们理解采取措施的目的、

意义及过程。特别要注意做好有影响人物及处于关键岗位上的教职工的工作。④强化组织指导力量，明确责任，加强指导和协调。⑤针对具体问题，明确对策，并组织好实施，务求取得进展。⑥成功之后，及时总结经验，逐步把成果标准化，在新的水平上控制质量。

由于对系统因素的变革进行指导难度较大，领导者在这一过程中既要解放思想，敢于改革，又要稳妥持重，选择好时机，因势利导。应该从小处、易处着手，取得成功后再扩大战果，这样整体上成功的可能性就更大些。

二、确定与把握质量警戒线

学校质量警戒线是对学校工作质量和学生质量所规定的最低标准，是对教育质量基本要求的共识和刚性标准。如果质量统计和分析表明低于这个标准，说明学校某个方面或整体质量水平发生危机，应采取坚决措施予以扭转。由于各学校教师、学生和领导者的水平不一样，各校的成就水平也不一致，因此质量警戒线不能整齐划一。在确定警戒线时，一般要考虑三个方面要求：国家的基本要求；本校历史上的平均水平；同类学校的一般水平。

在对学校进行质量管理中，需要确定警戒线的项目大致有以下三类。

第一，教学质量：优秀生率、及格率、提高率(进步率)、年级平均分、各个班级平均成绩及其波动情况、平行班之间平均成绩差距、主要考试中基本题的正答率、高考和中考的升学率。

第二，思想教育质量方面：学生流失情况或比率、学生遵纪和做好事的变化或比率、犯罪率、违反校规和校纪的人次及比率、旷课和迟到的人次和比率、学生参加课外兴趣小组(社团)活动的情况或比率。

第三，体育卫生和安全工作：体育素质达标率、学生安全事故控制、体重达标率、近视率、患病及因病缺课的比率、体育比赛获奖人次等。

应当说明，不是学校所有工作的质量警戒线都以“比率”大小衡量其问题严重程度，某些问题一旦出现，哪怕就是一次，也必须拉响警报，全面治理。如学生非正常死亡事件、教师体罚或言语侮辱学生事件、乱收费事件、校内师生食物中毒事件、财务安全和风险事件等。

中小学教育质量警戒线是一个约定俗成的标准，既有共性，也有个性，时代特征也比较明显。各个学校在办学中应该根据实际情况推进自己的警戒线标准范围。例如，可否考虑在艺术教育和劳动教育方面确定一个或几个适当指标作为警戒线？另外，警戒线是否可以向微细化发展也值得考虑。例如，能不能将学生课堂记笔记的习惯养成设定一定标准作为课堂教学(学习)过程质量的警戒线?

三、工作控制

为确保学校工作质量，就必须抓好工作控制。工作控制是从工作过程的标准化、规范化抓起，对质量实行预先控制。工作控制要抓好计划、实施、总结、改进等环节，同时要根据各项工作的具体内容和特点，抓好细致的环节。工作控制一定要有问题意识和重点意识，抓住主要问题细致持久地解决问题，也要把抓问题和抓人的工作结合起来，这样才能真正提高质量。

四、组织控制

组织控制是质量管理的基础建设，它通过抓人和组织的建设来对质量工作的开展实施保障，一般要抓好下面三件事：①做到校、年级和班级质量管理组织健全，制度完善、规范。②抓好教研组建设和教职工骨干的培养，使质量工作有带头人、排头兵。③保证学校与下属组织、教师之间及教师与学生之间的信息沟通，使各方面对质量现状及存在的问题心中有数。同时学校还要与社会有关方面、学生家长和兄弟学校之间加强联络，取得各方支持，及时获得有关信息，以不断提高工作质量。

思考题：

1. 什么是学校工作质量？从现代教育思想的角度看它的一般结构是什么？
2. 学校育人质量具有哪些特点？
3. 什么是全面质量管理？其指导思想和特点为何？
4. 教育价值观念在评价中的作用表现在什么地方？当代教育评价发展有何特点？
5. 教育评价的原则有哪些？
6. 试述教育评价的各个环节及其要求。
7. 应从何着手控制学校工作质量？

第十六章　学校建筑管理

第一节　学校建筑管理概述

一、学校建筑的历史与意义

作为名词的“建筑”，广义上是指建造房屋、道路、桥梁和一切设施的人类工程。狭义的建筑就是指房屋。房屋是人类生活中最基本的物质条件，给人们提供最基本的劳动和生活场所，保护人们的安全，在当代，建筑还越来越多地肩负起满足人们文化需要和审美需要的功能。

人类自觉地、有意识地从事教育活动的基本条件之一是要为学习团体提供选择方便、安全、可以得到庇护的场所，这就是教育建筑。学校建筑具体是指学校地面上建设的房屋、走廊和其他附属物，如运动场地、看台、讲台、露天游泳池、花坛、亭阁等。

学校建筑不仅是教育活动的载体之一，而且是社会发展的一种微观标志，它从侧面反映了在一定时代和一定社会条件下教育的价值追求，也反映了经济和建筑技术的发展水平。回顾历史，学校建筑的发展大致经历了没有特定学校形象的阶段、具有标准形象的阶段和多样化形象发展阶段。①

古代农业社会最初的学校教育活动并没有与特定的学校建筑联系在一起，它们被描绘为一名教师与几个学生聚集在一起讲学，这一时期学校里学生人数少，内容尚无规范，也没有固定的教学地点，所以后世研究者们在描述这个时期的教育活动时，多说明它们是在开放的自然环境中悠然进行的。② 进入奴隶社会以后，面向统治阶级子弟的教

---

① 张宗尧、李志民：《中小学建筑设计》，130 页，北京，中国建筑工业出版社，2000。

② 巴塞尔在《教育设施》一书中，指出在希腊化和罗马时代的早期，教师向他的寥寥数个学生讲学的地点就在室外环境中，特别是在公共建筑的外面及大树和屋檐之下，也就是说，它仅仅是师生可以用来集合的地点。《庄子·渔父》篇和南宋绍兴年间孔子 47 代孙孔传作《杏坛记》中记载了孔子在曲阜设杏坛讲学的事情。在曲阜孔庙主体院落大成门内，有一座前有四棵杏树的建筑，相传这是孔子当年讲学的地方。据考证此为讹传，杏坛应建于北宋。但这个传说也从侧面印证了人类文明初期并无专门的学校建筑的结论。

育由官府或显贵人家自己组织，学校建筑基本是就地取材，利用官府、私宅、庙宇、宗族祠堂等房舍作为教室，没有特别的要求。16世纪班级授课制出现以后，有组织、成规模的教学活动出现导致专门的学校建筑开始出现，但是由于民间团体和个人是学校投资主体，政府对学校建筑标准没有规定，学校建筑的形式、风格受投资人的意愿、当地的文化观念、建筑习俗、能够获取的材料及气候等因素的影响，所以学校建筑在一个地区有些许相似性，但是绝不雷同。例如，从17世纪末期开始，欧洲和北美国家部分地区学校教室的前面墙上就安装上了用粉笔写字的黑板以适应较大班级集体授课的要求，但是教学房屋的建筑形式并没有统一要求。

20世纪初叶，世界主要发达资本主义国家都完成了义务教育立法，政府承担起建立和维持基础教育学校的责任，因此对于学校建筑的关注日益增强。这个时期的学校建筑受到教育标准化和建筑标准化运动的影响，逐渐走向定型。在这个时期，西方教育界逐渐接受了泰勒科学管理思想的影响，不但使得课程内容、教学和形式标准化，学校内部的管理制度也日益走向标准化，以便增强其精确性、可控性，提高资金投入的使用效率。建筑的标准化来自注重经济、注重实用的现代主义建筑思潮。这一思潮主张要坚决抛弃历史上建筑风格的影响和束缚，建筑师要向工程师学习，从工业产品设计中发现启示。法国现代主义建筑大师勒·柯布西耶在1923年出版的《走向新建筑》一书中给建筑下了一个新定义："住宅是居住的机器。"建筑师强烈关心与建筑有关的社会和经济问题，提出"功能大于形式"的命题，提倡设计结构上要简洁，不要装饰；他们主张建筑要与工业社会提供的条件同步发展，要在建筑中发挥现代材料和新技术的作用。在这些思想的影响下，第二次世界大战前后20年里，产生了以德国德绍市包豪斯校舍为代表的一大批现代学校建筑，它的特征是平屋顶、长外廊、突出的楼梯间和灰色的外墙。这种风格的学校建筑在追求经济、效率的价值取向方面有其历史功绩，但是它在造型和空间设计上机械、刻板，缺少人性气息，容易生成窒息的氛围。

20世纪70年代以后，在现代教育思想和建筑思想催化下，学校建筑风格出现了多样化的趋势。现代教育思想和实践的变化主要是在教育目标上由培养规格一致的学生向培养具有鲜明个性和创造能力的学生转变，使学生不仅掌握知识、学会学习，而且热爱学习，体验学校生活的快乐；强调学生在教学活动中的主体地位，由注重教师的"教"向同时关注学生的"学"发展；课程建设由单一的学科课程向综合方向变化，为学生在学习中参与多样性活动创造条件。建筑思想的变化主要是突破了现代建筑单调的"方盒子"的一统天下，开始向多元化发展，这种趋势目标指向建筑的个性及建筑与环境的和谐一致。芬兰建筑家阿尔托在20世纪30年代就主张建筑要"人情化"，美国建筑大师赖特将自己的建筑思想称为有机建筑论，他提出建筑要与自然结合，总的来说，现代建筑"以人为本”的追求，天人合一的理念，弘扬个性的探索，与现代教育思想本质上是一致的。这些变化不仅要求教材内容和教学方式要变革，作为教育硬件的学校建筑也要随之发生转变，于是学校建筑的多样化、情趣化特征开始出现，不仅为学生学习创造适宜条件，还为他们创造温馨的生活环境。学校建筑历史说明，学校建筑是与社会、教育同步发展的，在现代甚至在局部上是超前的，它以物化的形式体现新的教育理念。学校建筑风格的改造是学校开放性的反映，教育系统不仅要从经济发展汲取营养，还要从其他领域汲取新鲜思想。建筑是当代工业科技发展中最具有人文气息的社会活动领域之一，因此教育管理者在规划学校发展中应当注意学校建筑的教育和文化功能的演进，以下三点值得重视。

第一，在快速发展变化的社会条件下，学校建筑对师生教育观念和教育行为的激发功能得到提升，对学校教育活动变革的影响日益明显。教育建筑作为一种物质形式，对于教育活动和观念的选择具有约束作用，甚至在一定范围内成为教育教学模式发展的桎梏，学校建筑的形式和格局一旦形成，就有了相对独立性，制约着后者的表现。如在传统分科课程体系下，与之相配合的教室建筑就是按班配额的普通教室加上几个有数的专用教室。这种教室体系一旦形成，教师和学校管理者心目中的课程系统得到强化，条件意识使得他们在考虑课程建设时首先的反应是“某某教室是做什么用的，所以课程应该是什么样的”。这样对于需要教室资源较多的分层教学、综合活动课等教学改革就可能产生不自觉的抵触。而当代的学校建筑设计中提前考虑到未来课程的发展，教室数量和规格上留有一定的余地，甚至出现开放空间教室，这就不仅给教育活动以宽阔空间，更给教师和管理者心理上留下了创造的空间，从办学条件角度看，新教育观念和新经验可以更顺畅地获得“准入权”。

第二，学校建筑日益成为新的社会观念的传播工具。学校的管理者和建筑专家合作，接受和实践着新的社会观念，而新的建筑设计反过来影响教育者和受教育者的教育观念和社会理想。比如 20 世纪末期，人类与环境和谐相处、尊重和善待环境的观念越来越被人们所认可，新的学校建筑就通过利用再生材料、中水利用、扩大自然光在教室中利用的范围等措施反映了这种理念。

第三，学校建筑传承、宣传、创新文化的功能日益明显，对学生发挥潜移默化的影响。建筑是凝固的文化，它把历史的因素、人际关系的因素、美的因素都浇注和雕刻在外形、结构和材料之中，通过建筑的外部形象、功能的发挥、内涵的阐释而不断地教育着学生和教师。“乡土文化”在学校的建筑中得到很好的体现，代表学校历史和区域文化特点的建筑布局和单体建筑保存和丰富了地区的文化，成为一个地区文化的亮点。

总的来说，在现代学校教育体系中，学校建筑的原始使用功能得到淋漓尽致的发挥，同时它的伦理功能、审美功能和深度教育的功能受到高度重视。

二、学校建筑管理

在多数学校建筑的文献中，“学校建筑管理”这个概念没有独立地位，只是大致依从建筑学的体系被称作学校建筑规划。汤志民认为，学校建筑规划系以教育理念、学校环境和建筑条件为基础，以人、空间、时间和经费为基本向度，使校地、校园、运动场与附属设施的配置设计能整体连贯的过程。① 从教育管理的视角讲，学校建筑管理这个概念描绘了一个更广的活动领域，它包括地区教育行政部门对辖区内学校建筑和设施的整体规划，包括对一所新学校的设计和建设，还包括对建成学校的维护和更新。传统上教育行政部门对学校建筑的管理的责任目标基本定位于“够用”和“安全”两个方面，随着经济和社会进步，学校建筑对环境保护、文化传承和更新、人格陶冶、教育公平等社会责任承担得越来越多，也越来越大。所以，学校建筑管理应当包括以下职责。

第一，行政部门依据教育理念和政策，根据对本地区未来生源和经济与社会发展前景预测，规划学校的建筑规模和布局，并制定相关政策。从国际经验来看，行政部门对于公立中小学建筑管理要坚持以下三个原则。①公平原则。所有政府举办的学校应该一视同仁地享受当时当地能够达到的基本条件，保证每个学生的基本学习权利。学校设点布局要满足本地区不同年龄少年儿童入学的需要，适合他们的学习和生活条件。②与可持续经济能力相匹配的原则。政府对于学校的建设投入应当以政府可以长期支持的经济能力为前提，不搞奢华浮夸的“窗口”学校，不建设浪费土地资源的低效巨型学校。否则就会使当地群众和政府背上沉重的税赋和财政负担。③适度前瞻创新原则。

第二，规划区域学校建筑的文化生态。学校建筑是社区文化的一部分，对它的管理不仅要考虑使用功能，还要考虑它的文化功能，要为保护、丰富和弘扬地区文化作贡献。教育行政部门要与当地城市规划部门协作，根据本地教育发展和社会发展的历史与现实，对管辖区域内的学校建筑的规格、规模、风格及其布局，提出指导方针和可供学校选择的模式，以满足学生发展的需要和地区社会与文化发展的需要。

行政部门要根据社会的发展和教育的进步，不断规划学校建筑新的标准和范式，为学校建筑发展提供指导和参考，发挥引领作用。在这个方面，新加坡教育主管部门在中小学学校建筑规划发展方面的经验值得学习。

新加坡独立之前，殖民政府的公共工程局(PWD，1999年在企业化运动中被编为新加坡工程集团下属的子公司)就与教育局合作，在以后几十年里，在每个发展阶段都为

① 汤志民：《台湾的学校建筑》，3页，台北，五南图书出版公司，2002。

新加坡学校建筑发展规划出适宜的模式。1947年，适应初等教育的起步和贫弱的经济基础，政府采纳了十年建校计划，PWD为此设计了只提供基本设施的建筑，每所学校20个教室，狭小的办公室、厕所和开放式的食堂，没有实验室。在以后十年中，随着地价上升，PWD提供的教室设计也由单层逐渐增加到三层。20世纪60年代是新加坡经济起飞的年代，缺少物质资源的新加坡大力开发物质资源，增加技术培训和劳动者的创造性成为政府关注的焦点。PWD提供了四层建筑的设计和依据各种地形设计的“1960年类型”“1961年类型”和“1962年类型”等基本学校建筑设计供学校选择。20世纪70年代，新加坡教育当局适应人口快速向城市集中的趋势，规划并落实了把学校建在住宅区的建校计划，PWD以组织设计比赛的方式选择了小学P1、P2、P3、P4、P5型及中学S2、S7、S10、S17等类型建筑方案，扩大了学校建设的选择范围。适应教育发展的需要，这些设计方案扩大了教室、办公室、辅助教室的面积，增加了每所学校的教室数量，为拓展学校内教育活动范围和师生活动空间提供了准备。1980—1990年，为了与新加坡的旅游经济相适应和增加学校的吸引力，同时适应现代教育技术发展的需要，PWD在“学校建筑新趋势”的主题下展开调查研究，邀请官员、专家、校长和教师共同讨论学校建筑发展的新要求。在新的规划中，政府投入巨额资金对很多学校进行改建和重建，除了增加各种功能的专用教室和活动空间外，建筑风格的多样性和艺术化也成为重点，赏心悦目、隐含思理、讲究创意成为规划和改建中的重要特点。这是新加坡学校建筑规划和发展的必然归宿。

第三，新建、改建、重建学校的规划和实施，包括校园规划、组织施工、监督与评估。根据我国的管理体制，这个方面的职责是由教育行政主管部门会同学校共同承担的，但是大型建设规划的审批权在政府规划部门和教育主管部门，实施过程也由政府主管部门主要负责组织和监督，学校主要在技术层面的需要参与讨论，并参与对规划实施过程的监督。

第四，学校建筑的日常维护、修缮、更新。

第五，制定政策促进学校之间建筑资源共享。在现实中，社会可以提供给每所学校的建筑资源是有限的和不绝对平均的，每所学校发展的办学特色也渐渐加大学校间资源占有的差异。为了保证办学条件的总体均衡分配和发挥建设资源的最大效益，可以通过资源共享来满足学校的不同要求。资源分享牵涉各个学校的利益，行政部门必须制定相关政策促进各所学校都能公平和公正地贡献富余资源和享用其他资源，协调学校之间的关系。

第六，开发和利用学校的建筑育人、服务育人的功能。老子在道德经中说：“凿户牖以为室，当其无，有室之用。”从建筑功能的视角看，这句话指出了开窗造室的目的就是为了使用，建筑的生命在于使用。学校建筑的功能除了御寒暑、保安全之外，最基础的就是保障教育教学。对学校建筑的使用不仅仅在于按照教育教学指南合乎常规地使用，还要能动地开发使用项目范围。

学校建筑功能开发的重要原则之一就是使消极空间转变为积极空间。积极空间是指能够满足人的意图和需要、有计划性的空间。消极空间是指忽视人们需要和实际感觉，计划和组织混乱、被浪费或利用效率低的空间。举例来说，按照这个原则，可以使有限时间使用的空间变成经常使用的空间，例如：学生食堂在开饭时间外作为自习室使用；也可以使对于学生原来是被动“享受”的空间变成学生主动尽责的空间，吸收学生参与维护校园环境，在员工指导下的绿化美化校园，同时学习园艺。

学校建筑功能开发的另一个重要原则是建设场所精神。场所精神是由建筑本身或某建筑体内发生的事件所承载的精神内涵，这种内涵可能是积极作为的观念，也可能是愉悦的感受。例如，把教室的一个角落建设成“读书角”，在这个角落放上学生自己阅读过的图书，并在这个读书角举办的墙报上张贴同学推荐图书的建议或自己写的读书心得。在这个角落定期开展由班级读书兴趣小组组织的或同学个人倡议的读书交流讨论会。这个读书角的场所精神可以归纳为“共同阅读，快乐交流”。

在学校建筑管理的领域中，学校建筑管理的主体是教育行政机构和学校两个方面，他们是相互合作、紧密联系的整体。中小学教育是一项社会公益事业，它要靠政府财政拨款为主要资金来源，这样也就决定了公平和学校有一定自主选择的权利是政府对学校建筑实施管理时要遵循的基本原则。学校是建筑的使用者和日常维护的执行者，作为促进学校发展的主体和学校建筑的使用者，学校领导者和教师肩负着不可推卸的责任。但是如果没有行政管理部门专业化和系统化的管理，学校建筑就会产生盲目性、低水平重复、非公平发展及浪费等弊端。

第二节　学校建筑管理的理论基础

学校建筑管理是建立在多种知识基础上的一个活动领域，建筑学、美学、经济学、社会学、心理学、管理学等学科都对它产生影响，这里就近些年来对学校建筑发展影响比较大的教育科学、人体工学、环境心理学和生态建筑学的有关内容作简单介绍，从事学校建筑管理和研究的人员即使不能谙熟这些知识，也应当有粗浅了解。

一、学校建筑管理的教育思想基础

当代的学校建筑不再仅仅是为师生寻找一个遮风避雨的学习空间。特别是20世纪60年代以后，以科学技术革命为推动力的“学习的革命”把对人的关怀、对年轻一代创造潜力的塑造推向教育的核心，学校建筑的设计也逐渐渗透了这种精神。

（一）服务于“全人发展”的育人目标

传统的课程目标有社会本位、生活本位和个人本位之说，上述三种目标的现代综合就是“全人发展”的教育目标，更适合实际。全人发展基本等同平常讲的人的全面发展，但更为深化。它把学生看成活生生、现实的人，看到他们多层面的需要，包括生理、安全、群体交往、自我表现、追求知识和美的需要。这些需要的实现成为学生发展的综合动力。全人还指全体学生，包括高年级学生和低年级学生、男生和女生、身体健全的学生和身有残疾的学生，以及具有各种爱好和特长的学生。当代基础教育课程设置的目标、类型和实施方式都在发生着根本性的变化。传统课程目标是培养学生读、写、算方面的基本知识和技能，但是到20世纪末期，适应现代社会的发展，沟通、协作、公民性被列为课程的综合目标，课程形式也改变单一的学科课程、传授型课程和必修课程，发展出活动课程、研究型课程和选修课程，课程门类从有限的十几种扩展为几十种。根据这些变化，当代学校建筑中教室的数量和种类必须扩充。传统中小学教室数量只注意普通教室建设，按班数配置，在此基数上多出两三间备用教室。发达国家的教室数量一般都按班级数的150％配备，尽量给各门学科配备专用教室。由于新课程设计加大了学生的活动，教室空间面积也大大扩展了，日本中小学校教室的平均面积在75平方米左右，美国则在90平方米左右(而他们的班级学生数额则只有25～35名)，在这样大的空间内放置学生的储物柜、书架、学生用计算机，还要给活动式教学留下学生走动的空间。

从这种认识出发，在坚持“生命第一，安全第一，健康第一”原则的前提下，学校建筑要研究和满足学生多层面的基本要求。在对各个群体的学生特殊需要具体分析的基础上，建筑设计应根据条件做出有针对性安排。例如：小学里高年级学生和低年级学生在课间活动的内容和方式上都有不同，可能会产生争夺空间；学生在学习和活动中有保护私密性的要求。应在校园规划、单体建设和活动设施的安排上综合考虑，策略性地满足合理要求。

现代教学改革的趋势是强调学生对教学活动的参与，小组合作学习、个人学习、活动式教学越来越成为普遍的趋势，因此对于教室空间的规模及其布置形式提出新的要求。发达国家教室设计的普遍趋势是刻意建设适宜个体和小组学习的空间群，包括小教室和走廊小桌。一两间小教室建在大教室群的中间，每间只有30多平方米，这些教室只安排分层次的小班教学，或者留给学生小组独立活动使用。走廊小桌是在较宽的走廊中不影响学生活动和通行的地方设置的贴墙小桌，桌两边各有一个小凳，供学生坐着交谈使用。它们的存在给学生自主活动准备了空间，增强了他们的独立感，使他们的创造性活动不受外界干扰。

(二)坚持"人本主义"的教育观，与学生的生活世界相联系

过去把学校定位于传授知识和技能的地方，是实现学生社会化的工具。但现在对于学生们而言，学校是他们生活的一部分，而生活除了责任之外，还有享受和快乐。而"生活世界"是直观的、具体的，因而也是丰富的，给人以感性的生存基础。人们在生活世界中进行着生动的、充满"人格主义态度"交往，而这种交往活动也是目的、意义和价值的源泉。

从这种认识出发，学校建筑就要走进孩子们的生活，发现他们的内心世界的需求及行为特征，把学校真正构筑成适合孩子们学习和生活的环境，从整体到细微，给他们一种"家"的温馨感觉。例如：校园规划可以增加学生们的乐趣；在颜色的装饰上多用一些为孩子们所喜爱的轻快、明亮、欢乐的色彩。学校建筑的生活化，应该在"闲"字上做好文章，特别是在教学楼外空间设计情趣化，有条件的学校可以建设小型植物园、花架等建筑小品增加乐趣。

(三)营造环境文化，培养学生的创造精神

新的教育理念强调培养学生初步的创新精神，倡导学生主动参与、乐于探究。学生的创造精神培养少数在训练，更多靠熏陶，包括建筑环境的熏陶。工业化时代的学校风格，统一板块式造型，缺少变化，缺少动感。满足了实用功能，却没有美感，更缺少新意。为此，现代学校建筑追求个性，根据条件在整体规划或局部建设上形成自己的特色，应该让学生感到自己的学校与其他学校建筑不同，就像打开一本好书，有值得反复咀嚼的东西。学校建筑设计要给学生留下自主创造活动的空间，包括自由交谈的空间、自主活动和表现的空间等。为了给学生以创造性的熏陶，设计者还要根据现代建筑的美学规律处理好建筑空间和物体的多样性关系，包括对称和不对称，平面、曲面和波面，空与实等。变化与多样性给人以视觉上的冲击，由移情作用而浸润着学生发展和创造的欲望。

二、人体工学和环境心理学

(一)人体工学

人体工学又称为人类工程学，是研究如何处理好"人—机—环境"协调关系的学问。这个研究领域最早由波兰学者沃伊切赫·雅斯彻鲍斯基(Wojciech Jastrzebowski)在1857

年提出，他认为应当建立一门研究工作的科学，可以叫作人体因素工程，简称人因工程，也叫工效学(ergonomics)，由希腊文工作(ergon)和规则(nomos)衍生而来。这门学科的价值出发点是在人类活动中应当使工作的物质要素适应人的特点和需要，发挥人的最大的作用。它运用人体测量、生理、心理测量等手段和方法，研究人体结构功能、心理、运动力学等方面特征与室内环境、设备装置之间的合理协调关系，以适合人的身心活动要求，使人能够安全、健康、高效能和舒适地生活和工作。这门学科随着工业技术和现代建筑的发展在 20 世纪中期以后迅速成长，广泛地运用到空间技术、工业生产、建筑及室内设计中。

人体工学研究的内容主要涉及工作系统中人的生理特点和行为特征，以及工作系统中的机械和环境如何适应人的需要。在中小学学校建筑设计中，人体工学作为一门技术学科主要提供以下三个方面的技术参数并根据这些参数研究学校建筑应该具备的特点。

1. 测量和确定人和人际活动所需空间的主要依据

具体来说，它主要研究学生的人体尺度、人体构造和人体动作域。人体尺度是不同年龄和性别学生的身体发育水平和规律，它对确定家具、设施的形体、尺度及其使用范围有直接影响，也就对于学校内各种空间设计有决定作用；人体构造主要研究学生的骨骼、肌肉和关节，这三部分构成人的运动的关键要素，有关数据为设计室内设施(如桌椅)和室外设施(如楼梯踏步)的依据；人体动作域是指师生在教室活动范围的大小，包括学生各种活动的心理空间及人际交往的空间等，这些数据是人的动态的描述，对于学生安全、舒适、方便有直接意义。

2. 提供适应人体的室内物理环境的最佳参数

室内物理环境主要有室内热环境、声环境、光环境等，室内设计有了上述要求的科学的参数后，在设计时就有可能正确地决策。如温度对于人的行动反应能力有很大影响，研究表明，需要高度注意力的工作，如果场所环境温度超过 29℃，工作效率就会开始降低。

3. 对视觉要素的测量和研究为室内视觉环境设计提供科学依据

人眼的视力、视野、光觉、色觉是视觉的要素，所测得的数据，对室内光照设计、室内色彩设计、视觉最佳区域等提供了科学的依据。视觉是人体的基本生理功能，也是学生正常学习和生活的基础。近年来，我国中小学学生视力不良率呈增长趋势，这除了学生学习负担过重和用眼习惯不佳等原因之外，光照环境和教室空间形状设计的缺陷也有一定的消极作用。人体工学研究提出解决这个问题的办法，包括在教室光照环境的设计中，采用经过专业科学配光设计的灯具，保证照明的均匀性，解决炫光对学生视力的影响；设置黑板灯并利用自然光，解决学生上课时半边黑板反光现象等。

(二)环境心理学

环境心理学是研究环境与人的行为之间相互关系的学科，它探讨人与环境的关系如何实现最优化，即什么样的环境最符合人们心愿，能够帮助人们最有效率地完成任务。20世纪30年代中期，心理学家勒温关于心理动力场理论的研究拉开了环境心理研究的序幕。勒温将物理学中场的概念移植到了心理学领域，并以此为出发点来研究人的行为。他认为，人的行为是在一定的动力场中发生的，这个动力场包括人和环境两个部分。他为此提出了一个行为公式：B=F(PE)，其中B代表行为，F代表函数，P代表人，E代表环境。即行为是人和环境的函数，行为随人和环境这两个因素的变化而变化。勒温的这一学说第一次从心理学的角度对人的行为与环境的关系进行了深入研究，在教育上也给研究教学环境以极大的启示。

环境心理学有许多分支理论和研究主题，从各个角度论证了人的行为与环境的关系，对于学校建筑的设计和管理而言，更为值得注意的是以下两种。

1. 唤醒理论

唤醒作用是指环境对于人的刺激导致生理活动水平的提高和情绪与行为的变化，如心率加快、动作的力度加大等。唤醒理论研究了对人起到唤醒作用的环境的特点，指出环境的复杂性、新奇性、意外性和不和谐性处于中等水平的时候，唤醒作用最大。在学校建筑中，司空见惯的、缺少变化的、没有丝毫创意的设计(包括装饰和建筑小品)无法激发人们的兴趣和喜爱。学校首先是孩子们的学校，其次才是成年人的学校，学校建筑的设计要研究不同年龄学生的特点和教育活动的规律，在保持端庄、朴素的品质的同时，在造型、色彩、布局等建筑元素里适度渗透新颖、非平衡的特征，造成一定的视觉冲击，激发学生美的感受。

2. 行为场景理论

行为场景理论又被称为生态心理学，它研究群体与环境之间的关系。这种理论认为人与环境在互动中形成相互依存的生态关系。一定环境中所具有的稳定的物质要素及其关系结构形成了人们活动的场所，场所和其中人们的行为共同构成了行为场景。场所支持和影响着人们的行为模式，在这种环境中生活和活动的人可能在不断变换，但基本的行为方式却表现出很强的稳定性，这固然受到任务的规定，但是场所特征的诱发和暗示也发挥着重要作用。所以，学校的建筑和设施的安排要根据不同的教育活动特点和要求精心设计，影响师生在不同情景下的行为模式。例如，学校里一间屋子中前面挂着黑板，有一个讲台，后面有几排桌椅，这种安排就告诉有学校生活经验的人们，这种场合是人们学习的地方，需要遵守秩序和大家共同活动。又如，音乐学习需要有艺术活动中开放、互动、愉快交流的环境，音乐教室形状、规模及桌椅规格和排列都应该与普通文化教室不同，更具备艺术教育的特点。

三、生态建筑理论

生态建筑理论是 20 世纪 60 年代以后出现的建筑理论，它综合性地研究建筑设计如何与自然、社会和文化等环境相适应，创造建筑的生态系统。人类生存环境日益恶化，人们开始反思自身的行为，否定将人作为世界唯一主宰的观念，强调自然也是一种主体存在，人类不能霸主式地征服自然，只有人类与自然和谐相处，在保护自然和发展自然中适度利用自然，才能使人类获得持久的幸福和安宁。基于这种认识，环境保护的课题已经摆在所有人面前。在建筑领域，内涵相近的“环保建筑”“绿色建筑”“生态建筑”等观念相继产生并逐渐成为实践。这种理论认为，人类的建筑必须尊重环境的自然属性，不可以妄自尊大地任意改造环境，这样只能危害环境，损害人类自身；环境是分为各个层次的，建筑的各个层次(城市和乡村规划、社区群落规划、单体建筑)都要考虑与相宜层次的自然环境和社会环境整体上协调。

受到这种建筑思想的影响，国际上学校建筑领域在实践中也进行了积极探索。这个方面的行动主要体现在新能源利用型、绿化推进型和水资源利用型等校舍、校园建设。

新能源利用型校舍建设主要是最大限度利用太阳能和太阳光。具体做法包括尽量建设南向教室，以便冬季最大程度利用太阳热能取暖，而为了避免夏季太阳直射造成的室内温度升高，采取屋顶绿化(种植草皮)来隔热，这两方面的措施都是为了节约人工能源，进而减少能源生产造成的环境污染。对太阳能利用的措施还有在屋顶放置太阳能电池板或用特制的电池板代替玻璃，用来发电供学校使用。对太阳光利用则是通过加大窗户的面积充分利用自然光线，减少人工照明。日本文部省还提倡在有条件的学校充分利用风力电能和地热。

绿化推进型校园建设主要是通过各种形式的校园绿化改善学校生态环境。为了扩大有限空间的绿化面积，国内外的许多学校都采用了立体绿化，如在屋顶上植草皮，将绿色藤蔓植物引上楼房。巴西一些学校应用了特有的生态墙美化校园，减少噪声污染，这种生态墙是一种空心砖垒成的，它里面填进精心筛选的土壤和草籽，在砖下接上喷泉式水管按时浇灌，数月后就从墙中长出花草。

水资源的利用包括雨水利用和中水处理后的再利用。雨水利用一般是在楼顶或地下设置储水器，储水器中的雨水可以直接浇灌屋顶草地和地面草坪，这些雨水也可以经过沙床过滤后用于冲洗马桶。使用过的污水和粪便则流入一个特制的坑中，经过发酵用于给花草施肥。

就组织经济效益而言，生态建筑对学校的贡献是有限的，但是它却融汇到节约型社会的经济和文化建设中，从教育的角度看，它所体现的“尊重自然”“天人合一”“节约型社会”等环境伦理观念，会对学生产生持久的教育影响。

第三节　学校建设计划和校园建筑规划

一、制订和实施学校建设计划

学校建设计划是学校建筑的前期管理工作，是对学校建筑工程任务的分析和设计，包括制定建筑目标和设计的原则，以及对制约建筑活动的各种条件的分析。① 学校建筑工程无论是整体的还是局部的，都需要对工作进行计划。建筑大师柯布西耶说过：“无计划即无秩序也无创意。”这里的“秩序”应当理解为两个意思：一是整个建筑工作的流程；一个是建筑工作的制约条件及其相互关系。这两个秩序一乱，轻则导致延误工期和资源浪费，重则导致质量低劣。

在建筑实践中，建设计划一般采用结构-过程方法。结构是指建筑涉及的各种基本要素及其相互关系，过程是指确定结构的一套系统科学的步骤。

(一)学校建设计划的要素

学校建设计划中所要考虑的要素包括一般价值要求、建筑功能的要求和建筑系统要素。

1. 一般价值要求

一般价值要求包括安全、美观、舒适和成本，这些价值是所有建筑活动都追求满足的基本需要。它们的实现与条件的约束有关，但是也与管理者的爱好、经验和文化背景有关。在任何建筑活动中，安全是不可以谈判的绝对价值，尤其是学校建筑的修建与维护活动。

2. 建筑功能的要求

建筑功能的要求是人们对建筑的基本使用要求，这类要求必须与使用者的工作特点和个性化需求相吻合，应当在学校的总目标指导下，细致考虑学校的各种任务内容和活动的特点，以及各个部门和各种活动之间的关系与流程，把它们转化为对各种建筑的设计要求。

3. 建筑系统要素

学校建筑是长寿命物品，一旦建成，就会存在几十年。随着社会发展，与学校建筑

① 刘先觉：《现代建筑理论——建筑结合人文科学自然科学与技术科学的新成就》，584页，北京，中国建筑工业出版社，1999。

相关的各种要素及其相互关系都在改变，学校建筑的各个部分的功能也会发生一定变化。所以学校建筑的各级管理者要熟悉和研究学校建筑系统因素及其变化趋势，这样才能在新建和改建学校建筑的时候作出有远见的决策。

一般要考虑的学校建筑系统要素包括以下七个方面。

(1)学校建筑的基地及其环境。包括学校建筑基地的地形、地貌、地质情况；基地所在地区的气候情况是否对学校建筑有特殊要求；基地所在地区的整体规划、土地使用、交通、环境污染等情况；区域建筑文脉，也就是学校所在区域的建筑文化特征。

(2)社会因素。包括相关的法律、法规、文化传统、社区关系等因素。学校建筑不仅要考虑教育规律，还必须关照各种社会要求，例如：北京城市中心建筑的限高规定；学校建筑对居民邻里采光、出行等利益的影响。

(3)使用者的基本状况和需求。学校建筑是为人使用的，所以为对象服务什么和怎样服务是规划学校建筑中第一位要考虑的问题。这里存在一个前提性问题：谁是使用者？他们的类别和数量有多少？由于各种学习和工作于学校的人员都是使用者，所以学生、教师、职工和管理者都是学校建筑的服务对象。而在“学校是社区文化中心”理念的指导下，学校的场地和设备、设施日益向社区公众开放，因此使用者的范围有所扩大。对使用者的分析要全面考虑他们的生理和心理特征及文化背景。还要考虑各类使用者的任务与活动的特点，各种职能活动对于相应建筑物的空间规模、温度、采光、声响和噪声的特殊要求，以及使用者各种活动的流程而导致的建筑物的空间关系(如学生上课间操要迅速集合，教室就不能与操场相隔太远，但是为了防止体育课对文化课的噪声干扰，又需要保持适当距离)。

(4)美学因素。包括对建筑形式、风格的要求，特别是各种功能建筑空间的特征和目标；建筑的隐喻和象征要求；学校建筑传统继承和创新的要求。

(5)建造体系。建筑材料使用的限制；技术的限制。

(6)经济因素。建造成本，校舍建设后维护和运行成本，可以获得的建筑与持续维护资金，可以持续获得的维持学校运行的各种资源供给，如水、电、供暖和降温等。

(7)未来的变化。这个方面实际是对上述几个方面思考的一种前瞻性要求，是一种总体性因素。学校建筑一旦成型，在一个长时间内变动性很小，但是环境中的各种因素变化可能很大，这样就可能在一些方面限制学校工作的发展。所以，学校建设计划应当从一开始就尽量树立发展变化的眼光，从多个角度审视未来发展和需要的前景。例如，对生源多少的预测将影响对校园规模的决策，课程模式的变化影响对专用教室多少的设计，而办学经费来源结构和数量的变化会影响对学校建筑规格及附属设备和设施的规划。①

(二)学校建设计划的制订过程

学校建筑的项目不管是整体的(新建完整学校)还是部分的(局部增加或重建),都需要制订学校建设计划。建筑的计划应该是在委托人(政府部门或学校投资者)主持下、使用者(学校的管理者、教师)和建筑设计师参与下共同完成的,这个过程一般包括以下四个环节。

第一,收集和整理需求与限制信息,制定建筑项目目标。这项工作初期的设校、增班、改造需要及土地和经费限制条件的调查主要由教育行政部门主持,以后进入学校建设流程的技术调查则主要由设计单位主持,作为甲方的业主的教育行政部门和学校要主动和系统地梳理清楚自己的情况并提供给设计者。所收集的信息包括新建、改建建筑基本功能和使用者需求,对于建筑的安全、美学和环境保护等价值的要求,具体使用者的特点,建筑费用限度,以及相关法规的约束等。

在对上述信息分析的基础上,将各种需求转换为建筑项目的目标。这个目标应当包括三个组成部分。①业务功能目标。确定建筑是用来干什么的,应该满足什么业务需求。如改建一个学校大门,那么它就要满足安全保卫的要求和显示学校形象的要求。②建筑项目的经营和管理的目标。这是指项目的成本目标、建成后使用和维护的成本和技术目标等。③人的目标。这是指一个学校建筑项目满足师生和其他相关人员需求的目标。如满足美感的需求、舒适的需要等。现代学校建筑除了满足实用性要求以外,都要尽量关注对人的各个层面需求的满足。

第二,以上述目标为出发点,分析项目中各个建筑空间的功能、特点及其活动方式,根据这些分析明确各个活动场所的性质、要求和具体的设计标准。

第三,设计供选择的计划方案。无论建设何种学校建筑,总是存在各种差异性需求、有利条件、不利条件和各种可能的后果,所以要在综合考虑的基础上设计若干可供使用者选择的方案。这些方案中考虑的因素应当包括对于建筑的服务功能、建筑风格、与其他建筑的流线关系、顺应未来变化的可调节性、特殊的教育和管理要求等方面。

第四,拟定空间设计计划书。这是计划活动最后部分,它的任务是以书面形式说明空间和环境特征。在新建一所学校的时候,空间设计计划书应当包括三个部分:一是陈述每类场所需求与特征的概要,这部分内容包括用途、空间尺寸、使用者身份和数量、布置和家具、所使用的建筑材料;二是同类场所的数量统计表和分布规律,如有多少间

① 刘先觉:《现代建筑理论——建筑结合人文科学自然科学与技术科学的新成就》,593~594页,北京,中国建筑工业出版社,1999。

普通教室、多少专用教室、各类教室按照什么规律安排其位置；三是各类场所之间关系程度的分析，如操场与教室的距离、教室与厕所的距离等。

（三）学校建设计划的实施

学校建设计划的实施也是一个复杂的管理过程，它包括一系列专业活动领域，每个环节都涉及相应的法律规定和技术制度。

第一，建筑工程招标。这是学校建筑工程的甲方通过公开竞争的方式选择满足工程质量要求和价格要求的有资质的建筑设计与建筑施工公司的活动。这个过程包括拟定保密的工程标底、发布招标广告、投标、评标和签约等环节。

第二，选择工程监理单位。

第三，施工管理。管理的内容包括按照协议规定时间开工、对建筑质量、进度和材料质量进行监督、特殊条件下的停工与复工、核拨工程进度款。

第四，验收。一般先由学校和专业监理人员初验，然后行政主管部门邀请第三方专业人员共同验收，作出专业评价。

二、校园建筑规划

校园建筑规划是指根据学校的功能，结合学校选址的地形地貌，对学校的房屋、活动场地、道路、绿地等各部分统筹安排所进行的平面设计。校园建筑规划可以看作学校建设计划的组成部分，但是它主要偏重于建筑的技术层面。

学校建筑是一个整体结构，校园建筑的规划包括选址、总平面设计、各类教学用房、辅助用房和交通空间设计、活动场地设计、道路和绿地设计等方面。2002 年，教育部颁布了新的《城市中小学校舍建设标准》，对上述各个方面的标准作了规定。下面结合这个规定，简单介绍中小学主要的建筑标准。

（一）校园建筑规划的原则

1. 现实态度与超前思考相结合的原则

做校园建筑规划，一方面，要从可能获得的条件和当前的学校需要为基本出发点，不可以脱离实际地“跨越式发展”，也不应当盲目地搬用未经论证的建筑模式；另一方面，校园建筑规划要以前瞻的眼光审视学校未来发展的需要和可能，以及学校建筑未来发展的趋势，根据条件做出改进与探索。要实现这种结合，就应当熟悉教育发展和教育建筑发展的趋势，同时实事求是地评估当前资源能力和未来资源能力，确定两者之间动态平衡点。实现这个原则的基本策略是整体规划，留有余地，积累条件，逐步推进。做校园规划一定要先从整体设计入手，然后再设计单体；如果符合整体设计的局部暂时还无力实施，或者没有考虑好符合整体需要的局部设计，可以预留空间，虚位以待，不断研究，等条件成熟再说。

2. 文化品位与实用功能相融合的原则

在一个经济和教育不发达的社会，教育建筑的用途就是为了提供一个可以遮风避雨、适于读书写字的场所，实用是第一位的。现代教育建筑受到工业化思潮的影响，注重机械效率，其风格基本就是刻板的“方盒子”，也不注重美学的追求。但是学校建筑就其服务于育人目标的教育功能而言，它不但要满足人的安全和实用的需求，还要满足人对于美和理想的追求。所以当代学校建筑应当具有比较高的文化品位，这样才能发挥其潜移默化的教育作用。文化品位是指学校建筑的文化内涵的层次、深度和适宜性，大致应当包括三个方面。首先，它应当是美的，这种美应当是适应学生心理特点和区域文化特点的雅美或素美，使师生感到赏心悦目，而不是庸俗的东施效颦。其次，它继承和发展了本地区和学校的文化传统，通过建筑布局、建筑风格、建筑小品、建筑装饰等形式反映出特定内涵，创造性地与本地文化融为一体。农村学校特别要注意自己的文化特点，不是城市学校建筑模式就是最好和最美的，从长远的文化生态观点看，依据农村特点改良农村学校建筑将是一种有生命力的模式。最后，学校建筑应当是有个性的，体现学校比较独特的价值追求和美学观念，不能千篇一律。

3. 经济性原则

校园建筑规划应当量力而为，在追求新颖和较高水平的同时一定要考虑包括资金在内的各种资源可持续支持的能力，不搞虚张声势的求大、求洋。一些需要占用大量人力、物力、资金的校园建设项目，如花园的设置，规划时需要慎重考虑。同时，学校规划还要考虑我国是土地资源短缺的国家，学校占地不宜过大。

(二)学校选址

校址的选择是学校建筑的一个十分重要的问题，它是学校建筑的基础，更是学校教育的基础。选择好的校址，对于保证学生安全、方便学生上学和维持安宁的校园环境有十分重要的意义。从学校管理的角度看，新建学校在建校前要慎重选址，学校建好以后还要“护址”，也就是说通过法律、行政等手段保护学校内外良好的环境。

选址的一个基本考虑是所选地点能否提供足够的空间面积满足学校各项教育活动的要求和学校发展的需要。一般确定学校占地面积要有两个基本指标：最小占地面积和理想的生均占地面积。前者是建设一所学校所需要的最基本的用地面积，是底线标准，它的作用之一是保障学校在学生数量比较少的情况下也能建设齐备的教育场所和设施；后者保障在学校规模比较大的情况下有充分的空间建设足够的教室和场地。学校占地多少与学校的规模、办学者的指导思想及社会的土地资源多少有紧密关系。各地方土地资源多少和价格不一，对于中小学校地面积究竟应当多大为好并没有一致的结论。根据教育部2002年颁布的《城市中小学建设标准》的规定，在18个班的规模下，城市各类中小学平均的生均建筑面积基本指标为6.8平方米，规划指标为9.7平方米。按照学校建筑容积率大约是75%计算，那么执行基本指标的情况下，各类中小学生均建筑用地是9平方米，而在执行规划指标的情况下，生均用地大约是13平方米。北京市在2005年制定的《北京市中小学办学条件纲要》中规定，独立设置的小学校占地面积不得少于14500平方米，独立设置的初中校占地面积不得少于15400平方米，独立设置的高中校占地面积不得少于22000平方米。

选择校址要综合考虑各种社会因素和教育的要求。根据学校建筑标准规定，中小学校选址首先要注意保证学生安全，尽可能远离铁路干线、高速公路及车流量大、无立交设施的城市主干道；要远离化学、粉尘、噪声、光污染源的地段；应避开地质灾害可能发生的区域，远离地震断裂带、山丘地区的滑坡段、悬崖边及崖底、河湾及泥石流地区、水坝泄洪区等不安全地带；要警惕输电和水环境对学生的危害，架空高压输电线、高压电缆及通航河道等不得穿越校区；要尽量减少社会环境的负面因素对学生身心健康的影响，学校不应与集贸市场、公共娱乐场所、医院传染病房、太平间、公安看守所等场所毗邻。城市新建的普通中小学校，校址应选在交通方便、地势平坦开阔、空气清新、阳光充足、排水通畅、环境适宜、公用设施比较完善的地点。

当然，校址选择要考虑的因素不止以上这些，还包括土地的可获取程度，区域学龄人口数量、学校发展的前景及承担中小学教育责任的行政区划等条件。

（三）校园总平面设计

学校总平面设计要考虑功能分区、校园绿化和道路设计等。

1. 功能分区

功能分区是按教学、行政、运动等不同功能划分成各个相对集中区域，合理布局。各区之间要联系方便、互不干扰。各个大区域及一个区域内各种细致小区域的划分应该有明显的识别标志，有利于低年级学生和外来人员的识别。

(1)教学区。

教学区应布置在校园的静区，避免遭到校内外噪声对上课的干扰。它应与外部公路等产生噪声的环境相距较远，离操场等内部噪声源也应当有一定距离，操场的纵轴与教学楼的纵轴最好垂直，减少操场活动对学生上课注意力的影响。教学区中可能产生噪声的教室比如音乐教室和体育活动用房应当安排在教学区的边缘或者教学楼的顶层，减少对其他教室教学活动的干扰。

根据学校建设用地的形状、大小、气候、建筑材料、道路等条件，学校教学楼或平房教室群可以建成“一”“工”“山”“三”“L”“U”“Y”等开放形式，或者“口”“O”等封闭形式，开放式建筑比较利于持续扩展，而且通风、透光条件比较好。除了“一”式，其他形式相对节省土地。学校建筑如果是楼房，小学普通教室不宜超过四层；中学的不宜超过五层。图书馆应当放在教学区的中间，方便师生查阅资料，有利于推动学生自主学习活动的开展。

(2)行政区。

学校的行政区和教师的集体工作区是学生、教师、家长、领导者之间交往最多的地方，应当放在容易识别和到达的适当位置。如果行政区与教学区混合安排，那么房间布局和安排要注意动静结合，创造条件将动区和静区适当隔离。在国内外规模比较大的学校，教师工作区安排的一种趋势是将年级办公室或学科办公室放在教学区的中间区域，便于学生与教师沟通。

(3)运动区。

学校体育不仅要为学生在校期间的健康成长服务，还要为学生终身的体育运动习惯和爱好打下基础，因此体育场地建设既要遵照国家规定安排，也要考虑学生的兴趣和年龄特点。有条件的学校可以考虑体育运动场馆向社会公众和其他学校开放，这样的场地应该安排在校园的边缘，最好单独设置面向外部的进出口。

规模较大、条件具备的高中学校应该建设有400米环形跑道的田径运动场(占地约16500平方米)，初中要有300米跑道(占地约9500平方米)的运动场，小学要有200米环形跑道(占地约4700平方米)的运动场，各个学校可以根据具体情况适当变通，但是小学要保证做到运动场有60米直跑道，中学运动场有100米直跑道。篮球和排球运动是体育课常规内容，也是学生成长过程中参与最多的运动项目，学校要建设适量的篮球和排球运动场地，一般每6个左右班级设置一个此类场地为宜。乒乓球是我国最为普及的群众体育运动，很受中小学学生喜爱，应当在室内或室外建设专门场地设置球台。有条件的学校可以建设体育馆，保证学校体育运动不受天气变化的影响，利用场馆的有利条件设置羽毛球、体操等多种运动场地。场地建设使用的材料要尽量考虑对学生健康、运动安全的影响。

2. 校园绿化和美化

学校校园是指学校建筑用地和体育用地以外部分的学校园地，主要包括绿地和道路，根据建筑界的专业意见和国内外学校建筑发展的经验，这部分应当占学校全部用地的二分之一，不能少于三分之一。

校园绿化是指种植花草树木改善学校环境的活动。美化则是以绿化和其他人文景观的建设为手段，以形成优美的校园环境。绿化还不只是为了美，它还兼有保护师生身体健康和辅助教育的功能。

校园绿化，首先，要统一和多样相结合，以统一为主。根据学校教育的特点，绿化首先要强调整体美感，最好有一个主调，植物的采用和色彩的安排要形成一定的相同群落，这样就不会因线条太多而失之凌乱。但是，绿化也不能因为单一而流于刻板，应当在色彩、形状、高低等要素方面安排出有节奏的变化。如果校园比较大，可以在前、中、侧、后庭做出各具特色的安排，以显出差异，使校园显得活泼。其次，选择树种和花种一定要注意安全、经济、多样的要求。不要选择有特殊气味、分泌物和花粉的品种，以免引起学生过敏，也不要选择带刺的植物。选择的植物要易于管理和成长，这样可以降低成本，出于经济成本和遮阳效能的考虑，不宜大面积种植草皮。选择植物要适当考虑多样性，这有利于辅助教学活动的开展。最后，校园绿化种植的树木地点应当不遮挡教室采光，种植物的布局应当有利于学校的安全管理，特别要警惕坏人利用学校植被做掩护侵害学生。

校园的绿化和美化要考虑学生活动和行为的特点，处理好细节，方便师生，给学生留下休闲、游戏、交往的空间。如小学的花坛、草皮种植不要占满教室前面的空间，应当给学生课间游戏的地方，因为课间短暂，学生不愿离开教室过远，否则就不出教室。又如在路途比较远的情况下，人们走路都有“抄近道”的习惯，在学生公认的校内草地“近道”上修建石板路，既显得美观，又满足学生心理要求，防止了随意踩踏草地的不良习惯。

3. 道路设计

学校道路的设计不仅事关车辆、人员流动的方便，更关系师生的人身安全。校园内的主要交通道路应根据学校人流、车流、消防要求布置。经常出入车辆的校门和道路最好能做到人车分流，如一些学校把食堂和库房放在学校后门区域，后门只允许车辆进出，不允许学生出入。学校主要出入口的位置，应便于学生就学，有利于人流迅速疏散，不宜紧靠城市主干道。一般来说，校门外侧应留有缓冲地带，保证学生安全。校园内部道路的高低相差处宜设坡道，要尽量在主要教学楼、办公楼和学生宿舍设置残疾人专用车车道。

第四节　学校教室的建设

一、中小学教室的类型与一般建设要求

一般将中小学教室分为两类：一类是普通教室，在我国的教学体制下，它是给一个班级专门使用的上课和开展班级活动的教室；另一类是专用教室，是为各个学科开展特

定教学活动而设置的，如物理实验室，这类教室属于公共教室。20世纪后半叶，在发达国家出现了实验性的开放式教室、聚落式教室和住宅型教室。开放式教室是一个用可移动的木板隔开的很大的教室，两个以上的班可以在大教室中共同活动，也可以在隔开的教室中独立活动。在日本，这种教室有的靠走廊的一边没有墙，教室与走廊形成一体的空间，如果某些课的活动需要较大的空间，就可以把走廊利用起来。聚落式教室是一个年级或一个年级的几个班，集中于一个区域内开展学习和教育活动，在这个区域内配套地设置了专门供他们使用的教室、专用教室等，成为相对独立的学习小区。住宅型教室，由固定教室、可变空间教室、计算机室、储藏室和会议空间组成独立的建筑单元。这样的教室设计目的在增强学生的归属感和减少流动的影响。根据教学规律和教育改革的发展趋势，教室的建设要满足以下基本要求。

第一，保证每个班级有一个普通教室开展教育、教学活动。根据课程改革的需要，适当增加专用教室的数量。适应分层教学、合作学习及课外活动的需要，新建学校应当考虑增加小型教室的数量。

第二，教室应安排在最佳采光朝向的位置，同时采取措施避免阳光直射到室内，防止炫光。保证照明质量，减少学生由于照明不足或不科学而导致的近视眼发病数量。教室要使用荧光灯具，不得用裸灯，灯具的数量、功率、布置方式和悬挂高度必须满足照度、均匀度的要求，达到规定的照度标准。

第三，教室要保证良好的声学环境。影响学生在教室中接受和理解声音信号的因素主要有三个方面：学生与声源的距离；内外环境的背景噪声的大小及其对信号的影响；直达声和回音混合而成的混响。为保证学生听课的声音质量，需要隔绝外部噪声，减少内部由于回音(但音乐教室需要符合规定的混声)和照明设备噪声而形成的干扰。

第四，教室要有良好的通风、保暖、降温条件。有条件的学校建设单面走廊教室和安装换气扇以改善教室空气质量，避免由于二氧化碳的聚集而导致学生精神不集中的现象发生。

第五，教室建设要确保学生安全。各种教室都要设置前后门保证人流安全疏散。普通教室和专用教室安全出入口门洞宽度不应小于1000mm，多功能教室、合班教室的门洞宽度不应小于1500mm。阶梯教室安全出入口的门洞宽度不应小于2000mm。教室内各种电源插口要设置在学生不易误碰触电的地方并加装防护盖。

二、教室的面积

教室面积大小要考虑的因素包括不同年龄学生的身体发育水平、班额的大小、本学校学生入学发展的趋势、可使用的资金和土地状况、教学活动的特点、教室内教学辅助设备多少、学生用家具的大小和数量等条件，但是必须达到普通教室的底线面积。根据教育部颁布的标准，小学每个班的班额为 45 人，教室面积不得少于 61 平方米；中学每个班的班额为 50 人，教室面积不得少于 67 平方米。这个规定数值除了要保证每个学生课桌椅座位的空间、教师讲台空间以外，还考虑教学媒体设备和学生用家具的增加。实际上，考虑到教学中活动教学方式的增加和小组学习方式导致的课桌椅摆放方式的改变，教室面积还应适当再大一些。北京市将普通教室面积标准规定为 72 平方米。

随着课程改革的发展，校本课程的门类和各种形式的活动教学在不断增加，各学科教学设备和设施也在不断增加，所以对专用教室数量需求越来越大，对专门教室的空间面积也提出了新的要求。教育部 2002 年颁布的《城市普通中小学校校舍建筑标准》也规定了相应的要求。表 16-1 和表 16-2 是小学和九年制学校专用教室标准。

表 16-1　城市普通完全小学专用教室使用面积

用房名称	基本指标				规划指标				备注
	12～18 班		24～30 班		12～18 班		24～40 班		
	套数/间	面积/m^2	套数/间	面积/m^2	套数/间	面积/m^2	套数/间	面积/m^2	
自然教室	1	147	1	147	1	147	2	258	
音乐教室	1	169	1	169	1～2	96～169	2	169	
美术教室	—	—	—	—	1	109	1	109	
书法教室	—	—	—	—	1	86	1	86	
语言教室	1	109	1	109	1	109	1	109	
计算机教室	1	109	1	109	1	109	2	195	
劳动教室	1	109	1	109	1	109	2	218	

注：每套用房面积中包括辅助用房面积。

表 16-2　城市普通九年制学校专用教室使用面积表

用房名称	基本指标				规划指标				备注
	18～27 班		36～45 班		18～27 班		36～45 班		
	套数/间	面积/m^2	套数/间	面积/m^2	套数/间	面积/m^2	套数/间	面积/m^2	
自然教室	1	86	1	86	1	86	2	172	
实验室(理)	1	142	2～3	284～403	1	142	2～3	284～403	
音乐教室	1	96	1～2	96～196	2	169	2～3	169～242	
美术教室	—	—	—	—	1	119	2	215	
书法教室	—	—	—	—	1	96	1	96	
地理教室	—	—	—	—	1	96	—	1	96

续表

用房名称	基本指标				规划指标				备注
	18～27班		36～45班		18～27班		36～45班		
	套数/间	面积/m^2	套数/间	面积/m^2	套数/间	面积/m^2	套数/间	面积/m^2	
语言教室	1	119	1	119	1	119	2	215	
计算机教室	1	119	1	119	1	119	2	215	
劳动技术教室	1	119	1	119	1	119	2	238	

注：每套用房面积中包括辅助用房面积。

第五节　学校重要附属建筑

这里所说学校的附属建筑是指教室、运动场地以外的各种工作、学习、生活用房和交通空间，包括校门、围墙、传达室、走廊、楼梯、厕所等。

在细节上体现“以学生为本”和“学校文化建设”是当代学校建筑发展的一个重要趋势，在这些方面，除了整体布局以外，附属建筑的设计和施工是最具有表现潜力和创造力的空间。这类建筑元素得当与否，除了影响到自身功能发挥以外，还关系到学校的整体建筑形象和学校文化形象。学校附属建筑设计和施工粗糙，特别容易给人造成学校建筑“砖灰瓦，没文化”的感觉。

一、校门

校门是学校的脸面，是学校给人们的第一印象。随着时代的变化和学校领导的更迭，校门是最经常被翻建、改建的学校建筑，校门内外的景观也经常被随意改动，以致不协调的情况经常出现。基于现代教育思想和建筑美学思想的校门建设应当考虑以下三个方面。

第一，校门的形式和色彩要与建筑环境协调。校门是学校建筑中的单体，但是又通常是最有场域性质的建筑物，人们总是把校门与它附近的学校建筑及场地连带在一起观赏的，并与当地的建筑特征和文化特点相联系。校门建设要根据周围建筑环境确定主题，然后进行设计和施工。一般来说，中小学校门及其周边环境建设要围绕温馨、严谨和宽松的主题方向考虑，给学生愉快、关怀、轻松和整齐的感觉。为了实现这个主题方向，校门不宜追求豪华，其造型和质地应该配合学校的历史和学校建筑的整体格局。前庭植物和装饰性建筑不宜过分饱满和复杂，尤其当前庭狭窄的时候，更应当多做精细美化的工作，力求以简洁增强校门区域开阔的感觉。

第二，保证安全。校门及门垛要坚固，考虑防风、防震及经受其他外力冲击的要求，以确保师生和过路人员的安全。

第三，节约成本与追求美观相统一。追求新意和美观是校门建造和维护的永久目标，但是这种追求应当与学校的经济承受能力和优良的性价比相一致，特别防止建造奢华不当的校门。

二、围墙

近年来，国内一些学校倡导仿效国外不建造围墙，或者以周边绿化代替围墙。围墙建设与否应当与地方治安环境及学生管理状况紧密联系。总体来说，为了防止万一发生的安全事件，建造围墙比较稳妥。围墙的三种重要作用是：明确学校土地产权或使用权范围，防止其他人的不当侵权；减少噪声或其他外部活动对教学工作的干扰；增强学生的归属感和纪律性，便于对学生的管理。建设围墙要注意以下四点。

第一，围墙高度一般不能低于 2 米。为了减少噪声干扰可以适当加高，但是过高就不经济了。

第二，城市学校周边紧邻的居民楼住户与学校之间可能在声响、视觉上相互干扰，学校可以在围墙之内或之外植树，以高大树木作为学校围墙的补充，加强学校视觉环境的独立性和发挥阻挡噪声的作用。

第三，保证围墙坚固和安全。围墙建设除了地基要牢固外，墙厚要达标，水泥材料也要保证质量，农村地区学校围墙建设要对施工人员的资质、使用的材料和工程进展加强监理。

第四，在保证安全功能的基础上，学校围墙的结构应当有所创新，内外墙体适当美化，发挥其教育功能，提高学校影响。

三、门厅

教学楼的门厅是学校建筑中的交通枢纽，它外与学校的大门、操场相联系，内与走廊和楼梯相通，是学生上下课汇集的地方，在特定时间人流量大，方向交叉，很容易发生事故。因此对于门厅的设计要充分考虑它自身的各个细节要素及门厅附近的各种屋室群楼。

第一，门厅应该适度宽敞，门厅和走廊要直通，一般不要设置廊柱、二门和屏风，它们之间的楼地面不宜设台阶，以有利于人流集散通行和短暂停留。

第二，门厅的交通线路尽量简洁，厕所、楼梯口最好不要靠近门厅，避免造成短时聚集效应，妨碍人员流动。

第三，门厅应有良好的采光和照明。

第四，门厅入口处应建有较大的雨篷，其作用除了供出入者暂时躲避雨雪外，还作为人员疏散的缓冲地带。

四、走廊

走廊是学校楼房建筑中利用率最高的交通空间，除了用于行走之外，学生在课间的沟通和交流，小学生的课间小型游戏、户外活动时躲避风雨及各种壁报展览都会在走廊中进行。当代学校建筑十分注意改进走廊设计，满足学生多种活动的要求。根据走廊与教室的关系分为内廊和外廊两种。内廊有教室设置于两边的中内廊，单面教室外部设置封闭的外内廊。外廊是单面教室外部开放的走廊，这种设计有利于教室通风和学生的课间活动。

第一，走廊的宽度。传统上世界各国和各个地区普遍规定走廊宽度在1.8～2.4m之间，但是20世纪后期，教育界和建筑界认真研究了中小学学生发育和活动的特点以后，建议加宽走廊宽度，我国的学校建筑标准就反映了这种变化，规定外廊或单内廊净宽不应小于2100mm，中内廊净宽不应小于3000mm，办公用房的廊宽不应小于1500mm。实践中，一些学校的建筑设计还局部将外廊加宽到3000mm以上，给学生当作游戏场地。

第二，走廊的长度。从安全疏散的角度看，走廊长度应当理解为邻近的两个出入口之间的距离。为了防火、防震时的迅速紧急疏散及考虑通风质量，走廊不宜过长。

第三，走廊栏杆的高度。为保证学生身体发生倾斜时不致从楼上跌下，外廊的栏杆高度应达到学生身体的胸部，大致是平均身高的70%。根据2006年国内五城市(北京、上海、广州、汕头、昆明)中学生发展状况调查研究，在13～18周岁年龄段，男生平均身高分别为162cm、164cm、168cm、172cm、171cm和170cm，女生平均身高分别为158cm、159cm、159cm、162cm、161cm和160cm，按照这些数据，教育部颁布的走廊栏杆高度标准为“净高不应低于1100mm”是恰当的。

第四，走廊设计应考虑学生休闲的需要。条件具备的学校可以在走廊一头或长走廊中部，以一定空间建成小型休息空间，配置椅、凳，辅以简单花草美化环境，作为学生课余谈话或小憩的空间，更显得人性化。

第五，走廊地面要采用防滑材料。

五、楼梯

楼梯是教学楼的纵向通道，连系教学楼门厅的楼梯是主楼梯，其他是副楼梯。楼梯是学校建筑中最容易发生安全事故的部位之一，对于楼梯的设计要考虑在危急情况下可能发生的情况，保证紧急疏散时师生能够顺利通过。楼梯的建设涉及位置、数量、宽度、坡度、形式等基本要素。

第一，楼梯数量。楼梯设置的数量要考虑楼层耐火等级，中小学教学楼一般为砖混结构，1～3 层耐火等级为二级，4 层以上耐火等级为三级。根据学校建设部《建筑设计防火规范》(GBJ 16—87)的规定，如果教室或办公室位于两个楼梯之间，2～3 层从房门出口到楼梯口的距离不能大于 35m，4 层以上不能大于 30m。如果教室位于袋型走廊(只有一个出口的走廊)或普通走廊的两端，2～3 层房间门口离楼梯口距离不能大于 22m，4 层以上不能大于 20m。一般来说，除了特殊安排，各楼层都不应只建一个楼梯。

第二，楼梯的形式。中小学生好动，喜欢把楼梯当作游戏工具，为了保证安全，楼梯应采用折跑楼梯，不宜采用螺旋式楼梯和扇形楼梯，因为这两类楼梯踏步宽窄不一，容易发生危险。也不宜采用三跑楼梯，它与螺旋式楼梯一样要形成梯井，中小学生在向下俯视或骑坐楼梯滑动游戏时可能发生坠落事故。如楼梯有梯井，其净宽度不宜大于 200mm，已经建成的楼梯梯井如果大于 200mm，应当采取防护措施。

第三，楼梯的宽度。楼梯过窄会发生人流拥挤；在紧急情况下，过宽也会发生争抢道路的混乱现象。中小学教学楼楼梯每跑最大净宽不宜超过 2200mm，供四股人流通过；每跑最低宽度不能低于 1100mm，供两股人流通过。

第四，楼梯的照明。楼梯间应有直接天然采光，除了安装电灯以外，最好配置应急灯。

第五，楼梯栏杆。楼梯井的室内楼梯栏板或栏杆的净高度不应小于 900mm；室外楼梯栏板或栏杆的净高度不应小于 1100mm。顶层楼的栏杆应高于 1200mm，以确保安全。栏杆的形式不宜采用易于攀登的花格栏杆。

六、厕所

根据笔者调查，中小学学生每个学习日在学校上厕所平均 2.5 次，比较集中的时间顺序是上午第二节课后、中午休息和下午第三节课后。学校厕所使用的特点是使用时间少，利用率低，但是使用人流集中，急迫性大，所以厕所管理和使用问题是一个学生意见常在又最难解决的问题。这里有使用过程中的管理问题，也有建设时面临的资金和地区公用设施建设等问题。随着社会条件的改善，学校厕所应当更加科学地统筹规划。

我国学校的厕所基本分为两种：旱厕和冲水式厕所。前者是在便坑下建粪池的模式，整个系统是直接向外部环境开放的，缺点是臭味大，易生蝇蛆，多使用在给排水系统不发达以及缺水地区的学校。冲水式厕所是便器使用冲水设备冲洗，与化粪池相连，系统通过管道封闭，卫生而且安全。凡有给排水系统公用设施的地方，学校应设室内水冲式厕所。但是由于我国是缺水国家，能否对于旱厕加以改造，值得结合各地实际情况加以研究和改进。在没有条件改成水冲厕所的地方，能否先解决如厕环境问题(冷、热、脏乱、臭味)和安全问题(蹲坑湿滑和宽度)。

建设学校厕所有以下三方面要求。

第一，厕所设置的位置和数量。厕所设置位置的原则是不要放在人流密度过大和多条路线交叉的地方，该位置易于通风。根据走廊长短、每层楼学生的数量，小学某层楼是不是低年级学生的班级，确定厕所的位置和数量。走廊很长的楼层一般班级数量大，学生去厕所的距离长，应该考虑设置一个以上男、女厕所，小学低年级班级楼层应当设置一个男、女厕所。设置的形式可以是男、女生厕所各置于一端、楼层两端各有两个并列的男、女厕所、分层分别设置一个不同性别的厕所、在楼外不远距离设置厕所。教师厕所与学生厕所分开。厕所应该远离教室，离餐厅应该在30m以上。

第二，厕所的便器设置。男生厕所按每40～50人设置一个大便器，按每40～50人的标准修建1m长的小便池，女生按每20～25人设置一个大便器。大小便池要设置冲水设备。

第三，室内厕所应在适当位置设污水池、地漏、洗手台，应该安装排风扇，清除异味。

思考题：

1. 当代学校建筑的价值追求有哪些新发展？
2. 当代学校建筑的教育学理论基础包括哪些内容？
3. 学校建筑管理主要的任务是什么？
4. 什么是人体工学？学校建筑主要关注人体工学的哪些基本内容？
5. 制订学校建设计划要考虑哪些基本因素？
6. 学校教室建设要把握什么基本要求？

第十七章　学校公共关系管理

第一节　学校公共关系及其管理

公共关系作为一种人类社会客观存在的实践活动和社会现象，有源远流长的历史；作为有意识的科学的实践活动，有百年的历史；作为一门学科，以 1952 年斯科特・卡特李普的《有效的公共关系》出版为标志，只有半个世纪的历史。

一、公共关系

汉语中“公共关系”一词是舶来品，20 世纪 80 年代开始在中国使用。英文为“public relations”，是指公众关系，简称 PR。“public relations”一语最早出现在 1882 年美国律师多尔曼・伊顿(Dolman Eaton)在耶鲁大学法学院对毕业班所做的《公共关系与法律职业的责任》演讲中，当初它是“大众利益”的意思。现代意义上的“公共关系”这一用语的第一次正式使用是在 1897 年，出现在美国铁路协会的《铁路文献年鉴》上。这个概念的真正普及则要归功于美国公共关系专家爱德华・伯内斯(Edward Bernays)，他于 1923 年完成了世界上第一部公共关系学著作《公众舆论之凝结》，并在纽约大学开设公共关系课程，使公共关系逐渐发展成为一门新的学科。

在如何界定公共关系问题上，国内外有三种比较流行的观点：公共关系是一种管理职能，属管理学范畴；公共关系是一种社会关系，是社会学和组织行为学的分支学科；公共关系是一种传播活动，属应用传播学的范畴。这里的公共关系指社会组织与其公众之间的社会关系，由社会组织、目标公众和媒介三个要素组成。

二、学校公共关系

学校公共关系是学校组织与其目标公众结成的社会关系，包括学校与教职员工、与学生的关系、与家长的关系、与社区的关系、与特殊公众的关系、与媒体的关系、与政府的关系、与国际的关系等。它是公共关系的一种特殊形式，它的三个要素是学校组织、目标公众和媒介。其目的是建立学校在公众中的声誉和信誉，培育公众对学校教育的信心和信任。学校属于第三部门的社会组织。包括学校在内的非营利组织的公共关系的特点是：更多追求的是社会效益；成本低，难度大；与公众联系松散。

学校公共关系分类有不同维度。根据学校公共关系工作对象与组织距离的远近，把公共关系分为内部公共关系和外部公共关系两大类。根据组织不同发展阶段把公共关系划分为建设性公共关系、维系性公共关系、防御性公共关系、矫正性公共关系、进攻性公共关系五种类型。无论以何标准划分公共关系类别，它们都是有所交叉的。

三、学校公共关系管理

公共关系管理是指对组织公众关系及其相关传播沟通事务的管理。学校公共关系管理就是对学校内部公众关系和外部公众关系及其相关传播沟通事务的管理，主要包括公众关系管理、相关传播沟通事务管理(如学校专题管理、危机管理等)和学校形象管理等内容。要把握这个概念的操作性，需要理解以下三种分层。

(一)对象分层

公共关系作为组织有目的、有计划的管理活动，它既可以体现在学校日常业务工作和待人接物的应酬中，也可以表现为实现某一特定工作目标而展开的有组织的专门活动，还可以反映在学校的长期发展战略和远景目标中。在不同的层面上，公共关系发挥作用的意义不同，方式也不同。日常性的公共关系管理常常与礼仪交织相伴；战术性专门性公共关系常常同广告、营销等策略性活动相随；战略性公共关系管理与学校组织文化的建立、建设和维护相关。

(二)主体分层

学校公共关系的主体是学校组织，就是说学校成员都是公共关系的承担者。不同成员其管理机会和权力是不同的。在这一意义上，学校公共关系管理可以分解为三个层面：校长更多的是从领导的角度进行公共关系管理，发挥公共关系战略管理功能，成为学校生存和发展等战略管理的组成部分，也是学校竞争格局的组成部分；中层干部多是从管理角度进行公共关系活动，成为公众管理和事务管理的具体承担者和操作者；教职员工和学生更多是从自我管理和参与活动角度对公共关系进行培育和经营。

(三)内容分层

学校公共关系管理是运用现代社会的各种传播沟通手段和媒介，对学校与其目标公众之间的双向信息交流进行有效管理，促进彼此之间的理解与合作。其核心是人本管理，即人是管理的目的而不是手段，人是管理活动的核心而不是边缘。在此基础上，公共关系要完成学校信息管理和学校形象管理的任务。信息管理是人本管理的基础，形象管理是人本管理成功的标志和目的。而人同样是这一目标管理的中心。

学校公共关系管理是学校战略管理的一部分，但公共关系管理不是万能的，它不能覆盖学校管理的全部意义。从工作内容和范围看，人、财、物、形象是学校最主要的资源和管理对象。其中，对人和形象的管理是公共关系职能。公共关系管理目标不是直接地提高产量、促进销售、获得利润，而是塑造和宣传组织的社会形象。

第二节　学校公共关系管理过程

任何一项公共关系实务活动都是由调查研究、目标制定、实施传播和结果评估四步程序组成的，简称 ROPE 模型(见图 17-1)。

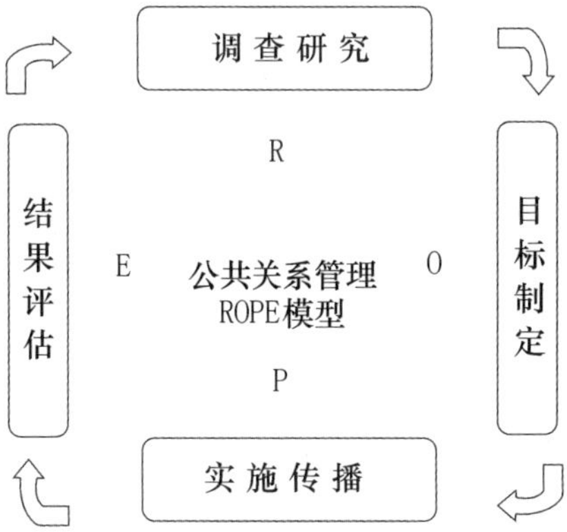

图 17-1　公共关系管理 ROPE 模型

一、调查研究

调查研究是一种把系统的倾听架构成传播过程的一种方法。对于学校来说，公共关系调查研究是指学校组织通过运用科学方法，搜集公众对学校的评价资料，分析学校公共关系状态的实务活动。对于公共关系工作人员而言，调查研究包括三个任务和内容：了解所服务的组织或客户；了解目前存在的问题与机遇；了解公共关系项目的目标公众。

(一)客户(组织)的调查研究

对客户的调查分两种情况。一种情况是公共关系的承担主体与实施主体分离的情况。如果是由专业的公共关系公司与其专业从业人员实施公共关系，他们必须全面了解他们的客户，学校公共关系人员也必须了解学校组织尤其是管理部门的基本情况。另一种情况是针对公共关系实施主体和承担主体合一的情况。学校等非营利组织的公共关系有成本承受能力低、难度大、专业水平低等特点，一般无法请专业公共关系公司和人员来实施，只能由学校中的公共关系部门或其他部门及其人员作为主体来实施学校公共关系计划。

学校公共关系调查研究的内容主要包括对学校基本的情况调查、对学校人际关系网络的调查、对校长或学校社会资本的调查、对学校形象状态的调查等。

(二)问题或机遇的调查研究

界定问题或机遇，即调查组织在某一特定时间开展某一特定公共关系项目的原因。任务有两个：一是时机调查，判断属于同向时机、背向时机和潜在时机；二是问题界定，这个过程一般分拟出问题声明、直接列出问题、案情分析三步进行。

(三)目标公众的调查

目标公众的调查就是确定目标公众的过程。这是公共关系调查研究的第三个任务。学校必须准确定义自己的公共关系对象和沟通的目标公众，进行细致的类别划分，列出目录。学校内部公众目录：管理阶层包括高级管理人员、中级管理人员和初级管理人员；非管理阶层主要指专业人员和教辅人员，包括教师、学生、设备操作员、医护人员、司机、保安等。学校外部公众目录：家长公众、社区公众、特殊公众、媒体公众、政府公众、国际公众。

二、制订目标

制订目标要做的是把第一步的调查结果作为因素纳入该组织政策和方案之中，回答“我们依据什么基础了解形势，我们应该改变什么，或者做些什么，说些什么”的问题。

(一)确定和表述目标的原则

一是应该坚定和明确地表明某种努力方向，这种目标描述应该有一定的具体性。它们应该引起公众对某事件的注意，并且激发公众去参与某事件。

二是所制订的公共关系目标应该具有可评估性，如通过实际参与人数或售票情况进行评估。

(二)公共关系目标的类别

1. 输出目标

输出目标即是过程目标或具体的传播沟通目标。代表的是公共关系需要做的工作，是目标类型中较低的一级目标。其特点是更加量化、更具体化，有时会包括了具体的实施方案。对输出目标的陈述有两个要求：①用可以测定的术语陈述变化的规模或要维持的水平——目标必须由数量来表示的词汇陈述；②为取得预期结果确定目标日期——何时安排传播和活动。

2. 影响目标

影响目标即结果目标，代表公共关系项目所期望产生的影响，包括信息影响目标、态度影响目标和行为影响目标。这个目标通常以了解—感觉—行动的因果顺序展开，它能够将方案背后发挥作用的工作理论、管理理念具体化。

(1)信息影响目标的目的在于公共关系人员想让目标公众知道什么，是信息的传播，是知识性结果。也称为认知目标。如在一个企业中，宣传教育部门要在3个月的安全活动比赛中，提高员工对新工厂安全程序的了解度。信息影响目标的实现过程包括信息传播、信息接受和信息记忆三个步骤。

(2)态度影响目标也称态度目标，它的目的是改变和提高公众对客户及其产品、工作和服务的态度。让公众认同客户什么，是倾向性结果。实现这个目标的步骤是加强或改变已经存在的态度，以及形成新态度。

(3)行为影响目标的目的是让公众为了客户的利益做什么、行动什么，是行为性结果。其结果是新行为的产生。

三、实施传播

公共关系的实施传播是指通过一定的传播模式，借助于一定的传播媒介执行已经制定好的方案，实现预期目标的过程。这一过程包含四个要素：主题和信息、活动或特殊事件、可控媒介与不可控媒介、有效的交流。

(一)主题和信息

主题和信息是公共关系项目的首要要素。围绕主题策划，把与项目有关的活动和特殊事件结合起来。主题应该简明扼要，字数不能太多，给人鲜明、鲜活的印象；公共关系项目都有一个中心广告并附有标语或主题。例如，“找个搭档”“垃圾回收员”“回到我们的家”“让孩子远离网吧”“为了孩子营造健康环境”“珍爱生命”等。

(二)活动或特殊事件

公共关系的中心活动或特殊事件应该与主题和信息结合起来权衡考虑。它是主题的落实点——落实主题需要一系列这样的点组成。中心活动或特殊事件的设计有造势的作用：一个中心活动或事件可使大多数项目更具新闻价值。

特殊事件的设计必须善借他人他物，如名人助阵效果会更佳；有公益性质的事件能够提高客户的知名度等；借助于一些特殊的时间和仪式——如一些特殊的日子、活动周(活动月)、展览、讨论会、周年纪念日、有纪念意义的事件、特别的奖励、参观工厂、下午茶时间、竞赛、奠基仪式、知识竞赛、开幕仪式、选举活动、宣布任命、体育比赛、名人见面会、签名会、讲座、告别晚会、欢迎欢送仪式、学校开学仪式等。需要注意活动、事件与场合的搭配性，如开张活动时要避免肤浅的活动——狂欢和魔术表演等就不合适。

(三)可控媒介与不可控媒介

经常运用的两种传播途径是可控媒介和不可控媒介。可控媒介是指公共关系从业人员对活动和事件有影响和控制权的传播途径，即从业人员有发言权决定在上面说什么、如何说及(在一定程度上)对谁说的那些媒介。不可控媒介是指公共关系从业人员没有对活动与事件的影响和控制权——从业人员在媒介内容的决策过程中没有任何直接作用的那些媒介——这种媒介是由媒介把关人决定什么应该得到报道、如何报道、在何时报道及给谁报道。两种传播方式的细目列表如表17-1和表17-2所示。

表17-1　可控媒介列表

	纸介质传播方式	音像传播方式	人际交流方法	公共关系广告
可控媒介	出版公司、小册子、单、手册、图书、书信、公告、备忘录、海报、布告栏、传单、法人组织的期刊、各种杂志、年度报告、纪念邮票、展览、流动图书馆、流动展览、态度或信息调查、意见箱、规则和规章、插页、书面报告、印刷橱窗展览物	幻灯片、电影胶片、板书演、投影、电话、多媒体形式的展览及展示、磁带和录像带、可视口头演示、幻灯片和胶片、活动中游戏等	正式的演讲、讲座和专题讨论会、圆桌会议、公开讨论会、问答讨论、员工提议、员工会议、培训课程、采访、社交事务、面对面汇报等	公共机构塑形象的广告、公共事务广告、直接邮寄广告、告示板、标志等室外广告、变迁广告、空中广告和传单广告、日历、记事板等细目

表17-2　不可控媒介列表

不可控媒介	新闻稿 特别报道 附有说明的图片 新闻发布会 媒体信息套——纸介质或光盘形式 广播电视上的公益广告 采访 个人参与无线电节目 新闻录音带(针对电台) 新闻幻灯片和胶片(电视台) 专门节目(电台及电视台) 国家事业机构录音电话新闻 发给编辑的信件

（四）有效的交流

影响有效交流的因素很多，主要有信息的可信度、信息的新颖性、宣传的针对性、非语言交流、语言信息交流、双向交流、舆论领袖、群体影响、公众参与等。

1. 信息的可信度

公共关系的成败取决于信息的出处和公众对客户或组织发言人的认可程度，信息的可信度取决于公众对所接受信息的接受程度。所以，选择发言人要谨慎，发言人要有权威性和可信赖性。

2. 信息的新颖性

信息具有激发性，它必须能够击中目标公众，选择有新意和有鼓动性的新颖信息。

3. 宣传的针对性

宣传的针对性即选择恰当的媒体，把公众分类，针对不同类别的目标公众采取不同的宣传策略和方式——公共关系及其管理的目标是改变目标公众的态度和行为。研究结果表明，有四个规律可供参考和使用。①改变已有的态度或行为，难度最大，因为人们总是易于接受自己认为正确的信息。②人们也不一定拒绝与自己观点不一致的看法。③原来持不同态度的人，当一个很有说服力的信息出现在他们可予接受的范围内时，也可以转而成支持态度。④很有说服力的信息出现在他们拒绝接受的范围内时，则不会改变态度。

4. 非语言交流

非语言交流手段是成功的公共关系管理不可缺少的细节。涉及的都是貌似小事情，如环境或氛围、公众参与的热心程度、参与的人员、邀请的客人背景、个人交流方式与特点等。公共关系管理相信细节可以取胜。公共关系人员运用非语言交流手段应该注意的细节问题有：适当的标志、定位活动的气氛或氛围(如是活跃、安静还是严肃)、参与活动的客户的员工及客户代言人、公众调查、仪表、着装、客人的仪表和着装、背景布置、建筑风格、场所的选择、色调、灯光效果、音响效果、整体的空间布局、背景布置(横幅、广告标志)、家具的类型和布置及座位安排、装饰工艺品(绘画、挂毯、标语、彩色气球)、音乐类型的选择及音量的大小、食品、饮料、点心、个体间交流方式(晚宴、鸡尾酒会、招待会)、时间安排(活动重心及高潮的安排)等。

5. 语言信息交流

语言是公共关系成功的重要传播沟通方式。沟通是指行为者之间通过有效语言、运用合理的协调方式达到真正理解或共识的行为。由这些因素在内的情境就是沟通情境。有效语言是沟通的主要媒介，信息沟通语言的使用必须遵守下面三个有效原则。

(1)真实原则。

在认知层面的沟通过程中，所使用的语句要能反映外在世界的事实，把事实真相告诉别人，这些句子才具有有效性。语言同种是很重要的条件，不同种的语言容易产生沟通障碍，这种情况需要借助翻译才能“懂得”对方语句的真实意义。

(2)规范原则。

与别人用语言沟通时，遵守支配人与人沟通的社会规范，如语言常规(指一个人或一个地区习以为常的语言习惯或非言语沟通模式)。不同的社会文化情境有不同的沟通规范和语言规则，中国文化常常说的“入乡随俗”讲的就是这个道理。

(3)真诚原则。

沟通所用的语言让别人感觉到你的态度是真诚的，并相信你的语言可信。

6. 双向交流

信息传达出去后，公共关系人员必须获得目标公众的反馈信息。可以采用意见箱、反馈卡等形式与公众交流，但最有效的双向交流形式还是面对面的沟通，如有提有问的互动式的演讲、小组会议和个人会晤等都是最好的双向沟通。面对面的沟通甚至可以改变事情的局势和命运。

7. 舆论领袖

舆论领袖即指关键沟通者，是指那些对传播沟通过程有控制力和有影响能力的人。这些人可以有正式的权力(职权)，也可能没有正式的职权，他们可以凭借知识、能力、人格魅力等获得组织成员的尊重和信任，形成非正式权力和威望。关键沟通者是有领导力和号召力的人，他们拥有追随者和信息传播对象。公共关系从业人员应该制作一个关键沟通者的联系方式目录簿，清楚了解每个舆论领袖的可利用率和对相关追随者的影响。

8. 群体影响

利用群体的影响力，因为它会使成员产生归属感，感受凝聚力。公共关系从业人员应该制作目标公众的列表目录，和团体保持联系。

根据这些研究结果对目标公众进行分类。如果遇到的是有强烈的抵制态度的公众，要改变他们的态度是很难的，放弃他们是明智的选择。当遇到有争议的问题时，公众的态度会表现如下五种情况：积极的，有些积极的，未置可否的，有点否定的，完全否定的。宣传的针对性原则就是告诫公共关系从业人员把积极的公众作为重点工作目标，其次是有些积极的和未置可否的，放弃持否定态度和意见的公众。

9. 公众参与

尽可能让公众亲身参与活动，通过了解服务和产品进行自我说服。自我说服最有效力。实践证明，亲身参与的公众容易在了解信息的基础上形成好感，在此基础上才有可能出现支持的行为。

四、结果评估

结果评估是公共关系管理流程的最后一步，是对项目有效性的评估。通过结果评估可以衡量公共关系对组织实现使命和目标的贡献，提高组织的竞争力，从而证明公共关系项目及其管理的效力和影响力。

（一）输出目标的评估

输出目标的有效性涉及可控制与不可控制媒介的数量，可以通过发送给杂志社、广播电台、电视台的新闻稿数量、与新闻记者接触次数、对目标公众演讲次数、发放的出版物数量、与主要公众开会的次数等指标进行评估。

（二）信息目标的评估

对公共关系信息目标的评估有三个尺度，即信息的宣传程度、信息接受程度和信息记忆程度。

信息宣传程度由传播媒介的选择方式和媒介检测服务决定，同时出版物的发行数量和广播电视收视率、活动的参与人数都是反映信息宣传程度的重要指标。公共关系公司开发的计算机追踪系统也可以衡量。

信息接受程度取决于公共关系项目中宣传品的可读性和可听性。最常用的有弗莱西公式、冈宁公式和弗赖伊公式、欧文·方的易听公式(ELF)等。

信息记忆程度可通过问卷法来检测目标公众对于客户信息的了解度。具体可采用抽样调查法。

（三）态度目标的评估

态度目标的衡量主要有两种方法，即李克特评量法和语义差别法。用这两种方法来衡量态度的坚定性和倾向性，既可以衡量新态度的是否产生，也可以衡量旧态度的加强或者改变。一般来说，态度评估应该由专家来实施。

（四）行为目标的评估

行为目标的评估也有两种方法。一种是调查目标公众在接受宣传信息前后行为的变化，封闭式的多项选择题是最常用的方法。另一种是简单地观察目标公众的行为，从参与数量或反馈电话的数量来获得信息。

第三节 学校公共关系管理对象

一、学校内部公众关系管理

人力资源是任何一个组织中的最重要资源，构成组织的内部公众——组织内部的公众关系管理常与人力资源管理密切相关。一个组织中最重要的关系就是与雇员之间的关系。内部公众关系的管理也可以称作雇员管理或员工管理。

目前，我国公立中小学的领导体制实行的是党组织领导下的校长负责制，很多学校中党组织的书记和校长职务集于一人。因此，党支部书记和校长的特质、领导方式和领导风格决定着学校公共关系和人际关系的基调，管理者必须是人际关系的专家。没有什么人能代替他在人际关系中的作用。同时，学校组织有自己的特点，即学校不同于政府组织，也不同于营利组织，学术权力和行政权力并行的二元权力特征突出，专家和行政人员的矛盾、教师和教辅人员的矛盾必须很好地考虑和合理地解决。

(一)学校行政管理者与教师

学校行政管理者包括高级管理者如校长、书记、副校长和副书记，中级管理者如各科室、系主任，初级管理者如办事员和干事等。他们组成一个鲜明的管理阶层和队伍，具有行政特征。校长要依靠初级和中级管理者实现校内良好的人际关系。

1. 沟通内容

学校目标和使命、学校在竞争中的排序和位置、教学改革情况、先进人物及其贡献、教职员工新闻、教职员工生活和福利情况等。最常用的媒介是出版物、公告牌、小组会议、人员手册和备忘录等。最主要、最有效的媒介是面对面的传播与沟通。

2. 沟通形式

(1)会议沟通形式。

会议把人们聚集到一起，同时提供说话和倾听的机会，是一种双向传播沟通形式——开放而又可控制的形式，如一对一的讨论会、一三六研讨小组等。

(2)“我很重要”方案。

学校的发展也包括教职员工的发展。学校要重视和制订员工发展方案，让员工感到“我很重要”，帮助其专业成长。“我很重要”方案包括全体员工成长方案和全体员工培训方案。此外，员工培训也包括一般管理者和后勤工人培训的正式项目、新员工适应性培训项目、代课教师的沟通项目、学校与实习教师的关系项目等。

(3)合理化建议制度。

成功的组织一般都有完善的合理化建议制度。一条公认的管理原则是，全体员工参与的管理才是好的管理，员工提出合理化建议是参与管理最实惠的体现。组织健全合理化建议制度是建设良好员工关系的重要体现。其好处是增强员工参与意识和机会，增加组织的凝聚力，又可以降低组织的内部耗费。

(4)内部出版物形式。

内部出版物是学校内部公共关系中最常用的沟通媒介。形式多样，包括员工刊物、时事通讯、宣传单、课程通讯、招聘宣传材料、代课教师手册、通用信息手册、会议总结、小报等形式。时事通讯可附照片。

(5)公告形式。

公告是指在专用性的信息发布处发布的告全校性的信息，包括黑板报、墙报、宣传窗、网页等形式。其内容可以是学校目标的诠释、政策、决策的宣传，也可以是员工新闻和业绩展示，还可以是优秀作品(如教案、书画等)展览。网页要有专人管理，及时更新。

(6)信件形式。

信件是富有人性化的充满爱意和敬意的表达方式。在今天普及电子邮件的时代，手写信件更为珍贵。

(二)学校与学生的正式沟通

学生对于学校来说存在双重身份，既是重要的内部公众，又是重要的消费者，同时也是连接学校与社区的重要纽带之一。学校与学生的关系直接形成家长、社区和社会对学校的直觉印象。

学校与学生之间良好关系的建立和相互关系的改善，意味着学校必须改造目前的单向信息传播方式，完善与学生的双向沟通机制。这就要求学校管理者以组织和制度形式确立学生与学校对话、与教师交谈的合理权利，给予学生参与学校管理并贡献自己想法和建议的机会。如果学生能够被倾听，能够参与学校事务，那么他们的受挫感、不满和对抗意识和行为就能够降低。下面介绍四种双向沟通方式供学校领导者和行政管理者参考。

1. 学生会

不同国家学生会的自治程度与方式是不同的。国外大学中的学生团体都是完全自治的。学生会完全代表和维护学生的利益。他们自筹经费并且相对不受干涉地活动(主要是不受来自校方的干涉)。但是校方还是提供了一定的援助，如场地、使用某些设施的便利等。而且校方对他们的自治权利也给予了充分的重视和尊重。他们与校方代表不同的利益，在斗争中共生，彼此妥协。国外大学中的学生团体往往有某种政治倾向。这是因为学生团体在充分吸收各方面的资金的同时，难免同时受到不同社会力量的影响。学生由于年轻好胜，思想也比较激进，因而比较容易受到影响。国外大学生加入学生社团的动机都是出于兴趣，很少是出于功利的目的。

中国的情况与国外不同。我国学校的学生会是学生的组织，是协助学校自治的组织。学生会是学校的助手，也是学生的组织。在意识形态和价值取向一致的前提下提高学校管理效益，双方的关系中没有大的显在利益冲突。学生会是学校和学生之间联系的理所当然的桥梁。所以，校长和书记应该委托公共关系部或德育处、学生处制定与学生的双向沟通方案。如通过发挥和利用各种学生组织的功能实现这种双向沟通机制。

2. 学生意见调查

意见调查通常以问卷的形式进行。例如，在中小学，可以调查学生对课堂程序、课外活动、课程设置、教师态度等问题的看法；在大学可以组织本科生和研究生对课程、常规管理、学生宿舍、教师态度与服务质量等的调查。

此外，为了建立与学生良好的沟通关系，除了这样的沟通项目以外，还需要累积平日的意见和零散建议。解决的方法是设立专门的意见调查员和报告员岗位。学生面对一个专门的信息交流者，会有平等的感觉，不用担心，没有顾虑，是收集反馈信息的重要手段。

3. 学生大会

学生大会是面向学校全体学生的沟通，是集会的形式。这是个倾听的集会，而不是布道式的集会，管理者和教师询问学生的想法、评论和观点。基本形式有两种：一是在合适的时间全体学生一起开会；二是在上学时间，以小组形式在不同年级和不同教室中举行。

4. 学生出版物

学校需要认真考虑和利用的第四个沟通方案是合理引导和利用学生刊物。到了中学以上阶段的学生，都有了自己的主张和意见，而且想让自己的观点为学校和他人所知。所以，校报、学生周刊、月刊、读书等内部刊物是学生发表言论的天地，鼓励和允许学生发表健康的观点和建议。学校校长和教师把握的一个尺度是：让学生享受言论自由，但条件是必须发表社会能够允许和接受的言论。中小学的德育办公室或学生处可以指导和制定指导规范，还可以成立由家长、学生、教师、社区代表组成的宣传委员会共同指导和监督。这些出版物最重要的是要送到家长的手里，他们永远是最忠实的读者，为了他们的孩子愿意这样倾心，如果他们孩子的作品或言论在上面的话，他们会盼望读这些东西，甚至会主动让别人来看，以便分享他的自豪和好感。

(三)教师与学生的沟通

1. 语言的使用技巧

教师是靠语言维持的职业。不同的语言形式，尤其是口头语言的表达，会产生不同的交际效果。

教师被强调应该道德高尚的原因之一，就是其一言一行都关乎学生的进步和成长。尤其在中小学，教师的语言表达方式、内容影响的是学生未来的表达倾向，更重要的是影响其心理感受，受挫体验过多显然不利于孩子的成长和信心的积累。教师也因此必然承受比其他职业更多的监督和更大的压力。在这种心态和前提下，我们的建议和技巧训练才可能有实效。

第一条建议：叙述时使用人称代词。教师在课堂情境中的语言表达倾向性是不用第一人称而使用其他代词叙述。

人称代词的改变会改变教师的叙述效果：使表达的意思更确切；表明的是自己的观点而不是他人的观点；能让学生学会准确地表达思想。

第二条建议：正确使用提问方式。教师对于学生而言，大多数时候处于引发对话的主动地位。课堂情境中的提问影响他们之间的交往和沟通效果。

学生对于提问，常见的抱怨有两种：一是提问过多，学生感觉是被审问；二是教师抱怨学生讨论的兴趣太差。为什么会发生这种情况呢？教师提问方式在其中举足轻重。从答案性质的角度，提问可分为封闭式提问和开放式提问。只需用“是”或“否”来回答，或者只需要回答一个简单的事实的提问，就是封闭式提问。正确使用提问方式需要教师注意三点：一是在合适的时候使用适当的提问方式；二是在课堂情境中，有意识并慎重选择和使用疑问词；三是当教室里发生违纪事件或者在办公室发生冲突时，教师要冷静使用温和、中性的提问方式，来引导学生的行为。

第三条建议：改变语言的表达方式。教师经常使用的是疑问句，疑问句的使用有两个危险：一是窥察被问者的动机；二是暗含发问者的挑战或怀疑情绪。例如，“你为什么不说话?”(暗含的意思是：你的沉默让我恼火，我要知道你的动机和情况)所以，教师应该尝试另外的表达方式。一是正确使用陈述句。每个疑问句都包含一个陈述句，可以改写的。有时候需要变成直率的表达。如“我要求你停止说话”。二是正确使用祈使句。提出要求的时候常常带有命令的口气。“我让你把书拿出来。”这类情境运用祈使句效果会好些。例如，“请把书拿出来，好吗?”“不要说话，好吗?”

2. 非语言的沟通技巧

非语言的沟通包括肢体语言、空间语言和类语言的使用技巧。非语言的沟通也是十分重要的，学生能够读懂老师的表情、目光、姿势、手势、距离等中的准确含义。肢体语言包括表情、目光、姿势。运用目光的提示是：一是教师和学生谈话的时候，一定有意识地多看学生几眼；二是不同情境运用不同的目光；三是教师在和学生沟通时应该避免消极的眼神和目光，如垂视、漠视、侧视、盯视和怒视。这类目光会导致情绪对立甚至冲突。空间语言包括教师的身体指向、与学生的人际距离、方位角度等因素。在学校，距离在人际关系中具有两点启示：一是距离合适，一般把人际距离分为亲密区(50厘米以内)、个人区(50～125厘米)、社交区(125～350厘米)、公共区(350～750厘米)，教师可根据需要灵活运用；二是在秧田式桌椅排列方式下，教师要有意识地做两点调整，即目光经常向后看，或者用走动方式增进融洽度。类语言也称辅助语言，可弥补语言表达感情的不足，包括声音要素——音质、音量、音调、节奏等辅助性语言和功能性发声——无固定词义的发音如哭、笑、叹息、呻吟等。

二、学校外部公众关系管理

学校外部公众主要是指关乎学校生存发展的那些目标公众，包括学生家长、社区、特殊公众、政府、媒体等。学校日常对外的人际交往总是蕴含着提升人际关系质量、提升学校形象、累积信誉和声誉的机会。它同样是通过人际交往的过程实现的。

(一)学校与学生家长

学生家长是学校的首要公众。学校必须利用任何一次与外部公众打交道的机会，必须管理好与学生家长的关系，获得他们的理解、信任与支持，从而提升学校的公众形象和社会声誉。教师在其中至关重要。

1. 教师与家长的协作关系

在中小学，教师尤其是班主任是和家长接触最多的密切接触者，是孩子成长的密切协作人。教师与家长合作的意义是巨大的，具有其他沟通无法取代的价值。当前，我国中小学亲师沟通的实践特点是：其一，学校是公共关系的主动发起者，教师是首要的公关承担者和关系经营者。学校和教师常常会有一种担心，担心家长的介入会扰乱学校秩序，干涉教师的权力和责任。其二，家长有了解学校的愿望，有了解孩子成长的渴望，但主动性不够。其三，体力支持积极，脑力贡献和财力自愿支持不足。其四，亲师沟通的间接性。因为家校正式沟通机会的有限性，所以家长与学校和教师的关系常常是以孩子为中介发生的。

2. 学校与家庭沟通计划

学校与家庭的关系是否和谐，二者的配合程度如何直接影响着学生的学业成就和成长质量，而学生又是学校形象的重要传播者和影响者。学校为了获得家长公众的好感。可以尝试以下方法。

(1)邀请计划。

学校常用的邀请计划有三种：一是定期邀请开会的方式；二是学校有计划地进行邀请参观；三是邀请家长委员会的方式。学校要与其重要成员定期会面，使其关注学校工作改进情况。邀请公众来校的方式有很多。例如：校长写信给家长邀请他们来校参观，并可有附带信息；可以邀请小学家长，参加他们孩子身体健康检查和运动会、足球赛；为学前家长举行茶会或咖啡谈话会；开设晚间电话服务，解答家长问题并提供教育指导；要求家长观察子女在与课堂作业有关活动中的表现；学校主动安排家长来校参观，参观教科书等材料、参观学生作业展览、参观计算机等设备；还可以在学校图书馆安排会议，向家长介绍书籍等。

(2)调查表形式。

这种形式的沟通目的在于，让学校和家庭反思能够为孩子的成长和发展做些什么，并事先声明出来。学校可以通过调查，了解家长和其他公众对学校教育实践、计划的态度和看法，与教师共同就调查结果协商开展工作。这种做法的好处是让家长意识到学校想和他们合作。通过调查表的形式，调查家长对教育活动贡献的愿望和详细的清单，邀请他们回答自己希望在哪些方面作出贡献，以便于学校利用家长资源和安排相关计划。

(3)家长参与学校联系计划。

家长参与学校事务的必要前提是学校和教师同意家长分担学校事务及其领导权。第一种联系方案是成立家长委员会。第二种联系方案是成立研讨小组。研讨小组的类型可有家长-教师研讨小组、家长-教师俱乐部、年级及班级会议委员会、家长研究会、家长工作组等。研讨内容包括两类：一类内容是关注学校发展领导层面，关注学校系统的政策和实践，家长和教师合作采用的方法；另一类内容是关注管理和规范层面，如学生成绩通知单、升学教育、家庭作业、纪律、健康、适应性训练、着装规范等。第三种联系方案是家长会与义工制度。

(二)学校与社区

社区关系是学校组织所在地的区域公众关系，主要包括地方政府机构、地方社团组织、社区内其他组织和社区居民。社区是学校的最重要的公众，因为它集结政府、家长、媒体、特殊公众等关系于一身。创造一个稳固的社区关系，以相互尊重、了解的氛围为基础。社区关系产生危机，学校就会受到伤害。这里主要从教师与社区的交流、学生与社区的联系、学校与社区的沟通方面，讨论学校如何与社区建立建设性的良好关系并管理好这种关系。

1. 教师与社区的交流

教师与社区的交流有不同的途径和方式。有的是以教师团体的方式和社区打交道，如教师协会；有的是以学校整体的方式和社区共建；有的是以教师个体的方式和社区打交道。不同层面的沟通模式有不同的管理主体和管理方式。

教师团体方式的社区本位沟通。这一点与国家的基层教育制度有关，如在美国，教师协会是完全独立于学校系统之外的，它的职责是：与当地学校建立良好的关系，需要和学校管理者、社区组织在有关儿童教育和教师福利方面的事务进行合作；要持续、系统地开展与外部公众的交流活动，让当地居民加深对教师职业的理解。教师团体与社区交流的方式和途径包括日常事务性联系、特殊事件发生后的沟通、定期举办论坛讨论共同关心的话题及为公众福利作贡献的社会公益行为。在我国，没有区域教师协会这样的组织，但在我国一些城市建立的学区中，有班主任、心理咨询教师开展合作研究或备课的小组活动，也可以适当借助这种组织形式由几所学校联合开展专题性社区本位沟通。

学校整体方式的社区本位沟通是以学校为单位的学校与社区共建，即学校参与社区活动和事务。

教师个体方式的社区本位沟通，教师以个人名义和行为参与社区活动，如提供免费的讲座、培训等。

2. 学生与社区的联系

学校要积极组织学生运用和举行公开性活动，通过展示和利用这些公开性活动的教育价值，来构建和管理学校与社区的良好关系。这些活动包括音乐活动、体育比赛、实地考察等。

3. 学校与社区的沟通

学校和社区的沟通方案应该是双向的、互动的和互利的。学校和社区的沟通有两种模型。一是社区本位的学校沟通，即学校参与社区。社区希望学校帮助改善社区的文化建设，学校以社区利益和需要为中心设计沟通方案，通过提供帮助和支持获得社区资源和公众良好的印象。二是学校本位的学校-社区沟通，即社区参与学校。就是学校作为社区公共关系的主体，考虑社区对学校的支持要求，以学校需要为中心设计沟通方案。因为社区内的某些机构也想帮助学校，如自然博物馆希望增加和中小学沟通的机会，便为本社区的孩子和学校服务，并提升博物馆的利用率和社会形象。

学校对社区要求给予帮助的回应有两种主要模式。第一种回应方式是制度化学校的回应-参与模式，可通过直接参加社区活动的方式实现，建立学校员工与居委会的良性互动和双向沟通渠道，让居委会了解教育决策过程等。直接参与社区活动通过双方专业领域和非专业领域的合作来完成。如帮助社区调查社区娱乐活动的需求、帮助社区调查佩戴眼镜、肥胖学生的情况；参与社区建设的讨论、组织夏令营等；参加社区组织机构：生活多彩，向公众介绍学校教育，了解公众如何看待学校的态度和意见；向社区公众开放学校设施，如餐厅、教学资料中心，当然要有规章制度保证——如租借条例等。学校可以为社区提供的专业指导很多，如问卷设计、科学抽样、统计分析等工作的指导，识别当地人才，利用社区优秀资源的教育价值等。第二种方式的回应是非制度化学校的直接投入模式，直接以社区教育的非制度化形式回应。随着终身教育和学习化社会的到来，成人继续学习的渴望很强烈，满足其需要的方式就是社区教育和社区大学。

（三）学校与特殊公众

学校生存于社会大系统之中。作为承担文化传递和传播重任的非营利组织，它的发展需要很多人的关注和支持。其中，一些特殊公众的支持也是必不可少的，如非学生家长、校友和学校的批评者等。

1. 非学生家长人群

在社会上有一群对学校来说非常特殊的人，就是非学生家长人群，包括学生的祖父母、学龄前儿童的父母、新婚夫妇、丁克家庭和单身族等。他们都属于没有孩子在学校上学的成年人，因而成为学校的特殊公众——看上去好像和学校的确没有什么关系。这部分人里有一部分是潜在的重要公众，如学龄前儿童的父母、新婚夫妇和承担隔代抚育任务的祖父、祖母们。他们中的大部分人是关心学校及其教育的，但是大众传媒是他们了解学校情况的主要信息通道。

2. 校友

校友是已经毕业了的学生，他们在社会各种不同类型的组织中担当不同的角色和承担不同的任务。是学校一笔重要的人力资源和市场资源。知名校友会为曾经就读过的学校赢得良好的社会声誉，这是无形的财富，同时也能为学校赢得更丰富的社会资源。

3. 批评者

对于学校组织及其教育来说，批评是不可避免的，也是很必要的。因为批评者的态度和语言可以为学校管理提供别样的视角——利用其有价值的批评，帮助学校减少和修正失误，改进质量与服务水平。为了有效管理学校和批评者的关系，需要掌握和分析批评者的类型，如和信息缺失的批评者、专业批评者沟通的重点目标是培养和发展双方的理解和尊重感，而不是转变对方的观念。批评者获得尊重感，就有改变对学校的态度的可能。学校面对批评者，见面沟通是最有效的方法。

此外，学校是非营利组织，而且中小学教育具有强烈的社会公益性质。它有理由得到从政府到个体公众及全社会的关注。建立和维护与志愿者、校友、会员、捐赠者及潜在会员和捐赠者之间的相互关系，是学校公共关系的重要职能。

（四）学校与政府

学校和政府的关系涉及教育办学体制、教育行政体制、教育的法治环境、教育投资体制和学校内部管理体制等权力和资源分配的问题。从公共关系意义上说，公立学校需要得到政府的政策支持、经费支持和行政权力的支持。政府组织在某种意义上说，追求的是社会公平和正义。在不同政治和教育体制下，学校和政府的公共关系性质和依赖程度也不同。在资源分配对政府依赖程度较深的体制下——如集权体制和计划经济体制下，学校和政府关系密切，和其他社会公众关系疏远，其大部分经费、对学校的评价等来自政府的控制和配额分配，学校很少有机会和有必要开展对其他社会公众的公共关系。在法律上，学校是依法办学主体，政府是依法行政主体，关系平等。但实际上，二者之间却形成了上下级的控制和被控制的关系——其实质是一种行政隶属关系。

学校开展政府公共关系的目的在于争取政府的政策支持、财力支持和权力支持。政府公众包括各级各类政府、各级各类教育行政部门及其成员。这里讲的学校与政府的关系，主要是公立中小学和直接领导它的上级教育行政部门的关系，是当地学校和当地政府的关系。

(五)学校与媒体的合作

新闻媒体是学校的重要公众之一，也是重要的社会资源之一。以学校为本位，建设好与媒体的关系是学校公共关系成就的重要标志。对于学校而言，学校与媒体的合作包括两个方面：一是媒体本位的合作，即以新闻记者的需要为中心，学校为媒体着想，获得好感，累积信任；二是学校本位的合作，即以学校公共关系需要为中心，在获得好感的基础上，考虑如何利用媒体提升学校形象，获得更多媒体公众的好感。

1. 媒体本位的学校沟通

媒体本位的学校沟通的意图是强调学校与媒介一起工作，了解媒介，知道怎样与每个媒介共同工作，怎样针对每个媒介制作不同内容，怎样满足每个媒介的截稿日期，怎样坚持特定的风格要求，怎样吸引每个媒介的受众，是公共关系及其从业者的主要工作内容。从业人员和新闻记者在一个互相依赖和互惠互利的关系中运作，在各自的切身利益中相互合作。

2. 学校本位的媒体沟通

学校管理与媒体关系的目的是要建立、维持、发展学校与媒体之间的良好关系，争取有利于学校的新闻报道，增进媒体公众对学校的了解，为学校的发展创造良好的媒体环境。与媒体建立了良好的关系之后，学校对自己的成就和问题就应该展开新闻宣传工作，利用机遇，巩固形象，消除威胁，开展指向性公共关系。以学校的问题为合作目的，利用媒体对学校正面报道或消除消极影响。在学校公共关系的管理中，经常会使用包括新闻稿的撰写、公共关系广告、新闻摄影、策划新闻事件、新闻发布会等方式和技能。新闻发布会一般在处理重大公共关系时会使用。

三、学校公共关系专题管理

学校公共关系专题活动是指学校在一定的时间段中，围绕集中、明确的主题，针对特定公众对象开展的特殊公共关系活动。

（一）学校专题活动及其管理的特点

1. 日常性

专题管理是学校常规管理工作的一部分，有连续性和重复性。因此，会有一定的现成的规范可遵循。很多专题活动就融入学校的日常业务和管理活动中，是学校常规工作的一部分，也是持续的和可有一定重复的。只不过有些是学期性的间隔，不是每天都发生的罢了。

2. 特殊性

学校公共关系专题活动指公共关系的特殊事件，又有别于日常的公共关系活动。日常工作有弥散性特点，而专题活动及其管理有集中性特征，它是学校为了一个主题的有效传播，有计划、有步骤地组织目标公众参与的集体活动，是一种指向性较强、宣传性较强、讲究策略、力量集中、效果显著且易于评估的公共关系活动。

3. 事务管理

专题管理是事务性管理，其管理核心是“事务”，但事情的管理是为了使人更好和使学校更好。事务管理是学校公共关系管理的手段而不是目的，它是学校与内部公众和外部公众沟通的重要途径和手段。

4. 项目管理

项目是指为创造特定的产品和服务而进行的一项有时限的任务。它的目标是产生一个结果或产品，而且必须在具体的时间计划内完成任务。专题活动的管理方式采用项目管理。专题管理本着高效安全的原则，可按照 ROPE 模式策划、管理和评估。

（二）学校专题活动类型

按照不同的标准划分，结合不同的主题，学校公共关系专题活动有不同的类型。学校公共关系专题活动按照内容可以分为典礼型、喜庆型、竞赛型、会议型、展示型、新闻传播型。典礼型活动包括奠基典礼、落成典礼、开业典礼、剪彩仪式、签字仪式、就职仪式等。喜庆型活动包括周年庆贺、庆功会、颁奖会、节日联欢会、庆祝宴会、节日舞会、文艺演出等。竞赛型活动包括体育比赛、歌咏比赛、摄影比赛、征文比赛、演讲比赛、绘画比赛、智力竞赛等。会议型活动包括研讨会、洽谈会、鉴定会、交流会、座谈会、演讲会等。展示型活动包括展览、展销、促销、开放参观等。新闻传播型活动包括记者招待会、新闻采访接待等活动。

根据学校内部和外部公众两类对象，还可以把学校公共关系专题活动分为校内专题活动和校外专题活动两大类。校内专题活动的目标公众主要是学校内部教职员工和学生。专题管理的目的在于增强与教职员工和学生的沟通，形成学校高昂的士气和凝聚力，建设有力量的学校文化。如新生入学管理、开学与毕业(结业)典礼、成人仪式、主题班会的设计与管理等。校外专题活动的目标公众主要涉及的是外部公众，如学生家长、社区、媒体、政府等重要公众，当然也少不了内部公众的参与。这时候的内部公众已经成为学校公共关系活动的承担主体。校外专题管理的目的在于与外部公众之间增进理解、累积信任，赢得良好的公共关系形象和声誉。如家长会、学校开放日、对外会议管理、校庆策划与管理等。

四、学校危机管理

学校危机事件是指发生在学校教育教学过程中，对学校师生员工的生命、财产安全有重大威胁及对学校组织的利益和形象有较大危害的突发事件，具有不可预测性、威胁性、紧迫性的特点。从来源看，学校的危机事件有三大类。

第一类是由不可抗拒的力量引起的灾难事件。如震灾、武装袭击、火灾、爆炸、学校倒闭等，这类危机事件的责任不由学校承担，学校也无法控制事态的发展与后果。这类事件对学校形象不会有不利影响。

第二类危机事件是由学校外部人员造成的，主要有两类事件。一是不法分子对学校组织及其成员施与的一系列违法行为，如抢劫、绑架教师和学生案件、投毒事件。这类事件也是学校不可控的，对学校的公众形象影响不大。二是竞争对手故意造谣、诽谤造成的舆论危机，如被对手陷害造谣中伤等。学校要及时出面澄清事实，否则学校的公众形象会受影响。

第三类危机是学校内部引起的，也有两类事件。一是管理失误造成的事件，如危房和大型器物倒塌伤人事故、因体罚或教育乱收费等被家长投诉事件、管理失误导致的食物中毒事件等。二是故意欺骗事件，如办学者携款潜逃等。这类由于学校组织自身的不当行为所形成的危机对学校信誉、声誉和形象有严重损害。

学校危机管理是指当危机事件发生后，学校对危机事件做出的所有反应和采取的一系列措施和对策(包括危机预警系统与方案的事先制订)，以消除危机对学校的各种不利影响。一旦危机发生立即行动，让损失最小，让形象尽快恢复，让学校化险为夷。它包括了危机预警机制、危机处理机制(报告系统、公共关系处理系统、信息管理系统)、危机善后机制三个部分。危机管理相对而言更多的是事后投入，而日常管理和问题管理相对的主要是事前投入。

与任何组织一样，学校危机公共关系管理的程序可以分为三步。

(一)危机预警机制

危机预警机制是指危机应对方案，包括方案制订者、危机方案内容、宣传方案。

1. 方案制订者

在美国，学校公共关系的理论和实践发展比较完善，对危机公共关系的管理也比较成熟。危机应对方案是由学区董事会负责，由学校公共关系主管和应急方案规划小组共同制订完成。学校公共关系主管代表学校的利益和意见，应急方案规划小组成员则由社会多元力量组成，包括学监、学区人员（公共关系部门、教学部门、人事部门、职业成长部门的主管）、学校人员（教师代表、秘书、行政助理、顾问、学校心理咨询师、学校医务人员、信息控制和其他技术服务人员、交通管制人员、保卫人员、餐厅工作人员和其他人员、学生）、执法部门（地方治安官、警察、州巡逻队）、消防部门、救援部门、毒品控制部门、电话公司、电力和煤气公司、气象服务、交通运输部门的代表，以及来自各大媒体（报纸、电视、广播、网络和其他媒体）的代表、家长和教师协会及其他家长、社区组织的代表。从危机方案制订者看，美国社会高度重视学校危机管理，成为全社会多方参与的活动。制订方案本身是一种关系协作和对学校特殊时期的援助。

2. 危机方案内容

每个学校的方案是不同的，大致都应该包括如下内容。

理由：简要阐述为什么要制订危机应对方案。

类型与措施：方案要阐述所包含的危机类型和应对措施，如从化学试剂的泄漏到突然而降的火灾，从食物中毒到武装袭击都有可能发生。

处理程序：描述所有危机发生时的通用处理程序。例如：确保师生安全；与公安、消防、救援等机构及时联系；通知上级主管部门；告知危机处理计划；确定新闻发言人；要求所有员工的对外联系与新闻发言人保持一致；与媒体建立联系机制；查清事实对外公布；等等。

紧急联系方式：方案中应该包括各类紧急情况出现时需要联系的关键人士和机构的紧急联系方式，包括家中电话号码、移动电话号码、手机微信号等，以确保有关负责人随时和及时出现在事故现场。

学校建筑图：方案中要有学校的详细地图、学校场地图、学校建筑平面图、学校邻近地区地图。涉及火灾、炸弹排除等事故时这些地图会非常有用。要预先确定在什么地方建立临时指挥中心和新闻通报的地点。调查和记录好附近医院的确切方位。

程序性信息：方案包括如何关闭、封锁学校和撤离人员的指导方案。也建议学校用代号代表各种危机情况，如 1 号危机是学校层面可以控制的危机，2 号危机是需要外部帮助但学区层面可以控制的危机，3 号危机是包括火警、自然灾害、暴力行为在内的需要整个社区提供救助的危机。

沟通大纲：与媒体、教育内部人员、社区公众进行事件沟通的指导大纲。如基本原则、沟通内容和方法等。

文档模板：方案应该包括一系列可能用到的计算机文档模板。一旦危机出现，根据危机类型，稍加修改就可向公众迅速公布——以确保外部公众了解正确的事实。

危机管理小组：一是事先做好人员安排，成立以校长为首的危机领导小组，调动各方面力量，做到渠道畅通。二是安排好一切事务，如新闻稿的写作人员、当日出勤名单、学生和教师的家庭联系方式、新闻记者的场地等事先都要作好准备。三是设立危机管理委员会，以学校决策层为中心，吸收公共关系专家、技术专家和新闻宣传人士组成。危机管理委员会的责任是平时研究观察，危机时担当处理危机的指挥中心。四是危机管理小组应该配备足够的设备和材料，如通信设备、各类图纸、员工名单、重要人物地址和电话、应急车辆等。

3. 宣传方案

学校危机应对方案制订好以后，应该让相关人员都知道，方案的宣传工作与制订工作同样重要。危机应对方案的宣传可以采取如下方式：召开中心和地区负责人会议，形成危机应对方案；每个学校召开所有教职员工参加的宣传会议，召开全体学生会议，使全体师生员工对危机发生的可能性和应对办法有足够的了解和重视；召开家长和社区参加的方案宣传大会，可以用图表、卡通等形式；危机应对方案的复制品分发到学校的每个部门。准备应对方案的简本，分别编印不同的手册分发给校长、办公室、医务人员等；以小册子、宣传品形式将应对计划内容发给每个员工；危机应对方案可以制作成光盘，以专题形式放在局域网上；校长等人随身随时携带危机应对方案，避免危机来临找不到处理方案；进行模拟危机训练。学校每个人员都应该熟悉自己在危机中的位置和责任，对危机方案的学习与研讨非常重要。

(二)危机处理机制

一个有效的危机公共关系管理程序，对危机事件是否能够及时果断地处理起着重要作用。这个危机公共关系程序是和危机应对方案相衔接的，可根据情况予以调整。

1. 危机初期的管理策略

危机刚刚发生的初期，迅速启动危机方案和危机管理小组或管理委员会。

2. 稳定期——妥善处理与媒体和公众的关系

当掌握了危机事件的第一手资料，清楚了公众的反应后，就可以确定对策，发布消息，积极和媒体与公众沟通信息。

3. 抢救期——危机公众沟通

一旦出现人员伤亡事故，必须慎重处理伤亡事宜。控制事态，尽量减少损失，避免受难者家属转化成敌对公众。

（三）危机善后机制

危机公共关系的事后管理即指组织对危机事件的处理告一段落后，为了消除危机事件带来的不良影响，重新塑造组织形象所做的一系列善后工作。

1. 总结经验

危机时不怕阻力的坦率是必需的，对学校和其他组织来说，行为坦率是长期的持久利益；应顾及组织的全部成员，组织上下口径一致，以避免产生不必要的传闻；继续与公众保持良好的沟通与传播，主动加强与目标公众的信息沟通，告诉他们危机过后组织运行的情况。

2. 形象重塑工作

充分运用传媒进行连续性正面报道，把学校在危机后所采取的一系列修正措施及服务方针告诉公众，使其了解学校的努力，逐步重新产生信任感。首先，恢复到危机前的平衡状态。如制作道歉信，以学校或学区领导的名义来写，送交相关的公众。重新开始广告宣传，增加学校在承担社会责任、重视社会效益方面的活动和投入：如学校可以倡议发起社会公德讨论、支持社区建设方案、关心老年人等活动，以积极参与社会活动回馈社会，树立良好形象。重视权威部门的监督和检查，争取创造优秀，以讲课、座谈等方式邀请著名人士和意见领袖为学校发展出谋划策，利用他们的影响力为组织“正名”。教育员工树立危机管理意识，预防就是一切。

五、学校形象管理

（一）学校形象

学校形象也叫学校的公众形象，是指社会公众（主要是外部公众）对学校的总体认识和评价。学校形象的基本构成要素包括学校名称、地理位置、规模档次、发展历史、学校业绩、学校领导、个性概念和深层文化等。其表现形式主要是人的形象（领导形象、员工形象、学生形象）、管理（制度）形象、服务形象（含物质载体）等。学校形象的特征表现为以下四个方面。

1. 整体性

学校形象的构成及其表现具有整体性。

2. 主观性

社会公众对学校的认识和评价的形成过程具有主观性，学校形象与公众态度、公众舆论、公众行为有密切关系；学校本身在塑造自身形象过程中，也具有较强的主观能动性，它是学校自我设计和发展的过程。

3. 客观性

客观性表现在两个方面：一是学校形象的实际状态，即学校客观存在的、成为学校形象的原型；二是学校形象的形成过程具有客观性，学校形象是学校开展系统的管理活动和沟通活动，对公众实施有目的、有意识的影响，它通过社会公众一系列的心理活动过程而形成的。

4. 稳定性

稳定性是相对的，是相对于其动态性和主观性来说的。动态性指组织形象处于不断变化发展之中。虽然学校相对于不同公众会呈现不同的主观感受，但相对是稳定的。公众对学校的大致认识和态度是一致的。

(二)学校形象的形成过程

学校形象的形成过程总结为三个步骤。

1. 公众印象

公众印象形成的过程是一个心理过程。公众印象的形成过程包括感觉、知觉、记忆、想象、判断和推理等心理活动过程。心理学认为公关是一种人与人之间的关系，人包括个体的人、群体的人和有组织的人。公关活动必须顺应公众心理定势的指向并因势利导，才能收到良好效果。

2. 公众态度

公众态度是人们对事物所持的主观上的内在意向，是一种认识的反映、情感的反映和行为习惯的反映。它直接影响着人们的判断和行为。在积极态度的支持下，公众就可能成为学校品牌的传播者和故事的讲述者。反之，就可能成为学校的逆意公众。

3. 公众舆论

公众舆论是公众的意见与看法，是公众中大多数人的共同信念，是公众态度的一种反映方式，也是信息沟通后产生的一种共鸣。

(三)学校形象的评价指标

1. 学校知名度

知名度即是认知度。学校认知度即是一个学校被社会公众所认识、知晓的程度，包括被认识的深度、被知晓的广度两个方面。一般用知晓公众占公众的百分率表示。

2. 学校美誉度

学校美誉度是一个学校获得公众赞美、称誉的程度，是组织形象受公众给予美丑、好坏评价的舆论倾向性指标。知名度反映的是组织形象的“量”，而美誉度反映的是其“质”。

3. 学校定位度

学校定位度就是指公众所认定的某所学校个性化和特色化的发展程度，它是以学校组织独特的文化个性和行为风格表现出来的，表达了一所学校在目标公众心目中的位置。定位程度包括利益、价格、价值建议等，它是一个综合指标。学校定位度的考察要考虑三个因素：主体个性、传达方式、公众识别。主体个性指在认真研究学校组织自身基础上把学校员工形象、学生形象、管理形象等文化特点表达出来；传达方式是指要选择与自己形象定位一致的传播方式；公众识别是关注学校文化与个性的外显因素给公众的影响和印象。

（四）学校形象管理过程

学校形象的管理过程是指学校形象系统化传播（内部传播与外部传播）管理的过程，即学校在社会公众中建立、塑造和传播良好形象，获得良好名声的过程，即扩大知名度、提升美誉度和强化定位度的过程。这个过程包括形象的树立、塑造、维持、提升、矫正和传播等方面的内容。学校发展的不同阶段，形象管理的重点和内容不尽相同。在学校初创阶段或变革阶段，形象管理的重点是树立新形象或重新塑造学校形象，我们称之为学校形象的定位管理。在学校发展势头良好和平稳阶段，形象管理的重点是维持并传播良好形象及致力于提升学校形象。在学校出现危机的时候，重点需要进行形象的挽救和矫正工作。

（五）学校形象的定位设计

学校形象的定位要综合考虑很多因素，如学校长期战略规划、发展环境分析、营销策略和学校个性及形象定位实现的传播活动和管理职能的开展等。在学校形象的定位设计过程中，战略性原则和差别性原则是设计中要重点考虑的。学校形象的定位设计是学校形象策划的核心，是学校形象管理的出发点和基础所在。形象定位必须坚持与众不同的策略，包括学校理念系统定位设计、学校行为系统定位设计、视觉识别系统的定位设计。这是学校形象的定位框架。

1. 学校理念系统定位设计

学校理念系统定位设计是确定学校生存和发展的文化个性内涵，如办学理念、学校文化等关键要素和灵魂。学校理念设计主要指学校远景发展规划、办学理念等的设计。

2. 学校行为系统定位设计

学校理念系统是学校形象的抽象表达方式，而学校行为系统是学校形象的具体表达形式，是学校形象管理运作的基本支撑。行为系统定位是指以学校办学理念为基准，保证学校使命和目标得以实现的行为规范等的设计。学校行为识别是学校理念识别在学校工作中的具体体现，包含学校的组织构架、学校制度、学校文化与风俗、教职工行为规范等的设计和制定。具体表现为：学校内部行为识别，即管理行为、教育教学行为、学生学习行为、教师之间的交往行为等；学校外部行为识别，即学校管理者、教职员工与家长、社区、政府等公众的交往行为及学生对外交往行为等。

学校行为识别是学校理念识别的动态体现，它涵盖了学校教育、教学、管理等全部活动。按照学校行为主体划分，学校行为可分为校长行为、教职员工行为、学生行为。校长行为包括决策行为、管理行为、科研行为、社会交往行为；教师行为分为教育行为、教学行为、科研行为、交往行为等方面。

3. 学校视觉识别系统定位设计

学校视觉识别系统是指向外界传达的、反映学校理念与行为规范要求的学校全部视觉形象的总和，对于学校定位度的形成起着重要作用。它包括基础要素和应用要素两部分。基础要素如校名、校徽、学校标准字体、学校标准色、学校宣传语、口号等；应用要素包括办公用具(名片、信封、信纸、文件夹、工作证、学生证)、教室与办公室的布置、校车、校服、校园建筑外貌、校园环境、学校宣传系统(贺年卡、手提袋、请柬、邀请函、形象广告路牌、内部报刊刊头设计等)。

思考题：

1. 什么是公共关系？它属于哪个学科范畴？
2. 学校公共关系管理的流程是什么？
3. 学校公共关系的对象包括哪些群体？试概括你所在学校面对的公共关系群体的特点。
4. 学校危机管理中的公共关系活动包括哪些内容？
5. 什么是学校形象？如何塑造良好的学校形象？

第十八章　学校领导

从系统论的观点看，一个学校应该是一个自组织系统，即当环境发生不确定的变化时，它能通过自动的调整形成新的有序组织结构和行为模式，从而达到预期的工作目标。但是，任何自组织系统从无序向新的有序状态发展，必须有一个基本条件：系统内部存在或生成一个有序的基质作为核心，就像处于混沌状态的饱和浓盐水，一旦加入一颗小小的盐粒，就会以它为核心逐渐生成很规则的盐的结晶。对于学校来说，这个“基质”就是学校的领导者及其统率下的领导集体。经验告诉我们，任何一所学校要获得成功，都离不开智慧、干练的书记、校长及一个团结向上的领导集体。因此，领导者的选拔、培养和领导班子的建设，对于学校的生存和发展来说是一个生死攸关的问题。

第一节　领导概述

一、领导的概念

领导这个概念是许多社会学科共同研究的对象，管理学、政治学、社会学、社会心理学都将其纳入自己的研究范畴。研究者从不同视角出发对它进行形形色色的定义，例如，领导就是管理；领导是处于权威地位的人运用权力的过程；领导就是服务；领导是具有决策权的管理者影响下属的行为以共同实现组织目标的过程。这些判断虽各有道理，但良莠不齐，下面将对这四种说法作一些细致的分析。

在概念上将领导与管理完全等同是不恰当的，虽然二者都是指在权威的指导下系统而有效地实现组织目标的过程，但是管理的含义更宽泛些，领导专指人对人的关系，是上级有意识地影响下级行为完成既定任务的过程，而管理除此之外，还包含人对物的系统操作，而且这种操作的层次不限于决策层，基层工作人员也肩负管理物的责任。

认为“领导是对权力的运用”的看法抓住了领导行为的政治基础，揭示了领导行为的权威性和强迫性特征，并暗示领导行为是富于个性化的活动。但是这一定义忽视了现代领导行为中日益上升的非权力因素的作用，而它们对素质上不断提高的被领导者产生越来越大的影响。

“领导就是服务”是对领导职责的一种认识，这一说法是针对某些领导者高高在上、不务实事的作风而言的，它强调了两点：其一，领导者的职责不仅是决策和指挥，还要为下级完成任务创造有利条件；其二，领导者与被领导者之间应存在一种平等合作的同事关系。这种认识体现了民主、放权等现代管理观念，但是把它作为对领导概念的全面解释有可能带来误解，削弱管理者的权威，因为无论是从理论的还是从实践的逻辑看，决策和指挥总是第一位的。

最后一种说法比较贴切地指明领导行为的三层含义：第一，领导是管理者与被管理者共同参加的组织活动；第二，它是领导者有意识地对被领导者施加影响的过程；第三，领导行为的目的是实现组织的目标，领导活动的形式常常表现为个体性，但其实质永远是组织性质的。根据这种分析，领导可以定义为具有决策权的管理者有意识地影响下属成员去实现组织目标的行动。这个定义突出了领导活动中领导者和被领导者两个显性因素，但是不应忽略领导过程还存在第三个重要因素——环境，它为领导活动提供了背景、条件和限制，领导行为永远不可能脱离环境而任意进行。

二、领导问题研究的理论与思想

领导问题是管理研究中的一个较老的话题，在现代领导理论研究中，先后出现了分别以特质研究、行为研究和领导情境研究为中心的三个不同阶段，这种研究取向的变化反映了人们管理观念的更新和视野的拓展。

(一)国外的领导理论

1. 特质研究

在第二次世界大战以前的早期研究中，人们对领导行为的研究集中于领导者的特质上，这种研究的出发点是把领导者看作先天具有领导素质的人才，而被领导者不具备这些素质，因此人群可以分为领导者和被领导者两类，领导者是组织的中坚和“救星”。这类研究偏重于研究领导者所具有的素质，目的在于为挑选领导人才提供参考标准。众多的研究提出了多达数十项的领导者特质指标，如积极的态度、判断力强、抱负远大、正直诚实、埋头苦干、献身事业、主动创新、情绪稳定、沟通能力强、有幽默感、善处人际关系、声音感人等。一些研究者证明，领导者具备以下六个方面的特质：以高度成就欲望为核心的进取心和主动精神；管理他人和承担责任的领导欲望；言行一致和诚实正直；高度的自信；把握信息和正确决策的能力；丰富的与工作相关的知识。[①] 特质理论的研究成果指明了领导人才的素质与有效管理的相关，为挑选管理人才提供了参照。但是这类研究的弱点是在静态的背景下将领导者的特质加以理想化的分析，忽视了不同领导者所处环境的复杂性，不能说明为什么一些素质不错的领导者会无所作为。良好的特质仅仅为成功的领导提供了可能，但真正要达到胜利的彼岸，还要深入认识领导活动的规律并努力加以灵活地运用。另外，这种研究容易给人们留下一种误解：适宜担当领导职务的人员先天具有某些一般人员不具备的素质，所以，充当领导是某些“优异”分子的专利。实际上，人的领导素质主要是后天形成的，现任领导者的领导行为对下属成员的成熟和发展起着关键作用。

2. 领导行为研究

鉴于特质论的不足，管理专家把目光转向对有效领导的行为结构的研究。这些研究中最有成果和为人们公认的，是美国俄亥俄州立大学和密歇根大学的研究，这两所学校的研究工作达成了基本一致的结论，即构成领导行为结构的主要维度是两个方面：员工导向和工作导向。前者是指领导者重视人际关系、信任和尊重下属的程度，后者是指他们强调工作目标和技术、忽视下属作用和正当要求的表现程度。俄亥俄州立大学的研究认为，一般情况下，两个维度水平均高的领导行为能够导致较高的工作效率和下属较高的满意度，但是在常规工作中，过严的控制会导致抱怨和离职。密歇根大学的研究则更强调对员工定向的领导行为会产生积极的效果。他们的研究成功地分析了领导行为的结构框架，为衡量领导行为的效能和价值取向提出了标准，在 20 世纪 50 年代得到了广泛的认同。但 60 年代后的研究发现，关于两个维度与领导有效性关系的结论有些简单化，欠缺对环境因素的考虑，这种看法导致领导情景理论的诞生。

3. 领导情景理论

如果说前两种研究的取向都是“应然”的话，那么领导情景理论就是以“实然”为研究重点，即探讨对不同条件的组织在各种环境变量影响下，如何实施领导才能获得成功，这么做比单纯分析领导特质和行为要素更困难。西方管理学界在这一领域较有影响的是菲德勒（F. E. Fiedler）模型、何塞·布兰查德（H. Branchard）的情景理论、豪斯（R. J. House）的“路径-目标”理论，这些理论的侧重点各有不同，但是其基本思路却是毫无二致的：不存在唯一有效的领导模式，领导活动的取向和方法，要根据领导者的管理风格、群体规范、环境的威胁和压力、任务特征、被管理者的特点等要素综合考虑，成功的领导者，是善于在不同环境中改变领导方式的管理者。

---

① [美]斯蒂芬·P. 罗宾斯：《管理学》(第四版)，黄卫伟等译，412～413 页，北京，中国人民大学出版社，1997。

上述三种理论研究视角的变化，可以概括为从注重个体素质发展为对各种变量的综合研究、从静态的考察到动态的分析、从单纯研究领导者到同时研究被领导者对领导行为的影响。这种复杂化、深刻化的升华既反映了研究者群体思路不断开阔，更客观地反映了社会变化对领导活动的新要求。目前在这一领域的研究已经摒弃了孤立的单一视角研究方法，将三种理论有机地结合起来，从而对领导行为的社会化与个性化的统一有了更深刻的认识。

在权变理论提出后的一段时间内，该理论以其突破“领导-下属”二元理论定式，成功地将情景因素引入对领导方式及组织结果的考察模式中，而被视为领导理论研究的重要突破点。然而，在权变理论推广运用到教育管理实践以后，该理论也遭遇到了重大困难。研究者发现，由于权变理论过于强调领导行为对情景的适应和依赖，在复杂多变的组织环境中，领导者很难真正地从权变理论中得到切实有效的指导。在这种背景下，研究者重新开始探讨针对教育组织具体情境的有效的领导理论。

4. 转化式领导理论

转化式领导是美国学者詹姆斯·麦格雷戈·伯恩斯(James MacGregor Burns)在其1978年出版的《领导》一书中正式提出的。后经肯尼斯·雷斯伍德(Kenneth Leithwood)等人在20世纪90年代前期进行的数项有关转化式学校领导模式研究而系统引入学校管理领域中。

在《领导》一书中，伯恩斯区分了“交易式领导”与“转化式领导”两种领导模式。交易式领导理论的基本假设是：家长、教师、学生是理性的人，他们只受自我利益的激励，他们不断地为最多获得和最少付出而努力，常常毫不顾及共同的利益。转化式领导理论的假设是家长、教师、学生发挥着以规范为参照的个体作用，他们属于某一特定的群体，并受到群体规范的影响。他们有能力传递牺牲个人利益以发展组织共同利益的道德判断。在该领导模式下，群体规范被看作重于个人需要。① 伯恩斯认为，“交易式领导”是指那些强调领导者与被领导者之间的资源和利益交换关系的领导模式，该模式强调双方合作后各自从该关系中的最终利益获得，从而形成一种以满足自我需要为前提的临时性关系。

而“转化式领导”则强调通过领导者个人与他人的接触而产生出的一种人与人之间的道德与情感的关联。在该种关联下，领导者主动致力于领导情景的转化，从而实现领导者与被领导者的参与动机与道德水平获得同时提升。遵从这种领导模式的领导者会专注于被领导者的参与动机及其需要，并以激励、发展、挖掘其潜能从而以实现组织和个人

① 冯大鸣：《美、英、澳教育管理前沿图景》，52页，北京，教育科学出版社，2004。

双重目标为领导的最终目的。

一般认为，“转化式领导”含有四个主要的要素，包括理想化影响、激励性动力、智力性启发、个性化考虑。理想化影响指领导者因其具有高尚的品格和道德伦理标准，成为被领导者崇拜和学习的理想对象，以致他们愿意遵照领导者指令去完成任务。激励性动力则指领导者通过清晰地传达组织愿景，有效帮助组织成员以乐观的态度去展望组织发展，从而使他们产生出强烈的工作动机与组织凝聚力。智力性启发即指领导者鼓励被领导者在知识上的增进，使他们具有更高的创造力及反思能力，实现组织行为更趋成熟的目的。个性化考虑是指领导者以教练的角色去根据每位被领导者的个别需要而给予特别关注，使其感到深受重视而加倍努力。通过遵循以上四项工作原则，转化式领导模式使领导者与被领导者之间建立起一种不仅限于资源和利益交换的关系，强烈的组织归属感是吸引他们达成一致行为的根本原因。伯恩斯相信，转化式领导是一般领导的理论基础，它可以在一切背景下应用。① 交易式领导模式和转化式领导模式差异产生的根本原因在于领导者实施领导行为所遵循的人性假设前提的不同。交易式领导模式沿用了古典经济学视角中的经济人假设，强调人的理性特征，注重分析人在个人利益最大化原则驱动下的行为方式，重视实际利益对个人的激励作用，强化利益交换在人与人关系中的主导地位，从而推演出领导者与被领导者之间的领导与服从的利益交换关系。交易式领导模式的问题在于过于强调人的理性行为特征，忽视了人的社会需要及群体行为对个人行为的影响。转化式领导模式的成功之处则在于其密切观照到了这一点。在霍桑实验中梅奥首先提出了社会人假说。他认为人的行为不仅受到效率理性的支配，同时情感非逻辑对人在群体中的行为也有同等重要的影响。值得注意的是，在特定组织环境下，恰当运用人的社会情感需要，群体中的个人行为可以产生与独立个人行为截然不同的效果。转化式领导模式就是在这样的人性假设下，巧妙运用了领导与被领导者之间微妙的社会联系，领导者通过个人的实际行动，积极转化组织中的领导情景，着力激发组织成员的集体价值观和组织凝聚力，提高组织成员的动机和需要层次，为最终实现组织目标铺平道路。

5. 道德领导理论

道德领导是美国学者托马斯 · J. 萨乔万尼(Thomas J. Sergiovanni)首先提出的，他继承了伯恩斯转化式领导理论中的道德元素，如信念、价值观等，并将此作为研究的基点，集中探讨领导行为中的领导者的道德影响意义，进而在其《道德领导：抵及学校改善的核心》一书中，对道德领导作了全面的论证和阐释。

---

① 冯大鸣：《美、英、澳教育管理前沿图景》，53 页，北京，教育科学出版社，2004。

萨乔万尼提出道德领导理论的前提在于他认为学校是全然不同于工业组织的特殊组织类型。如果不改变教育管理界对企业管理理论发展亦步亦趋的态势，学校管理者很难找到能真正切实指导学校领导事务的管理理论。在该前提下，萨乔万尼首先将学校组织定性为学习共同体，他所阐述的学习共同体与一般组织的差别如表 18-1 所示。①

表 18-1 学习共同体与一般组织的差别

项目	一般组织	学习共同体
成员关系	确定等级安排的上下级关系	共同愿景指挥下的合作共同体
控制类型	规章制度要求下的外在控制	规范、目的、价值观、专业精神、团队精神及凝聚力的内在控制
授权形式	关注参与决策	关注成员的承诺、责任和义务
团队建设	组织安排和领导构建	成员间的凝聚力和责任感

其次，萨乔万尼扩展了传统的权威理论，将领导的权威分为五种，包括科层权威、心理权威、技术-理性权威、专业权威、道德权威。科层权威来源于科层职位，在该种权威下，领导者采取依法行事和层级节制的原则来领导部属，其不足之处在于容易让部属流于消极应付；心理权威来自人际关系，领导者采取酬赏和鼓励方式，让部属心理获得满足，这样的权威运用方式容易养成被领导者的功利心理；技术-理性权威来自科学验证，领导者采用标准化、科学化和品质化方式来领导部属，这样的做法易使部属成为技术工人，缺乏创新精神；专业权威来自专业知识，领导者以专业能力来领导部属，尊重部属的专业自主性，运用此种权威更易激发被领导者的工作潜能；道德权威来自责任感和义务心，领导者以正义者化身领导部属，能够以身作则，容易激起组织成员内部的团队精神和正义行为。

萨乔万尼认为传统的工业组织更多地运用了前三种权威，从而造就一种效率优先的普遍的组织文化。结合学校的学习共同体的组织特征，萨乔万尼提出将后两种领导权威扩充到固有的学校领导方式中去，使学校领导者实践基于正义、责任感和义务感的行为，借助专业权威和道德权威治理学校，构建学校发展愿景，强化学校成员所共享的价值观、信念及成员的承诺，实现学校成员的自我管理，发挥领导效能，进而完成学校从一般组织发展到学习共同体的转化过程，实现学校的最终培养目标。这就是学校道德领导的基本含义。

学校道德领导的含义有两点值得注意。

其一，学校道德领导理论中对领导角色的重新定位问题。学校道德领导强调领导者

① 冯大鸣：《美、英、澳教育管理前沿图景》，59 页，北京，教育科学出版社，2004。

运用道德权威，通过树立自我责任行为，挖掘学校成员的情感，营造统一的价值观念，增强组织凝聚力，强化成员的自我管理，引导他们成为自我的领导者。因此，萨乔万尼认为，在道德领导中，学校领导的重要职责之一在于培养每位学校成员成为自身工作的领导者，而校长本人则自动升级成为“领导者的领导者”。

其二，萨乔万尼提出学校的道德领导并不完全摒弃运用前三种领导权威对学校进行管理。反而，他认为科层权威、心理权威和技术-理性权威都是学校管理中不可或缺的权威形式，道德领导方式需要消除以前的忽略道德层面要素的学校领导方式，基于学校组织的特征，将道德领导置于领导的首位。

6. 分布式领导

分布式领导的概念最初提出于20世纪90年代中后期，其目的在于解决在以往有关学校领导的研究中，由于不能摆脱传统基于校长角色而集中关注领导个体特质及其行为的研究模式，造成对学校管理现状解释无力和对校长工作指导失效的研究现状。有关研究发现，领导及领导的影响是分布于有结构的组织关系之中，是以组织中种种联合力量的形式表现出来的①。基于这样的事实，研究者提出了分布式领导的概念。分布式领导研究更多地采用了经验研究的方法构建、充实、完善分布式领导的理论大厦。

分布式领导理论受道德领导理论中转化领导者角色、使其成为“领导者的领导者”这一思想的影响，吸纳学习型组织中“集体智商”的新概念，突破传统领导理论研究的个体视角，尝试运用组织整体运行的观念，将领导职能及其影响力动态扩展到组织结构、组织关系及组织行为中去，使领导行为从个体概念发展成为一种在共同文化下、在合作工作之中发生的集体行为。

与其他领导理论相比，研究者认为分布式领导最突出的特点在于其概念的三个要素。其一，分布式领导强调领导的团体或网络的自然属性，这种领导的团体或网络是由相互关联的个人所组成的；其二，分布式领导强调领导界限的开放性，突破了科层领导体系下领导者与被领导者之间的绝对关系对立；其三，分布式领导强调组织中的绝大多数人都应当掌握足够的专门技能，以满足组织成员承担起分散流动的领导职能的需要。

分布式领导的提出使领导从一种静态的、独立的、绝对的个体行动进化成为一种动态的、相关的、相对的团体互动行为，使领导成为组织全体成员联合行动的产物。它突破了领导研究中只关注正式领导者的特质、角色、行为的传统研究定式，开始关注组织成员的各种角色、角色功能分布及领导职能分散于各个层次的领导实践活动。分布式领导理论突破了传统领导理论研究中的以授权、民主领导等概念为研究重心的静态研究视

---

① 冯大鸣：《美、英、澳教育管理前沿图景》，75页，北京，教育科学出版社，2004。

角，转而关注领导角色转换、行为流动的动态化过程。

基于以上对教育领导理论发展的回顾，可以发现，学校领导研究的发展正在逐步摆脱对企业领导理论的单纯效仿，尝试着根据学校组织本身的特殊性，寻求发展一种具有针对性的学校领导理论，其最大特征在于对学校组织结构的非科层化性质的认定和领导关系去科层化的趋势。新理论的发展明确了学校具有自我管理的组织特性，逐渐降低了对领导者个人角色和行为的关注，转而强调在自我管理的学校中领导概念的团队属性和网络属性。

(二)中国当代重要领导思想①

这里主要陈述中国无产阶级革命领导人的领导理论、思想和观点。他们以马克思主义基本原理为指导，提出了丰富的领导工作理论和思想观点。中国共产党几代领导人的领导思想和理论有高度一致性，传承性很强，这说明这些领导思想是中国共产党人的共识，是集体智慧的结晶。他们的领导思想不仅是新民主主义革命和社会主义现代化建设的指南，还是我们国家和人民宝贵的精神财富，也是指导我国教育管理工作的理论基础的重要组成部分。这里选择了毛泽东、邓小平和习近平等领导人有关领导问题的论述中与教育领导实践最为接近的内容，分为六个专题作简要叙述，不一定全面。

1. 共产党人领导活动的出发点是全心全意为人民服务

为什么人服务的问题是领导工作的根本问题，它决定着领导集团制定政策的方向，以及领导活动的内容和方式、方法。领袖们反复强调领导者要谋事为公。毛泽东在1945年说：“我们一切工作干部，不论职位高低，都是人民的勤务员，我们所做的一切，都是为人民服务。”新中国成立后，他再次提出，“共产党就是要奋斗，就是要全心全意地为人民服务，不要半心半意或者三分二意的心三分之二的意为人民服务。”第二代、第三代中央领导集体继承了为人民服务的传统，坚持将其作为领导工作的出发点与归宿。习近平在2019年在“牢记初心，不忘使命”主题教育大会上说：“初心，就是要牢记全心全意为人民服务的根本宗旨，以坚定的理想信念坚守初心，牢记人民对美好生活的向往就是我们的奋斗目标，时刻不忘我们党来自人民、根植人民，永远不能脱离群众、轻视群众、漠视群众疾苦。”

从根本上讲，为人民服务就是为人民谋利益。“人民的利益”不仅是一个历史的范畴和政治的范畴，更是一个现实的范畴和生活的范畴。国家领导者不仅要引导人民逐步实现长远的历史性的利益，更要在现实中满足人民群众当前的合理利益要求，包括不同人群的合理利益要求，把实现人民长远利益和当前利益有机结合起来，把社会利益和群众

---

① 框架和部分内容参见陈占安：《毛泽东领导理论研究》，1页，北京，人民出版社，2008。

具体利益有机结合起来，这才是全面地为人民服务，才能团结和动员人民群众为实现社会进步而奋斗。各级领导者实践这个理念不应仅仅是遵循组织的要求，更是每个领导者的自觉信念和境界追求。

2. 加强党的领导的核心作用

教育和教育管理是为社会培养新人的重要事业，根本问题就是谁来对其进行领导，依据什么思想观念来领导。毛泽东主席 1954 年在全国人民代表大会第一次会议开幕词中坚定指出："领导我们事业的核心力量是中国共产党，指导我们思想的理论基础是马克思列宁主义。"邓小平 1980 年年底在中央工作会议讲话中指出："坚持四项基本原则的核心，是坚持党的领导。我们多次讲过，在中国这样一个大国，没有共产党的领导，必然四分五裂，一事无成。"又说："要坚持党的领导，必须改善党的领导，改进党的作风。"他把坚持党的领导和改善党的领导作为一个整体提出来了。习近平在 2014 年和 2015 年的两次讲话中明确指出："坚持中国共产党这一坚强领导核心，是中华民族的命运所系"，"党政军民学，东西南北中，党是领导一切的"。

中国共产党对中国现代的革命事业和建设事业的领导地位和作用，是在当代历史发展中形成和验证的，是其他社会力量无法取代的。第二次世界大战以后的世界历史和国际政治斗争历史也证明，中国共产党的思想理论基础、大政方针、组织路线、行动策略总体上说是正确的，是经受住了考验的，所以中国共产党始终是领航中国社会现代化发展的舵手和压舱石。

领袖们不仅从宏观上考虑加强党的领导，还特别关注党在基层组织中的建设与引领作用。毛泽东在 1929 年为中国工农红军第四军第九次党代表大会写的决议《纠正党内的错误思想》中强调了党支部建在连队上这一组织原则。他提出："每连建设一个支部，每班建设一个小组，这是红军中党的组织的重要原则之一。"他还提出要加强党的组织纪律，要"严格地执行纪律，废止对纪律的敷衍现象"，还建议加强党组织的教育工作，有计划地开展组织活动："各级党部不单是解决问题和指导实际工作的，它还有教育同志的重大任务。各种训练同志的会议，及其他训练办法如训练班、讨论会等，都要有计划地举行起来。"毛泽东的这些思想和列宁主义的建党学说一脉相承，把中国共产党建设成一个思想坚定、纪律严明、上下一致，有战斗力的政党，始终是中国革命和建设稳定发展的基石。

3. 以马克思主义哲学方法论指导领导工作方法

中国共产党的领袖们在领导活动中有一个突出的特点，就是高度重视理论思维的作用，重视马克思主义思想方法论的指导作用，注意科学方法论与领导实践的紧密结合。习近平在纪念马克思诞辰 200 周年大会上指出："一个民族要走在时代前列，就一刻不能没有理论思维，一刻不能没有正确思想指引。”习近平发表的讲话很多涉及思想方法和工作方法问题，他在2021年在中央党校(国家行政学院)中青年干部培训班开班式的讲话中说：“年轻干部要胜任领导工作，需要掌握的本领是很多的。最根本的本领是理论素养。马克思主义立场、观点、方法是做好工作的看家本领，是指导我们认识世界、改造世界的强大思想武器。”

党的几代领导人对认识和解决问题的思路有很强的逻辑的一致性：将哲学理论在实践中转化为认识方法论，再运用认识方法论在实践中创造出丰富多样的具体工作方法。这个认识论和工作方法论一体化体系中最主要的内容如下。

(1)坚持实事求是的精神，大兴调查研究的工作方法。

马克思主义哲学的核心思想就是一切从实际出发，实事求是。毛泽东在新民主主义革命时期就明确提出“反对本本主义”，1941年在《改造我们的学习》一文中，他解释了“实事求是”的含义：“‘实事’就是客观存在着的一切事物，‘是’就是客观事物的内部联系，即规律性，‘求’就是我们去研究。”将近一个世纪以来，几代领导人将这一思想贯彻到工作中，形成了优秀的工作方法传统。

①调查研究的工作方法。调查研究是最重要、最基本的工作方法，毛泽东从开始从事革命活动起就一贯主张并教育全体党员和领导干部：“没有调查就没有发言权。”他主张调查研究不要粗疏地走马观花，更要细致地下马看花。对于如何以调查研究落实实事求是精神的问题，陈云同志提出了精辟的见解：“不唯上，不唯书，只唯实。交流，比较，反复。”他对这15个字的解释是：不唯上，并不是上面的话不要听。不唯书，也不是说文件、书不要读。只唯实，就是只有从实际出发，实事求是地研究处理问题，这是最靠得住的。交流，就是互相交换意见。过去我们犯过不少错误，究其原因，最重要的一点就是看问题有片面性，把片面的实际当成了全面的实际。作为一个领导干部，经常注意同别人交换意见，尤其是多倾听反面的意见，只有好处，没有坏处。比较，就是上下、左右进行比较。所有正确的结论都是经过比较的。反复，就是决定问题不要太匆忙，要留一个反复考虑的时间。这也是毛主席的办法。他决定问题时，往往先放一放，如放一个礼拜、两个礼拜，再反复考虑一下，听一听不同的意见。如果没有不同的意见，也要假设一个对立面。吸收正确的，驳倒错误的，使自己的意见更加完整。因为人们对事物的认识，往往不是一次就能完成的。这里所说的反复，不是反复无常、朝令夕改的意思。陈云对15个字的概括还是很有特色的，不仅指明了正确方向，还指出了妨害实事求是的思想和组织原因即“唯上”和“唯书”，另外还暗含地指出了调查研究必然面对的多样化、冲突、假象等诸多问题，进而提出了解决问题的方法论和策略，即交流、比较、反复。陈云的这个解说很有新意，将我党的调查研学说推向深入。

②群众路线的工作方法。群众路线是落实实事求是的保障。工作决策前的调查研究和决策后的落实都离不开群众，所以我们党的领导传统就是“联系群众，依靠群众”。毛泽东在1943年写的《关于领导方法的若干问题》一文中指出：“在我党的一切实际工作中，凡属正确的领导，必须是从群众中来，到群众中去。这就是说，将群众的意见(分散的无系统的意见)集中起来(经过研究，化为集中的系统的意见)，又到群众中去作宣传解释，化为群众的意见，使群众坚持下去，见之于行动，并在群众行动中考验这些意见是否正确。”毛泽东在这里所讲的“从群众中来，到群众中去”是一个完整的上下结合的过程，听取群众的意见目的是领导者要研究群众的意见，吸收正确部分进而形成政策，并引导群众的行动。从领导职能的视角看，群众路线的工作方法就是领导者和群众反复互动的决策及其执行的活动方式。

③一般和个别相结合的工作方法。毛泽东指出，“一般和个别相结合”是使“从群众中来，到群众中去”成功的具体做法之一。他在《关于领导方法的若干问题》中说明这个方法具体做法是“从许多个别指导中形成一般意见(一般号召)，又拿这一般意见到许多个别单位中去考验(不但自己这样做，而且告诉别人也这样做)，然后集中新的经验(总结经验)，做成新的指示去普遍地指导群众”。这个立论的内涵很丰富，除了体现“依靠群众”的思想路线以外，还体现了“反复实践揭示和检验真理”“典型引路带动全体发展”等工作思路。

(2)在唯物辩证法指导下建设工作方法系统。

中国共产党的领导人十分重视学习马克思主义唯物辩证法，毛泽东在延安时期就组织了新哲学研究会，学哲学、用哲学成为党内的优良传统。毛泽东的哲学著作《矛盾论》提出了用普遍矛盾、普遍运动和普遍联系的观点分析问题。后来又提出用一分为二的观点看待事物种种矛盾关系。在这个基础上提出的辩证的领导思维方法主要有以下六个方面。

①战略领导的思维方法和工作方法。毛泽东说过：“任何一级的首长，应当把自己注意的重心，放在那些对于他所指挥的全局说来最重要最有决定意义的问题或动作上，而不应当放在其他的问题或动作上。”习近平也说过：“我们要有全局观，对各种矛盾做到了然于胸，同时又要紧紧围绕主要矛盾和中心任务，优先解决主要矛盾和矛盾的主要方面，以此带动其他矛盾的解决。”习近平还屡屡提醒干部要有“战略定力”“一张蓝图干到底”。战略领导的思维实际包含：从全局角度看问题、从长远的角度看问题、咬定关键问题持续发力。从历史上看，长于战略思考和战略管理，扎扎实实落实各个时期制定的长期规划，是中国革命和社会主义建设事业从一个胜利走向一个新的胜利的万能法宝。

②有预见的创新才能更好地领导。中国革命和社会主义建设之所以能够走向胜利和持续发展，就是因为从毛泽东到习近平几代中国共产党领导人站得高，不墨守成规。毛

泽东在党的七大上强调领导者要有预见，当新事物在“还是小量的不普遍的时候，就能看见，就能看到它的将来的普遍意义”。他号召领导工作应当是遵循中央提出的原则基础上动脑筋创造性地展开工作，“希望各地同志根据这里所说的原则方针自己去用心思索，发扬自己的创造力。”邓小平是新时期改革开放的引路人，他在1978年举行的中央工作会议上明确指出：“一个党，一个国家，一个民族，如果一切从本本出发，思想僵化，迷信盛行，那它就不能前进，它的生机就停止了，就要亡党亡国。”习近平在2015年出席十二届全国人大三次会议期间指出：“创新是引领发展的第一动力，抓创新就是抓发展，谋创新就是谋未来。”创新就要打破僵化的思维方式，看到事物的发展并敢于突破条条框框。创新就要和官僚主义诀别，不搞形式主义，不推卸解决新问题的责任，这样才能抓住机遇谋发展。

③主辅兼顾，协调一体的领导方法。毛泽东在《党委会的工作方法》一文中提出领导工作中要安排好工作关系，有主有次。他说：“学会‘弹钢琴’。弹钢琴要十个指头都动作，不能有的动，有的不动。但是，十个指头同时都按下去，那也不成调子。要产生好的音乐，十个指头的动作要有节奏，要互相配合。”习近平也说过：“我们要学会运用辩证法，善于‘弹钢琴’，处理好局部和全局、当前和长远、重点和非重点的关系，在权衡利弊中趋利避害、作出最为有利的战略抉择。”

领导工作面对的是组织的全局，各个局部协调发展全局才具有生命力。但是组织发展中，在一定时期里会形成主要任务或中心任务，它们的完成会使组织取得变革性发展或规避可能的危机。但即使这个阶段，普通维持性工作也是不可或缺的，否则组织也会因此导致混乱，中心工作也难以推进。

④以量权质的分析方法。毛泽东在《党委会的工作方法》一文中说：“胸中有‘数’。这是说，对情况和问题一定要注意到它们的数量方面，要有基本的数量的分析。任何质量都表现为一定的数量，没有数量也就没有质量。我们有许多同志至今不懂得注意事物的数量方面，不懂得注意基本的统计、主要的百分比，不懂得注意决定事物质量的数量界限，一切都是胸中无‘数’，结果就不能不犯错误。”领导工作要做到胸中有数，要解决三个问题：第一，要认识并重视事物的量变和质变之间的辩证关系，量变积累到一定程度就会发生质变。新质的事物开始是少数，逐渐增长中就可能产生根本变化，特别是有了新的重要条件的催化，一定数量的新事物就会发生飞跃式增长。反之，消极东西的发展也可能会发生类似变化。所以领导者一定要心中有数，而且要用互动发展的眼光看待某些事情的数量问题。第二，对于哪些事情的数量关系对组织的生存与发展具有重要价值要做到心中有数，区别对待，分层处理，建立不同的数据库，这样才能使胸中有数真正得到落实。第三，要建设“用数据说话，用事实说话”组织文化，形成调查研究的风

气，反对“大概其”“差不多”的粗糙工作作风。

⑤问题导向的领导方法。坚持问题导向是马克思主义工作方法要求。习近平讲到“问题导向”时说：“要有强烈的问题意识，以重大问题为导向，抓住重大问题、关键问题进一步研究思考，找出答案。”

问题是事物发展的起点，重要问题的解决是组织改革与发展的节点与动力。问题导向的领导方法是一个完整系统，包括对问题的关注、发现、解决方案的设计、过程的追踪和结果的实现。任何环节的缺失都不是完整的问题导向。问题导向的领导工作方式不应仅仅是领导者个人的行为模式，还必须使之成为所有组织成员的习惯，引导他们在自己的工作中独立发现问题并积极解决问题，这样整个组织才充满活力。

⑥把牢底线的领导方法。习近平和其他中央领导特别关注治国理政中各种风险防范问题，经常强调国家治理工作中避免出现重大风险，特别是不能出系统性风险。他在2019年的“省部级主要领导干部坚持底线思维着力防范化解重大风险”专题研讨班上发表了重要讲话，指出要“坚持底线思维，增强忧患意识，提高防控能力，着力防范化解重大风险，保持经济持续健康发展和社会大局稳定”。底线思维是一种领导思维和领导工作方法，是在全局监控和分析的基础上，对工作中的各个方面(特别是关键方面)可能出现的最坏情况作出风险评估和防范，不允许出现塌方式危局。这种领导方法对高、中、低各个工作层面都是成立的。

回顾上面所述，还需要提到一点，习近平总书记继承了毛泽东主席高度重视培养干部领导思维和实际能力的做法，提出要系统培养干部的领导思维方法及能力，包括创新思维、辩证思维、法治思维、战略定力、问题导向、底线思维、策略思维、精准思维等，这些思维方法指向工作过程并基本形成了解决问题思维链条。

4. 依法领导

应当承认，在“依法治国”和依法领导这个问题上，几代国家领导人是在革命和建设的实践中逐渐提升认识并日臻成熟的。改革开放以后，鉴于历史教训，依法治国成为历届党中央关注的重点，懂法、守法、依法行政成为对各级领导干部的基本要求。习近平2020年在“中央全面依法治国工作会议”上发表讲话说：“要坚持抓住领导干部这个‘关键少数’。各级领导干部要坚决贯彻落实党中央关于全面依法治国的重大决策部署，带头尊崇法治、敬畏法律，了解法律、掌握法律，不断提高运用法治思维和法治方式深化改革、推动发展、化解矛盾、维护稳定、应对风险的能力，做尊法学法守法用法的模范。要力戒形式主义、官僚主义，确保全面依法治国各项任务真正落到实处。”改革开放以来，对依法领导的倡导以及制度化的建设与落实，把党和政府的领导活动的现代化提高到了新的水平。

5. 实施集体领导，贯彻民主集中制

毛泽东在党的七大政治报告中指出：民主集中制就是“在民主基础上的集中，在集中指导下的民主”。邓小平把民主集中制提升到一个新的高度，他指出：“民主集中制执行得不好，党是可以变质的，国家也是可以变质的，社会主义也是可以变质的。干部可以变质，个人也可以变质。”民主集中制不仅是党和国家根本的组织制度，也是基层领导的工作制度。毛泽东在《党委会的工作方法》一文中说：“党委要完成自己的领导任务，就必须依靠党委这‘一班人’，充分发挥他们的作用。”

在制度建设的实践中，可以把民主集中制看作一个领导工作中的“大制度”，它需要有许多小制度和工作机制加以支撑和保障，才能将“集中”和“民主”这对看似对立的活动范畴协调地整合在一起。毛泽东在《党委会的工作方法》一文中很具体地设计了一系列制度和方法：党委书记要当好“班长”，和委员要互相谅解；力戒骄傲，注意团结那些和自己意见不同的同志一道工作；“互通情报”，互相交流；不懂得和不了解的东西要问下级，不要急于下结论；开会要事先通知，出“安民告示”等。毛泽东所说的这些不仅是对党委会具体工作方法的指导，深入分析看更像是一种对制度建设的设计和方法论，指明为了使民主集中制这类制度落实，就必须同时解决好一些制度运行的细节规范及其保障事项，也就是制度的运行机制和方法。

6. 建设优良领导作风

和西方领导科学讨论的范畴比较明显不同的一点是，中国共产党及老一辈无产阶级革命家将执政党的领导作风建设也当作一个非常重要的领导问题来对待，认为它是关系党的存亡和革命事业成败的大事。毛泽东在解放战争胜利前夕告诫全党全军：“务必使同志们继续地保持谦虚、谨慎、不骄、不躁的作风，务必使同志们继续地保持艰苦奋斗的作风。”邓小平在1979年在党的理论工作务虚会上强调：“在目前的历史转变时期，问题堆积成山，工作百端待举，加强党的领导，端正党的作风，具有决定的意义。”习近平担任党的总书记以后，持久发力，强化党纪政纪监督，加大反腐败力度，制定中央八项规定细化党风、政风纪律要求，坚持不懈纠正“四风”。从几代领导对领导作风建设的认识和实践看，有以下三点值得注意：第一，高度重视，把维护优良领导作风(党风)之战看作党和国家的生死之战；第二，以制度建设保障优良领导作风的建设和落实，把它当作大事真抓实干，动用所有手段(法律的、道德教育的、行政的、组织的)去做好这件事；第三，抓关键和抓平常同时进行。抓好领导作风建设，必须注意关键点少数人(领导干部特别是高层领导者)及关键事项，否则很容易发生系统性腐败与工作瘫痪。但是也不能忽略基层干部的问题和日常工作中的问题，因为这里的问题一旦蔓延开来，也会使组织失灵和工作失败，甚至会影响群众对党和政府的信任。

第二节 我国中小学的领导体制

一、我国中小学领导体制的多次变化

学校领导体制是学校大领导结构和各种领导力量的权力关系的问题，它规定了学校领导岗位、管理机构的设置及其隶属关系。具体来说，它主要规定了学校中党组织、行政领导和群众组织的地位和权限。新中国成立后，我国中小学校领导体制经历了多次变化。

1949—1951年，新中国成立初期，人民政府在完成对旧学校的接管和改造任务以后，学校管理体制实行的是校务委员会制。这是以学校师生中的先进分子为骨干，组成校务委员会，全面领导和管理学校各方面工作。这种体制在当时起到了团结一切进步力量民主治校、改造学校的作用，但也存在工作责任不明、民主扩大化等问题。

1952年，经政务院批准，教育部颁发的《中(小)学暂行规章(草案)》中，规定了学校实行校长负责制。校长的职权被确定为：代表学校；领导学校的一切教学和行政事宜；领导全校师生员工的政治学习；任免教职员；等等。总之，学校一切重大问题均由校长决定。这种从苏联移植过来的模式实际是“校长一长制”，虽然它在一定程度上与当时的干部队伍状况及学校运行规律的某些要求相符合，但忽视了广大教职工的民主管理作用和党组织的监督和保障作用，容易形成校长独断专行。

1957年，基于对当时政治形势的考虑和对“校长一长制”的弊病的认识，又提出了党支部领导下的校长负责制，规定校长是学校行政负责人，党支部对学校行政负有领导责任和监督责任，突出了党对学校的领导作用。但与此同时，又产生了以党代政、党政不分、支部书记领导一切的现象。这种体制再加上“大跃进”年代其他一些违背教育规律的错误做法，导致教育质量严重下降。

1961年，党中央针对“大跃进”运动和自然灾害造成的经济困难提出了经济领域“调整、巩固、充实、提高”的八字方针，科学、教育、文化等领域也进行了调整，中心内容是落实知识分子政策；坚持“百花齐放、百家争鸣”的方针；健全必要的规章制度以恢复正常秩序，保证各方面工作的顺利进行。在这样的背景下，1963年，教育部颁布了《全日制中(小)学暂行工作条例》，规定了实行“当地党委和主管教育行政部门领导下的校长负责制”，规定校长是学校的负责人，在当地党委和教育行政部门领导下负责全校工作，党支部对学校行政负有保证和监督作用。这个体制突出了校长作为行政领导者的作用，体现了以教学为中心的思想。这一体制实践的效果是比较好的，1964年和1965

年的学校管理效果也是很不错的，可惜在 1966 年被突发而来的“文化大革命”摧毁了。

“文化大革命”打碎了正常的教育和管理秩序，中小学校的实行了“革命委员会”领导体制，这是由入驻学校的“工宣队”“贫管队”或“军宣队”与“革命师生”及“革命领导干部”相结合形成的领导结构，虽然它在一定程度上结束前两年“停课闹革命”形成的严重无政府状态，但在“文化大革命”错误政策的引导下，领导体制只能在发挥维持纪律作用，同时违背教育规律去管理教育活动，严重降低了学校教育的质量。

1978 年，“文化大革命”结束后，教育事业逐步重回正常轨道。这一年，教育部颁发的《全日制中(小)学暂行工作条例(试行草案)》又规定了学校实行党支部领导下的校长分工负责制，学校的一切重大问题必须经过党支部讨论决定。这一规定总结了“文化大革命”的严重教训，突出了党的领导，也肯定了校长的行政职能，对恢复遭受严重破坏的学校教育起到了很大作用。

1985 年，受到全国范围内开展的以提高工作效率为目标的“政企分开、党政分开”管理体制改革的影响，教育管理体制改革也被提上日程。这一年发布了《中共中央关于教育体制改革的决定》，提出“学校逐步实行由地方党委和教育行政部门领导的校长负责制”。这个体制的构架是“有条件的学校要设立由校长主持的，人数不多的、有威信的校务委员会，作为审议机构。要建立与健全以教师为主体的教职工代表大会制度，加强民主管理与民主监督。学校中的党组织要从过去那种包揽一切的状态中解脱出来，把自己的精力集中到加强党的建设和加强思想政治工作上来。党组织要团结广大师生，大力支持校长履行职权，保证和监督党的各项方针政策的落实和国家教育计划的实现”。这一规定不同于 1952 年的规定。它在强调校长对学校行政工作全面负责任的同时，肯定了党组织的保障和监督作用，也提出了教职工民主参与管理的问题。因此，它是一个校长负责、党组织保障监督和教代会民主参与管理的三位一体的体制。从设计上来看，这个体制吸收了历史的经验和教训，体现了加强业务领导的取向，在提高教育质量方面发挥了比较好的作用。但是，在实践中还存在着一些不太清晰的问题。例如，如何理解和实现这个体制要求的党组织发挥“政治核心”作用？党组织的领导者应不应当介入学校发展和日常工作中的重要决策？如何处理学校管理中出现书记和校长部分工作责任的交叉重叠？

由于学校领导工作中存在上述矛盾和问题，更由于党中央在新形势下作出了《深化党和国家机构改革》的重大决策，2022 年 1 月，中共中央办公厅发布了《关于建立中小学校党组织领导的校长负责制的意见(实行)》，对中小学领导体制进行了新中国成立以来的第七次调整。这个文件明确了党组织在学校中的最高领导地位：“中小学校党组织全面领导学校工作”，“履行把方向、管大局、作决策、抓班子、带队伍、保落实的领导职责”。同时也明确规定了行政组织在学校中的地位和职责：“校长要在学校党组织领导下依法依规行使职权，按照学校党组织有关决议，全面负责学校的教育教学和行政管理等工作。”为了落实这一领导体制，文件提出建立一系列制度和机制加以保障。

附：

建立中小学校党组织领导的校长负责制的意见(试行)

为全面贯彻新时代党的组织路线和党的教育方针，坚持和加强党对中小学校的全面领导，根据党章和有关党内法规、国家法律，现就建立中小学校党组织领导的校长负责制提出如下意见。

一、发挥中小学校党组织领导作用

(一)中小学校党组织全面领导学校工作，履行把方向、管大局、作决策、抓班子、带队伍、保落实的领导职责。

1. 坚持以习近平新时代中国特色社会主义思想为指导，增强“四个意识”、坚定“四个自信”、做到“两个维护”，贯彻党的基本理论、基本路线、基本方略，坚持为党育人、为国育才，确保党的教育方针和党中央决策部署在中小学校得到切实贯彻落实。

2. 坚持把政治标准和政治要求贯穿办学治校、教书育人全过程各方面，坚持社会主义办学方向，落实立德树人根本任务，团结带领全校教职工推动学校改革发展，培养德智体美劳全面发展的社会主义建设者和接班人。

3. 讨论决定事关学校改革发展稳定及教育教学、行政管理中的“三重一大”事项和学校章程等基本管理制度，支持和保证校长依法依规行使职权。

4. 坚持党管干部原则，按照有关规定和干部管理权限，负责干部的教育、培训、选拔、考核和监督。讨论决定学校内部组织机构的设置及其负责人的人选，协助上级党组织做好学校领导人员的教育管理监督等工作。

5. 坚持党管人才原则，按照有关规定做好教师等人才的培养、招聘、使用、管理、服务和职称评审、奖惩等相关工作。

6. 开展社会主义核心价值观教育，抓好学生德育工作，做好教职工思想政治工作和学校意识形态工作，加强师德师风建设和学校精神文明建设，推动形成良好校风、教风、学风。

7. 加强学校各级党组织建设和党员队伍建设工作，严格执行“三会一课”等党的组织生活制度，发挥基层党组织战斗堡垒作用和党员先锋模范作用。

8. 坚持全面从严治党，领导学校党的纪律检查工作，落实党风廉政建设主体责任。

9. 领导工会、共青团、妇女组织、少先队等群团组织和教职工大会(教职工代表大会)，强化党建带团建、队建，加强学生会和学生社团管理，做好统一战线工作。

10. 讨论决定学校其他重要事项。

(二)学校党组织实行集体领导和个人分工负责相结合的制度。凡属重大问题都要按照集体领导、民主集中、个别酝酿、会议决定的原则，由党组织会议集体讨论作出决定。党组织班子成员根据集体的决定和分工，切实履行职责。

(三)学校党组织书记主持党组织全面工作，负责组织党组织重要活动，督促检查党组织决议贯彻落实，督促党组织班子成员履行职责、发挥作用。

二、支持和保证校长行使职权

(四)校长在学校党组织领导下，依法依规行使职权，按照学校党组织有关决议，全面负责学校的教育教学和行政管理等工作。

1. 研究拟订和执行学校发展规划、基本管理制度、内部教育教学管理组织机构设置方案。研究拟订和执行具体规章制度、年度工作计划。

2. 组织开展教学活动和教育教学研究，加强教育教学管理，深化教育教学改革，负责招生、就业和学生学籍管理。

3. 加强学生德育、体育、美育、劳动教育和心理健康教育，提高学校思政课教学质量。组织开展学校文化活动和科学普及活动，建设文明校园。

4. 研究拟订和执行学校重大建设项目、重要资产处置、重要办学资源配置方案，管理和保护学校资产。

5. 研究拟订和执行学校年度预算、大额度支出，加强财务管理和审计监督。

6. 加强教师等各类人才日常教育管理服务工作，依据有关规定与教师以及内部其他工作人员订立、解除或终止聘用合同。

7. 做好学校安全稳定和后勤保障工作。

8. 组织开展学校对外交流与合作，加强学校与社会、家庭的联系，形成育人合力。

9. 向学校党组织报告重大决议执行情况，向教职工大会(教职工代表大会)报告工作，支持群团组织开展工作，依法保障师生员工合法权益。

10. 履行法律法规和学校章程规定的其他职权。

三、建立健全议事决策制度

(五)学校党组织会议讨论决定学校重大问题。党组织会议由党组织书记召集并主持，不是党组织班子成员的行政班子成员根据工作需要可列席会议。会议议题由学校领导班子成员提出，党组织书记确定。会议应当有半数以上党组织班子成员到会方能召开；讨论决定干部任免等重要事项时，必须有三分之二以上党组织班子成员到会。

(六)校长办公会议(校务会议)是学校行政议事决策机构，研究提出拟由学校党组织讨论决定的重要事项方案，具体部署落实党组织决议的有关措施，研究处理教育教学、行政管理等工作。会议由校长召集并主持。会议成员一般为学校行政班子成员，不是行政班子成员的党组织班子成员可参加会议。会议议题由学校领导班子成员提出，校长确定。会议应当有半数以上行政班子成员到会方能召开。校长应当在广泛听取与会人员意见基础上，对讨论研究的事项作出决定。

（七）学校党组织会议和校长办公会议（校务会议）要坚持科学决策、民主决策、依法决策。讨论决定学校重大问题，应当在调查研究基础上提出建议方案，经学校领导班子成员特别是党组织书记与校长充分沟通且无重大分歧后提交会议讨论决定。对涉及干部工作的方案，在提交党组织会议讨论决定前，应当在一定范围内进行充分酝酿。对事关师生员工切身利益的重要事项，应当通过教职工大会（教职工代表大会）或其他方式，广泛听取师生员工的意见和建议。对专业性、技术性较强的重要事项，应当经过专家评估及技术、政策、法律咨询。会议决定的事项如需变更、调整，应当按照决策程序进行复议。

中小学校要结合实际，制定学校党组织会议、校长办公会议（校务会议）的会议制度和议事规则，并按管理权限报教育主管部门审查和备案。

四、完善协调运行机制

（八）实行中小学校党组织领导的校长负责制，必须发挥党组织领导作用，保证校长依法依规行使职权，建立健全党组织统一领导、党政分工合作、协调运行的工作机制。合理确定学校领导班子成员分工，明确工作职责。学校领导班子成员要认真执行集体决定，按照分工积极主动开展工作。

（九）建立学校党组织书记和校长定期沟通制度。党组织书记和校长要及时交流思想、工作情况，带头维护班子团结。学校党组织会议、校长办公会议（校务会议）的重要议题，党组织书记、校长应当在会前听取对方意见，意见不一致的议题暂缓上会，待进一步交换意见、取得共识后再提交会议讨论。集体决定重大问题前，党组织书记、校长和有关领导班子成员要个别酝酿、充分沟通。

（十）学校领导班子成员应当经常沟通情况、协调工作。学校党组织书记、校长要发扬民主，充分听取和尊重班子成员的意见，支持他们的工作。学校领导班子成员要相互理解、相互支持，对职责分工交叉的工作，注意协调配合，努力营造团结共事的和谐氛围。

（十一）发挥教职工大会（教职工代表大会）和群团组织作用，健全师生员工参与民主管理和监督的工作机制。按照规定实行党务公开和校务公开，及时向师生员工、群团组织等通报学校工作情况。

五、加强组织领导

(十二)选好配强学校领导班子特别是党组织书记和校长。上级党组织要认真履行领导和把关作用，按照有关规定，严格标准条件和程序，精准科学选人用人，注重选拔党性强、懂教育、会管理、有威信、善于做思想政治工作的优秀党员干部担任学校党组织书记，着力培养政治过硬、品德高尚、业务精湛、治校有方的校长队伍。党组织设置为党委、党总支的中小学校，党组织书记、校长一般应当分设，党组织书记一般不兼任行政领导职务，校长是中共党员的应当同时担任党组织副书记；党组织设置为党支部的中小学校，党组织书记、校长一般由一人担任，同时应当设1名专职副书记；学校行政班子副职中的党员一般应当进入党组织班子。加强学校领导班子思想政治建设，完善培养选拔、教育培训、考核评价、激励保障机制，加强任期考核，推动学校领导人员履职尽责、潜心育人、清正廉洁。

(十三)加强学校基层党组织和党员队伍建设。以提升组织力为重点，突出政治功能，优化基层党组织设置、创新活动方式，严格党员教育管理、严肃党的组织生活，推动党建工作与教育教学、德育和思想政治工作深度融合。加强对优秀教师的政治引领和政治吸纳，健全“双培养”机制。开展党组织书记抓基层党建工作述职评议考核。建立与中小学校党组织领导的校长负责制相适应的保障机制，健全党务工作机构，充实党务工作力量，落实党务工作队伍激励保障措施。集团化办学等类型的中小学校党组织要按照党组织隶属关系和办学实际，加强对成员学校、分支机构党建工作的领导和指导。

(十四)建立和落实中小学校党组织领导的校长负责制执行情况报告制度，学校党组织要结合年度考核向上级党组织报告执行情况，学校领导班子成员要在民主生活会、述职评议、年度工作总结中报告个人执行情况。上级党组织和有关部门要将学校贯彻执行党组织领导的校长负责制情况作为巡察监督、教育督导的重要内容和对学校领导班子、领导人员考核评价的重要参考，对违反民主集中制原则，不执行学校党组织决议，或因班子内部不团结而严重影响工作的，按照有关规定追究相关人员责任，必要时对班子进行调整。

(十五)地方各级党委要认真履行主体责任，党委组织、教育工作等部门要各司其职、密切配合，坚持分类指导、分步实施，稳慎推进建立中小学校党组织领导的校长负责制。针对不同类型、不同规模的学校，统筹领导班子调整、制度机制配套和学校章程修订等相关工作，在做好思想准备、组织准备、工作准备的前提下，成熟一个调整一个。通过教育培训、经验交流等方式，加强对中小学校贯彻执行党组织领导的校长负责制的工作指导，及时研究解决工作中出现的问题。

本意见适用于具有独立法人资格且设立党的基层委员会、总支部委员会、支部委员会的公办中小学校(含中等职业学校)，公办幼儿园参照执行，民办中小学校党的工作按照有关规定执行。不具有独立法人资格或未单独设立党的支部委员会的中小学校，党组织发挥战斗堡垒作用，履行党章和有关规定明确的职责任务。

二、对我国中小学新领导体制中四个问题的讨论

2022年被确定为“党组织领导下的校长负责制”，这里有四个基本问题值得分析和讨论。

(一)为什么新体制规定党组织在我国中小学领导体制中应处于领导地位

这是由三个方面因素决定的。

第一，这主要是由国家治理的大政方针决定的。在新时期治国理政的实践中，党中央预见到了今后很长一段时间内我国将面临严峻而复杂的国际环境和宏大而艰巨国内的建设任务，提出到2050年把中国建设成为社会主义现代化强国的伟大目标，努力形成更加成熟、更加定型的中国特色社会主义现代化制度。为此，在2018年发布的《中共中央关于深化党和国家机构改革的决定》中提出，加强党的全面领导是关键保证，并明确提出要强化党的组织在同级组织中的领导地位。“党领导一切”是关系国家长治久安的根本政策，学校领导体制是这一政策体系中的具体政策，具体政策要服从根本政策，因此党组织应当居于学校领导体系中的核心领导地位。

第二，实行“党组织领导下的校长负责制”是落实“党的全面领导”的具体保障措施，也是进一步提高党组织在群众中威望和影响的一种有效途径和办法。党组织履行全面领导职责及其影响力的形成，是通过党组织的工作实践过程中的职责担当、表现及成果来实现的，新体制为党组织发挥实际作用提供了制度依据。如果离开对学校实际工作的实质性领导和参与，党组织的领导作用和威望就会被削弱。1928年11月，毛泽东在给中共中央的报告中指出：“党在群众中有极大的权威，政府的权威却差得多。这是由于许多事情，为图方便，党在那里直接做了，把政权机关搁在一边。这种情形是很多的，以后党要执行领导政府的任务，党的主张、办法，除宣传外，执行的时候必须通过政府组织。”①这一分析也适用于当前对党组织发挥领导作用机制的分析，赋予党组织实质上的领导权力和责任，是防止党的领导在基层组织中被虚化或弱化的必要措施。当然，在实行新体制以后，也要保证行政组织及其领导者有职、有责、有权，在实际工作中权责配位，也有足够的威望。

第三，这是落实组织建设中“统一领导”原则的需要。统一领导原则是指在对组织的

---

① 《毛泽东选集》(第一卷)：73页，北京，人民出版社，1991。

领导和管理工作中，只能有一个指挥中心，防止政出多门。在管理活动中也可以理解为：将诸多的重要任务和目标协调安排，整合为一体，厘清秩序与关系，防止各目标和任务的冲突或被忽视。在《中共中央关于深化党和国家机构改革的决定》中提出“坚持一类事项原则上由一个部门统筹、一件事情原则上由一个部门负责，加强相关机构配合联动，避免政出多门、责任不明、推诿扯皮”。在原有的校长负责制中，党政分工与责任分配存在着一些不太清晰的地方，对谁来统筹党政工作全局没说清楚。新体制的目标之一就是要解决这个问题。

(二)新体制下党组织和行政组织是什么关系

在“党组织领导下的校长负责制”新体制下，党组织和行政组织的关系既是上下级领导关系，又是融合互助的责任共同体。

简单来看，新体制下的党政关系就是领导和被领导的关系、决策者和执行者关系。其中党组织是领导者，全面领导学校工作，履行把方向、管大局、作决策、抓班子、带队伍、保落实的领导职责。行政组织是被领导者，校长在学校党组织领导下，依法依规行使职权，按照学校党组织有关决议，全面负责学校的教育教学和行政管理等工作。

党政关系“融合互助”是指在新体制中党政关系不是简单的自上对下的命令关系，更不是“党政分开”的分工关系，而是党组织领导下的党政协同一体化的制度设计。这种一体化的制度设计包含了以下三个要点。其一，由于明确了党组织的统一领导地位，使得领导结构更紧密，整体性得到加强。其二，履职和担责一体化。新体制在规定党组织的“全面领导”的责任时，明确了它“抓大放小”的工作内容和领导方式，还提出了党组织要“支持和保证校长依法依规行使职权”的责任。这些规定保证了党、政工作在决策——执行的管理逻辑框架中融合为一体，也使党对政关系除了领导和指导关系外，还加上了支持和保证关系，形成了党政之间职责有上下、责任共承担的格局。其三，在组织、人事和议事程序上保障领导一体化。新体制明确规定：党组织设置为党委、党总支的中小学校，党组织书记、校长一般应当分设，党组织书记一般不兼任行政领导职务，校长是中共党员的应当同时担任党组织副书记；党组织设置为党支部的中小学校，党组织书记、校长一般由一人担任，同时应当设1名专职副书记；学校行政班子副职中的党员一般应当进入党组织班子。这使得党政一体化有了组织和人事基础，保障和方便了党政领导之间的沟通与协商。另外，新制度对学校中三种基本议事制度——党组织会议、校长办公会议(校务委员会会议)和党政联席会——作了详细具体的规定，并特别提出：建立学校党组织书记和校长定期沟通制度。党组织书记和校长要及时交流思想、工作情况，带头维护班子团结。这些规定强化了学校党政之间的交叉关系和协调机制，保证了党政行动的一致性。

(三)新体制下是集体领导还是个人领导

学校工作中党、政两方面履行领导职责时，总体上都要按照民主集中制的原则行事。新领导体制的名称是“党组织领导下的校长负责制”，表明在党组织领导制度和行政领导制度上存在些微差异。

在这个体制中，党组织集体领导的制度被凸显出来，文件规定：学校党组织实行集体领导和个人分工负责相结合的制度。凡属重大问题都要按照集体领导、民主集中、个别酝酿、会议决定的原则，由党组织会议集体讨论作出决定。党组织班子成员根据集体的决定和分工。并设计了一系列会议制度和交流沟通制度落实集体领导。但是，新制度没有忽视党组织书记的带头人的作用和地位，仍然是职、责、权相统一，文件规定：学校党组织书记主持党组织全面工作，负责组织党组织重要活动，督促检查党组织决议贯彻落实，督促党组织班子成员履行职责、发挥作用。也就是说，党组织及其书记对学校工作都是“总揽而不独断”。

相比之下，校长作为学校教育教学业务的负责人，个人指挥和担责的色彩更强一些，所以称为“校长负责制”。文件规定：校长在学校党组织领导下，依法依规行使职权，按照学校党组织有关决议，全面负责学校的教育教学和行政管理等工作。这样做有利于校长在日理万机中及时决策，提高工作效率，创造性开展工作。当然，校长行政领导的自主空间也是受到多层次的指导监督的约束的，也不全然是“一个人说了算”，特别是涉及全局工作的问题上。

(四)领导干部的选拔和监督对新体制成功有多大影响

无论学校实行哪种领导体制，在实践中都有可能出现党、政领导之间不和的情况，解决这些问题除了要制定和执行各个层面的民主管理制度以外，关键的问题在于上级党政机关按照“民主集中制”的程序选拔好书记与校长，并经常给予指导和监督。《关于建立中小学校党组织领导的校长负责制的意见(试行)》对此有明确的规定：选好配强学校领导班子特别是党组织书记和校长。上级党组织要认真履行领导和把关作用，按照有关规定，严格标准条件和程序，精准科学选人用人，注重选拔党性强、懂教育、会管理、有威信、善于做思想政治工作的优秀党员干部担任学校党组织书记，着力培养政治过硬、品德高尚、业务精湛、治校有方的校长队伍。从这个规定可以读出两点意思：其一，上级党委和行政部门尽职尽责选拔好书记和校长对新领导体制成功落地具有关键意义；其二，新体制对党组织书记的全面素养有了更高的要求。

第三节　学校领导者

一、学校领导者的角色

学校领导者是指在学校中负有最高决策责任的管理人员。在我国中小学，党组织的书记和副书记、行政上的校长和副校长都属于领导决策人员，即学校领导者。但是在一些规模较小的学校里只设一名校长和一名书记(甚至书记校长为同一人)，于是将各部门主任也吸纳进决策层，因此在这些学校，主任级人员习惯上也被认为是学校领导者。我们在这里所谈论的学校领导者主要是指正书记和正校长。

对学校领导者的角色如何定位，特别是学校领导者如何对自己的管理角色定位，影响着对领导者职责的理解，也影响对其素质的要求。一般认为，学校是教育系统的基层组织，学校领导者是基层组织的“高级”管理人员，在校内扮演决策者和指挥者的角色；同时由于受到上级部门的管辖，他们又扮演着上级命令执行者的角色。由此，传统上将学校领导者的职责定位于贯彻上级方针政策，组织好学校内部的教育教学工作。也就是说，学校管理者的工作主要面向内部进行管理。但是在新的社会环境下，学校领导者忙于应对各类新任务，搞好与各类公众的公共关系的活动也应接不暇，教育教学工作的时间大大减少，因此产生了“不务正业”的感觉，对于自己究竟应当干什么工作、扮演什么角色产生了疑问。

在传统教育行政管理模式下，强调政府对学校的集权管理，政府与学校之间的关系表现为命令与服从的特征。在这种情况下，作为学校的管理者，其角色就更多地表现在“政府命令的执行者”方面，其价值取向是“守规矩”，行为模式集中于“服从”和“执行”。1985年启动的教育管理体制改革，在加强政府宏观统筹的前提下，赋予学校更多的自主管理权，给学校发展注入了活力，书记和校长就成为具有一定管理自主权的学校管理者，校长的工作价值取向逐步加入了“创新”的成分，他们既是上级命令的执行者，也是某种程度上的“创业者”了。

为了给学校领导者角色整体定位，我们可以借鉴经济领域中的解释方法。在经济领域，人们将那些通过创新满足自己的需求、自主创业并担任经营管理职责的人称为企业家；将企业现行体制内的具有创新意识和企业家精神的管理者称为内企业家。内企业家无须进行首次创业，他们处于公司最高指挥层与基层的中间接合部，在企业家的委托下对企业进行经营管理。与企业家不同，内企业家的自主决策受到组织现行条件的限制，其活动特征主要体现在以下三个方面。首先，内企业家是“内部创业者”，其行动受到企业的规则、政策和制度及其他因素的限制；其次，内企业家由于是企业内部的创业者和革新者，他们的改革行为经常会挑战现有组织的秩序和稳定性；最后，内企业家可以利用企业家所给予的资源基础，只要获得上层领导的支持，内企业家就可以更加便利地将机会转化为现实。用这种分析框架分析学校领导者的管理活动，一方面，学校领导者受政府委托对学校进行管理并运用所获自主权对学校进行创新和改革；另一方面，校长的创新行为又同时受到来自上级教育部门和学校条件及秩序的限制。根据这种分析角度，校长的整体角色更像内企业家的角色，我们可以将学校领导者的角色总体定位于“学校经营家”的工作角色。

经营是对基层组织发展和工作的筹划和管理，与单纯的管理不同之处在于经营的主体具有更大主动权，可以为经营对象的发展作出重大决定。管理更多指主体受人之托按照规定对对象进行运作。可以这样认为，学校领导者的“经营者角色”体现了其在实际工作中，对学校的领导与管理的统一和整合。学校领导者的经营行为应该是一种组织行为，是学校经营行为的个体化表现，其一般体现在学校领导者对学校组织资源进行宏观整体目标的规划和微观过程的协调运作两个方面，具体可以包括学校经营环境分析、学校经营思想的确立、学校经营目标确定、学校经营策略的选择及学校经营操作方式等一系列的筹划、营谋活动。对学校领导者角色的“经营家”的整体定位，主要包括以下三层含义。第一层含义是学校领导者首先是教育战略家，其特征是具有个性化的办学思想与思路，有较强的成就欲望，追求开拓和创新。第二层含义是学校领导者作为联系政府教育部门与学校工作的中介，应具有较强的理解和执行上级方针政策、协调与上级关系的能力。第三层含义是学校领导者既要娴熟地把握学校这个基层教育组织全部复杂工作，又要较为超脱地运筹帷幄。这个定位重点在于强调学校管理者不仅要有较强的内在适应性，还要有对环境变化的外在适应性，善于在复杂多变的情况下为学校发展确定方向，开辟道路。

从对学校领导者整体多层次分析的角度看，校长在实际工作中所扮演的具体角色不是单纯的一种。加拿大管理专家亨利·明茨伯格(Henry Mintzberg)在他的《经理工作的性质》一书中，将基层领导者在实际工作中所扮演的角色归纳为与三个方面工作有关的十种角色。其一，同发展人际关系有关的角色，包括代表组织的挂名首脑、争取外部支持的联络者、指挥和激励下属的领导者。其二，同信息传递和沟通有关的角色，包括获得和加工内外部信息的信息监听者、将外部有关信息传达给内部成员的传播者、把组织内部消息向外部公布的发言人。其三，和决策工作有关的角色，包括发动变革的企业家、处理危机的故障排除者、决定组织发展重点的资源分配者、同外界打交道的谈判者。他概括的这十种角色对学校领导者也同样适用。

二、领导者的职责

学校领导者的职责，全面地包括了党组织和行政工作的内容，具体职责主要包括以下九个方面。

第一，学习和贯彻党的方针政策。学校党政领导者最重要的职责就是，认真贯彻党和国家的有关方针政策，结合学校实际创造性地落实教育政策，圆满完成教书育人的教育使命。

第二，科学决策，统筹全局，规划学校发展。学校领导者要对学校的历史负责，为它的未来着想，只有放眼前瞻适应社会的发展变化，学校才有生命力，作出更大成就，也才能防患于未然。为此，领导者要有战略意识和开拓精神，敏感于社会的新变化和新需求，善于作出独立的决断并推进其实施。校长是学校行政的负责人，对学校的各项行政工作负有最终责任。他的经常性工作就是“拿主意”，除了对学校发展的重大事项进行决策外，还需要对日常工作中的特殊事情及时决断，保证学校工作顺利运转。

第三，抓好日常教育教学工作管理，不断提高办学质量，办出学校特色。

第四，科学选用和培养干部与教师。人才是学校持续发展的基础，选人、用人、培养人是学校领导者的核心任务之一。干部队伍是学校的支柱和机枢，建设好干部队伍，学校工作就全盘皆活。校长要在选、用、养三方面苦心经营：选任干部要准确，慧眼识人，任用作风正、能力强、有群众基础的人，妥善使用那些“尤妙”人才(指那些行为并不张扬而实际具有韬略和才干的人)，警惕“尤虚”人物(指那些华而不实的人)。用，首先要因才派用，使其各展所长；其次要大胆放权，根据其成熟程度派给具有挑战性的职责和任务，促进干部的进一步成熟。养，首先要精心培养，敢表扬敢批评，不没其功，不护其短；其次要促其学习，丰富理论、拓宽眼界，警惕其沉溺于苦干而无远见卓识。

第五，建设组织机构和制定规章制度。没有规矩无以成方圆。只有建设精简高效的组织机构和合理严格的规章制度，学校工作人员才能各司其职，各项工作才能有序进展，保证学校目标实现。组织机构中各系统应严密分工，有效合作，反馈灵活。规章制度中最主要的是各岗位的工作责任制和奖惩制度。

第六，培养优良校风与文化。要使学校处于不败之地，除了关注“目标”“任务”这些“硬件”因素之外，还要高度关注教风、学风和政风建设的“软环境”，形成尊师重教、进取向上、求实创新、团结互助的学校氛围，

第七，建立和谐的内外部公共关系。还必须在内外部各种关系的“软件”上多下功夫，因为良好的关系可以润滑人们工作上的配合，化解彼此间的矛盾。在对内方面，领导者要尊重人、关心人，协调好各种人际关系，形成校内的凝聚力；在对外方面，要广

泛联系各方公众，形成良好学校形象，争取理解和支持。

第八，拓展资源渠道。资源短缺是我国学校运行普遍面临的困难，它严重阻碍学校办学水平的提高，对许多学校甚至构成生存威胁，是造成这些学校带病运转、恶性循环的最主要原因。因此，利用社会运行机制的变化所带来的宽松环境，积极争取政府以外的社会各方面的积极支持，获得更多数量、更高质量的资源，就成为我国中小学校长的一项富有特色的职责。

第九，建设团结向上的领导集体。领导集体是学校的核心，是学校成功与否的关键。不仅是校长，其他领导成员也肩负建设好这个集体的职责。

三、领导者的影响力

影响力是领导者的言语指令(命令、建议、劝告)和非言语指令(榜样示范)引起被领导者做出预期反应的感召力量，它在本质上是权力作用的人格表现，是领导者将个人意志以各种方式施加到他人身上的能力。影响力强的领导者能使学校成员团结起来，动员他们争取更大的成绩和获得更大的满足。

(一)制约领导者影响力的主客观因素

对领导工作的大量研究表明，领导者的影响力形成受多重因素的综合制约，主要因素包括职权的合法性、领导者的个性条件、被领导者的相关性。

1. 职权的合法性

由领导者掌握合法职权并能合情合理地加以运用而产生的影响力，被称为职权影响力。每个领导者在一定的范围内，都掌握着由组织法规、群体规范和文化习俗所赋予的权力，这种权力归根结底是由领导者掌握的特定资源派生出来的，包括强制性的奖惩权、物质和非物质的付酬权、资源的分配权等。处于不同地位的领导者的权限大小不一，其职权影响力也就不同。职权影响力具有单向、强制的特点，其产生和运用虽然简单、便利，但并非无条件，它要求：第一，上级权威机构必须对领导者的合法权利给予连续性的支持；第二，领导者合情合理地运用权力，不能越过组织法规和团体规范滥用职权，并且方法要得当，结果要积极。

2. 领导者的个性条件

这是指领导者个人具有优秀的品格、文化和心理修养。一般来说，它包括三个方面：领导者的政治和道德素质、专家素质和心理素质。

(1)政治和道德素质。

领导者能正确地理解、执行国家的方针政策，并能实事求是地制定学校的有关政策；有事业心和成就感；尊重人，关心教职工和学生的实际利益；办事公正，以身作则。

(2)专家素质。

学校领导者特别是校长，要具备为专业工作者所认可的管理和教育教学方面的知识和能力。在管理能力方面，校长除了应具备一般所提到的决策能力、组织指挥能力、沟通能力和创新能力以外，信息的获取和处理能力要作为一个特别的能力范畴加以关注，由这种能力所形成的影响力被称为“信息的权力”，这是因为如果校长能够迅速获得和传递新的信息，就可以在校内作为思想的旗手影响和转变教师的观念，更新其行为，就可以在学校发展中真正起到变革发动者的作用。

(3)心理素质。

领导者应有较高的智力水平，思维敏捷，头脑清晰；应有主见，理智性强，意志坚定；性格开朗；豁达大度。

上述素质在成功的领导者身上都有不同程度的表现。在现代激烈竞争和急剧变革的社会条件下，对具有优异素质的杰出领导者的研究重新受到重视，并形成一个被称为“领袖魅力的领导理论”的流派。这一派的研究者对当代产生较大影响的领袖人物的个性进行了剖析，认为领袖人物具有这样一些突出特点：具有远见，有一个希望达到的理想目标；对目标有坚定的信念，并能够全身心地投入和奉献，甚至不惜做出牺牲；自信，对自己的判断和能力有充分的信心；具有反传统的思维倾向，不那么循规蹈矩，鼓吹变革并推动实施，当获得成功时，令下属惊异而崇敬；对环境的变化、需要和资源状况具有敏感和切实的评估。

3. 被领导者的相关性

被领导者的相关性是指被领导者愿意模仿和服从领导者的意愿大小，它取决于前者的价值观念(对权威、组织纪律等方面的认识)、对领导者及其所倡导的组织目标的认同程度，以及由对工作环境的感受而产生的满足感的大小。这些因素体现在被领导者个人身上可能是各不相同的，但也可能是相同的，如果是相同并且比较稳定的，那么实际就形成了一种组织文化，可能长期对领导者影响力发生积极的或消极的作用。在领导活动中，对与此有关的组织文化必须给予高度的关注，以便因势利导，并作为改进领导工作的一面镜子。

上述三种因素在领导活动中交织在一起，对领导者影响力的形成和运作综合地发挥作用，某一因素的加强或削弱都可能引起其他方面因素积极的或消极的变化，如上级领导给校长以更大的人事管理权，加强了校长的职权影响力，这可能进一步激发校长潜在能力的发挥，使下属对校长刮目相看。因此，在强化学校领导权威、增强学校内部凝聚力的过程中，不能只顾及某一方面的因素，应根据具体情况，全面而又有所侧重地改善几个方面的条件。

（二）建立和运用领导者影响力的误区

第一，主要领导者过分突出个人影响力，忽视领导集体的影响力。有些学校主要领导者由于资格老、功劳大甚至是虚荣心而时时、事事突出个人在学校中的地位和作用，有些则由于工作中不注意分权而导致助手们的形象一直树立不起来。不管属于哪种情况，都会造成以下后果：其一，教职工只对主要领导者一人负责，领导班子的整体威信不高，副手负责的工作难以推动；其二，副手难挑重担，成熟缓慢，不利班子建设。学校主要领导者对于个人影响力，应当是注意而不故意，不与下属争功，诚心帮助和引导下属树立影响力。

第二，不恰当地将领导影响力演化为人治的工具而取代制度的作用，削弱法治；或利用群众对领导者的尊崇使之盲目服从，不愿意培养下属的独立判断能力和解决问题的能力。良好的领导影响力可以强化领导者下达的命令，使组织的行动一致，但它也可能造成领导者无所不能的虚幻意识，过分相信个人的主观意志，这种倾向发展的结局必然是脱离群众和产生失误。因此，再能干的领导者也不要过分迷恋个人的“魅力”，而要坚持建设好制度并发挥其作用，同时培养学校内部的民主氛围，使大家独立思考，畅所欲言。

第三，只相信单一因素对领导者影响力的作用，忽视其他因素的交叉作用。

第四节　领导方式与领导的有效性

领导方式是领导者行使权力去影响下属行为的行动模式，是在领导者的领导活动中所表现出来的一种较为突出的和稳定的倾向与特征。它体现了领导过程中领导者和被领导者之间的关系。

领导者在实施领导行为时，总希望取得理想的或满意的成效。但对什么是成效，领导者却有不同的理解。有的将它仅理解为最终的工作绩效，有的理解为工作绩效加上下属的满意，有的研究者将领导有效性的重点放在工作过程的质量特别是决策质量方面。这些对领导有效性的不同认识，再加上一些其他因素的影响，就形成了领导者的不同领导方式。

一、领导方式的类型

领导方式的类型以什么为基本标准来划分？领导方式可以区别为哪些基本类型？这

是20世纪50年代至70年代管理专家们非常关注的问题。美国俄亥俄州立大学领导行为小组对这一问题进行了深入的研究，列出了一千多种刻画领导行为的因素，通过逐步概括，最后归纳为“抓组织”和“关心人”这两大类因素。“抓组织”包括组织设计，明确工作目标和确定工作职责和领导关系；“关心人”包括建立干群之间互相信任的气氛，尊重下级意见，注意下级的感情、需要和问题。领导方式大致可分为下面四种类型。

(一)专断型领导方式

专断型领导方式的领导者唯我独尊，强调高度集中统一的领导方式。表现在工作上：决策由领导者作出，下级无权参与，而且必须无条件执行和服从领导者的决定；在执行上，实行过程管理，对下属每项工作都实行严格监督，不给下级任何自主权；重视行政手段，严格照章办事，缺乏灵活性，多用奖惩手段将下属行为纳入领导者的轨道。表现在与职工的关系方面：较少关心群众需要；除与直接下属干部联系较多外，与群众交往甚少；不喜欢下级发表不同意见，挑选干部喜欢听话的人；不注意发掘下属的积极方面。

这种领导方式的有效性完全取决于领导者个人的智力和经验，如果领导者富有经验，可以提高工作效率，形成严明纪律和统一行动。但这种领导方式的致命弱点是极不民主，一旦出现问题，长期得不到解决，易酿成工作失败和组织崩溃。这一方式束缚教职工的积极性，不易培养出优秀人才；在高压下所形成的一致性很脆弱，一旦某一方面出现问题会使整个局面失去控制。因此，这种方式尽管可以解决某些环境中的工作问题，但从长远观点看，却对组织发展不利。

(二)民主型领导方式

民主型领导方式的特点是承认教职工与领导者一样，都是学校的主人，在他们中间存在着巨大的热情和工作潜力，因而在工作中能依靠广大教职工。这种领导方式表现为在工作上，能主动引导教职工更多地参与决策和整个管理过程，注意在工作中分权，让教职工承担必要的责任和分享部分权力，对教职工的积极性给予极大的支持，努力为他们创造发挥才能的环境。在与教职工的关系方面，对职工生活较为关心，尽力满足他们的各种正当需要，能深入群众，注意沟通及维护与各种小群体的关系，并努力发挥他们的积极作用，较少强制命令，注重启发诱导。

这种领导方式能减少决策中的失误，能赢得群众支持，易发挥教职工的才干，容易发现和培养人才，可以增进组织团结，形成良好的组织气氛。但如果领导者组织和决断能力较差，则容易降低工作效率，甚至导致组织松散，步调不统一，难以作出有效决策。

（三）放任型领导方式

放任型领导方式是一种领导者完全或大部分放弃职责而任下级各行其是、各自为政的一种领导方式。这种领导方式表现在工作上无目标，或有目标而不监督执行；对教职工无要求，无规章制度，对好人好事不表扬，对坏人坏事不批评，对工作睁一只眼闭一只眼，绕开矛盾走，得过且过。对下级的要求或困难采取无所谓的态度，不闻不问。在一般情况下，这种领导作风将导致工作失控，组织涣散，不利于组织发展和发挥领导有效性。

（四）权变型领导方式

权变型领导方式源自20世纪70年代以来崛起的权变领导理论。该理论认为，领导方式的有效性不是由某一种因素或少数几种因素来决定的，它是许多因素的互相作用的结果，与领导者所处环境的关系甚大。不存在唯一的有效领导方式，在不同的情境下，各种不同类型的领导方式都可以为实现组织的目标作出贡献。权变领导理论主要有菲特勒（F. Feidller）模式、豪斯（R. J. House）的途径-目标理论、佛隆（Victor H. Vroom）和耶顿（Yetton）的领导规范模式，阿吉里斯（Chris Argris）的不成熟-成熟理论等。

佛隆和耶顿的领导规范模式提出，根本不存在对所有情况都适用的唯一正确的领导方式，要根据具体情况来选择适宜的领导方式，包括从独裁领导方式到民主参与领导方式之间一系列不同的领导方式。研究者重点研究了决策问题，特别提出了决策质量即决策的重要性和下级对决策的接受性问题对领导作风的影响。他们为此构想了七条原则：信息的原则、目标合适的原则、非结构性的原则、接受性原则、冲突的原则、合理的原则和接受最优的原则。例如，在目标合适的原则中提出，如果决策的任务很重要，而下属成员又不具备为组织作出恰当决策的能力，那么就不一定非得让下级直接参与决策。又如在接受性原则中提出，如果下级对决策的接受程度是影响执行好坏的关键因素，那么就不要采取领导者独自决定问题的做法。

总之，权变理论主张将影响领导方式的各要素作为一个系统来看待。根据具体情况决定采取什么作风。特别值得注意的是，这一理论提醒我们，在专断的作风和民主参与的作风之间，还存在着许多种作风或方式融合于一体的其他模式，它们分别给予专断和民主以不同的权重，这些模式力图在不同情况下使工作的高效率和下级民主参与决策及管理达到和谐统一。

权变理论将情境因素引入领导理论中，不仅在理论上将领导研究从单纯的行为研究推进到情境综合研究，更重要的是，在实际组织生活中，它为分析领导的有效性和甄选适合的领导者和领导方式提供了一个有益的视角。根据权变理论提出的领导的有效性取决于组织情境与领导方式的契合程度的观点，可以发现，以上我们所提到的不同典型领导方式的利与弊都是在最普遍意义上的一种一般情况，而并不排除在特殊的组织情境中与某种特殊的领导方式相契合，从而实现领导效能的最大化的可能性。因此，权变领导理论提醒我们，评价某种领导方式的有效性不能单纯以领导行为作为唯一的观察指标，还需要考察该领导方式所处的组织环境及此二者的契合程度。否则片面推崇某种特定的领导方式，会造成其放之四海而皆准的假象，产生实际领导工作的偏差。同时，领导者的领导方式与其本人的价值观与行为方式有很大关系，这些都是相对稳定的个人特征。权变理论所提出的领导者需要对于不同的组织情境调整不同的领导方式，对领导者个人来说是相对困难的。因此，这就提醒我们，在甄选领导的时候，需要首先彻底考察该组织的特性，以此为基础，尽量寻找适合该组织情境的领导方式和领导者个人。

二、影响领导方式的因素

影响学校领导者领导方式的因素主要有下面四类：一是领导者自身的特点；二是教职工的特点；三是工作的特点；四是组织结构。

领导者自身的特点：①他对教职工持什么看法，是把教职工看作不愿工作的懒惰者、缺乏自我约束能力的被动人，还是认为他们都是愿意努力工作并具有一定的目标志向、愿意承担责任并富有创造力的人？②他是否有领导者应具备的智力和能力？他的思维方式是否缜密而且现实？他是否具有很丰富的管理经验和各种管理能力？是否有较强的进取心？③他是否愿与教职工建立良好的人际关系，并已经与相关人员建立了良好的人际关系？④他在某一特定环境中所取得的经验教训是什么？⑤领导人的权力基础是什么？是主要靠法定职权还是主要靠个人的专业知识及品德，或是两者兼而有之？

教职工的特点：①哪些需要的满足对他们最重要？②他们的民主要求高还是低？③他们与领导者之间是互相信赖还是离心离德？

工作任务性质方面：①任务是否明确，结构性是否合理？②任务性质是否很复杂，领导者和教职工是否掌握了足够的信息和专业知识？③在对工作进行决策或完成任务的过程中，是否存在着领导与教职工的冲突？④领导者当前面对的工作情景或条件，如事件的重要程度、事情是否紧急或危急、是否有可供作出决定的清晰信息等？

组织结构方面：①学校中各种组织建设状况如何，是否运行有序，是否主动与活跃？②学校各级组织状况如何？组成的群体是团结的还是松散的？校内有无自发小群体，数量和性质如何？结构是直线式的结构还是职能型结构？③组织中的规章制度是否健全？

上述因素在领导活动过程中所发挥的作用并不相同。现在人们一般倾向于领导者的特点对领导方式影响更大一些。也就是说，在组织中，组织结构和工作任务都是比较稳定的因素，被领导者的特点是可以随着领导方式和领导艺术的改善而不断向好的方向发展，而领导者是否具备足够的能力，他们是否积极、乐观地看待下属的本质，更能影响他们领导方式的特征。

第五节　学校领导班子的基本素质

学校领导工作面广、事多、性质复杂，不能仅靠书记和校长去运作，必须建设一个高素质的领导群体才能负起全面的领导责任。学校领导班子是对学校领导群体的总称，是学校工作要素系统中的领导子系统，学校领导班子的素质是领导子系统为完成学校领导工作所应具有的基本特征。为保证学校领导工作稳定而有效率的运转，学校领导子系统应当结合整个学校系统的运作规律，处理好领导子系统内部及其与其他学校部门之间的相互关系，而非是各个领导者和管理者工作的简单叠加。对领导班子素质要求也是如此，不仅个人要优秀，成员间的相互配合也要优秀，从而使总体情况达到最佳。一般来说，一个良好的领导班子主要应具有以下一些素质。

一、富有战略头脑和政策头脑

领导班子要有一定马克思主义理论水平和政策水平，能根据教育方针和上级指示，正确决定本校办学方向并一致努力贯彻实施。能将上级所确定的原则与学校实际情况妥善地结合起来，富有个性地办好学校。他们能审时度势，全面而灵活地把握政策。学校建设中不搞短期行为，要从长远出发扎扎实实地搞好学校各项工作。班子成员的政治水平还体现在依法治校和以德律己上，成员熟悉教育法律和政策，遵守“为政以公，治事以廉”的政德，坚守法律和道德底线处理各种矛盾和问题。

二、团结合作

领导班子成员之间的团结与合作非常重要。干部精诚团结，才能群策群力，共克时艰，共谋发展，也才能使学校教职工人心安定。如果领导班子成员之间经常闹摩擦，即使个人本事再大，也办不好学校的事情。因此，学校领导干部都要自觉维护班子的团结，要严于律己，宽以待人，彼此尊重、信任和支持，作风上要坦荡、公正，以事业为重，少数服从多数。为达到团结一致，应该健全制度，应在领导班子内部建立起学习制度(学习党的方针政策、教育理论和先进经验)、开会议事制度(议事主题确定制度、事先通知准备制度、重要议事出席人员比例制度、讨论和表决制度、会议记录制度等)信息交流制度(定期碰头，沟通情况，交流信息)、生活会制度和谈心制度(集体或个别交换意见，进行批评和自我批评)，这有利于消除领导班子内部矛盾，达到思想一致和工作上的相互协作。

三、精简干练

领导班子人数不宜过多，不能为照顾关系而设置冗员，人数多少要以满足工作的基本需要为尺度。成员过多，工作起来容易苦乐不均，难于统一意见、协调行动，造成“司令部运转不灵”的状况。领导班子是干事的班子，其成员应该个个是实干、能干者，在学校工作的某一方面有业务专长，可以独当一面。领导班子中各成员除了能够独当一面外，还应有全局和发展意识与能力，从学校工作整体协作和长远规划出发处理好本所管部门工作。

四、整体素质结构合理

领导班子的成员不是完人，各有所长所短。选择领导干部时不能求全责备，要在具备基本素质和基本条件的情况下用其所长。在组织领导班子时，应该考虑班子成员在素质上互补，使领导集体实现整体上的优化。一般要注意下面三种素质结构优化。

(一)年龄结构

领导集体中各个年龄阶段的人，应占有合理的比例，充分发挥老中青三部分人各自优势，并使领导班子的发展呈梯队序列，后继有人。一般来说，班子成员中中年人应占比例大一些。

(二)专业结构

要使在学校工作各主要专业上有经验的人进入领导班子，指挥和协调好各方面工作。学校专业工作主要有政治思想教育和人事管理、教学、后勤等。

(三)能力结构

领导集体的各成员在能力特长也应该做到互相补充，以应付各种实际工作的需要，领导成员所需的能力主要有决策、组织指挥、沟通和协调内外人际关系和各种社会关系、宣传鼓动、创新等能力。还要注意成员间思维方式和工作方法特长的互补，互补不仅是在工作中互相交流取长补短，还包括彼此学习长善救失。

五、有权威

权威是权力和威望的合成体，它与影响力或领导力是同义语，它以下级接受和服从上级指令的自觉性和程度大小来表示。

六、作风民主，支持群众参与监督和管理

现代学校领导方式应是民主与集中的有机结合。一方面，它要求决策权和管理权集中于领导者手中，以实行统一而有效率的领导；另一方面，它又要求集中必须建立在科学和民主的基础之上，广开言路，让广大教职工对学校工作和关系他们切身利益的问题畅所欲言。一个优秀的领导班子应具有广阔的胸怀，听取一切意见和建议，欢迎群众的监督和批评，使工作不断得到改进。

领导班子这些素质并不是自然形成的，而是在管理实践中逐渐培养起来的。作为学校的党支部书记和校长，一定要加强自身建设，并把这个问题当作头等大事来抓。一般说，抓好班子建设，可以通过民主选举领导班子、调换被证明为不合标准的领导成员、组织领导成员学习、进行自我批评及群众民主评议领导等一系列方式来进行。

七、会借力

现代社会越来越复杂，新知识、新事物越来越多，仅凭学校领导班子成员和教职员工的能力难以应对所有问题，所以要借助“外脑”“外力”，以提高在对专业问题决策和管理时的科学性。领导班子除了本校的成员以外，根据情况要适当增加固定的或临时的专家顾问作为领导班子的编外成员，从学校实际情况来看，多学科领域的教育专家、教育管理专家、法律专家、心理咨询专家、安全教育和管理专家、卫生和健康管理专家最为需要。

思考题：

1. 国外的管理理论对领导问题的研究有哪几种角度？
2. 你对本书介绍的我国当代领导思想有何学习和应用体会？
3. 当前我国中小学实行“党组织领导下的校长负责制”的原因有哪些？如何做才能落实好这个领导体制？
4. 如何理解当代中小学校领导者的角色？你认为学校中层干部的管理角色有哪些？
5. 新的领导体制下，学校党组织书记和校长的职责各有哪些？
6. 影响学校领导者影响力形成的因素主要有哪些？试分析一个优秀校长影响力形成的案例。
7. 有哪几种基本的领导方式？影响学校领导者领导方式采用的因素有哪些？
8. 一个优秀的领导班子应具备哪些素质？

参考文献与延伸阅读

[1]陈理. 习近平治国理政理论研究(上). 北京：人民出版社，2023.

[2]陈理. 习近平治国理政理论研究(下). 北京：人民出版社，2023.

[3]陈丽. 学校发展策划. 重庆：重庆大学出版社，2005.

[4]陈小平. 中小学校长领导力模型构建研究. 北京：中国人事出版社，2014.

[5]冯大鸣. 英、美、澳教育管理前沿图景. 北京：教育科学出版社，2004.

[6]高洪源. 学校战略管理. 重庆：重庆大学出版社，2006.

[7]郭元婕. 集团化办学的理论与实践. 北京：科学出版社，2020.

[8]胡定荣. 薄弱学校的教学改进：大学与中学的合作研究. 北京：教育科学出版社，2013.

[9]黄斌等. 中国义务教育财政政策研究. 北京：中国财政经济出版社，2019.

[10]黄崴. 教育督导学. 北京：中国人民大学出版社，2011.

[11]黄孟藩，王凤彬. 决策行为与决策心理. 北京：机械工业出版社，1995.

[12]金保华. 教育管理的伦理基础. 武汉：华中师范大学出版社，2012.

[13]靳希斌. 教育经济学. 北京：人民教育出版社，1997.

[14]李春玲. 理想的现实建构：政府主导型学校变革研究，杭州：浙江大学出版社，2007.

[15]李金初. 平生只想办好一所学校. 北京：高等教育出版社，2009.

[16]李素洁，雷芳. 学校文化建设自我评估与发展规划. 长沙：中南大学出版社，2022.

[17]李祝文等. 目标管理的理论与实践. 北京：解放军出版社，1986.

[18]梁歆，黄显华. 学校改进　理论和实证研究. 上海：华东师范大学出版社，2010.

[19]梁仲明. 公务员管理理论：制度与方法. 北京：北京大学出版社，2015.

[20]廖楚晖. 教育财政学. 北京：北京大学出版社，2006.

[21]刘恒等. 政府信息公开制度. 北京：中国社会科学出版社，2004.

[22]刘先觉.现代建筑理论——建筑结合人文科学自然科学与技术科学的新成就.北京：中国建筑工业出版社，1999.

[23]马云鹏等.三方合作与支持：学校改进的U-A-S模式探索.北京：教育科学出版社，2013.

[24]苏君阳.公正与教育.北京：北京师范大学出版社，2008.

[25]孙耀君.西方管理思想史.太原：山西人民出版社，1987.

[26]汤志民.台湾的学校建筑.台北：五南图书出版公司，2002.

[27]唐代兴.公正伦理与制度道德.北京：人民出版社，2003.

[28]唐任伍.公共管理思想史.北京：商务印书馆，2020.

[29]王磊.公共教育支出分析——基本框架与我国的实证研究.北京：北京师范大学出版社，2004.

[30]王善迈.教育投入与产出研究.石家庄：河北教育出版社，1996.

[31]高耀明，魏志春.中小学校长专业标准研究.北京：北京大学出版社，2010.

[32]吴志宏.教育行政学.北京：人民教育出版社，2000.

[33]夏书章.行政效率研究.广州：中山大学出版社，1996.

[34]萧宗六，贺乐凡.中国教育行政学.北京：人民教育出版社，1996.

[35]张德.人力资源开发与管理.北京：清华大学出版社，1996.

[36]张东娇.学校公共关系管理.北京：北京师范大学出版社，2012.

[37]张东娇.学校文化管理.北京：教育科学出版社，2013.

[38]张康之.公共管理伦理学(修订版).北京：中国人民大学出版社，2009.

[39]张力.教育政策的信息基础——中国、新加坡、美国教育指标系统分析.北京：高等教育出版社，2004.

[40]张新平.教育管理学导论.上海：上海教育出版社，2006.

[41]张玉田等.学校教育评价.北京：中央民族学院出版社，1987.

[42]张志刚.非政府组织文化建设.北京：人民出版社，2012.

[43]张宗尧、李志民.中小学建筑设计.北京：中国建筑工业出版社，2000.

[44]赵德成.有效的学校改进：理论探讨与案例分析.上海：华东师范大学出版社，2022.

[45]郅庭瑾.教育管理的伦理向度.北京：教育科学出版社，2015.

[46]中国教育科学研究院教育评价与督导研究所.中国特色教育督导概论.北京：教育科学出版社，2024.

[47]朱科蓉.教育信息公开研究.重庆：重庆大学出版社，2008.

[48][美]查尔斯·M.萨维奇.第5代管理.谢强华等译.珠海：珠海出版社，1998.

[49][美]F. 泰勒. 科学管理原理. 蔡上国译. 上海：上海科学技术出版社，1982.

[50][美]弗里蒙德·E. 卡斯特，詹姆斯·E. 罗森茨韦克. 组织与管理. 李柱流等译. 北京：中国社会科学出版社，1985.

[51][美]杰夫·惠迪等. 教育中的放权与择校：学校、政府和市场. 马忠虎译. 北京：教育科学出版社，2003.

[52][美]理查德. C. 亨特等. 学校治理. 秦玉友等译. 北京：北京师范大学出版社，2017.

[53][美]理查德. P. 多贝尔. 校园景观——功能·形式·实例. 北京世纪英闻翻译有限公司译，北京：中国水利水电出版社，知识产权出版社，2006.

[54][美]罗伯特·欧文斯. 教育组织行为学. 孙绵涛等译. 武汉：华中师范大学出版社，1987.

[55][美]罗尔德·F. 坎贝尔等. 现代美国教育管理. 袁锐锷译. 广州：广东高等教育出版社，1989.

[56][美]托马斯·艾伯斯. 一线管理者——基层管理人员成功之路. 谢其助等译. 北京：中国经济出版社，1992.

[57][美]威金斯. 教育性评价. 国家基础教育课程改革"促进教师发展与学生成长的评价研究"项目组译. 北京：中国轻工业出版社，2005.

[58][美]威廉·G. 坎宁安，保拉·A. 科尔代罗. 教育管理：基于问题的方法. 赵中建译. 南京：江苏教育出版社，2002.

[59][美]R. M. 克朗. 系统分析和政策科学. 陈东威译. 北京：商务印书馆，1985.

[60][美]小詹姆斯·H. 唐纳利等. 管理学基础——职能·行为·模型. 李柱流等译. 北京：中国人民大学出版社，1982.

[61][美]约翰. E. 丘伯，泰力·M. 默. 政治、市场和学校. 蒋衡等译. 北京：教育科学出版社，2003.

[62][美]约翰. 雷等. 学校经营管理——一种规划的趋向. 张新平译. 重庆：重庆大学出版社，2003.

[63][瑞典]T. 胡森，[德]T. N. 波斯尔斯韦特. 教育大百科全书(第1卷). 张斌贤等译. 重庆：西南师范大学出版社，海口：海南出版社，2006.

[64][英]布伦特·戴维斯，琳达·埃里森. 学校发展规划. 陈建华等译. 北京：北京大学出版社，2013.